novum pro

AF159784

TIMOTHÉE **MERCIER**

Majestäts Beleidigung

Irren ist menschlich – eine Denkschrift über religiöse Demenz

novum pro

www.novumverlag.com

Bibliografische Information
der Deutschen Nationalbibliothek:

Die Deutsche Nationalbibliothek
verzeichnet diese Publikation in
der Deutschen Nationalbibliografie.
Detaillierte bibliografische Daten
sind im Internet über
http://www.d-nb.de abrufbar.

Alle Rechte der Verbreitung,
auch durch Film, Funk und Fernsehen,
fotomechanische Wiedergabe,
Tonträger, elektronische Datenträger
und auszugsweisen Nachdruck,
sind vorbehalten

Gedruckt in der Europäischen Union
auf umweltfreundlichem, chlor- und
säurefrei gebleichtem Papier.

© 2023 novum Verlag

ISBN 978-3-99131-758-6
Lektorat: Tobias Keil
Umschlagfotos: Gary Gray,
Tomas Marek | Dreamstime.com
Umschlaggestaltung, Layout & Satz:
novum Verlag

www.novumverlag.com

Glauben
& dessen Regeln spielend leicht gemacht!

~

Jedoch irrt der Mensch,
der an GOTT zweifelt.

~

Nur wer vertraut,
findet IHN
in einer Grippe liegend.

„Die Weisheit des Menschen
besteht darin,
dass er imstande ist,
sein Unrecht einzusehen,
die Weisheit der Seele
besteht in der Liebe zum wahren Gott
und Seiner Wahrheit."

aus „Gottmensch" von Maria Valtorta

DAS ETWAS ANDERE RELIGIONSBUCH

~

ÜBER DIE UNWÄGBARKEITEN
EINER KIRCHE IM MANKO

VON
SINN UND UNSINN
EINER „WAHREN" RELIGION

VERFASST
IM ALLTAG EINES LAIENGLÄUBIGEN
VON
TIMOTHÉE MERCIER

Hinweis: In kursiv gehaltene Absätze sind original übernommen aus dem 12-bändigen Werk Gottmensch von Maria Valtorta, wie Jesus Christus ihr es in einem langen Leben im Krankenbett unter Visionen eingegeben hat. Gottmensch ist erschienen beim Parvis Verlag in der Schweiz und wird von vereinzelten Persönlichkeiten in der kath. Kirche empfohlen.

Sonstige Quellenangaben finden sich im fließenden Text bzw. explizit angeführt auf der letzten Seite. Ich verzichte auf ein präzises Datum bei etlichen Quellenangaben, es ist dem besseren Lesefluss geschuldet.

Inhaltsverzeichnis

Prolog 11

Teil I – Irren ist menschlich 31
Kapitel I – Beschreibungen einer Gesellschaft 33
Nachkriegsparodien 33
Geschichte & Gegenwart 45
Utopien nährende Ideologien –
Fortschritt zum Rückschritt 74
Wahnsinn mit Methode 98
Gesellschaft in Not 109
„Hitler besiegen" 125
Wirklichkeit & Seinsflucht 144
Kapitel II – Die eine heilige Kirche 177
Kirche, die eint 177
Die Enge der Herzen 204
Religion, die heiligt 213
„Das Weizenkorn muss sterben,
wenn es Frucht bringen will." 248
Kapitel III – Dem Herrn zugewandt 269
„Mich dürstet" 269
Religion ist heilbar 295
Berufung als Leitmotiv 321
Mitte des Lebens & Brot der Wahrheit 373
„Wir sind Papst" 418
An der Stelle eines Epilog 451
Praktische Übungen für den Alltag in Anlehnung
an die Sakramente 451

Quellen 477

Prolog

Glaube und das, was der Volksmund darunter versteht, sind kein intellektuelles Verdienst. Er rührt aus einer ganz einfachen persönlichen Initiative, Gott einbeziehen zu wollen. Wer das verschweigt, hat nicht den wahren Glauben. Im globalen Vergleich des Meinungsforschungsinstituts der Gallup International zeigt sich, dass die am wenigsten gebildeten Menschen zugleich am religiösesten sind. Am höchsten sei daher der Anteil der aktiven Kirchgänger mit 87 Prozent in Westafrika, während Schweden das Land mit den meisten Ungläubigen sei. Dennoch, die Theologen wissen, dass man Gläubige zum Altare, nicht wie Lämmer zur Schlachtbank führen soll, sondern bei der Liturgie immer etwas „denken" und „empfinden" muss. Der Glaube an Gott ist immer auch ein wohlwollender Gedanke an Ihn, wie man an einen Freund oder an einen Bruder denkt, mit Freude und Liebe und in Freiheit.

Warum aber gibt sich der Mensch bei den Nächsten immer mehr Mühe als bei Gott, der als unser aller Schöpfer vor seinen Geschöpfen geliebt und geachtet werden möchte? Weil das Gedenken selbst, um als solches ohne Einschränkung Gehör finden zu wollen, zunächst von jeder Absurdität und Banalität reingewaschen werden müsste. Zum Beispiel wäre da das kollektive Unschuldsbewusstsein, das wie selbstverständlich gleichsam bei Säkularen wie auch bei Gläubigen unaufhaltsam um sich greift (*Erich Kästner* im Nachkriegsdeutschland: „Die Unschuld grassiert wie die Pest!"). Im Laufe dieses Textes geht es darum, die Aufmerksamkeit auf die vielen Verbindungen und Zusammenhänge zu lenken, die im großen Aufschrei und Gebrüll der Menge untergehen. Letzteres führt zu nichts anderes, als dass Gott noch mehr beleidigt wird und die Menschen unvermindert leiden.

Was ist der Glaube? Gleich dem harten Samenkorn der Palme, oft klein, stützt er sich auf das kurze Sätzlein: „Es gibt einen Gott", und wird von der einen Behauptung genährt: „Ich habe ihn gesehen." ... *So war der Glaube unseres Volkes, der von den frühesten Patriarchen auf die späteren übergegangen war, von Adam auf seine Nachkommen, von Adam, dem Sünder, dem man aber glaubte, als er sprach: „Es gibt einen Gott, und wir sind hier, weil er uns erschaffen hat, und ich habe ihn gekannt!" Dann wurde der Glaube immer vollkommener, da er immer mehr enthüllt wurde und er unser Vermächtnis ist, erhellt durch göttliche Offenbarungen, Erscheinungen von Engeln und das Licht des Heiligen Geistes. Immer sind es kleine Samenkörner im Vergleich zum Unendlichen. Aber sie haben Wurzel gefasst, haben die harte Scholle der Menschlichkeit mit ihren Zweifeln und Neigungen durchbrochen und über das Unkraut der Leidenschaften, der Sünden, über den Schimmel der Niedergeschlagenheit, über die Motten der Lasterhaftigkeit, über alles triumphiert. Die Seelen haben sich erhoben, sich zur Sonne gewandt und schwingen sich immer höher zum Himmel empor, bis sie sich aus der Beschränkung des Fleisches befreit und sich mit Gott vereinigt haben, mit seiner vollkommenen Erkenntnis, seinem vollkommenen Besitz jenseits des Lebens und des Todes, mit dem wahren Leben.*

Was bewegt denn den Katholiken heute ideologisch noch in seinem Umfeld, geschweige denn die große Masse? Mitunter scheitert sogar die Bereitschaft zur Ökumene, weniger an der Liturgieordnung selbst, denn es waren tatsächlich 6 protestantische Gelehrte, die bei der Ausgestaltung der „Neuen Messe" mit ihrem Beitrag zum II. Vatikanischem Konzil zugegen sein durften. Die Ökumene scheitert vielmehr auch an der Frage, ob Christus lebendig Fleisch und Blut annimmt beim Opfermahl. Interessant wäre an dieser Stelle eine Erhebung, wieviel Katholiken in Wirklichkeit daran glauben. Und wollte man sie dann auch alle vom Empfang der Hostie ausschließen, die in der Eucharistie nur einen symbolischen Akt für den Empfang der Liebe Christi sehen? Ein Dogma verrichtet nicht automatisch die nötige Überzeugungsarbeit beim Gläubigen beziehungsweise solchen, die im Begriff sind welche zu werden. Da ist jeder einzelne

Katholik angehalten, sich die Tatsachen stetig ins Bewusstsein zu rufen, ebenso den Nutzen, der daraus durch uns auch für andere Menschen entsteht.

Neben der Form der Liturgieordnung, die den Gläubigen durch den Gottesdienst führt, bedarf es dringend auch jener geistigen Führung. Das steht doch völlig außer Frage, jenes Geschick, das auf das erhabene innere und äußere Wirken Gottes, das die Liebe ist, hinweist. Ein Wirken, das nach innen und außen in höchstem Maße fruchtbar wird, denn nicht in erster Linie eine vom Menschen vorgegebene Liturgieordnung, sondern *die Liebe Gottes festigt die Bande und macht daraus eine einzige Vollendung, das heißt der Hl. Geist, der erste Ursprung jeder erschaffenen Vollkommenheit und daher jedes menschlichen Gedankens.* Die künstlerische Ordnung der katholischen Liturgieform lässt da durchaus noch ungenutzten Spielraum zur Gestaltung offen.

Tatsächlich aber tritt der Zelebrant in ermangelnder Wirkung notwendigerweise vor allem als Moderator in Erscheinung, als Herr der liturgischen Ordnung, welcher in der Zelebrationsweise „versus populus" vollends zum Zirkusdirektor ausreift. Ein Dienst, bei dem dreißig Minuten füllend in Wort, Mimik und Gestik alles vorgegeben wird, um ein ständig sich wiederholendes Programm darzubieten, das nur zum Nachsprechen animieren kann, ist milde gesagt kein Gottesdienst, sondern ein Dienst an der Liturgie und am Showmaster selbst. Deshalb dreht sich bei der Masse der Katholiken und insbesondere in den reichen Ländern vieles um sie selbst. Die katholische Kirche hat sich zu einem Paralleluniversum aufgebläht, mit vielen kleinen Planeten – ihren Gemeinden, in denen jede für sich ein eigener Geist weht, nämlich der des Moderators. Der Schöpfergeist indes weht woanders. Das ist der Hintergrund für den oft zu beobachtenden und bei Außenstehenden abstoßend wirkenden Personenkult in der katholischen Kirche, was dem nationalen Patriotismus nicht unverwandt ist.

Wenn jemand das Reich Gottes sehen und an seinen König glauben will, muss er auf geistige Weise wiedergeboren werden.

Das Himmelreich wird nur von solchen bewohnt, die das vollkommene geistige Alter erreicht haben. Jeder hat seine Methode, um den Hafen zu erreichen. Jeder Wind ist gut, wenn man das Segel zu handhaben versteht. Ihr spürt den Wind wehen und müsst das Boot manövrieren und darauf achten, in welche Richtung er bläst. Doch könnt ihr nicht sagen, woher er kommt, noch herbeirufen, den ihr nötig habt. Auch der Heilige Geist ruft, kommt rufend und geht vorüber. Doch nur, wer aufmerksam ist, kann ihm folgen. Das Kind kennt die Stimme des Vaters, der Geist kennt die Stimme des Geistes, von dem er erschaffen wurde.

Das Wasser der Taufe ist ohne den Geist nichts als ein Symbol. Wer mit Wasser gereinigt ist, muss sich dann mit dem Heiligen Geist reinigen und durch ihn sich entzünden und leuchten, wenn er auf Erden hier und im Ewigen Reich im Schoße Gottes leben will. Der Ältere legt die Axt der Meditation an die Wurzeln seines alten Denkens, entwurzelt den Baum und behält nur den Kern des guten Willens zurück. Während ein junger Mensch, wie wir ihn in der Person des Apostels und Evangelisten Johannes kennen, sein Fleisch abzutöten sucht und den Geist wiedergeboren lässt.

Es gibt nur ein ewiges Leben im Jenseits, nicht zu verwechseln mit dem einen Dasein von Fleisch und Blut auf der Erde, sondern die Rede ist vom unsterblichen Geist, der durch das Zusammenwirken von Taufe und Heiligem Geist zum wahren Leben wiedergeboren wird. Ihr müsst aufs neue geboren werden. Der heilige Johannes und viele seiner Ebenbilder, die Christus bis in unsere heutige Zeit in aufrechter Weise suchen und nachfolgen, legen ihr Ich auf den Scheiterhaufen der Liebe. Aus der Asche geht ihre neue geistige Blume hervor, eine wunderbare Sonnenblume, die sich unablässig der ewigen Sonne zuwendet. Denn was vom Fleisch gezeugt wird, ist und bleibt

Fleisch und stirbt, nachdem es ihm in seinen Begierden und Sünden gedient hat. Doch was vom Geist gezeugt wird, ist Geist und kehrt zum Schöpfer-Geist zurück, nachdem es bis zum vollkommenen Alter den eigenen Geist empor geführt hat.

Die postreligiöse Erscheinung greift überwiegend nur zu Kult und Ritus. Sie verspricht den Verstand zu befrieden, in einem Denkgebäude, in dem auch unsere Kultur der Individuen mit einer Vielzahl zermürbender Erscheinungsformen zu Hause ist. Mittels hässlicher Alltagsgewänder des sich anbiedernden Egoismus macht der Zweifelnde sich fest, von denen er sich im Verlauf dunkler Stunden vergebens loszureißen sucht, weil sie ihn verfolgen wie ein zweites Ich. Das Umfeld, meist ignorant für das Innenleben, bemerkt nichts. So sieht der Zweifler allmählich und im Fortschreiten seines Alters einen Verzweifelten im Spiegelbild und will vor Gott fliehen, weil er das wachsende Bedürfnis in sich verspürt, von sich selbst loszukommen, sich selbst fremd ist und obendrein verdrängt, sich wiederfinden zu können, aber den Mühen dafür ausweicht. Man bringt eine Vielzahl an Widersprüchen in sich nicht dadurch zum Erlahmen, indem man Gott in sich tötet, sondern indem man mit ihnen Haushalten lernt, so wie mit allen zutiefst eigenen Bedürfnissen.

Was man mit Strenge oft nicht erreicht, erreicht man mit Freundlichkeit. Es gibt Menschen, die nie von selbst zum Meister kommen würden, daher muss der Meister zu ihnen gehen. Andere würden wohl zum Meister kommen, aber sie schämen sich vor den Mitmenschen und auch sie muss der Meister aufsuchen. Die neuen Zeiten werden neue Methoden mit sich bringen. Bis gestern, bis zur Zeit des Täufers, war es die Asche der Buße. Heute jedoch, in Seiner Zeit, gibt es das süße Manna der Erlösung, der Barmherzigkeit und Liebe. *Jede Zeit hat die für sie nützlichen Dinge. Niemand näht ein Stück neuen Tuches auf ein altes Gewand, denn beim Waschen geht der neue Stoff ein und der Riss im alten wird noch größer. Ebenso füllt niemand jungen Wein in alte Schläuche, denn die alten Schläuche würden durch die Gärung des Weines bersten, und der Wein würde auslaufen. Der alte Wein, der schon alle seine Umwandlungen durchgemacht hat, gehört in alte Behälter und der neue Wein in neue. Daher soll eine Kraft einer anderen, ebenso starken gegenübergestellt werden. Dies geschieht jetzt. Die Kraft der neuen Lehre erfordert neue Methoden ihrer Verbreitung, und Christus, der dies weiß, bedient sich ihrer.*

Augenfällig allemal ist, Er, Christus, lässt sich keineswegs von althergebrachten Traditionen oder vorgefertigten, theatralischen Modellen in Gefangenschaft nehmen. Er selbst bildet das Grundelement für Treue und damit den Eckstein für rationale Gebundenheit, um schließlich der Willkür vorzubeugen und Glaubwürdigkeit zu unterstreichen. Es geht darum, dass wir allzu oft dem traditionellen Denken und den Institutionen des Pharisäertums verhaftet und geistige Kinder dieser Epoche geblieben sind – emotional wie rational. Den wenigsten Traditionalisten steht nämlich vor Augen, welche Tradition sie zu Ehren bringen wollen. Jenes psychologische Gebilde, in das man sich bereits seit Jahrzehnten und womöglich von Kindheit an mit seinem rationellen Denken häuslich eingerichtet hat, ist in der Tat vom inneren Wachstum mit der Religion oder der Reifeprüfung des geistigen Alters säuberlich zu trennen, weil sie in Opposition dazu stehen.

Etwas einfältig erscheint das Aufblähen des täglichen Gottesdienstes mittels Anreihung gleichlautender liturgischer „Komponenten". Wenn nämlich mehrere Elemente in Folge immer wieder dasselbe sagen wollen und noch dazu an der falschen Stelle, droht die vielgelobte sich steigernde Ordnung einer Messfeier, das Ergebnis am Ende zu sprengen, und ein Chaos im menschlichen Geist anzurichten. Bei regelmäßigen Besuchen mancher Gottesdienstfeiern etwa entsteht dann im Kopf eine Art Endlosschleife. Letztere gereicht dem Gläubigen noch nicht einmal dahingegen, sich ein geistiges Zuhause zu errichten, sondern wird im Überfluss des Gesagten und Gestauten mühevoller Stein des Anstoßes. Die Masse einer derlei gearteter Ansammlung von Ungesagtem erscheint monströs, verkommen zu Worthülsen, die unverkennbar die Routine in den Vordergrund rücken. Routine aber ist die Basis jeder Konformität und in unserem Fall die Grundlage für geistige Entfremdung beziehungsweise religiöse Demenz. Routine lässt der Seele eines Gläubigen nicht den geringsten pragmatischen Spielraum zur Einheit mit Gott und seinem Erlöser, geschweige denn ist von Qualität beim Lob des Herrn zu sprechen.

Im Widerstreit seiner Gefühle findet der Christ im liturgischen Gebäude des Gottesdienstes indes langfristig nur vordergründig Halt und Trost, vielmehr bringt der regelmäßig begangene Ritus im Gegenteil sein selbsttätiges Denken wirkungsvoll zum Erliegen, ähnlich der geistigen Rückbildung in einer Demenz. Zu oft driftet der Gläubige bei der Eucharistiefeier zwischen Schuldbekenntnis und „Vater unser", dem Gebet aller Gebete, geradewegs in die Gedankenlosigkeit ab; zu langatmig wirkt der Monolog des Zelebranten auf den Gottesdienstbesucher, der schon zu lange auf die Folter gespannt wurde und endlich angekommen bei der Eucharistie nun durch das viele Vorbeten des Zelebranten auf sich selbst zurückgeworfen wird. Gloria und Sanctus könnten ähnlicher nicht sein in ihrer Eigenschaft, Gott zu preisen. Jene Bestandteile, welche in wörtlicher oder dem Sinn nach bereits in anderer Form vorher schon mal gesagt wurden, könnten vereinfacht werden, um aus dem großen Drehbuch des Gottesdienstes eine vielversprechende geistige Einladung zu machen.

Wenn einer allein unter Heiden, ohne Kirche und ohne Bücher wäre, hätte er alles, was zur Betrachtung erforderlich ist, im „Vater unser", und eine offene Kirche in seinem Herzen durch dieses Gebet. Er hätte eine Regel und ein sicheres Mittel, sich zu heiligen.

Weil sich die katholische Kirche, mehr noch: weil sich die gesamte westliche Ratio vom leidvergessenen griechischen Denken habe anstecken lassen, sei sie taub geworden gegenüber dem „Aufschrei der Unschuldigen", der „Autorität der Leidenden". In diesem Sinn habe der Theologe *Johann Baptist Metz*, der vor Jahrzehnten die katholische Kirche aus ihrem eschatologischen Schlummer gerissen und heilsam in Unruhe versetzt habe, keinen Zweifel daran gelassen, rezitiert die ZEIT: „Die Geschichte des Abendlandes wäre weniger grausam gewesen, wenn das jüdische Gottesgedächtnis, die Revolte gegen die ‚Normalität' von Herrschaft und Gewalt, nicht unterdrückt worden wäre – wenn nicht nur Athen und Rom, sondern auch Jerusalem die ‚geistige Landschaft' Europas bestimmt hätten. Indem die Kirche das Christentum als Synthese zwischen dem ‚Glauben' Israels und dem ‚Geist' Athens begreift, reduziert sie den jüdischen Anteil auf den bloßen ‚Glauben'. Sie schlägt das ‚Denkangebot' aus, das Israel dem Christentum mit auf den Weg gab: die *memoria passionis*, das Eingedenken von geschichtlichem Leid, von Unrecht und Gewalt. Die Kirche hat das Christentum halbiert. Sie hat ihre jüdischen Wurzeln verleugnet und will nicht wahrhaben, dass Christus selbst der gefolterte und gekreuzigte Jude ist."

Der Übergang vom Beugen der Knie nach dem Kyrie zum Himmelhochjauchzen im Gloria ist allenfalls rasant und für ein menschliches Herz nicht nachvollziehbar, weshalb viele ihre Knie gar nicht mehr beugen. Selbst wenn diese Aneinanderreihung in der Logik die Erlösung zum Ausdruck bringen will, sprengt sie jede Andacht im Sinne des Nachspürens der eigenen unausweichlichen menschlichen Sündhaftigkeit im Laufe des Gottesdienstes und bietet damit ausreichend Nährboden für die Unbußfertigkeit unter Katholiken. Der krasse Übergang zum Gloria ist eine totale Verfehlung der Intonation und macht das Schuldbekenntnis zu einer bloßen Farce, das in einem theatralischen Schauspiel der lauthalsen Herzen endet. Im selben Atemzug, mit dem das Gloria angestimmt wird, ist alles so, als ob nichts gewesen wäre und der Gläubige findet sich spätestens im Alltag wieder im elenden

Kreislauf der eignen Sündhaftigkeit, zurückgeworfen auf ein außer Rand und Band geratenes Unschuldsbewusstsein. Er wird damit mit jeder heiligen Messe aufs Neue ins eiskalte Wasser geworfen. Wer tut sich das freiwillig an? Euphorische Selbstüberschätzung mit all ihren tragischen Folgen, wie sie der Verlauf dieses Buches noch ernüchternd zu erkennen gibt.

Die Liturgieordnung der „neuen Messe" als solches wäre an sich ein herrliches Konstrukt und eine echte Errungenschaft der katholischen Kirche für die ganze Menschheit, bei der in der Wahrnehmung des Menschen tatsächlich die Herrlichkeit des Schöpfers zum Ausdruck gebracht werden könnte. Nur diese teilweise seltsame Anordnung der liturgischen Elemente als Wohlfühlprogramm ist spektakulär misslungen. Es bedarf an der Stelle des kollektiven Schuldbekenntnisses eines einleitenden Tiefganges im Wort, um dem Evangelium schwerpunktmäßig mehr Raum der Entfaltung zu geben und das Gedenken an Christus als das zu feiern, was es ist, nämlich als Aufruf sich retten zu lassen und als die Erlösung des wahrhaft Gläubigen von seiner bußfertigen Schuldhaftigkeit hin zum ewigen Heil. Das muss sich von Anfang bis Ende wie ein roter Faden durch den Gottesdienst ziehen, wenn er als solches seinen Namen verdienen will. Was nun in der katholischen Liturgie als solches gehandelt wird, ist mit der künstlichen äußeren Trennung der Eucharistie vom einleitenden Schuldbekenntnis genau das Gegenteil und mitunter ein haarsträubender Widerspruch, denn ein aufrichtiges Schuldbekenntnis ist bereits Eucharistie durch und durch.

Wer schon einmal mit Demenzkranken zu tun hatte, der kennt deren totale Verweigerung, persönliche Fehler einzugestehen. Es fällt ihnen deshalb so schwer, weil das ganze Leben zu einem Verlust geworden ist. Das ist psychologisch begründet und nachvollziehbar. Wie viel Liebe brauchen diese Menschen von ihren pflegenden Angehörigen oder Personal, um sie halbwegs in der Spur zu halten? Man kann diese Mühe gar nicht hoch genug würdigen und schätzen. Aber Menschen, die sich ihrer geistigen Fähigkeiten rühmen, indem sie sich Gläubige nennen, sich jedoch im Gottesdienst von einer Minute auf die andere nicht mehr daran erinnern wollen, dass ihnen vor ein paar Sekunden und bereits viele Male zuvor schon vergeben wurde, weil sie durch einen unglücklichen ästhetischen Kunstgriff in der Liturgie dazu verleitet werden, können der Gnade Gottes nur bedingt anteilig werden, denn Sünder sind wir allemal und bleiben es auch. Es ist nur statthaft, sich stets unserer Bußfertigkeit zu erinnern, auch in einem festlich gekleideten Gottesdienst. Nur weil wir uns berechtigt sehen, den Leib Christi zu wandeln und zu kommunizieren, und ein bisschen Lärm und Euphorie darum inszenieren, sind wir noch lange nicht vollkommen oder gute Menschen.

Den Beweis führen die Geschichte und ganz besonders die Geschichte Deutschlands selbst an, die trotzdem, dass sie Generationen von Geistesgrößen hervorbrachte, eine andere Generation von Mördern folgen ließ. Die ZEIT berichtet, dass dort, wo 110 Jahre später ein Konzentrationslager entstand, *Goethe* 1827 gesagt habe: „Ich war sehr oft an dieser Stelle. Hier fühlt man sich groß und frei." Der Ettersberg sei als Hausberg Weimars eng mit der deutschen Klassik verbunden. Bis heute sei das 190 Hektar umfassende ehemalige Lagergelände ein Stadtteil von Weimar.

> *Dein Meister, dein wirklicher*
> *und größter Meister,*
> *der dich deinen Meister*
> *verstehen lässt, ist die Liebe.*

Da fehlt es doch schon an der Basis, was in protestantischen Freikirchen schon lange Alltag geworden ist und viele Menschen heilt. Die Ökumene scheitert ganz offensichtlich insbesondere mitunter an der religiösen Demenz unter Christen. Sie gehen konform im Wellness-Rhythmus der Liturgie, ohne auch nur im Geringsten eine geistige Entwicklung in Betracht ziehen zu wollen. Es kann einfach nicht oft genug gesagt werden einleitend zum Schuldbekenntnis, was Erlösung bedeutet, damit die Herzen der Menschen auch angerührt werden. Das Opfer, das Christus begangen hat, war nicht ausschließlich der abschreckende Kreuzestod, auch wenn es dort sehr deutlich für alle zu sehen ist. Erst wenn wir uns mit der gleichen Intensität vor Augen halten würden, dass Sein ganzes Leben ein einziges Opfer war, um die frohe Kunde von der Barmherzigkeit Gottes in aller Munde zu legen, würden wir mehr und mehr begreifen, dass Er es auch für jeden Einzelnen im Hier und Jetzt getan hat.

Warum also hören wir selbst auf damit, Opfer zu bringen und die Nachricht weiterzureichen? Weil wir Opfer und Mühen scheuen? Das allein ist es nicht. Wir müssen das Opfer Christi als Ganzes begreifen lernen, um es als persönliche Einladung zur Erlösung verinnerlichen zu wollen, freiwillig und so gerne, dass wir es sogar täglich und womöglich mehrmals am Tag vergegenwärtigen. Das ist Heilung. Nur so konnte die Nachricht des „Neuen Bundes" uns auch noch im dritten Jahrtausend erreichen. Das Kreuz ist grausam, aber es verliert seine abstoßende Wirkung auf das Auge des Betrachters, wenn es als Finale eines großen Siegeszuges an Sinn hinzugewinnt. Wenn man sein ganzes Leben lang unsagbare Mühen und Pein auf sich geladen hat, zusammen mit den Aposteln und auch für sie, damit Er sie in Seinen Fußstapfen sehe, und uns in Seinen, kann Christus am Ende zu Seinen Richtern, und es waren in der Tat viele, die Ihn lieber tot als lebendig sehen wollten, kaum sagen: „So, nun ist es genug, den Kreuzestod nehme ich nun nicht auch noch auf mich. Ich mach mich jetzt aus dem Staub, aus dem ihr alle gemacht seid. Seht ihr mal zu, wie ihr jetzt damit zurechtkommt." Vielmehr hat Er uns aber im Opfer ein Gedenken Seiner Liebe für uns hinterlassen. Mehr noch, der Sühnetod am Kreuz war der Preis für unser aller Erlösung, damit wir die Verzeihung vom himmlischen Vater empfangen dürfen. Deshalb spricht Jesus von einer wahrhaften Speise und wahrhaftem Trank, die im Brot und Wein, Sein Fleisch und Blut vermehren als Sühneopfer und Versöhnungsgabe vor Gott.

Christus hätte es auch dabei belassen können, einfach nur seine frohe Botschaft zu verkünden, und Seine Gegner und Feinde, die Ihm dabei im Weg standen, mit einem Fingerzeig sichtbar unmittelbar abzustrafen oder zu vernichten. Er hätte dazu noch nicht mal eine Waffe benötigt, wie die republikanische Politikerin Lauren Boebert aus Colorado über social Media Jesus im Juni 2022 zugeraten hatte. Er habe offenbar nicht genug dieser halbautomatischen Angriffswaffen besessen, um seine Regierung davon abzuhalten, ihn zu kreuzigen, sagte die Abgeordnete im Repräsentantenhaus laut US-Medienberichten bei einer Veranstaltung in Colorado Springs zum Gelächter des Publikums. Sonst hätte er die Männer von Statthalter Pontius Pilatus im Garten von Gethsemane abwehren können. Das AR-15 wird in den USA immer wieder von Amokläufern zur Ermordung unschuldiger Zivilisten verwandt.

Warum hat Jesus es wohl nicht getan? Diese Frage muss jeder ernsthaft für sich beantworten können, wenn er die Saat der Erlösung im Herzen aufgehen sehen will. Dennoch, mit einem kurzen Satz ist es gesagt: weil wir es auch nicht können. Er hat die gleichen Mühen auf sich genommen, die wir auch haben mit unseren Mitmenschen oder sie mit uns, wenn wir das Gute nicht erkennen, das sie uns tun wollen, oder rechtes in falscher Weise tun, weil unser Ego noch nicht abgenommen hat in unserem falschen Stolz und mangelnder Erkenntnis als unvollkommene Wesen. Wem nützen fromme Verbeugungen und strikte Befolgungen des liturgischen Albtraums, wenn das Herz nicht berührt wird vom Gedenken an Christus, jedes Mal wieder, wenn wir von Ihm sprechen und Gottesdienst halten. Was allem Anschein nach über einen sehr langen Zeitraum und im radikalen Sinn durchaus nützlich erschien, entpuppt sich einmal mehr als unbefriedigende und irregeleitete Abhängigkeit vom Marionettentheater. Der Gottesdienst seinerseits will als einheitliches Ganzes aus freien Stücken begangenen werden, wenn er vor Gott Wohlwollen finden soll. Schließlich wird auch niemand gezwungen werden, das Jenseits zu betreten. Regelmäßig von der Routine zusammengeketteter Fragmente getragen zu werden, ist noch kein freier Entschluss, seinen Geist zu erheben. Er wird sich dadurch schlicht und ergreifend nicht erheben, sondern brachliegen und sich in einer Art religiöser Demenz unter Umständen sogar rückbilden.

Anderes braucht es nicht, meine Freunde. In den Worten des „Vater unser" ist alles, was der Mensch für die Seele, den Leib und das Blut benötigt wie in einem goldenen Ring eingeschlossen. Mit diesem Gebet bittet um das, was dem einen und den anderen nützlich ist; wenn ihr darum bittet, werdet ihr das ewige Leben erlangen. Es ist ein so vollkommenes Gebet, dass die Wellen der Häretiker und der Lauf der Jahrhunderte es nicht zu ändern imstande sind. Das Christentum wird vom Biss Satans zerstückelt werden, und viele Teile meines mystischen Leibes werden zerrissen und abgetrennt, eigene Zellen bilden, im vergeblichen Verlangen, einen vollkommenen Leib zu gestalten, wie es der mystische Leib Christi ist, in welchem alle Gläubigen in der apostolischen Kirche vereint sind und in der alleinigen wahren Kirche, die bestehen wird, so lange die Erde besteht! Aber die abgetrennten Teilchen, denen die Gaben nicht zukommen, die ich der Mutterkirche schenke, um meine Kinder zu nähren, werden sich immer christlich nennen und sich dessen erinnern, dass sie auf Christus zurückzuführen sind. Auch sie werden dieses universelle Gebet beten. Vergesst es nie und denkt stets darüber nach. Wendet es auf euer Wirken an. Es braucht nichts anderes für die Heiligung. Wenn einer allein unter Heiden, ohne Kirche und ohne Bücher wäre, hätte er alles, was zur Betrachtung erforderlich ist, in diesem Gebet, und eine offene Kirche in seinem Herzen durch dieses Gebet. Er hätte eine Regel und ein sicheres Mittel, sich zu heiligen.

Liturgie darf nicht mal im Ansatz zur Bildung von Parallelgesellschaften oder gar als Ersatzreligion dienen. Der emeritierte Papst

Benedikt XVI. nimmt dazu mehrere Jahrzehnte nach seiner Amtszeit in einem Aufsatz an die Versammlung der Bischofskonferenzen zum Missbrauch-Gipfel im Februar 2019 Stellung, welchen das bayerische Klerusblatt veröffentlicht hat. Er schreibt, dass in den 20 Jahren von 1960 bis 1980 „die bisher geltenden Maßstäbe in Fragen der Sexualität vollkommen weggebrochen" seien. Aus dieser Entwicklung heraus sei dann eine „Normlosigkeit entstanden", die man nun in der Gegenwart abzufangen versuche. Wie nebenbei erwähnt der emeritierte Papst *Benedikt XVI.*, dass es in mehreren deutschen Priesterseminaren „homosexuelle Klubs" gegeben habe, „die mehr oder weniger offen agierten und das Klima in den Seminaren deutlich verändert" hätten. Jedoch macht der ehemalige Oberhirte diesen ausgeprägten Hang zum gleichen Geschlecht konkret die sexuelle Revolution der 68er-Bewegung verantwortlich, auch für die vielen Missbrauchsfälle in Deutschland. Das ist vielleicht gar nicht mal von so weit her geholt, aber zu sagen, dass andere Schuld seien, war noch nie ein denkwürdiger Beitrag. Mutmaßlich strukturelle Daseinsmängel in der Kirche, zu denen an vorderster Stelle der Vatikan mit seinem fragwürdigen Status als Kirchenstaat steht, und die in Beton gegossenen hohen Nebengebäude der Liturgiebeschaffenheit befeuern jedenfalls die Bildung von Paralleluniversen weitaus deutlicher. Letzteres ist aber noch kein Bündnis der Liebe.

Was auf dem Spiel steht, ist die Wirklichkeit Gottes. Nicht weniger rechthaberisch wirken deshalb auch die Schuldzuweisungen jener, die entweder nichts mit der Kirche zu tun haben oder aber als unverständige Gläubige, den Klerus auf sein menschliches Wesen zu reduzieren suchen. Derlei Verlautbarungen können nur dem fiktiven Unschuldsbewusstsein gerecht werden, in der selbstgewählten Unfähigkeit, die eigene Triebhaftigkeit richtig einzuordnen. Konsequenterweise werden die zahlreichen Wortmeldungen als erlesene Großzügigkeit der Gesellschaft dem Priester gegenüber angepriesen, wenn sie diesen das Recht auf häuslichen Sex einräumen. Die Triebhaftigkeit, die vom Manne allzu oft mit all seiner Manneskraft gleichgesetzt wird bzw. von

Frauen bereits in sehr jungen Jahren gern als Maßstab für ihre zur Schau gestellte Reizbarkeit gegenüber dem Manne gilt, wird jedoch allgemein überschätzt. Genauso wie die Liturgie überbewertet wird. Das Scheitern setzt sich fort und das Menschliche will beständig dem Göttlichen überhöht werden.

Töricht ist, wer sagt: „Herr,
verzeih" und dann
die Gelegenheit zur Sünde
doch nicht meidet.

Wie das verspätete Bekenntnis des emeritierten Papstes deutlich macht, geht dieses Gebaren nun schon seit vielen Generationen so und wird stock und steif in die nächste übertragen. So ist es nicht nur in der Kirche, so ist es auch mit den Herausforderungen in der Gesellschaft. Bedenke man nur als Beispiele die nunmehr jahrzehntealte Pflegemisere in Seniorenheimen oder Krankenanstalten, den Umweltschutz oder das nationale und internationale Gefälle zwischen Arm und Reich. Warum stellen sich hier nur unbedeutende Minderheiten ernsthaft den essentiellen Fragen? Warum wollen nur wenige ernsthaft Probleme auch lösen? Warum bitten wir Gott, Monster zum Schweigen zu bringen, die der Mensch selbst in sich erschaffen hat? Warum gebieten wir dem Schöpfer, Hunger, Krieg und Krankheiten nicht zulassen zu dürfen, wenn sie doch eine direkte Folge kurzsichtiger und egozentrischen Handelns der Menschen selbst sind? Sie sind von Menschen Hand gemacht, also können sie nur durch den menscheneigenen Willen gelöst werden.

Schließlich mutiert auch die Liturgie bereits seit Jahrzehnten unter dem Einfluss des Menschen zu einem undefinierbaren Etwas. Was erreichen Menschen oder auch Gläubige noch wirklich in ihrem Leben? Bei genauerem Hinsehen gibt sich jene Nachlässigkeit als die Wurzel einer übelriechenden Pflanze zu erkennen. Sie heißt Gleichgültigkeit und scheint auf den ersten Blick harmlos, wendet aber in Sekundenschnelle ihr Blatt, wenn einer zu zündeln beginnt. Ihre Früchte wandeln sich in Schadenfreude oder gar emotionaler Mordlust. Selbst hinter jener zwielichtigen Maske, die seit Jahrhunderten mittels des Katholizismus zum Tragen kommt, verbirgt sich etwas undefinierbar Verbotenes.

Hält sich der wahre Kern verborgen, fragt man sich? Hinter dem Schein guter Werke hüllt sich die Gemeinde mitsamt ihren Hirten und Oberhirten in schöne Gewändern, gekleidet augenfällig in das traditionell liturgische Gebäude, das mittlerweile auf Sand gebetet ist. Dort verweilen sie in Resignation, nicht in Einmütigkeit, um mit den Worten des Apostels Paulus nach dem ersten Korinther zu sprechen, sondern gespalten und geteilt in Links, Rechts und Mitte. Die Kirche steht vielerorts mit ihren Aufgaben nicht nur mehr vor der ungelösten Herausforderung eines verkrusteten und überflüssigen Kirchenstaates, sondern sie muss auch ihre Hausaufgaben machen und endlich die Herzensrevolution angehen, gleichermaßen bei ihren Hirten und Gläubigen, damit sie zu Christus aufschaut, an ihn glaubt als Kern der Wahrheit. Es ist der Weg, um sich Ihm auch im Sakralraum wieder authentisch zuwenden zu wollen.

Konkret heißt das, dass Liturgie nicht länger der Hort für irgendeinen Ersatzmechanismus von Stillstand und Resignation des Klerus oder einer kleinen Minderheit beschreiben darf. Sie muss vielmehr das reine Gedenken beim Priester und Gläubigen gleichermaßen unterstreichen können und folglich auch die Sehnsucht nach Gott, damit die Versammlung *IHN mehr liebt als die Welt, die mit all ihren Gefühlen nicht ein einziges Lächeln Gottes wert ist*. Es ist von existentieller Bedeutung, dass die Schar der Gläubigen *darüber nachdenkt, was die Welt ist und was Gott ist, damit sie nach dem Besseren strebt*. Nichts Geringeres steht hinter dem Auftrag Jesu, der die Liebe des Vaters und die Liebe zum Vater ist: „*Tut dies zu meinem Gedächtnis!*"

Bereits vor den beiden großen Weltkriegen hatte die Eucharistie einen freundlichen Verfechter, den Zeitgenossen Papst *Pius X.*.

Sich einzumauern im Schein eines liturgischen Baus, hatte noch nicht mal im Mittelalter seine Bewährung, umgebend von den schlimmsten Verwerfungen, weshalb dieser Papst die Eucharistie herausführte aus ihrem tiefen Schlummer. Er formulierte das Prinzip der „lebendigen Teilnahme" (Participatio actuosa) des Volkes, das vom Zweiten Vatikanischen Konzil (1963) übernommen wurde, indem Papst *Johannes Paul II.* sich um geistiges Wachstum bemühte. Die Tradition der Liturgie ist bis heute wahrlich unverrückbar mit dogmatischem Charakter aus dem Kirchenboden gestampft. Sowohl Papst *Pius X.* als auch *Johannes Paul II.* suchten jedoch die Öffnung blind gerecht fertigender Traditionen, um den Kern freizugeben und liturgische Strukturen in ihrem Zentrum zu erreichen. Die Spaltung der Menschheit in Kirchgänger und Gottesdienstmuffel, in Protestanten oder Katholiken bringt indes zwei Strömungen für alle Welt offen zu Tage. Natürlich gab es immer auch Menschen, die aus verschiedenen Gründen nicht an einen Gott glauben wollen oder können, meistens ist es eine Mischung von beidem. Dass wiederum Menschen der Zugang zum Kern aller Wahrheit verwehrt bleiben muss, weil individuelle Fehlinterpretationen über die Bedeutung von Liturgiebeschaffenheit den Weg dahin verhindern, ist nicht hinnehmbar.

Verkannt wurde einstweilen die Reform in seinem inneren Antrieb als direkte Folge mythischer Überhöhung von liturgischen Gestaltungsformen beziehungsweise deren Überfrachtung um ihrer selbst willen. Dass darüber hinaus die Zelebrationsweise mit dem Rücken zum Altarsakrament Gefahren bergen kann, die zu Lasten der Authentizität der gesamten Liturgie geht und bei den Erneuerern dennoch als Kompromiss besagter zweier Strömungen gefeiert wird, wurde fortan mit Allerwelts-Rhetorik im Altarraum als Emanzipationsprinzip für die Gläubigen vergolten. Resultierend aus der ersten Unachtsamkeit, tritt also folgenreicher die zweite Nachlässigkeit in den Vordergrund und raubt der Gottesdienstfeier vollends ihre Eindeutigkeit als Gedenken. Die Gedenkfeier ist keine solche mehr, sondern fortan als „Neue

Messe" in aller Munde und Katholiken sind keine Wächter des aufgehenden Morgens mehr, sind nicht mehr wachsam, sondern trunken und träge von der nimmersatt werdenden Gabe GOTTES im ewigen Opfermahl der Eucharistie. Letztere ist allerdings als solche nicht mehr auszumachen und ihrem ursächlichen Charakter zur Stärkung des Unrechtsbewusstsein entfremdet. Selbst wenn Gott auch weiterhin inmitten unter uns sein sollte, ist das Nehmen der Menschenherzen einseitiger geworden und hat sich unersättlich ausgeweitet, weil das Geben sich nicht mehr am Gedenken an das vielseitige Opfer Christi orientiert, sondern im Erstarken von einvernehmender Gefühlsduselei und pharisäischer Selbstverliebtheit.

Dass Menschen nicht glauben, davon berichtet auch das Alte Testament; aber Verirrungen, die durch abstrakte und theokratische Liturgiebesessenheit maßgeblich ins Leben gerufen wurden, das gibt es erst seit der Erschaffung der Liturgie selbst, durch den Klerus, der damit nichts Geringeres erreicht hat, als sich selbst abzuschaffen. Das II. Vatikanische Konzil erlag nun seinerseits geschichtsbedeutend in einem unaufhaltsamen Tatendrang einer zeitgenössischen Interpretation hinsichtlich der Ansichten über den Volksaltar beziehungsweise der damit im Zusammenhang stehenden folgenreichen Zelebrationsweise des Zelebranten mit dem Rücken zum Altarsakrament. Sowohl Ursachen als auch Wirkung der seinerzeit so populären Verbreitung des Volksaltares wurden verhängnisvollerweise zu nachlässig recherchiert oder erst gar nicht interpretiert, wiewohl sie nur als das gedeutet wurden oder werden, was sie vordergründig darstellen: den natürlichen Ausdruck einer Gemeinschaft, die mit dem Zelebranten zusammenrückt. Das war allenfalls die Richtschnur im Verhalten der vergangenen Kriegsepochen. Was jedoch Menschen allein aus einer naturalistisch-entfremdeten Einstellung befreien und zum Personsein in Gemeinschaft erlösen könne, das sei die Begegnung mit der Personalität Gottes, unterstreicht *John Rawls* in seinem Werk *Über Sünde, Glaube und Religion*.

Im Glauben, den Maria bei der Verkündigung als „Magd des Herrn" bekannte und mit dem sie dem Gottesvolk auf seinem Pilgerweg ständig „vorangeht", strebt die Kirche „unablässig danach, die ganze Menschheit ... unter dem einen Haupt Christus zusammenzufassen in der Einheit Seines Geistes".

aus der Enzyklika „Die Mutter des Erlösers" (Nr.28)
von Papst Johannes Paul II.

TEIL I

Irren ist menschlich

*Eine Denkschrift über
religiöse Demenz*

Kapitel I

Beschreibungen einer Gesellschaft

Nachkriegsparodien

Auf dem Weg, auf dem die Menschheit geht, schuftet sie, um Felsen der Zweifel, Enttäuschung und Entwürdigung, des Hasses und der Unzufriedenheit beiseitezuschaffen. Viele sind dabei in weltlichen Irrtümern gefangen und bauen unaufhörlich an der Ungerechtigkeit der Welt und ihrer eigenen Dunkelheit weiter, verfangen sich bei der Anhäufung irdischer Werte und Lehren. Sie kommen nicht weiter, sehen nicht nach vorn. Jesus geht diesen Weg mit uns. Seine Gegenwart ist diskret und leicht zerstörbar. Seine Nahrung soll uns stärken, Halt und Richtung geben, damit wir nicht abrutschen.

Dazu müssen wir glauben, dass Seine Liebe nach dem Wunder der Verwandlung sich in uns entfachen kann, um selbst ansteckend zu werden für die Liebe im Nächsten. Das kann sie hingegen nicht, wenn unser Herz voll von Schuld ist und wir sie nicht hinauskehren auch jene, welche wir „nur" geerbt haben. Beim eucharistischen Weltkongress in Rom im Heiligen Jahr 2000 wird auf die Beichte hingewiesen als Mittel, um dem Wunder der Eucharistie näher zu kommen und bewusster zu werden.

Kann keiner sagen, es ist keiner unter ihnen, der müde von der Müdigkeit der Sünde, das Gefühl hat, weniger Mut zu haben und vom Feind bezwungen zu werden, da nichts so sehr schwächt wie ein schlechtes Gewissen? Heilig ist, wer sich nicht nur äußerlich, sondern auch innerlich heilig bewahrt. Dann ist Gott in ihm. Weder die Taufe noch der Ritus helfen, wenn nicht die Reue und der feste Wille vorhanden sind, der Sünde zu widersagen. Man kann Gott in seiner Güte nicht unbestraft versuchen. Das ist nicht erlaubt. Er verzeiht, verzeiht, verzeiht ... Doch er verlangt den festen Willen, die Sünde aufzugeben, um weiterhin verzeihen zu können. Töricht ist, wer sagt: „Herr, verzeih" und dann die Gelegenheit zur Sünde doch nicht meidet.

Es ist bezeichnend, dass das zweite Eucharistische Hochgebet mit der Epiklese nach der Konsekration die Bitte um die Einheit der Kirche in folgenden Worten verbindet: „Schenke uns Anteil an Christi Leib und Blut und lasse uns eins werden durch den Heiligen Geist." Diese Formulierung lässt deutlich werden, dass das Wesen des eucharistischen Sakramentes die Einheit der Gläubigen in der kirchlichen Gemeinschaft ist, gibt Papst Benedikt in *Kapitel fünfzehn Eucharistie und kirchliche Communio der SACRAMENTUM CARITATIS* an. So zeigt sich die Eucharistie an der Wurzel der Kirche als Geheimnis der Communio.

Der Baum des Lebens, von dem der Mensch sich infolge der Sünde entfernt hat, zeigt sich im Leib Christi den Menschen von Neuem. Obwohl unser Planet fortwährend mit Gräbern übersät wird, obwohl der Friedhof, worin der aus dem Staub hervorgegangene Mensch wieder zu Staub zurückkehrt (vgl. Gen 3,19), ständig wächst, leben doch alle Menschen, die am Grab Jesu Christi wachen, d. h. seine Lebensgeschichte wider allen Anfechtungen im Herzen tragen, in der Hoffnung auf ihre eigene Auferstehung. Das Evangelium und die Eucharistie, die wir in Reinheit empfangen, das sind unsere Wegzeichen.

Weder die Taufe noch der Ritus helfen,
wenn nicht die Reue und der feste Wille vorhanden sind,
der Sünde zu widersagen.

Die Natur sei nicht alle Wirklichkeit, und Gott in seiner Transzendenz für die Immanenz unerreichbar, das zumindest behauptet in der *Tagespost* im März 2004 *Dieter Hattrup*, Professor für Dogmatik an der Theologischen Fakultät Paderborn. Er fügt an, Natur sei diejenige Wirklichkeit, die in meine Reichweite falle, Gott diejenige Wirklichkeit, in deren Reichweite ich falle. Die Anerkennung dieser Wirklichkeit heiße Bekehrung. *Joachim Gauck,* der als ehemaliger Pastor den Vorsitz des Vereins „Wider das Vergessen – für Demokratie" inne hatte, präzisiert: „Wenn wir Gott, das summum bonum, das Gute an sich nicht mehr haben – dann haben wir wenigstens die Sicherheit, das Böse an sich, das tiefste Übel zu kennen. Und dieses böte, so paradox es klinge, einen Fixpunkt, von dem aus man sich ein Koordinatensystem in die wertneutrale Moderne hinein bauen könne." Bei einem Interview mit der *FAS* äußert er bereits lange vor seiner Zeit als Bundespräsident den Verdacht, dass die zentrale Rolle des Holocausts in unserem Bewusstsein damit zu tun habe, dass wir in einem für die meisten nachreligiösen Zeitalter leben würden.

Wenn man dem Autor *Rodney Clark* Glauben schenken darf, würde es das positive Wissen, das nicht aus Versenkung und Meditation, sondern aus dem mühsamen Geschäft des Erforschens (vor Ort), Abwägens, Vergleichens hervorgeht, Schritt um Schritt mehr geben. Da sei kein Platz für Fatalismus. Es gäbe Zukunft, Fortschritt und man könne die Welt verbessern. Dann würde auch der Einzelne zählen, du und ich und er und sie, ob Privatperson oder Politiker, Bischöfe oder Journalisten, Wirtschaftsbosse oder Intellektuelle. Sie alle hätten eines gemeinsam, sie könnten Fragen stellen, um sich auf die Suche nach der Wahrheit zu machen.

Wer aber keine Fragen mehr stellen mag, der ist noch schlimmer dran als der, welcher öffentlich (ver)zweifelt, weil nichts Jesus Christus mehr beleidigt als die Zweifel über seine Vergebung, die dem Fortschritt der Liebe und Brüderlichkeit alle Türen und Tore öffnet. Papst *Johannes Paul* II. beschrieb diese Kluft zwischen dem wahrhaft Suchendem und dem gleichgültig Gesättigtem in seiner Enzyklika „Fides et Ratio", übersetzt „Glaube und Vernunft": „(...) Der Glaubende gibt sich jedoch trotz der Beschwerlichkeit nie geschlagen. Die Kraft, um seinen Weg zur

Wahrheit fortzusetzen, erhält er aus der Gewissheit, dass Gott ihn als ‚Forscher' erschaffen hat (vgl. Koh 1, 13), der den Auftrag hat, trotz der ständigen Bedrohungen durch den Zweifel nichts unversucht zu lassen (…) (S.26 zu ‚Erwirb dir Weisheit, erwirb dir Einsicht.' [Spr 4, 5])"

Es wird mithin vielfach aus der Mitte der Gesellschaft geforscht, wie es glücklicherweise nicht wenige „säkulare" Soziologen, Psychologen, Philosophen und Journalisten oder christliche Laienorganisationen wie St. *Egidio* und katholische Ordensgemeinschaften wie die der *Mutter Theresa* oder die internationale Jugendorganisation *Cenacolo* noch verstehen. Sie sind dort wo Nöte und Sorgen der Menschheit am größten sind, sich verzahnen und verhärten. Ihre in Bürgernähe veranlassten Erhebungen und Recherchen zeichnen in der Öffentlichkeit ein sehr realistisches Bild von der Gesellschaft. Papst *Benedikt XVI.* kreidet im Herbst 2006 vor den versammelten und Bericht erstattenden deutschen Bischöfen gewissermaßen den atheistischen Geist an, mit dem Intellektuelle die Gesellschaft filtrierten, wenn „hinter deren zur Schau gestellter intellektueller Überlegenheit sich doch Ratlosigkeit angesichts der letzten existentiellen Fragen verbirgt".

Theorie und Praxis, die aus seinen verschiedenen Verlautbarungen hervorgehen, geraten aber auch bei diesem Papst unter Spannung. Im November 2011 unterzeichnet er in dem afrikanischen Benin „Africae munus", ein Schlussdokument, welches als Ergebnis der zweiten afrikanischen Synode im Oktober 2009 deren 57 Thesen behandelt. Der bis 2009 in der deutschsprachigen katholischen Gemeinde in Kapstadt tätige Pfarrer *Stefan Hippler* bemängelt in einem Artikel in der *Süddeutschen Zeitung* zum Ende des Pontifikats von *Benedikt XVI.*, dass der Papst zwar Probleme wie Armut, Flüchtlingsströme, Korruption benannte, aber im Prinzip es dabei geblieben sei. Das geistliche Philosophieren über den gerechten Menschen sei anerkennenswert, zeige aber eine mangelnde Bereitschaft, die harschen Lebensbedingungen der meisten Afrikaner mit Empathie zur Kenntnis zu nehmen. Der Mensch lebe zwar nicht von Brot allein, wie schon die Heilige Schrift sage, aber ohne Brot würden viele andere Überlegungen zum Luxus. Konkrete Lösungen, die den Menschen helfen würden, suchte man bei diesem Papst vergebens, schließt der Seelsorger.

Ebenso füllt niemand jungen Wein in alte Schläuche, denn die alten Schläuche würden durch die Gärung des Weines bersten, und der Wein würde auslaufen ... Die Kraft der neuen Lehre erfordert neue Methoden ihrer Verbreitung, und Christus, der dies weiß, bedient sich ihrer.

„Im Licht der grundlegenden Wahrheit des Glaubens und zugleich der Vernunft ist es im dritten Jahrtausend wieder möglich, Glaube und Wissenschaft miteinander zu verbinden", so der Papst an anderer Stelle bei seinem Besuch der Katholischen Universität vom heiligen Herzen in Rom im November 2005. Auf dieser Grundlage, so zitiert *L'Osservatore Romano* Papst *Benedikt*, finde die tägliche Arbeit einer Katholischen Universität statt. Und wenn der grundlegende Auftrag jeder Universität „das ständige Suchen nach Wahrheit durch Erforschen, Bewahren und Verbreiten von Wissen zum Wohl der Gesellschaft" sei, zeichne sich eine katholische Universitätsgemeinschaft aus durch die christliche Inspiration der Einzelnen und der Gemeinschaft, durch das Licht des Glaubens, welches das Nachdenken erleuchte, durch die Treue zur christlichen Botschaft, wie sie von der Kirche vorgelegt würde, und durch die institutionalisierte Verpflichtung im Dienst des Volkes Gottes, so der Papst.

Es wäre gleicherweise lohnend nachzuspüren, welche geistigen Strömungen die Abwendung vom Altarsakrament ausgelöst bzw. zugelassen haben könnte. Die Aufmerksamkeit des Volkes wurde vom Sakrament auf den Zelebranten hin verschoben. Selbiges mit einer ausgemachten und vor dem ehrfurchtgebietenden Altarsakrament allzu ungeschickter Gestik, um nicht zuletzt auch die Person des Priesters mit samt seiner Persönlichkeit in die Schar der Gläubigen einzureihen. Eigentlich sollte der Priester am Altar überhaupt keine Persönlichkeit vorgaukeln müssen, sondern ganz den vertreten, von dem er vorgibt, berufen worden zu sein. Um gewiss alles richtig zu machen, müsste man die Platzierung des Tabernakels am Hochaltar im Rücken des Priesters während der Messfeier „versus populus" in Zweifel ziehen, worüber sich allerdings fast keine Menschenseele mehr wundert.

Diese liturgische Umwälzung, der auch die geistige in nichts nachstand, fand wohl vorwiegend während der Kriegswirren ihren Anfang und konnte weder die Kontrolle des damaligen Papst *Pius XII.* noch des nachfolgenden Konzils der Nachkriegsepoche in seiner Unbotmäßigkeit erreichen. Der Wille zur „Demokratisierung der Liturgie" während und nach dem Ende des „Dritten Reiches" in der Weise der Hinwendung zum Volk, trotz aller Einbußen für die Aufmerksamkeit auf das Zentrum, dem Allerheiligsten, speist seine moralische Deutungskraft mit dem euphorischen Ziel, sowohl geographischer als auch zeitlicher Expansion, aus einer im Gedächtnis der Gläubigen nie zuvor dagewesenen Zeit. Eine von Krieg und Ideologien durchsetzte Zeitspanne. Die Nazi-Rhetorik spukte in den Köpfen der Menschen bis hinein in die fünfziger Jahre. Dort aber, wo das Denken systematisch ausgehöhlt wird, wie sollte da das G-e-d-e-n-k-e-n an den einen höchsten Herrn ewige Früchte zeitigen können?

Es war gleichwohl eine Zeit, in der GOTT und Seine Gebote zur Nebensache degradiert wurden, in der sich der Mensch zu einer mit der vom Führer in der Rassenlehre verliehenen Größe erhob. Es musste im „Ringen der Völker und Rassen der Stärkere, der zugleich der Bessere ist, seine Überlegenheit erweisen", so zitiert es der Dozent für Neuere Geschichte an der TU-Berlin, *Manfred Gailus,* für die ZEIT. „*Rasse*", „*Reich*" und „*Führer*" seien aufgelockert worden durch martialische Sinnsprüche von Himmler, Rosenberg, Hess, Schirach und Göring. Ohne Kampf und Opfer würde es keine Leistung geben, so *Gailus,* und ohne ständiges Neugebaren aus Werden und Vergehen würde das Leben nicht lebenstüchtig bleiben. Gerade dies sei das große Geheimnis und

Wunder des Lebens, dass es nur durch Selbstaufopferung weitergereicht werden würde. Dies seien die „göttlichen Gesetze des Lebens", wer sie kenne und nach ihnen leben würde, der wisse, dass die „Blutgemeinschaft des Volkes" von ihm auch die Hingabe seines Lebens für die „Brüder" fordern dürfe, dokumentiert *Gailus*.

So wurde beispielsweise nicht nur das Gesetz Gottes „Du sollst nicht töten" von Staatswegen ausgehebelt und mit Füßen getreten, sondern der „Führer" selbst setzte sich unverhohlen als universeller Gesetzgeber gewissermaßen an die Stelle Gottes, „denn wer ein Gebot bricht, verstößt gleichermaßen gegen alle, weil er gegen den einen Herren verstößt, der das Gesetz gemacht hat", so lesen wir in den apostolischen Briefen der Heiligen Schrift. *Gailus* berichtet weiter, dass die NSDAP zudem an einer „Endlösung der religiösen Frage" gearbeitet habe, mit der Matthäus Ziegler, der später wieder in den kirchlichen Dienst der evangelischen Kirche integriert worden sei, beauftragt worden sei. Nach Zieglers eigenen Angaben sei ein Manuskript von 1200 Seiten über *Die Vatikanpolitik von Bismarck bis Hitler* entstanden, welche sich mit den Grundlinien der zukünftigen nationalsozialistischen Vatikan- und Kirchenpolitik vertraut haben machen wollen. Die Vernichtung der Juden und des Judentums als die Wurzel des Christentums könnte somit erst der Anfang einer Reihe von tiefgreifend vernichtenden Maßnahmen gegen den christlichen Glauben gewesen sein. Die beiden großen christlichen Konfessionen jedenfalls waren im Auftrag Hitlers ebendies bereits im Fadenkreuz seiner Chefideologen. Die eine wurde dabei als Geisel genommen, während die Katholische Kirche systematisch in die Zange genommen wurde.

Die Politisierung des Sakralraums war ein ultimatives Begehren des Dritten Reichs und die Parodien der Demokratisierungsbewegung der Liturgie im Nachkriegsdeutschland innerhalb der katholischen Kirche ist diesem Anspruch auf europäischem Boden wohl mehr unbewusst als bewusst gerecht geworden. Hitlers

Experiment, mit der Vereinnahmung der Kirchen die geistliche Hegemonie für die Zeit nach dem Krieg vorauszuplanen, ist trotz verlorenen Krieges aufgegangen und zeigt seine Früchte Jahrzehnte nach dem Kriegsende nicht nur in Europa, sondern in der ganzen Welt in Form einer vom Hirten losgelösten Kirche. Davon kann ein Reichsführer nur träumen und der Nächste kommt bestimmt, angesichts des gewaltsam aufgebrochenen Vakuums im Sakralraum, welches einem schwarzen Loch aus dem Universum gleicht, das alles Heilige verschlingt.

Den Erfolg, welchen also die Kriegswirren der „Demokratisierungsbewegung" in der Nachkriegsperiode der katholischen Kirche bescherte, verdankt sie mithin in der Hauptsache den geistigen Umwälzungen während des Dritten Reiches. Ihre hemmungslose Ausbreitung konnte sie fernerhin auf noch viel älteren Wurzeln der Geschichte der Kirche selbst austragen. An einem ihr symbolträchtigen Ort, nämlich dem Petersdom zu Rom, verkörpert sie das Exempel der Zelebration am Volksaltar, zu welcher der Priester gehobenen Standes nunmehr seit gut vier Jahrhunderten bei feierlichen Anlässen dem Altarsakrament den Rücken kehrt, wie zu einem Ausgeschlossenen. Kein irdischer König würde sich diese Behandlung bieten lassen, sondern er bestünde auf eine zentrale Rolle während und ergo von Anfang der Zeremonie zu seinen Füßen. Demzufolge würde der König seinem Volk es auch unmissverständlich an Integrität und Wohlwollen missen lassen, wenn es Ihm geteilten Herzens dient.

Unanfechtbar soll der Kristall eurer Seele sein! Unanfechtbar!

Wir könnten Seiner räumlichen Gegenwart ohnedies bewusster werden, wenn wir das Gedenken selbst ungeteilten Herzens begehen und gestalten würden. Indes werden von Kriegsende an ausgehend von Deutschland flächendeckend in ganz Europa, durch Restaurierungen zerstörter oder beschädigter Kirchen mehr oder minder am Vorbildcharakter des Petersdoms, Volksaltäre errichtet. Das Bauwerk der Peterskirche zu Rom und sein Volksaltar entstand bereits zwischen 1506 und 1626, zu einer Zeit in der es noch keine „Tabernakelfrömmigkeit" gab. Denn nur für die Kommunion auf dem Sterbebett wurden konsekrierte Hostien aufbewahrt. Die bei der Messe jeweils übrig gebliebenen Hostien hatten die Geistlichen und Messdiener zu konsumieren. Das Austeilen von in einer zuvor gehaltenen Messe konsekrierten Hostien, das heute landauf, landab geschieht, war offiziell verboten. Das Messzelebrieren vor einer in der Monstranz zur Verehrung ausgestellten konsekrierten Hostie war gleichfalls verboten.

In jener Zeit ließ Julius II. Alt-Sankt-Peter von dem Baumeister des Neubaus des Petersdoms Bramante (1444–1514) ungerührt abreißen. Der sehr politische Papst war während seines Pontifikats in sämtliche Kriegswirren des christlichen Abendlandes verwickelt und zettelte selbst solche an, wenn es darum ging, die Vorherrschaft des Kirchenstaates mit dem Ziel einer Großmachtstellung auf italienischen Halbinsel auszubauen. Nur das Eintreffen von Schweizer Söldnern (heute die Schweizer Garde) unter einem seiner Kardinäle konnte den Papst zuletzt im Kampf gegen die Franzosen retten, die erst 1512 aus Italien abziehen wollten.

Julius II. forcierte auf sehr umstrittenem Wege zur Finanzierung der gigantischen Basilika den Ablasshandel derart, dass er Luthers Protest und dessen zahlreicher Anhängerschaft an sich gezogen hat. Mit dem Grundstein des neuen Petersdoms am 18. April 1506 war also nicht nur die Axt an die Wurzel der Einheit der Kirche gelegt, sondern man erkennt klar die Angleichung der Sakralraumgestaltung zugunsten eines pompösen Zeitgeistes, bei dem die Verherrlichung des verweltlichten Priesters an dem nun initiierten Volksaltar die zentrale Bedeutung eingenommen hat.

Die darauffolgende Gegenreformation der Katholiken tut sich bis heute schwer mit dem Protestantismus und umgekehrt (ver)zweifeln Protestanten an der Geschichte der Dynastie der Päpste. Die Ironie der Geschichte wollte es, dass der Erbauer des Petersdoms seine Ruhestätte nicht in seinem neu errichteten Bauwerk findet, das er hatte eigens für sein Grab errichten lassen, sondern seine Gebeine liegen heute in einer kleinen, abseits gelegenen Kirche in San Pietro in Vincoli, einem Stadtteil in Rom.

*Wehe, siebenmal wehe den Toten im Geiste unter meinen Priestern, die in ihrer Lauheit, in ihrer weichlichen, jeder Tatkraft entbehrenden Trägheit des Fleisches, in ihrer Schläfrigkeit trügerischen Traumbildern nachhängen, aber ihre Gedanken nicht auf den dreieinigen Gott richten; die voller Berechnung sind, sich aber nicht bemühen, dem höheren Ziel, nämlich den Reichtum der Herzen und den Schatz Gottes zu vermehren, gerecht zu werden. E r d g e b u n d e n , e n g h e r z i g u n d a b g e -
s t u m p f t l e b e n s i e d a h i n u n d z i e h e n a u c h j e n e i n i h r
t o t e s G e w ä s s e r , d i e i h n e n n a c h f o l g e n i n d e r M e i n u n g ,
d a s s s i e d a s L e b e n b e s ä ß e n . Der Fluch Gottes komme über die Verführer meiner kleinen, geliebten Herde! Nicht jene, die durch eure Trägheit verlorengehen, ihr pflichtvergessenen Diener des Herrn, werde ich bestrafen, sondern von euch werde ich Rechenschaft fordern über jede Stunde, jeden Augenblick, jede eurer Nachlässigkeiten und ihre Folgen.*

Vielmehr aus der Laune der einen Halbherzigkeit am Altar sind im Mittelalter grob begangene Nachlässigkeiten gegenüber GOTT und Seinen Belangen in Folge unverrückbar auch für die Nachwelt installiert worden, deren Züge und Ähnlichkeit ausgerechnet mit jenen im Dritten Reich eine exponentielle Entwicklung in Europa erhielten. Die Nachkriegsperiode kann die Ausuferung des fatalen Irrtums nicht aufhalten. Der Stolz des radikal Absurden, im Nichts Halt zu finden, gebärdet das Unabhängigkeitsstreben und den daraus resultierenden Gottesmord hinein bis ins Nachkriegseuropa. Er beschreibt die Basis der vielen Gründe für schwindende Gottesdienstbesucher heute und insbesondere der Jugend in ganz Europa.

Jugend lässt sich in der Konkurrenz weltlicher Angebote nur mehr für ganzheitliche Wahrnehmung heranziehen. Deren Initiative scheint dann aber grenzenlos. Mit ihren Protesten, angefangen im Jahr 2018, die nach dem Vorbild der schwedischen Klimaschutzaktivistin *Greta Thunberg* jeden Freitag stattfanden, würden Jugendliche zum Beispiel eine konsequentere Klimapolitik fordern, berichtet die *SZ* im März 2019. An einem regnerischen Freitag demonstrierten in München über 10.000 Schüler und Studenten und nach Angaben von Fridays for Future gingen in ganz Deutschland in mehr als 220 Städten junge Menschen auf die Straße, so die *SZ*. Das ist beeindruckend.

Das Licht Gottes erstrahlt dort, wo man willig und eifrig darum bemüht ist, es von den Schlacken zu reinigen, die sich aus dem Wirken des Menschen ergeben: aus seinen Kontakten, Reaktionen und Enttäuschungen. Das Licht Gottes erstrahlt dort, wo der Docht in reichlich Öl des Gebetslebens und der Nächstenliebe getaucht ist. Das Licht Gottes leuchtet mit so unendlich vielen Strahlen, wie es Vollkommenheiten Gottes gibt, von denen jede einzelne im heiligmäßigen Menschen eine heldenhaft ausgeübte Tugend erweckt, wenn der Diener Gottes den Kristall seiner Seele rein bewahrt und dem qualmenden Rauch der bösen Leidenschaften zu widerstehen vermag. Unanfechtbar soll der Kristall eurer Seele sein! Unanfechtbar! Nur Gott allein hat das Recht und die Macht, diesen Kristall zu ritzen und mit dem Diamanten seins Willens seinen heiligsten Namen darin einzugraben. Dann wird dieser Name zur Zierde und lässt ein Feuer übernatürlicher Schönheiten von unendlicher Vielfalt auf diesem reinsten Quarz erstrahlen.

Aber, wenn der törichte Diener des Herrn die Selbstkontrolle und den Überblick über seine Aufgabe, die einzig und allein übernatürlicher Art ist, verliert und falsche Figuren einritzen lässt, Kratzer, die keine Gravierungen, sondern geheimnisvolle, dämonische Namenszüge von den feurigen Krallen Satans sind, dann scheint die wundersame Lampe nicht mehr schön und ungetrübt. Der Kristall zerspringt, und die Flamme erlischt unter den Scherben. Oder, wenn die Lampe nicht zerspringt, entsteht ein Gewirr unverständlicher Zeichen eindeutigen Ursprungs, in denen sich der Ruß festsetzt und sie vollends unkenntlich macht.

Der Volksaltar muss kein Nachteil für Gottes Anliegen sein, sondern kann durchaus einen Vorschuss an Teilnahmecharakter für die versammelten Gläubigen vermitteln, wie es ansatzweise seine ursprünglichen Errichter bezweckten. Denn wer am Volksaltar auf Geheimniskrämerei des Zelebranten hofft, der hofft vergebens. Jedoch sprengt ein ehrlos gehaltener Tabernakel im Sakralraum unweigerlich die Authentizität der gesamten Versammlung. Insofern läuft der Priester Gefahr, in seiner Abgewandtheit vom Tabernakel mitunter selbst zu einer illusorischen Größe heranzuwachsen. Unwillkürlich (und manchmal auch zu offensichtlich) präsentiert er sich als die Person, die das Wunder der Wandlung wirkt. Eine fatale Irreführung des Gläubigen, der noch zu wenig darüber weiß, dass Gott es ist, der alle Wunder wirkt. Hingegen würde der gezeigte Rücken des Zelebranten während der Wandlung unmissverständlich die Hinwendung zu Gott beschreiben, selbst wenn der Zelebrant nicht gewillt ist, die Einheit mit Gott zum Nonplusultra seines Berufsstandes zu erheben. Am Volksaltar hingegen spielt mit dem sichtbaren Angesicht des Zelebranten immer auch seine Persönlichkeit mit rein und eine zentrale Rolle, um folglich zur Richtschnur für eine in Szene gesetzte oder gelungene Liturgie zu werden. Das liegt nicht zwangsläufig am rhetorischen Gutdünken des Zelebranten, sondern an der Subjektivität im Auge des Betrachters. Ein Drahtseilakt, denn der eine Gläubige will die Gestik so verstehen, während der andere sie ganz anders zu deuten gewillt ist.

Die ursächliche Liturgieordnung als solche will jedoch ideale Verhältnisse schaffen und nicht in Abhängigkeit fragwürdiger Zelebrationsweisen stehen, beziehungsweise dazu das Risiko der Versuchung für persönlichen Stolz gegen 0 zu halten. Denn Stolz ist weder die angebrachte Demutsbezeugung vor Gott, der Er selbst aus seiner Gnade heraus jedes einzelne Wunder dieser Erde wirkt, noch fühlt sich die Versammlung angemessen angesprochen, dem Sendungsauftrag, mit „all seinen Kräften" zu „Seinem Gedächtnis" beizuwohnen. Der Herzogenrather Pfarrer *Guido Rodheudt* meint, dass die Wunden heilen könnten: „Der Bezug zum Heiligen ist vollkommen zerstört worden durch die Zeitumstände, und die Kirche hat den Fehler gemacht, diese Zeitumstände völlig aufzusaugen bis hin zu Kirchenbau und Liturgiereform." Nur langsam wachse eine Generation nach, die Kult und Kultur, Seelsorge und Gottesdienst nicht mehr als Gegensätze begreife, rezitiert ihn *Alexander Kissler* im September 2008 in der *FAS*.

Geschichte & Gegenwart

*"Tradition ist nicht das Halten der Asche,
sondern das Weitergeben der Flamme"*
Thomas Morus

Deutschland ging es materiell wieder gut und musste sich bis zum Überfall der Russen auf die Ukraine auch nicht mehr vor kriegerischen Agitatoren innerhalb oder vor den Toren seiner Grenzen fürchten. Wie könnte es da verwundern, wenn sich zur Jahrtausendwende der Widerstand gegen den Bau von Moscheen in Berlin, Frankfurt und München regt, wo doch das Bürgertum religiöses Verständnis und den Umstand leerer Gotteshäuser vorzugsweise aus seinem Bewusstsein verdrängt hat. Es ist wohl kaum noch jemand erpicht darauf, der strengen Auslegung von Religion ins Auge zu blicken, vielmehr ist es die neurotische Natur der Menschen oder der Mensch ist allzeit bereit, verderbt genug zu sein, um es darauf anzulegen, die allzeit greifbare Erlösung mit allen Mitteln vor sich her zu schieben. Selbst unter Gläubigen herrscht die eingefahrene Mentalität vor, Erlösung und Heil ohne Anstrengung oder persönliche Einbußen beschreiten zu können.

Überall würde also der Protest von Anwohnern laut. Die Grenze zwischen Bürgerbegehren und rechtspopulistischen oder radikalen Bewegungen sei fließend, meint *Armin Laschet*. Das Problem sei ja nicht, dass die Muslime uns überrennen und die Christen massenhaft konvertieren, hält der Minister für Generationen,

Familie, Frauen und Integration in Nordrhein-Westfalen, *Laschet*, im September 2008 in der *FAS* dagegen, sondern dass wir unsere eigene Überzeugung nicht mehr vortragen würden. Natürlich sei es auch nicht schön, wenn die Bistümer Kirchen verkauften und gleichzeitig Moscheen gebaut würden. Das sei aber keine Frage an Muslime, sondern an uns selbst, untermauert der Minister.

Der Präsident des Päpstlichen Rates zur Förderung der Einheit der Christen, Kardinal *Kaspar*, attestiert im Dezember 2006 in einem Gespräch mit der *FAS*, dass es nach einer neueren Aufklärungswelle, die nach 1968 eingesetzt habe, auch in dieser heutigen Zeit immer noch den Trend gäbe an einer Spiritualität, die freilich sehr emotional sei, die kein klares Gottesbild habe, sondern mehr der Selbsterfüllung und der eigenen Identitätssuche diene. Das sei die Form einer gewissen Bürgerlichkeit. Religion habe aber nur einen Sinn, so der Kardinal, wenn sie ein Gegenüber habe. Nur der lebendige Gott könne wirklich helfen. Und das stelle vor die Frage, welche heute vielen unbequem erscheine: die Frage nach der Wahrheit. Es fehle heute oft an der Entschiedenheit für die Wahrheit.

Für den abendländischen Glauben ist Christus die einzige Leitfigur, welcher der Menschheit vorausging, um im liebenden Gehorsam vor Seinem himmlischen Vater als erster Mensch mit der Auferstehung den eigenen Tod zu bezwingen. Christus hat all jenen das ewige Leben verhießen, die an ihn glauben würden und die Gesetze des Schöpfers halten wollten, welche dem Menschen durch Moses vermittelt wurden. Christus sprach von nichts anderem als von der Art und Weise, das Leben zu erlangen und zu bewahren.

Das unveränderliche Gesetz muss in die Tat umgesetzt werden, die Sünden beweint, Buße muss getan und die Seelen geöffnet werden für das Wort, um zum wahren Leben zu kommen, zu Gott. Der Tod wird dann nicht das „Ende", sondern der Anfang sein.

Fürderhin fragt sich an anderer Stelle der ehemalige Bischof der Diözese Rottenburg-Stuttgart, wie man als Theologe – das heißt als Wissenschaftler, der verantwortet von Gott reden soll – von der gegenwärtigen Situation und ihren Nöten sprechen kann, ohne das zu nennen, was *Johann Baptist Metz* schon vor Jahrzehnten die Gotteskrise genannt habe. Als Antwort auf das Memorandum deutscher Theologen appelliert Kardinal *Kasper* am 11. Februar 2011 in der *FAZ* eindringlich an die Unterzeichner, die deutschsprachigen katholischen Theologinnen und Theologen, sich ernsthaft zu fragen, ob die Kirchenverfassung heute eine existenzielle Frage der Menschen sei. Er kommt auf das theologische Grundproblem zu sprechen, das er im Memorandum mit dem Titel „Ein notwendiger Aufbruch" selbst vermisst, und hält ein, dass wenn seit 1950 der Anteil der regelmäßigen Kirchgänger im Schnitt um mehr als zwei Drittel zurückgegangen sei, das dann ein Vorgang sei, der längst aufrütteln hätte müssen und den wirklichen Grund aufzeige, was man den Priestermangel nenne. *Kasper* setzt sich diesbezüglich für die radikale Erneuerung des Glaubens ein, die an dieser „radix", an dieser Wurzel ansetze, statt oberflächlich an der Stellschraube Zölibat zu drehen. Das Beispiel anderer christlicher Konfessionen, die die in Erwartung gestellten Veränderungen bereits umgesetzt hätten, zeige, dass sie damit nicht besser fahren würden und sogar in einer noch viel tieferen Krise stecken beziehungsweise teilweise sogar auf deren Spaltung zuliefen.

Papst *Benedikt* in *SACRAMENTUM CARITATIS* im Kapitel IV. *„Eucharistie und Priesterweihe"* – Eucharistie und priesterlicher Zölibat 24. [...] In dieser Wahl des Priesters kommen nämlich in ganz eigener Weise seine Hingabe, die ihn Christus gleichgestalt, und seine Selbstaufopferung ausschließlich für das Reich Gottes zum Ausdruck. (75) Die Tatsache, dass Christus, der ewige Hohepriester, selber seine Sendung bis zum Kreuzesopfer im Stand der Jungfräulichkeit gelebt hat, bietet einen sicheren Anhaltspunkt, um den Sinn der Tradition der lateinischen Kirche in dieser Sache zu erfassen.[...]

Nicht weniger als drei katholische Weltbischofsynoden hätten sich darüber hinaus mit dem Thema befasst und jeweils mit überwältigender Mehrheit für die Beibehaltung der priesterlichen

Ehelosigkeit votiert. Der Kardinal argumentiert, dass, wenn man, wie es zu Recht geschehe, eine andere innerkirchliche Rechtskultur verlange, es auch dazugehöre, dass man keine lähmende Dauerdiskussion führen solle, sondern Entscheidungen auch dann anzuerkennen seien, wenn man selbst eine andere Lösung bevorzuge. Mehr Phantasie und ein Blick über den Tellerrand hinaus würden dagegen weiterhelfen. Der Kurienkardinal schlägt vor über die Art der theologischen Ausbildung zu diskutieren, die dem wirklichen Leben der Kirche weithin entfremdet sei, ferner den Religionsunterricht und den Zustand der Katechese. In seiner derzeitigen Form aber bliebe das Memorandum in einer von ihm selbst zu Recht kritisierten Selbstbeschäftigung stecken.

Als Papst erklärt *Benedikt XVI.* einleuchtend den Zusammenhang zwischen Eucharistie und Kirche in seinem nachsynodalem Schreiben *SACRAMENTUM CARITATIS* wie folgt: „Mit seinem Wort und mit Brot und Wein hat der Herr selbst uns die wesentlichen Elemente des neuen Kultes geschenkt. Die Kirche, seine Braut, ist berufen, das eucharistische Mahl Tag für Tag zu seinem Gedächtnis zu feiern. Sie schreibt auf diese Weise das erlösende Opfer ihres Bräutigams in die Geschichte der Menschen ein und lässt es in allen Kulturen sakramental gegenwärtig werden."

Der Eichstätter Priester *Senninger* versucht die Zeichen der Zeit zu deuten und gibt in seinem Buch „über die Verantwortung der katholischen und evangelischen Kirche im Holocaust" an: „Übersehen wurde auf drastische Weise (und wird es beschämender Weise noch heute), dass der neuzeitliche Kampf um die Menschenrechte auf jener Fluchtlinie fortschreitender Autonomie und Emanzipation des Menschen von der wahren Religion liegt, die schließlich im Gottesmord mündet und seit Menschengedenken auf diesem Planeten in humanitären Katastrophen unvorstellbaren Ausmaßes ausarten konnte."

Beschimpft nicht diejenigen, die an der Regierung sind; denn nicht durch Auflehnung gegen die Obrigkeit wird eine Nation groß und frei, sondern durch die heiligmäßige Lebensweise der Bürger erlangt man den Segen des Herrn, der das Herz der Regierenden rühren oder sie aus ihrer Position oder auch aus dem Leben entfernen kann, wenn sie das Maß überschreiten; besonders, wenn das Volk sich geheiligt und Vergebung Gottes erlangt hat, und Gott deshalb das Instrument der Unterdrückung vom Nacken der Bestraften nimmt.

Es ist vornehmlich anzunehmen, dass Adolf Hitler eine unaufhaltsam fortschreitende gespaltene Entwicklung vollzogen hat, je mehr er sich der „Endlösung" nähern und seinem vordergründigen Hass gegen den jüdischen Volksstamm hingeben konnte. Hitler war zum Symbol des Widersachers und zum lebendigen Anti-Christen geworden. Die offene Rechnung mit dem Heiland der Christen konnte er sich nunmehr inbrünstig zur Aufgabe machen. Es hätte ihm also nicht mehr genügen müssen, nur die katholischen Parteien für seine menschenunwürdigen Gesetzeserlasse zu vereinnahmen, um sie wirkungslos zu machen, wie bei jenem Ermächtigungsgesetz kurz nach seinem Machtantritt im Frühjahr 1933, deutet *Hubert Wolf,* Theologe und Kirchenhistoriker in Münster, für die *SZ* im März 2008 in deren Feuilleton. Sowohl das Zentrum als auch die katholische Bayerische Volkspartei hätten damals mit ihrer Stimmenabgabe am 23. März den Nationalsozialisten die notwendige Zweidrittelmehrheit verschafft, um die Diktatur auf mehr oder weniger legalem Weg zu errichten. Auch der Berliner Nuntius Cesare Orsenigo hätte diese Verständigung mit dem kirchenfreundlichen Flügel der Nationalsozialisten schon Ende 1930 für möglich gehalten, schreibt *Wolf* – im Falle eines „geduldigen und vorsichtigen Abwartens der Katholiken". Am 7. Februar 1933 habe er Pacelli ausdrücklich auf Hitlers Wunsch hingewiesen, mit der Zentrumspartei zusammenzuarbeiten oder sein Kabinett wenigstens für ein Jahr durch sie tolerieren zu lassen, dokumentiert *Wolf.*

Ergo habe Pacelli als Kardinalstaatssekretär, der als einstiger Nuntius in München und Berlin die Verhältnisse im Reich genau kannte, die Zentrumspartei, das politische Instrument der

Kurie in Deutschland, in einer neuen Koalition den Nazis nun direkt in die Arme gesteuert, was für alle Beteiligten geheißen habe „sich jetzt mehr nach rechts zu orientieren und dort eine für ihre Grundsätze tragbare Koalition zu suchen". Einer seiner Paladine, der Päpstliche Kammerherr und nachmalige Stellvertreter Hitlers, Franz von Papen, habe im Sommer 1932 als Reichskanzler die sozialdemokratische Regierung Braun-Severing beseitigt, das Verbot der SA und der SS aufgehoben und alles getan, um Hitler an die Macht zu bringen. Zweiter im Bund: Pacelli-Freund Prälat Ludwig Kaas, Professor für Kirchenrecht, der als Zentrumsführer keine wichtige Entscheidung ohne Pacellis Zustimmung gefällt habe. *Wolf* fährt fort: Kaum habe Kaas das Votum seiner Fraktion für Hitlers „Ermächtigungsgesetz" abgegeben, das diesem die Diktatur ermöglichte, sei dieser ebendies nach Rom verschwunden. Von dort habe er Hitler, mit dem er unmittelbar zuvor, ohne Wissen seiner nächsten Parteifreunde, unter vier Augen konferiert hatte, „aufrichtige Segenswünsche" gesandt, die Auflösung des Zentrums gefordert, die auch prompt erfolgte, und, nach Rücksprache mit dem Papst und Pacelli, viele protestierende Katholiken beschwichtigt: „Hitler weiß das Staatsschiff wohl zu lenken."

Dem zu Grunde hätten Verhandlungen über ein Konkordat gelegen, welche Orsenigo am 8. April 1933 in einem Bericht in Betracht zog. In der Zwischenzeit hätte die Zentrumspartei dem Druck der Nationalsozialisten nicht standgehalten und sich am 5. Juli 1933 selbst aufgelöst, noch bevor das Reichskonkordat unterschriftsreif war, deren Inhalt unter anderem auch die sogenannte Entpolitisierungsklausel war, wonach Geistlichen jegliches Engagement in Parteien verboten wurde, berichtet *Wolf*. Damit nicht genug hätte der frisch gekrönte Reichskanzler, der im Abendland als Einziger heftigst gegen den Kommunismus proklamiert habe, am 28. März des selbigen Jahres die Stimme sämtlicher deutschen Bischöfe gewonnen, welche nun ihre frühen Warnungen vor dem Nationalsozialismus zurücknahmen, so dass die Katholiken ohne Gewissenskonflikte in der "Bewegung" mitarbeiten konnten.

Nach der Regierungserklärung durch Hitler hätten die Bischöfe geglaubt, das „Vertrauen hegen zu können", dass die „allgemeinen Verbote und Warnungen" vor dem Nationalsozialismus „nicht mehr als notwendig betrachtet zu werden brauchen". Kurz zuvor habe Papst *Pius XI.* mit Zurückhaltung noch die Absichten der deutschen Bischöfe in Erfahrung zu bringen gesucht, als er sich dementsprechend gegenüber seinem Kardinalstaatssekretär äußerte und Wert darauf gelegt habe, dass „eine Intervention des Papstes weder notwendig noch ratsam" sein würde, legt der seit fünf Jahren im Vatikanischen Geheimarchiv forschende und ehemals in Münster Kirchengeschichte lehrende *Hubert Wolf* im Frühjahr 2008 im Feuilleton der *FAZ* dar. Demnach sei Rom sichtlich überrascht gewesen über die bereits gehandelte „Kundgebung der deutschen Bischöfe zur Haltung zum Nationalsozialismus", welche der Vorsitzende der Bischofskonferenz, Adolf Kardinal *Bertram*, aus bislang unerfindlichen Gründen ohne Rückmeldung seines Oberhirten verlauten habe lassen.

Nicht zu übersehen sei deshalb auch der Umstand, dass Eugenio Pacelli und spätere Papst Pius XII. bereits während zwölf Jahren als Nuntius in Deutschland mit einem Reichskonkordat zwischen dem Deutschen Reich und dem angehenden Kirchenstaat geliebäugelt habe, gibt *Wolf* an. Der gewiefte Diplomat Pacelli hätte die kirchliche Verurteilung niemals ohne Gegenleistung aufgegeben und mit dem Entgegenkommen des deutschen Episkopats entschwand ihm allmählich die Verhandlungsmasse, die nach der Auflösung der Zentrumspartei vollends wertlos erschienen sein musste. Pacelli habe sich dennoch gezwungen gesehen, das Konkordat so schnell wie möglich durchzusetzen, welches daraufhin tatsächlich noch im Juli von beiden Seiten festgesetzt werden konnte. Entgegen der Meinung des Papstes, der sich „mit der Erklärung des Episkopats im März einverstanden erklärte", habe Orsenigo einen erbitterteren Ton angeschlagen und kritisierte, dass die Bischöfe nicht Kontakt mit der Regierung aufgenommen, klare Bedingungen gestellt und Gegenleistungen gefordert, sondern eine Erklärung „voller Hoffnungen" formuliert hätten. Welchen

Vorteil aber habe Pacelli im Auftrag der Kirchenführung Roms in diesem fragwürdigen Bündnis eines Reichskonkordats geschöpft, in welchem „die Bischöfe von der Regierung in einigen Punkten klare Zusagen verlangt hätten", wie sich, laut *Wolf,* Pacelli gegenüber Groenesteyn überrascht gab.

Das Leben beginnt vor der Geburt und hat dann kein Ende mehr, denn die Seele kann nicht sterben: das heißt, sie vergeht nicht.

Der Literaturwissenschaftler *Ernst T. Mader* weiß in der ZEIT zu berichten, dass man nach 1933 von 70 katholischen Priestern in Deutschland ausgehe, die mit den Nazis offen sympathisierten. Erst im September 1939, nach dem Überfall der Wehrmacht auf Polen, hätten es katholische Bischöfe ihren protestantischen Oberhirten gleichgetan und ihre Gläubigen in einem Hirtenbrief aufgefordert, „in Gehorsam gegen den Führer, opferwillig, unter Hingabe ihrer ganzen Persönlichkeit ihre Pflicht zu tun". Dem zum Tode verurteilten Verweigerer Pater Franz Reinisch sei 1942 im Gefängnis sogar die Kommunion verwehrt worden, weil er „nicht im Stande der Gnade" gewesen sei, so *Mader*. Die katholischen Bischöfe hätten spätestens seit September 1939 in Hirtenbriefen ihre Gläubigen zur vorbehaltlosen Kriegsteilnahme aufgerufen. „Erfüllt eure Pflicht gegenüber Führer, Volk und Vaterland!", hätte etwa Hildesheims Bischof Joseph Godehard Machens den Gläubigen zugerufen. „Erfüllt sie, wenn es sein muss, unter Einsatz der ganzen Persönlichkeit!" Sollte die Angst vor dem Tod auf dem Schlachtfeld schrecken, so hätten die Soldaten Trost und Halt in den heiligen Sakramenten durch die Teilnahme an Beichte und Kommunion finden sollen. Nach ihrem Empfang hätte sich für die katholischen Landser das „Unglück in Glück" gewandelt, dokumentiert *Mader* für die ZEIT. „Dann werde sie der Verlust des irdischen Lebens zum ewigen Leben, der Tod für das Vaterland in das ewige Vaterhaus Gottes führen."

Entsprechend seien die Gebete gewesen, die dazu anempfohlen wurden. „Segne die deutsche Wehrmacht, welche dazu berufen ist, den Frieden zu wahren und den heimischen Herd zu beschützen, und gib ihren Angehörigen die Kraft zum höchsten Opfer für Führer, Volk und Vaterland", hieß es da im Katholischen Feldgesangsbuch von 1939. „Segne besonders unseren Führer und Obersten Befehlshaber in allen Aufgaben, die ihm gestellt sind. Lass uns alle unter seiner Führung in der Hingabe an Volk und Vaterland eine heilige Aufgabe sehen ..." Krieg sei Friedensdienst; Führer, Volk und Vaterland seien des höchsten Opfers wert. So hätten die Bischöfe gesprochen, dokumentiert *Mader*.

Dürfe man da als treuer Katholik wirklich den Waffendienst verweigern, geschweige denn den Nationalsozialismus anzweifeln?, fragt *Mader*. Für Michael Lerpscher, einem Katholiken aus dem Allgäu, sei dieser Zweifel längst kein Tabu mehr gewesen. Wenn auch kein Dokument von seiner Hand erhalten sei, kein Brief, kein Bekenntnis, in dem er seine Haltung erkläre, so spreche doch die Tat für sich, so *Ernst T. Mader* in der *ZEIT*. Er hätte bei der Einberufung den obligatorischen Fahneneid der Wehrmacht verweigert: „Ich schwöre bei Gott diesen heiligen Eid, dass ich dem Führer des Deutschen Reiches und Volkes, Adolf Hitler, dem Oberbefehlshaber der Wehrmacht, unbedingten Gehorsam leisten und als tapferer Soldat bereit sein will, jederzeit für diesen Eid mein Leben einzusetzen."

Kapitel achtundsiebzig *Eucharistie und Evangelisierung der Kultur* von *SACRAMENTUM CARITATIS* von Papst *Benedikt XVI.* zeigt klar auf, an welchem geistigen Firmament die Chefideologen des Naziregimes angegriffen haben: „[...] **das eucharistische Geheimnis führt uns in den Dialog mit den verschiedenen Kulturen und diese aber auch in gewissem Sinne herausfordert. (217) Man muss den interkulturellen Charakter dieses neuen Gottesdienstes, dieser logiké latreía anerkennen. Die Gegenwart Jesu Christi und die Ausgießung des Heiligen Geistes sind Ereignisse, die beständig mit jeglicher kulturellen Wirklichkeit den Vergleich aufnehmen können, um sie nach Art des Evangeliums zu fermentieren. [...]**"

Wie um seiner persönlichen Krönung als Diktator wegen, hatte Hitler nicht nur seine Landsleute allesamt wie Kanonenfutter verfeuert, sondern zu seiner Zufriedenheit gleicherweise die treuen Schäfchen unter ihnen, die sich dem christlichen Glauben fügten. Er gibt heute noch Anlass genug zur Annahme, dass er auch ihren Anteil an seinem fürsorglich installierten Glück nicht wirklich wollte, sondern im Gegenteil nur hinderlich an einem solchen gewesen wäre. Mit jedem Rückschlag und jeder Rezession der Kampfmacht seiner Armeen gewann der Anti-Christ an Hass hinzu. Der Krieg war dem in allen Facetten lebendig gewordenen Tyrannen Knecht und Helfer dabei gewesen, das moralische Erbe des Abendlandes oder was davon noch übrig war, vollends in den Untergang zu stoßen und mit ihm das christliche Erbe in den Familien im eigenen als auch in den eroberten Gebieten.

So habe auch der letzte Gang des jungen Michael Lerpscher im Zuchthaus von Brandenburg-Görden begonnen, einer Hinrichtungsstätte im Deutschen Reich, erklärt *Mader* und dieser fährt fort in seinen Ausführungen für die *ZEIT*: „Er führt über den Hof und endet in der Garage des Hauses I vor einem dunklen Vorhang. Dort muss er stehen. Der Rest dauert etwa zwölf Sekunden: Die Henker schieben den Vorhang zurück, greifen den Häftling, streifen ihm das Jackett ab und drücken ihm beide Arme auf den Rücken. Ein Hebeldruck lässt es niedersausen, der Kopf rollt in eine Blechschale, unten rinnt das Blut in ein Gefäß. Dem Toten wird noch die Hose heruntergerissen und der nackte Körper dann, den Kopf zwischen den Beinen, in einer Holzkiste zum Krematorium gebracht. Wenige Tage später kommen seine persönlichen Sachen mit einem Paket und einer Rechnung für den Aufwand der Hinrichtung, der Haft sowie der Gebühr für die Todesstrafe auf dem Lerpscherhof in Wilhams im Allgäu an." Erst 1999 hat ihn die Deutsche Bischofskonferenz in *Das deutsche Martyrologium des 20. Jahrhunderts* aufgenommen.

Seid nicht unerbittlich gegen jene, die fehlen.
Denkt daran, dass ihr alle Brüder seid, aus Fleisch und Seele.

Es genügt nicht, an der Gedenkstätte zu Auschwitz den Gottesmord an Juden zu beklagen oder in rhetorischen Glanzleistungen Relativismus und Subjektivierung in einem Atemzug als Ursache allen Übels zu benennen. Da wo wir selbst als geübteste Relativisten unseren Einfluss nehmen an der spirituellen Rückbildung der Gesellschaft mit der klassischen Überbewertung des säkularen Bürgertums, sind wir als Bürger unfähig, dem inneren Atheismus die Stirn zu bieten, welcher den äußeren nur ermuntern kann. Der innere Funken, der die Flammen der Leidenschaften unaufhaltsam zum Entfachen bringt. Jeder muss sich selbst fragen, wo er zum Schweigen beiträgt, das mitunter so laut geworden ist, dass es schon Verdacht weckt. Der selbst in Kritik geratene, ehemalige Bischof Dr. Walter *Mixa* von Augsburg stellt im Frühjahr 2006 in der *FAS* treffend fest, dass sein Eindruck sei, wir Christen seien weitgehend stumm geworden – wir hätten einen eigenartigen Hang zur Selbstverachtung entwickelt, der sich gegen die eigenen Wurzeln richte. „Wir haben auch die Pflicht, uns gegen Angriffe und Verunglimpfung christlicher Symbole, Glaubensinhalte, Kirchen und deren Vertreter, wie es bedauerlicherweise in zunehmendem Maße zu beklagen ist, zu verwahren." So dringend dieser Appell, so notwendig ist auch der aufrichtige Blick in das Innere des Geschehens und unserer Person.

Jesus wendet sich zur Menge, die aufmerksam zugehört hat und sagt: „Wahrlich, wahrlich, ich sage euch, dieser Mann hat den Glauben, der Berge versetzt. Wahrlich, wahrlich, ich sage euch, dass sich die wahre Liebe und Hoffnung, der wahre Glaube mehr im Leiden als in der Freude offenbaren, gleichwie übermäßige Freude dem noch ungeformten Geist oftmals Verderben bringen kann. Es ist leicht zu glauben und gut zu sein, wenn das Leben zwar nicht lauter Freude, aber doch ein ruhiges Dahinfließen der Tage ist. Wer jedoch in Glaube, Hoffnung und Liebe ausharrt, auch wenn er durch Krankheit, Elend, Tod und Not vereinsamt, wenn er von allen verlassen und gemieden wird, und nichts anderes sagt als: „Es geschehe, was der Allerhöchste für mich für nützlich hält", wahrhaft, der verdient nicht nur den Beistand Gottes; vielmehr sage ich euch: Im Himmelreich ist schon ein Platz für ihn bereit, und er wird nicht am Reinigungsort verweilen müssen, denn seine Gerechtigkeit hat alle Schuld seines vergangenen Lebens getilgt. Mann, ich sage dir: „Gehe hin in Frieden, denn Gott ist mit dir!" Bei diesen Worten dreht er sich um und streckt dem Aussätzigen die Arme entgegen. Er zieht ihn gleichsam durch diese Geste an sich, und als er ziemlich nahe ist, um gut zu sehen, befiehlt er: „Ich will: Sei rein!" Und es ist, als ob der Mond mit seinem Silberlicht die Pusteln, Wunden, Blasen und Krusten der abscheulichen Krankheit abwüsche und davontrüge.

Wenn fiktive Glaubenssätze zu Wahrheiten würden: Der französische Schriftsteller *Louis Aragon* habe dafür einen Begriff gefunden, schreibt die ZEIT. Aragon würde beschreiben, wie aus Fakten und Fiktionen in der Erinnerung eine Scheinwirklichkeit würde. Sie bestehe zwar aus Lügen. Doch irgendwann werde die Lüge als Wahrheit akzeptiert. Er nannte es: „das Wahr-Lügen". Eine Jahrtausend-Umfrage des Meinungsforschungsinstituts *Gallup Internationals* spricht klare Worte: „Europa besitzt im weltweiten Vergleich die niedrigste Zahl von Gottesdienstbesuchern – ganze 17 Prozent der Menschen suchen hier mindestens einmal pro Woche einen Gottesdienst auf. Laut DBK und EKD besuchen in Deutschland sonntags zwischen 9,8 bis 23,1 Prozent Katholiken den Gottesdienst, während es bei den Protestanten nur zwischen 2,5 und 6,6 Prozent sind." Martin Luther habe die Pflicht, sonntags zur Messe zu gehen, abgeschafft, berichtet *Jörg Block* im ZEIT-*Magazin,* weil er fand, man solle vor allem im Leben und nicht in der Kirche ein guter Christ sein. Bis zum 17. Jahrhundert sei die Frömmigkeit der Lutheraner dermaßen verlottert, dass Pietisten und Erwecker die Leute wieder in die Gotteshäuser getrieben hätten. Das sei vor allem dort gelungen, wo charismatische Menschen den Pietismus vertreten hätten – in Württemberg, aber auch in Sachsen, dort sei ein gewisser Nikolaus Ludwig von Zinzendorf populär gewesen, weiß *Block.*

Im Osten habe später die DDR Stimmung gegen die Kirche gemacht – auch ein Grund für den größeren Anteil der Kirchgänger beider Konfessionen dort, meint *Block*. Denn es sei nur Kirchenmitglied geblieben, wer wirklich überzeugt war, man nenne das den Effekt des „heiligen Rests". Die fast um die Hälfte abweichenden Durchschnittswerte für die größeren Städte im Ruhrgebiet und andere Teile Deutschlands legten nahe: Der größte Feind der Frömmigkeit sei nicht der Sozialismus, sondern die Urbanität, erklärt *Block*.

Aufklärung als solche musste erst wieder aufgeklärt werden, um ihre Früchte zu zeitigen und den Ereignissen eine klare Richtung und einen sinngemäßen Ursprung geben zu können, nämlich aus Gott und zu Gott hin. Menschen seien Personen, schreibt der Philosoph *John Rawls* (1921–2002) – aber sie würden das nur als Gemeinschaftswesen sein können, die in ihrem leibhaftigen Selbstsein wie in ihrer symbolischen Interaktion auf andere als Personen bezogen seien. Menschen seien nicht zuerst nutzenmaximierende Individuen oder Selbste, die nach Gütern streben, so *Rawls*.

Der Glaube wird unterschätzt in seinem Ausdruck als Bekenntnisses des eigenen guten Willens vor Gott und damit als Fürsorge für sich selbst und seinen Nächsten. Atheisten oder gleichsam weitverbreitete Widerspenstigkeit beschränken sich dagegen mit Vorlieben auf das Unmittelbare, für das Auge Sichtbare. Bereits als heranwachsende Kinder empfinden wir den Glauben an das Überlieferte oder in der Bibel Verheißene in der Regel oftmals als etwas Abstraktes und hängen uns lieber an das unmittelbare Gefühl oder Erleben. Erst viel später in der Mitte des Lebens greifen wir wieder auf die Erzählungen aus der Hand unserer Lehrer oder Erzieher und suchen deshalb einen Kompromiss, der einen positiven Lebensausgang vermittelt. Dieser offeriert einen guten Grund, die zweite Hälfte des Lebens mit weniger Agnostizismus zu gestalten.

Der Mensch irrt in seiner Auffassung über Leben und Tod und im Gebrauch dieser beiden Benennungen. Er nennt „Leben" die Zeit, in der er, von der Mutter geboren, anfängt zu atmen, sich zu ernähren, zu bewegen, zu denken und zu handeln; und er nennt „Tod" den Augenblick, in welchem Atmung, Ernährung, Bewegung, Denken und die Tätigkeiten aufhören und der Körper zu einer kalten, gefühllosen Hülle wird, bereit, in einen Schoß einzugehen: in das Grab. Doch es ist nicht so. Religion und insbesondere Jesus Christus will das „Leben" verständlich machen und die für das Leben notwendigen Werke zeigen.

Das Leben beginnt nicht mit der Existenz und endet nicht mit dem Ende des Leibes. Das Leben beginnt vor der Geburt und hat dann kein Ende mehr, denn die Seele kann nicht sterben: Das heißt, sie vergeht nicht. Sie stirbt für ihre himmlische Bestimmung, aber sie überlebt ihre Strafe (wenn sie diese verdient hat). Für diese Bestimmung stirbt selig, wer in der Gnade stirbt. Wenn dieses Leben von einem Geschwür befallen wird, das den Tod für seine Bestimmung bedeutet, dauert es in Ewigkeit in der Verdammnis und der Qual fort. Wenn es jedoch unbefleckt bleibt, erreicht es die Vollkommenheit des Lebens, in der es ewig vollkommen und glücklich selig ist wie sein Schöpfer.

Weil auch *Rawls* die eigene religiöse Sozialisierung nicht verdränge, erklärt die *ZEIT*, sondern verarbeitet habe, habe er den religiösen Pluralismus viel ernster nehmen können als jemand, der von religiösen Krisen nie berührt worden sei. Es wachsen oder vermischen sich aber bei Ungeübten wegen bewusst oberflächlicher Betrachtungsweisen unkonventionelle Ansichten mit dem Inhalt christlicher Religionen. Die Furcht vor einem Einschnitt in die eingespielte Lebensführung gestaltet mit und oder es tritt die Scheu vor der unaufhaltsamen Selbstreflexion in den Vordergrund. „Wenn alte Gewissheiten wegbrechen, dann ist es nur menschlich, die neue Sicherheit zu prüfen und wenn sie nicht standhält auf den ersten zögerlichen Blick, dann ist es nur ebenso menschlich, doch wieder zu den alten Weisheiten, der Asche des Lebens, zurückzukehren – und sie nur noch höher zu halten," so erklären auch *Marc Brost* und *Marc Schieritz* in der Z*EIT* vom 30. Dezember 2010 die Angst, welche die Menschen selbst nach einer überstandenen Wirtschaftskrise immer noch umtreibe, trotz anhaltend florierenden Wirtschaftsaufschwungs. Lieber trage man die eigenen Glaubenssätze wie eine Monstranz vor sich her, ganz nach dem Motto: Was gestern richtig war, könne doch heute nicht falsch sein.

Die Z*EIT* berichtet in ihrer ersten Ausgabe anno 2007, dass die religiöse Landschaft sich heute verwirrend vielgestaltig darstelle. *Ulrich Schnabel* und *Martin Spiewak* sprechen von 228 religiösen Organisationen und Strömungen allein in Nordrhein-Westfalen, welche Bochumer Religionswissenschaftler ausgemacht hätten. Der Durchschnittsdeutsche wird nicht lange zögern, um sich dieser Stimmung zu beugen. Zum Beispiel hat Weihnachten etwas diffus Andächtiges, aber nur wenige sprechen von einer konkreten Glaubenswirklichkeit an sich, so wie es in den Kirchen gefeiert wird. Die Mehrheit der Deutschen ist in der Weihnachtszeit nicht mit einem Glaubensernst zugange, sondern alles erinnert an die Vorbereitungen eines Volksfestes, und das, obwohl man sich die Geschichte von Jesus Christus und dem Kind in der Krippe jedes Jahr einmal neu erzählt und mittels unzähliger Krippengestaltungen vor Augen hält. Wie zum Trotze und trotz vieler in Anspruch genommener Feiertage führen weder Weihnachten noch Ostern oder Pfingsten bei den meisten Bürgern nicht näher an einen konkreten Glauben heran. Das stellt auch der Schriftsteller *Andreas Maier* in der Z*EIT* fest: „*Es begab sich aber ...* damit beginnt es. Es kann nicht egal sein, was sich da begeben hat. Dennoch, es bleibt fremd und eher eine bloße Stimmung."

Der europäische Vergleich in der von der *FAS* veröffentlichten Studie des Religionspädagogen *Hans-Georg Ziebertz* an der Universität Würzburg zeigt auf, dass während 80 Prozent der Polen und 70 Prozent der Türken meinen würden, der ideale Religionsunterricht sei derjenige, der sie näher an Kirche beziehungsweise Islam führe, in Deutschland das nur 17,8 Prozent von jugendlichen

Befragten fänden. *Ziebertz* bezeugt dennoch das Interesse an der Religion, insbesondere der deutschen Jugend, wenn er angibt, dass 81,6 Prozent der Befragten sich einen sachlichen Religionsunterricht wünschten, bei dem Religion aber wie alle Lebensbereiche mit Vielfalt und Pluralität gesegnet sein müsste. So würden die meisten deutschen Jugendlichen durchaus an einen Gott glauben, attestiert das Team um *Ziebertz* – atheistisch seien die wenigsten –, doch sei dieser Gott eine ferne und abstrakte Kraft. „Das ist also nicht der Gott, dessen Menschwerdung Christen an Weihnachten feiern", erklärt der Wissenschaftler.

Habe das Fragen nach dem letzten Sinn, Gut und Böse, Freiheit und Schuld, Verstrickung und Erlösung – mit anderen Worten: Habe die Frage nach Gott einen Platz im normalen Curriculum der Schule?, fragt etwa die ZEIT. Aufseiten der Ethikbefürworter gebe es manche, die das radikal verneinen würden, etwa die Atheisten des Humanistischen Verbandes, der in Berlin, dem einzigen Bundesland in Deutschland ohne Religionsunterricht, Träger des Ethikunterrichts sei. Die Idee, wertneutral den Glauben zu vermitteln, sagt Pfarrer *Ralph Döring-Schleusener*, der in Charlottenburg unterrichtet, sei so sinnvoll wie ein Musikunterricht, in dem nie gesungen werde. Die Freunde des Religionsunterrichts würden argumentieren, zur Toleranz sei nur fähig, wer den eigenen Glauben kenne. Grundlage für Fundamentalismus, meint *Christoph Lehmann*, ein Anwalt und Gründer der Lobbygruppe ProReli (für Religionsunterricht in Berlin), sei in allen Religionen die Unfähigkeit, sich die eigene Tradition kritisch anzueignen. Und die dafür nötigen Kenntnisse seien nicht wertneutral zu vermitteln, sondern nur in der lebendigen Auseinandersetzung mit geschulten und authentischen Vertretern des Glaubens. Die Verteidiger des Ethikunterrichts setzen hingegen an einem entgegengesetztem Punkt an: Ausschließlich der weltanschaulich neutrale Unterricht ermögliche es den Schülern, zwischen verschiedenen Kulturen sprech- und konsensfähig zu werden. Nur im gemeinsamen Unterricht ohne Abwahlmöglichkeit lerne man, so der Berliner Bildungssenator *Jürgen Zöllner*, sich Andersdenkenden zu vermitteln, den eigenen Standpunkt nachvollziehbar zu begründen und einen Wertekonsens zu finden, rezitiert die ZEIT.

So würden die Religionspädagogen der Würzburger Universität jene bedenkliche Entwicklung für Deutschland belegen, war in der FAS zu lesen. Es habe sich herausgestellt, dass in der Gruppe der traditionell christlichen Länder wie Polen, Kroatien und Irland Jugendliche am meisten religiös seien. Jugendliche aus protestantischen Ländern wie Finnland und Schweden hingegen gehörten wie die Deutschen, Briten und Niederländer zu den weniger religiösen. Das würde nicht zuletzt an der Erziehung liegen: So sagten 97 Prozent der Polen, ihren Eltern sei sehr daran gelegen, dass sie ihren Glauben und ihre Wertvorstellungen übernähmen. In Deutschland hätten das nur 14,1 Prozent gesagt. Heraus sei auch gekommen, dass nur 23 Prozent der deutschen Jugend aus einem religiösen Elternhaus kämen und sich selbst als religiös bezeichneten. Bei den Türken seien das immerhin 81 und bei den Polen 80 Prozent. Der Wissenschaftler *Ziebertz* schlussfolgert: „Der Islam hat nach wie vor einen großen Einfluss auf junge Menschen, während die Bindungskraft des Christentums in Europa vergleichsweise schwach ausgeprägt ist."

Religion und insbesondere Jesus Christus
will das „Leben" verständlich machen
und die für das Leben notwendigen Werke zeigen.

Dreht man am Rad der Geschichte ein paar wenige Jahrzehnte zurück, findet man an der Spitze Deutschlands ein Bekenntnis, das weltweit Höchstleistung betrieben hat, bei der Verbreitung des Atheismus. Dessen folgenschwere Auswirkungen werden heute nicht minder schwer als Gotteskrise interpretiert, weil sie unangefochten weiter ihr Unheil anrichtet. Angelehnt an seinen ganz persönlichen „Wertekonsens" gestand Reichskanzler Adolf Hitler im Jahre 1942, dass er neben vielen seiner gleichaltrigen Kameraden mit vierzehn seinen Glauben an die Inhalte des katholischen Glaubens an den Nagel gehängt habe. Falsch an seinem Bekenntnis aber war, dass es gar keines war, denn das wahre Glaubensbekenntnis verliert man nicht, es ist eine Überzeugung, die der Mensch durch wachsame Integrität in seinem täglichen Erfahrungsschatz zu pflegen übt. Das hat er wohlweislich wie viele Katholiken vor ihm und nach ihm nie getan. In Wahrheit also hat Hitler wie eine große Mehrheit der Menschheit in ihrem Erwachsenendasein das katholische Glaubensleben in der Praxis nie aufgreifen können, geschweige denn in den Prüfungen ihres Lebens hätten erhärten können. Später trotzt Hitler seinen katholischen Wurzeln mit einem Bekenntnis, das er dem Protestantismus einverleibt. Schon im Wiener Penner-Asyl bewunderte Hitler Luther als das „größte deutsche Genie" und vertrat die Meinung, die „wahre deutsche Religion sei der Protestantismus".

Für gewöhnlich distanziert sich aber ein erfahrener Gläubiger von solch überschwänglicher Deutungshysterie und betont allenfalls die Unterschiedlichkeit der Religionen in der Ausübung ihres jeweils eigenen Kultes. *Friedrich Wilhelm Graf* ist, um nur ein Beispiel zu nennen, einer der einflussreichsten deutschen Theologen, der sich zuletzt in seinem Werk sehr intensiv mit der „Geschichte und Gegenwart des Protestantismus" befasste. Im Dezember 2006 gibt *Graf* in einem Gespräch mit der ZEIT an, wie der protestantische Gottesdienst sich auf einem Standbein, dem der Liturgie, welche ihre Wiedererkennbarkeit allerorts betone, und dem Spielbein vollziehen würde, welche die Predigt sei und sich auf spezifische Anlässe einlasse. Da gebe es dennoch durchaus erkennbare Parallelen zur katholischen Kirche.

Von dieser nüchternen Art des Vergleiches war bei Hitlers Aussageweise jedoch nichts zu spüren. Insofern kann er weder überzeugter Protestant noch Katholik gewesen sein. Vielmehr gab er eine ganz persönliche Sicht und polarisierende Anschauungsweise wieder, um sie mit dem reformbeladenen Gedankengut Martin Luthers zu verknüpfen und in den Vordergrund seiner fiktiven

Ethik zu stellen. „Tatsächlich kämpft Hitler mit Leidenschaft für die Ästhetik vor der Ethik, das gut Gemachte vor dem gut Gemeinten", wie *Peter Richter* in der *SZ* in einer Buchkritik über *Bret Easton Ellis* 2019 erschienenem Buch *Weiß* trefflich auszuführen weis.

Der Theologe *Graf* beschreibt den Protestantismus als eine Bildungsmacht von Anbeginn. Viele Probleme, die der Sozialstaat heute hätte, seien Bildungsprobleme. Bildung sei aber mehr als Wissen und technische Kompetenz. Protestantismus sei starke Persönlichkeitsbildung. Davon letztendlich konnte Hitler profitieren, weil er ganz simple den Ursprung und die Deutung der Persönlichkeitsgabe des Menschen auf ihn hin (den deutschen Herrenmenschen) gelenkt habe. „Der Führer ist Deutschland und Deutschland ist der Führer. Was wir sind, sind wir durch ihn, und er vermag alles, wenn wir einig und entschlossen hinter ihm stehen." Es sei, so hämmert auch Zieglers Soldatenfibel *Soldatenglaube – Soldatenehre – Ein deutsches Brevier für Hitler-Soldaten* den Soldaten ein, „der Führer" gewesen, der allen Deutschen einen Glauben gegeben hätte, der in Blut und Boden seine Kraft finden würde.

„Hitlers Vertrauter und Chef der Parteikanzlei, Martin Bohrmann, war sehr angetan, setzt sie an die erste Stelle der ‚bestens geeigneten' Frontlektüre und lässt sie 1941 in einer halben Million Exemplaren drucken. Im Namen Gottes leisteten die Soldaten dem Führer obendrein den Fahneneid", berichtet der Dozent für Neuere Geschichte an der TU-Berlin, *Manfred Gailus,* für die ZEIT. Das Hakenkreuz, „das heilige Zeichen, das unsere Fahne trägt", sei „uns [...] ein Glaubens- und Lebenssymbol, das den Tod überwunden hat und täglich überwindet".

Erst mit der institutionellen Vereinnahmung evangelischer Landeskirchen für die Organisationsform einer Reichskirche des Dritten Reiches sei es dem deutschen Reichskanzler schließlich möglich geworden, seinen Paradigmen den fehlenden Hauch von Religionsverbundenheit einzuverleiben, um letztendlich den

Widerstand der Protestanten in England und Übersee, aber auch der katholischen Christen in ganz Europa brechen zu sehen, berichtet *Gailus*. Am 11. Juli 1933 hätten sich so 28 Landeskirchen zur Evangelischen Reichskirche zusammengeschlossen. Bei den Kirchenwahlen zu den protestantischen Landessynoden hätten die „Deutschen Christen" etwa 75 Prozent der Mandate errungen. Auf der I. Deutschen Nationalsynode in Wittenberg, die auch den „Reichsbischof" Müller wählte, seien 1933 die Hälfte der Pfarrer in SA-Uniform erschienen, so *Gailus*.

Müller hätte vor seiner Wahl erklärt: „Wenn katholische Übergriffe gegen uns erfolgen, so werden wir keine besseren und schärferen Hüter unserer Interessen haben als den Führer." Dieser hätte seine Demagogen wirksam gegen die kirchlichen Kritiker, sowohl im eigenen als auch dem Lager der katholischen Opposition angesetzt, berichtet *Gailus*. Einer von ihnen sei Matthäus Ziegler gewesen, ein Mitarbeiter des Chefideologen Alfred Rosenberg. *Gailus* fährt fort: „Ziegler, der Theologie und Germanistik in Erlangen und Greifswald studiert hatte, wo er 1936 über ein volkskundliches Thema promoviert, kündigte 1933 mit seiner Bekenntnisschrift *Kirche und Reich im Ringen der jungen Generation* seine Abkehr vom christlichen Glauben an. Im Februar 1935 greift Ziegler den kurz zuvor suspendierten Bonner Theologen Karl Barth scharf an und attestiert ihm eine ‚negative Theologie'. Barth habe keine Antwort auf den ‚jahrhundertelangen Geisteskampf nordischer Gläubigkeit aus Blut und Boden mit einer artfremden Weltanschauung'."

Bereits als Schüler habe sich Matthäus Ziegler dem Jugendbund „Adler und Falken" angeschlossen und das einschlägige völkische Vokabular eingesogen, schreibt *Gailus* in der ZEIT. Im April 1935 habe er Rosenbergs Mythos gegen kirchliche Kritiker verteidigt. Nicht Rosenberg, sondern die (katholische) Kirche spalte die Volksgemeinschaft. Ziegler hätte jetzt eine große Zeit erlebt, geprägt von wundergleichem Aufstieg, einen Zugewinn an Macht, an Geltung und, nicht zuletzt – an Einkommen, so war in der ZEIT in ihrer Rubrik *Zeitläufe* zu lesen. Immer wieder sei Ziegler auch die Mitglieder der (protestantischen) Bekennenden Kirche angegangen. So habe er ihnen im November 1938 vorgeworfen, während der Sudetenkrise Gebetsgottesdienste für die Bewährung des Friedens abgehalten zu haben: „Wenn [...] die sogenannte Bekenntnisfront die drohende Kriegsgefahr als die gerechte Strafe Jahves für den Abfall unseres Volkes vom einzig wahren Glauben, nämlich dem Glauben dieser Bekenner, bezeichnet, dann werden wir aufmerksam." Die ZEIT berichtet im Februar 2007, dass zusammen mit dem *Völkischen Beobachter* und dem SS-Blatt *Das Schwarze Korps* sich Ziegler mit diesem Artikel an einer Hetzkampagne gegen führende Vertreter der Bekennenden Kirche beteiligt habe, die im Gefolge der Kampagne von ihren kirchlichen Ämtern suspendiert und scharfen Disziplinarverfahren unterzogen worden seien.

Der Weltanschauungskampf gegen die Kirchen habe schließlich zu den wichtigsten Aufgaben für das Amt eines Chefideologen gehört, so *Gailus*. Der „alte Glaube" soll zurückgedrängt und Raum für den „neuen Glauben" geschaffen werden, dessen Konturen freilich noch sehr nebulös gewesen seien, berichtet *Manfred Gailus* für die ZEIT. Der orientalisch-jüdisch-christliche Glaube sei im Seelenkampf zu überwinden, damit der „arteigene Glaube" der arischen Rasse, den *Alfred Rosenberg* in seinem *Mythus des 20. Jahrhunderts* (1930) propagiert, Platz hätte greifen können. Hier sei Matthäus Ziegler, der sich seit 1933 Matthes nennt, am rechten Platz; er sei auf diesem Gebiet *Rosenbergs* eifrigster Zuarbeiter und Lautsprecher gewesen. Der nationalsozialistische Chefideologe sei offenbar beeindruckt von dem kenntnisreichen jungen Mann gewesen. Zieglers dröhnende Broschüre, die *Nationalsozialistischen Monatshefte (NMH)*, die *Rosenberg* herausgegeben habe und von denen Ziegler Schriftleiter geworden sei, sei Konversationsbekenntnis und habe seine inneren Wandlungen zum völkisch-nordischen Germanenglauben gerechtfertigt, erklärt *Gailus*. Die jüdisch-christliche Tradition des „Orientalen" und die ganz andere „Gottschau" sowie das andere

Sittlichkeitsgefühl des „nordischen Menschen" hätten einander diametral und unversöhnlich gegenüber gestanden. Es habe gegolten, sich von der Überfremdung durch die „artfremde" orientalische Religion zu befreien.

Du bist ein Misthaufen, doch du kannst wieder zu einer Blume werden. Du bist ein unreines Tier, doch du kannst wieder zum Engel werden. Einmal warst du es schon.

Die Frage nach der Wahrheit trete aber stets in Beziehung zur Frage nach der endgültigen Gerechtigkeit auf, so Kardinal *Kaspar* bei dem Interview mit der *FAS*. Könne ich es hinnehmen, dass der Mörder endgültig triumphiere über sein unschuldiges Opfer? Eine Frage, die übrigens Max Horkheimer gestellt habe – und die der Kurienkardinal nur im Glauben an Gott und seine Gerechtigkeit endgültig negativ beantworten könne. Man müsse sich also klar werden, was mit der Gottesfrage stehen und fallen würde. In einem Gespräch mit der *Kirchlichen Umschau* berichtet der Eichstätter Priester *Gerhard Senninger*, dass bis 1918 jede bedeutsame Entscheidung im Protestantismus im Namen des jeweiligen Landesherrn getroffen worden sei. Schwierigkeiten hätten Lutheranern nach 1918 immerzu die eigene Bekenntnisfrage bereitet, die erst 1973 in der *Leuenberger Konkordie* für den europäischen Protestantismus „gelöst" worden sei. Sie einigte lutherische, calvinistische und methodistische Kirchen, indem man „grundsätzlich" eine gemeinsame Formulierung der Auffassung von Taufe, Abendmahl und Evangelium akzeptiert habe.

Zuvor, 1933, kam es zur Spaltung der evangelischen Kirche. Die „Deutschen Christen" hätten den Bekenntnisschriften kritisch gegenüber gestanden, sie hätten eine „Inklusiv-Kirche" für alle „Volksgenossen" sein wollen. Sie hätten darauf bestanden, dass die Bestätigung bestimmter Glaubensgrundsätze keine Rolle bei der Entscheidung über eine Mitgliedschaft in Kirche spielen hätten sollen, berichtet *Senninger* Das Festhalten an einer Orthodoxie sei als jüdische Geisteshaltung gebrandmarkt und abgelehnt worden. Letztlich sei der europäische Antisemitismus mit dieser Haltung mit großen Schritten an sein Ziel und Höhepunkt gelangt, welches da hieß, das letzte Bewusstsein für das jüdische Erbe bei den Europäern auszumerzen.

Keiner der protestantischen Kirchenführer habe vor 1933 gegen den Nationalsozialismus ein Wort gesagt. Von 120 Geistlichen, die 1930 Mitglied der NSDAP wurden, hätten fast alle der evangelischen Kirche angehört, berichtet der Eichstätter Pfarrer *Senninger*. Übrig geblieben von dieser Anschauungs- und Aussageweise über den Glauben eines Adolf Hitlers war jene mörderische Theorie ohne glaubhaftes Bekenntnis. Es war ihm förmlich zugetragen worden, sich und eine große Mehrheit der Bevölkerung in gewohnter Weise ungeniert und unter tatkräftiger Mithilfe von gleichsam unwürdigen oder halbherzigen Christen im Lande in steter Steigerung seiner Absolutsetzungen, sich auf jene Zielgerade selbstgeschmiedeter Ideologien einzuschwören. Mehr noch, auf der Basis seines haltlosen Wertekonsenses läutete Hitler tatkräftig an der Schwelle zum neuen Jahrtausend wirkreich den kulturellen Bruch des christlichen Abendlandes mit seinem Erbe und seiner religiösen Identität ein.

Aus zeitlicher Distanz betrachtet, wurde das „Dritte Reich" schlussendlich zu dem einen folgenschweren Angriff des 20. Jahrhunderts auf die Eucharistie im dritten Jahrtausend. Hitler war die Antwort und der Frontalangriff für die in den letzten beiden Jahrhunderten des zweiten Jahrtausends aufgekommene Tabernakelfrömmigkeit in der katholischen Kirche. Die Fortsetzung des ewigen Schlachtrufs von Golgotha zum Gottesmord, für den es Jahrhundert um Jahrhundert immer ausreichend willige Handlanger und Helfershelfer gegeben hat und heute noch gibt. Dieses Gefolge kann deshalb wohl zu Recht als Widersacher bezeichnet werden, gerade weil sie wie Judas Iskariot in der Nähe Jesu bedeutend wirksamen Schaden anrichten. Jedoch auch außerhalb der Kirche ist der Hang zur Majestätsbeleidigung ein gern gesehenes Instrument, den Einfluss der Kirche bis zur Unkenntlichkeit zu zersetzen.

Jede Provokation auf dem internationalen Bankett, die es zum Ziel hat, den bewaffneten Konflikt eskalieren zu lassen, kann als Angriff auf Seine Schöpfung und damit auf Seine Majestät gedeutet werden, weil deren Folgen immer schwer wiegen. Putin hat so einen Felsen losgetreten und riskiert alles, um sich in die Ahnenreihe einflussreichster Herrscher einzureihen. Wenn China folgt, um die Insel Taiwan „heimzuholen", war's das mit dem himmlischen Frieden auf Erden und ihr hattet eure Chance für alle Zeit, weil die Erde unbewohnbar wird, und ihr könnt nur noch erahnen, warum der Herr, euer Gott, euch duldsam so viel Zeit gelassen hat, während ihr Ihn unaufhörlich und in allen Variationen auf die Probe stellt in dieser Zeit der Gnade. Es wird die totale Vernichtung. Dabei geht es gar nicht um eine kleine Insel oder um die Ukraine, sondern um das letzte Wort wird gekämpft.

Bedenkt aber in eurem Kriegsgeschrei, wem das letzte Wort gehört, nämlich dem, welchem auch das erste gehörte: *„Im Anfang war das Wort ..."* (Apostel Joh.). Es geht also wie immer darum, Gott zu spielen, weil der Mensch es einfach nicht lassen kann. Dafür riskiert ihr den Untergang Seiner ganzen Schöpfung, was auch euer Untergang ist. Wie findet ihr das? Ihr Mächtigen dieser Erde, seid ihr nicht schon mächtig genug? Ihr wollt spielen? Warum setzt ihr euch nicht in irgendeinen Sandkasten und bewerft euch mit Sand, dann könnt ihr wenigstens niemand zur Last fallen. Ihr Narren und Barbaren, hütet eure kriegstreiberische Zunge, denn sie ist euer Verderben und Ruin! Euer Kriegsgeschrei gelangt bis an die Ohren eures Schöpfers und macht sie taub für den Tag, an dem ihr *„heulen und mit den Zähnen klappern werdet"* (Apostel Mt & Lk: von der engen Tür & verschlossenen Pforte). Jedoch wird er kommen dieser Tag, und *„er wird kommen wie ein Dieb"* (Apostel MT, Mk & Lk: Mahnung zur Wachsamkeit).

DAS EVANGELIUM NACH JOHANNES – 1. Kapitel: *Das Wort ward Fleisch.* 1,1 Im Anfang war das Wort, und das Wort war bei Gott, und Gott war das Wort. 1,2 Dasselbe war im Anfang bei Gott. 1,3 Alle Dinge sind durch dasselbe gemacht, und ohne dasselbe ist nichts gemacht, was gemacht ist. 1,4 In ihm war das Leben, und das Leben war das Licht der Menschen. 1,5 Und das Licht scheint in der Finsternis, und die Finsternis hat's nicht ergriffen.

Während also im Alltag vielen Deutschen der Gedanke an die eigene Ahnenreihe und Abstammung mit Stolz in Fleisch und Blut überging, wurde der Gedanke an Gott und Seiner Allgegenwart in der Schöpfung immer mehr aus dem Bewusstsein einer Gesellschaft gedrängt, deren weit fortgeschrittene Rohheit sich durch zwei Weltkriege einen kürzeren Weg vom Gedanken bis zur Tat gebahnt hatte und deren Ignoranz zur Überlebensstrategie geworden war. Im Wesen war es jene Geburtsstunde einer schuldbeladenen Kirche und Bevölkerung, die aus der Asche zweier Kriege hervorging, aus der auch die Geburtsstunde des Vatikanstaat, wie auch die Revolution im Sakralraum mit der neuen Messe und der damit in Verbindung stehenden Abwendung des Priesters vom Altarsakrament erstand. Mit dem geistigen Anklang eines irdischen Reiches, wie es Napoleon bereits zum Ende des 18. Jahrhundert aufgelöst hatte, als er die „Römische Republik" ausgerufen hat, wurde der Kirchenstaat nun als Entschädigung mittels der Lateranverträge zwischen Mussolini und Papst *Pius XI.* noch vor Ausbruch des zweiten Weltkrieges wieder anerkannt. Was da aus den Ruinen der mittelalterlichen Geschichte entstehen sollte, war nun die Fortsetzung dessen, was dem Klerus bereits zur Zeit der großen päpstlichen Dynastien als „Römisches Reich" nicht mal annähernd gelingen sollte: Gottes Werk auf Erden in vollkommener Weise zu erfüllen. Denkbar ungünstige Voraussetzungen also für eine Liturgiereform wie es das zweite Vatikanische Konzil, auf die Beine zu stellen suchte. Erwiesenermaßen gehen die Umwälzungen allenfalls zu Lasten des Bewusstseins für die unsichtbare Mitte: Christus selbst. Am

Ende ließ auch die Sympathie für die Handkommunion nicht lange auf sich warten.

Die Kriegsjahre sollten nun alle nachfolgenden Generationen formen, welche das „Gedenken an Christus" als alleinigen Beweggrund für eine Gottesdienstversammlung nicht mehr nur für die zentrale Bedeutung zu beschreiben gewillt waren, zumal es vor allem substanzielle Nöte des Einzelnen und die Frage der Schuld waren, welches andere Prioritäten wie das übersteigerte Bedürfnis des Gemeinschaftssinnes unter der Kirchenkuppel haben entstehen lassen. Das Kreuz über ihren Köpfen war über unzählige Jahre zum Stein des Anstoßes geworden, nicht nur weil der Herr selbst nichtarischer Abstammung und Jude war, die im eigenen Land und in der Nachbarschaft in Massen misshandelt und hingeschlachtet wurden, sondern vor allem weil der kollektive Hochmut eines übersteigerten Nationalbewusstseins die ausgestreckte Hand zur Bildung eines geistigen Reiches ausgeschlagen hat. Schuld aber war schon zu allen Zeiten das Hindernis, um sich bedingungslos von der Selbstüberschätzung lossagen zu können.

Dass nun konsequenterweise der Klerus selbst sich der Bedeutungslosigkeit ausgesetzt sieht, will keiner so recht verstehen, weil das Ego mittlerweile über allem steht. Der menschliche Geist aber ist zu schwach und scheut die Abgründe, mit denen er sich konfrontiert sieht. Wer jedoch die Sakramente des Christentums, und unter ihnen auch das Altarsakrament, mit wachsamen Geist für bare Münze nimmt, der erlebt dessen Geburtsstunde jeden Tag, in jeder Stunde und in jedem selbstgewählten Moment. Das ist Glaube, der Gemeinschaft erlebbar macht und einer Kultur der Reflexion und Offenheit den Weg bereitet. Es braucht dazu kein Blutvergießen auf den Böden der Nationen, um zum Heldenmut zu finden. Christus selbst hat sein Blut vergossen, stellvertretend für **alle** Menschen dieser Erde, damit sie nur zum Glauben an Ihn finden. Mehr bedarf es fürs Erste nicht. Er, Christus, ist der Eingeborene Sohn Gottes und somit der Erstgeborene des Neuen

Bundes mit Gott für eine neue Wirklichkeit in einem geistigen Reich auf Erden bis zu Seiner Wiederkunft.

Nun ermahne ich euch, darüber zu wachen, dass euch nicht geschehe, was in Eden geschah: dass nicht die Schlange der Lüge, der Verleumdung und der Sünde sich einschleiche, eure Herzen betöre und euch von Gott trenne. Seid wachsam und haltet an eurem Glauben fest ... Lasst euch nicht beeinflussen. Hütet euch vor Werken des Unglaubens. Es könnte geschehen, denn der Verfluchte wird eindringen, wird versuchen einzudringen, wie er schon an vielen Orten eingedrungen ist, um das Werk Gottes zu zerstören. Solange er sich nur einschleicht, er, der Unscheinbare, der Falsche und Unermüdliche, forscht und lauscht, Fallen legt, geifert und zu verführen sucht, ist noch nichts verloren. Niemand kann ihn davon abhalten. So hat er schon im irdischen Paradies gehandelt ... Aber ein großes Übel wäre es, ihn einfach wirken zu lassen, ohne ihn zu verjagen. **Der Feind, der nicht vertrieben wird, macht sich schließlich zum Herrn; denn er setzt sich auf hinterlistige Weise fest und bereitet seine Angriffe vor.**

Macht sofort Jagd auf ihn, schlagt ihn in die Flucht mit der Waffe des Glaubens, der Liebe und der Hoffnung auf den Herrn. *Das schlimmste Übel ist es, wenn man ihn ungestört unter den Menschen wirken und von außen ins Innere eindringen lässt; wenn man ihm gestattet, sich in den Herzen der Menschen festzusetzen. Oh, dann! Und doch haben ihn schon viele Menschen in ihr Herz aufgenommen, gegen den Gesalbten.*

Sie haben ihn samt seinen bösen Leidenschaften in ihre Herzen aufgenommen und Christus verjagt. Wenn sie Christus noch nicht als den Christus erkannt oder ihn nur oberflächlich kennengelernt hätten, so wie Reisende sich zufällig auf dem Weg begegnen, als Unbekannte, zum ersten und letzten Mal, und einige Worte miteinander wechseln, nach dem Weg fragen oder sich mit Feuerstein oder Werkzeug aushelfen; wenn sie Christus nur so kennengelernt hätten, diese Herzen, die heute und mehr noch morgen Christus vertreiben, um sich mit Satan einzulassen, dann könnte man Mitleid mit ihnen haben und Barmherzigkeit walten lassen, da sie Christus nicht richtig kennen. Aber wehe denen, die wissen, wer er wirklich ist, die sich von meinem Wort und von meiner Liebe genährt haben und mich nun verjagen und statt meiner Satan aufnehmen, der sie mit lügnerischen Versprechungen menschlicher Triumphe verführt, die in Wirklichkeit nur ihre ewige Verdammnis bedeuten.

Ihr, die ihr demütig seid und nicht Kronen und Throne erträumt, sondern Frieden und den Triumph Gottes, sein Reich, seine Liebe, das ewige Leben, und das allein, ahmt jene nicht nach. Wachet! Wachet! Bewahrt euch rein und stark gegen die Versuchungen, die Drohungen, gegen alles.

Tun wir es Christus nach und vollziehen den Glauben im Gehorsam. Werden auch wir geboren im Neuen Bund und eins mit dem himmlischen Vater, ausharrend der Dinge bis zum Tod und der endgültigen Auferstehung zum ewigen Leben. Die Ausgestaltung dieser einfachen Glaubenswahrheiten sollten wir nicht zu kompliziert handhaben, nicht komplizierter, als sie in Wahrheit und im Wesen nach entsprechen. Die einzige Kunst des Glaubens ist, in stiller Annahme zu glauben. Auch das war immer schon ein Hang des Menschen, Dinge zu verschleiern, um Macht und Einfluss zu gewinnen über seinesgleichen oder wirksam dessen Fremdbestimmung herbeizuführen. Es geht dem Menschen selbst öfter auch um die Auskostung der Wahlfreiheit, die der Schöpfer von Natur aus gegeben hat. Es geht darum die Grenzen kennenzulernen und, wie nebenbei, den bitteren Geschmack des Todes in Händen zu halten und zu verbreiten mittels der schlüpfrigen Löcher der sich anbiedernden Versuchungen. Schlupflöcher findet der Mensch allemal genug. Das kann man exzellent im Straßenverkehr beobachten, wenn es darum geht Parkverbote zu umgehen.

Es sind gleichfalls nicht nur die Sünden, deren Schuld die den Mensch zu Boden drücken, sondern auch das, was an Gutem unterlassen wird. Wir sind ausnahmslos alle Sünder, weshalb die Handkommunion alles andere als ein adäquater Ausdruck von Ehrfurcht ist und dieselbe Sprache spricht wie die Abwendung des Zelebranten vom Altarsakrament während der Messfeier. Die Handkommunion hat nicht von ungefähr zeitgleich mit dem Volksaltar ihren Einzug in die sogenannte liturgische Tagesordnung gefunden. Mit denselben Händen also, in welche anschließend wieder die Hostie aufgenommen wird, von welcher man glaubt, dass sie in den Leib des Herrn gewandelt wird, wenn man es denn glauben würde, wird ebendies, zu unachtsam und zu gleichgültig, wie die Menschheit eben ist, das Werk üblen Geruches verrichtet.

Eine Gruppe von Bischöfen hat Mutter Theresa aus Kalkutta gefragt, was das schlimmste Übel in der derzeitigen Krise der katholischen Kirche sei. Sie gab eine Antwort, die keiner der Bischöfe erwartet hatte: „Das schlimmste Übel ist die moderne Form des Kommunionempfangs." Bereits im Jahre 1968/69 befragte Papst *Paul VI.* alle katholischen Bischöfe zur Thematik der Handkommunion. Die Umfrage ergab die eindeutige Ablehnung der Handkommunion mit überwiegender Mehrheit. Um den Missbrauch der Handkommunion einzudämmen, wandte sich der Papst 1969 an die gesamte Kirche, indem er die Glaubensgefahren der Handkommunion verkündete und alle Bischöfe, Priester und Laien eindringlich ermahnte, zum „Wohl der Kirche selbst" die erneut bestätigte Vorschrift der Mundkommunion zu befolgen. Diese Mahnung hätte eigentlich bis heute volle Gültigkeit, weil sie nie widerrufen wurde. Im Gegenteil, auch *Johannes Paul II.* empfiehlt eindringlich nach elf Jahren Handkommunionpraxis (1980): „In einigen Ländern ist die Handkommunion üblich geworden ... Es werden aber Stimmen laut über Fälle von bedauerlichem Mangel an Ehrfurcht vor den eucharistischen Gestalten, ein Mangel, der nicht nur die eines solchen Verhaltens schuldigen Personen belastet, sondern auch die Hirten der Kirche ..."

Dass der US-Präsident Donald Trump das Denken seiner Gastgeberin nicht teilt, drückte sich bei seinem zweiten Staatsbesuch in England in einem physischen Fauxpas aus. Zum Ende seiner

Rede legte Trump der Monarchin kurz die Hand auf den Rücken. Dabei sei es ein absolutes Tabu, die Königin zu berühren, unterstreicht *Stefanie Bolzen* für die *Welt*. Aber Trump hatte schon bei seinem ersten Arbeitsbesuch im vergangenen Jahr seine Mühen mit der Hofetikette, als er sich vor das Staatsoberhaupt drängte und ihr den Rücken zukehrte, um die Ehrenparade abzuschreiten. Wenn zwei irdische Staatslenker sich bei einer Begegnung tollpatschig benehmen oder sich gegenseitig nicht die gebührende Achtung erweisen, wird das von aller Augen beobachtet und die Medien echauffieren sich, aber wenn der König der König offensichtlich in den gleichen Allüren von Seinen Untergebenen in Seiner Majestät gering geschätzt wird, weckt das Null Komma Null Interesse.

Utopien nährende Ideologien – Fortschritt zum Rückschritt

Amos Oz erzählt in seinem Roman über die *Geschichte von Liebe und Finsternis*, dass es auf der Welt ein umgekehrtes Glück, ein schwarzes Glück geben würde, das davon käme, dass man anderen Böses tun würde – auch danach fühle man sich manchmal offenbar sehr gut. Wie sollte man sich das schwarze Glück erklären, fragt etwa *Oz*. Dass wir uns nicht an dem freuen, was wir hätten, sondern nur an dem, was wir hätten und andere nicht? Damit uns die anderen beneiden würden? Und sich schlecht fühlen würden? Jede Tragödie sei auch ein wenig Komödie, meinte *Oz*, und bei jedem Unglück gebe es immer ein Körnchen Behagen bei demjenigen, der zuschaue.

Was unterscheidet nun aber „Gottesdienstmuffel", die sich gläubig nennen, vom eigentlichen Kirchgänger oder Geistlichen? Sollte es nicht einmal mehr das aus Leibeskräften begangene Lob für den einen Gott sein, das genährt wird aus der Erlösungstat Seines eingeborenen Sohnes Jesus Christus? Da gibt es den Scheinheiligen und Unbeugsamen, der sein Gewissen hegt und pflegt durch den regelmäßigen Kirchgang und frommen Verbeugungen, die es in allen Religionen bei Leibe weit mehr als genug gibt, mehr noch unter den Erzkonservativen als bei den Reformern. Erstere betreiben die Tradition zu dem Zweck, sich und ihre Person ins rechte Licht zu rücken. Ein sehr beliebter Weg zur Abgrenzung vom übermächtigen Atheismus, ohne sich als Erlöster im Tiefgang verausgaben zu müssen, in Zeiten wie diesen, in welchen der halbherzige Glaube auch dem Kirchgänger wenig Gelegenheit bietet, sich abzuheben von der überlieferten Angst vor dem letzten Gericht.

Die Erlösung in ihrer wahren Dimension und Strahlkraft des ewigen Heils bietet jedenfalls heute nur noch einen schmalen Berührungspunkt unter katholischen Laiengläubigen und gegebenenfalls auch nur unter fadenscheinigen Beweggründen. Die Kindstaufe verkommt deshalb mehr zu einer Förmlichkeit und birgt im Heranwachsenden keinen gewollten Akt mehr, um sich auf die Ankunft des Erlösers im Leben vorzubereiten. Um vor den Augen der Welt untadelig zu erscheinen, besucht der Christ auch zeitweise die heiligen Zeremonien. Es ist das Glück eines Unbeugsamen, das in Abhängigkeit des Unglücks seiner gewohnt atheistischen Umgebung hin und wieder zu großen Feiertagen zum Leben erwacht. Aber ist Christus gekommen, um das Befinden eines unbußfertigen Sünders zu bedienen? Ganz klares Nein! Er wollte Diener aller sein und sein Vorbild hält jeden getauften Christen zur Nachahmung an. Dazu gehört unabdingbar, dass wir den Tabernakel als Schemel Gottes auf Erden ehren mit allem, was dazu gehört.

Seine Seele ging einer Seele entgegen, die weint! Warum ging sie ihr entgegen? Um ihr den Bann entgegenzuschleudern? Nein! Weil die Seele Ihm leid tut und zu ihr spricht: Weine nicht, von aller Gier der Welt getretene Seele. Höre, du bist ein schmutziger Lumpen, doch du kannst wieder zu einer Blume werden. Du bist ein Misthaufen, doch du kannst wieder zu einer Blume werden. Du bist ein unreines Tier, doch du kannst wieder zum Engel werden. Einmal warst du es schon.

Bereue, Tochter Gottes! **Die Reue erneuert, die Reue reinigt, die Reue läutert.** *Könnte dir der Mensch nicht mehr verzeihen? Könnte es dein Vater nicht mehr? Doch Gott kann es! Denn die Güte Gottes ist unvergleichbar mit menschlicher Güte, und seine Barmherzigkeit ist unendlich größer als die menschliche Erbärmlichkeit. Achte dich selbst und mache deine Seele durch ein anständiges Leben wieder würdig. Rechtfertige dich vor Gott, indem du nicht mehr gegen deine Seele sündigst, erwirb dir einen guten Ruf bei Gott. Das ist es, was zählt. Du bist ein Laster! Werde die Sittsamkeit, werde ein Opfer, werde Märtyrerin dieser Reue. Du hast dein Herz martern können, um deinem Fleisch den Genuss zu gewähren. Nun martere dein Fleisch, um deinem Herzen den ewigen Frieden zu gewähren.*

Es ist nur Scheinheiligkeit und Hochmut. Zwei Fehler, die schon vorhandene Sündenlast in ihren Herzen noch vermehrten. **Die Taufe im Heiligen Geist ist nur ein Symbol, das sagen will: Reinigt euch vom Stolz, indem ihr euch verdemütigt und euch Sünder nennt!** *Reinigt euch von der Unreinheit, indem ihr deren Makel entfernt! Denn die Seele muss mit dem Willen des Menschen getauft werden, um beim göttlichen Gastmahl rein zu sein. Keine Schuld ist so groß, dass sie nicht zuerst durch die Reue, dann durch die Gnade und schließlich durch den Erlöser weggewaschen werden könnte. Es gibt keinen so großen Sünder, dass er nicht sein niedergeschlagenes Antlitz erheben und einer Hoffnung auf Erlösung zulächeln könnte.* **Es genügt, dass er fest entschlossen ist, die Sünde zu meiden, der Versuchung in heldenhafter Weise zu widerstehen und aufrichtig wiedergeboren zu werden.**

Sämtliche Parteiungen zusammengewürfelt haben es gemein, sich derweilen in menschlicher Urteilsbildung zu üben, welche nichts weiter als nur die Gesetzmäßigkeiten der jeweils eigenen Lebensweisheit beteuert, aber gleichermaßen als Utopie dem sogenannten Relativismus Tür und Schwelle ebnet. Jene Utopie, die vor allem unter Katholiken am augenscheinlichsten zu Tage tritt, ist der Irrglaube, dass das letzte Gericht sogenannte Gläubige für eine Verurteilung aussparen würde. Die diesseitige Menschheit zusammengenommen weiß gänzlich wenig von der Barmherzigkeit Gottes, nicht weil sie im Grunde unwissend wäre, sondern weil sie es besser wissen müsste, es aber bislang versäumte, ob unbewusst oder selbstverschuldet, die Geradlinigkeit der Barmherzigkeit Gottes tiefergehend in sich nachzuspüren. Hochtrabende Rhetorik zur Bußzeit oder an festlich begangenen Sonntagen des Kirchenjahres münden demzufolge nicht minder in einer Sackgasse und zeigen wenig Wirkung, wenn sie nicht vernunftbegabt und schwerpunktmäßig ausschließlich in Verbindung mit der dafür ohne Grenzen zur Verfügung stehenden sakramentalen Verschmelzung stattfindet. Die Devise bei der kunstvollen Ausgestaltung der Liturgie muss lauten: Weniger ist mehr!

Tatsächlich ist es der unglückselige Umstand selbst, den Scheinheilige und Gottesdienstmuffel oder Atheisten in eine sehr enge Verbindung miteinander treten lässt, enger als sie es wahrhaben wollten und nur darum drehen sich die gegenseitigen Anfeindungen hinter vorgehaltener Hand. Als säkularisierte Bürger verdrängen gleichermaßen alle Parteiungen in ihrem Alltagsgepränge die mögliche furchteinflößende Begegnung mit dem Retter aller Menschen und suchen in bequemer Weise zu leugnen, um das belastete Gewissen unaufhörlich im Würgegriff zu halten. Andererseits gereicht eben der liturgische Bittgang eines Scheinheiligen auch nur zur Ehre Gottes, wenn er nicht gleichzeitig menschlich mit kunstvoller Sakralkosmetik überfrachtet und ausgehebelt wird, um vordergründig das unruhige Gewissen zu betören. Selbiges macht das Heilsgeschehen am Gläubigen wirkungslos, weshalb die kleine Schar der Willigen händeringend Ersatzmechanismen ins Leben rufen, um wenigstens ansatzweise eine Wirkung von der Verheißung des Evangeliums zu erhaschen, und um sich nicht gänzlich ohne etwas von dannen ziehen zu sehen. Jedenfalls ist es der Moment, an dem so mancher aufhört die Kirche zu lieben. Die Zahl derer, die sie verlassen, um der Welt nachzufolgen, wächst stetig. Jene die bleiben, verlassen die Kirche in ihrer Gesinnung und dem Herzen nach, um bei der Welt Liebkind sein zu können, weil ihnen die Argumente der Heiligkeit längst gänzlich aus den Händen geglitten waren.

Christus ist gekommen, um den Menschen von der Sünde und dadurch im Geiste frei zu machen; ihn zu befreien von den Ketten einer entarteten bedrückenden Religion, die mit Strömen von Klauseln, Worten und Vorschriften das einfache, klare einleuchtende, leicht verständliche, heilige und vollkommene Wort Gottes überschwemmt. Sein Kommen verlangt die Prüfung der Gewissen. Er sammelt sein Getreide auf der Tenne, drischt es mit der Lehre des Opfers und siebt es mit dem Sieb des freien Willens. Die Spreu, die Wicke und alles Unkraut fliegen leicht und unnütz davon oder fallen schwer als Schädlinge zu Boden und dienen den Vöglein zur Nahrung; denn in seine Scheune kommt nur ausgewähltes reines, gutes Getreide. Die Körner sind die Heiligen.

Die Religion wird unweigerlich zur Utopie und ihr wahres schlichtes Angesicht ohne Rücksicht auf Verluste bis zur Unkenntlichkeit verzerrt. Sie erhält im Verlauf der Geschichte der Menschheit zu viele Gesichter, zu welchen jenes der Kurie in Rom zählt. Entstellt wird hauptsächlich jenes Antlitz des Heilands, der nur mehr an den mit Dornen Gekrönten als an den Auferstandenen erinnert. Nur logisch, wenn in den Augen der Menschheit gleichsam das Heilsversprechen in weite Ferne rückt, weil das Heil eben nur von Ihm in Form von Gnade kommen kann und nicht nach Belieben aus Menschenhand ideologisch fabriziert oder liturgisch pompös rekonstruiert und inszeniert werden kann. Das anzunehmen, ob unbewusst oder selbstverschuldet, ist die eine große Verfehlung, anmaßend und hoffärtig, und obendrein ein grober Unfug. Das Gegenteil von Hoffart wäre, das Heil allenfalls mit gering bedeutender liturgischer Kunst zu suchen. Ihr gegenüber stehen die Tugenden der *Wahrheit, Reinheit und Demut*. Wer Ihm nachfolgen will, braucht nicht mehr. *Er muss Liebe für alle haben und Heldenmut besitzen, um der Meinung der Menschen und der Unterdrückung der Tyrannen entgegenzutreten.*

Auch Israel hatte viele Lehrer, und sie reden und reden ... Doch die Seelen bleiben, wie sie waren. Warum? Weil die Seelen die Worte der Meister hörten, aber auch ihre Werke sahen. Diese Werke jedoch zerstörten ihre Worte, und die Seelen blieben, was sie waren, wenn sie nicht noch schlimmer wurden. Aber wenn ein Lehrer auch tut, was er sagt, und in allen seinen Werken heiligmäßig handelt, auch in den einfachsten materiellen Dingen, z. B. wenn er das Brot reicht, ein Kleid schenkt, einen Unterschlupf für den notleidenden Nächsten beschafft, dann bewirkt er, dass die Seelen Fortschritte machen und zu Gott gelangen; denn seine Taten bekunden den Brüdern: Es gibt einen Gott, und Gott ist hier! Oh, die Liebe! Wahrlich, ich sage euch, wer liebt, rettet sich selbst und die anderen.

Wahrlich, ich sage euch, wer liebt, rettet sich selbst und die anderen.

Die Weisheit Gottes in sich zu atmen, würde bedeuten, die uneingeschränkte Nachfolge Christi im eigenen Leben vorausschauend zu vollziehen. An den Früchten erkennt ihr sie, welche im Buch des Lebens verzeichnet sind. Der Mensch sei ein freies Wesen. Der Schriftsteller *Gianni Vattimo* ist sich in seinem Buch *Jenseits des Christentums* bewusst, dass der missionarische Eifer des Christentums eine Quelle kultureller Konflikte bilde, die es durch den Übergang vom Universalismus zur Gastfreundschaft einzudämmen gelte.

Papst *Benedikt XIV.* ermutigt 2006, im Jahr seines ersten Deutschlandbesuchs als Papst die deutsche Gesellschaft, weil Christen „keine Angst vor der geistigen Konfrontation mit der Gesellschaft zu haben brauchen". Wieder so ein Euphemismus, welcher nichts zur Wahrheitsfindung beiträgt und im Gegenteil nur Ideologien nähren kann, von denen sich jede Religion im 21. Jahrhundert lossagen sollte, wenn sie der Realität und ihren treuen Anhängern tatsächlich ins Auge sehen will. Viele Christen fürchten nämlich im Alltag nicht anzukommen, nicht geschätzt und geachtet zu werden, und verleugnen so feige die Wahrheit des Evangeliums mit dem berühmten Satz des Apostel Petrus, der aus Menschenfurcht Jesus dreimal verleugnet hat: „Ich kenne diesen Menschen nicht!"

Wir sind in Wahrheit bei Leibe nicht nur im Bürgerlichen, sondern auch innerhalb der deutschen katholischen Amtskirche himmelweit vom christlichen Frieden entfernt. Das pfeifen sogar die Spatzen von den Dächern. Die *Financial Times Deutschland* berichtet, nach dem Papstbesuch in Regensburg seien argwöhnische Äußerungen auf Seiten hochrangiger Priester zu hören gewesen, weil ihr Münchner Kollege und Vorgesetzte Kardinal *Wetter* dem deutschen Papst auf seiner gesamten Reise angeblich nicht von der Seite wich. „Ein Bischof erfand für Wetter das Bild der Henne, die auf dem Papst-Ei glucke", berichtet *Florian Eder* in der *FTD*. Noch etwas war seinem Bericht zu entnehmen, nämlich der ungeheure Aufwand mit der der Regensburger Bischof *Gerhard Ludwig Müller* einen Acker in die „Papstwiese" umfunktioniert habe, wofür die Wiese hätte geschottert und Hochspannungsmasten neu verlegt werden müssen. Ein Gesamtkostenbetrag von geschätzt über 5 Millionen Euro hätte sich für die Diözese Regensburg ergeben, von dem die Stadt 300 000 € zugesteuert hätte.

Der Jesuitenpater *Henri Boulad* drückt sich dementsprechend weise aus, wenn er angibt, dass nur sofern sich der Mensch seiner Quelle bewusst sei, sie ihn auch erquicken und ernähren könnten. Seine Arbeit würde dann produktiver, seine Nerven entspannter, seine mitmenschlichen Beziehungen herzlicher, sein Lächeln wahrer, und all seine Liebe, die er verstrahle, würde die Umwelt erwärmen. Wie sei das möglich? Weil dieser Mensch sich morgens eine halbe Stunde mit Gott gönne. Das brauche Zeit und sogar eine gewisse Vorbereitungszeit, um sich langsam einzustimmen und den Schwerpunkt des Gebetes wirklich zu erreichen – den Schnittpunkt Mensch/Gott.

Es steht geschrieben (Ex 19; 20), dass der Herr sich auf Sinai kundgetan hat in seiner ganzen schrecklichen Macht, um mit dieser zu sagen:

„Ich bin Gott. Dies ist mein Wille! Und dies sind die Blitze, die ich bereithalte für alle, die gegen den Willen Gottes aufbegehren." Bevor er so sprach, verlangte er, dass niemand aus dem Volk emporsteige, um den, der ist, anzuschauen, und dass auch die Priester sich reinigten, bevor sie sich in die Nähe Gottes begaben, um nicht erschlagen zu werden. Und dies, weil es die Zeit der Gerechtigkeit und der Prüfungen war. Die Himmel waren verschlossen wie von einem Stein über dem Geheimnis des Himmels und dem Zorn Gottes, und nur die Blitze der Gerechtigkeit fielen auf die schuldigen Söhne nieder. Aber jetzt ist es nicht mehr so! Jetzt ist der Gerechte gekommen, um die Gerechtigkeit zu erfüllen, und die Zeit ist da, in der das göttliche Wort ohne Blitze und ohne Schranken direkt zu den Menschen spricht, um ihnen die Gnade und das Leben zu geben.

Nur den Verdammten ist es möglich, sich von Gott zu trennen. Aber diese Trennung ist eine unaufhörliche Qual, die ewig dauert. „Ich bin der Herr, dein Gott", und er fügt hinzu: „der dich hinausgeführt hat aus dem Land Ägypten, aus dem Hause deiner Knechtschaft." Oh, wie wahr sind diese Worte gerade jetzt! Aus welch einem Ägypten führt er dich heraus, hin zum verheißenen Land, mit dem nicht dieser Erdenort, sondern der Himmel gemeint ist! Das ewige Reich des Herrn, wo es weder Hunger noch Durst, weder Tod noch Kälte gibt, sondern alles nur Seligkeit und Friede ist, und jeder Geist von Freude und Frieden gesättigt sein wird.

Auslöser für Streitgespräche seien hysterisch beobachtete Abweichler, gibt *Jens Jessen* für die ZEIT zu bedenken. Es stecke im gereizten Kern der Gesellschaft. Es stecke in den Aufpassern, den Liebhabern des Verbietens und Strafens. Es stecke in dem Nachbarn, der die Kehrwoche kontrolliert, in dem Passanten, der den Falschparker anzeigt, ohne behindert worden zu sein, in der Mutter, die andern Müttern am Spielplatz Vorhaltungen macht. Es stecke, mit einem Wort, in dem guten Bürger, der seine eifernde Intoleranz auf Befragen wahrscheinlich als zivilgesellschaftliches Engagement ausgeben würde.

Das Anspruchsdenken in Deutschland habe eine lange Geschichte. Die vergleichsweise alten Wurzeln des Sozialstaats in der Ära Bismarck, das Soziale als Legitimationsgrundlage des Staates nach der Nazizeit, der anschließende Ausbau der Sozialsysteme durch Politiker jeder Couleur – seit den siebziger Jahren, zählt *Meinhard Miegel* in der *FAS* auf, fließe ein Drittel des Bruttoinlandsprodukts in den Sozialetat. Der Leiter des Instituts für Wirtschaft und Gesellschaft in Bonn sagt: „Damit habe ich eine Bevölkerung, die seit langem, langem konditioniert ist auf die Vorstellung, jemand sorgt für mich." Problematisch sei diese Haltung aber vor allem, weil sich mit der Struktur der Gesellschaft auch die allgemeine Ethik verändert habe, die gängige Vorstellung von Sittlichkeit und Anstand.

Zu Bismarcks Zeiten sei im Notfall der Familienverband eingesprungen, Enkel hätten für Großeltern gesorgt, Großeltern für Enkel, und jeder habe für sich selbst gesorgt, solange es irgend gegangen sei – quer durch alle Schichten. In den Nachkriegsjahren dann habe Ludwig Erhards Versprechen befriedigt, Wohlstand für alle, mehr als die materiellen Bedürfnisse einer Nation, die geistig und körperlich ausgemergelt die Nazizeit und ihre Verbrechen schweigend und vergessend hinter sich habe lassen wollen, erzählt *Miegel*.

Eine Ehe hört auf heilig zu sein, wenn sie durch Arglist unfruchtbar bleibt.

Anspruchsdenken rührt nicht allein von dem angewachsenen Wohlstand her, sondern vorzugsweise in Kombination mit dem notorischen Befriedigungszwang, einer Art Ersatzbefriedung, die ihre Ursache in dem selbstgewählten Mangel an innerem geistigem Wachstum hat. Die innere Not hat tatsächlich eine zerstörerische Wirkung auf das soziale Befinden des Menschen und will seine ursächlichen Wurzeln zum Beispiel unaufhörlich in einem reizüberfluteten oder unter Umständen auch in einem ungeordneten Sexualhaushalt hinter sich lassen. Das Ganze mündet dann zwangsläufig im Raubbau am eigenen Körper oder dem des Partners.

Da sind Frauen in ihren zyklischen Beschwerden, in denen der männliche Partner angehalten wäre, gerade dann Kontrolle über sich zu haben, ohne dass sein umherschweifender Blick und sein Wesen anderweitig sein Vergnügen suchen. Da dieses ihm aber zur unverzichtbaren Gewohnheit geworden ist, veranlasst es ihn öfter, sich auch mal aus dem Staub zu machen. „Die zurückgelassenen Frauen erklären zu gern, wie sich der Staub unter ihren Füßen anfühlt, wie froh sie wären, einen Beziehungsweg ohne diesen Staub zu haben, wie traurig sie sind, einen solchen Weg nicht mehr zu sehen", schreibt Ursula März in der ZEIT in ihrer Vorstellung des Buches über Abschiedsbriefe von Frauen mit dem Titel „Und ich dachte, es sei Liebe".

Ehe bedeutet Zeugung, und ihr Vollzug ist und muss Befruchtung sein. Ohne dies ist sie unmoralisch. Man darf aus dem Ehegemach kein Bordell machen. Eine Ehe hört auf heilig zu sein, wenn sie durch Arglist unfruchtbar bleibt. Daher seht, o ihr Frauen, die ihr absichtlich unfruchtbar bleiben wollt, ihr rechtmäßigen und ehrbaren Frauen, nicht in den Augen Gottes, aber in jenen der Welt, dass ihr trotzdem Dirnen gleichkommt und Unkeuschheit treiben könnt, selbst wenn ihr nur eurem Ehegatten angehört, weil ihr nicht Mutterschaft sucht, sondern viel zu oft dem Sinnengenuss frönt. Ihr überlegt nicht, dass die Sinnenlust – welchem Schlund auch ihre Begierde entspringen mag – ein Gift ist, das in Leidenschaft entbrennen lässt. Nach Befriedigung lechzend, durchbricht sie Schranken und wird in ihrer Gier immerzu unersättlicher. Was zurückbleibt, ist ein herber Geschmack von Asche unter der Zunge, ein Widerwille, ein Ekel und die Verachtung eurer selbst und des Gefährten eurer Lust. Könnte es denn anders möglich sein, als dass in einem nicht diese Selbstverachtung aufkommen würde, wenn das Gewissen wiedererwacht – und das tut es zwischen einem Sinnenrausch und dem nächsten – weil man sich bis unter das Tier erniedrigt hat.

Wer, besonders von den Männern, hat noch nie von diesem Brot aus Asche und Kot gekostet, das die sexuelle Befriedigung ist? Ist nur das Unkeuschheit, was für eine Stunde in die Arme einer Dirne treibt? Ist nicht auch das entweihte Zusammenleben mit der Gemahlin unkeusch, da es zum legalisierten Laster wird, indem es nur zur gegenseitigen Befriedigung der Sinnlichkeit dient unter Ausschluss der Folgen?

Hütet eure Blicke, Männer! Sowohl die Blicke der Augen als auch die Blicke des Geistes. Sind sie verdorben, können sie nur alles übrige auch noch verderben. Das Licht des Körpers ist das Auge. Das Licht des Herzens ist dein Denken. Ist dein Auge unrein, dann wird alles in dir trübe sein, und verführerische Nebel werden in dir unreine Trugbilder erzeugen. Alles ist rein in dem, der reine Gedanken hat, die einen reinen Blick erzeugen, und das Licht Gottes steigt da, wo es die Sinne nicht behindern, machtvoll hernieder. Hast du aber dein Auge durch deinen schlechten Willen zu unreinen Betrachtungen erzogen, wird alles in dir Finsternis. Und vergeblich betrachtest du dann auch heiligste Dinge. Im Dunkeln wird es nichts als Finsternis geben und du wirst Werke der Finsternis tun.

Der menschliche Körper ist ein herrlicher Tempel, der einem Altar in sich birgt. Auf dem Altare müsste Gott sein. Doch Gott ist nicht da wo Verderbtheit herrscht. Daher hat der Körper des Unreinen den Altar entweiht und ist ohne Gott. Ähnlich einem Menschen, der sich betrunken im Schlamm und dem Erbrochenen seines Rausches wälzt, so erniedrigt sich der Mensch selber in der Bestialität der Unzucht und wird schlimmer als der Wurm und das schmutzigste Tier.

Frauen ihrerseits reagierten mit einem Imagewandel. Teile der Frauenbewegung würden die Selbstbefriedigung als Akt der Befreiung feiern, als Möglichkeit, auf männliche Sexualpartner zu verzichten, erklärt Professor *Thomas W. Laqueur* von der amerikanischen Berkeley Universität im Frühjahr 2008 in einem Gespräch mit der

ZEIT. Junge Männer gingen auf Konfrontationskurs und würden offen ihre angestauten Frustrationen und Unausgeglichenheit erleben, war Ende 2005 im *Stern* zu lesen. Der deutsche Hip-Hop, jahrelang geprägt von den harmlosen Wortakrobaten der *Fantastischen Vier*, habe seine Unschuld verloren. Und auch die Leiterin der Bundesprüfstelle für jugendgefährdende Medien, *Elke Monssen-Engberding*, sieht einen Trend: Seit gut einem Jahr habe es die Behörde vermehrt mit deutschen Rap-Texten zu tun, „in denen dazu aufgefordert wird, Frauen zu diskriminieren, zu vergewaltigen oder Gewalt in anderer Form anzuwenden".

Iris Radisch weiß im Feuilleton der ZEIT vom September 2007 darüber zu berichten, dass die Porno-Rapper jede beliebige Provokation verkaufen wollten. Denn Bushido, Sido, Frauenarzt, Orgi und wie sie alle hießen, die Frauen in ihren Liedern bluten ließen und zusammenschlugen, würden angeblich gar nicht meinen, was sie da singen würden. *Radisch* berichtet weiter, sie würden, so werde versichert, nur Blödsinn machen und sich mit dem Erlös tolle Villen in Berlin kaufen wollen, um ganz Heinz-Rühmann-mäßig ihre Hecken zu schneiden. Sie würden sich in Antiquitätenladen des Rassismus, des Sexismus und des Homosexuellenhasses bedienen, würden von allem etwas nehmen, mixten die Hassdiskurse und sampelten die Vorurteile. Schläge würden mit noch mehr Schlägen, Ekel mit noch mehr Ekel beantwortet.

Der Sexismus habe seinen Frauenhass ernst gemeint und sei zwar nicht zu bekehren gewesen, aber doch noch zu erreichen. Der Zynismus von heute mache sich aus dem Frauenhass einen Spaß, solange er dafür Abnehmer fände. Diese Kinder des Pornozeitalters hätten ihre Leere und Kaltherzigkeit als Absatzmarkt entdeckt, so die ZEIT-Reporterin. Wenn sie Glück hätten, würden sie damit erfolgreich. Wie Michel Houellebecq. Wie Bushido. Wenn sie Pech hätten, hätten sie immer noch die Pornografie und ihre Traurigkeit.

„Von all dem Bösen, das der Mensch verantwortet, ist nichts so entwürdigend, so schockierend und so brutal wie der Missbrauch der besseren Hälfte der Menschheit, des weiblichen Geschlechts." So hatte es *Mahatma Gandhi* 1921 formuliert. Er muss es wissen, denn Inderinnen bekämen Ausgrenzung nicht nur durch bösen Willen zu spüren, sondern auch besonders durch eine brisante Mischung aus Machterhalt der Männer, Tradition, Religion, Unwissenheit und Armut im Lande, berichtet *Dr. Renate Syed* für den *Münchner Merkur* im Januar 2013. In der Hauptstadt Delhi würden mehr Vergewaltigungen geschehen als an jedem anderen Ort in Indien. Nirgendwo seien die Gegensätze so groß: Neben Reichtum, Prunk und Luxus existierten unzählige Slums mit Hunderttausenden verelendeten Zugezogenen, die weder Arbeit fänden noch eine Zukunft hätten, so *Dr. Syed*. 2011 seien in Indien 25000 Vergewaltigungen angezeigt worden. Doch die Dunkelziffer sei um ein Vielfaches höher. Die Welt schaue auf Indien, Indien stehe unter Schock. Nach dem Tod der 23-jährigen Hindu-Frau, die am 16. Dezember von sechs Männern in einem Bus vergewaltigt und misshandelt und danach nackt und halbtot auf die Straße geworfen worden war, fände das Land keine Ruhe. Warum habe gerade ihr Fall einen solchen Aufruhr erregt, fragt *Dr. Syed*. In den Straßen Delhis hätten sich über Tage hinweg Demonstranten gesammelt.

Auch für *Shereen El Feki* ist die Sache klar, war in einem Bericht von *Özlem Topcu* in der *ZEIT* vom 14. Februar 2013 zu lesen: Das, was auf dem Tahrir-Platz passiert sei, hat nichts mit sexueller Frustration zu tun. Aber sehr viel mit Frustration. Eine, die sich in der Demonstration von Macht entlade. Es ginge nicht voran, der Aufstand habe Hoffnungen nicht erfüllt. Ob bezahlte Schergen oder nicht – „gedemütigte, unter Druck stehende Männer schlagen jetzt nach jenen aus, die noch schwächer sind als sie selbst".

In Deutschland gibt es ebenso Gewalt gegen Frauen und Kinder, und es gibt eine hohe Dunkelziffer nicht angezeigter Vergewaltigungen. Derweilen gibt es hierzulande ungeheuerlich viele Anlässe, auf die Barrikaden zu gehen, und von einem „geistig unangefeindetem Deutschland", wie Papst *Benedikt* es bei der Herbstversammlung der deutschen Bischöfe 2006 im fernen Rom ausmalte, kann wohl kaum die Rede sein, wo der Mensch seine Freiheit, seine Selbstkundgabe und sein Leben bedroht sehen, weil nicht mehr nur hinter verschlossener Tür Menschen keinen Beweggrund dafür sehen, Rücksicht zu nehmen auf die Würde des Menschen, sondern offenkundig deren Verachtung in allen Bereichen des menschlichen Daseins zu Tage gefördert wird.

Das Licht des Körpers ist das Auge.
Das Licht des Herzens ist dein Denken.

Der israelische Schriftsteller *Amos Oz* hat den Satz „Make Peace not Love" geprägt und damit natürlich nicht gegen die Liebe gepredigt. Aber er hat bis zu einem gewissen Grad versucht, den sentimentalen Mischmasch über Frieden, Liebe, Brüderschaft, Mitgefühl, Vergebung, Zugeständnisse und so weiter auszuräumen, der die Menschen zu der Vorstellung treibt, dass die Bösen nur die Waffen niederlegen müssten, und die Welt würde sich sofort in einen wunderbar liebevollen Ort verwandeln, so die ZEIT.

Daniel Alter sei in Deutschland als erster Jude nach 1945 zum Rabbiner ordiniert worden, berichtet die ZEIT und er erzählt von seinen Erlebnissen, die ihn daran hindern würden, sich als Deutscher zu fühlen. Zum einen war da ein Besuch im Stadion als Fan von Frankfurt Eintracht, bei dem nach Fehlentscheidungen des Schiedsrichters aus dem Fanblock auf ihn herab gebrüllt wurde: „Jude, Jude!"

Es habe sich etwas verändert im Land. Da ist sich auch *Michaela Jacobsohn* sicher. Sie ist Jahrgang 1966, lebt seit Langem in Offenbach und kann sich gut erinnern, dass es in ihrer Jugend ein klares Verständnis dafür gab, dass man keine Witze über Juden macht, sie nicht beleidigt, war im Juni 2013 in der *SZ* in einem Bericht von *Jens Schneider* zu lesen. „Das Verständnis ist weg." Ihre beiden Töchter würden ein Gymnasium in der

Stadt besuchen, und dort hätten diskriminierende Witze und Sprüche jeden Tag dazu gehört. Untereinander, gegeneinander, manchmal gar nicht gegen sie „Du bist doch ein Jude", einfach so. Die Mädchen hätten das offen angesprochen, gegenüber ihren Freunden und den anderen. „Du denkst, du machst nur einen Witz. Aber für uns ist das kein Witz." Die Lehrer hätten umsichtig reagiert, auf feine Art eingegriffen. Und es habe geholfen, sich zur Wehr zu setzen. Was es für die Töchter bedeutet hätte, wie könnte sie das genau wissen. „Auf jeden Fall ziehen sie sich nicht zurück", sagt *Jacobsohn*. Genau darum müsse es gehen in Offenbach (nicht nur dort): dass nachgedacht werde, was getan werden könne. Auch der älteste Sohn wolle die Kippa draußen tragen. Aber auch er werde bedrängt. Auch bei ihm seien es meist Jugendliche, oft mit einem Migrationshintergrund, er vermute eine muslimische Herkunft.

Der Mensch in der Masse scheint ein gesetzloses Herdentier ohne Verstand und Mitgefühl zu sein. In der Entwicklung zurückgehend. Schlimmer noch: Die Entwicklung scheint seinen Tiefststand zu erreichen, von dem aus bereits Naturvölker einst ihre Existenz bestritten. Könnte dieser Status noch unterboten werden, der Mensch würde nicht zögern und nichts unversucht lassen, seine Unvernunft weiter auszuschöpfen. Allein sein tägliches Überleben hindert ihn daran, dieses Unternehmen in die Wirklichkeit umzusetzen. Natürlich profitiert der eine oder andere mehr oder weniger dabei auch vom Schmarotzerdasein und entwickelt zu diesem Zweck ganz unscheinbar kreative Züge, um sein Hab und Gut auf der Mittellosigkeit Ohnmächtiger auszubauen. Die Formel heißt Kapitalismus und einige Schöngeister nannten sie in der Vergangenheit schon mal „soziale" Marktwirtschaft. Sozial wollte sie sich nennen, weil der Nutzer das Angebot angeblich mitbestimmen dürfe.

Die Parallelen des marktwirtschaftlich organisierten Kapitalismus zu der nur wenige Jahrzehnte vorher stattgefundenen Ausbeutung von Arbeitskraft durch das Nazi-Regime sind fatal und zugleich beschämend, weil die vielfältigen Machenschaften zahlreicher Helfershelfer aus der freien Wirtschaft und Politik heute wie damals nicht aufzurütteln es wagen, sondern im Gegenteil, dem Übel mit kopfnickender Zustimmung bis hin zur tätigen Anstrengung fördernd unter die Arme greifen.

Heute sei es kaum zu glauben, dass man so wenig über den Bereich der SS wusste, schreibt Roman Frister in seinem Roman *Die Mütze oder Der Preis des Lebens,* einer Art Armee in der Armee und Staat im Staate. SS-Generalstitel seien als Ehrenerweisung großzügig an Minister und hohe Beamte vergeben worden, und so kam es, dass aus der Eliteeinheit nicht nur eine Art Stoßtrupp der Nazipartei, sondern auch eine sehr einflussreiche politische und wirtschaftliche Macht geworden sei.

Die SS habe weite Teile der deutschen Wirtschaft kontrolliert, alle Firmen, die einst Juden gehört hätten und beschlagnahmt worden seien, hätten ihrer Leitung unterstanden. Der Jahresumsatz all ihrer Betriebe wurde auf fünfundzwanzig Millionen Dollar geschätzt. Als bedeutendster Lieferant billiger Arbeitskräfte habe sie sich auch eine wichtige Position in der Schwerindustrie gesichert. Ende 1944 habe sie den verschiedenen Arbeitgebern 627 000 Zwangsarbeiter zur Verfügung gestellt. Etwa 170 000 Gefangene hätten in der Rüstungsindustrie gearbeitet, beschäftigt in den unterirdischen Werken, die Messerschmitt-Flugzeuge zusammenbauten und V2-Raketen produzierten. 50 000 hätten in Werken gearbeitet, die direkt der SS gehörten. Die meisten lagen in unmittelbarer Nähe zu Konzentrationslagern, berichtet *Frister.*

Unter Vorgabe sogenannter Integrationsbemühungen hätte sich die katholische Kirche nicht unerheblich kreativ noch im jungen Nachkriegsdeutschland beteiligt, etwa als sie Jugendliche, die in ihren Heimen untergebracht wurden, unter unmenschlichen Bedingungen für Arbeiten im Steinbruch und an Fließbändern der Industrie einsetzte. Die Dokumentationsreihe *Frontal* berichtet, dass solche Einrichtungen für jeden Arbeiter achtzig

Pfennig je Stunde erhalten hätten, während die Jugendlichen mit fünfzig Pfennig Taschengeld im Monat abgetan worden seien. Die deutsche Bischofskonferenz äußere sich heute dahingegen, dass derartige „Arbeitstherapien" wesentlicher Bestandteil der Heimunterbringung gewesen seien, um die die Sprösslinge nicht herumkommen würden, wenn sie im Arbeitsleben integriert werden wollten. Das Diakonische Werk hätte sich ähnlich gelassen geäußert und rechtfertigt das Tun der Kirche als „Erziehungsmaßnahme" mit der Aussicht eines erfolgversprechenden Arbeitslebens.

Roman Frister kann in *Preis des Lebens* die phantasiereichen Wortschöpfungen eines jeden totalitären Regimes bezeugen, das selbstgerecht seine eigenen bürokratischen Jargon entwickelt und abgedroschene Phrasen und laute Erklärungen in eine die Wahrheit vernebelnde Sprache verwandelt.

Die Nazis hätten nie von der Judenvernichtung gesprochen oder geschrieben; immer habe es Sonderbehandlung oder „Endlösung" geheißen. Ihre Rassenlehre hätten sie mit Dutzenden von wissenschaftlichen Ausdrücken beschönigt. So sei es auch in den Ländern des Sowjetblocks gewesen, schreibt *Frister* weiter in seinem Roman. „Wachsamkeit" sei nur ein Synonym für gegenseitiges Denunzieren, und das Wort „Feind" sei jedem auf die Stirn geklebt, der es wagte, eigene Gedanken zu haben. „Keiner von uns hatte von George Orwells Buch *1984* gehört. Subversive Literatur wie diese wurde in Osteuropa nicht publiziert, und doch gab es keinen Platz unter der Sonne, wo sie aktueller gewesen wäre.", so *Frister*. *Orwell* beschreibt in aller Ausführlichkeit die Verbindung von Sprache und Politik und das Verhältnis zwischen Sprache und Denken, das die Menschen dazu brächte zu glauben, dass „Krieg Friede" ist und „Freiheit Unterwerfung" bedeutet.

Die ersten Menschen hatten übernatürliche Gaben: die heiligmachende Gnade, die Bestimmung zu Höherem, die Anschauung Gottes.

Es ist längst keine Vermutung mehr: Hitler ist nicht vorbei, fast 80 Jahre danach steht er da wie ein leuchtender Stern am Himmelszelt und weist den Weg ins 3. Jahrtausend. Oslo im Jahre 2011 gibt ein grauenhaftes Exempel. Hitler gleich hatte der Attentäter genug Zeit sein Manifest zu verfassen, bevor er zur Tat schritt. Der Norweger war aber kein Nachahmer Hitlers, vielmehr produziert die Bestandsform unserer so genannten Zivilgesellschaften seit Jahrhunderten viele kleine Hitlers. Größere und kleinere. Das Vakuum, in dem sich Bürger mit ziviler Ordnung und Gehorsam im Alltag mehr oder weniger freiwillig bewegen, beengt sie, zumal das Leben ohne höheren Sinn begangen wird, soll heißen ohne nennenswerten religiösen Tiefgang. Weil die geistige Enge mit erzwungener Veränderung gesprengt werden will, machen sich ein paar wild gewordene das stumpfe Machtgefüge zu eigen, das sie zuvor in ihrer passiven Rolle überrannt hat. Sie treten für einen kurzen Moment in eine aktive Rolle ein.

In diesem Sinne lässt auch der russische Schriftstellers *Viktor Jerofejew* in seinem Roman *die Macht der Verachtung* dominieren. Sie stütze sich nicht so sehr auf die Niederträchtigkeit reicher Dummköpfe und die Hilflosigkeit der Intelligenzija, war in der *FAZ* zu lesen – sie rühre an den wundesten Punkten des russischen Mythos: Auch das Volk sei von demselben Kadaver infiziert. Und hier entstehe das heimliche Motiv, nämlich die Rechtfertigung von Macht. Genau hier beginne der russische Liberalismus aus den Fugen zu geraten und mit ihm die russische Demokratie. Entsetzt müsse der Leser begreifen, dass nur eine wirklich große Persönlichkeit – die es nicht gäbe – etwas für das heutige Russland tun könne.

Der Faschismus wiederholt sich in allen Teilen der Welt unverblümter denn je und immer noch stoßen sich in den westlichen Demokratien nur unbekannte Minderheiten daran. Auf ihr Gegenüber trifft die Beschreibung des Mangels einer mehrheitlich erkrankten Gesellschaft, die ihr Gewissen oberflächlichen und populistischen Medien preisgibt, die für eine irre Ideologie der Marktradikalität einsteht. Die Gesellschaft könnte aber weit mehr sein, wenn sie sich nicht nur von nutzlosen Phantasien leiten ließe. Sie könnte weitaus mehr zur Qualität und Beteiligung des Einzelnen beitragen, wenn sie nicht nur eine Ansammlung eigennütziger Einzelner wäre. Das Fernsehen spiegelt nicht nur den Ist-Stand seiner Zuschauer und einer bestimmten Gruppe, sondern es kreist um deren Wille, ihren Anspruch kämpferisch als Mehrheit zu verteidigen. Das Dschungel-Camp beispielsweise bediene nicht mehr nur den Voyeurismus eines prekären Milieus, war in der *SZ* zu lesen, sondern längst angekommen in der Mitte der Gesellschaft verkörpere der Inhalt einen ungerührten Ausdruck für die vornehmlich als Geistesgaben beschriebene Ironie und den Sarkasmus.

Der schlechte Leser, wie ihn *Amos Oz* in seinem Bestseller *Eine Geschichte von Liebe und Finsternis* beschrieb, ebenso wie der schnaufende Interviewer hegen immer eine argwöhnische Aversion, eine puritanisch-prüde Feindseligkeit gegenüber dem schöpferischen Werk, gegenüber Erfindung, List und Übertreibung, gegenüber dem Spiel des Liebeswerbens, gegenüber dem Zweideutigen, Musikalischen und Musischen, ja, der Phantasie selbst. Er sei vielleicht gelegentlich bereit, einen Blick in ein komplexeres literarisches Werk zu werfen, aber nur unter der Bedingung, dass ihm die „subversive" Befriedigung an der Schlachtung heiliger Kühe vorab garantiert werde oder auch die säuerlich selbstgerechte Befriedigung, die der Konsum von Skandalen und Enthüllungen aller Art bereite, nach Art der Boulevardpresse.

Damit genau aber lasse sich Geld verdienen, denn das sei Kapitalismus pur. Das iPhone sei ein anderes Beispiel hierfür. Dahinter stünden Finanzinvestoren wie Heuschrecken, um anzuheizen und wirtschaftliche Überlebensstrategien einzuhauchen, in der die Autonomie und der letzte Selbstrespekt eines Bürgers im unaufhörlichen Wiederholungsmuster reduziert werde, untermauert der kanadische Philosoph *Charles Taylor* für die ZEIT. Die Entwicklung der Konsumgesellschaft zunehmend mit einer Ethik der Authentizität zu verbinden, liege dabei ganz im Trend, der im Westen immer mehr Raum greife und volle Kassen verspreche. *Taylor* fügt an: „Unverkennbar hat sie die Tendenz, den Begriff von Authentizität und Selbstsein zu trivialisieren. Es geht hier nur noch um die zur Nachahmung medial verbreiteten Stile, während die Entdeckung substanzieller Lebensziele dahinter zurücktritt und verblasst."

Töricht ist der Mensch, der sich mächtig, gesund und glücklich fühlt und sagt: „Was brauche ich schon mehr? Wen brauche ich? Niemanden! Nichts fehlt mir, ich genüge mir selbst, daher gelten für mich die Gebote und die Vorschriften Gottes oder die Sittengesetze nichts. Mein Gesetz ist, das zu tun, wozu ich fähig bin, ohne darüber nachzudenken, ob es nun gut oder schlecht für die anderen sei." So sprechen der Mann und die Frau ohne Weisheit und Glauben. Aber wenn sie damit auch zeigen, dass sie eine mehr oder weniger hohe Stellung in der Gesellschaft einnehmen so beweist dies ebenfalls eine Verwandtschaft mit dem Bösen. Der Mensch zeigt nicht durch Worte, sondern durch Taten, dass er mit Gott und der Tugend verwandt ist, wenn er darüber nachdenkt, dass das Leben noch wechselhafter ist als die Meereswelle, die sich heute ruhig zeigt und morgen tobt.

Der Mensch zeigt nicht durch Worte, sondern durch Taten, dass er mit Gott und der Tugend verwandt ist, wenn er darüber nachdenkt, dass das Leben noch wechselhafter ist als die Meereswelle, die sich heute ruhig zeigt und morgen tobt.

Der industrielle Kommerz spielt dabei unverhohlen mit demselben Feuer, das sich schon Nazideutschland als Potential für seine riesige Propagandamaschinerie und Rassenökonomie zu Nutze machen konnte. *Robert O. Paxton* an der Columbia University in New York bemüht sich in seinem Werk „*Autonomie des Faschismus*" um eine Begriffserklärung und hält den Faschismus für eine Form des politischen Verhaltens, das gekennzeichnet sei durch eine obsessive Beschäftigung mit Niedergang, Demütigung oder Opferrolle einer Gemeinschaft und durch kompensatorische Kulte der Einheit, Stärke und Reinheit, wobei eine massenbasierte Partei von entschlossenen, nationalistischen Aktivisten in unbequemer, aber effektiver Zusammenarbeit mit traditionellen Eliten demokratische Freiheiten aufgebe und mittels einer als erlösend verklärten Gewalt und ohne ethische oder gesetzliche Beschränkungen Ziele der inneren Säuberung und äußeren Expansion verfolge.

Wilhelm Reichs Kritik des Faschismus durchschaute als Erstes mit seinem klinisch und soziologisch geschulten Blick den fundamentalen Zusammenhang zwischen autoritärer Triebunterdrückung und faschistischer Ideologie. Er analysiert in der Massenpsychologie die Gestik, Phraseologie, die moralischen Schemata und Aktionen der „Hitlerei" und weist in ihnen die Verschiebung von Sexualangst zu einem Mystizismus nach, der zu einem Mechanismus chronischer Abhängigkeit führt. *Reich* sah den Faschismus nicht mehr nur auf einzelne Staaten beschränkt, sondern erkennt ihn richtig als Gefahr der modernen Massengesellschaft an sich.

Den Kult macht sich beispielsweise eine gigantische Medienindustrie zu Nutze, indem sie den Spieß umdreht und die planlose Gesellschaft für sich tanzen, küssen, lieben und spielen lässt. Dieser Gesellschaft wird dabei gänzlich das Maß an öffentlicher Moral abverlangt. Das Inszenieren und die ständige Konfrontation mit dem Privaten wildfremder Menschen motivieren die Zuschauer sich selbst in Szene zu setzen, um im selben Maß authentisch zu erscheinen. Der Phantasie sind dabei keine Grenzen gesetzt. Die längst vergessene deutsche Kinoproduktion mit dem Titel „Die wilden Hühner und die Liebe" ist da keine Ausnahme, sie verspricht alles, lässt aber wenig Assoziationen für wahre jugendliche Liebe offen. An Zynismus fehlt es den Deutschen in keinster Weise, wenngleich der Humor doch eher dünn ausfällt. Auch der Komiker *Sacha Baron Chen* hat sich nach seinen Späßchen in der Rolle des kasachischen Einfaltspinsels Borat nun eine österreichische Identität geschaffen. Er ist in dem gleichnamigen Film „Brüno" ein ehernes Mittelmaß an Humor, weil er mit bitterer Wirklichkeit hausieren geht und dafür vor allem Groteskere erntet.

*Höre, du bist ein schmutziger Lumpen,
doch du kannst wieder zu einer Blume werden.*

Wer indes glaubt, die katholische Kirche hätte wenigstens ihre historischen Abgründe überwunden, der lebt ebendies in einer gewaltigen Utopie. Indem sie ihre ganz persönliche Sichtweite eines irdischen Herrschaftsanspruches in Form des Kirchenstaates unverdrossen einer Religionsgemeinschaft einverleibt, setzt die mittelalterliche Kurie ihre lückenlose Sicht der Widerspenstigkeit auf ideologischer Agenda fort. Darin unterscheidet sich diese Kirche ganz wesentlich von ihrem Herrn und Gründer, der das Zeitliche mit sehr viel mehr Weitsicht und Demut zu segnen bereit war. Er ging sogar soweit, sich den Herrschern dieser Erde in Tod und Pein zu beugen, um nur dem Willen Seines Vaters in allem zu entsprechen und die Seelen, die eines guten Willens sind, bei allem irdischen Leid ans Ziel eines geistigen Vaterhauses zu führen.

Dies will ich. Danach sehne ich mich glühend. Eine ganze Welt, die Deinen Namen lobpreist. Eine Menschheit, die Dich Vater nennt. Eine Erlösung, die alle rettet. Einen gestärkten Willen, der alle Deinem Willen gehorsam macht. Einen ewigen Triumph, der das Paradies mit einem Hosanna ohne Ende erfüllt.

Gott aber ist Mensch geworden und hat die schwere Last des Leidens auf sich genommen, auf dass am letzten Tag niemand sagen kann: *„Wer bist du, dass du dein Urteil über die Welt sprichst? Hast Du Unrecht erfahren? Weißt Du überhaupt was Folter, Krankheit oder Armut sind? Wie kannst Du es wagen, Dich einen gerechten Gott zu nennen? Was weißt Du schon vom Tod?"*

Und wo stehen wir im 21. Jahrhundert und gut zweitausend Jahre nach dem historischen Erdengang des eingeborenen Sohn Gottes. Der Vatikan muss sich als Staat im Staat in der Übung der Kunst von Diplomatie darauf beschränken, sich nicht einzumischen. Dabei zeugt dieses Ungemach doch nur vom eigentlichen Kern der Selbstverkehrung und vom Gipfel des Eisberges. Die Kirche liegt brach in der Phase der Gottabgewandtheit, in der es keine Steigerung, aber auch kein Entrinnen mehr vor dem Gericht geben kann.

Ihr habt euch eine Nische bereitet und bleibt dort, wo ihr seid, teilnahmslos und kalt wie Götzen in Erwartung der Beweihräucherung und Anbetung. Da ihr euch einbildet, Götter zu sein, haltet ihr es für unnütz, euch in gebührender Weise um den wahren Gott zu kümmern; und es scheint euch gefährlich, dass andere wagen, was ihr selbst nicht wagen würdet. Ihr könnt es in der Tat nicht wagen, ihr seid Abbilder von Götzen und Götzendiener zugleich. Wer aber wagt, ist auch fähig, denn nicht er, sondern Gott wirkt in ihm.

Die ersten Apostel und ungebildeten Fischer hatten diese bedeutsame Wahrheit des Leiden und Leben ihres Freundes und Bruders noch unverfälscht gedacht, während unzählige geistliche Oberhäupter, die in ihren Fußstapfen zu folgen behaupten, bei ihren kläglichen Versuchen auf ewig scheitern, trotz ihres umfangreichen geistlichen Studiums. Bei den Aposteln hatte das Verstehen noch Glaube und Hoffnung entfacht, doch der Mangel an Bußfertigkeit in den nun nachfolgenden Generationen führt nur in die Hoffnungslosigkeit. „*Alles Fleisch ist wie Gras.*" Jesus selbst wird in den Tagen des Weltengerichts fragen wollen, was sie denn erwartet hätten, um das zu rechtfertigen, worin sie sich mit aller Entschiedenheit von ihrem Gott entfernten und die Rückkehr Christi außer Acht gelassen haben. Die Christenheit müsste sich angesichts dessen schon heute unweigerlich die Frage gefallen lassen, worin denn ihre Erwartungen im dritten Jahrtausend liegen. Meint sie, Stürme und Gemüter würden sich bloß wegen der schmucken Ausgestaltung von Traditionen oder kirchenstaatlicher Privilegien beruhigen?

Das staatsähnliche Gebäude der Kurie ähnelt heute mehr dem Rachen eines apokalyptischen Drachens als einer christlichen Religionsgemeinschaft. Das fraglose Monopol einer jeden Staatsgewalt verhindert den jederzeit möglichen Krieg aller gegen alle; einzig die rechtliche Regulierung wohldefinierter Zonen erlaubter Gewaltausübung vermag ihre Wucherung zu verhindern. Freilich haben moderne Gesellschaften ein solches, die Gewalt rechtlich übertragendes Regime besonders nötig, weil ohne religiösen Baldachin das fraglose soziale Rahmenvertrauen nicht mehr selbstverständlich ist, sondern beständig neu geschaffen werden muss. Welches aber könnte der tiefere Hintergrund und Zweck einer christlichen Religionsgemeinschaft an sich sein, Staatsinteressen zu verinnerlichen, außer dem, weltweit teure Privilegien und undefinierbares Ansehen zu ergattern, das noch dazu völlig wirkungslos bleibt, weil es dem christlichen Sendungsauftrag zersetzend entgegensteht?

Wir seien heute zwei welthistorische Etappen weiter als jener *Montaigne* – erstens nach der Einhegung der Gewalt im modernen nationalen Rechtsstaat; und zweitens nach ihrer millionenfachen Relegitimierung durch nationalistische, kommunistische und volksgemeinschaftliche Ideologien, gibt beispielsweise *Jan Philipp Reemtsma* in seinem Buch *Vertrauen und Gewalt* zu verstehen. Er fragt sich: Gibt es in der Weltgeschichte und derer des christlichen Abendlandes keinen moralischen Fortschritt? Nichts in der Menschennatur würde ihn zu garantieren vermögen, antwortet *Reemtsma*. Mancher postmoderne Aufklärer zerschlage das Bild von der Erziehung des Menschengeschlechts: pure Illusion, an welche nur das frühe 19. Jahrhundert zu glauben vermeinte, bestätigt *Otto Kallscheuer* in der Literaturvorstellung für die ZEIT. Sei das Gewalttabu, das zunächst die Christenheit und dann die westliche Moderne im Innern ihrer Gesellschaften zu etablieren beansprucht hätten, nur frommer Wunsch? Eine unwahrscheinliche und vermutlich im Laufe der Menschheitsgeschichte wieder verschwindende Ausnahme? Der Moralist des 21. Jahrhunderts mag schier verzweifeln und *Reemtsma* schließt in seinem philosophischen Werk: Wir haben keinen neuen Grund, auf den wir unsere Hoffnung noch bauen können.

Wahnsinn mit Methode

Die vordergründig erhoffte Wirkung der Eindämmung geburtenschwacher Jahrgänge bei Aufrechterhaltung der Berufschancen für Mütter mit Kleinkindern sei bislang ohne Erfolg, das zeigten die Statistiken der Folgejahre nach Einführung der sog. Kitas ganz deutlich. Die *FAZ* spricht gar von einem „ohrenbetäubendem Schweigen bei den Familienpolitikern". Zu der Mitteilung des Statistischen Bundesamts, dass die Geburtenrate 2009 in Deutschland sogar geringer war als in den beiden Vorjahren, mochte sich weder die Bundesfamilienministerin äußern noch deren Vorgängerin.

Kurz nach der Einführung des Elterngelds hätte Frau *von der Leyen* jeden geringsten Quartalsausschlag nach oben in der Statistik als Erfolg ihrer Familienpolitik ausgegeben. Seit es nur noch Ausschläge nach unten gegeben habe, sei immer seltener die Rede von dem ursprünglich angegebenen Zweck des Elterngelds wie auch des Krippenausbaus. Beides sollte mehr jungen Paaren die Entscheidung fürs Kind erleichtern. Dabei hätte man schon in Ostdeutschland sehen können, dass die Zahl der Krippenplätze dafür nicht ausschlaggebend sei, war in der *FAZ* zu lesen. Von Fakten ließen sich Politiker aber ungern stören.

Die Ergebnisse des *Bucharest Early Intervention Project*, von der die Zeit im Dezember 2012 berichtet, haben nicht nur Konsequenzen im Blick auf die Waisenhäuser Afrikas, Russlands oder Rumäniens. Ihr Hinweis auf die große Bedeutung der ersten beiden Lebensjahre betreffe auch die Krippe um die Ecke, wo ein Erzieher für sieben oder acht Kleinkinder kaum die Stimulanz und die Bindung für jedes einzelne Kind liefern könne, die es brauche, um eine vorteilhafte Entwicklung nehmen zu können – emotional, sprachlich und kognitiv. Ein Staat, der hier zu wenig investiere, begehe einen Fehler, der später kaum zu korrigieren sei, so *Christine Brink* in ihrem Bericht für die Zeit: „Schlechte Frühkinderbetreuung sei schlecht für alle Kinder", kommentiert auch *Charles A. Nelson*, Professor für die Erforschung kindlicher

Entwicklung an der Harvard University und am Children's Hospital in Boston, knapp.

Der Kapitalismus lasse sich zwar als Ausdruck eines starken Wertes wie „Freiheit" oder „Wahlfreiheit" deuten, aber mit dieser Deutung würden wir seine zweideutige Natur aus dem Blick verlieren. Freiheit sei ein altes imperiales Versprechen. Bereits die spanischen Eroberer des 16. Jahrhunderts bedrängten die Eingeborenen von Amerika, die neue Ordnung freiwillig hinzunehmen, schreibt *Amitav Ghosh*, ein indischer Schriftsteller für die ZEIT. Als Nächstes sollten wir nie vergessen, appelliert *Gosh*, dass der transatlantische Sklavenhandel – vermutlich die Urform des spekulativen Kapitalismus überhaupt – lange Zeit damit gerechtfertigt worden sei, dass er den Afrikanern die Freiheit bringe, weil er sie aus den tyrannischen Verhältnissen des Heimatkontinents „heraushole". Es müsse klar sein, dass die Drapierung der amerikanischen Wirtschaft als Modell für die Welt nicht mehr sei als ein gut getarnter Scherz. Denn dass Imperien häufig edle Ideale verfolgen würden, sei eine Tatsache – das Problem liege aber in den Methoden, die sie dabei anwenden und wie regelmäßig die behaupteten Ziele und Zwecke untergraben würden. Warum, frägt *Gosh* weiter? Weil der Prozess des Eroberns, des Besetzens und der Ausübung von Herrschaft Realitäten erfinden würde, die dann als Alibis verwendet werden könnten, um die Verwirklichung hehrer Ideale immer weiter zu vertagen, betont *Ghosh*.

Der brasilianische Nobelpreisträger für Medizin *Drauzio Varella* ist Onkologe und führt präzise einen Fall aus der Medizin an, der Bände über die Verbohrtheit kapitalistischen Denkens spricht: „In der heutigen Welt wird fünfmal mehr in Medikamente für die männliche Potenz und Silikon für Frauen investiert als für die Heilung von Alzheimerpatienten. Daraus folgend haben wir in ein paar Jahren alte Frauen mit großen Titten und alte Männer mit hartem Penis, aber keiner von denen kann sich erinnern wozu das gut ist."

*Ihr wisst, dass auch die Begehrlichkeit im Denken
zur Sinnlichkeit gehört.*

Der Kapitalismus selbst könne niemals die Grundlage einer Ethik bilden, geschweige denn einer Religion, so Heinrich Wefing in der ZEIT. Unweigerlich erscheine uns dieser als Retter in der Not, gar als Erlöser, der uns von allen Sorgen befreit. Diese Illusion halte die herrschenden Kreise in den USA fest in ihrem Griff. Am anderen Ende glaube aber die Herrscherriege Chinas, eine sklerotische und zunehmend korrupte ehemalige kommunistische Elite sei in der Lage, die zweideutigen Zwänge einer außer Kontrolle geratenen kapitalistischen Revolution bewältigen zu können. Auch hierzulande würden dieselben Illusionen am anderen Ende des politischen Spektrums auftauchen, nämlich bei unseren triumphierenden Neoliberalen. Sie würden die Freiheit des Marktes verteidigen und glauben, diese sei die einzige und perfekte Lösung sämtlicher Probleme. Früher wären multinationale Konzerne eng mit den Nationalstaaten verflochten gewesen; heute hätten die weltweit agierenden Unternehmen Investoren und Anteilseigner in aller Welt. Die Besitzverhältnisse seien zu komplex, als dass sie sich den Interessen eines einzelnen Landes unterordnen ließen. Wegen der globalen Ausbreitung der Produktion, der Märkte und der Finanzdienste scheine derzeit der Kapitalismus mit einer zunehmend sozialen instabilen Energie völlig aufgeladen zu sein. Im vergangenen halben Jahrhundert sei ein unvergleichlicher Reichtum in Asien, Lateinamerika und in den Ländern des Nordens geschaffen worden, ein Reichtum, der eng mit der Zerschlagung staatlicher Strukturen und bürokratischer Unternehmensverwaltungen zusammenhängen würde.

Ein solches Wachstum fordere einen hohen Preis, warnt *Wefing*, nämlich eine wachsende ökonomische Ungleichheit. Sie sei die Achillesferse der modernen Ökonomie und erscheine in vielen Formen: als gewaltige Erhöhung der Bezüge für Topmanager; als Verbreiterung der Einkommensunterschiede zwischen den Beschäftigten auf höheren und denen auf niedrigen betrieblichen

Ebenen; als Stagnation der Einkommen der mittleren Schichten im Verhältnis zur Elite. Josef Ackermann räumte bei der Bankenkrise ein, die üppigen Bonuszahlungen an Manager könnten ein Anreiz gewesen sein, in hochverzinsliche, aber eben auch hochriskante Papiere zu investieren. Zu Deutsch: Die Vergütungen, die oft mehr als das Hundertfache eines Arbeiterlohnes ausmachten, seien sogar ökonomisch fatal! *Achatz von Müller* beschreibt in seinem Bericht für das Feuilleton der Z*EIT* eine neue ökonomische Klasse der Manager. Ihr Aufstieg beschleunige den Prozess der Deprofilierung und Anonymisierung oder besser: Er sei zum Symptom dieses Prozesses geworden, der inzwischen längst nicht nur die „Großbetriebe", sondern auch die mittelständische Wirtschaft erfasst habe. Der Lebensstil dieser neuen Klasse sei bereits vor mehr als einem halben Jahrhundert von *Edward G. Robinson* in seriellen Hollywood-Produktionen als Mafia-Stil persifliert worden, so *von Müller*: blonde überschlanke Frauen, riesige schwarze Limousinen – heute am besten im Ranger-Look –, Verachtung literarischer Kultur, dafür ostentative Sportbesessenheit und ebenso lautstarke wie unerschöpfliche Konsumbereitschaft markierten den sozialen Charme dieser Gruppe.

(...) Oft, zu oft hört man sagen, dass die Bösen mehr Freuden im Leben haben als die Guten und dass das nicht gerecht ist. Dazu sage ich euch vor allem: „ U r t e i l t   n i c h t   n a c h   d e m   Ä u ß e r e n   u n d   n a c h   d e m ,   w a s   i h r n i c h t   k e n n t . " Das Äußere ist oft trügerisch, und das Urteil Gottes bleibt hier auf Erden verborgen. Ihr werdet im anderen Leben erkennen und sehen, dass das vergängliche Wohlergehen dem Bösen gewährt wurde als Mittel, um ihn zum Guten zu führen, und als Entgelt für das wenige Gute, das auch der schlimmste Mensch tun kann. D o c h   w e n n   i h r   d i e   D i n g e   i m   L i c h t   d e r   G e r e c h t i g k e i t   d e s   a n d e r e n   L e b e n s   b e t r a c h t e t ,   d a n n   w e r d e t   i h r   e r k e n n e n ,   w i e   k u r z   d i e   Z e i t   d e r   F r e u d e   d e s   S ü n d e r s   i s t ; kürzer als das Leben eines Grashalmes, der im Frühling im Kies des Bachbetts wächst und in der sommerlichen Sonne verdorrt. Ein einziger Augenblick der himmlischen Herrlichkeit mit der Glückseligkeit, die sie dem Geist vermittelt, der sie genießt, ist viel mehr

wert als die größten Triumphe des irdischen Lebens. Beneidet daher nicht den Bösen um sein Wohlergehen, sondern seid bestrebt, mit gutem Willen den ewigen Schatz des Gerechten zu erlangen.

Roger M. Buergel, der Künstlerische Leiter der Documenta 12, bestätigt für die *FAS*, nachdem auch Luxusgüter zu Massenware verkommen seien, sei Kunst das ultimativ sinnlose Produkt. Sie sei gewiss Teil des kapitalistischen Kreislaufs, aber darin ein großes Rätsel. Um ein solches Ritual gebe es so wenig Regeldiskurs wie um die Börse. Das heutige Kunstsystem würde die blanke Unwahrscheinlichkeit seiner *fortune* feiern, erklärt *Beat Wyss*, Professor für Kunstwissenschaft und Medientheorie in Karlsruhe. Er hält in der *FAS* das Star-Prinzip im System gar dem neuen Sammlertyp entgegen. Sammeln heute würde Potenz demonstrieren: das Vermögen, auf spektakuläre Weise Kapital zu vernichten. Die Verschleuderung von Geldwert für Kunst würde den Kapitalismus als Prinzip bestätigen, gerade weil dessen Gesetze der Wertschöpfung durch den Verschwendungsakt unterbrochen würden. Dazu würde die ausgeprägte Fähigkeit zur Selbstbedienung gehören. Es müsse gespart werden – würden die Reichsten erklären. Und das Wachstum müsse angekurbelt werden – durch Kürzungen. Und der Standort müsse gesichert werden – durch die Entlassung und Vertreibung derer, die an dem Standort leben und arbeiten würden. Glück? So, wie es produziert und beliefert würde, sei es nichts – als die Produktion von Dummheit mit technischer Intelligenz als Mittel, unterstreicht *Wyss*.

Je größer die Produktion von gesellschaftlichem Reichtum, desto besser funktioniere die Planwirtschaft: als planmäßige Umverteilung von unten nach oben, befindet *Menasse* als einer der bekanntesten Schriftsteller in Österreich. Allerdings – so der erste umfassende argumentierende Theoretiker des Wachstums, *John Stuart Mill* 1848 – folge dieses Prinzip dem Gesetz der energetischen Sparsamkeit: Es suche in gleichem Maße gesteigerte Produktion und minimierte Arbeitsleistung. Schon Erhalt der Produktionsquote bei verringerter Arbeitsleistung und damit weniger

Arbeitsplätzen sei Wachstum. Damit entdeckte *Mill* das Gesetz der Produktivitätssteigerung im Wirtschaftswachstum. Ziel des Wachstums sei nicht, Arbeitsplätze zu schaffen! Ist das nicht Menschenverachtung in ihrer reinsten Form, deren Wurzeln im Menschen selbst und seiner Gier begründet liegen?

Der Mensch ist also ewig, mächtig und heilig durch die Seele, die in ihm ist und die lebt, solange sie mit Gott vereint ist.

„Ob sie nun die Kontingentierung der Rohstoffe flexibilisierten, ob sie Millionen Tonnen von Eisen und Stahl, die Hauptwährung des Krieges, von einer Ecke des ‚Großgermanischen Reiches' in die andere verschoben, ob sie binnen Minuten über den Einsatz von Tausenden von Fremdarbeitern entschieden – in ihren kurzen, schnellen Karrieren wurden sie für alles trainiert", stellt *Nina Grunenberg* in ihrem Buch „Die Wundertäter" dar, „was ihnen auch beim Wiederaufbau von Nutzen sein konnte: das Planen in großen Dimensionen, ein drakonischer Managementstil, der Hindernisse mit Einfallsreichtum und Brutalität überwand, und der unbekümmerte Umgang mit beträchtlichen Risiken. Denn eines lernten sie nicht: Von Finanzen hatten ‚Speers Buben' wenig Ahnung – ein Defizit, das sich in den spektakulären Pleiten manifestierte, die manch einer von ihnen im Wirtschaftswunder erlebte und bis heute in Zeiten der Globalisierung phänomenale Nachahmung findet. Geld spielte bei Speers Ministerium für Rüstung und Kriegsproduktion keine Rolle. Seine Leute durften drauflos wirtschaften. Nur das Ergebnis zählte."

Unser bundesrepublikanisches System der „sozialen" Marktwirtschaft lässt sich ebendies wie das „Dritte Reich" nur auf ein Arbeitervolk mit Migrationshintergrund anwenden, während ein Deutscher sich an die Administration und den Schreibtisch klammert. Sämtliche Krankenhäuser und Altenheime oder Reinigungsdienste, ob nun in staatlicher, privater oder kirchlicher Hand, müssten ihren Betrieb heute schon einstellen, wenn nicht

Arbeitskräfte aus den östlichen und südlichen Randzonen Europas und darüber hinaus den täglichen Ablauf garantieren würden. Eine große Mehrheit Deutschstämmiger müht sich stattdessen hingebungsvoll in irgendeinem stinklangweiligen Verwaltungsapparat, während sie die mangelnden Entfaltungsmöglichkeiten auf dem Arbeitsmarkt lamentieren, weil es einfach zu viele gibt, die sich Büroarbeit in den Kopf gesetzt haben.

Ein praktisches Beispiel liefert Siemens. Das Verhältnis von Organisation zur Produktion beträgt dort fast 1:1. Der Kopf des Konzerns ist fast so groß wie sein Rumpf. Anders ausgedrückt, wird jeder Handgriff eines im Werk arbeitenden Betriebsangehörigen von „oben" herab geplant, kalkuliert, dokumentiert und kontrolliert. Da diese aufgeblasene Substanz der Verwaltung aber sich selbst tragen muss, ist deutsche Wertarbeit mitunter so viel teurer und wirtschaftliches Überleben in der globalisierten Welt so viel härter geworden für deutsche Unternehmen. Ihre Organisation platzt aus allen Nähten. Nur für Lebensmittel war Deutschland das „billigste Land in Europa", berichtet der Frankfurter Ableger des amerikanischen Handelsforschungsinstituts AC Nielsen. Ansonsten sei das deutsche Wirtschaftssystem krisenanfällig und fällt mit seiner Binnennachfrage kontinuierlich auf den Tiefststand, weil sie ihre Stellschrauben nicht auszumachen wisse.

Anton Schlecker und Dieter Schwarz von Lidl führen mit ihren Imperien die nächste Generation nach dem Familienunternehmen der Albrechts an. Bei Schlecker tönen und flackern Werbeclips per Endlosschleife über die Fernseher in den Filialen: Mundwasser, Filtertüten, Volksmusik, kaufen, kaufen, kaufen, den ganzen Tag lang, alle halbe Stunde von vorn, berichtet *Marcus Rohwetter* im November 2005 für die ZEIT. Leiser stellen oder abschalten sei verboten gewesen. Die Kunden hätten das nur fünf Minuten lang mitbekommen, die Angestellten seien zwei Wochen lang dauerberieselt worden – dann hätte es ein neues Programm gegeben. Einige hätten es geschafft, das Gedudel auszublenden, andere hätten davon geträumt. In einigen Filialen von Lidl würde bereits der Kassencomputer die Kassiererinnen kontrollieren. Pro Minute müssten sie mindestens 40 Artikel über den Scanner ziehen; Neulinge hätten vier Monate Zeit, um die hohe Schlagzahl zu erreichen. Erzeugt würde eine Atmosphäre der Angst: Eine Verkäuferin aus Bremen berichtet, aus Furcht vor Kündigung mit hohem Fieber so lange im Laden gestanden zu haben, bis sie zusammengebrochen sei. Unbezahlte Mehrarbeit sei quer durch die Branche verbreitet. Die Gewerkschaft ver.di schätzt, dass im Handel etwa jede dritte Überstunde weder finanziell noch durch Freizeit ausgeglichen würde. Hinzu komme, dass der Einzelhandel auf besondere Art unter einer anhaltenden Konjunkturflaute leide. Jetzt aber hätten sie begonnen, sich gegenseitig zu kannibalisieren, bemerkt *Rohwetter*.

6000 hoch motivierte Jungmanager, allesamt deutlich jünger als 50, hätten für den „Endsieg" gearbeitet. Mit ihnen beginnt die Personalgeschichte des „Wirtschaftswunders", schreibt *Nina Grunenberg* in ihrem Werk: „Auf die Härten der Nachkriegszeit waren sie bestens eingeschworen – unter ihnen einflussreiche Unternehmenskapitäne wie Alfried Krupp, VW-Chef Heinrich Nordhoff und Thyssen-Boss Hans-Günther Sohl, umtriebige Handelsherren wie Josef Neckermann, geboren 1912 in Würzburg und durch die Arisierung eines jüdischen Kaufhauses und die Übernahme eines Wäscheversands in den dreißiger Jahren zu einigem Wohlstand gekommen und Anfang 1942 mit dem Auftrag vertraut, für die frierenden deutschen Landser eine Winteruniform zu kreieren. Zum selben Zeitpunkt sollte auch Ferdinand Porsches ‚Tiger-Panzer' vorgeführt werden. Oder Karl-Maria Hettlage, ein Finanzwissenschaftler, der während des Krieges Leiter der Finanz- und Wirtschaftsabteilung wurde bei Albert Speers Ministerium für Rüstung- und Kriegsproduktion in Berlin. Mit Letzterem erhoffte sich Hitler Hilfe und das Ende im Zuständigkeitschaos in der Kriegswirtschaft. Danach konnte Hettlage als Finanzberater bei Bundeskanzler Konrad Adenauer einsteigen und als Staatssekretär der maßgebende Mann im Bundesfinanzministerium werden."

„Speers Buben", wie die Riege der 30- bis 40-Jährigen spöttisch genannt worden sei, seien in erster Linie tüchtige Techniker und fähige Ingenieure gewesen, dokumentiert *Grunenberg*. Sie seien loyale und oft überzeugte Nationalsozialisten gewesen, die ihren Weg erst mit Kriegsbeginn in der Rüstungswirtschaft gemacht hätten und sich mit ganzer Kraft in den Dienst der Hitlerschen Kriegsziele gestellt hätten. Im Dritten Reich habe die Arbeiterfront (DAF), die am 10. Mai 1933 an die Stelle der Gewerkschaften getreten war, dafür gesorgt, dass die Arbeiterschaft, die bisher Hitler gegenüber feindlich gesinnt gewesen sei, stillgelegt und alle autonomen Arbeitnehmerorganisationen abgeschafft worden seien.

In Artikel 20 des mühevoll aus den Trümmern des Krieges erstandenen Grundgesetzes war, wenngleich es mit Füßen getreten wurde, die Rede vom „demokratischen und sozialen Bundesstaat" und diente beispielsweise dem SPD-Politiker *Herbert Wehner* als Kernsatz für seine Sache mit dem Arbeiter. Als sich nach 1949 dessen Aktivitäten in der Sozialdemokratie entfaltet haben, sei ihm die Not der Arbeiterschaft zum Nährboden geworden, auf dem sich sein humanistisches Bewusstsein von der Unabdingbarkeit persönlicher Freiheit entwickelt habe, erinnerte sich *Helmut Schmidt*. Dass man voll arbeiten und doch auf Sozialhilfe angewiesen sein kann, war noch vor 30 Jahren kein Thema, bekräftigt der ehemalige SPD-Spitzenpolitiker *Erhard Eppler* in seinem Bericht in der ZEIT. Wie wolle man Solidarität mit den Verlierern der Globalisierung in den armen Ländern verlangen von Menschen, die sich selbst als Verlierer erleben würden? Politisch relevant sei nicht die Frage, was die vollkommene soziale Gerechtigkeit sei, sondern die Grenze zwischen hinnehmbarer und nicht mehr hinnehmbarer Ungerechtigkeit. Die marktradikalen Verheißungen gingen ins Leere, die Menschen würden nach einer Alternative suchen, beobachtet *Eppler*.

Wenn der Markt doch nicht klüger sei als die Politik, wo sei dann die Politik, die klüger sei als der Markt? Wer könne sich an diese

Herkulesaufgabe wagen, fragt *Eppler* weiter. Es gebe durchaus solche Politiker, aber sie würden ausgebremst von anderen, die genau dies nicht wollten. Dennoch hier läge die Aufgabe aller: soziale Gerechtigkeit in globalisierter Ökonomie. Wie dringlich sie sei, zeige ein Tatbestand, den es so in der Bundesrepublik noch nicht gegeben habe: Das Gerechtigkeitsempfinden einer Mehrheit sei verletzt. Es gebe eine Zweidrittelmehrheit, die finden würde, es gehe bei uns ungerecht zu. Diese Verletzung würde nicht vernarben, sie werde immer neu aufgerissen, etwa wenn prominente Steuerflüchtlinge aufgespürt würden. Wenn eine Familie mit vier Kindern sich keinen Mittelklassewagen leisten könne, während ein reicher Single mit dem Sportwagen losbrausen würde – gerecht sei das nicht, aber wir müssten es hinnehmen. Aber dass man den Kleinen Verzicht predige, während die Großen beim Kassieren jedes Maß verlieren würden – das nehme eine Mehrheit nicht hin und das nicht nur hierzulande, wie auch die Ausschreitungen auf sämtlichen Kontinenten dokumentieren würden.

Der Umbau der Kooperation zwischen Wirtschaft, Gesellschaft und Staat zugunsten eines gesellschaftlichen Entscheides, dass Wachstum auch Arbeit schaffe, so *Achatz von Müller* in der *ZEIT* vom Januar 2006, könne sich nicht mit Appellen an die Wirtschaft begnügen. Er müsse die Konditionen ändern. Die Ecksteine eines solchen Umbaus würden daher lauten: Steuerentlastung von Arbeit und Investitionen in Arbeit, substanzielle Besteuerung aller wertschöpfenden Prozesse – sowohl des Konsums bei Wahrung sozialstaatlicher Grundsätze wie des ‚vagierenden' Kapitals –, Öffnung der Grenzen für Waren und Arbeit erst im Gleichschritt steuerlicher Globalerfassung des „flüchtigen" Kapitals, Stärkung der Staatsinterventionen zugunsten Arbeit schaffender Maßnahmen.

Robert Menasse legte in einer Serie der *ZEIT* einer lyrischen Figur folgende Worte als Kritik am radikalkapitalistischen Boom in den Mund: „Ich sehe Millionen Menschen zugrunde gehen, aufgrund einer Logik, die deshalb entmenscht ist, weil sie die Bedürfnisse der von den Menschen produzierten Verhältnisse wichtiger nimmt als die Bedürfnisse der Menschen selbst."

Der Mensch lebt von den Erinnerungen, und die stärksten sind die Erinnerungen an das eigene Ich. Man muss jedoch zwischen dem einen und dem anderen Ich unterscheiden. Da gibt es das geistige Ich der Seele, das sich an Gott und seinen Ursprung in Gott erinnert. Und es gibt das niedrige Ich des Fleisches, das für sich und seine Leidenschaft tausend Forderungen stellt. Dieses zweite Ich, das sich aus so vielen Stimmen zusammensetzt, dass sie einen ganzen Chor bilden, übertönt das erste, wenn die Stimme des Geistes, der sich auf seinen Adel als Kind Gottes besinnt, nicht stark genug ist. Daher muss man, um ein vollkommener Mensch zu sein, sich selbst vergessen – trotz aller Erinnerung, ängstlichen Überlegungen und Bedürfnisse des menschlichen Ichs. Dagegen muss man seiner Seele stets in heiliger Weise gedenken und dieses Bewusstsein immer mehr festigen und stark und lebendig erhalten. Die Seele ist der wahre Adel des Menschen. Du bist ruhmreich, weil du aus dem Geschlecht der Claudier bist. Der Mensch ist es in noch höherem Maße, weil sein Ursprung in Gott ist. Es handelt sich bei den Claudiers um eine mächtige Familie, die jedoch einen Anfang nahm und ein Ende haben wird. Im Menschen fließt, seiner Seele wegen, das Blut Gottes, denn die Seele ist – da Gott reinster Geist ist – das geistige Blut des Schöpfers des Menschen: des ewigen, mächtigen und heiligen Gottes. Der Mensch ist also ewig, mächtig und heilig durch die Seele, die in ihm ist und die lebt, solange sie mit Gott vereint ist.

Jeder Mensch könnte wie Jesus sein, wenn er es wollte und mit Gott eins wäre ... auch sie, die ihr als Heiden verachtet, könnten dasselbe sagen. Es ist nicht dein Verdienst, dass du Nachkomme einer religiösen Familie bist. Du kannst dem Ewigen für diese große Gnade nur danken und dich aus Dankbarkeit und Demut darum bemühen, andere, die dieses Glück nicht haben, mit deinem Vorleben zum wahren Gott zu führen. Man muss gut sein. Der wahre Gott ist Liebe und Barmherzigkeit. *Waren vielleicht eure Götter so? Nein. Auch sie waren Härte, Grausamkeit, Lüge, Scheinheiligkeit, Laster und Raub. Nun haben sie euch ohne den Trost gelassen, der in der Hoffnung besteht, geliebt zu sein und nach so viel Leiden die Gewissheit der Ruhe zu haben. So ist es, weil eure Götter keine Götter sind.*

Gesellschaft in Not

Der Prozess gegen eine Mutter und neunfache Mörderin ihrer neugeborenen Säuglinge zeigt auf schauerliche Weise die unerfüllten Bedürfnisse eines Einzelnen, der sich in der Menge verliert. Es gebe keine Gespräche, Konflikte würden nicht ausgetragen, Sorgen nicht mitgeteilt, deutet *Ursula Kals* in der *FAS* vom 18. März 2007. Die Familie gleiche einer Herde, die Wärme und doch gleichgültig sei. Niemand wisse, was im anderen vor sich gehe. So lerne der Bürger keine Strategie zur Lösung von Problemen, er lerne auch nicht, sich durchzusetzen. Was er lerne, sei: schweigen und dass man keinen Ärger machen solle, dass man Kummer mit sich selbst ausmachen oder runterschlucken solle. Der mündige Bürger lerne mit dem Leben einen faulen Frieden zu schließen. Die Zahl derjenigen, die ihr Gehalt als eine Art Schmerzensgeld hinnehmen würden und innerlich die Kündigung eingereicht hätten, wird auf bis zu 50 Prozent geschätzt, erklärt *Kals*. Je unsicherer die Wirtschaftslage, umso eher würden jedoch viele Arbeitnehmer verzagen. Sie würden sich in der Mittelmäßigkeit einrichten. Diese Duldungsstarre sei eine Anleitung zum Unglücklichsein, schreibt die Autorin. Sie macht in ihrem gleichnamigen Buch *Mut zum Wechsel*. Der Wertekanon sei ein ausgezeichneter Wegweiser für einen sinnvollen Richtungswechsel. Man denke auch mit dem Herzen gut. Um Klarheit zu gewinnen, müsse man aber das Hamsterrad verlassen und Auszeittage in den Arbeitsalltag einbauen, so *Kals*. „Ein Berufswechsel ist ein Entwicklungsprozess", sagt auch *Brigitte Scheidt*, in deren Berliner Praxis sich immer öfter Ratsuchende einfinden, die das Wagnis einer zweiten Karriere eingehen möchten. Die Diplompsychologin hat ein Fünf-Phasen-Modell zur Neuorientierung entworfen: „Denn eine berufliche Neu- und Umorientierung fordert die ganze Person und ist nicht primär kognitiv steuerbar und verläuft natürlich auch nicht linear, sondern es handelt sich um Prozesse."

Die Soziologie, die Lernpsychologie und die Gehirnforschung können sie dazu nur beglückwünschen, schrieb *Iris Radisch* zu Weihnachten 2007 in der ZEIT. Das Selberleben sei, nach allem, was wir heute wüssten, ein unverzichtbarer Grundbaustein für die Entwicklung der Intelligenz und des Glücksgefühls. Nachhaltiges Lernen würde nur stattfinden, wenn (wie die alte Reformpädagogik schon behauptete) Hand, Herz und Kopf gemeinsam mit im Spiel seien. Der Soziologe *Hartmut Rosa* schlägt vor, Zeit nicht mehr mit Gütern zu ersetzen, sondern Zeit und menschliche Beziehungen zu schenken, zum Beispiel an Weihnachten. Wir würden viele Erlebnisse haben, aber keine Erfahrungen. Neue Synapsenbildung im Gehirn würde sinnliche Erfahrung voraussetzen. Und anhaltende Befriedigung könne uns die Vielzahl unserer Erlebnisse (auch der Kauf- und Bildschirmerlebnisse, erst dann verschaffen), wenn sie sich mit unserem Leben so verknüpften, dass echte Erfahrungen daraus entstünden. Es seien die Dominanz des Ökonomismus, ein Zeitgeist und ein absoluter Sieg des Konsumismus, die Sinnfragen ersticken, die über den trostlosen Alltag hinausreichten. Keine Bevölkerung der industrialisierten Welt komme aber mehr um die Mühe herum, den Verzicht wieder zu erlernen und damit den Ausgang aus der Eigensucht zu erlernen, welche als größte ihrer Eigenschaft, die Ignoranz für Armut und Not im Besonderen auszudrücken wisse und in ihrem Verhalten stumpfsinnig und rückgängig mache, appelliert *Rosa!*

Die Gelehrten unter euch wissen, welch reiche Gaben Gott Adam und seinen Nachkommen hat zuteilwerden lassen. Auch die ungebildetsten unter den Kindern Israels wissen, dass in uns der Geist (die Seele) ist. Nur die armen Heiden kennen ihn nicht, diesen königlichen Gast, diesen Hauch des Lebens, dieses himmlische Licht, das unseren Leib heiligt und belebt. Aber die Gelehrten wissen, welche Gaben dem Menschen, dem Geist des Menschen, verliehen wurden.

Gott hat diesen Geist nicht weniger freigebig bedacht als das Fleisch und Blut des von ihm mit etwas Staub und seinem Hauch erschaffenen Geschöpfes. Wie er Adam die natürlichen Gaben der Schönheit, der Unversehrtheit, der Intelligenz, des Willens und der Fähigkeit zu lieben und Liebe zu schenken gab, so verlieh er auch die moralischen Gaben: die Unterordnung des Fleisches unter die Vernunft, damit sein Geschenk der Freiheit, Selbstbeherrschung und des eigenen Willens nicht durch die Knechtschaft der Triebe und Leidenschaften beeinträchtigt werde. Frei war sein Lieben, frei sein Wollen und frei seine Freude in Gerechtigkeit; ohne das Gift, das Satan verspritzt, von dem er überfließt und das euch zu Sklaven macht; das Gift, das euch vom reinen Flussbett über schlammige Felder in faulende Tümpel führt, wo die Fieber fleischlicher und geistiger Triebhaftigkeit gären. Ihr wisst, dass auch die Begehrlichkeit im Denken zur Sinnlichkeit gehört. Die ersten Menschen hatten übernatürliche Gaben: die heiligmachende Gnade, die Bestimmung zu Höherem, die Anschauung Gottes.

Sicher können sich eure geschwächten Seelen nicht mehr zu Gott erheben; denn sie sind geschwächt durch die Erbsünde, die Leidenschaften, die Sünden, die vielen Arten eurer Selbstsucht und auch durch den Egoismus anderer. Durch all das habt ihr eure Mitmenschen verärgert und verschließt euch ihnen gegenüber. Ihr seid daher nicht fähig, die unendlichen Vollkommenheiten Gottes zu betrachten, und am wenigsten die Güte Gottes, weil sie die Tugend ist, die die Sterblichen, zusammen mit der Liebe am wenigsten besitzen. Die Güte! Wie süß ist es, gut zu sein, ohne Hass, ohne Neid, ohne Hochmut!

Augen zu haben, die nur liebevoll schauen, Hände zu haben, die in einer Gebärde der Liebe gereicht werden, Lippen, die nur Worte der Liebe sprechen, und ein Herz, vor allem ein Herz, in dem einzig und allein die Liebe wohnt und das Augen, Hände und Lippen zu Taten der Liebe drängt!

Konsumkritik sei längst zu einer Frage der Lebensqualität geworden, so *Radisch* für die ZEIT. Eine Umkehrung der wachstumsfördernden Glücksvernichtungslogik sei ohne Entschleunigung, ohne Drosselung und Qualifizierung des Konsums kaum möglich. Verzicht aus Hedonismus, das scheine, weil wir so lange im alten System der ständigen Maximierung gerechnet hätten, ein Widerspruch in sich zu sein. Der Soziologe *Hartmut Rosa* gibt in einem Gespräch mit *Radisch* an, dass das Problem nicht sei, dass die Moderne keine Antwort mehr habe. Das Problem sei, dass wir uns die Fragen gar nicht mehr stellen würden. Bisher könnten wir uns noch immer eher das Ende der Welt vorstellen als eine Alternative zum kapitalistischen System. Aber wir müssten die Alternative nicht kennen, hält *Rosa* ein, sondern wir müssten das Ding erst mal anhalten.

Die alte Idee des Bildungs- und Entwicklungsromans, sich mehr zu bilden und zu entfalten, erreiche man nicht durch mehr Konsum, sondern durch weniger Konsum. Die einfache Erkenntnis, dass wir uns durch das rigide Maximierungsprinzip längst nur noch schaden würden, möge im Ghetto der sogenannten postmaterialistischen Werte-Elite schon lange angekommen sein – als Wohlfühl-Ideologie der Privilegierten, polemisiert *Iris Radisch*. Aber ernsthafte, also politische, auch bildungspolitische, familienpolitische, arbeitspolitische Sprengkraft hätte diese einfache Erkenntnis noch nicht. Dennoch, *Rosa* schreibt in seinem Buch: „Die Entschleunigung könnte die mächtigste Gegenideologie des 21. Jahrhunderts werden." Wir seien am Rande der Erschöpfung und am Rande des Sinnvollen. Es gebe Kultureliten, die den Fernseher abgeschafft hätten. Es gebe Eliten von Jugendlichen, die bewusst Technikverweigerung betreiben würden. Sie hätten keine Lust mehr. Es gäbe Aussteiger aus dem totalen Steigerungswahn.

Aber *Rosa* sieht noch nicht den kulturellen Gegentrend, der daraus eine tragfähige neue Gesellschaftsform mache. Seine Idee sei nicht der individuelle Ausstieg, sondern ein politisches Programm, das auf Entschleunigung ziele. Die Möglichkeit, ein erfülltes Leben führen zu können, hänge von sozialen Kontexten ab. Wenn die falsch seien, dann gebe es keine billige Lösung. Es gehe nicht darum, weniger vom Falschen zu machen, sondern endlich das Richtige. Entschleunigung hier ein bisschen und da ein bisschen und am Ende die Totalentschleunigung in der Herzinfarktklinik – das reiche nicht. Das letzte Hemd habe bekanntlich keine Taschen. Niemand würde es auf dem Totenbett bereuen, nicht noch mehr Stunden im Büro verbracht, nicht auch noch die nächste Generation irgendeines Fernsprechapparates oder eines Turnschuhs ausprobiert zu haben. Am Ende werde klar, dass das Ganze nicht die Probe für etwas war, das noch kommt, so *Radisch* in ihrem Report. Es sei bereits die Aufführung gewesen. Und wir hätten nichts anderes gemacht, als das Bühnenbild mit sehr viel Geld und sehr viel Arbeit aufwendig dekoriert. Brandneu sei aber die Erkenntnis nicht, dass wir vor lauter Arbeit das Leben verpassten. Eine Arbeitskultur, die Freiräume schaffe und Präsenzrituale abbaue, und eine Lebenskultur, die auf unverkäufliche Erfahrungen setze und Konsumkomödie ausbremse, das sei besser als 80 Millionen flexible Wachstumsvollstrecker, die für sich, die Kinder und kranken Eltern am Abend noch 30 Qualitätsminuten haben würden, klagt die Autorin.

Ihr habt dem reinen Salz Gottes die Schlacken des Stolzes,
des Geizes, der Unmäßigkeit,
der Unzucht, des Zornes und der Trägheit beigemischt,
und das in solchem Maße,
dass auf sieben Körner eines jeden Lasters nur ein Salzkorn kommt.

In einer Zeit, da Erschütterungen auf dem Arbeitsmarkt genauso selbstverständlich seien wie Brüche in bürgerlichen Erwerbsbiographien, greife die Angst vor dem gesellschaftlichen Abstieg auch in der Mittelschicht um sich. Und so würden wir alle verinnerlichen, dass wir selbst dafür verantwortlich seien, uns für die Wissensgesellschaft zu rüsten. Der Universitätsprofessor und ehemalige Präsident des österreichischen Bundesrates *Prof. Schambeck* bemängelt an dieser Stelle zu Recht, „es kommt bei der Mehrzweckverwendung des Staates darauf an, dass er nicht alle Aufgaben selbst erfüllt, die das Gemeinwohl für den Einzelnen verlangt, sondern an dieser Aufgabenerfüllung neben Organen des Staates auch solche der Gesellschaft und Private teilnehmen lässt. Auch Aufgabenteilung kann zur Vermenschlichung der Staatsordnung beitragen! Sie erlaubt auch ein Maß an Teilung der Macht im Staat und ermöglicht damit eine weitere Kontrolle (auch der Lebensumstände des Volkes, B. v. A.)."

Philosophisch gesprochen hätten die Menschen Reserven gegenüber der verbindlichen Vergesellschaftung. Sie würden nicht gerne in Parteien, in Vereine gehen – so würden sie erdverbunden und tragend werden. Das fürchten viele, beobachtet der Kapuzinermönch Bruder *Paulus Terwitte* in der ZEIT, und das sei eine Last, die wir von den alten Griechen haben würden. Die hätten gesagt: Das Geistige, Spirituelle, Unverbindliche, das sei toll! Diese Sklavenarbeit sollten irgendwelche untergeordneten Chargen machen. Leider seien wir dadurch in unserem Abendland auch nicht sehr viel weiter gekommen, fügt der um Nachwuchs ringende Kapuziner an und er fragt weiter: „Woher sollen die Priester in größerer Zahl kommen, wenn immer weniger Kinder geboren und immer weniger katholische Ehen geschlossen werden? Wenn aber Priester fehlen, dann jene Männer, denen es zukommt darin aufzugehen, die Neugeborenen zu taufen, in den Gemeinden die Messe zu feiern, den Liebenden beizustehen, wenn sie sich das Sakrament der Ehe spenden, und den Leidenden, wenn es ans Sterben geht."

Da bleibt in der Regel nicht mehr viel Zeit für den Gedanken, eine eigene Familie gründen zu wollen oder den Pflichtzölibat als unangebrachtes Übel zu empfinden. Das sind eher die anderen, die sich im mangelnden Bewusstsein der eigenen Berufung in willkürlicher Selbstüberschätzung wälzen, um sich anzumaßen, dem Priester Empfehlungen für ein vordergründiges Glück in der Welt auszuhändigen, nur um selbst gut dazustehen, wo die eigene Sexualmoral erkrankt ist. Dabei hätten sowohl Priester und Laiengläubige Empathie an anderer Stelle viel nötiger, wenn sie denn ihre Berufung auch mit Bedacht wählen würden. Andererseits ist die Diskussion um die Priesterweihe für Familienväter, die sich spät zum Priesteramt berufen fühlen, Haarspalterei, denn auch Petrus war verheiratet, als Christus ihn erwählt und auserwählt hat, die Kirche nach Ihm zu leiten. Aber dass ein im Apostelamt zur Nachfolge Christi Berufener sich nachträglich den Bund der Ehe wünscht, davon ist im Evangelium mit keinem Wort die Rede. Nicht von ungefähr kommt es ja auch von jeher zu einer Klassifizierung zwischen Aposteln und Jüngern, um Familie und Ehefrau nicht vernachlässigen zu müssen. In erster Linie aber, um die Mission Christi immer vor dem geistigen Auge zu haben.

Ihr seid das Salz der Erde und das Licht der Welt. Doch wenn ihr in eurer Mission versagt, werdet ihr zu einem schalen, unnützen Salz. Nichts mehr könnte euch dann den Geschmack zurückgeben, da Gott ihn euch nicht geben konnte. *Denn ihr habt das Salz als ein Geschenk von ihm erhalten, es aber schal werden lassen, da ihr es mit den faden und schmutzigen Wassern der Menschlichkeit verwässert und mit der entarteten Süße der Sinnlichkeit gesüßt habt. Ihr habt dem reinen Salz Gottes die Schlacken des Stolzes, des Geizes, der Unmäßigkeit, der Unzucht, des Zornes und der Trägheit beigemischt,* und das in solchem Maße, dass auf sieben Körner eines jeden Lasters nur ein Salzkorn kommt. Euer Salz ist also nicht mehr als ein Gemisch von Steinen, in dem sich das armselige Körnchen Salz *verliert. Steine, die zwischen Zähnen knirschen, im Mund einen Erdgeschmack hinterlassen und die Speise widerlich und abstoßend machen. Nicht einmal mehr für mindere Zwecke ist es brauchbar, da ein mit sieben Lastern durchwirktes Wissen selbst menschlichen Aufgaben schaden würde. Also taugt das Salz nicht mehr, es wird weggeworfen und von den Menschen achtlos zertreten. Wie viele, o wie viele Menschen werden auf diese Weise die Männer Gottes mit Füßen treten können! Denn diese Berufenen selbst haben dem Volk erlaubt, sie so zu zertreten, da man zu ihnen nicht mehr seine Zuflucht nimmt, um den Wohlgeruch von etwas Erlesenem, Himmlischem zu kosten: Sie sind doch nichts anderes als Schlacke.*

Ihr könnt nicht die Heiligkeit gegenüber
dem Nächsten von der Heiligkeit
gegenüber Gott trennen, denn die eine bringt die andere hervor,
so wie es bei der Liebe
zu Gott und der Liebe zum Nächsten geschieht,
da eine aus der anderen entspringt.

Das Personalleasing habe ungehemmt seinen „Anteil am deutschen Aufschwung" hervorgehoben, habe sich die Zahl der Leiharbeiter zwischen 1994 und 2004 in Deutschland fast verdreifacht. Seither hätten gelockerte Vorschriften und die gute Konjunktur ihre Anzahl nochmals in die Höhe schnellen lassen: von 400 000 auf 600 000 am Stichtag im Juni 2006 so *Ulrike Meyer-Timpe* in ihrem Bericht für die ZEIT. Und Experten würden glauben, dass sie die Millionengrenze im neuerdings währenden deutschen Aufschwung anno 2010 längst überstiegen hätten. Auf der Liste der Unternehmen, die 2006 die meisten neuen Jobs geschaffen hätten, würden Zeitarbeitsfirmen vier der fünf Spitzenränge belegen, darunter die drei Branchenriesen Randstad, Adecco und Manpower. Es sei unstrittig, dass mancher Arbeitgeber durch Leiharbeiter bestehende Jobs in seiner Firma ersetzt habe, hält die Journalistin in der ZEIT entgegen. Das gelte für ein Viertel aller Unternehmen, die Kunden der Zeitarbeitsfirmen seien, habe eine erste Studie ergeben. Während der Corona-Krise fällt vor allem die fleischverarbeitende Branche mit dem Branchenführer und Milliardär Tönnies ungewollt ins Licht der Öffentlichkeit mit ihren unübersichtlichen Firmenstrukturen aus Subunternehmer und Gastarbeitern aus dem östlichen Europa.

Wie bei Airbus würden Zeitarbeiter beim Halbleiterhersteller Infineon in Dresden rund ein Drittel der Belegschaft bilden, im neuen Leipziger BMW-Werk seien es sogar noch mehr gewesen, weiß *Meyer-Timpe*. Viele Leihfirmen würden darauf achten, dass ihre Leute nicht über die Probezeit hinaus blieben, sagt *Wigand Cramer* von der IG Metall Berlin-Brandenburg-Sachsen. Die Branche, die ihren Kunden die Last des Kündigungsschutzes abnehmen würde, umgehe ihn auch selbst, so gut sie könne. Von ihren Kunden würden Zeitarbeitsfirmen in der Regel zwei- bis zweieinhalb Mal so viel kassieren, wie sie ihren Mitarbeitern zahlten. Deshalb sagt Airbus-Arbeitsdirektor *Kutzim*: „Leiharbeiter sind für uns teurer als eigene Mitarbeiter." Der Flugzeugbauer zähle zu den wenigen Unternehmen, die nach dem Prinzip „Equal Pay" verfahren: Wer dort länger als drei Monate Zeitarbeiter ist, verdient dasselbe wie die Festen.

Arbeitnehmer würden eher über einen Arbeitsplatzwechsel nachdenken, wenn sie sich nur wenig mit dem Unternehmen identifizieren könnten. So hätten bei der Befragung des Marktforschungsinstituts nur ein Drittel derjenigen, die sich nicht an die Firma gebunden fühlten, der Aussage uneingeschränkt zugestimmt: „Ich habe die Absicht, auch in einem Jahr noch für mein derzeitiges Unternehmen zu arbeiten." Bei Angestellten mit einer positiven Einstellung zu ihrem Betrieb seien es 98 Prozent gewesen. Liegt es da fern, wenn Unternehmen sich den fehlenden Respekt durch externe Mitarbeiter verschaffen, während gleichzeitig der eigene Personalstamm reduziert wird, weil die nötigen Kapazitäten auch im Handumdrehen von mobilmachenden Arbeitnehmerüberlassungen zugeteilt werden können. Das Bild sei kaum anders, wenn es um die längerfristige Perspektive ginge, hält das Marktforschungsinstitut fest: Nur 18 Prozent der Arbeitnehmer ohne innere Bindung an ihren Arbeitgeber wollten auch in fünf

Jahren noch bei diesem sein, gibt das Marktforschungsinstitut an. Das würden dagegen 87 Prozent von denjenigen sagen, die eine hohe Bindung an das Unternehmen empfinden. Also lädt man sich zuhauf Arbeitnehmer ins Boot, die in der freien Wirtschaft ohne Perspektive umhergehen, um ihnen im unübertrefflichen Entgegenkommen eines Leihunternehmens das sonst unbezahlbare Engagement herauszulocken.

Schuld an der geringen Verbundenheit der Mitarbeiter seien der Marktforschung zufolge häufig Defizite in der Personalführung. So könnten Führungskräfte ihre Mitarbeiter besser ans Unternehmen binden, wenn sie die Bedürfnisse und Erwartungen der Beschäftigten berücksichtigen würden. Diese Mühe könne sich das Unternehmen aber grundlegend sparen, wenn andere vordergründig die Verantwortung über die Motivation von überlassenen Arbeitskräften zu übernehmen sich verpflichten. Entgegen allen Versprechen übernehmen diese Aufgabe nur in den wenigsten Fällen tatsächlich auch die Personaldisponenten einer Leihfirma, zumal die Disponenten entfernt des Einflussbereiches ihrer verliehenen Angestellten in der Regel zuhauf ihren verwaltungstechnischen Aufgaben nachkommen müssen. Es sind die erschwerten Bedingungen der Arbeitgeber, sich an einem Arbeitsort sesshaft zu fühlen und von selbst bei gezwungener Atmosphäre für ungestörten Gehorsam zu sorgen. In den wenigsten Fällen ist das Motivation zur Arbeit, sondern eine Mischung aus Überlebenstrieb und dem ständig gescheiterten Versuch, Eingliederung am Arbeitsplatz erlebbar zu machen.

Es kann deshalb nicht von weit hergeholt sein, wenn die Bundesagentur für Arbeitsschutz und Arbeitsmedizin anhand der Daten von rund 30 Millionen Versicherten von einem geschätzten Verlust von 65 Milliarden Euro an Bruttowertschöpfung im Jahr 2006 durch Arbeitsunfähigkeit spricht. Gut ein Zehntel davon sei auf den Ausfall durch psychische und Verhaltens-Störungen zurückzuführen. Allein im Zeitraum 1997 bis 2004 sei die Zahl der Fehltage aufgrund psychischer Störungen um 69 Prozent gestiegen, rechnet etwa *Andreas Stevens* vor, Neurologe und Psychiater an der Universität Tübingen und Beratungsarzt mehrerer Berufsgenossenschaften.

Auch andere hochtrabende Kontinente und Regime haben das zu schöpfende Produktivkontingent im Bürgertum unverhohlen für sich entdeckt. Asien wird wohl auch in Zukunft der größte Konkurrent und Imitator Europas bleiben mit schadhafter Wirkung für die Menschenwürde unvorstellbaren Ausmaßes. Die Nachahmung von Intoleranz und Ignoranz erfährt in unserer Zeit und in dieser Region wohl ein nie gekanntes Ausmaß an Kalkül. Die Kolonialisierung ganzer Kontinente und anschließende Versklavung ganzer Völker durch die Hand werdender Industrienationen und der industrialisierte Völkermord durch das Dritte Reich an den Juden waren wie die Vorboten für das, was da von Europa ausgehend noch kommen sollte. Der unaufhaltsame Kreislauf einer schleichenden Enthemmung unseres Gewissens ist freigesetzt, der in alle nachfolgenden Generationen und Kontinente dauerhaft übertragen wird und in allen aufstrebenden Nationen ungezügelte Formen der Skrupellosigkeit und des Machtstrebens Gestalt angenommen hat.

Ihr seid das Salz der Erde und das Licht der Welt. Doch wenn ihr in eurer Mission versagt, werdet ihr zu einem schalen, unnützen Salz.

Inkonsequenz fußt indes vielseitig und auf weiter Flur. Bei Lichte betrachtet, seien jene spätpubertären Verstöße gegen das Maßvolle, Ausgleichende, Ordnende und Planvolle, die exzentrischen und machohaften Attitüde nur als der schlechte Ersatz für das mangelnde Selbstvertrauen des Volkes zu verstehen, erklärt der Professor für Politikwissenschaft *Emanuel Richter* in der *Zeit*. Jedes Volk wähle seinen eigenen Tyrannen. George W. Bush, Berlusconi und Konsorten an die Macht zu verhelfen, sei ein Wahlakt, der einer plebiszitären Entäußerung von Mitwirkungsrechten und Pflichten gleichkommt, unterstreicht Professor *Richter* von der Aachener Universität.

Beleidigt Gott nicht durch einen schlechten Gebrauch des Lebens, indem ihr es mit üblen Handlungen besudelt, die den Menschen entehren. Beleidigt eure Eltern nicht durch einen Lebenswandel, der Schmutz auf ihre weißen Haare wirft und Trübsal über ihre letzten Tage bringt. Beleidigt nicht den, der euch Wohltaten erweist, um nicht verflucht zu werden, weil ihr die Liebe mit Füßen tretet. Beschimpft nicht diejenigen, die an der Regierung sind; denn nicht durch Auflehnung gegen die Obrigkeit wird eine Nation groß und frei, sondern durch die heiligmäßige Lebensweise der Bürger erlangt man den Segen des Herrn, der das Herz der Regierenden rühren oder sie aus ihrer Position oder auch aus dem Leben entfernen kann, wenn sie das Maß überschreiten; besonders, wenn das Volk sich geheiligt und Vergebung Gottes erlangt hat, und Gott deshalb das Instrument der Unterdrückung vom Nacken der Bestraften nimmt. Wir haben genügend Beispiele dafür in der Geschichte Israels. Beleidigt nicht die Gemahlin durch ehebrecherische Liebschaften und verletzt nicht die Unschuld der Kinder durch das Wissen um unerlaubte Liebesverhältnisse. Seid heilig im Angesicht derer, die in euch aus Zuneigung und Pflicht jenen sehen, der ein Beispiel für ihr Leben sein soll. Ihr könnt nicht die Heiligkeit gegenüber dem Nächsten von der Heiligkeit gegenüber Gott trennen, denn die eine bringt die andere hervor, so wie es bei der Liebe zu Gott und der Liebe zum Nächsten geschieht, da eine aus der anderen entspringt.

Zweifellos kommt der kapitalistischen Wirtschaftsform dabei eine Schlüsselrolle zu, hält *Thomas Assheuer* im Januar 2006 für die Zeit in seinem Bericht über die monumentale Theorie von *Hartmut Rosa* über die Moderne ein, denn sie verwandle Zeit in Geld. Im Kapitalismus würden Wachstums- und Beschleunigungszwang ineinandergreifen. Der Mensch verliere diese Fähigkeit mit „gutem Gewissen" zu handeln, zusammen mit dem Verlust seiner sittlichen Urerfahrung. Es sei die Fähigkeit zwischen Gut und Böse zu unterscheiden. Schon in den rezeptiven Erfahrungen, die wir als Mensch machen würden, leuchte dieser Unterschied auf. Richtig bewusst würde er uns im produktiven Tun werden, wenn wir handeln würden.

Das Gewissen selbst würde daher geprägt von der Eigenschaft eines Menschen, zu glauben.

Entweder man glaubt also an die Wirklichkeit Gottes und seine Stellung vor Ihm in der Annahme des verliehenen Heils oder aber der Mensch verharrt im Wandel des Unsittlichen und willentlich begangenen Unglaubens unwissentlich mit dem einzig möglichen Ausgang der ewigen Verdammnis. Ohne die Gabe des Geistes gepaart mit der stetigen Initiative des Menschen, die Wahrheit zu bejahen, wäre der religiöse Glaube keiner, sondern ein durch und durch von menschlichen Manien erzeugtes Zerrbild der Wirklichkeit. Stattdessen den Glauben an die Wahrheit zu knüpfen, nämlich konsequenterweise in der Wahrheitsfähigkeit menschlicher Vernunft, befreit den Arglosen und macht ihn zu einem eigenverantwortlich handelnden Gemeinwesen. Die routinierte Verdrängung von Gewissenskonflikten bis zu deren Unkenntlichkeit spiegeln noch nicht die persönlichen Seelenqualen eines Menschen und seine damit in Zusammenhang stehenden Existenzängste wider. In der ständigen Missachtung des Schuldbekenntnisses geht dem „Seelentod" eines Menschen immer zuerst die schleichende Konformität des Gewissens voraus. Sie tritt in der steten einseitigen Gewissenserleichterung, dem willentlich mangelnden Urteilsvermögen des Menschen zu Tage. Die Konformität nährt sich in der stillen Verweigerung der Fähigkeit zum Taktgefühl oder im Mitfühlen beim Umgang mit dem Mitmenschen. Die Waagschale des persönlichen Gewissens auf der Seite des Bösen nimmt überhand und kann deshalb keine differenzierte Regung mehr erzeugen, die ihm Alternativen beziehungsweise eine nüchterne Betrachtungsweise aufzeigen würde. Der Blick für die Realität ist starr und bleibt getrübt, das Leben selbst bleibt Wunschdenken.

Man trauert über der Leiche. Man weint über sie. Aber der Leichnam weint nicht. Man zittert vor dem Sterben müssen, achtet jedoch nicht darauf, so zu leben, dass man in der Stunde des Todes nicht zu zittern braucht. Warum weint und klagt man nicht über die lebendigen, die wahren Leichen, jene, die in ihrem Körper wie in einem Grab eine tote Seele tragen? Warum weinen die, die da klagen, weil ihr Leib sterben muss, nicht über den Leichnam, den sie in sich herumtragen? Wie viele Leichname sehe ich, die lachen und scherzen, aber nicht über sich selbst weinen! Wie viele Väter, Mütter, Gatten, Geschwister, Kinder, Freunde, Priester und Lehrer sehe ich, die törichterweise um einen Sohn, einen Gatten, einen Bruder, einen Vater, einen Freund, einen Gläubigen und einen Jünger weinen, welche in offenkundiger Freundschaft mit Gott gestorben sind, nach einem Leben, das ein Kranz von Vollkommenheiten war, die aber nicht weinen über die Kadaver der Seelen eines Sohnes, eines Gatten, eines Bruders, eines Vaters, eines Freundes, eines Gläubigen, eins Jüngers, die durch Laster und Sünde gestorben sind und in alle Ewigkeit tot sein werden, für ewig verloren, wenn sie sich nicht bekehren! Warum versuchen sie nicht, diese aufzuerwecken? Dies ist Liebe, wisst ihr? Dies ist die größte Liebe. O törichte Tränen über Staub, der wieder zu Staub geworden ist! Götzendienst der Gefühle! Heuchelei der Gefühle! Weint nur, aber über die toten Seelen eurer Teuren. Sucht sie zum wahren Leben zu führen. Besonders an euch, ihr Frauen, wende ich mich, die ihr so viel vermögt bei denen, die ihr liebt.

Hätten die Menschen der „klassischen Moderne" auch noch halbwegs das Gefühl haben können, ihre Identität in einer gerichteten Zeit zu stabilisieren, so ginge heute die Balance zwischen Beharrung und Beschleunigung verloren. Es sei die Zeit selbst, die sich „entzeitlicht", was für den Soziologen *Hartmut Rosa* bedeutet: Wir entscheiden nicht mehr im Licht zeitstabiler Werte, sondern bestimmen unsere Handlungsziele im Vollzug der Handlung, also in der Zeit selbst. Das Urtrauma der Moderne sei die Panik vor dem größten aller „Optionenvernichter", dem Tod, und indem sie unter faustischem Zwang alle Möglichkeiten maximal ausschöpfe, schaffe die Moderne sich einen säkularen Ewigkeitsersatz. Dies allerdings vergeblich, so *Rosa* in seinem Werk über eine Untersuchung der Zeit. Denn dieselbe Technik, die dabei hilft, erzeugt zugleich neue Optionen, sodass „der Ausschöpfungsgrad beständig abnimmt". Hinterrücks spiele das kulturelle Weltbild der technischen Beschleunigung in die Hände. Es verlangsamt nicht, sondern sei

Teil der „Akzelerationsdynamik". Unter dem Druck der Frist „löschen wir ständig Feuer", würden Dinge gleichzeitig machen, würden die Partnersuche durch „fast dating" beschleunigen und die „Erlebnisdichte pro Zeiteinheit" steigern. Mögen wir dabei auch an Zeitsouveränität gewinnen, so hätten wir doch stets das Gefühl, auf rutschenden Abhängen zu leben, das wahre Leben zu versäumen und Dinge zu tun, die wir gar nicht wollten. Im Extremfall würden wir uns in die Depression flüchten, in die Pathologie der Zeit, schließt *Rosa*.

Ist der Tod ein harter Gedanke? Nein. Als gerechter Beschluss für alle Sterblichen, ist er nur für die einen bedrückende Sorge, die nicht glauben und mit Schuld beladen sind. Ganz umsonst entschuldigt man einen Sterbenden, der nicht gut gelebt hat, mit den Worten: „Er trauert, will er noch nichts oder nur wenig Gutes getan hat, und möchte weiterleben, um wiedergutzumachen." Vergebens sagt man: „Wenn er länger gelebt hätte, hätte er seinen größeren Lohn erhalten können, denn er hätte mehr getan!" Die Seele weiß, wenigstens ungefähr, wie viel Zeit ihr gegeben ist. Sie weiß, dass das Leben, gemessen an der Ewigkeit, ein Nichts ist, und die Seele spornt das Ich an, zu handeln. Aber, arme Seele! Wie oft wird sie überhört, getreten und zum Schweigen gebracht, weil man ihr Wort nicht vernehmen will. Dies geschieht bei jenen, die nicht guten Willens sind. Der von frühester Kindheit an gerechte Mensch hingegen hört die Seele an und leistet ihren Ratschlägen gehorsam, und jung an Jahren, aber reich an Verdiensten stirbt der Heilige oft schon in der Blüte des Lebens; und wenn ihm noch hundert oder tausend Jahre gegeben würden, könnte er nicht heiliger werden, als er schon ist, denn die Liebe zu Gott und seinem Nächsten, die er in allen ihren Arten und mit aller Hochherzigkeit geübt hat, macht ihn vollkommen, im Himmel wird nicht darauf geachtet, wie viele Jahr man gelebt hat, sondern wie man gelebt hat.

Erst in der Konsequenz gelebten Glaubens an die übernatürliche und unaufhörliche Gegenwart des Schöpfers, dessen Existenz der Selbsttätige mit der beharrlichen Lektüre heiliger Schriften in sein Denken und seine Überzeugungskraft aufzunehmen gewillt ist, bildet der Mensch nicht nur die ersehnte Entwicklung einer geistigen Persönlichkeit heran, sondern auch den erhofften persönlichen Tatendrang. Damit kann man schließlich durchaus zur Verfügung stehen, sollte sich jemandes im Umfeld nach Inspiration sehnen. Die Lösung aller Rätsel aber befiehlt der Gläubige immer den Augen des Schöpfers, in dessen Strahlkraft der Liebe man nicht nur sich selbst, sondern nach dem immerwährenden Prinzip der Hoffnung vornehmlich auch die Mitmenschen zu empfehlen weiß. *Die guten Kinder gleichen Engeln, und Engel haben nur eine Heimat: den Himmel. Sie haben alle denselben Glauben: jenen an den einzigen Gott. Sie haben nur einen Tempel: das Herz Gottes. L i e b e t   e u c h   i m m e r   w i e   E n g e l .*

„Wie gewinnt man Gott und sein Reich auf einem leichteren Weg als dem mühsamen Pfad des Sinai?", fragt ihr. Es gibt keinen anderen Weg. Nur dieser ist es. Doch lasst ihn uns betrachten, nicht in der Farbe der Drohung, sondern in jener der Liebe. Sagen wir nicht: „Wehe, wen ich das nicht tue!", während man aus Angst, der Sünde nicht widerstehen zu können, furchtsam erzittert. Sagen wir: „Selig, wenn ich dies tue"; und schwingen wir uns mit übernatürlicher Freude jubelnd empor, um diese Seligkeiten zu erreichen, die der Befolgung des Gesetzes entspringen, und wie Rosenblüten aus einem Dornenstrauch hervorwachsen.
Selig, wenn ich arm im Geiste bin, denn mein ist das Himmelreich!
Selig, wenn ich sanftmütig bin, denn ich werde das Land erben!
Selig, wenn ich mich nicht gegen den Schmerz auflehne, denn ich werde getröstet werden!
Selig, wenn ich mehr hungere und dürste nach Gerechtigkeit als nach Brot und Wein, um mein Fleisch zu sättigen, denn die Gerechtigkeit wird mich sättigen!
Selig, wenn ich Barmherzigkeit übe, denn ich werde göttliche Barmherzigkeit erfahren!
Selig, wenn ich reinen Herzens bin, denn Gott wird sich über mein reines Herz neigen, und ich werde Gott schauen!
Selig, wenn ich den Geist des Friedens in mir habe, denn ich werde Kind Gottes genannt werden; denn im Frieden ist Liebe, und Gott ist Liebe, und er liebt jene, die ihm ähnlich sind.

Selig, wenn ich um der Gerechtigkeit willen verfolgt werde, denn Gott, mein Vater, wird mir als Belohnung für die irdischen Verfolgungen das Himmelreich geben.
Selig, wenn ich geschmäht und verleumdet werde, weil ich dein Kind bin, o Gott! Nicht Trostlosigkeit, sondern Freude wird mir daraus erwachsen, denn so werde ich deinen besten Dienern, den Propheten, gleich, die aus demselben Grund verfolgt wurden. „Ich glaube beharrlich, dass ich mit ihnen einst an der erhabenen, ewigen Belohnung teilhaben werde: am Himmel, der mein sein wird."
Betrachten wir den Weg des Heiles mit der Freude der Heiligen.

„Hitler besiegen"

Avraham Burg

Warum auch Israel sich endlich vom Holocaust lösen muss, behandelt der ehemalige Abgeordnete der Arbeitspartei in Israel *Avraham Burg* eindringlich in seinem Werk *Hitler besiegen*. Dennoch, die damaligen Ereignisse seien eingeschlagen wie ein herabstürzender Komet, noch bevor die wirklichen Bomben gekommen seien und davon könne niemand sich so leicht befreien. So wird am 15. März 1939 auch die Slowakei von Hitlers Gnaden abgespalten von der Tschechei und souverän, denn der deutsche Reichskanzler habe ansässige, willige Helfer gehabt, dokumentiert *Eva Gruberová* für die *ZEIT*. Die Regierung in Bratislav schließt mit Nazideutschland einen sogenannten Schutzvertrag ab und ordnet ihre Außen-, Militär- und Wirtschaftspolitik den Interessen des mächtigen Nachbarn unter.

Gruberová hält fest: „Im Herbst 1939 stellt der Staat, in dem allein Tisos Partei das Sagen hat, Soldaten für den deutschen Angriff auf Polen und zwei Jahre später für den Vernichtungsfeldzug gegen die Sowjetunion. Jozef Tiso, 1887 in Velká Bytca als Kind frommer Eltern geboren – der Vater hatte eine Metzgerei –, war nach einem Theologiestudium in Wien 1910 zum Priester geweiht worden. Ein Jahr später promovierte er, lehrte an Schulen und wurde schließlich Professor für Moraltheologie am Priesterseminar in Nitra. Er hatte eine große Kirchenlaufbahn vor sich, aber er entschied sich, seit 1919 Mitglied der Volkspartei, für die Politik. In seinem 51. Lebensjahr, als die Slowakei – noch innerhalb der Tschechoslowakei – am 6. Oktober 1938 ihre politische Autonomie erlangte, wurde Tiso Ministerpräsident und ein Jahr später wie erwartungsgemäß Staatspräsident. Tiso gehört dem konservativ-klerikalen Flügel an und will den Einfluss der Deutschen in Grenzen halten. Das gefällt Tuka und dem Führer der Hlinka-Garde, Innenminister Alexander Mach, weniger. Aber in der ‚Judenfrage' sind sie sich alle untereinander und mit Nazideutschland einig."

Haben die Menschen nicht alle ein und denselben Vater? Ist nicht er der Herr des Weltalls? Scheint nicht seine Sonne für alle Menschen, um sie zu wärmen, und benetzen nicht seine Wolken die Felder der Heiden genauso wie die der Hebräer? Wenn er also hinsichtlich der materiellen Bedürfnisse der Menschen so handelt, wird er dann nicht dieselbe Vorsehung bezüglich ihrer geistigen Bedürfnisse walten lassen? Willst du vielleicht Gott einen Rat geben, was er zu tun hat? Wer ist wie Gott?

Luzifer wollte über einen Gedanken Gottes urteilen und hielt ihn für abwegig, er wollte sich selbst an Seine Stelle setzen, da er glaubte, gerechter zu sein als Er. Du weißt, Simon, was Luzifer damit erreicht hat, und du weißt, dass aller Schmerz, unter dem wir leiden, von diesem Hochmut herrührt ...

Wann kommt eine Schuld zustande? Wenn der Wille zu sündigen da ist, das Bewusstsein zu sündigen; wenn die Tat als Sünde erkannt und dennoch begangen wird. Alles hängt vom Willen ab, mit dem man etwas tut, ob es sich nun um eine gute oder eine schlechte Tat handelt. Wenn jemand nach außen hin eine gute Tat vollbringt, selbst aber vom Gegenteil überzeugt ist, dann begeht er eine Sünde, gerade so, als wenn er etwas Schlechtes getan hätte. Dasselbe gilt auch umgekehrt.

Ich bitte euch, euch von Israel, seid gerecht! Erinnert euch an diese Dinge. Lasst es nicht so weit kommen, dass diejenigen, die ihr für unrein haltet, sie verstehen, während sie für euch unbegreiflich bleiben. Auch die übertriebene und ungeordnete Leibe zu Religion und Vaterland ist Sünde, denn sie wird zum Egoismus; und der Egoismus ist immer Grund und Ursache der Sünde.

Nach einer Volkszählung hätten 1940 in der Slowakei 2 650 000 Menschen gelebt. 89 000 von ihnen seien Juden gewesen, berichtet *Gruberová*. Der Hass gegen Letztere habe nicht erst neu geschürt werden müssen. Er sei alt gewesen und habe sich aus dem christkatholischen Antijudaismus gespeist. Die Hlinka-Volkspartei habe nicht nur die zentralistische Prager Regierung bekämpft, sondern sah in Tschechen und Ungarn und vor allem aber in den Juden die Feinde des slowakischen Volkes, das in seiner Mehrzahl katholisch gewesen sei. So habe sich denn auch gegen die Vielzahl der antisemitischen Gesetze, die auf die jüdischen Mitbürger niedergehen, unter der Mehrheit der Slowaken kaum Widerspruch geregt, bemerkt *Gruberová*. Am 9. September 1941 wird unter Mitwirkung von Dieter Wisliceny, der „Sonderberater der slowakischen Regierung für die jüdische Frage" und einer der engsten Mitarbeiter des Holocaust-Organisators Adolf Eichmann, einen „Judenkodex" verabschiedet, der neben den Nürnberger Rassegesetzen zu den schärfsten antijüdischen Verordnungen in Europa zählt, schreibt *Gruberová*.

An anderer Stelle sei das Unternehmen Russland spätestens nach dem frühen Einsetzen des harten Winters und dem damit verbundenen abrupten Ende des Siegeszuges bereits im Herbst 1941 an seine Grenzen gestoßen und zum Selbstmordkommando für Hitlers Regime geworden. Im Oktober 1941 tritt dann mit der Priorität eines außerordentlichen Kriegsschauplatzes ein generelles Ausreise- und Abschiebeverbot für sämtliche europäische Juden in Kraft. Europa sei für Juden endgültig zur tödlichen Falle geworden, schreibt der amerikanische Historiker *Browning* in seinem Buch. Die Systematik, mit welcher fortwährend gegen Juden vorgegangen werden sollte, hatte bei dem erfolgreichen Siegeszug im Sommer 1941 gegen Russland seinen Anfang genommen, als die Massenerschießungen von russischen Partisanen auch auf Frauen und Kinder ausgeweitet wurden. Für den Historiker *Jürgen Matthäus* war dies der entscheidende Zeitpunkt, als für die Tatbeteiligten am Massenmord in Russland die Idee einer vollständigen Auslöschung des Judentums ihren utopischen Charakter verlor. Vor diesem Hintergrund entwickelt *Browning* seine auf zahlreiche Indizien gestützte Schlüsselhypothese: Hitler gibt im Sommer 1941, als die NS-Täter in Russland vom selektiven zum totalen Massenmord an sowjetischen Juden übergehen, das Signal zur Ausarbeitung eines Programms für die Ermordung der europäischen Juden, das nach dem bald erwarteten Ende des Russlandfeldzuges umgesetzt werden sollte.

O törichte Tränen über Staub, der wieder zu Staub geworden ist!
Götzendienst der Gefühle! Heuchelei der Gefühle!
Weint nur, aber über die toten Seelen eurer Teuren. Sucht sie zum
wahren Leben zu führen. Besonders an euch, ihr Frauen, wende ich
mich, die ihr so viel vermögt bei denen, die ihr liebt.

Stellt sich schon die Frage, wie es sein kann, dass ein Adolf Hitler ausgerechnet in einem ehemaligen katholischen Priester wie Tiso einen Verbündeten für die Vernichtung von Juden findet. Die Verbindung liegt ganz offensichtlich in der spiegelbildlich oberflächlichen, fehlgebildeten religiösen Erziehung des Menschen. Die Versäumnisse in der religiösen Erziehung von Kindern und Jugendlichen sind grob fahrlässig. Die Wurzel des

Übels scheint die verpasste Chance einer gesunden Reifung der menschlichen Seele zu ihrer Blütezeit zu sein. Hass ist dabei das biologische Ventil für die angestauten Neurosen des Menschen und war es für Hitler. Der Hass hat bei allen Menschen gemeinsam, dass er sich im Grunde gegen das richtet, was Neurosen ausmachen, weil diese sich vor allen Augen in der gescheiterten Persönlichkeitsentwicklung niederschlagen konnten. Es ist aber auch die seltsame Verbindung, welche andererseits mittels einer schattenhaften Erinnerung an die eigene Mutter, den Vater oder eine andere Person, die maßgeblich an den Missbildungen einer Seele mitgewirkt beziehungsweise das Vertrauen von Schutzbefohlenen maßgeblich enttäuscht hat, gepaart mit den Phobien für die eigenen Abgründe. Es ist der Überdruss an Selbstzweifeln, der sie in ihrer Entwicklung immer zurückgeworfen hat, und welche gleichzeitig den Narzissmus und nicht weniger auch die Gelüste in ihnen aufkeimen ließen.

Bei der Begegnung mit Religion unter Umständen an den subtil wirkenden Glaubenszustand seiner Mutter erinnert zu werden, der vielleicht auch alles andere als froher Natur war, sonst wäre Hitler wohl nicht Hitler geworden, muss für Hitler beschämend und unerträglich gewesen sein. Deshalb ist davon auszugehen, dass er seinen auf unterschiedliche Religionsgruppen angewandten Rassismus für bare Münze nahm. Hitler und auch viele andere Menschen heute haben ihren persönlichen Karfreitag mit der Erinnerung an Religion an sich. Erinnerung kennt keine Gnade, weshalb alles Priorität hatte, was dunkle Erinnerungen erhellen konnte. Die Alternative verhieß ein unkontrollierbares Gefühlschaos, welches, wenn er nicht dagegen rebellieren wollte, um vordergründig Herr seiner Sinne bleiben zu können, die totale Unterwerfung gegenüber einer Welt bedeutet hätte, der Hitler schon vor Jahrzehnten eine Absage erteilte. Der frühe Gedanke an die Verwirklichung eines „Dritten Reiches" sollte ihm dabei helfen, seine Emotionen und die gesamte Realität umzustimmen zu seinen Gunsten, indem das lebendige Erbe des christlichen Abendlandes als Relikt der Vergangenheit für immer aus Gegenwart und Zukunft verbannt würde. Diese Utopie von einem Reich konnte weder die Juden als natürliche Fremdkörper in seiner Weltanschauung dulden noch die Katholiken sich selbst überlassen. Die einen, weil sie in ihrer armseligen Erscheinungsform ganz offensichtlich gescheitert waren mit ihrem Messias, während die anderen bekanntermaßen noch auf ihren verheißenen Messias warten würden.

Hitlers Denkweise spiegelte auch jene des Judas Iskariot wieder, der gefesselt war von der Idee eines irdischen Reiches mit Jesus als irdischem Herrscher, mit dem Unterschied, dass Hitler sich selbst als Herrscher betrachtete. Das offensichtlich subjektive Scheitern des Judas hat sich zu seinem Tatmotiv als Verräter gewendet, die Mörder von Golgotha aber waren wie so oft andere. Ein Hitler scheiterte ebendies wie so viele vor ihm und nach ihm mit einer ausgeklügelten Weltanschauung als Ersatzreligion. An vorderster Front China als mächtigster Feind der Menschlichkeit. Auch hierzulande zeigt der Nationalsozialismus seinen nackten Hintern ganz offensiv in Form einer fragwürdigen Alternative zur gegenwärtigen Politik. Tatsächlich ist die Demokratie in Deutschland selbst als einzige Alternative hervorgegangen, welche aus dem Scheitern der Nazis geboren wurde. Warum also wieder das Wagnis der Abschaffung von Demokratie mit den Braunen eingehen? Für ein bisschen Macht, die im Windhauch vergeht? Wie tief muss eigentlich der Geisteszustand eines Menschen noch sinken, um Generation für Generation immer wieder aufs Neue scheitern zu wollen und die gleichen Fehler zu begehen?

Wollt ihr auf Erden ein Reich gründen? Fühlt ihr euch verfolgt und fürchtet ihr, dass es euch nicht gelingen wird? Wenn ihr als Heilige handelt, dann wird es euch gelingen. Und sogar die Macht, die uns beherrscht, wird es nicht verhindern können, trotz ihrer Kohorten, denn ihr werdet die Kohorten überzeugen, der heiligen Lehre zu folgen, so wie ich ohne Gewalt die Frauen von Rom überzeugt habe, dass hier die Wahrheit ist.

Keine Auflehnung! Sie nützt nichts. Die Autorität heiligen, indem wir sie mit unserer Heiligkeit durchdringen! Das wird eine langwierige Arbeit sein, aber sie wird zum Sieg führen. Mit Sanftmut und Geduld, ohne törichte Eile, ohne menschliche Abirrungen, ohne unnütze Auflehnung; durch Gehorsam dort, wo das Gehorchen der eigenen Seele nicht schadet. Es wird euch gelingen, aus dieser Autorität, die zurzeit auf heidnische Art herrscht, eine schützende und christliche Autorität zu machen. Tut eure Pflicht als Untertanen, so wie ihr sie als Gläubige Gott gegenüber erfüllt. Ihr sollt in jedweder Autorität nicht den Unterdrücker sehen, sondern eine Hilfe; denn sie gibt euch Gelegenheit, sie zu heiligen und euch selbst durch Beispiel und Heldenmut zu heiligen.

Auch die übertriebene und ungeordnete Liebe zu Religion und Vaterland ist Sünde, denn sie wird zum Egoismus; und der Egoismus ist immer Grund und Ursache der Sünde.

Anstatt sich in die Physis einer zutiefst gespaltenen Persönlichkeit zu kleiden, hätte Hitler die Flucht nach vorne ergreifen können, indem er sich das Studium christlicher Religionen und ihrer glaubhaften Motive auferlegt hätte. Damit hätte er das Unbehagen inmitten seiner Persönlichkeit den Nährboden entzogen, anstatt diesen äußerlich an Personen oder Dingen festzuhalten, um es bekämpfen zu können. Zu seiner Verteidigung muss man sagen, dass es außer Büchern damals noch nicht sehr viele Möglichkeiten gab, um sich in vielfältiger Weise geistig zu bilden, sodass auch die Seele davon profitiert hätte. Dieses Angebot besteht unter der Maßgabe ordentlicher Differenzierung heute „Gott sei Dank" breit gefächert auch außerhalb der Kirche. Er hätte sich befreien können und vielleicht verstanden, dass Christus für alle Zeiten der alleinige Retter ist, um das Heil im ewigen Leben all jenen zu eröffnen, die an Ihn glauben würden und eines guten Willens sind. Stattdessen ließ Hitler sich wie viele seiner Zeitgenossen, die zu allen Zeiten in der Kirche aus und ein gehen, vom äußeren Atheismus und von der traurigen Gegenwart seiner für ihn schmerzhaft empfundenen Erniedrigung fehlleiten, dem inneren Atheismus. Im Grunde hatte er als stiller religiöser

Rebell auch deshalb die übrigen im religiösen Stillstand verharrenden Volksmassen mobilisieren und für sich gewinnen können. Was nur hatte Hitler dann dazu bewogen können, den Katholizismus derart abgrundtief zu verabscheuen, sodass er ihn in allem unverblümt unterlaufen wollte? Eine durchaus berechtigte Annahme könnte sein, dass er beim Anblick seiner religiösen Mutter ein tiefes Bedauern für ihr unglückseliges Dasein empfand, das einen tiefen Schmerz in ihm verursachte und natürlich naheliegend ihre Religionspraxis damit in Verbindung brachte.

Religion will gelernt sein, wenn man sie weitertragen will und das verstehen nun mal herzlich wenige in Europa, das war noch zu keiner Zeit anders, das kann nicht in Abrede gestellt werden. Die Folge ist, dass viele Menschen abgeschreckt werden, und zwar gerade jene, die zur Heiligkeit berufen sind und im Grunde auch Suchende sind, denn Atheisten interessiert es erst gar nicht. So kann es durchaus gravierende Folgen haben, wenn in einer Zeitspanne von nunmehr zwei Jahrzehnte augenscheinlich ergebnislos über den Missbrauch in den Kirchen geredet wird. Immer mehr Menschen wenden sich dadurch angewidert ab und viele auch mit übelstem Misstrauen oder sie stoßen sich einfach nur an den Hürden theokratischer Liturgiebeschaffenheit. Wo das hinführen kann, will man sich gar nicht ausmalen, wenngleich hier schon intensiv darüber gesprochen wurde. Wenn Putin vorbei ist, oder Assad und wie sie alle heißen, stehen morgen wieder ein oder zwei oder drei oder zehn neue kleine Hitler in der Früh auf, um auf den Abwegen von Utopien ihr geistiges, aber seelenloses Potential auf dem Rücken weiterer vieler hunderter oder abertausenden kleiner Hitler zu entfalten, die ebenfalls auf ihre ganz persönliche geistige Entfaltung in Verbindung mit ihren individuellen Utopien hoffen. Es wird nicht über die Realität ihres Erfolges oder Scheinerfolges nachgedacht, sondern Priorität hat die Einheit unter Gleichgesinnten, jeden Tag aufs Neue und dazu braucht es Taten, möglichst viele und da Utopien nichts Gutes hervorbringen, sind es meist üble Taten.

Wenn wundert es da, dass soziale Medien den perfekten Hort für Schöngeister bieten. Sogar die Politik bedient sich wie selbstverständlich dieses Instrumentes. Heute nennt sich diese Masche Populismus, die mittlerweile in allen Nationen rund um den Erdball mehr oder minder erfolgreich zu finden ist, allen voran ging Berlusconi als Medienmogul in Italien, Trump, der Brite Johnson, und so weiter und so fort. Mit ihren grob vereinfachenden Ansichten reißen sie nicht nur ihr eigene Nation, sondern ganze Kontinente in den Abgrund. Bevor auch Hitler an die eigentliche Substanz seines wiederholten Unbehagens ging, an die Unterwerfung der christlichen Religionen, verging viel Zeit. Zuvor sollte der innere Widerstreit, das persönliches Unrechtsbewusstsein mit tausenden Scharmützeln in Hitlers politischem Umfeld ausgemerzt sein.

Der kaltblütig verübte Massenmord an den Russen sei der Startschuss für die von Hitler lange vorher erdachte „*blutige Vertreibung*" des jüdischen Volkes gewesen, wie er sie bereits vor 1929 in einem im deutschen Sprachraum aufwendig publizierten Bestseller „Mein Kampf" angekündigt hatte, deutet *Browning*. Dem zu Grunde hätten die bereits schon in den vorhergehenden Monaten durchgeführten Tötungen im Rahmen des von Hitler schriftlich angeordneten Euthanasieprogramms gelegen. Unter dem Eindruck des scheinbar nahen Sieges über die Sowjetunion nach erfolgreichen großen Kesselschlachten habe Hitler Mitte September 1941 seine Genehmigung zur Wiederaufnahme der Deportationen in Übergangslager bei Lodz, Riga, Minsk und zur beschleunigten Durchführung einer umfassend-tödlichen „Endlösung" gegeben. Es sei ein Produkt des Sieges gewesen, bestätigt der Historiker *Browning* mit seinen Untersuchungen.

Von diesem Fanatismus war Nazideutschland geblendet, denn welche Religion konnte schon sein lebendiges Abbild präsentieren? Welche Religion kann das schon bieten? In den Augen der Anhänger Hitlers war eine Religion Wirklichkeit geworden, in der Vollkommenheit ein Kinderspiel war. Wer scheitert nicht an seiner eigenen Unvollkommenheit und an der Angst, Gott könnte genauso unbarmherzig sein, wie es der Volksmund Glauben macht? Jonathan Littell beschreibt es vorzüglich in seinem Werk *Die Wohlgesinnten*: „In Hitlers Religion war zunächst nur die Herkunft entscheidend, was danach kam, war zwar zu erwarten, fiel aber in die Verantwortung des Nationalsozialismus. Dieser gaukelte in der Autorität des pseudomythischen Führers mit seiner allumfassenden Zuständigkeit für den Menschen die alles verheißende Trennung von deren Gewissen vor." Die gewissensbeladene Unvollkommenheit eines katholischen Glaubens war über Nacht Geschichte geworden und mit ihr jedes Unrechtsbewusstsein.

Es ist wie bei den Kriegen. Der Mensch macht in der satanischen Kunst der Verfolgung mehr Fortschritte als in der heiligen Kunst der Liebe. Aber er kann nur verfolgen, was ein kurzes Leben hat. Das Ewige im Menschen entgeht seinen Nachstellungen und erwirbt durch die Verfolgung noch mehr Lebenskraft. Das Leben entschwindet durch die Wunden der geöffneten Adern oder durch sonstiges Leiden, die den Verfolgten erliegen lassen. Doch das Blut wird zum Purpur des künftigen Königs, und die Leiden wandeln sich in ebenso viele Stufen, die ihn hinauf zum Throne führen, den der Vater seinen Märtyrern, denen die königlichen Sitze des Himmelreiches vorbehalten sind, bereitet hat.

Nein, nicht so soll es sein; ihr, die ihr wisst, wie gut Gott ist, sagt es ihnen, und dass man sich vor ihm nicht zu fürchten braucht. Selbst wenn er bestimmt und entschieden sagt: „Das darfst du nie mehr tun", so wird er doch eine kranke Seele wegen ihrer früheren Sünden nicht abweisen. Er wird sie vielmehr pflegen und heilen. Die Sünder sind eure Brüder und kranken Kinder, und sie fürchten die Hand des Arztes und sein Urteil ... Seht ihr Freunde? Dies ist das Geheimnis der Liebe: gut sein! Wer gut ist, liebt, ohne sich Gedanken darüber zu machen, ob der andere unsere religiöse Überzeugung hat oder nicht.

Es gab eine Zeit, wo man sagte: „Liebe deinen Freund, deinen Feind aber hasse." Nein, so nicht. Das konnte gelten für die Zeiten, in denen der Mensch den Trost des Lächeln Gottes nicht kannte. Doch jetzt kommen die neuen Zeiten, in denen Gott die Menschen so liebt, dass er ihnen sein Wort sendet, um sie zu erlösen. Jetzt spricht das Wort, und die Gnade strömt schon aus. Dann wird das Wort das Opfer des Friedens und der Erlösung vollbringen, und die Gnade wird nicht nur ausströmen, sondern sie wird jeder Seele, die an Christus glaubt, geschenkt werden. Daher muss die Nächstenliebe zu der Vollkommenheit erhoben werden, die den Freund mit dem Feind vereinigt.

Dies ist das Geheimnis der Liebe: gut sein! Wer gut ist, liebt, ohne sich Gedanken darüber zu machen, ob der andere unsere religiöse Überzeugung hat oder nicht.

Wer mit offenen Augen durchs Leben geht, für den ist die Erinnerung an den Genozid mehr als bloße Geste an einem Grab, sondern der hat das Denken der Nazidiktatur an seiner betäubend wiederkehrenden und alles lähmenden Systematik durchschaut. Eine solche idealisierte Welt, wie man sie heute nun leider in allen Teilen der Welt vermehrt vorfindet, vor allem in den fundamentalistisch angehauchten Milieus, mag angesichts dessen unter anderem bei den nachfolgenden Generationen der Opfer des Holocaust Schauder und Entsetzen hervorrufen. Die Ahnung ist so wach wie ein lebendiger Albtraum, dass sich selbiges in jedem Augenblick unseres Lebens stets wiederholen könnte, und zwar mit neuen ungekannten Mitteln. Jene, die sich zu den Anführern der Nachahmungstäter aufschwingen, sind vielleicht deshalb so gefürchtet, weil sie doch stets nach demselben Muster handeln. Sie versprechen alles, können aber nichts halten, weil sie nur die Utopie und die verdorbene Befriedigung dessen bedienen, welche an den starken Willen der niederen Ratio gebunden ist.

Weil Hitler den Katholizismus an sich schmähte, lebte dieser wie die übrige Menschheit heute auch nur in seinen Emotionen. Das ist der Ort, an den ein passiver und gleichsam ohnmächtiger Mensch seine negativen Erinnerungen verschiebt, um sie zu verdrängen. Die Verführung von Massen ist heute wie früher ein leichtes Spiel, angesichts der Vielzahl an Menschen, die heute nicht aufgeklärter oder weniger unvorbereitet und geistig bequemer als jemals zuvor sind, auch im sogenannten religiösen Milieu. Tatsächlich ist die Situation heute keine andere, wenn neben dem ordinären Mensch ohne Glaubenszugehörigkeit sich auch sogenannte Alltagsfliegen im Glauben zum Antisemitismus anzetteln lassen. Oder wenn die Kurie als mächtigstes Organ der Kirche, selbige als Staatsmacht zu vereinnahmen sucht, ist das metaphorisch gesagt nichts anderes als der wiederholte Schlachtruf: „Ans Kreuz mit Ihm!", der beim gemeinen Volk noch immer Gehör findet, um Einigkeit zu beschwören in einer liturgisch angelegten Unbußfertigkeit. Ohne auch nur im Geringsten bei jedem einzelnen „Tut dies zu meinem Gedächtnis" über den tieferen Sinn nachdenken zu wollen, wird unverhohlen, ebenfalls metaphorisch gesprochen, mit dem Taktstock des Kirchenjahres blind und heiter Christus wieder und wieder aufs Neue geschlachtet, so als hätte es den Gottesmord nie gegeben. Dass nämlich hinter dem Opfer Jesu die Verzeihung stand, die wir nur dann als solche wahrnehmen können, wenn wir uns in unserer Gottesdiensthaltung auch als bußfertig und dem Heil gegenüber empfänglich erweisen, ist reiner Luxus in den Ohren katholischer Alltagsfliegen, zumal die liturgische Schieflage aus der Konstellation von Schuldbekenntnis und Eucharistie jede Bußfertigkeit systematisch und mit großem Geschrei untergräbt.

Das Kirchenjahr ist eine wunderbare Sache und bietet Anlass genug für Inspiration, aber im kirchlichen Kalender ist nicht alle Tage Weihnachten oder Ostern oder Pfingsten und so wendet sich die Feiertagseuphorie sehr schnell gegen den Sonntagschristen. Resultierend aus einem zutiefst ehrfurchtslosen Gottesdienst schlagen Unzufriedenheit und Unausgeglichenheit postwendend um in Utopie oder sogar Ideologie, nicht weniger radikal als, es bei anderen Religionen bekannt ist, wenn auch nur hinter vorgehaltener Hand. So steht die weit verbreitete Feiertagsmythologie auf einem sehr brüchigen Fundament, um nicht zu sagen auf Sand. Stattdessen müsste es im Gedenken eines authentischen Christen heißen: 365 Tage im Jahr ist Weihnachten, Ostern und Pfingsten und Mariä Geburt. Es kann demnach für einen Christen nicht nur an einem Tag im Jahr Karfreitag sein, denn der Mensch bedarf der Erlösung ebendies nicht nur an einem Jahr im Tag, sondern er ist an 365 Tagen im Jahr in jedem Jahr seines Lebens Egozentriker. Im Klartext heißt das, nicht Christus und seine Realpräsenz im Tabernakel stehen rund um die Uhr als Beweggrund im Handeln und Denken im Vordergrund, sondern leider meist nur das menschliche Schaffen selbst, ohne das „*mir geschehe*" der heiligsten Mutter Jesu und ihrem Vorbild für den erlösungsbedürftigen Mitmenschen und den Christen selbst.

Die Institution Kirche als solches ist nicht so heilig, wie sie vorgibt zu sein, das pfeifen die Spatzen schon lange von den Domdächern, nur sie selbst sieht es nicht, und so trägt sie die Hauptschuld an ihrer Misere. Solange sie ihr wahres zerbrechliches Angesicht hinter ihrem Feiertagslächeln nicht hervorholen muss, werden unverhohlen immer nur Einzelne beschuldigt. Unbeirrbarkeit als Institution vorzuzeigen und auf die Fahnen zu schreiben, ist ihr Irrglaube, ja der weit verbreitete Irrglaube in der ganzen Welt. Einmal im Jahr, am Karfreitag wird dieser Umstand bei Katholiken exzessiv zelebriert, um für die restlichen 364 Tage im Jahr im Gedächtnis geschrieben zu stehen, gestreut von jenen, die am wenigsten Verantwortung übernehmen wollen und dennoch unversehens die ganze Kirche in den Abgrund reißen mit ihrer betäubend wiederkehrenden und alles lähmenden Unbußfertigkeit.

War das aber nicht immer schon so? Zum Beispiel zu Zeiten des Alten Tempels, dem Christus drohte, dass er ihn niederreißen und in drei Tagen wieder aufbauen werde (siehe Evangelium). Das hat Er ihnen gesagt im Wissen darüber, dass sie Ihn, Christus, in ihrem Festhalten an irdischen Utopien töten wollten.

Christus hat ihrem Hass Einhalt geboten, indem Er sich ihnen als Schlachtopfer hingab. Mehr noch hat Er ihnen ihre Gräuel in der Funktion des Erlösers vergeben und damit nicht genug stellvertretend auch allen Menschen vergeben mit Seinen Worten am Kreuz: „Vergib ihnen, Vater, sie wissen nicht, was sie tun!" (siehe Evangelium). Das sollte man sich geistig unbedingt vor Augen halten. Zum Beispiel wie Christus einen Tag zuvor im Garten Gethsemane mit drei Seiner Jünger betet und darauf wartet, dass sie Ihn abholen würden. Vielleicht hat er sich auch Gedanken darüber gemacht, wie man sich angesichts der vielen Pein und Schmerzen verzeihend der gesamten Menschheit und seinen Mördern zuwenden könne. Ohne dieses Opfer im Speziellen wäre das Heil niemals zu uns Menschen durchgedrungen. Man bedenke, wieviel Mühen uns die Überwindung der Verzeihung kosten und wie oft wir dabei dem verletzten Stolz unterliegen. Mit diesem Unterpfand, das Christus im liebenden Gehorsam gegenüber dem Vater und in Liebe zu den Menschen vollbracht hat, konnte aber das Heil zu allen Zeiten und zu jedem Menschen kommen, vorausgesetzt, man ist bußfertig, um die eigene Seele für die Liebe und in der Liebe zu erheben.

Nichtsdestotrotz kann das Opfer Christi natürlich kein Freibrief sein, sonst wären wir keine Religion, sondern ein Haufen ungebändigter Wilden. Vielleicht klärt sich an dieser Stelle für den ein oder anderen die Frage, warum Christus freiwillig in den Tod gegangen ist. Der aus der Widerspenstigkeit sich nährende Hass der alten Pharisäer und Schriftgelehrten auf Christus hätte Seiner Mission immensen Schaden zugefügt, da war für Ihn der Zeitpunkt gekommen. Demnach ist das ureigenste Vergehen der jahrhundertealten Kirche jenes, das religiöse Entfaltung so für die große Mehrheit der Menschheit und für ganze Generationen unter Verschluss und unangetastet blieb und immer noch bleibt, weil sie immer noch ihren Utopien nachjagt, und das sind keine klitzekleinen. Die unaussprechliche Tragik in dem besagten Menschheitsgeschick ist, dass jene ihren wahren Verlust noch nicht mal erahnen, sich jedoch ihr ganzes Leben lang darüber quälen müssen, warum sie so leichte, ja die leichteste Beute für unzählige Fallstricke auf Erden sind. Das schmeckt bitter.

Warum nur waren Hitler und seine willigen Vollstrecker so gefesselt von den Stricken seiner Vision des emotionslosen Führens, dass sie Illusion und Wirklichkeit nicht mehr zu unterscheiden vermochten und Letztere mit der grausamen Realität seines Wunschdenkens eintauschen wollten? Die Erklärung liegt auf der Hand, denn tatsächlich entsprang seinem katholischen Umfeld genau jenes Übel, das er in sich trug: die Maske eines unaufhörlichen Euphemismus namens Liturgie, die, je überladener sie ist, umso hehrer als Ideal unter die Kleingläubigen getragen werden kann. Ein Ideal, das schöner und lebendiger kein Abbild machen könnte von ihrem Gott, vor dem sie sich in ihrer Unvollkommenheit im Alltag fürchten und fliehen. Mit Hilfe einer universellen Maskerade wagen es viel zu viele Menschen mit einem unwürdigen Glauben, sich nach außen hin als Priester oder Seelsorger zu geben, während sie ihre Gemeinden in die Irre, in die unaussprechliche Qual einer unerlösten Seele und in die Zange der Unfreiheit zwängen. Gar nicht zu reden von den physischen Schandtaten, begangen an Schutzbefohlenen von denen, die in ihrer eigenen Misere, wie Hitler, das Fass zum Überlaufen bringen, anstatt die Flucht nach vorn und den Ausgang aus der Rolle des Unterdrückers zu suchen, die sie alle Möglichkeiten dazu hätten.

Hitlers menschenverachtende Ideologien, die ihm in seiner auferlegten Rolle des Unterdrückers entsprangen, fielen Millionen von Menschen zum Opfer, gleichermaßen als Täter oder als Opfer wie Juden oder Christen, Romas, Briten, Franzosen, Russen oder Amerikaner, ja alle waren sie gleichermaßen das Lösegeld für einen unbezahlbaren Preis geworden, den er zu entrichten bereit war, um den Schlachtruf für ein teuflisches Vorhaben zu verbreiten und aus dem ehemaligen Germanien des Römischen Reiches eine spirituelle Wüste und eine Orgie toter Künste und Phantastereien zu machen. Sie sollten vor allem eines bescheren und zu Monströsem motivieren, was heute wahrhafte Religionen seit Menschen Gedenken niemals als ihr ewiges Ziel zu erfassen vermögen: die Freiheit von allen vergänglichen Nöten, die sich in jedem Menschen als ständige Qual und intimer Konflikt eines emphatischen Gewissens abzeichnet. Nichts anderes macht Putin heute. Sein Handwerk und seine Überzeugung bestehen darin, den Nationalsozialismus bis aufs Detail in unsere Zeit zu kopieren, um ihn erschreckend professionell zu perfektionieren. Das ist die Frucht jahrelanger Planspiele und Utopien mit der Energie eines geistig Gefangenen, der nur eines verzweifelt sucht: die Loslösung von der Empathie, dem universellen Gesetz des Gewissens.

Das geht über die diktatorischen Allüren hinaus, die man gewohnt ist von Erdogan oder Trump, in Brasilien, in Nordkorea oder China und wie sie alle heißen, wo man um jeden Preis gewalttätig an der Unterdrückung arbeitet, um die eigene Staatsmacht zu zementieren. Was hat Hitler seinen Gefolgsleuten darüber hinaus noch an leeren Versprechen eingestanden? Macht. Viel Macht, nichts weiter! Macht über fremdes Territorium, Macht über Menschenleben und Macht über die vergängliche Zeit. Eine stringente, an festen Kriterien ausgerichtete Personalauswahl für den Dienst „im Osten" hätte es nicht gegeben, bekräftigt *Markus Roth* im August 2009 für die *ZEIT*. Hans Franck, neben Otto Thierack und Carl Schmitt einer der Kronjuristen des Dritten Reiches, war zum Chef der Zentralverwaltung des Generalgouvernements in Krakau ernannt worden, dokumentiert *Roth*. Er hätte genommen, wen er für geeignet gehalten habe. Die Gruppe der Kreishauptleute sei sozial sehr homogen gewesen, deutet *Roth*: Die überwiegende Mehrheit entstammte wie Albrecht mittelständisch-bürgerlichem Milieu. Aber auch der Adel sei dabei gewesen: Hans Werner von Bülow, Mogens von Harbou und von der Hellen oder Joachim Freiherr von der Leyen, Kreishauptmann von Lemberg. In der Regel hätten die Männer Jura studiert, gut die Hälfte sei promoviert worden.

Macht – noch so ein Hirngespinst, wenn man genau hinsieht, denn über Nacht kann alles dahin sein, Windhauch. Warum also die Mitmenschen nicht auch als solche behandeln oder im religiösen Sinn als Schwestern und Brüder einer Schöpfung? Die Luftschlösser, die Putin baut, sind vom gleichen Material, das in den Köpfen der Menschenmassen ein explosives Potential entfacht: Hass, Hass und nochmal Hass! Das ist der Brennstoff, um das lodernde Feuer der Ideologien am Leben zu halten. Ganz im Gegensatz dazu die Liebe, die in Gott aus sich selbst heraus Anteil hat am ewigen Leben. Als perfekter Klon von Hitler mutiert Putin nun spätestens seit Beginn des Überfalls auf die Ukraine zu einem späten Überbleibsel des Dritten Reiches in unserer Zeit. Man kann unweigerlich erkennen, welche Ahnungslosigkeit diesen Mann umgibt, denn als Schattenfigur im Schatten von Adolf Hitler kann er Russland maximal in die Position eines Schattenreiches führen. Mehr geht nicht.

Den Schatten auszufüllen einer längst vergangenen Episode, bei der Russland mit seiner militärischen Stärke selbst mitgeholfen hat, ihr ein für alle Mal den Garaus zu machen –, ist das, was er da nun losgetreten hat, also nur reiner Zynismus, um den Rest der Welt vor sich her zu treiben? Wozu dann die vielen unschuldigen Toten und das entsetzliche Gemetzel auf dem Schlachtfeld auch unter den eigenen Leuten? Wohl kaum. Die Hitler-Imitation angeführt mit dem großen Z ist allenfalls ein taktisches Manöver zu Propagandazwecken, um sein eigenes Volk für dumm zu verkaufen, das ihm diese Masche in einem viel zu hohen Anteil auch noch abnimmt. Das war aber zu erwarten und ist nichts Neues auf diesem Planeten. Was Putin jedoch tatsächlich antreibt und von was er tatsächlich abzulenken sucht, ist die Machtlosigkeit gegenüber den Geschichtsschreibern, die ihn und sein selbstsüchtiges Ego bereits lange vor seinem Ukrainefeldzug in die Bedeutungslosigkeit verbannt haben.

Dahin sind die Russen bereit ihm zu folgen, zumindest die Alten. Sie wollen wie er nicht in der Bedeutungslosigkeit ihrer seelenlosen Utopien verkümmern. Das war mit Hitler nicht anders, mit dem kleinen Unterschied, dass Hitler seinen Hass daneben mutmaßlich auch aus dem Schmerz genährt hat, während Putin der reinen Utopie des Egos verfallen ist, das macht ihn zu einem scheinbar Gelassenen, einem Macho und Hitler ehemals zu einem Schreihals. Anstatt die Flucht nach vorne zu unternehmen, um sich auf die Suche des alles verheißenden Gottes zu machen, in Ihm das selbstbezogene Ich sich auflöst, weil Gott den Menschen nach Seinem Ebenbild geschaffen hat, wird ein sinnloses Spektakel für ein Mörderszenario veranstaltet, das die Welt so nicht gesehen hat und alles danach in den Schatten stellt, als ob es in Zukunft darauf ankäme, irgendjemand damit beeindrucken zu müssen. Selbst Tiere laufen niemals rückwärts. Das ist der Irrsinn, den diese beiden Herrscher und viele andere kleine Hitlers und Putins unter dem gemeinen Volk auf der ganzen Welt in Wahrheit umgeben und umgeben haben, sie reihen sich in ihrer persönlichen Entwicklung hinter dem Tier ein und geben sich der ausweglosen Besessenheit vom eigenen Ich restlos hin.

Auch hier muss man die Richtigkeit der Worte von Jeremias anerkennen. Unsere Großen Israelis scheinen wirklich die wilden Esel zu sein, von denen der Prophet spricht. Verwahrloste in der Wüste ihres Herzens; denn, glaubt es mir, solange jemand mit Gott ist – auch wenn er arm wie Job, allein und nackt ist – ist er nie allein, arm und entblößt, nie in der Wüste. Doch sie haben Gott aus ihren Herzen entfernt und befinden sich daher in einer öden Wüste. Wie wilde Eselinnen wittern sie im Wind den Geruch der Esel; was hier in unserem Fall, wegen der Begehrtheit Macht, Geld und außerdem mit Recht Unzucht heißt: deren Geruch laufen sie nach bis zum Verbrechen. Ja, sie folgen ihm und werden ihm mehr und mehr folgen. Sie wissen nicht, dass nicht ihr Fuß, sondern ihr Herz nackt ist in den Augen Gottes, der ihr Verbrechen bestrafen wird. Wie werden Könige und Fürsten, Priester und Schriftgelehrte überrascht sein, die in Wahrheit zu dem, was nichts ist, oder schlimmer noch, was Sünde ist, gesagt haben und sagen: „Du bist mein Vater. Du hast mich erschaffen!"

Wahrlich, wahrlich, ich sage euch, dass Moses im Zorn die Gesetzestafeln zerschlug, als er das Volk Götzendienst treiben sah, und dann auf den Berg stieg, um zu beten, anzubeten; und er wurde erhört. So geht es seit Jahrhunderten. Aber noch ist er nicht verschwunden und er wird auch nicht verschwinden, sondern wie Hefe im Mehl aufgehen: der Götzendienst in den Herzen der Menschen. Fast jeder Mensch hat sein eigenes goldenes Kalb. Die Erde ist eine Wildnis von Götzenbildern, weil jedes Herz ein Altar ist, auf dem nur selten Gott ist. Wer nicht eine böse bestimmte Leidenschaft hat, hat eine andere. Wer nicht die eine Begierde hat, folgt einer mit anderem Namen. Wer nicht alles nur des Geldes wegen tut, tut alles für seine gesellschaftliche Stellung. Wer nicht ganz für das Fleisch lebt, lebt ganz für den Egoismus. Wie viele „Ich" werden wie goldene Kälber in den Herzen angebetet! Der Tag wird kommen, an dem sie erschüttert zum Herrn rufen und die Antwort erhalten: „Wende dich an deine Götter, ich kenne dich nicht!" Ich kenne dich nicht! Schreckliches Wort, wenn es von Gott zu einem Menschen gesprochen wird! Gott hat das Menschengeschlecht erschaffen und kennt jeden einzelnen Menschen. Wenn er daher sagt: „Ich kenne dich nicht", dann ist dies ein Zeichen, dass er kraft seines Willens diesen Menschen in seinem Gedächtnis ausgelöscht hat. Ich kenne dich nicht! Ist Gott mit diesem Urteil zu streng? Nein! Der Mensch hat zum Himmel geschrien: „Ich kenne dich nicht", und der Himmel hat dem Menschen geantwortet: „Ich kenne dich nicht." Getreu wie ein Echo ...

Erwägt doch: **Der Mensch ist verpflichtet, Gott zu erkennen aus Dankbarkeit und mit Rücksicht auf den eigenen Verstand.**

Aus Dankbarkeit: Gott hat den Menschen erschaffen. Er hat ihm die unschätzbare Gabe des Lebens geschenkt und ihn mit der unermesslichen Gabe der Gnade versehen. Wenn diese durch eigene Schuld verlorengegangen ist, dann hört der Mensch in sich das große Versprechen: „Ich will dir die Gnade wieder schenken." **Gott, der Beleidigte, ist es, der so zum Beleidiger spricht, als ob er, Gott, der Schuldige und verpflichtet wäre, wiedergutzumachen.** *Gott hält sein Versprechen. Ich bin hier, um den Menschen die Gnade wieder zu schenken. Gott begnügt sich nicht damit, nur das Übernatürliche zu* *geben; er beugt seine geistige Wesensheit, um für die bedrückenden Bedürfnisse des Fleisches und Blutes des Menschen zu sorgen, und gibt Sonnenwärme, Erquickung des Wassers, des Getreides, der Reben, der verschiedensten Früchte und der verschiedenartigsten Tiere. So hat der Mensch von Gott alle Mittel zum Leben. Er ist der Wohltäter. Man muss ihm dankbar dafür sein und ihm diese Dankbarkeit zeigen mit der Bemühung, ihn zu erkennen.*

Wirklichkeit & Seinsflucht

Wir hätten uns an die Toten gewöhnt. An die zurückgelassenen Haare, an die übrig gebliebenen Koffer und Schuhe und an das Schweigen Gottes. Nicht, dass irgendjemand stolz auf diesen Gleichmut sei. Immerhin seien Maßnahmen ergriffen worden, um das Unvorstellbare in der Erinnerung wachzuhalten. Es seien Antworten gesucht worden, auf Stelen und auf Kongressen, auf Zelluloid und auf Papier, gibt *Iris Radisch* für die *ZEIT* zu bedenken, und fährt fort, dass auch die Literatur, eine mittlerweile in Deutschland eher fettleibige und kindische Dame, der übermäßige Beweglichkeit und Entschiedenheit nicht nachgesagt werden könne, im vergangenen Jahrhundert wegen dieser ungeheuren Sache in Turbulenzen geraten sei und sich selbst wagemutig so manche Schwierigkeit bereitet habe. Bis sie nun mit dem Gleichmut auch die Schreibweisen des 19. Jahrhunderts zurückerobert habe. *William Boys* liest im März 2007 auf der Leipziger Buchmesse und sagt im Gespräch, wie nebenbei, den schönsten Satz der Messe: „Making fiction more powerful by making it more real!" *Volker Weidemann* von der *ZEIT* hat ihn bemerkt und will wissen, ob der Mann die deutschen Bücher dieses Frühjahrs gelesen hat oder die in sich gekehrte Stillstandsprosa ein internationales Phänomen sei.

Der Triumph würde sich vervollständigen, wenn man die Stand-up-Comedians und Unterschichtsdarsteller der Fernsehshows ins

Bild nehme. Hier zeige sich: Der Proll muss das Herz gar nicht mehr auf dem rechten Fleck haben, bestätigt *Jens Jessen* im Jahr 2013 für die Z*EIT* N°12. Sein historischer Sieg hätte ihn schon der Verpflichtung zu höherer Moral entbunden. Die Flut von Unrat und menschenverachtenden Obszönitäten, die eine Cindy aus Marzahn, ein Atze Schröder oder Mario Barth von sich geben würden, die schrille Geschmacklosigkeit, die eine Daniela Katzenberger oder das brutal-primitive Ehepaar Geissens ausstellen würden, würden ein Selbstbewusstsein zeigen – oder würden es zeigen sollen –, das sich über alle bürgerlichen Anstandsregeln hinwegsetze. Der Prolet, der in diesen Gestalten konstruiert würde, sonne sich in einer Freude am Niedrigen, die bis zur Selbstverachtung gehe. Und damit beginne das Vulgäre, konstatiert *Jessen*.

Nach einer Definition des kolumbianischen Philosophen *Nicolás Gómez Dávila*, die nur auf den ersten Blick blass wirke, gibt *Jessen* an, ist das Vulgäre das, was nicht bleiben dürfe, was es sei. Armut sei nicht vulgär – sie sei, was sie sei. Vulgär sei auch der klassische Proletarier nicht, dessen Lebensgewohnheiten den Produktionsverhältnissen abgerungen worden seien. Vulgarität würde erst entstehen, wenn sich der Proletarier zum Proleten wandle – wenn der Lebensstil von der ehemals zugrunde liegenden Lebensform gelöst sei und zum koketten Zeichen werde. Vulgär sei, wenn die Beschränktheit zur Lust werde an der Beschränktheit. Vulgär sei der Bürger, der zu Zwecken der Anbiederung oder Steigerung seines Machotums als Proletarier auftrete, deutet *Dávila*.

Jens Jessen erklärt, dass sich die alte Utopie der Arbeiterbewegung, den Proletarier nicht nur aus seiner materiellen Beschränktheit, sondern auch aus der Beschränktheit seiner geistigen Verhältnisse herauszuführen, jedenfalls bei den Prolethelden des Fernsehens in ihr Gegenteil verkehrt hätte. Beschränktheit würde mit Genuss ausgestellt – und vom Publikum mit Genuss aufgenommen. Es sei ein einziges großes gemeinsames Hohngelächter auf die kulturelle Höherentwicklung des Menschen.

Und vielleicht ginge es auch genau darum – um den letzten Punkt, an dem sich Gemeinsamkeit noch herstellen und soziale Gegensätze ausblenden ließen, bemerkt *Jessen*. Geistige Beschränktheit hätte sich ja tatsächlich von ihren materiellen Ursachen emanzipiert. Unbildung sei keine Frage des Geldes mehr. Das würde die RTL-2-Dokusoap mit den Geissens mühelos beweisen: Die rheinischen Unterschichtsmillionäre, fröhlich, unbeschwert, ordinär, zeigen Reichtum, der keinerlei kulturellen Ehrgeiz freisetze, sondern nur die Möglichkeit, Geschmacklosigkeit noch knalliger in Szene zu setzen. In der Liebe zum Vulgären lasse sich ein Maximum an sozialer Inklusion mit einem Minimum an Exklusion verbinden. Man müsse nur die Randgruppe der Intellektuellen und Gebildeten ausschließen – alle Übrigen, die neuen Aufsteiger und ewigen Verlierer der Gesellschaft, könnten sich in der Selbstgenügsamkeit finden. Und *Jessen* schließt, es hätte sogar einen Zusatznutzen, den Reichtum in seiner Armseligkeit zu zeigen – er könne nicht als arrogant empfunden werden.

Zu Zeiten real wachsender Ungleichheit wachse zudem immer der Gleichheitswunsch – zumindest der Wunsch, Klassengegensätze mögen nicht auch noch kränkend abgebildet werden, unterstreicht *Jessen*. Im tosenden Beifall für die vulgären Pointen von Atze Schröder, Mario Barth und Cindy aus Marzahn entstehe für Momente eine Gesellschaft, in der sich niemand mehr von unten nach oben sehne, sondern höchstens alle von oben nach unten träumten, bedauert *Jessen*. Für Momente sei der Prolet das Ideal aller – der Prolet, der ohnehin in jedem stecke und vom stellvertretenden Proleten auf der Bühne nur ins Scheinwerferlicht gehoben werde.

Und falls es umgekehrt wäre – und die Unterhaltungsindustrie ihrerseits den Trend zum Vulgären erst erzeugt hätte? Dann hätte sie noch immer die wirtschaftliche Vernunft und Logik auf ihrer Seite. Ein Publikum, das zu bedienen sich lohne, dürfe nicht zur Individualität erzogen werden, verdeutlicht *Jessen*.

Ein Massenpublikum müsse homogen gehalten werden – und
das verlange stets die Angleichung nach unten.

Der von frühester Kindheit an gerechte Mensch hingegen
hört die Seele an und leistet ihren Ratschlägen gehorsam,
und jung an Jahren, aber reich an Verdiensten stirbt der Heilige
oft schon in der Blüte des Lebens

Wir sollten dem Schicksal dreimal täglich danken, dass es uns einen Staat beschert hat, in dem jene Wahrheiten, die das zivile Miteinander ermöglichen, mehr oder minder vollständig in der Verfassung festgeschrieben stehen. Und es ist schon fraglich, wie lange dieser selige Zustand währen kann, wenn wir zulassen würden, dass unser Agora – jener Ort, der dem Streit um ernst gemeinte Inhalte vorbehalten sein sollte – zum Ego-Stadl verkomme, beklagt die in Berlin lebende Schriftstellerin *Thea Dorn*. Der in provokativer Absicht inszenierte Tabubruch unserer Tage sei auf einem jämmerlichen Niveau angekommen, attestiert sie in der ZEIT-Ausgabe vom 21. Mai 2008 und erklärt, dass die Tabuzone der archaische Kern einer jeden Gesellschaft sei. Wer sie betrete, werde von der Gemeinschaft gnadenlos verstoßen. Noch mehr für die vormodernen, religiös dominierten Gemeinschaften habe die Welt zum überwiegenden Teil aus Tabuzonen bestanden. Aufrechte, intelligente Tabubrecher von Sokrates über Galilei bis Nietzsche hätten ihren Kopf dafür hingehalten, Tabus infrage zu stellen. Dieser Prozess nannte sich Aufklärung und habe dazu geführt, dass in offenen Gesellschaften die Tabuzonen so abgeschmolzen seien wie die Alpengletscher, so *Dorn*. Geblieben sei ein Restbestand an archaischen Tabus wie Inzest, Sterben, Tod – und seit 1945: der Holocaust.

Die Schriftstellerin *Thea Dorn* gibt an, dass das meiste, was heute unter dem Label „Tabubruch" verkauft werde, sich auf jenes Spiel mit den Tabus zweiter Klasse beschränke, die die bürgerliche Gesellschaft aber zu ihrem Selbstschutz errichtet habe. Dass auf dem Boulevard keiner meine, was er sage, und jeder alles krähe, solange es ihm Aufmerksamkeit sichere, sei nicht neu und brauche nicht zu irritieren. Kitsch werde es, wenn der Bullshit beginne, die Agora zu überschwemmen. Es sei unwürdig, wenn sich das Feuilleton von Figuren, die noch nicht einmal bereit seien, für ihre nichtigen Provokatiönchen geradezustehen, wochenlang die Themen diktieren ließe. Und es sei gefährlich, wenn die boulevardeske Haltung „Alles egal, Hauptsache, großes Geläut" auch das Denken und Handeln jener bestimme, die sich durch intellektuelle Redlichkeit auszeichnen müssten, beklagt *Thea Dorn* in der ZEIT.

„Der Mensch wird geboren, um seine Seele zu retten", hat *Imre Kertész* einmal geschrieben. Dazu darf man hinzufügen, müsse ihm jedes Mittel recht sein. *Kertész* habe jahrzehntelang ohne Publikum geschrieben, der Sache und sich selbst verpflichtet. 13 Jahre habe ihn die Arbeit am *Roman eines Schicksallosen* beansprucht. Näher als dieses Buch könne ein Buch Auschwitz nicht kommen, kommentiert *Iris Radisch* – mit angehaltenem Atem, versunken in die fensterlose Monade jedes Augenblicks. Jetzt erzähle er von der Entfernung. Erzähle davon, wie die Welt nach Auschwitz aussehe, in der es keine Zeugen von Auschwitz mehr gebe, hält *Radisch* fest. Die Romanfigur B. sei in Auschwitz zwar geboren, habe an Auschwitz aber keine Erinnerung. Und habe deswegen für Auschwitz auch keine Worte. Er könne nichts erzählen außer der Geschichte einer Zerstörung, die namenlos bliebe. Der Ursprung des Romans liege nicht im Salon, sondern im KZ, erklärt die ZEIT-Kommentatorin. Seine Voraussetzung sei nicht Manierismus, sondern Zerstörung. Was damals liquidiert worden sei, sei mehr als ein Roman. Es sei die Wirklichkeit, wie sie bis ins frühe 20. Jahrhundert gegolten habe. In Auschwitz habe sie den Besitzer gewechselt. Sie gehöre seither den Mördern. Und weil, sagt *Imre Kertész*, seit Auschwitz nichts geschehen sei, was Auschwitz widerlegt habe, würde sie ihnen noch immer gehören. Für alle anderen seien nur Scherben übrig geblieben. Deswegen – und nicht wegen irgendwelcher sublimer Kunstvorbehalte – könne es im 21. Jahrhundert keinen

Roman über die Wirklichkeit geben. Nicht im alten, sonntäglichen Sinn des Wortes.

Das könne einem gefallen oder nicht gefallen, fügt *Radisch* an. Auf Geschmack käme es dabei nicht an. Auf ästhetische Urteile erst recht nicht. Das alles sei auf betörende Weise trostlos. Die Hoffnung, die *Kertész* zuletzt noch in seiner Nobelpreisrede im letzten Jahr verbreitet habe, dass allein die Kenntnis und das Gedächtnis des Holocaust unser geistiges Überleben sicherten, sei in seinen Romanfiguren erloschen. Als habe *Kertész* alles auf eine Karte setzen und an das stets mögliche Scheitern der Katharsis erinnern wollen, deutet die Literaturkritikerin in der ZEIT vom Oktober 2003.

Die Autorität heiligen, indem wir sie
mit unserer Heiligkeit durchdringen!

Ein anderes Lied derselben Realität schmückt sich maßgeschneidert in liturgische Gewänder, die da sind die festgefahrenen Fehltritte in der Gottesdienststruktur der katholischen Kirche. Der Karfreitag ist im christlichen Abendland liturgischer und theologischer Höhepunkt im Vollzug der Gemeinschaftspraxis des Glaubens seit jeher. Jedoch so wie er begangen wird, in seiner dominanten, verschnörkelten Einseitigkeit und das vollkommene Ganze ausblendend, kann dieser nur dem Stolz, der in nichts Halt gebiert, nützlich sein. Eine wie viele Zurschaustellungen des Katholizismus, welche die Einheit beschwört. Einmal mehr zeigt sich die Liturgie in ihren kalten Zügen als eisiges Gerippe, als Rüstung, in die man schlüpft. Man sieht sich angehalten, das einfache Gedenken Jesu an die vollkommene göttliche Barmherzigkeit vom menschlichen Herzen abzustreifen. Wo steht geschrieben, dass man es nur auf diese eine verkrustete Weise begehen muss? Sich katholisch nennen zu dürfen, darf nicht heißen, der Liturgie oder dem Tempel zu gefallen und einem mittlerweile überholten Ritus einen undankbaren Dienst zu erweisen, während das Herz ächzt, rebelliert und unruhig ist unter der Last widersinniger Gestaltungsformen, unter denen schlichte Wege der Wahrheitsfindung begraben werden.

Jene allumfassende Wirklichkeit, wie sie nach dem Wort und im Vorbild Jesu dem Heil der Seelen gilt, hat mit dem Opfer Christi auf Golgotha ihr Besitztum gewechselt, um sich unendlich vielfältig zu vermehren. Die neue Wirklichkeit war am Kreuz für die ganze Menschheit geboren geworden, und die alte in der Hand der Mörder sollte Geschichte werden. Zunächst ist die Wirklichkeit des „Neuen Bund" in den Besitz der Apostel und Jünger Jesu übergegangen auf jene, die das einfache Gedenken Jesu am selbstlosen Beispiel festhielten. Seither ist viel Zeit vergangen und die treuesten Nachfolger finden sich im 21. Jahrhundert vielfältig und vereint in der Kirche wieder. Weil seit Golgotha jedoch auch viel geschehen ist, um die einfache Botschaft Jesu zu widerlegen, scheint immer wieder die alte Wirklichkeit der Mörder hindurch. Zum Beispiel indem mit in sich im Widerstreit stehenden Intonationen zu Beginn einer jeden Messfeier diese verknotet werden zu einem undurchsichtigen Knäuel, verschmutzt durch den *Staub der Menschlichkeit* und verschleiert durch die *Sonne des Stolzes*.

Liturgie als solches schafft es beispielsweise nur mehr selten, das einfache Gedenken Jesu in die Welt und in den Alltag hinauszutragen, im Gegenteil, sie taugt nur noch im Ansatz dazu, sich Gottesdienst nennen zu dürfen. „*Tut dies zu meinem Gedächtnis*", war nicht der Auftrag, eine Symbolik zu errichten, die mit kindlichem Verstand nicht mehr zu ergründen ist. Dabei war der Gedanke ursprünglich doch klar wie alle Worte aus dem Mund Jesu: Die Verehrung der Eucharistie kommt allein durch Anbetung und im Beispiel Jesu zur Geltung. Warum nun die innere Anbetung zu einer Symbolik geworden ist und die Liturgie zu einer Art Parallelinstanz der Eucharistie, liegt auf der Hand.

Zur Zeit der Säkularisierung hätte sich die Gottesliebe verflüchtigt, während die Passionen geblieben seien, schrieb *Sigrid Weigel* im März 2008 für die *FAS*. Und so seien moderne Rezipienten durch Bilder und Töne wirkungsvoller an die Gefühlsmodulationen der christlichen Tradition gebunden geblieben als durch Überzeugungen. „Überzeugen ist unfruchtbar", laute ein Satz aus Benjamins Einbahnstraße, der mehr als ein Bonmot sei. Im Gegensatz zum rhetorischen Übereifer des Über-Zeugens schreibe er dem Zeugnis eine größere Wirksamkeit zu – auch wenn er dabei gerade nicht an das Blutzeugnis der Märtyrer gedacht habe, gibt *Weigel* zu bedenken.

Deswegen auch, um mit *Imre Kertész* zu sprechen, gehört die Wirklichkeit einmal mehr den Mördern. Jedoch worin *Kertész* sich getäuscht haben dürfte, sie gehört im Fundament den Mördern von Golgotha. Differenziert gesehen, haben Teile der Kirche bereits in den Anfängen ihrer Gründung die Basis dafür gelegt, um sich von der Wirklichkeit des Neuen Bundes mit der Heiligsten Dreifaltigkeit zu verabschieden. Vor diesem Hintergrund kann heute keiner mehr die Augen verschließen, nicht einmal ein emeritierter Papst *Benedikt XVI*. Papst *Franziskus* tut vieles, ja fast alles, um der Verdunkelung Einhalt zu gebieten. Die Liturgiebeschaffenheit oder den Kirchenstaatsstatus jedoch rührt er wie auch sein Vorgänger und vielleicht auch wiederum ihre Nachfolger aus Gründen irrtümlich verfolgter Dogmatik nicht an. Ein ungeschriebenes Gesetz, ein schwerwiegendes Hindernis und der größte Irrglaube aller Zeiten, entstanden, um Christus ein Denkmal zu errichten, damit der Kleriker in der Zwischenzeit seinen eigenen Vorlieben frönen kann.

Das sind eine große Verschwendung und ein Irrtum, dem kaum ein Gläubiger widersteht, weshalb sie im Stillstand verharren – so traurig das ist, so ernst ist es auch. Denn wenn ein mächtiger Wunsch den Menschen martern würde, dann biege er sich die Welt gerne nach seiner Wahrnehmung und seinen Vorstellungen zurecht, weiß auch *Sebastian Herrmann* in der *SZ* im Juni 2019 zu berichten. Ein moralisch stets einwandfreies Leben zu führen, sei nicht nur grauenhaft anstrengend, es sei unmöglich.

Jeder Mensch verstricke sich in Konflikte, ein Leben ohne Widersprüche könne nur eines sein: eine dreiste Lüge, unterstreicht *Herrmann*. „Einer Autobiografie darf man nur trauen, wenn sie etwas Schändliches offenbart", schrieb auch der Autor *George Orwell*. „Ein Mensch, der nur Gutes von sich berichtet, ist wahrscheinlich ein Lügner, denn von innen betrachtet ist das Leben nichts als eine Serie von Niederlagen."

Diese Rückschläge würden einem insbesondere die eigenen Ansprüche zufügen, erklärt *Herrmann*: Man wolle doch ein guter Mensch sein und würde scheitern, immer wieder. Psychologen um *Wilhelm Hofmann* von der Universität Köln hätten einmal für eine Studie im Fachjournal *Science* mehr als 1000 Probanden über deren Smartphones durch den Alltag begleitet. Dabei hätten sie festgestellt, was jeder Einzelne ahne, aber gerne verdränge: Ein Tag setze sich offenbar aus unzähligen kleinen Verfehlungen zusammen. Es würde gelogen, geschummelt, betrogen, geklaut, über den Tisch gezogen, schlecht über andere gesprochen und vieles mehr, berichtet *Herrmann*. Natürlich würden sich die wenigsten in betrügerischer Absicht als Arzt ausgeben und verübten auch beruhigend selten schwere Gewalttaten, aber kleine Verfehlungen seien fast wie das Atmen: Sie würden zum Leben gehören. Oder wie es die Psychologen *Stanley* und *De Brigard* in ihrem Fachbeitrag zum Thema nüchtern sagen: „Unethisches Verhalten ist recht verbreitet."

Wird es allgemein deshalb als Vorteil gesehen, seinen Alltag nur noch bruchstückhaft mit Gott bestreiten zu wollen? Auf jeden Fall kreisen seit geraumer Zeit schon die Vorlieben und die Aufmerksamkeit der Kirche zu einem großen Momentum und im Kern um die korrekte Einhaltung der Ausgestaltung eines liturgisch verfehlten Konstrukts, anstatt um Christus selbst im Tabernakel und sein ehedem vorgebrachtes Unterpfand für unser vollkommenes Heil. Die in Teile nutzlosen Anstrengungen rund um den misslungenen Gottesdienst stehen bedauerlicherweise in dem sehr schlechten Licht, sich Freiheiten und Privilegien zu verschaffen. Sie können in den Augen Gottes nur Missfallen und Missgunst auslösen, weil sie vor allem dem Menschen und seiner notorischen Einbildung dienen, man könne und müsse mit Gott Handel treiben, um zu erreichen, dass Er an anderer Stelle wegsieht, wenn man im Dienst der Welt Persönlichkeit betreiben möchte.

Zum Beispiel um nutzlose Bücher, Doktorarbeiten oder Habilitationen zu schreiben oder schicke Ämter zu bekleiden, die nur Geld kosten und Prunk nach sich ziehen, der niemand anderem nutzt als dem Träger selbst. „Sobald jemand seinen Doktor gemacht hat, ist er zehn Mal so schwer zu überzeugen, dass er falschliegen könnte", hat einmal der US-amerikanische Statistiker *Nate Silver* gesagt. Die Qualität der Gottesdienste auf der ganzen Welt und in Deutschland variieren derweilen, im schlimmsten Fall aber war die Erfindung der Liturgie die Errichtung des Goldenen Kalbes im Katholizismus. Noch drastischer gesagt: Ein gewisser Anteil des Klerus wurde und wird im Dienst für das Goldene Kalb hofiert, das ist spätestens seit der Zelebrationsweise „versus populus" offensichtlich.

Doch das Blut wird zum Purpur des künftigen Königs,
und die Leiden wandeln sich in ebenso viele Stufen, die ihn hinauf
zum Throne führen, den der Vater seinen Märtyrern,
denen die königlichen Sitze des Himmelreiches vorbehalten sind,
bereitet hat.

„Wie im Himmel so auch auf Erden", soll auch heißen, dass wir keine von Menschenhand geschmiedeten Strukturen brauchen, um aufrichtigen und in den Augen Gottes wohlgefälligen Gottesdienst zu halten. Denn wie die Realität zeigt, steht das Gelingen des mit groben Fehlern behafteten Konstruktes Liturgie stark in Relation zur Authentizität des Zelebranten. Da dies aber nicht alle Seelsorger beherzigen, verlor die Liturgie enorm das Ansehen eines universellen Instruments für die gemeinsame standhafte Verehrung Gottes. Es ist nicht zu bestreiten, dass für einen gelungenen und wohlgefälligen Gottesdienst Gläubige stark in Abhängigkeit der Authentizität des Priesters stehen. Anders ausgedrückt, wenn der Priester auch noch so stark ins Licht der Liturgie rückt, die in Mimik und Rhetorik dafür wohlfeil ausgeführt wird, diese noch lange nicht authentisch sein muss.

Das ist der Stoff, aus dem Albträume gemacht sind, denn der Schlaf der Vernunft gebiert Monster. Die Konsequenz aus dem Lauf der Geschichte ist unmessbar geworden und das erlebte Fiasko in der Gegenwart der Kirche durchaus noch zu steigern und dies exponentiell, bis Schluss und endlich der Tag anbricht, an dem der Herr selbst dem ein Ende bereiten wird. „Schauen Sie die Menschheitsgeschichte an", gibt der Kapitalismuskritiker *Jean Ziegler* in einem Interview, veröffentlich im Juli 2019 in der *SZ*, den beiden Reportern *Alexander Hagelüken* und *Isabel Pfaff* zu bedenken: „Kein Unterdrückungssystem konnte reformiert werden, nicht der Feudalismus, nicht der Kolonialismus. Alle mussten zerschlagen werden. Ich kenne kein Beispiel, in dem herrschende Oligarchien freiwillig auf ihre Privilegien verzichteten. Vielleicht gelingt es ja diesmal. Aber ich kann mir ehrlich gesagt nicht vorstellen, dass Sergio Ermotti, der Chef der UBS, eines Morgens in der Zürcher Bahnhofstraße aufwacht und sagt: Das geht doch nicht, diese Profitmaximierung."

Jedenfalls wird keiner dem gerechten Arm Gottes entkommen, der auf gleichgültige oder nachlässige Weise die neue Wirklichkeit des Gedächtnisses unter scheinheiligen Worten und Gestalten begräbt und so ihre Verbreitung behindert. Das alles ist auf betörende Weise trostlos, um mit den Worten von *Iris Radisch* zu sprechen und um die Nobelpreisrede von *Imre Kertész* und die Hoffnung, die er nach Angaben von *Radisch* zuletzt damit verbreitet habe, nochmal aufzugreifen und etwas umzuwandeln, um sie an der Situation der Kirche anzuwenden: Allein die Kenntnis und das ungebrochene Gedächtnis Jesu sichern unser geistiges Überleben. Das Original von *Kertész* lautete: „Allein die Kenntnis und das Gedächtnis des Holocaust sichern unser geistiges Überleben."

Nicht nur die Liebe des mündlichen Gebetes, des Ritus allein, sondern auch die tätige Liebe, die im Herrn erneuert, die sich vom Geist der Welt befreit, von den Irrlehren des Heidentums, das nicht nur unter den Heiden herrscht, sondern auch in Israel, mit den tausend Übungen, die an die Stelle der wahren Religion, die heilig, klar und einfach ist, wie alles, was von Gott kommt, gesetzt worden sind. Nicht gute oder scheinbar gute Werke, um von den Menschen gelobt zu werden, sondern heilige Handlungen, um das Lob Gottes zu verdienen. Wer geboren wurde, wird sterben. Das wisst ihr. Aber das Leben endet nicht mit dem Tod. Es geht in einer anderen Form und in alle Ewigkeit weiter, mit der Belohnung des Gerechten und der Bestrafung des Bösen. D i e s e r G e d a n k e e i n e s g e r e c h t e n G e r i c h t e s s o l l n i c h t l ä h m e n d w i r k e n i m L e b e n u n d i n d e r S t u n d e d e s T o d e s. E r s o l l v i e l m e h r A n s p o r n s e i n f ü r d i e G u t e n u n d Z ü g e l, d e r d i e b ö s e n L e i d e n s c h a f t e n i m Z a u m h ä l t.

Seid daher wahrhaft Liebende des wahren Gottes und handelt im Leben stets so, dass ihr ihn im künftigen Leben verdient. O ihr, die ihr die Großherzigkeit liebt, was gibt es Großartigeres, als Kinder Gottes zu werden? O ihr, die ihr den Schmerz fürchtet, welche größere Sicherheit, nicht mehr zu leiden, gibt es als jene, die euch im Himmel erwartet? Seid heilig!

Macht es nicht wie die Heuchler, die sich beim Beten in den Synagogen oder an den Ecken der Plätze den Menschen zur Schau stellen, um als fromme und gerechte Menschen gepriesen zu werden, während sie sich an ihrer Familie, an Gott und am Nächsten versündigen. Versteht ihr nicht, dass dies einem Meineid gleichkommt? Warum wollt ihr auf einer Unwahrheit bestehen, wenn nicht, um euch eine Achtung zu verschaffen, die ihr nicht verdient? Das heuchlerische Gebet soll sagen: „Wahrlich, ich bin ein Gerechter. Ich schwöre es vor den Augen aller, die mich sehen und nicht leugnen können, dass sie mich beten sehen." M i t d e m S c h l e i e r, d e n i h r ü b e r e u r e B o s h e i t b r e i t e t, w i r d e i n i n s o l c h e r A b s i c h t v e r r i c h t e t e s G e b e t z u r G o t t e s l ä s t e r u n g.

Überlasst es Gott, euch für gerecht zu erklären, und handelt so, dass euer ganzes Leben für euch zeuge: „Seht, da ist ein Diener des Herrn."

Doch ihr selbst, ihr sollt schweigen, zu eurem eigenen Nutzen. Macht eure Zunge, die vom Hochmut bewegt wird, nicht zum Gegenstand des Ärgernisses in den Augen der Engel. Besser wäre es, ihr würdet augenblicklich stumm, wenn ihr nicht die Kraft besitzt, dem Hochmut und der Zunge zu gebieten, die euch als gerecht und Gott wohlgefällig verkünden. Überlasst den Hoffärtigen und den Heuchlern diese armselige Ehre! Lasst den Stolzen und den Falschen diese hinfällige Belohnung! Armselige Vergeltung! Doch diese wollen sie, und eine andere werden sie nicht erhalten; denn mehr als eine steht niemand zu. Entweder die wahre, gerechte und ewige des Himmels, oder die unechte dieser Welt, die nur so lange währt wie ein Menschenleben, vielleicht auch kürzer, und die dann im anderen Leben, weil sie ungerecht war, mit einer beschämenden Strafe gebüßt werden muss.

Hört, wie ihr beten sollt: sowohl mit der Zunge als auch mit der Arbeit und mit eurem ganzen Sein, aus Antrieb des Herzens, das Gott liebt und in ihm den Vater erkennt und das euch stets bedenken lässt, wer der Schöpfer und was das Geschöpf ist. Dann steht der Mensch stets in ehrfurchtsvoller Liebe vor dem Angesicht Gottes, ob er nun betet oder arbeitet oder unterwegs ist, ob er sich ausruht, seinen Lebensunterhalt verdient oder Wohltaten spendet. Aus einem inneren Antrieb des Herzens habe ich gesagt. Dies ist die erste und wesentlich Eigenschaft, denn alles kommt aus dem Herzen, und wie das Herz ist, so ist der Geist, das Wort, der Blick und das Handeln eines Menschen.

Solange wahre Liebe sich nicht sichtbar zeigen kann, ist sie auch nicht wahrhaftig und die Kirche verliert den Status ihrer Glaubwürdigkeit als solches und wird degradiert zur gewöhnlichen sektenhaften Vereinigung. Die Gemeinde verliert auch gerade dadurch ihren Wohlgefallen vor Gott, indem sie es versäumt, als wahre Kirche geistig zu vergegenwärtigen, dass es kein

Verdienst sein kann, wenn Liebe unter Brüdern und Schwestern im Glauben nicht vollzogen, sondern im Gegenteil verharmlost und sogar in Leidenschaften gehüllt wird. Was aber wenn dieser Zustand mehr noch zur gängigen Realität geworden ist, wie soll da noch fremdes Leid gemindert, ja überhaupt als solches noch wahrgenommen werden? „Gerechtigkeit ohne den Blick auf Gottes Willen verliert die Maßstäbe und verfällt daher", das ist der einleitende Gedanke von Papst *Benedikt XVI.* in dem 2004 erschienen Buch mit Meditationen des Bischofs von Augsburg *Walter Mixa.* Der Umstand müsste gerade in Europa und Amerika zur Aufgabe heranwachsen, Feindbilder im Keim zu ersticken, die von einer durch Wohlstand und Gesetz am Leben erhaltenen idealisierten Gesellschaft, aus deren Mitte sie in die Gemeinschaft der Gläubigen getragen wird. Am wenigsten hilfreich dafür sind Hass und Ideologie, wie sie das Dritte Reich anzuwenden pflegte, sondern da hilft nur die Wahrhaftigkeit der Person und das Vorleben Jesu Christi, um den Spieß umzudrehen und die Verkündigung des Evangeliums wieder wirksam dort zu platzieren, wo sie ursprünglich hingehörten, nämlich in die Mitte der Gesellschaft.

„Verstehen heißt nicht entschuldigen", so erklärt sich *Helmut Schmidt* bei einem Interview mit einer Reporterin eines Magazins seiner Zeitung, als diese ihm unverhohlen einen zu mildernden Geist in der Debatte um die Bestrafung von Wiederholungsstraftätern vorhält. Der Mensch im Veränderungsprozess würde begreifen, nicht Mensch zu sein, seiner selbst willen, und seine Ratio würde nicht mehr ihrer selbst wegen agieren und reagieren, sondern um ausgeglichene Selbstannahme bemüht sein, so *Schmidt.* Wie aber den verlernten, aber unabdingbaren Selbstrespekt wieder annehmen? Dem entgegen steht doch fromm angenommen „nur der persönliche Wille". Dieser birgt ein weit komplexeres Gebilde von Ängsten, welche aus der Ratlosigkeit und des Scheiterns resümieren und der Ratio anhaften, dem rationellen Denken des Menschen. Am Ende aber steht die Bejahung der individuellen christlichen Berufung. Wie kann jemand lieben, der selbst keine Liebe sich selbst gegenüber hat und keine

Dankbarkeit gegenüber den Gaben aus Gott empfinden kann, weil er sie nicht als solche einordnen kann oder sich gar verweigert, selbige sich als solche bekannt zu machen?

Der eigentliche Tempel, in dem Gott wohnen möchte, ist das Herz eines jeden Menschen, der ein heiliges Gebet spricht. Doch es kann nicht heilig sein, wenn sich das Herz nicht bessert, wenn sich mit dem Herzen nicht zugleich auch die Sitten und Neigungen bessern, wenn sich außerdem nicht auch die Maßstäbe der Gerechtigkeit den Armen, Untergebenen, den Angehörigen und Gott gegenüber bessern.

Befördern kann diesen Prozess wirkungsvoll einfache und regelmäßige Lektüre von heiligen Schriften und der tägliche Gang zum Altarsakrament für einen meditativen Herzenstausch wie sie beispielsweise der heilige Ignatius ans Herz legt oder auch als geistige Übung am Ende aufgeführt ist. Es kommt natürlich dennoch zu Anfechtungen und Hindernisse aller Art lassen einem die Niederlage das Fürchten lehren, wenn die alte Wirklichkeit mit der Wirklichkeit Gottes im Heil des Neuen Bundes in der Realität des Alltages zusammenprallen und „Krieg" miteinander führen, denn jeder verteidigt erbittert seine Position und das ihm bekannte Territorium. Aber auch hier helfen Demutsübungen, wie sie Ignatius von Loyola vorschlägt oder im Anhang als geistige Übung vorgeschlagen werden. Gewissermaßen fremdes Territorium bekannt zu machen, gehört zu den Aufgaben eines authentischen Christen und das kann nur von Erfolg gekrönt werden, wenn man sich dem Gegenüber menschlich keinesfalls von oben herab nähert. Ferner lassen Fallstricke und Abtrünnigkeiten verursacht von Christen mit der Moral eines Iskariot einem den Inhalt des Magens beinahe ein zweites Mal schauen, bevor man ein Gotteshaus vollzogener Taten wieder verlässt. Wenn jedenfalls das persönliche Umfeld zur Akzeptanz von Gegensätzen zwingt, kann diesem Umstand dauerhaft nur das persönliche Wachstum begegnen, um im Optimismus zu obsiegen, ohne dafür „militärische Schläge" in Erwägung ziehen zu müssen.

Was aber bildet einen denkenden Menschen heute oder wie kann dieser seinen inneren Schweinehund überwinden, ohne dabei beständig dem bissigen Tier in sich machtlos gegenüberzustehen. Die Antwort ist nicht schwer: Er oder sie müssen vor allem sich selbst besser kennen, minderst aber so gut wie der Feind, die alte Schlange. Sich selbst kennen lernen heißt Gott kennen lernen, der uns nach Seinem Ebenbild geschaffen hat. Vieles in einem geschieht im Hau-Ruck-Verfahren. Man kann sich kaum festhalten an den kleinen Etappen oder gar am Unsichtbaren, sondern klammert sich an das Unmittelbare. Wo der Glaube für einen Christen die einzige Hoffnung bilden kann, da suchen sich Widerspenstigkeit die Scheinwelt und die unwiderstehliche Wahrnehmung vorschneller Befriedigung und Besänftigungen für das Gemüt. Sie mögen den Sinn der Mühe eines Etappensieges nicht wahrhaben. Es treibt sie der schnelle Erfolg beziehungsweise die manische Vorstellung erfolglos zu bleiben. „Auch eine Reise von tausend Meilen beginnt man mit einem einzigen Schritt", sagte der fraglose *Konfuzius*. Bisher glaubten die meisten Forscher, dass eine kluge Entscheidung vor allem eine Frage von Verstand und Vernunft sei. Dinge wie Gefühle und Körperempfindungen hätten da keine Rolle zu spielen, sie störten und verwirrten bloß. Die Idealvorstellung spiegele dabei der Homo oeconomicus, ein Typ etwa wie Hitler und seine engsten Vertrauten, wie sie seit Menschengedenken erfolgreich verkörpert werden. Solche, die denken, handeln, eigennützig sind und keine Emotionen kennen wollen.

Der Gerechte schöpft aus seinem gerechten Herzen das Gute, und je mehr er daraus schöpft, desto mehr findet er; denn, was er Gutes getan hat, erzeugt aufs neue Gutes, so wie das Blut, das sich im Kreislauf durch die Adern erneuert und, angereichert mit neuen Stoffen aus Luft und Nahrung, zum Herzen zurückkehrt. Der entartete Mensch hingegen kann aus seinem finstersten Herzen voller Trug und Gift nur Trug und Gift schöpfen, und wie sich bei ihm Trug und Gift durch die zunehmenden Sünden mehren, so vermehrt sich beim guten Menschen die Gnade Gottes. G l a u b t   n u r ,   w o v o n   d a s   H e r z   d e s   M e n s c h e n voll ist, davon fließt der Mund über, und in seinen Werken findet es seinen Ausdruck.

Schafft euch ein demütiges und reines Herz, voll Liebe, Vertrauen und Aufrichtigkeit. Liebt Gott mit der scheuen Liebe, die eine Jungfrau für ihren Bräutigam empfindet. Wahrlich, ich sage euch, jede Seele ist eine Jungfrau, vermählt mit dem ewig Liebenden, unserem Herrn und Gott. Dieses irdische Leben ist die Zeit der Verlobung und der Engel, der jedem Menschen als Beschützer gegeben wurde, der geistige Brautführer. Alle Stunden des Lebens und jede Begebenheit sind ebenso viele Mägde, die die hochzeitliche Ausstattung vorbereiten. Die Stunde des Todes ist die Stunde der mit Gott vollzogenen Vermählung, danach kommen die Erkenntnis, die Umarmung und die Vereinigung. Angetan mit dem Hochzeitsgewand kann nunmehr die mit Gott vermählte Seele ihren Schleier abnehmen und sich in die Arme Gottes werfen, und niemand kann an dieser Liebe zum Bräutigam Anstoß nehmen.

Seid keusch in euren Blicken,
wenn ihr keusch in eurer Liebe sein wollt.

Anmutig frustrierend auch ein Auszug aus dem historischen Ordensleben der katholischen Kirche. *Johannes vom Kreuz* teilt etwa als geistlicher Begleiter im Ordensleben einem Karmeliten folgende Meinung mit: „Um nun dieses Hingeneigtsein zu Wohlgefühlen in Bezug auf alles, was nicht Gott ist, zunichtezumachen und zum Sterben zu bringen, müssen Euer Hochwürden sich merken, dass alles, dessen sich das Empfindungsvermögen deutlich wahrnehmbar erfreuen kann, eben das ist, was zärtlich und wonnevoll ist, weil es ihm wohltuend vorkommt; nun ist aber nichts Wonnigliches und Zärtliches, dessen sich das Empfindungsvermögen erfreuen und ergötzen kann, Gott, denn da Gott nicht in den Bereich der Wahrnehmungen der anderen Seelen vermögen fallen kann, kann er auch nicht in den Bereich der Strebungen und Wohlgefühle des Empfindungsvermögens sein. Denn ebenso wenig wie der Mensch in diesem Leben Gott seinem Wesen nach verkosten kann, kann alle Zärtlichkeit und Wonne, die er verkostet, wie erhaben sie auch sein mögen, Gott sein. Außerdem können Empfindungsvermögen oder Wille alle Dinge ja nur insofern deutlich wahrnehmbar verkosten oder anstreben, als sie diese als diesen oder jenen Gegenstand erkennen[...]."

Auf einen Laien wirken diese Worte vor allem bemerkenswert theoretisch und sie funktionieren in der Praxis so leider auch nicht. Die Sexualität zum Beispiel als möglicher Ausdruck von Gefühlen gehört zur Persönlichkeit eines jeden Menschen, sie anzunehmen und mit ihr nach ethischen Maßstäben zu haushalten, ist das Zeugnis seiner Reife schlechthin. Glücklich wer dabei die Religion zum Helfer hat. Mit einem Satz gesagt, rät eine gesunde Religion, Reizüberflutung zu kanalisieren in Liebe und das Hochgefühl als die Vereinigung der Liebenden zu erklären. Warum nun sollte die Vereinigung eines Menschen mit seinem Gott nicht auch so ein Hochgefühl hervorrufen können? Zumal jedem Christen bei authentischem Glauben das Gastmahl des gewandelten Leibes und Blutes Christi offensteht, von dem wir glauben, dass wir auch Bestandteile der Seele und Gottheit Christi kommunizieren. Noch dazu sollte doch jeder aufrichtige Christ im Besitz des Heiligen Geistes sein. Gesetzlichkeit hin oder her, Sünder sind wir alle allemal. Die fernöstliche Heilkunde würde von einer ganzheitlich energetischen Bindung sprechen, ausgehend von der zu vollziehenden Herzensbindung im freien persönlichen Willen. Das funktioniert! Auch bis ins hohe Alter. Die Autorin *Julia K. Stein* beschreibt es als die absolute Art zu lieben, wie das eigentlich nur Teenager täten, danach sehnten sich viele, unterstreicht sie.

Die analytische Zerlegung der psychischen Prozesse hätte nachgewiesen, dass die Sexualität bzw. deren Energie, die Libido, aus körperlichen Quellen stammend der zentrale Motor des Seelenlebens sei. *Freud* hätte sogar die Lebhaftigkeit von Kleinkindern hinter dieser noch unversehrten biologischen Prozessur vermutet, die sexuell und genital nicht das „selbe" seien, weil sie noch nicht mit der Fortpflanzung in Verbindung gebracht würden. Dennoch würden sie gemeinsam mit den sozialen Bedingungen des Lebens im Seelischen aufeinandertreffen. Orgastische Potenz, das heißt, das Vermögen zu vollständiger Hingabe an die unwillkürliche Konvulsion des Organismus und vollständige Entladung der Erregung auf dem Höhepunkt der genitalen Umarmung sei das bedeutsamste Kennzeichen des heutigen Durchschnittsmenschen und stelle, indem sie biologische Energie im Organismus eindämme, die Quelle der Energie für biophatische Symptome und gesellschaftliche Irrismen aller Art. Bei den meisten Teenagern führe deshalb die Pubertät zu einer Art Selbstentfremdung.

Das Wissen über die Gesundheit der sogenannten menschlichen Chakras kann in diesem Zusammenhang ebendies sehr nützlich sein, wie die fernöstliche Heilkunde als Ganzes sehr hilfreich ist und dennoch große Schwierigkeiten hat Anerkennung zu finden bei der Schulmedizin, weil eben auch hierzulande die Naturheilkunde das Geschäftsmodell über den Menschen stellt und deshalb massiv an Wirksamkeit einbüßt. Der Atem Gottes weht, wo Er will und der Austausch von Körperenergien ist durchaus auch auf geistiger Ebene angesiedelt. Geistliche können demzufolge mit der ständigen Verbindung in Gott und der sich daraus ergebenden Stimulanz menschlicher Energiepunkte auf die manuell herbeigekitzelten physischen Ekstasen spielend leicht verzichten, ohne es als Verzicht wahrnehmen zu müssen. Im Gegenteil, es würde ihnen Überwindung kosten, auf die Keuschheit verzichten zu müssen. So lässt sich die gesunde Sexualität für Priester und überhaupt einer jeden gottesfürchtigen Person ohne Umschweife erklären. Das auch ohne dass man dabei mit sexuellen Phantasien ins Feld rücken müsste, die in einer säkularen Gesellschaft ihr Unwesen treiben und gehegt und gepflegt werden, um die einseitige Befriedigung eines seelenlosen Geistes mit den Mitteln des menschlichen Geschlechtstriebes zu betreiben. Der ursprüngliche Sündenfall von Eva hat vermutlich mit der Befriedigung der Geschlechter seinen Einzug in die Geschichte der Menschheit genommen. Der Zölibat stellt die reinste Form der Unschuld Adams im Vorbild Jesu wieder her.

Sexualität jedoch pauschal mit Hilfe der Religion zu verneinen oder auf ein niederes Gefühl des Körperlichen zu reduzieren, kommt jeweils einer Lüge gleich, denn der Geist Gottes kann prinzipiell auch ein positives Erleben im Diesseits und auch bei der ausgeglichenen körperlichen Vereinigung eines Ehepaares unterstützen, wo der Glaube an Gott vorherrscht. Die Reduzierung des Menschen, bei dem der Begriff Liebe nur in Assoziation mit Sexualität in Verbindung gebracht wird, ist zudem wenig hilfreich und nicht wenig indifferent. Ganz so als hätte der Mensch keinen freien Willen oder wäre ohne die Betätigung des Geschlechtsorganes der Mensch kein Mensch, sondern ein außerirdisches Wesen, unfähig der zwischenmenschlichen Liebe. Die Wirklichkeit des „Neuen Bundes" beschreibt gerade jene Liebe ohne zwischenmenschliche Anhänglichkeiten. Die Liebe hat durchaus vielseitige Facetten, je nach Stand und Berufung des Menschen im Leben und darf von Laien nicht vordergründig auf die Praxis von Sexualität heruntergewirtschaftet werden. Andererseits untermauert gerade bereichernde und fruchtbare Sexualität die Souveränität der Liebe in einem heilsamen Vollzug. Die Liebe aber braucht den Körper oder die Sexualität nicht zwingend, um nachhaltig, wirksam und glaubwürdig zu existieren. Das hat eine große Mehrheit liebender Menschen noch immer nicht begriffen und wird es auch nie begreifen, solange sie an der alten Wirklichkeit der reinen Mechanik festhält.

Wenn Sexualität zweifelsohne einen unterstützenden Stellenwert bei Liebenden in der menschlichen Natur hat, wird er leider dennoch überbewertet. Wer nun der Annahme ist, Gott könne sich mit den Kräften Seines Geistes nicht etwa auch übernatürlich eines beliebigen Menschen bedienen, ob Single oder Pärchen, Laie oder Geistlichen, um in den meisten Fällen Liebe auf völlig unbewusste, aber nachhaltige Weise zu veredeln, der soll sich in die Schlange der ahnungslosen Schulmediziner einreihen, um sich von der fernöstlichen Heilkunde eines Besseren belehren zu lassen. Dazu braucht es allerdings mehr als nur den Glauben einer Eintagsfliege. Deshalb darf man sich das Priesteramt auch nicht selbst aussuchen, wie bedauerlicherweise manch angehender Seminarist meint und dabei zusammen mit seinen künftigen Schäfchen in die Irre geht. Das ist eine jener unmittelbaren Folgen der institutionalisierten Unbußfertigkeit im taktlosen Verbinden der liturgischen Elemente mit ihren Utopien nähernde, gegenläufigen Intonationen. Hinzu kommt der inszenierende Charakter einer Messe „versus populus", den manche Selbstdarsteller als Einladung zur Selbstverwirklichung verstanden wissen wollen. Zur Berufung bedarf es allerdings vielmehr der sanften Mitteln der Demut. Viele sind nicht Manns genug, Konfrontationen mit ihrem Irrtum im Laufe ihres Studiums oder beruflichen Werdegangs als solche zu erkennen, um daraus Konsequenzen zu ziehen.

Der himmlische Vater wäre ihnen ganz bestimmt nicht böse, denn es würde größeren Schaden von den Seelen aller Beteiligten abwenden. So auch im Falle des Leiters des Limburger Priesterseminars, Christof May, der im Juni 2022 tot aufgefunden wurde. Der 49-Jährige war Domkapitular im Limburger Domkapitel und Bischofsvikar für Kirchenentwicklung, berichtet *Annette Zoch* für die *SZ* vom 11./12. Juni 2022. Überregionale Aufmerksamkeit habe er durch eine Predigt am 4. Oktober 2020 erzielt, die im Internet viral gegangen sei. Darin habe er vehement eine Öffnung der katholischen Kirche gefordert, insbesondere mit Blick auf wiederverheiratete Geschiedene und homosexuelle Paare. May habe in der Predigt auch kritisiert, dass Frauen keinen Zugang zu Weiheämtern in der katholischen Kirche hätten. Der Staatsanwalt Limburg würde davon ausgehen, dass der Priester sich selbst das Leben genommen habe. May sei demnach am Tag vor seinem Auffinden in einem persönlichen Gespräch zu Vorwürfen übergriffigen Verhaltens angehört worden und von Bischof Bätzing von allen Ämtern freigestellt worden, um die Vorwürfe prüfen und aufklären zu können, berichtet *Zoch*.

„Die meisten Menschen halten sich für moralisch anständig, und dieser Glaube ist ein integraler Baustein der Konstruktion einer persönlichen Identität", sagen *Matthew Stanley* und *Felipe De Brigard*. Die beiden Wissenschaftler haben im Fachjournal *Current Directions in Psychological Science* Forschung zu der Frage, mit welchen Strategien und Denkmustern sich Mensch selbst hinters Licht führen und daraus eine Lebensgeschichte vom moralisch wertvollen Selbst konstruieren, wichtige Aspekte zusammengetragen. Die meisten würden dabei ähnlich wirksam handeln wie die Propaganda totalitärerer Regime – was nicht in die Agenda passe, werde umgedeutet oder zensiert.

„Die Freuden der moralischen Selbstbeweihräucherung", schrieb *Williams James*, einer der Begründer der wissenschaftlichen Psychologie im Jahr 1878, „sind wahrscheinlich nötig, um die Vorstellung der bloßen Existenz überhaupt zu ertragen." Wer sich als Unmensch empfinde, werde die täglichen Herausforderungen hingegen schwer meistern, deutet *Sebastian Herrmann* von der *SZ* in der 2. Wochenendausgabe vom Juni 2019. Das Leben würde ein permanentes Bad in Schuldgefühlen sein, nicht auszuhalten. Psychologen um *Mike Prentice* von der Wake Forest University hätten kürzlich quasi die Daten zu dem Spruch von *William James* geliefert: Ein moralisch wertvolles Leben zu führen, sei so etwas wie ein psychologisches Grundbedürfnis, schreiben die Forscher im Fachjournal *Social Psychological and Personality Science*. Ein Selbstbild als gute Person fördere die Lebensqualität und verleihe der eigenen Existenz Bedeutung.

Die Seele würde hungern nach dem Gefühl von Rechtschaffenheit, Edelmut sowie der Gewissheit, auf der richtigen Seite zu stehen und zum Team der Guten zu zählen, zählt *Herrmann* auf. Dabei spiele es zunächst keine allzu wichtige Rolle, ob jemand tatsächlich höchste ethische Standards an sein Handeln, Sprechen oder Denken anlege und diese auch noch erfülle. Wesentlich sei ausschließlich „das subjektive Gefühl, ein guter Mensch zu sein", sagen die Psychologen um *Prentice*, „was auch immer das für jede einzelne Person und deren moralische Standards bedeuten mag". *Herrmann* schließt, ein Scheinheiliger fühle sich also ebenso erhaben und rechtschaffen wie ein echter Heiliger.

Das Priestertum der katholischen Kirche ist quasi nicht durch Handauflegung geheiligt. Tiefgreifendere Schadensregulierung wäre hingegen langfristig und für viele Beteiligten effektiver, fordert aber einen eher angewandt analytischen Geist, der andererseits auch den Mut besäße, differenziert Fragen an das Innenleben der katholischen Kirche und ihrer nach außen hin wunderbar und traditionell erscheinenden liturgischen Glaubenspraxis zu richten. Zum Beispiel, wo sind wir mit unserem Prioritätsdenken zu sehr an äußerer Schönheit und makelloser Erscheinung behaftet, sodass das Innere mehr oder minder bewusst ausgehöhlt wird und den die geistlichen Tiefen der Wirklichkeit des Neuen Bundes betreffenden Inhalt nebensächlich erscheinen lassen.

Mit den Worten von Papst *Franziskus* an Pfingsten 2019 verdeutlicht: „Ein Glaube ohne Geist ist nur ein freudloses Moralisieren." Es muss 365 Tage im Jahr Pfingsten sein, um den Blick einer ganzen Herde nach vorne und auf den Herrn richten zu lassen. Andererseits wird der persönliche Umgang der Gläubigen mit ihren Hirten (und umgekehrt) aus den Angeln eines falsch verstandenen partnerschaftlichen Fürsorgeverständnisses, wie die Welt es predigt, gehoben. Es sind deshalb nicht die hohe Anzahl sozialer Kontakte eines Seelsorgers ausschlaggebend, sondern vielmehr die Qualität seiner Bindungen. Gute soziale Kontakte sind ein wesentlicher Bestandteil für ein glückliches, gesundes und zufriedenes Leben für jeden Menschen. Nicht zu verachten das Autoritätsdenken zahlreicher zwischengeschalteter bürokratischer Instanzen, sowohl bei der Heranbildung eines Priesters im Priesterseminar wie auch auf seinem weiteren Werdegang als solchem, auf dem er andernfalls ungeachtet zur Anonymität verkümmern würde.

Die reiche Witwe aus Apheca zu Jesus: „Oh, Simon Petrus (das Haupt der Apostel) hat so einfach und so gut gesprochen! Demütig hat mir dieser Apostel bekannt, dass er einst ebenso ungerechte Wünsche hegt wie ich. Oh, ich kann es nicht glauben! Doch dann habe er sich angestrengt, um gut zu werden und das, was er wünschte, auch zu verdienen, und fortwährend würde er sich Mühe geben gut zu sein, um aus dem erlangten Guten nicht Böses zu machen.

Ranghohe Geistliche dürfen sich hier nicht aus der Verantwortung stehlen, sondern müssen bodenständig bleiben. Priester sind keine Seelen, die man sich von Gott ausleihen kann, ganz nach dem Beispiel von Unternehmen, die sich nur bedienen müssen bei Arbeitnehmerüberlassungen, weil sie es sich leisten können, Mühe und Verantwortung in fremde Hände zu geben. Junge Priester, die heute zum großen Glück ein höheres Wahrnehmungspotential entwickeln können als ihre vorausgegangenen Generationen, derart in die Fußstapfen einer religiösen Gedenkkultur zu entlassen, ist ein verachtungswürdiges und perfides Unterfangen, das Leben zerstört und zu Hauf lebendige Hoffnung unter sich begräbt. Priester untereinander müssen unabhängig davon mehr denn je im Verhalten mehr als Brüder dem Fleische und Blute nach sein, wenn sie Zeugnis geben wollen vom einmütigen Empfang der göttlichen Speise des Neuen Bundes. Sie materiell zu bezahlen bedeutet nicht, der oberflächlichen Kollegialität einer Institution, die der Größe nach einem Konzern gleicht, den Vorrang im Umgang miteinander einzuräumen. Man erinnere sich gerade an dieser Stelle an die unzähligen Briefe des Apostel Paulus, dem Spätberufenen, die er unermüdlich seinen „Kollegen" geschrieben hat und die heute gerne und allzu oft nur bruchstückhaft in den Gottesdiensten verlesen werden.

Dieses irdische Leben ist die Zeit der Verlobung und der Engel,
der jedem Menschen als Beschützer gegeben wurde,
der geistige Brautführer.

Es gibt sie leider viel zu viele, die meinen, Stimmung machen zu müssen, weil sie den Zölibat missverstehen als totale Entbehrung. Um den Verzicht auf die körperliche Reizentwicklung kommt der Zölibat aber nicht herum und auch auf den Sexualakt als solchen nicht, jedoch wer meint, dem Seelsorger jegliche körperlich energetische Liebesvereinigung mit dem Schöpfer in Abrede stellen zu können, ist wie bereits betont weit gefehlt. Vielmehr verdrängt diese weit verbreitete Haltung die Tatsache, dass Sexualität erkrankt ist und den Reifeprozess zur Fähigkeit für eine wahre Liebesvereinigung in ihrer reinsten Form, bei der es keine Zügellosigkeit geben kann und in den Augen Gottes wohlgefällig ist, nie vollzogen hat und unfähig zur inneren Wandlung womöglich auch nie vollziehen wird. An anderer Stelle in seinem Buch beschreibt *Johannes von Kreuz* einen solchen möglichen Reifeprozess: „Die Gefühle können nur als Beweggründe zum Lieben dienen, wenn das Empfindungsvermögen vorankommen will, zu mehr aber nicht. Daher bringen die köstlichen Gefühle den Menschen von sich aus nicht auf den Weg zu Gott, sondern lassen ihn auf ihnen selbst festsitzen; es geschieht vielmehr im Wirken des Empfindungsvermögens bzw. des Willens, das so viel ist wie Gott lieben, dass der Mensch auf ihn allein seine Neigungen, seine Freude, seinen Wohlgeschmack, sein Vergnügen und seine Liebe ausrichtet, sobald er alles andere zurückgelassen hat und ihn über alles liebt." Das Zurücklassen von irdischen Leidenschaften geschieht im gesetzteren Alter meist auf eine ganz natürliche Weise, womit auf natürliche Weise der Vorausschau auf die Begegnung mit dem Schöpfer mehr Raum gegeben wird. Ein natürlicher Prozess also, den an dieser Stelle aber auch keiner mehr in Zweifel zieht. Warum könnte es übernatürlich dann nicht genauso vonstattengehen? Etwa weil Gott angeblich tot sei (Friedrich Nietzsche)?

Falsch verstandene und mehr oder minder bewusster Entzug von Liebe geschieht in einem Milieu und in einem Familienumfeld, in dem Religion wohlbehütet wird, mehr noch als ihr Verständnis darüber. Ganz nach dem Vorbild der Liturgie, welche im Laufe der Jahrzehnte die Zeremonie über das Gedenken zu heben gelernt hat, sodass die wahre Bedeutung der Eucharistie in eine beklagenswerte Ahnungslosigkeit bei vielen Katholiken verfallen konnte. Die Nähe zueinander in der Familie wirkt also mitunter erdrückend aufgrund emotionalen Unverständnisses. Hinter beidem, sowohl der vordergründig religiös motivierten Gefühlsarmut als auch solcher aus geistig dominanter Intellektualität, steht doch ein rationeller und zutiefst menschlicher Verdrängungsprozess. Er drückt die Scham aus als Folge von Sexualängsten oder aber schlichtweg aus der Überforderung im gemeinschaftlichen oder persönlichen Umgang mit Trauer, Einsamkeit und weiteren existenziellen Ängsten materieller oder überirdischer Natur bergend, wie sie zum Beispiel auch die Frage nach dem Überleben des menschlichen Geistes aufwirft.

Problematisch erweist sich dem Direktor des Instituts für Sexualforschung und Forensische Psychiatrie in Hamburg, *Peer Briken* zufolge, wenn sexuelles Verlangen und Verhalten in allen Bereichen tabuisiert werden würden. Für die Betroffenen werde Sexualität dann zu einem Raum, in dem sie – abgespalten von ihrem Alltag – alles unterbringen könnten, was sonst nicht zur Sprache kommen dürfe. Oft würden die Betroffenen auch Depressivität oder Angst, Langeweile und innere Leere quälen. Sex würde dann als einzige Möglichkeit erscheinen, negative Gefühle zu mildern. *Franziska von Malsen* weist im Frühjahr 2014 in der *SZ* darauf hin, dass bei vielen Betroffenen das Belohnungssystem im Gehirn überdurchschnittlich stark auf sexuelle Reize anspreche. Zu einem gelungenen Glauben im entsprechenden Alter gehört deshalb, sich der eigenen Triebhaftigkeit bewusst zu sein, ihr auf Vernunftwegen begegnen zu wollen, ohne ihr nachzutrauern.

Das setzt natürlich voraus, dass der Gläubige auch sonst im Alltag Rast macht, ein bewusstes Gebet spricht oder die Wege der inneren Reinigung und Reflexion vertritt. Der eigene Bedarf darf aber nicht immer nur die pulsgebende Initiative für den Glauben sein, sondern erst eine gewisse Regelmäßigkeit, die auch im Dienst am Unbequemen sichtbar wird, kann uns zu treuen Nachfolgern und echten Jüngern Christi machen. Seit seiner Auferstehung verkörpert Jesus Christus alle Ereignisse und Vorkommnisse seines irdischen Daseins in einem einzigen Fazit: die Menschwerdung Gottes in Seinem Sohn für die Rettung der Menschheit.

Die in Fachkreisen vornehmlich als Depression gehandelten Befindlichkeiten, würden sich aufklären, wenn der Mensch aufhören könnte, sein persönlich begangenes Ich unausweichlich im Denken oder Verstehen zu kanalisieren. Es ist die Flucht vor dem eignen Sein, welche ihre Wurzeln im unverschuldeten oder selbstverschuldeten mangelnden Rückhalt mit der Verehrung Gottes hat. Das Sein hingegen als solches einer immerwährenden immateriellen Motivation zuschreiben zu wollen, erklärt sich mit der existenziellen Wirklichkeit im „Neuen Bund". Darin scheitern letztlich der Suchende und die sogenannte moderne Aufklärung, die damit doch sehr banal in Erscheinung tritt und derer sich leider viel zu viele Christen bedingungsloser Teilnahme erfreuen. Bei der Suche nach dem angeblich verlorenem Ich stochert die Menschheit in der eigenen Gefühlsarmut wieder und wieder auf dem personifizierten Ich herum, womit sie aber ihre traumatisch begangene Gefühlskälte weder zu ergründen noch zu kompensieren weiß.

Wie aber kommt der Mensch hin, sich selber besser kennen zu lernen und anzunehmen? Dabei wäre das sehr leicht erlernbar, rät zum Beispiel *Michael Wittershagen* in einem Bericht zur „Macht der Intuition" im September 2007 in der *FAS*. Viele Menschen würden jedoch heute bereits daran scheitern, ihre Körpersignale wahrzunehmen und sie zu verstehen. Negative Gefühle machten sich etwa in Form von Brustenge, einem Druckgefühl im Bauch oder als Emotionen wie Frust, Ärger oder Aufgeregtheit bemerkbar, weiß *Wittershagen*. Positive Signale könnten dagegen ein Wärmegefühl oder ein angenehmes Kribbeln ausmachen. Solche Zeichen zeigten sich bei jedem Menschen unterschiedlich, allerdings hätte jeder das Talent, sie wahrzunehmen, ermutigt der Autor in der *FAS*. Dies sei sozusagen ein Urinstinkt des Menschen. Ohne seine Gefühle würde der Mensch ziemlich dumm dastehen. Zudem würde ein emotionaler Erfahrungsspeicher, der sich bereits vom Mutterleib an bilde, Signale aussenden, und deshalb in der Fachsprache besser bekannt sein als „somatische Marker", welche nun dem Menschen dabei helfen würden bei den kaum zu überblickenden Wahlmöglichkeiten während eines Lebens, Entscheidungen zu vereinfachen, so *Wittershagen*.

Der Gehirnforscher *Antonio Damasio* meint, dass das emotionale Gehirn am Denken genauso beteiligt sei wie das denkende Gehirn. „Wer seine Gefühle nicht in die Entscheidungsfindung mit einbezieht, der schneidet sich selbst vom Erfahrungsschatz ab", sagt deshalb auch *Maja Storch* von der Universität Zürich. Gefühle zu verdrängen kann verheerende Auswirkungen unter Schädigung der Persönlichkeit und dessen Umfeld nach sich ziehen. Bekanntestes Beispiel dafür, wie bereits an anderer Stelle eingehend erörtert, ist wohl Adolf Hitler, der als Schüler zwei Jahre lang das Benediktinerstift Lambach besuchte und dort Ministrant war, was auch Heinrich Himmler gewesen war, sein treuester Scharfrichter und Stellvertreter in allen Gesinnungen. Beide und, wie bereits erwähnt, noch andere treue Gefolgsleute Hitlers wuchsen im Einfluss katholischer Bräuche auf. Noch dazu hegte Hitler in diesem Umfeld nicht nur den Wunsch Ordensmann zu werden, sondern auch als Abt die kleine Herde anzuführen. Man kann mutmaßlich behaupten, dass das katholische Umfeld Utopien genährt haben muss, und zwar nicht geringfügig.

Um kluge Entscheidungen zu treffen, würden dagegen Gefühle nicht ausreichen, räumt *Wittershagen* in seinem Buch ein. Zwar würden sich die somatischen Marker mitunter in Sekundenschnelle melden, aber danach müsse der Verstand sie zunächst hinsichtlich ihrer Bedeutung bewerten und beurteilen, ob sie für die Entscheidung eine Rolle spielen würden und wenn ja, welche. Kaum etwas sei vor allem für Führungskräfte wichtiger als die ständige Geistesgegenwart. In vielen Fällen ginge dieser Abgleich von Verstand und Unterbewusstsein erstaunlich schnell. Wer dies lange trainiere und im Alltag immer wieder befolge, werde entscheidungsfreudiger, immer sicherer darin und könne mitunter sekundenschnell Bewertungen vornehmen.

Die Kosmetik der fehlplatzierten liturgischen Elemente in einem Gottesdienst hat, wenn man den zahlreichen Motivationspsychologen und Sachkundigen Glauben schenken darf, überhaupt keine Daseinsberechtigung. Motivationspsychologen hätten erkannt, dass vor allem solche Entscheidungen überhaupt eine Chance hätten, auch in Handlung umgesetzt zu werden, die von einem starken positiven Gefühl begleitet würden. Gute Entscheidungen seien jene, bei welchen Verstand und Gefühle zu demselben Ergebnis kämen. Menschen, die selbst in einem Konflikt stecken, haben oftmals große Probleme, den Weg zu einer Lösung zu finden. Das eigene Gehirn hat irgendwann keine erfolgsversprechende Variante mehr parat, man beginnt sich im Kreis zu drehen. In solchen Fällen empfiehlt Maja Storch: *"Hören Sie sofort mit dem Grübeln auf, und schalten Sie Fremdgehirne zu."*

Man würde sich wünschen, dass endlich ein Priester aufsteht und zu erkennen gibt, dass die Gläubigen sich nach einer weit aus direkteren Art sehnen, unter Berücksichtigung der ganzen Person das gemeinschaftliche Gedenken an den Herrn Jesus Christus zu begehen. Der Lehre nach gehört es zu den elementarsten Pflichten des Katholiken, dass er sonntags und an kirchlichen Feiertagen an der Eucharistiefeier teilnimmt. Die Liturgie ist „Quelle und Höhepunkt des ganzen christlichen Lebens". Das bestätigt auch der Münsteraner Theologe *Hubert Wolf*, 59, der sich auch erstmals in seiner nun doch schon gut 30 Jahre währenden Beschäftigung mit der Kirchengeschichte ausführlich und explizit mit dem Zölibat beschäftigt hat. In seinem Buch *16 Thesen gegen den Zölibat*, das im Juli 2019 in der *SZ* vorgestellt wurde, behauptet er, dass die längst fällige Abschaffung die letzte Chance der katholischen Kirche sei, unter Beweis zu stellen, dass sie wenigstens zu einem kleinen Schritt in Richtung Weltoffenheit fähig wäre.

Wegen ihres Umgangs mit Frauen, mit Schwulen und Geschiedenen, die wieder heiraten wollten, würden viele Menschen sie nicht mehr ernst oder nicht mehr wahrnehmen, proklamiert der Professor von der Universität Münster. Die einst einflussreichste

Institution neben staatlichen Gewalten habe sich durch ihre Unnachgiebigkeit in eine Randlage befördert, in der sie dem Großteil gleichgültig sei. *Wolf* gibt zu bedenken, dass doch nur ein geweihter Priester die Liturgie der Eucharistie leiten könne. Nur er könne die Substanz des Brotes und die Substanz des Weines wesentlich und dauerhaft in den wahren Leib und das wahre Blut Christi verwandeln.

So die Lehre. Vielleicht aber liegt genau dort das Problem. Die Theologen, unter ihnen auch *Wolf*, sind so sehr mit sich und der Frage um den Zölibat beschäftigt, dass ihresgleichen, so zahlreich sie auch sein mögen, noch gar nicht bemerkt haben, wie sehr und wie lange die Kirche ihre Gläubigen und Seelsorger schon mit einer spielend leicht ersetzbaren Struktur quälen, die eher schon einer Daseinsflucht gleichkommt. Warum fragen Priester selbst sich nicht einmal, warum der Gottesdienst für Kinder umgewandelt werden muss, damit sie ihn verstehen und sie sich für Gott öffnen können? Sind wir nicht alle Kinder in den Augen Gottes? Begriffsstutzig und unbeholfen.

Im Widerstreit des Empfindens, der aus den beiden in direkter Folge angeordneten liturgischen Elementen von Schuldbekenntnis und Gloria hervorgeht, ist der Wortgottesdienst mehr als geistiger Übergriff zu deuten als eine Loslösung von der persönlichen Schuld. Im Kyrieruf nach dem Schuldbekenntnis hat man keinen Raum mehr, um noch weitere Gedanken auf die wieder erhaltene Vergebung zu verwenden, vielmehr begibt man sich gefühlsmäßig bereits in die Startlöcher der Rennbahn mit absoluter Narrenfreiheit, weil man weiß, gleich wird's laut, wenn im Gloria proklamiert wird: „Ehre sei Gott in der Höhe!" Dagegen muss das persönliche Gedenken selbst den Haushalt der Gefühle eines Gläubigen bestimmen dürfen und nicht umgekehrt, sodass der liturgische Fehlgriff in einem Gottesdienst den Gläubigen zum Verdrängen bedrängt. *Wolf* fragt in seinem Buch auch: Was wäre, wenn nun kein geweihter Priester mehr da wäre, weil die Kirche nur unverheiratete Männer ordiniert? Und *Wolf* fragt in seinem Buch weiter: „Wie sollten die Menschen denn dann zu ihrer Eucharistie kommen, und wie sollten sie letztendlich Seelenheil erlangen, wenn ihnen die regelmäßige Teilnahme am Abendmahl vorenthalten bliebe?" Wieder sieht er den Wald vor lauter Bäume nicht: Die Zunft der Theologen und Priester zusammengenommen sollten sich mit ihren Gedanken ernsthaft nicht in der Zukunft, sondern wer den Mut dazu hat, sich im Hier und Jetzt bewegen. Tatsächlich trifft das Zukunftszenario aus der Feder *Wolfs* doch für viele Menschen bereits zu, weil sie schlichtweg angewidert oder einfach nur gelangweilt seien von der bestehenden Liturgie in der katholischen Kirche, die noch nicht mal in der Bibel mit einer Silbe erwähnt wird. Die Kirche könnte ihre Formen jederzeit ersetzen wie man am Kindergottesdienst ablesen kann.

Für die sonntägliche Eucharistie gebe es bald keine Gewähr mehr, so zitiert die *SZ Wolf* im Juli 2019. So gesehen versündigt sich die Kirche an ihren eigenen Gläubigen auch, wenn sie weiterhin stur auf einer überholten liturgischen Tradition beharrt. Mit dieser Antwort sind auch die Daseinsberechtigung und die Frage nach der Dezimierung der Priesterkaste beantwortet. Stirbt der Klerus aus, dann mit ihm auch die gähnend langweilige und verdrehte Liturgie. Es ist wie mit den beiden Marias Martha und Magdalena, Jesus spricht Maria Magdalena die bessere Wahl zu, weil sie ihm zu Füßen weilt, während Martha sich um Dinge kümmert, die im Moment als Jesus unter ihnen als Gast weilt, eigentlich überhaupt keine Priorität haben. „So Gott will", wird es aber einen neuen Führungsanspruch in der Kirche geben, jedoch mit weniger abgehobenen Ansprüchen und die Eucharistie kann zurückfinden zu dem, als was sie ursprünglich gedacht war, zur Speisung der Seelen, die im Heil des Neuen Bund in Seinem Gedächtnis verharren wollen. Der Zölibat erscheint dabei eher als das kleinere Problem, weil er doch vielmehr als Folgeerscheinung eines privilegierten und verwöhnten Priesterstandes entlarvt wird, dem jede Bodenständigkeit abhandengekommen ist.

Zur Stunde, ihr Seelen, da sich eure Hingabe an Gott noch im Opfer der Verlobungsbande vollzieht, begebt euch, um mit Gott, dem Bräutigam zu sprechen, in die friedliche Stille eurer Wohnung, besonders aber in die friedliche Wohnung des Herzens, und sprecht als Engel im Fleisch, die ihr stets euren Schutzengel zur Seite habt, zum König der Engel. Sprecht zu eurem Vater in der Verborgenheit eures Herzens und eurer inneren Kammer und lasst alles Weltliche draußen, sowohl den Drang, bemerkt zu werden und erbaulich zu wirken, als auch die Bedenken, ob lange wortreiche Gebete mit vielen lauen und schalen Worten der Liebe notwendig seien. O nein, nichts von alledem! Befreit euch davon, im Gebet Maßstäbe anzusetzen. Tatsächlich gibt es Menschen, die Stunde um Stunde in einem sich wiederholenden Monolog, einem bloßen Lippen- und Selbstgespräch verschwenden, denn nicht einmal der Schutzengel hört zu. Er versucht, das leere Geplapper wiedergutzumachen, indem er sich selbst, anstelle seines törichten Schützlings, in ein glühendes Gebet versenkt.

Es gibt wahrlich solche, die diese Stunden nicht anders verbringen würden, auch wenn ihnen Gott persönlich erschiene und sagte: „ Das Heil der Welt hängt davon ab, dass du diese seelenlose Art zu beten aufgibst, um vielleicht einfach an einem Brunnen Wasser zu schöpfen und damit aus Liebe zu mir und deinem Mitmenschen die Erde zu begießen. " In Wahrheit, es gibt Leute, die ihr Selbstgespräch höher einschätzen als die Höflichkeitspflicht, einen Besucher zu empfangen oder in Nächstenliebe einen Notleidenden zu helfen. Es sind die Seelen, die dem Götzendienst des Gebets verfallen sind.

Das Gebet ist ein Akt der Liebe. Und lieben kann man, wenn man betet und wenn man Brot bäckt, wenn man betrachtet, wenn man einen Gebrechlichen beisteht, wenn man zum Tempel pilgert, wenn man sich der Familie widmet, wenn man ein Lämmlein darbringt, oder wenn man, um sich im Herrn zu sammeln, die eigenen selbstgerechten Wünsche opfert. Es genügt, dass man sein ganzes Sein und alles, was man tut, in Liebe kleidet. Habt keine Angst! Der Vater sieht euch. Der Vater versteht euch. Der Vater hört euch an. Der Vater gibt euch. Wie viel Gnaden werden schon für einen einzigen, wahrhaftigen, vollkommenen Liebesseufzer gewährt! Welche Fülle für ein geheimes, mit Liebe dargebrachtes Opfer! Seid nicht wie die Heiden. Gott hat es nicht nötig, dass ihr ihm sagt, was er tun und geben soll, um euch zu helfen. *Das können die Heiden ihren Götzen sagen, die nichts verstehen, nicht aber ihr eurem Gott, dem wahren, geistigen Gott, der nicht nur Gott und König, sondern auch euer Vater ist und weiß, was ihr braucht, noch bevor ihr ihn darum bittet.*

Kapitel II

Die eine heilige Kirche

Kirche, die eint

Die Äcker sind offen. Sie sind nicht ein von festen Mauern umgebener Garten, den nur sein einziger Herr, der Meister, betreten darf. Es sind offene Äcker inmitten der Welt, und alle können sich ihnen nähern und hineingehen. Alle und alles. Oh, nicht nur der schlechte Same des Unkrautes, Symbol der herben Leichtfertigkeit des Weltgeistes, kann hier keimen, sondern ebenso alle anderen Samen, die der Feind aussät: Brennnesseln, Quecken, Hexenzwirn, Ackerwinde, Schierling und andere Giftpflanzen. Warum? Was sind sie?

Die Brennnesseln: die verletzenden, unbezwingbaren Menschen, die in ihrem Übermaß an Bosheit den Mitmenschen das Leben erschweren. Die Quecken: die Schmarotzer, die den Meister entkräften und nichts können als kriechen, aussaugen, aus seiner Arbeit Profit schlagen und die Gutwilligen schädigen, deren Gewinn wahrhaft größer wäre, würde der Meister nicht gestört und abgelenkt durch die Mühen, die ihm diese Quecken verursachen. Die trägen Ackerwinden erheben sich von der Erde nur, um andere auszunützen. Der Hexenzwirn: eine Plage auf dem schon beschwerlichen Wege des Meisters und eine Plage für seine getreuen Jünger, die ihm nachfolgen. Er hakt sich überall fest, dringt überall ein, zerreißt, zerkratzt, erweckt Misstrauen und fügt Leiden zu. Die Giftpflanzen sind die Verbrecher unter den Jüngern, jene, die sich nicht scheuen, Verrat zu üben und ein Leben auszulöschen, wie es der Schierling und andere Giftpflanzen tun. Habt ihr sie schon gesehen, wie schön sie mit ihren kleinen Blüten sind, die zu weißen, roten oder blauvioletten Beeren werden? Wer würde glauben, dass diese sternförmige, weiße oder blassrosa Blumenkrone mit ihrem goldenen Herzchen als Mittelpunkt, dass diese buntfarbigen, korallenartigen Früchte, die anderen Beeren so ähnlich sehen und die Wonne der Vögel und Kinder sind, in reifem Zustand den Tod bringen können? Niemand! Und die Unschuldigen fallen ihnen zum Opfer. Sie glauben, dass alle so gut sind wie sie selbst ... pflücken davon und sterben.

Sie glauben, alle wären so gut wie sie! Oh, welch erhabene Wahrheit, die den Meister preist und seinen Verräter verurteilt! Wie? Entwaffnet denn die Liebe nicht? Triumphiert sie nicht über ein bloßes Übelwollen? Nein! Liebe macht aus dem Bösen keinen Liebenden, da der dem Feind Gottes anheimgefallene Mensch allem Erhabenen gegenüber unempfindlich geworden ist, und alles Erhabene erscheint ihm nicht so. So wird die Liebe für ihn zur Schwäche, die zu schmähen erlaubt ist, ja, sie fördert noch sein Übelwollen, so wie Blutgeruch die Lust zu töten steigert. Auch der Meister ist immer vertrauensvoll ... und verhindert daher nicht, dass sein Verräter seine Bosheit an ihm auslädt; denn er kann nicht glauben, dass ein Mensch imstande ist, einen Unschuldigen zu morden.

Zu den Jüngern, den Äckern des Meisters, kommen die Feinde. Es sind ihrer viele. Der erste ist Satan, die anderen seine Diener: also die Menschen, die Leidenschaften, die Welt und das Fleisch. Somit ist der Jünger am meisten gefährdet, der nicht ganz auf der Seite des Meisters, sondern zwischen dem Meister und der Welt steht. Er kann und will sich nicht von all dem trennen, was Welt, Fleisch, Leidenschaften und Satan ist, um ganz dem anzugehören, der ihn zu Gott führt. So streuen die Welt, das Fleisch, die Leidenschaft und der Teufel ihre Samen auf einen solchen Jünger aus; es ist das Gold, die Macht, das Weib, der Stolz, die Angst vor einem abfälligen Urteil und Nützlichkeitsdenken. „Die Großen sind die Stärkeren. Also werde ich ihnen dienen, damit sie meine Freunde seien." So wird man um elender Dinge willen zum Verbrecher und zum Verworfenen! ...

Warum aber entlässt der Meister, der die Unvollkommenheit des Jüngers sieht, auch wenn er nicht dem Gedanken nachgeben will: „Er wird mein Mörder sein", ihn nicht sofort aus den Reihen der Seinen? So werdet ihr euch fragen. Weil es nichts nützen würde. Selbst wenn er es tun würde, könnte er nicht verhindern, ihn sich zum Feind zu machen, nur um so früher; und außerdem zum zweifachen Feind; dies aus Zorn oder Schmerz, erkannt und fortgejagt worden zu sein; denn das Wirken des Teufels ist so subtil, dass der Mensch es nicht merkt. Satan ergreift von ihm zunehmend Besitz, und der Mensch ahnt nichts von seinem Einfluss. Aus Zorn! Ja, aus Zorn darüber, dass er erkannt wurde als das, was er wirklich ist, wenn er um das Wirken Satans und seines Gefolges weiß; eines Gefolges aus den Menschen, die ihn, den Schwachen, in seinen Schwächen versuchen, um den Heiligen aus der Welt zu schaffen, dessen Güte sie kränkt, da sie im deutlichen Gegensatz zu ihrem eigenen Leben steht. Dann kann der Heilige nur noch beten und sich Gott übergeben. „Was du geschehen lassen willst, soll geschehen", sagt er, und fügt einzig diesen Vorbehalt bei: „Vorausgesetzt, es dient deinem Ziel." Der Heilige weiß, dass die Stunde kommen wird, da aus seiner Ernte das Unkraut ausgeschieden wird. Von wem? Von Gott selbst, der nur noch zulässt, was dem Triumph seines liebenden Wirkens dient.

Der Kontakt zu anderen Menschen und insbesondere zu seinen direkten Vorgesetzten ist wichtig für das seelische Wohlbefinden. Wer in einer Familie lebt, die zusammenhält, gute Freunde, Kollegen oder Nachbarn hat, gilt im Allgemeinen als glücklicher und zufriedener als ein alleingelassener Mensch. Die positive Wirkung mitmenschlicher Kontakte auf Körper und Seele besteht offenbar darin, dass ein durch sozialen Rückhalt hervorgerufenes Sicherheitsgefühl die Fähigkeit zur Entspannung verbessert. Diese Annahme hätte auch zur Folge, dass Menschen vermehrt in sich hineinhorchen und infolgedessen ihre Mitmenschen nicht pauschal für oberflächlich oder inhaltsleer befinden müssen. Als respektierte Individuen können wir uns obendrein gegenseitig Rechenschaft ablegen. Wir wissen, was der andere getan hat. Als Nation, die einen Staat umgibt, ist das schwieriger, geschweige denn als

Gemeinschaft der Angehörigen eines Kirchenstaates. Dennoch haben das ungezwungene Menschenverständnis von Papst *Johannes Paul II.*, und das, was er uns davon vererbt hat, unmissverständlich zum Zentrum und zum Inhalt des Glaubens geführt.

Die Bischofswürde ist frei und für immer angenommen. Die Folgen ihres Missbrauchs und ihrer Veruntreuung sind irreversibel und für Gläubige und Atheisten gleichermaßen ein fragwürdiges Fundament. Kann man denn Diener zweier Herren sein? Was sollen die vielen Gläubigen in der betroffenen Region von ihrer Religionszugehörigkeit denken, die ihr noch als einziger Zufluchtsort für Tränen und Gebet diente? Sie enden allenfalls im Gefühlschaos und in der mangelnden Glaubwürdigkeit für das Priesteramt. So ist auch der Entschluss des ehemaligen Bischofs *Jon Sobrino* eine höchst umstrittene Entscheidung, die mit keiner noch so beschönigenden Befreiungstheologie des Abgemahnten vernunftbegabt begründet werden könnte. Die Institution, welche allerdings den Theologen als einzige zurechtweisen kann, weist ebendies derlei Verstrickung hinsichtlich politischer Selbstkundgabe nicht nur in der Vergangenheit auf, sondern zeigt sich noch heute aller Heilsabsichten zum Trotze in der weltlichen Form eines Kirchenstaates. Man könnte in diesem Zusammenhang auch von der „Erbsünde des Pontifex" sprechen, die wohl an so manchen Hirten weitergegeben wird.

Daher wisst von den beiden Wegen den guten zu wählen, beschreitet ihn und widersteht jederzeit den Verlockungen der Sinne, der Welt, der Wissenschaft und des Teufels. **Die Halbheiten im Glauben, die Kompromisse und die Pakte zwischen zwei gegensätzlichen Partnern, überlasst sie den Menschen der Welt.** *Auch sie dürften eine solche Geisteshaltung nicht annehmen, wenn sie ehrlich wären. Aber ihr, ihr wenigstens, ihr Männer Gottes, dürft sie nicht haben. Weder Gott noch Satan würde sich damit zufriedengeben. Darum duldet sie auch bei euch selber nicht; wenn in euren Werken Gutes mit Bösem vermischt ist, sind sie wertlos.* **Gute Taten verlieren durch die schlechten ihren**

Wert, denn die schlechten treiben euch geradewegs in die Arme des Feindes. Tut sie daher nicht und seid aufrichtig in eurem Dienen.

Niemand kann zwei Herren dienen, die verschiedenen Sinnes sind. Entweder wird er den einen lieben und den anderen hassen, oder umgekehrt. So könnt ihr auch nicht gleichzeitig Gott und dem Mammon dienen. Der Geist Gottes lässt sich mit dem Geist der Welt nicht vereinbaren. Der eine führt nach oben, der andere nach unten. Der eine heiligt, der andere verdirbt. Wenn ihr aber verdorben seid, wie könnt ihr dann noch in Reinheit wirken? Die sinnliche Begierde erwacht im Verdorbenen und zieht noch andere Gelüste nach sich. Ihr wisst schon, wie Eva verführt wurde, und Adam durch sie.

Menschlich gesehen kann man die Beweggründe der Seelsorger sehr gut nachvollziehen, die täglich die Beschwernis und die Bitterkeit der systematischen Ungerechtigkeit durch Korruption und Diktatur am eigenen Leib erleben oder millionenfach mit ansehen müssen. Nehme man als Beispiel die im Jahre 1936 von Monsignor Tiberio de Jesús Salazar y Herrera gegründete Universität mit dem stattlichen Namen ‚Päpstliche Universität Bolivariana' in Kolumbien. Weil sie 1945 von Papst Pius XII. die Erlaubnis für den Namen bekommen hatte, durfte dieser im Gegenzug ihr ‚oberste Kanzler' werden. Obwohl die UPB längst in privater Hand unter staatlicher Unterstützung ist, trägt sie immer noch ihren renommierten Namen, um deren Integrität im Lande zur Schau zu stellen. Was sich jedoch hinter der Organisation verbirgt ist haarsträubend. Wie an vielen anderen Universitäten in Lateinamerika, befinden sich auch die Studierenden an der UPB in finanzieller Geiselhaft. Ihnen werden Gebühren abgerungen, von denen Studenten in Europa schwindlig werden dürfte.

Mittellose, aber begabte Jugendliche hingegen kommen gar nicht erst in den Genuss, beispielsweise Medizin studieren zu können. Finden sich unter Auswahl der besten Studenten eines Jahrgangs, dann doch ein paar wenige Glückliche, die für ein Stipendium gekürt werden, vergeht kein Jahr, indem nicht auch unter fadenscheinigen Angaben von Gründen Gebühren im gleichen Maße erhoben werden, wie bei jedem anderen Studenten. Nicht nur Medizinstudenten zahlen horrende Semestergebühren, hinzukommen Gebühren für die verpflichtende Teilnahme an Privatinstituten, die im Auftrag der Universität tiefergehendes Fachwissen vermitteln und nicht in Semestern, sondern vielfach in Trimestern, also viermal im Jahr großspurig abkassieren, teure Bücher, ständige wechselnde Schulkleidung und zu guter Letzt auch noch immense Abschlussprüfungsgebühren. Hinzu kommt eine verpflichtende, das gesamte Studium begleitende Fremdsprachenausbildung in Englisch an einem sündhaft teuren Lehrinstitut eigener Wahl.

Ebenso die Partizipation an den praktischen Übungsgängen, die quer über die Republik in den Armenvierteln beziehungsweise in Gebieten der FARC abgehalten werden, im vorletzten Jahr des Masterstudiums sind das immerhin fünf an der Zahl, werden mit hohen Gebühren belegt. Zu guter Letzt ist da noch die außerplanmäßige Pflichtarbeit, ähnlich der praktischen Übungsaufenthalte, für die man umgerechnet über 2500 Euro hinblättert und über zwei Wochen dauern, während die teuer gebuchte Fachausbildung für diese Zeit auf der Strecke bleiben muss. Weigert man sich teilzunehmen, droht das Büro der Universitätsleitung, die bereits erbrachte Notenleistung zu sanktionieren mit einer Herabstufung der Jahresnote auf die Hälfte. Zum Ende des Studium werden dann nochmal umgerechnet über zehntausend Euro für die sogenannte Berufsidentifikationskarte erhoben, die dem angehenden Arzt ein Studium nachweist. Für so ein Medizinstudium zecht man an der UPB umgerechnet locker weit über sechzigtausend Euro, wobei die Verteuerung der Semestergebühren aufgrund der hohen Inflation zwischenzeitlich bei fast 100 % liegen innerhalb weniger Jahre. Informiert man sich im Institutssekretariat zu Beginn eines Studiums oder Semesters über die anfallenden Kosten, so behält sich das Büro verbindliche Angaben über die

Höhe der Preise vor, um stets neue Anpassungen ins uferlose unternehmen zu können.

Über die dreiwöchige Pflichtarbeit wird man beispielsweise eine Woche vor Antritt informiert, zuvor hatte man nicht die leiseste Ahnung, dass so etwas tatsächlich auf dem Programm steht. Das hat nichts mehr mit Bildungssystem zu tun, das ist Willkür und systematische Ausbeutung, und darüber hinaus kriminell unterlegt. In Lateinamerika und anderswo in der Welt ist das immer noch trauriger, in Stein gemeißelter Alltag, aber dass dieses Verbrechen an der Jugend auch noch unbescholten mit einem konfessionsgebundenen Namen hausieren gehen darf, wirft Fragen auf, die an Dringlichkeit jede Dreistigkeit über Hauf werfen sollte. Jedenfalls ist es schwer vorstellbar, dass jemand, der ein Vermögen an ein Lehrinstitut entrichtet, das seit Urzeiten eine katholische Bezeichnung führt, jemals an das Bild des kleinen Jesus glauben will, der von Armut umgeben in einer Futtergrippe liegt.

Rationell durchdacht war bestimmt auch der Wunsch des ehemaligen Priesters und Bischofs aus Paraguay *Fernando Lugo*, die kirchlichen Ämter niederzulegen, um sich anschließend der Wahl zum Präsidenten eines durch Korruption verarmten Staates zu stellen. Auch seine Entscheidung ist nur auf der Basis einer sogenannten Befreiungsideologie zu begründen, die auf keinem noch so logischen Urteil Halt finden mag. Denn als Armenpräsidenten kann er das Schicksal der Mehrheit auf Dauer nicht besänftigen, sondern nur noch mehr in die Irre führen. Der ausgeschiedene Bischof verteidigt seinen Anspruch auf das weltliche Amt und somit den Verzicht auf seine geistliche Berufung mit eigenen Worten und bekräftigt diese vor dem Vatikan und der Staatsregierung von Paraguay mit dem Artikel 42 aus deren staatlichen Verfassung: „… wonach niemand gezwungen werden kann einer Organisation anzugehören." Hier sind der Widerspruch und auch Gewissensbruch des ehemaligen Geistlichen angesiedelt, wenn er sich nun auf das Recht eines laizistischen Staates beruft, dessen Ausuferung an Macht er einzudämmen sucht. Er tut dies aus einem Anspruch heraus, eines ihm aus der Hand einer höheren Geistlichkeit verliehenen Ehrentitels, dem er einst vor den Augen der Gemeinde aus freien Stücken Gehorsam geboten hat.

Im Augenschein eines vatikanischen Schattenreiches ist es nicht verwunderlich, dass Paraguay wiederum kein Einzelfall bleibt. Auch in der fünfeinhalb Millionen Einwohner zählenden Slowakei, seit 1992/93 von Tschechien getrennt und seit 2004 Mitglied der EU, mit einer überwiegend katholischen Bevölkerung, lebe der alte Ungeist mächtig wieder auf, berichtet Eva Gruberová im Herbst 2007 für die ZEIT. So würden Nationalisten und einige katholische Bischöfe hier den vor 60 Jahren hingerichteten Priester Jozef Tiso, der als Staatspräsident der Slowakei von 1939 bis 1945 eng mit Nazideutschland kooperierte, zu einem Nationalhelden machen wollen. Erzbischof Ján Sokol, Oberhaupt der Diözese Trnava und Bratislava, sagte im Dezember 2006 im Nachrichtensender TA3: „Ich schätze Tiso sehr, weil ich mich erinnere, wie arm wir waren, als ich noch ein Kind war. Als er kam, ging es uns besser." Die 10 000 Slowaken, die im Sommer 1944 nach dem nationalen Aufstand der Bevölkerung in deutschen Konzentrationslagern interniert gewesen seien, nachdem Tiso die Macht zu entgleiten drohte und seine deutschen Freunde ihm zu Hilfe gekommen seien, würden das kaum bestätigen wollen. Auch 3600 Zivilisten, inklusive 1000 Juden, seien von SS-Einsatzkommandos bei den Unruhen getötet worden. Am Ende habe der Priesterpräsident in Banská Bystrica, dem Zentrum des Widerstands, einen Dankgottesdienst zelebriert und deutsche Soldaten ausgezeichnet.

... eines Gefolges aus den Menschen, die ihn, den Schwachen,
in seinen Schwächen versuchen,
um den Heiligen aus der Welt zu schaffen, dessen Güte sie kränkt,
da sie im deutlichen Gegensatz zu ihrem eigenen Leben steht.

Angeblich verdanke Hitler selbst fernerhin dem katholischen München „so gut wie alles". Hier hätten ihn katholisch-konservative

Politiker und Gerichte gestützt und geschützt. Dennoch kommt *Karlheinz Deschner* am 24. Oktober 2004 in der *Neuen Rheinischen Zeitung* zum Schluss, dass nicht das Gros der Katholiken zuerst zu Hitler übergegangen sei, wie man der Welt so gern vorgelogen hätte, dann der Episkopat, dann die Kurie. Der Kardinalstaatssekretär hätte sich bereits mit der Zustimmung des Papstes entschlossen, das mit Mussolini geglückte Experiment im Pakt gegen den Kommunismus mit Hitler fortzusetzen. Die deutschen Bischöfe hätten im Überschwang von Feigheit vorangezogen, und die Gläubigen hätten folgen dürfen. Die so tief in ihre Abgründe verstrickte christliche Religion, welche das Abendland großherzig mit jener „Kultur des Karfreitags" segnet, so mochte Hitler sie berechtigterweise wahrnehmen. Wer mochte von der Verstocktheit dieses Abendlandes besser Zeugnis ablegen als die politischen und geistlichen Begleiter des ehemaligen Nuntius Pacellis, der 1929 Deutschland verlassen hätte, um in die ewige Stadt überzusiedeln und höhere Ämter einzukleiden, dokumentiert *Deschner*.

Die Verhandlungen Pacellis, bei denen er nicht immer die Kontrolle über die Entscheidungen der Akteure in Deutschland hatte, weisen eine direkte Parallele auf zur Systematik, mit welcher sich der Kirchenstaat 1929 gerade erst mittels der Lateranverträge mit dem faschistischen Staat in Italien verbündete. Selbiges Bündnis ließ den Vatikan in der baulichen Substanz eines überdimensionalen Petersdoms erneut zu einer bis dahin ungeahnten irdischen Größe und einem souveränen Territorium unter päpstlicher Hoheit heranwachsen. Die Übereinkunft hat schließlich die vielen Jahre der Nachkriegsepisode überdauert und sowohl ihre Geburtshelfer als auch die beiden apokalyptischen Träumer des Abendlandes, nämlich Mussolini und Hitler, überlebt. Letztere können nun unter dem Vorwand historischer Geschichtsschreibung als maßschneidernde Werkzeuge zur Installierung eines mittlerweile weltweit anerkannten Kirchenstaates angesehen werden. Was die beiden Tyrannen umso mehr eint, auch der Katholik Mussolini hatte wie Hitler ein sehr ambivalentes, wenn auch ganz anders geartetes Verhältnis zum Katholizismus. Um eines mehr hatten beide in ihrem Wahnwitz zukünftiger Herrschaftsansprüche unterschätzt, mit ihrer augenscheinlich himmelschreienden Torheit noch untergraben werden zu können und als historisch nützlichste Figuren auf dem Schachbrett eines sie überdauernden und langlebigen Schattenreiches namens Vatikan in die Geschichte der Menschheit einzugehen.

Siehe Johannes-Evangelium: „*Als er bemerkte, dass sie ihn ergreifen wollten, um ihn zum König zu machen, zog er sich wieder allein auf den Berg zurück*"; *und den Gläubigen wird diese Stunde aus dem Leben Jesu enthüllt, weil sie wissen sollen, dass Jesus vielen und mannigfachen Versuchungen und Kämpfen ausgesetzt war wegen seiner verschiedenen Eigenschaften als Mensch, Meister, Messias, Erlöser und König, und dass die Menschen und Satan, der ewige Verführer der Menschen, ihm, Christus, keine Nachstellung ersparten, um ihn zu erniedrigen, zu überwältigen und zu zerschmettern. Gegen den Menschensohn, den Ewigen Hohenpriester, den Meister und Herrn, stürmten die satanischen und menschlichen Mächte mit eher mittelmäßigen als guten Gründen an. Sie versuchten die Leidenschaften des Bürgers, des Patrioten, des Sohnes, des Menschen anzustacheln, um einen schwachen Punkt zu finden und dort den Hebel anzusetzen.*

Oh ihr, meine Sühne, die ihr nur meine erste und meine letzte Versuchung vor Augen habt und nur die letzten Mühsale des Erlösers für „*Mühsale*"*, nur die letzten Stunden seines Lebens für schmerzlich und nur die letzten Erfahrungen für bitter und ernüchternd haltet, versetzt euch nur für eine Stunde in meine Lage. Stellt euch vor, ihr hättet die Aussicht, Frieden mit euren Landsleuten, und mit ihrer Hilfe, zu schließen, die erforderliche Säuberung zur Heiligung des geliebten Vaterlandes vorzunehmen, und die zerstreuten Glieder Israels wieder zu vereinen, sie endlich dem Schmerz und der Knechtschaft zu entreißen und die Entweihung des Heiligtums zu beenden. Ich sage nicht: Versetzt euch in meine Lage und stellt euch vor, dass man euch eine Krone anbietet; ich sage nur: Setzt eine Stunde lang mein menschliches Herz an die Stelle des euren. Was würdet ihr bei einem so verführerischen*

Angebot tun? Würdet ihr der Idee Gottes treu bleiben, oder würdet ihr nicht eher besiegt? Würdet ihr geistiger und heiliger aus der Versuchung hervorgehen oder euch nicht vielmehr durch Nachgiebigkeit gegenüber den Verlockung und Drohungen selbst zugrunde richten? Und wie wäre euer Herz daraus hervorgegangen, nachdem ihr feststellen musstet, bis zu welchem Punkt Satan gehen kann, um meine Mission zu stören und meine Gefühle zu verletzen, um meine guten Jünger auf irrige Wege zu bringen und mich selbst in eine offene Konfrontation mit meinen Feinden, die jetzt demaskiert und außer sich vor Zorn sind, da ihr Komplott aufgedeckt ist?

(...) vergessen sogar den Hass der Klassen untereinander, der sie immer getrennt hat, und verbünden sich, um mich zu versuchen und damit dem Verbrechen, das sie in ihrem Herzen schon beschlossen haben, einen legalen Anschein zu geben. Sie hoffen auf meine Schwäche, auf meinen Hochmut. Beides, Hochmut und Schwäche, und meine daraus folgende Annahme der mir angebotenen Krone, würde die Anklagen, die sie gegen mich hervorbringen wollen, rechtfertigen. Und dann ... dann hätten sie, womit sie ihren arglistigen und von Gewissensbissen geplagten Geist beruhigen könnten, denn sie würden sich sagen, in der Hoffnung, es auch glauben zu können: „Rom, nicht wir, hat den Aufwiegler von Nazareth bestraft." Eine legale Beseitigung ihres Feindes, denn das war ihr Erlöser für sie.

*Dies sind die Gründe für die geplante Ernennung. Hier ist der Schlüssel für den immer größer werdenden Hass in der Folgezeit. **Hier ist schließlich die hohe Lehre Christi**. Versteht ihr sie? Es ist die Lehre der Demut, der Gerechtigkeit, des Gehorsams, des Starkmutes, der Klugheit, der Treue, der Verzeihung, der Geduld, der Wachsamkeit und des Duldens, gegenüber Gott, der eigenen Mission, den Freunden, den Verblendeten, Satan und seine menschlichen Werkzeuge der Versuchung, gegenüber Dingen und Ideen. **Alles muss stets betrachtet, geliebt oder nicht geliebt, angenommen oder abgewiesen werden im Hinblick auf das heilige Ziel des Menschen: den Himmel und den Willen Gottes**.*

In Ansprachen im November 1933 hätte sichtlich überschwänglich der Päpstliche Kammerherr von Papen bekannt, dass „ich damals bei der Übernahme der Kanzlerschaft dafür geworben habe, der jungen kämpfenden Freiheitsbewegung den Weg zur Macht zu ebnen", dass „die Vorsehung mich dazu bestimmt hatte, ein Wesentliches zur Geburt der Regierung der nationalen Erhebung beizutragen", dass „das wundervolle Aufbauwerk des Kanzlers und seiner großen Bewegung unter keinen Umständen gefährdet werden dürfe" und dass „die Strukturelemente des Nationalsozialismus ... der katholischen Lebensauffassung nicht wesensfremd" seien, „sondern sie entsprechen ihr in fast allen Beziehungen". „Der liebe Gott", rief Papen, „hat Deutschland gesegnet, dass er ihm in Zeiten tiefer Not einen Führer gab." Am Ende kam Papen bei den Nürnbergern Kriegsverbrecherprozess mit 8 Jahren Zwangsarbeit milde davon.

Nicht alle, allerdings zu viele haben gemeinsam und mit vereinten Kräften mitgeholfen, dass die Menschheit mit Tod bevölkert, mit Verrat an Gottes Idealen und Geboten übersättigt und von unersättlichem Unglück heimgesucht wurde, das sie für alle Ewigkeit aus den Händen ihres Erlösers Christus zu heblen drohte, anstatt sich als seine Herde zu vereinen. Hass allein konnte auch nicht mehr Genugtuung genug sein für Hitler und seine Helfershelfer und wo Schmähung und totale Erniedrigung das unruhige Gemüt nicht ausreichend sättigen konnten, dort musste noch das an Menschenfeindlichkeit überschreitbare Maß zugunsten einer unstillbaren Gier umgesetzt werden. So wie Hitler Juden an seinem Kampf zynisch Anteil haben ließ, nämlich unter zweckdienlichem Einsatz all ihrer verbliebenen leiblichen Kräfte bis hin zur Opferung ihres eigenen Lebens für kriegerische beziehungsweise versorgungstechnische Arbeiten, so hatten sowohl die aktiven Soldaten der alliierten Völker und ihre Armeen als auch eine passive Kirche ihren Preis für Hitlers Ideologien zu entrichten.

Heute streiten sich Juden wie Christen darüber, wer denn das größere Leid oder die größere Mitschuld zu tragen hätten, während sie selbst traumatisiert vom verzerrten Bild der Ereignisse die dunklen Schatten ihrer eigenen Seele zu erhellen suchen. Die verfehlte Ausgestaltung der Sakralräume mit dem Altarsakrament als unverrückbares Zentrum scheint nebensächlich und ist gleichwohl zweifelsohne zu einem erheblichen Teil an das braune Erbe gebunden. Die Menschheit scheint, was religiöse Fragen betrifft, nichts dazuzulernen und im lethargischen Stillstand zu verharren. Was bei den Schuldzuweisungen wohlmeinend verloren ging, ist offensichtlich die Frage, wer denn der Nächste hätte sein können oder wer einfach nur vorn in der Reihe stand.

So ist es mit dem Leben. Es verläuft zwischen der Vergangenheit und der Zukunft, zwischen dem Bösen und dem Guten. In der Mitte ist der Mensch mit seinem Willen, einem freien Willen.

„Tut dies zu meinem Gedächtnis", das sind die Worte, die unzählig oft immer wieder und wieder zur Wandlung gesprochen werden. Das Opfer des einen Sohnes war als unwiederbringliches Unterpfand der wesentliche Teil unter den zahlreichen Ereignissen um Christus und gehört zum finalen Bindeglied unter vielen Geschehnissen, aus denen der siegreiche Erlöser am Ende in seiner Glorie triumphierend hervorgegangen ist. Wenn das Gedenken an den Eingeborenen in diesem Sinne auch ein Gedenken an Seine Kreuzesqualen ist, bleibt es ebendies untrennbar ein Gedanke an den großen dreifaltigen Gott und dessen freudenreiche Menschwerdung in Seinem Sohne, der nun als Erstgeborener des lang ersehnten „Neuen Bundes" den Menschen vorsteht. Mit dem Gedenken an Christus wird insbesondere der Bund des Vaters mit der Menschheit als Quelle des Heils entgegen allen Anfechtungen, Drangsalen und ungelösten erdrückenden Schuldbekenntnissen, die unsere vergänglichen Erinnerungen beschweren, dem menschlichen Bewusstsein immerzu vergegenwärtigt. Ihn als Auferstandenen in Zeit und Wirklichkeit mit den zurückgelassenen Speisen und dem Heiligen Geist zu manifestieren als reinste aller reinen Heilquellen für das Überleben des geistigen Bewusstseins und einer zu seinem Schöpfer erhobenen Seele.

Der Kult um die Wandlung von Leib und Blut unseres auferstandenen Erlösers ist keineswegs nur eine Danksagung, es ist auch ein Gastmahl, bei dem wir Anteil haben an Seiner Glorifizierung im wahrsten Sinne des Wortes. Nämlich indem unser Leib und Blut sich anatomisch zu einem sehr winzigen Teil verschmelzen mit dem mikroskopischen Anteil am Leib und Blut Christi, denen natürlich auch die Gottheit und Seele Christi anhaften, deren Einheit untrennbar ist. Durch den Verzehr der Hostie bzw. des Weins, welcher uns in den Gaben der Eucharistie dargereicht wird, vereinen wir uns demzufolge in vollkommener und vielfältiger Weise im Körper und in der Seele mit Christus. Da nun jener Leib aus dem Sohne natürlicherweise die Gene der Mutter in sich birgt, sind wir auch mit der Mutter und dem ganzen königlichen Stamm Davids zu einem begrenzt anatomischen Teil in hervorgehobener Weise als Familie vereint zu dem neuen Volk Israel. Es ist der mystische Leib Christi inmitten einer großen Menschheitsfamilie, die natürlich als gesamtes auch aus dem Schöpfer hervorgeht, der jedem einzelnen Menschen bei seiner Geburt eine Seele gegeben hat. Das ist natürliche schwer zu ertragen für das alte geografische Israel und alle Juden auf der Welt, gerade mit Hinblick auf die Geschichte in Deutschland, und wird zur Herausforderung für deutsche Christen, die es zu meistern gilt.

Aber ich bitte und sage euch: Gebt nie nach; ich sage euch ebenfalls: Seid nicht unerbittlich gegen jene, die fehlen. Denkt daran, dass ihr alle Brüder seid, aus Fleisch und Seele. Bedenkt, dass es viele Ursachen gibt, die einen Menschen zur Sünde verleiten können. Seid barmherzig mit den Sündern, helft ihnen mit Güte, sich zu erheben, und führt sie zu Gott; zeigt ihnen, dass der von ihnen eingeschlagene Weg voller Gefahren für das Fleisch, den Geist und die Seele ist. Tut dies, und euer Lohn wird groß sein, denn der Vater im Himmel ist barmherzig mit den Guten und vergilt jede gute Tat hundertfach.

So ist die Eucharistie als das neue Manna in der spirituellen Wüste der Menschheitsgeschichte zu erklären, die der Orientierung dient. Sie ist die Einladung an jeden Menschen im unauslöschlichen Durst der menschlichen Seele, im Bund mit Gott auf Erden zu leben, um darin nicht nur ausharren zu können im Glauben, sondern Taten wie Umkehr und Verkündigung folgen zu lassen. Die katholische Kirche ist somit im Ursprung der Ort, an dem der „Neue Bund" als Kult in vollkommener Weise zum Tragen kommen sollte, damit alle Menschen der Erde zur vollen Wahrheit finden können. Dazu sind wir berufen mit Gottes Hilfe voranzuschreiten, wofür unser Glaube nicht genug gefördert und gefordert werden kann, damit der Wille Gottes im Hier und Jetzt erfüllt werden kann. Soziale Mildtätigkeit ist dabei noch nicht die Erfindung des Rades, um darin alle Mittel erschöpft zu sehen. Der Missionsauftrag verläuft heute, da die Kirche erheblich an Glaubwürdigkeit eingebüßt hat, mehr denn je in der Mitte einer Gesellschaft und in der Kirche selbst.

Man darf neben berechtigten Einwänden nicht immer nur der Kirche die Schuld geben. Menschen aller Nationen und Couleur sind immer schon zu sehr von sich selbst eingenommen und suchen geradewegs einen triftigen Grund, um an sich selbst festzuhalten. Sie genügen sich selbst und wenn es nun zu Verletzungen der Interessen anderer oder der Natur geht, heißt es lapidar: Das muss die Natur aushalten! Spielt dann die Natur verrückt im eigenen Körper oder auf dem Planeten, wer ist dann bereit die Natur auszuhalten? Dann ist häufig nur Gott Schuld. Man darf ihnen aber nicht weiter selbstverschuldete Ausfälle bieten, um auf die Kirche zeigen zu können, wenn sie Gott meinen, mindestens so viel Verantwortung müssen wir als Gemeinschaft der Gläubigen zu übernehmen bereit sein. Umgekehrt muss man erkennen, wann es zwecklos ist, nach Gottes Güte zu handeln oder davon zu sprechen. Man wirft die „Perlen nicht vor die Säue"(Evangelium) genauso wenig, wie man über den Glauben diskutieren darf – überzeugen ist das eine, sich dabei die Finger verbrennen, das andere. Hier ist der bessere Weg jener der Dissonanz: des anderen Überzeugung im Raum stehen lassen können. Es ist schon viel gewonnen in einer demokratischen Gesellschaftskultur, wenn Kirchenmuffel sich nicht mehr dazu berufen fühlen müssen, die Unwägbarkeiten der Kirche aufzuzählen, im Falle dessen, dass Ihnen ein Christ vor die Flinte läuft. Besser noch er lernt stattdessen die Überzeugung der Christen zu akzeptieren, selbst wenn er sie selbst „noch" nicht anzunehmen sucht.

Jesus, während er bei einem Besuch der Mutter mit seinen Aposteln den Zaun im elterlichen Garten restauriert: *„So macht man es auch mit den Seelen. Ich habe anfangs gesagt, dass der Farbanstrich mit der Verschönerung des Menschenherzens durch die Tugenden zu vergleichen ist. Er bedeutet für das Holz Verschönerung und Schutz gegen Holzwürmer, Regen und große Hitze. Wehe dem Hausherrn, der sich nicht um den Neuanstrich der hölzernen Teile kümmert und sie verkommen lässt. Wenn man sieht, dass die Farbe vom Holz abblättert, darf man nicht lange zögern, sie aufzufrischen ... Auch die Tugenden können nach einem ersten großen Eifer wieder nachlassen oder gänzlich entschwinden, wenn der Mensch nicht über sie wacht; und Fleisch und Geist, die dann schutzlos der Witterung und den Parasiten ausgesetzt sind, d. h. den Leidenschaften und der Zügellosigkeit, können, von diesen angegriffen, gänzlich ihr schönes Kleid verlieren und schließlich nur noch für das Feuer taugen.*

Wenn wir daher bei uns oder unseren geliebten Jüngern den Zerfall oder die Schwächung der Tugenden, die unser Ich wie ein Gewand umkleiden und schützen sollen, wahrnehmen, müssen wir uns unentwegt darum bemühen, sie zu erneuern, auf dass wir und sie einst mit der glorreichen Auferstehung würdigem Fleisch und ebensolcher Seele dem Tod entgegengehen können.

Damit die Tugenden wahr und echt seien, muss man sie mit reinem und mutigem Herzen zu üben beginnen, d. h. alle Reste und allen Schmutz entfernen und keine Unvollkommenheit bei ihrer Heranbildung sich einschleichen lassen. Man vermeide einerseits allzu große Härte, andererseits übertriebene Weichlichkeit; beides schadet nur.

Nun zum Pinsel, dem Willen. Er muss frei sein von früheren menschlichen Gewohnheiten, die die geistige Färbung beeinträchtigen könnten. Man muss sich selbst oder andere durch eine wenn auch mühevolle aber zweckmäßige und notwendige Arbeit vorbereiten, um das alte Ich von seinen früheren schlechten Gewohnheiten zu befreien und es zur Aufnahme der Tugenden zu befähigen. Denn man kann nicht Neues mit Altem vermischen.

Dann kann mit Sorgfalt und Bedachtsamkeit die eigentliche Arbeit beginnen. Man darf nicht ohne ernsten Grund hin- und herspringen, einmal in die eine Richtung und dann wieder in die andere. Das wäre vielleicht weniger ermüdend, aber der Strich würde unregelmäßig werden. So geschieht es auch bei den ungeordneten Seelen. Sie haben ihre guten Seiten, aber daneben auch Entgleisungen: andere Farbtöne ... Es gibt Stellen, die Knoten, die dem Anstrich Widerstand leisten, Wirrwarr der Materie oder ungeordnete Leidenschaften, abgetötet durch den Willen, ja, wie das Holz durch den Hobel geglättet wird, die jedoch wie ein abgesägter, aber nicht ganz entfernter Knoten Widerstand leisten. Oftmals können sie täuschen, indem sie schon von Tugend umkleidet zu sein scheinen, während doch nur ein leichter Schleier sie bedeckt, der plötzlich fällt. Achtet auf die Knoten der Begierlichkeit. Sie müssen regelmäßig mit Tugend bedeckt werden, um nicht wieder aufzuleben und das neue Ich zu verderben, so wie auch die weichen Teile, die mit allzu großer Nachgiebigkeit Färbungen annehmen, aber nach ihrem Gutdünken, mit Bläschen und Rissen. Sie müssen mit Fischhaut immer und immer wieder geglättet werden, um für einen oder zwei Anstriche vorbereitet zu sein, bis ihre Oberfläche wie starkes Email vollkommen glatt ist. Ferner muss man darauf achten, nicht übermäßig Farbe aufzutragen. Ein Übermaß an Ansprüchen an die Tugend bewirkt die Auflehnung des Geschöpfes, das sich beim ersten Konflikt wiederum verfehlt. Nein, weder zu viel noch zu wenig.

Gerechtigkeit bei der Bearbeitung seiner selbst und der Geschöpfe, die aus Leib und Seele bestehen.

Und wenn dann, wie es meistens geschieht – denn Menschen wie Aurea sind eine Ausnahme, nicht die Regel – Neues mit Altem vermischt wird, wie das der Fall ist bei den Juden, die sich von Moses zu Christus bekehren und auch bei den Heiden mit ihrem Mosaik religiöser Bräuche, die sich nicht mit einem Schlag beseitigen lassen, sondern immer wieder mit Sehnsüchten und Erinnerungen auftauchen, zumindest in den reinsten Dingen, dann sind noch mehr Augenmerk und Takt geboten, und **man muss solange arbeiten, bis das Alte im Neuen aufgegangen ist, indem man schon zuvor bestehende Dinge durch die neuen Tugenden vervollständigt.** *So spielen z. B. bei den Römern Vaterlandsliebe und Mannesmut eine große Rolle. Diese sind beinahe zum Mythos geworden. Zerstört sie nicht, sondern prägt dem vaterländischen Geist einen neuen Geist ein, d. h. die Überzeugung, dass Rom auch geistig groß werden muss als Mittelpunkt des Christentums, und benützt die römische Männlichkeit dazu, jene im Glauben stark zu machen, die es auch in der Schlacht sind. Ein anderes Beispiel: Aurea. Der Abscheu vor einer brutalen Offenbarung treibt sie dazu, das zu lieben, was rein ist. Gut, benützt dies, um sie zu einer vollkommenen Reinheit zu führen, indem ihr sie lehrt, die Verderbtheit zu verabscheuen, als ob sie der brutale Römer wäre.*

Versteht ihr mich? **Macht aus den Gewohnheiten der Menschen Mittel, um in sie einzudringen und sie zu überzeugen. Zerstört nichts brutal.** *Ihr hättet dann nicht sofort etwas bereit, was euch zum Aufbau dienen kann.* **Ersetzt ganz langsam mit Liebe, Geduld und Ausdauer das, was im Bekehrten nicht zurückbleiben darf.** *Da jedoch das Materielle besonders bei den Heiden stets die Überhand behält und sich diese, obwohl bekehrt, immer noch auf die heidnische Welt stützen, in der sie leben, so besteht besonders auf der Enthaltsamkeit. Hinter der Sinnlichkeit drängt sich nämlich alles Übrige herein.* **Überwacht bei den Heiden die übermäßige Sinnlichkeit, aber auch** *bei uns, wo sie – bekennen wir es – ebenfalls sehr lebendig ist. Wenn ihr dann bemerkt, dass die Berührung mit der Welt die schützende Farbschicht abblättern lässt, dann fahret nicht fort, den oberen Teil zu bemalen, sondern kehrt zurück zum unteren Teil, indem ihr das Gleichgewicht zwischen Geist und Fleisch, zwischen hoch und tief, beibehaltet. Aber beginnt immer beim Fleisch, beim materiellen Laster, um den Menschen darauf vorzubereiten, den Gast zu empfangen, der sich nicht in unreinen Körpern mit Seelen, die nach fleischlicher Verderbnis stinken, niederlässt ... Versteht ihr mich?*

Der Kult darf schließlich nicht mehr nur ein Anhängsel der Liturgie beschreiben, weil überaktive Würdenträger sich mehr für die weltliche Ausgestaltung der Feier begeistern können als für das Gedenken selbst in seiner ganzen Vielfalt. Das Gedenken beinhaltet neben den Tod Christi in keinem geringeren Anteil auch die Erwählung der Mutter, die Taufe Jesu am Jordan, die Mildtätigkeit Jesu gegenüber den Armen und Kranken, und, und, und. Das war nun mal der Weg, den Jesus in Seiner Mühsal über Stock und Stein in der Hitze des Palästinas mit Seinen Aposteln gegangen ist, damit Seine Barmherzigkeit im größten aller Seiner Opfer am Ende dort angekommen ist und sich entfalten kann zu jeder Zeit, wo es unter anderem heute ist im Hier und Jetzt. Das Gedenken an Christus muss den gesamten Weg, den Seine Barmherzigkeit genommen hat, von Gottes Wort an die Mutter bis in unser Herz, einschließen, sonst bleibt es nur ein halbherziges Gedenken, das mit fälschlich eingesetzten Mitteln der Liturgie systematische Ignoranz hervorbringt. Nur das eigentliche breit angelegte Gedenken also kann den wahren Kult hervorbringen und zur Entfaltung bringen. Die Liturgie hingegen wird in Teilen durch seine überdimensionierte Darstellungslogik in Gesang und spielerischer Ästhetik überschätzt als die eine Geburtsstätte des Kultes. Denn dort, wo das Gedenken übertönt wird, wird es zusehends daran gehindert, sich in seiner ganzen Tragweite zu entfalten. Eben hier verliert jene Anordnung der liturgischen Elemente zu einem Gottesdienst auch seine Existenzberechtigung.

Umgekehrt verpflichten sich Seelsorger dazu, den Bund ausschließlich in der Form eines Kultes an die Menschen heranzutragen. Das Schuldbekenntnis in seiner äußeren Form bis zur Unkenntlichkeit hin von der eigentlichen Eucharistie zu entfernen, vernebelt allenfalls das Göttliche am Kult, was in der Konsequenz den Gottesmord gebiert. Gerade deshalb, weil die Kirche ein rein geistiges Gebäude ist, wird fälschlicherweise angenommen, dem Geist mit all seinen menschlichen Phantastereien keine Grenzen setzen zu müssen. Das ist ein fataler Irrtum. Der Geist ist nicht das Zentrum der Begierde, sondern die nach Gott dürstende Seele des Menschen will sich mit ihrem Schöpfer verbünden. Das Haus der Kirche und sein Boden sind allerdings vielerorts zu einem Ort Kultur schaffender Szene im irdischen Sinn geworden, zur Verschmelzung geistiger Höhenflüge mit dem eigentlichen Kult. Die Andacht wird als Andacht inszeniert und der Bund im Bund, der sich mit Hilfe der Liturgie ähnlich einer geistigen Institution manifestiert hat. Damit will wohl die Verschmelzung des Menschen mit Gott in Szene gesetzt werden, sozusagen ein eigener aus Menschenhand erschaffener symbolträchtiger Akt, der das Gedenken selbst zwar theatralisch umgibt, aber niemals in der Seele vollzieht, um zur Nachäffung zu verkommen, aus welchen Gründen auch immer: Widerspenstigkeit, Besserwisserei, Stolz, Sturheit, Bequemlichkeit, Überheblichkeit, Selbstgefälligkeit und last but not least allen voran die Unbußfertigkeit, weil das Schuldbekenntnis keines ist. Hat es denn wirklich so weit kommen müssen, dass Christus als Erstgeborener des „Neuen Bundes" in seinem Führungsanspruch und Vorbild untergraben werden will?

Gerade eben darin liegen der große Widerspruch und die Selbstüberschätzung des Christen, der nicht wahrhaben will, dass allein die Feier der Liturgie ihn nicht retten kann. Das Haus der Kirche und das Fundament, auf dem sie steht, ist eine Erfindung Gottes, ein Werk seiner Barmherzigkeit, das eben nicht an menschliche Eigenschaften, geschweige denn an irdische Kulturgüter oder gar Territorien gebunden werden will, um ursächlich das bleiben zu können, was es ist. Solches Gebaren widerspricht ganz und gar dem Gebot der Gottesfurcht und dem Auftrag, vollkommener Träger des Gedenkens an den Erstgeborenen des Bundes und König des Universums, Jesus Christus zu sein. Nur im Vollzug des ganzheitlichen Einbeziehens des Gläubigen aber findet der Kult in seiner ganzen Reinheit zu seinem Ursprung, ihrer Berechtigung und ganzen Entfaltung. Der Leib und das Blut Christi können sich sehr wohl mit dem Blut in den Adern des Gläubigen vereinen und darin verbreiten, jedoch die Anteile der Seele Christi können sich mit der Seele des Menschen nur dann vereinen, wenn die Seele des Menschen dem Gedenken auch beiwohnt. Dazu muss sowohl das Gedenken als solches logischerweise authentisch dargeboten sein als auch der Gläubige selbst mit ganzem Herzen und all seinen Kräften ein bekennender Christ sein. Die Kirche in seiner ursächlich geistigen Form hat schließlich den Auftrag und die Sendung, die Heiligste Dreifaltigkeit, wie es heißt „Ehre sei dem Vater & dem Sohn & dem Heiligen Geist", mit der vom Schöpfer ausgehenden Menschheit zu einen, und sie im rein gewaschenen Gewand ganzheitlich zu Ihm zu führen. Die weltliche Form einer Fassade hingegen eint nur den erdgebundenen Menschen mit seinesgleichen für eine Zirkusvorstellung mit Stammtischallüren, denn mehr als Götzendienst schöpft der Menschen oftmals nicht in der Anlehnung an verschrobene Liturgievorstellungen.

Eine sündhaft teure und verlockend schöne Orchestermesse kann demnach allenfalls das Ohr des Menschen verzaubern und hebt das Ansehen der austragenden Kirche, ihre Kirchenmusiker und Würdenträger, unterwandert jedoch die Rolle des wahren Gastgebers. Auch deshalb wiegt eine solche Veranstaltung bei aller Anstrengung äußerer Schönheit nichts auf im Gegensatz zum Auftrag Jesu Christi und Seinem Glanz. Dem Glanz Seiner Schönheit kann kein irdisches Mittel genügen. Jeder Versuch dahingegen ist eine Anmaßung und gebiert Utopien der Hoffart. Die Wandlung der Seele vollzieht sich umso mehr und nur mittels des breitgefächerten Gedenkens an Ihn. Alleingültiger Maßstab dabei ist immer, das versteinerte Herz eines jeden Gläubigen zu rühren. Deshalb ist das gelungene Schuldbekenntnis einleitend zur Eucharistie das Maß aller Dinge und darf mit keinem noch so scharfen Gegenstand wie der Euphorie begrenzt werden. Furchtbar dumm ist dieses Gebaren und es mutet schon seltsam an, dass es so weit verbreitet ist.

Eine aufwendig begangene Liturgie, die das Sündenbewusstsein und damit das eigentliche Gedenken im Keim erstickt und zum Schweigen bringt, legt den Grundstein für ein sündhaftes Leben im Gläubigen. Sogar der Katholizismus lehrt, dass den großen Sünden immer erst die kleinen vorausgingen. An anderer Stelle dieses Schriftstücks haben wir uns bereits gefragt, wie es sein kann, dass ausgerechnet Katholiken es waren, die an den vielen übelsten Verbrechen an der Menschheit beteiligt waren oder geschwiegen haben und immer noch laut schweigen. Wer danach sucht, hier ist die Antwort. Die Liturgie hat in ihrer Erstarrtheit den Gläubigen gleichsam das Sündenbewusstsein abtrainiert und sie dadurch aus ihrer Verantwortung entlassen, selbst zu merken, wann sie Sünden begehen. Wohl bemerkt, zu den Sündern zählen nicht nur die extremen Übeltäter, wie beispielsweise die organisierte Kriminalität einer Nation, zu welchen sich in Teilen auch schon der Vatikan gesellte, sondern vorzugsweise auch jene Scheinheiligen, die das Elend der Welt und der Armen täglich in ihren Gottesdiensten beklagen, selber aber keinen Finger rühren, weil ihre Herzen zu eng geschnürt sind.

Die durch seine Natur bedingten Lücken füllt der Mensch mit natürlichen Dingen aus, die oft nicht gut sind. Immer jedoch stehen sie dem Eindringen Gottes im Weg. Gelingt es aber, sich von diesem Hindernis, dem Menschlich-Natürlichen, zu befreien, dann füllt Gott die entstandene Leere mit sich selber aus und macht sie zu seiner Wohnstätte. Dann wird in uns das Reich Gottes errichtet, das so lange andauert, bis wir in sein Reich, den Himmel, eingehen, den wir durch unseren treuen, liebevollen guten Willen verdient und geerbt haben.

Das Denken in Schwarz und Weiß ist zum Beispiel so eine Utopie im bequemen Dasein der lebendigen Toten. Selbst wenn man das aus Gründen falschen Stolzes nicht wahrhaben will, sie existieren und das nicht selten, die unzähligen Grautöne, die einen Menschen im äußeren Schein zwar leuchten lassen, im Inneren aber nicht mehr als einen faulen Apfel ausmachen im Obstkorb, welche das übrige Obst zum Faulen bringen. Wenn erst mal die Saat gelegt ist, drängt es den Menschen unbewusst, aber zwanghaft weiter zu sündigen. Das fortzusetzen, was man im Gottesdienst mehr oder weniger bewusst wahrgenommen hat: die Unbußfertigkeit. Den gewöhnlichen Sünder unterscheidet dabei nichts von einem in Sünde gefallenen Christen. Die Naturgesetze, die immerzu zur Anwendung kommen, sind bei allen Menschen die gleichen. Sexuelle Begierden in allen Facetten und in den feinsten Kreisen erscheinen dabei als die mildere Form von Sünde und das geeignete Ventil, um das Feuer der Begierde zu löschen, wenn da nicht der unaufhörliche Kreislauf im Alltag des Menschen wäre, der aus der Lust eine Sucht und aus dem Menschen ein Tier macht, bar jeder Empathie, jeder selbstkritischer Betrachtung oder jedes geistigen Tiefgangs.

Gott ist nicht mit den Unreinen, denn die Unreinheit zerstört, was Gottes Eigentum ist: die Seele, und besonders die Seelen der Kinder, der auf der Erde verstreuten Engel. **Wehe allen, die ihnen mit der Rohheit dämonischer Bestien die Flügel ausreißen, diese Himmelsblumen in den Schmutz ziehen und in ihnen den Lebensgenuss wecken!** *Wehe! Es wäre besser, sie würden vom Blitz getroffen verbrennen, als einer solchen Sünde zu verfallen!*

Wie sonst ließen sich die zahlreichen Übergriffe auf Minderjährige mit der daran angeknüpften Vertuschung innerhalb der Kirche erklären? Es gibt noch tausend andere Süchte, die alle die gleiche Erklärung verdienen: Kleine Sünden wollen sich vermehren und größer werden. Dagegen hilft nur eine Medizin: den „Neuen Bund" mit der Heiligsten Dreifaltigkeit authentisch zu praktizieren, wie es heißt: „Ehre sei dem Vater & dem Sohn & dem Heiligen Geist." Leider geben andere Kirchen an diesem Punkt ein besseres Beispiel als die katholische Kirche. Letztere agiert da eher augenscheinlich kontraproduktiv. Es soll hier keine Generalisierung stattfinden, jedoch muss man den Kopf ganz gehörig bei der Sache haben, wenn man im stillen Gedenken nicht abgelenkt werden will bei dem ganzen Firlefanz in einem katholischen Hochamt. Auszugehen ist davon, dass nicht einmal 10 Prozent der Beteiligten das einigermaßen nachhaltig hinbekommen. Zugeben würde das natürlich keiner, weil Liturgie, auf die so perfekt vorbereitet wurde in der pastoralen Ausbildung, auch bis ans Lebensende in nahezu vollkommener Weise zelebriert wird. In diesem Sinn würde man angesichts der hohen Zahl detailverliebter Liturgiker meinen, Gottes Zorn würde uns bestimmt geißeln, wolle man ihnen oder ihren Vorlieben widerstehen. Es sind die in Sturheit eingemeißelte Konformität und ein nicht zu überbietender Irrtum.

Als was sich die weltliche Kirche alles bezeichnet und in welchen Aktivitäten sie sich noch verstrickt im Laufe der tragischen Jahrhunderte ihrer Geschichte, ist ein Unding. Kein Wunder, dass hinter diesem Konstrukt der Bund mit dem Vater geradewegs als nebensächlich verblasst, der Tod Jesu nur noch als Appendix erscheint, als Blinddarm, der sich entzündet, wenn sie als Verpflichtung im Alltag aufkreuzt. In der Folge tritt der Würdenträger nurmehr als Person von Amts wegen, als Beamter in Erscheinung, jedenfalls nicht als ein Gottesmann, der sich den Bund mit Gott auf seinen Habit geschrieben hat. Es ist heute wie damals am ursprünglichen Karfreitag, die Einflussreichen wollen nicht den Hauch an Autorität einbüßen, oder gar selbst erblassen neben dem Einfluss des Erstgeborenen.

Den Kult nun in seiner ganzen Tragweite darauf beschränken zu wollen, Gott als Gast für ein irdisches Schauspiel einerseits und gleichzeitig als Gastgeber darzustellen, ohne beim Verzehr des Gastmahls dessen ursächlich beabsichtigte Wirkung auf der

Seele erahnen zu wollen, ist ein Hohn und grenzt an Selbstverachtung. Es ist so, als wolle man als Teilnehmer einer Tafelrunde vorzugsweise der Freundschaft und Freundlichkeit des Gastgebers ausweichen, nur um sich Sinne und Magen ausschließlich mit dessen wohlbereiteten Gaben vollzuschlagen. Das Gedenken in dieser oder jedweder Form zu begehen, war und ist die Geburtsstätte für jeden Gottesmord und Ursprung allen Frevels an Gott. Der Mord an einem gemeinen Menschen wird von Gott zwar hart geahndet, ist aber mitnichten so grausam, indem er zwar Schauder auslöst, aber dennoch weniger Frevel nach sich zieht.

Nun, ich wollte, dass du darüber nachdenkst, wohin Lüge, Geldgier, Völlerei und nutzloses Praktizieren einer Religion, die nicht mehr geistig geübt wird, führen können. (...) Eine Völlerei, eine Gotteslästerung, und dabei ist er zum Mörder geworden. Viele werden in Zukunft sein wie er und mit dem Geschmack des Lammes auf der Zunge – nicht des Lammes, das vom Schaf geboren wird, sondern des göttlichen Lammes – zum Verbrechen übergehen. Warum das? Wie kann das geschehen? Fragst du dich nicht? So sage ich es dir selbst: weil sie sich auf jene Stunde durch viele vorausgegangene Verbrechen vorbereitet haben, durch Gleichgültigkeit am Anfang, durch Hartherzigkeit später. Erinnere dich daran, Judas!

Der Gedanke an die allmächtige Wundertätigkeit der Heiligsten Dreifaltigkeit, zu welchem wir als Ihr gehorsames Geschöpf unaufhörlich ge- und berufen sind, darf nicht von dem begrenzten Gedankengut des vergänglichen Menschen eingeholt werden. Die geistigen Übungen des heiligen *Ignatius von Loyola* können dabei unterstützend wirken und die unverzichtbare Demut fördern. Es muss doch einleuchten, dass Gott seinen Prinzipien treu bleiben will, um auf dem Weg heiliger Absichten einen würdigen Platz in den Herzen der Menschen beziehen zu können, solange diese nicht von Scham und Verstocktheit erkaltet sind. Während die Materie der Hostie selbst, das Obladengewebe also, oder der Wein ferner nur den irdischen und vergänglichen Körper geringfügig nährt, wird das, was die Gaben in sich tragen als Seele und Gottheit Christi diese unsere sterbliche Hülle nicht vor unserem Ableben oder Verwesung bewahren. Die göttliche Speise will diesen Umstand auch keinesfalls verhüllen, sondern vor allem die Seelen erreichen in uns, um das irdische Ganze für einen unvergesslichen Moment zu erhellen. Erst unser authentischer Glaube an das wirkliche Mysterium um diese göttliche Speise vollzieht den persönlichen und reinen Bund mit Gott. Gleichzeitig wird unsere für das ewige Leben bestimmte Seele vor der sicheren Verdammnis bewahrt, weil sie sich auch über den irdischen Tod hinaus erinnert und sich nach seinen Schöpfer verzehrt und nach Ihm verlangt. Das könnte man als den Weckruf und den Übergang ins Jenseits bezeichnen.

Der Verzehr der ewigen Speise ohne lebendigen Glauben ist demnach vergebene Liebesmüh und die Feier der Eucharistie entzieht sich jeder existentiellen Grundlage. Der lebendige Glaube geknüpft an die geistige Einheit mit der Heiligsten Dreifaltigkeit, wie es heißt „Ehre sei dem Vater & dem Sohn & dem Heiligen Geist", erst verleiht Leben und Anteil an Seinem Reich bereits im Diesseits. Hingegen Eucharistie in der Unbußfertigkeit zu begehen, reduziert das Dasein eines unvollkommenen Christen auf unerfüllbare Erwartungshaltungen und wirft ihn auf sich selbst zurück im ewigen Scheitern seiner selbst. Seelsorger sind aufgerufen, das Bewusstsein des Gläubigen zu schärfen und den Geist zur inständigen Wachsamkeit anzuhalten. *Dr. Charles Stanley* beschreibt es in einer seiner TV-Predigten trefflich: „Ein Gläubiger ohne Wachsamkeit ist wie ein Ritter ohne Schild und Schwert." Mit dem Verständnis über den persönlichen Glauben und seiner Vielfalt an inneren Eindrücken ist es wie mit einem Puzzle, es braucht seine Zeit, bis jedes Teil an seinem Platz ist.

Laien und auch angehende Seelsorger benötigen unbedingt die Unterstützung und Erfahrung von beseelten Geistlichen, damit sie nicht ihr eigenes Süppchen kochen, sich nicht im Kreis drehen mit ihrer sündigen Natur und nicht schutzlos den Versuchungen der alten Schlange ausgeliefert sind, um im Alltag zu bestehen. Am Ende des Tages kann der Christ demütig und erhobenen Hauptes sagen: „Ich selbst hätte das Kreuz auf mich gezogen, aufgrund meiner Missetaten vor Gott, mehr noch als Christus, der unschuldig war, aber Du Herr hast es für mich auf Dich genommen, deshalb will ich nicht mehr sündigen." Ob so etwas im allgemeinen Religionsunterricht an den Schulen erwartet werden kann, wird natürlich wie alles in Deutschland kontrovers diskutiert, so als gäbe es keine andere Möglichkeit, wie beispielsweise den Kommunion- oder Firmunterricht, Predigten oder Katechesen jedweder Form und Gestalt. Stur der Logik einer liturgischen Instanz zu folgen, reicht jedenfalls nicht, wie man unschwer an den Umständen der Kirchen ablesen kann.

Wer den Glauben besitzt, besitzt den Weg zum Leben. Wer glauben kann, verfällt nicht dem Irrtum. Er sieht, erkennt und dient Gott und besitzt das ewige Heil. Für ihn ist der Dekalog lebendig und jedes seiner Gebote ist für ihn eine Perle in seiner Krone des ewigen Lebens. Für ihn ist das Versprechen des Erlösers Heil. Ist der Gläubige schon vor meiner Ankunft auf Erden gestorben? Das macht nichts. Sein Glaube hebt ihn auf die gleiche Stufe wie jene, die sich mir mit Liebe und Vertrauen nähern. Die dahingeschiedenen Gerechten werden bald jubeln, da ihr Glaube bald seinen Lohn zeitigen wird. Ich werde hingehen, wenn ich den Willen des Vaters erfüllt habe, und sagen: „Kommt!" und alle, die im Glauben gestorben sind, werden mit mir in das Reich des Herrn eingehen. Ahmt im Glauben die Palmen eurer Heimat nach! Aus kleinen Samenkörnlein sind sie hervorgegangen, doch stark in ihrem Willen zu wachsen, sind sie aufrecht emporgeschossen. Sie haben die Erde vergessen, verliebt in die Sonne und die Gestirne des Himmels. Glaubt an mich. Wisst zu glauben, was zu wenige in Israel glauben, und ich verspreche euch den Besitz des Himmelreiches durch die Vergebung der Erbsünde als gerechte Belohnung für alle, die meine Lehre, welche die wunderbare Vollendung des vollkommenen Dekalogs Gottes ist, in die Tat umgesetzt haben.*

Die Enge der Herzen

Die Eucharistie will insofern kein vom Allerhöchsten initiiertes Feuerwerk sein, ähnlich der ekstatischen Auswüchse esoterischer Rituale, sondern die Speise wird wirkkräftig im „neuen Menschen". Infolgedessen erhält Eucharistie ihren Nährboden ausschließlich in der Hoheit des Ewigen und ist dem Sinn und Wesen nach das sichtbare Abbild des „Neuen Bundes" des Schöpfers mit Seiner „Neuen Schöpfung". Der Priester selbst trägt dabei mit seiner Standhaftigkeit im Glauben wesentlich zur gelungenen Eucharistie bei oder verfälscht beziehungsweise entzieht ihr und der gesundenden Wirkung die entsprechende Orientierung. Handkommunion und die fehlende Kommunionbank für den Empfang im Knien sind dabei die großen destruktiven Versucher und Weggefährten einer relativierenden Liturgie. Neben der ursächlich beabsichtigten Zielorientierung im Gläubigen, dessen Bestrebung es ist, die Seele mit heilvoller Weitsicht auszufüllen, kann die Frucht der Eucharistie in Form eines im Tabernakel aufgebahrten konsekrierten Bestandes ebendies allenfalls zur leeren Formel auf den Lippen gereichen, wenn die Seele in der Gottesferne verharrt, gestützt durch den Überhang wertloser Gottesdienstfeiern, denen im Grunde jede Heiligkeit, Liebe und Weisheit in der äußeren Form abgehen.

Zwischen äußerlichen Handlungen und Gebet ist ein großer Unterschied als zwischen Tag und Nacht; a u s d e m G e b e t g e h t m a n e n t s c h l o s s e n e r h e r v o r, G o t t e s E i g e n z u s e i n, d a s a n d e r e i s t G e w o h n h e i t u n d i m m e r e g o i s t i s c h, m e h r n o c h, m a n b l e i b t m i t e i n e r S c h u l d d e r L ü g e n h a f t i g k e i t o d e r T r ä g h e i t, w a s m a n i s t. Das Gebet besteht nicht in der äußeren Haltung vielmehr im Gemüt, es ist Vereinigung des Geistes mit Gott. Daher ergießt der Geist sich dort und spricht, wo er den guten Willen sieht, um seinen Eingebungen zu entsprechen.

Mit dem zunehmenden Wandel des Zelebranten vom Diener Gottes zum anhänglichen Diener des Kirchenvolkes werden die

Auswirkungen drastischer. Sie zeigen sich zum Beispiel darin, dass die intellektuelle Rolle, die der Seelsorger beansprucht, Vorrang hat, indem dessen angesammeltes Wissen in Besitz genommen werden will von der Gemeinde und umgekehrt von den Gläubigen Besitz ergreift. Damit will sich das Vakuum füllen, in dem sich das Volk unbewusst an den Umstand gewöhnt hat, nicht mehr in der Gunst des Altarsakraments, also ihres Schöpfers zu stehen. Sie sind Alleingelassene, die den alleingelassen haben, in dessen Besitz sie ursprünglich kommen sollten. Zu kompensieren mit geistigem und theologischem Wissen sucht auch der Zelebrant seine eigene innere Armut vor Gott, welche sich dem müden Auge eines Gläubigen vielleicht noch gar nicht als solches zu erkennen gibt. Unübersehbar jedoch ist der Eifer, sich und den Gläubigen zu gefallen, welches auch den letzten Gläubigen wachrufen müsste, um sich nicht mit falsch verstandenen Ehren hofieren lassen zu wollen. Selbiges trübt allenfalls die geistige Mühe und das Einsichtsvermögen, sodass sich der Hofierte in allem selbst zu gefallen sucht, anstatt offenen Herzens an seinen Schöpfer zu glauben oder Mitmenschen in Ergebenheit wahrzunehmen. Hier kann aber allenfalls die Enge des Herzens zu Tage treten, mehr nicht.

Der Besitzer stieg auf den Rand einer Zisterne und sprach: „Ich habe diese Arbeiten ausführen lassen und euch zu Trägern meines Befehles und Hütern meines Schatzes bestellt, denn ich habe euch zu meinen Verwaltern ernannt. Ihr habt die Prüfung nicht bestanden ... Ihr schient gut zu sein. Ihr hättet es sein sollen, denn der Wohlstand hätte euch gut und eurem Wohltäter gegenüber dankbar machen müssen. Ich habe euch immer Gutes getan und euch die Verwaltung dieser wasserreichen Ländereien anvertraut. Doch Überfluss und Bevorzugung haben euch hartherzig gemacht, unfruchtbarer als die Ländereien, die ihr habt gänzlich veröden lassen, und kränker als die vom Durst Geplagten. Denn ihnen aber kann mit Wasser geholfen werden, während ihr mit eurem Egoismus euren Geist versengt habt, der nur schwer zu heilen sein und in den das Wasser der Liebe nur unter großen Mühe zurückkehren wird. Jetzt werde ich euch bestrafen. Geht auf die Ländereien dieser Leute und leidet, was sie gelitten haben."

„Und diese? Was sind diese? Sind eure Brüder keine Menschen? Welches Erbarmen hattet ihr mit ihnen? Sie baten euch um Wasser, ihr aber hattet für sie nur Stockschläge und Hohnlachen. Sie baten euch um das, was mein ist und was ich gegeben hatte, und ihr hattet es ihnen verweigert mit der Behauptung, es sei das Eurige. Wem gehören diese Gewässer? Nicht einmal ich sage, dass das Wasser des Sees mir gehört, obwohl mir der See gehört. Das Wasser kommt von Gott. Wer von euch hat auch nur einen einzigen Tropfen Tau geschaffen? Geht. ... Und euch, die ihr gelitten habt, sage ich: Seid gut! Tut ihnen, was ihr gewollt hättet, dass euch geschehe. Öffnet die Kanäle, die sie geschlossen haben, und lasst Wasser zu ihnen fließen, sobald ihr könnt. Ich mache euch zu Verteilern meiner Gaben an diese sündigen Brüder, denen ich Zeit und Gelegenheit lasse, sich zu bessern. Der höchste Herr, mehr als ich, vertraut euch den Reichtum seiner Gewässer an, damit ihr die Stelle der Vorsehung einnehmt für die, die kein Wasser haben. Wenn ihr dies mit Liebe und Gerechtigkeit zu tun versteht, mit dem Notwendigen zufrieden seid und den Überfluss den Darbenden überlasst, wenn ihr gerecht seid und nicht euer Eigen nennt, was ihr als Geschenk erhalten habt oder was euch vielmehr zur Verwaltung anvertraut wurde, dann wird euer Friede groß sein und die Liebe Gottes und die meine werden immer mit euch sein."*

Trotz vieler Mängel, die unverkennbar als Kluft zwischen Gott und den Gläubigen herrschen, schließt sich aber der Kreis wieder, der so nichtsdestotrotz ein Teufelskreis ist, denn auch die Schlange verstand es, mit ihrer Eigenart Eva zu begeistern und das tödliche Gift mit ihrem magischen Zauber auszuströmen. Eva würde sich nun mächtig wie Gott glauben, sobald sie die Pflicht weit von sich werfen würde, Seinen Geboten zu gehorchen, um nur das zu tun, was Gott erlaubt. So ist es auch mit der Versammlung der Gläubigen, die Hoffart obsiegt über die Anteilnahme an Gottes heiligem Versprechen vom Heil für alle Menschen. Bei Außenstehenden löst so manch ein euphorisch begangener Gottesdienst ein Schauder aus und wollten auch nicht freiwillig hinzugezogen werden. Dafür fühlt sich die Schar der Gläubigen aber in nächster Instanz wieder unverstanden und abgestempelt. Dabei müssten Letztere im Gegenteil gemeinsam mit der lebhaften

Unterstützung der Geistlichen das letzte Bindeglied, die Schnittstelle zur ganzen übrigen Menschheit für eine universelle Kirche in dieser Zeit der Gnade vertreten können.

Satan küsste das Auge der Frau und bezauberte es so, dass alle Dinge, die ihr bis dahin rein erschienen waren, nun ein unreines Aussehen annahmen und in ihr eine ungewohnte Neugier weckten. Dann küsste Satan ihre Ohren und machte sie hellhörig für Worte einer unbekannten Wissenschaft: der seinen. Auch der Verstand Evas wollte erfahren, was nicht notwendig war. Dann zeigte Satan den dem Bösen nun zugänglich gewordenen Augen und Verstand, was sie vorher nicht gesehen hatten. Da erwachte Eva und wurde verdorben, und das Weib ging zum Mann und enthüllte ihm das Geheimnis. Eva überzeugte Adam, von der neuen Frucht zu kosten, die schön anzusehen und bis dahin verboten war. Sie küsste ihn mit dem Mund und schaute ihn an mit den Augen, in denen schon die Verwirrung Satans war. Und die Verderbnis drang in Adam ein, der sah, und durch das Auge begehrte er nach dem Verbotenen. Mit seiner Gefährtin zusammen aß er, und sie fielen von erhabener Höhe in den Schlamm.

Wenn einer verdorben ist, zieht er auch den anderen ins Verderben, sofern der andere nicht ein Heiliger im wahrsten Sinne des Wortes ist.

Die innere Verhärtung im alltäglichen Umgang mit persönlicher Schuld führt dazu, dass hervorstechender Individualismus unter Priestern und ihren Gläubigen sich steter Beliebtheit erfreut, ganz nach dem Vorbild in der Welt. Je nach Milieu sind demnach Geistliche unterdessen auf philosophisch theologischen Höhenflügen unterwegs, die meist in Bücherfluten ausarten über jene Themen, die schon längst gesagt wurden, in jedem Jahrzehnt zehnmal und mehr und tatsächlich bis heute noch immer nichts bewegt haben außer einen vollen Geldbeutel. Und weil die wahre Lehre, nämlich das Gedenken, niedergeführt im Evangelium unseres Herrn Jesus Christus, nicht vordringt in die Herzen der Menschen, wird auf der Stelle getreten und über Zweifel und Irrtümer schon fast tugendhaft exerziert, anstatt sich endlich auf den Weg zu machen, um die Flucht nach vorne zu ergreifen. Man findet sich im liturgischen Freudentaumel wieder, um sie bis in seine entlegensten Grenzen von Gut und Böse auszukosten. Und während privilegierte Menschen in der Welt Wissenschaft neu erfinden, um Natur und Leben für den Profit auf den Kopf zu stellen, anstatt endlich die Energiewende zu vollziehen, den Klimawandel zu beherrschen und in der Kirche die Liturgie mit kleinen Nachbesserungen neu zu erfinden, bietet sich der gemeine Mensch zur Belustigung aller in den öffentlichen Medien eine fortwährende Show der garantiert nie dagewesenen Steigerung von Vulgarität.

Die Möglichkeiten, sich an den Geboten Gottes und damit auch am eigenen Herzen zu vergehen, scheint nahezu unbegrenzt.

Der Mensch habe gelernt, in allen wichtigen Fragen mit sich selbst fertig zu werden ohne Zuhilfenahme der „Arbeitshypothese: Gott". In wissenschaftlichen, künstlerischen, auch ethischen Fragen sei das eine Selbstverständlichkeit geworden, an der man kaum mehr zu rütteln wage; seit etwa 100 Jahren würde das aber in zunehmendem Maße auch für die religiösen Fragen gelten; es zeige sich, dass alles auch ohne „Gott" gehen würde, und zwar ebenso gut wie vorher, war von *Dietrich Bonhoeffer* mit scharfem Blick am 08.06.1944 an Eberhard Bethege gerichtet bemerkt worden. Die zum Bewusstsein ihrer selbst und ihrer Lebensgesetze gekommene Welt sei ihrer selbst in einer Weise sicher, dass uns das unheimlich werde, so *Bonhoeffer*; Fehlentwicklungen und Misserfolge würden die Welt an der Notwendigkeit ihres Weges und ihrer Entwicklung doch nicht irre zu machen vermögen; sie würden mit männlicher Nüchternheit in Kauf genommen, und selbst ein Ereignis wie dieser Weltkrieg mache darin keine Ausnahme, unterstreicht *Bonhoeffer*.

Jens Jessen fragt in der ZEIT vom 14. März 2013: „Warum begeistern sich Studenten für die vulgäre, nämlich künstlich verlängerte Proleten-Aura, die eine Werbeagentur dem Hamburger

Astra-Bier verpasst hat?" Vielleicht wäre es zu viel des Vertrauens in die Geistesgeschichte, darin noch das Ideal des edlen Wilden am Werk zu sehen, das Rousseau einst entworfen habe – des Naturmenschen, den die Zivilisation nicht verdorben habe, vermutet *Jessen*. Trotzdem könne es natürlich sein, dass er im Gewand des Proletariers überleben würde, der von der bürgerlichen Kultur ausgeschlossen bleibe – ungebildet und also unverbildet. Und *Jessen* resümiert, dass ein beachtliches Maß an Intellektuellenhass, wenn nicht Kulturverachtung in der populären Feier des Vulgären stecke und sie noch immer ungemütlich mit der Geistesfeindlichkeit verbinden würde, in der sich einst Bolschewisten und Faschisten getroffen hätten.

Wie schon das Beispiel der Befreiungstheologie zeigt, kann es weder für Laien noch den Klerus einen Weg als Diener Gottes geben, der in zwei entgegengesetzte Richtungen verläuft. *Wenn ich euch die Wege des Herrn erkläre, dann tut er es, damit ihr auf ihnen wandelt. Könnt ihr gleichzeitig die Wege, die rechts und links bergab führen, gehen? Nein das könntet ihr nicht, denn wenn ihr den einen Weg einschlagt, dann müsst ihr den anderen verlassen. Selbst wenn beide Wege nebeneinander verlaufen würden, könntet ihr nicht lange mit dem einen Fuß auf diesem und mit dem anderen Fuß auf jenem gehen. Ihr würdet ermüden und den Tritt verfehlen, selbst wenn es um eine Wette ginge. Doch zwischen dem Weg Gottes und dem Weg Satans liegt eine große Entfernung, und sie wird immer größer; so wie zwei Wege, die nebeneinander beginnen, sich talabwärts immer weiter voneinander entfernen, da der eine nach Kapharnaum, der andere nach Ptolemais führt.*

So ist es mit dem Leben. Es verläuft zwischen der Vergangenheit und der Zukunft, zwischen dem Bösen und dem Guten. In der Mitte ist der Mensch mit seinem Willen, einem freien Willen; an den beiden Enden: auf der einen Seite Gott und sein Himmel, auf der anderen Satan und seine Hölle. ... Der Mensch kann wählen. Niemand zwingt ihn. Sagt mir nicht: „Aber Satan versucht mich …" als Ausrede für den Abstieg auf dem Weg nach unten. Auch Gott lockt mit seiner Liebe, und zwar sehr mächtig: Er ruft uns mit Worten voll der Heiligkeit, und er sucht uns mit seinen verlockenden Verheißungen. Warum lässt man sich gerade von dem betören, der am wenigsten verdient, angehört zu werden? Die Worte, die Verheißungen, die Liebe Gottes, sind sie nicht ausreichend, um das Gift Satans unwirksam zu machen?

Gebt acht, denn der Teufel vermag euch in schlimmer Weise zu schwächen. Ein kräftiger und gesunder Mensch ist zwar auch nicht immer gefeit gegen Ansteckungen, doch er überwindet sie mit Leichtigkeit. Während jemand, der schon krank und dadurch geschwächt ist, durch eine neue Ansteckung ziemlich sicher zugrunde geht; und wenn er überlebt, ist er kränker als zuvor, da sein Blut nicht mehr die Kraft besitzt, die Ansteckungskeime vollständig zu vernichten. Dasselbe gilt für den höheren Teil des Menschen. Wenn jemand moralisch und seelisch stark und gesund ist, ist er zwar nicht frei von Versuchungen, aber das Böse kann sich in ihm nicht festsetzen. Wenn ich jemand sagen höre: „Ich bin diesem oder jenem nahegekommen, ich habe dieses oder jenes gelesen, ich habe versucht, diesen oder jenen vom Guten zu überzeugen, stattdessen ist die Bosheit seines Geistes und Herzens und der schädliche Einfluss des Buches auf mich übergegangen", dann muss ich ihm entgegnen: „Ich schließe daraus, dass das Böse, um sich bei dir einnisten zu können, schon einen günstigen Nährboden vorgefunden hat. Das beweist, dass du ein Schwächling ohne moralischen und geistigen Widerstand bist. Denn selbst unsere Feinde können uns Gutes lehren. Wenn wir nämlich ihre Fehler beobachten, soll uns dies lehren, nicht in die gleichen Irrtümer zu verfallen. Der intelligente Mensch wird nicht zum Spielball der erstbesten Lehre, die er vernimmt. Der Mensch, dessen Geist bereits von einer Lehre durchdrungen ist, hat keinen Platz für andere Lehren. Dies erklärt auch die Schwierigkeiten, auf die man bei dem Versuch stößt, überzeugte Anhänger einer anderen Lehre für die wahre Lehre zu gewinnen. Aber wenn du mir sagst, dass du deine Ansicht bei jedem geringsten Windhauch änderst, dann sehe ich, dass in dir eine große Leere ist. Deine geistige Festung ist voller Risse, die Deiche deiner Gedanken sind an tausend

Stellen undicht, und das gute Wasser dringt nach außen, während das verseuchte Wasser hineingelangt; und du bist so töricht und apathisch, dass du es nicht einmal merkst und keine Vorsorge triffst. Du bist ein Unglückseliger!"

Viel zu viele verfallen, trotz frommer Wünsche, in Lethargie, einem Punkt im Erwachsenendasein, an dem sich die tiefgreifende Sehnsucht nach Weisheit und Verklärung in voller Schärfe zeigt, gerade unter Seelsorgern querbeet bei allen Konfessionen. Ein häufiges Merkmal dafür ist die Rührseligkeit, ein sich anbiederndes Selbstmitleid, das beim Gegenüber ebenfalls nur schmerzhaftes Fremdschämen auslösen kann, aber noch keine Hilfe zur Selbsthilfe bedeutet. Empathie jedenfalls sieht anders aus. Dabei wäre das Geheimnis des wahrhaften Glaubens ein Leichtes und müsste unter Umständen mit Zuhilfenahme einer geschulten Vertrauensperson wieder hervorgegraben werden, um in neu gewonnener Überzeugung und gereift aus der Einsicht und vereint mit der Reue neuen Mut zu fassen. Selbst wenn es nur medial vonstattengeht, zum Beispiel über den Sender bibel.TV, der über ein sehr vielfältiges und differenziertes Programm verfügt, um eine suchende Seele aus seiner Verzweiflung herauszuführen. Mit der Verfügung eines echten Jüngers Christi redlichen Herzens und guten Willens, die natürliche Initiation allein aus der Heiligsten Dreifaltigkeit zu erwarten, wie es heißt „Ehre sei dem Vater & dem Sohn & dem Heiligen Geist", der Quelle aller Güte, Barmherzigkeit und Weisheit, beschreibt den wahren Frieden im Diesseits.

Wie die Kinder ... So ist die Reinheit. Siehst du dieses Wasser? Es scheint ganz klar zu sein. Aber beobachte: Es genügt, dass ich mit diesem Zweig den Grund aufwühle, und schon trübt es sich. Abfälle und Schlamm kommen an die Oberfläche. Das kristallklare Wasser wird gelblich, und niemand würde mehr davon trinken.

Aber wenn ich den Zweig herausziehe, kehrt der Friede zurück und das Wasser wird langsam wieder klar und schön. Der Zweig ist die Sünde. So ist es bei den Seelen. Die Reue, glaube mir, ist das, was reinigt...

In den katholischen Briefen lesen wir beim heiligen Apostel Jakobus, warum die Menschheit dieses brotlose Dasein führen musste und immer noch führt, bei dem die einen den anderen und die gesamte Erde ausbeuten, während wiederum andere tatenlos zusehen. *„Ihr bittet nicht, nur in persönlicher Begierde, mit verhärteten, bitteren Herzen und um euren Leidenschaften Genüge zu tun. Darum erhaltet ihr nicht."* Ferner lesen wir dort, dass *„wer Gutes tun kann aber nicht tut, ebenfalls sündigt!"* In der um 100 n. Chr. geschriebenen *Didache* lesen wir: *„Am Tag des Herrn versammelt euch, brechet das Brot und saget Dank, nachdem ihr zuvor eure Sünden bekannt habt, damit euer Opfer rein sei ... Denn so lautet der Ausspruch des Herrn: ‚An jedem Ort und zu jeder Zeit soll man mir darbringen ein reines Opfer, weil ich ein großer König bin, spricht der Herr, und mein Name wunderbar ist bei den Völkern.' "*

Glaube und Sakramente sind zwei sich gegenseitig ergänzende Aspekte des kirchlichen Lebens, gibt Papst *Benedikt* in Kapitel VI von SACRAMENTUM CARITATIS – „Der eucharistische Glauben der Kirche" im ersten Teil *Eucharistie, ein Geheimnis, an das man glaubt* zu verstehen. Durch die Verkündigung des Wortes Gottes erweckt, nährt sich der Glaube und wächst in der gnadenreichen Begegnung mit dem auferstandenen Herrn, die sich in den Sakramenten verwirklicht: „Der Glaube drückt sich im Ritus aus, und der Ritus stärkt und festigt den Glauben." (14) Darum steht das Altarssakrament immer im Mittelpunkt des kirchlichen Lebens; Dank der Eucharistie wird die Kirche immer wieder neu geboren! (15) Je lebendiger der eucharistische Glaube im Gottesvolk ist, umso tiefer ist dessen Teilnahme am kirchlichen Leben durch eine überzeugte Unterstützung der Sendung, die Christus seinen Jüngern aufgetragen hat. Das bezeugt die Geschichte der Kirche selbst. Jede große Reform ist in irgendeiner Weise verbunden mit der Wiederentdeckung des Glaubens an die eucharistische Gegenwart des Herrn inmitten seines Volkes.

Die Gemeinde schaut am jüngsten Tag nicht mehr in das Angesicht eines mit Rhetorik gekleideten Zelebranten, sondern der Priester ist berufen, die gleiche Gebetshaltung einzunehmen wie seine Gemeinde. Gemeinsam Sein Angesicht preisend sind sie die eine Ursprungsgemeinde. Diese unverrückbaren Wahrheiten müssten schon heute als Maßstab gelten bei der Ausgestaltung Seines Gedenken auf Erden. Der Maßstab muss dabei Christus selbst sein. Tut es aber selten, und so wird das Bild von der Ewigkeit auf den Kopf gestellt und der Seelsorger verkommt zum allgegenwärtigen Maßstab für eine viel zu große Anzahl an Gläubigen.

Religion, die heiligt

Die Grenze zwischen Atheisten und der großen Mehrheit an Gläubigen verläuft schon lange nicht mehr sichtbar einschneidend, sondern geht auffallend fließend ineinander über. Zwischen Schwarz und Weiß gibt es eben doch noch unzählig viele Grautöne. Auffällig dabei ist eine kleine Schar von Gläubigen, die sich schlichtweg weigert, wahrhaben zu wollen, dass das wiederholte Gedenken an Christus in der Gegenwart für Christus kein physisch schmerzhaftes mehr ist. Das heißt, dass Christus die Kreuzesqualen in unserer irdischen Gegenwart nicht erneut durchlebt, um uns an Seinem mystischen Leib Anteil nehmen lassen zu können mit unserer tiefst eigenen Erlösung. Dennoch, kein Mensch könnte jemals die Summe der Widerwärtigkeiten in seiner Tragweite erfassen, welche der Heiligsten Dreifaltigkeit täglich und stündlich mit all seinem Schmerz und abgrundtiefen Trauer vor Augen geführt wird. Selbst die eigene stete Sündhaftigkeit wird uns dabei stets ein Dorn im Auge sein und ein irdisches Leben lang begleiten. Das muss kein Widerspruch sein zur Heilsbotschaft Christi, im Gegenteil, unsere eigene Sündhaftigkeit erinnert uns vielmehr an unsere ureigenste menschliche Schwäche als Geschöpft, um uns einerseits mit unserem Willen noch näher in die Heilsgaben unseres Schöpfers zu rücken und andererseits ein wachsames Unrechtsbewusstsein mit unserer steten Bußfertigkeit zu entwickeln.

Das schützt uns vor unseren eigenen Sünden und auch jene Übergriffe aus unserem nächsten Umfeld, um immer im Stande der Gnade Gottes zu stehen, Seinem Schutz und Seiner helfenden Hand versichert zu sein. Dieses ständige Bewusstsein darüber, gereinigt worden zu sein und dennoch der ständigen Reinigung zu bedürfen, das ist doch auch nicht ganz leicht im Alltag umzusetzen, zumal der alltäglichen Bußpraxis in einem gewöhnlichen Gottesdienst mitnichten bedacht wird. Das ist das eigentliche Trauerspiel explizit in der katholischen Kirche. Die simple Praxis der Bußfertigkeit nicht ausführlich zu entfalten, ob nun selbstverschuldet oder fremdverursacht, wird schließlich im nächsten Schritt mit religiösen Praktiken ersetzt, welche zum Inhalt haben, die Kreuzesqualen Christi im Hier und Jetzt zu projizieren, um sich beständig von der tiefst eigenen und persönlichen Erlösung überzeugen zu können. Das ist nun wirklich echter Humbug und verlangt Aufklärung, nicht nur weil dieses armselige und schauderhafte Gebaren Ablehnung und Entsetzen auslöst bei Zaungästen, sondern weil auch das ganzheitliche Opfer Jesu Christi reduziert wird auf ein einziges Geschehen, nämlich der Kreuzigung auf Golgotha.

Wenn man also vergegenwärtigen will, um es in Wahrheit und im Geist zu tun, dann müsste man das gesamte Leben Christi zusammengenommen auf das Hier und Jetzt projizieren. Dies würde im Klartext bedeuten, dass das Opfer Christi in der Vergangenheit stattgefunden hat, auf derselben Erde, auf der wir wandeln, und um seine Früchte in der Gegenwart beziehungsweise Zukunft zeitigen zu können, hat Er den Tod für uns überwunden. Der Tod war die Türe zur Gegenwart und zum Hier und Jetzt für **alle** Menschen dieses Planeten. Alles, was wir tun müssen, ist, dem ewigen Vater das erhabene Opfer Seines Sohnes anzubieten als Unterpfand für unsere Erlösung. Dabei sind nicht wir es, die wir Christus etwa in unserer Unbußfertigkeit selbst zu opfern fähig wären, sondern Christus selbst hat sich lange vor unserer Zeit als Opfer dem Vater dargeboten. Diese logische Abfolge zeitlicher Ereignisse erscheint insofern nicht allen Kirchenmännern plausibel zu sein, wenn man sich die umständliche Rhetorik und die Geheimniskrämerei an so manch einem katholischen Altar betrachtet. Man gewinnt mancherorts den Eindruck, sie selbst wollten Christus opfern und dieser Anblick ist angesichts der Tatsache, was dahinter stecken könnte, in seiner Scheußlichkeit nicht mehr zu überbieten.

Die Liturgie mutiert vielerorts und mit großer Zustimmung zu einer Art Totenkult. Dazu passt auch, dass den sterblichen Überresten von hochverehrten Verstorbenen zeitweise mehr Ehre zu Teil wird, als dem Inhalt des Tabernakels, der Realpräsenz Jesu Christi im Sakrament. Dieser amputierte Glaube dürfte der wahre Grund dafür sein, warum katholische Christen phlegmatisch der Freude über den Auferstandenen und über die bevorstehende Wiederkunft entsagen, um ihre empfangenes Heil vortrefflich in der Euphorie eines einheitlich begangenen Unschuldsbewusstseins verbrennen zu sehen, ganz so wie es die säkulare Gesellschaft in der selbstgewählten Gottesferne vorzieht. Von wegen „…bis du kommst in Herrlichkeit", wie es vortrefflich in der Eucharistiefeier heißt. Vorher geht noch die Kraft aus, wie den törichten Jungfrauen das Öl ausgegangen ist.

Neues Testament - Brief an die Philipper von Apostel Paulus aus der Gefangenschaft 4. Kapitel
Mahnung zur Einigkeit und zur Freude im Herrn 4,1 Also, meine lieben Brüder, nach denen ich mich sehne, meine Freude und meine Krone, steht fest in dem Herrn, ihr Lieben. 4,2 Evodia ermahne ich und Syntyche ermahne ich, dass sie eines Sinnes seien in dem Herrn. 4,3 Ja, ich bitte auch dich, mein treuer Gefährte, steh ihnen bei; sie haben mit mir für das Evangelium gekämpft, zusammen mit Klemens und meinen andern Mitarbeitern, deren Namen im Buch des Lebens stehen.

4,4 Freuet euch in dem Herrn allewege, und abermals sage ich: Freuet euch! 4,5 Eure Güte lasst kund sein allen Menschen! Der Herr ist nahe! 4,6 Sorgt euch um nichts, sondern in allen Dingen lasst eure Bitten in Gebet und Flehen mit Danksagung vor

Gott kundwerden! 4,7 Und der Friede Gottes, der höher ist als alle Vernunft, bewahre eure Herzen und Sinne in Christus Jesus.

4,8 Weiter, liebe Brüder: Was wahrhaftig ist, was ehrbar, was gerecht, was rein, was liebenswert, was einen guten Ruf hat, sei es eine Tugend, sei es ein Lob – darauf seid bedacht! 4,9 Was ihr gelernt und empfangen und gehört und gesehen habt an mir, das tut; so wird der Gott des Friedens mit euch sein.

Im Vergleich tragen gläubige Juden heute in der Mehrheit eine große Begeisterung für den verheißenen Messias in ihrem Herzen und ihren Riten. Das kann man nicht einfach nur mit bloßem Fanatismus abtun, geschweige denn erreichen, das ist echt. Dieser Unterschied ist höchst merkwürdig, wenn man genauer hinsieht und dabei wundern sich Katholiken immer noch darüber, dass Juden das Christentum bis heute nicht als ihr eigen annehmen können oder wollen. Unsere Freude müsste vielmehr mindestens doppelt so groß sein, zumal wir vorgeben zu glauben, den Erlöser in der Form des Sakramentes unter uns zu haben, und zwar denselben, den wir gemeinsam jederzeit in Seiner vollen Gestalt erwarten. Das Gegenteil ist der Fall, wir freuen uns nicht gemeinsam mit den jüdischen Gläubigen, vielmehr ist der Antisemitismus tief verwurzelt und schlägt überall seine Wellen. Der übliche Stolz und die Herablassungen gegenüber Juden, dem auserwählten Volk, ist ein großes Verhängnis für Katholiken. Nicht weniger schicksalhaft auch für Muslime. Trotz des gemeinsamen Stammvaters Abraham gibt es für sie keine gemeinsame Vorfreude mit den Juden. Der Messias ist nicht überliefert als solcher in ihren Schriften, womit sich sowohl Araber, als auch Persier himmelweit entfernt haben vom ursprünglichen Judentum. Der schräge Totenkult von nicht wenigen Katholiken kommt da Muslimen tatsächlich näher als irgendetwas sonst, was die Erklärung für deren gemeinsamen Hochmut gegenüber Juden vielerorts sein könnte.

Altes Testament – Der Prophet Jesaja, *Gericht über die Priester und Propheten in Jerusalem* 28,7 Aber auch diese sind vom

Wein toll geworden und taumeln von starkem Getränk. Priester und Propheten sind toll von starkem Getränk, sind vom Wein verwirrt. Sie taumeln von starkem Getränk, sie sind toll beim Weissagen und wanken beim Rechtsprechen. 28,8 Denn alle Tische sind voll Gespei und Unflat an allen Orten! «28,9 Wen», sagen sie, «will der denn Erkenntnis lehren? Wem will er Offenbarung zu verstehen geben? Denen, die entwöhnt sind von der Milch, denen, die von der Brust abgesetzt sind? 28,10 Zawlazaw zawlazaw, kawlakaw kawlakaw,* hier ein wenig, da ein wenig!» *Die Worte, die das Lallen der Trunkenen nachahmen und nicht übersetzt werden können, sollen die Redeweise des Propheten verspotten. 28,11 Jawohl, Gott wird einmal mit unverständlicher Sprache und mit einer fremden Zunge reden zu diesem Volk, 28,12 er, der zu ihnen gesagt hat: «Das ist die Ruhe; schaffet Ruhe den Müden, und das ist die Erquickung!» Aber sie wollten nicht hören. 28,13 Darum soll so auch des HERRN Wort an sie ergehen: «Zawlazaw zawlazaw, kawlakaw kawlakaw, hier ein wenig, da ein wenig», dass sie hingehen und rücklings fallen, zerbrochen, verstrickt und gefangen werden.

28,14 So höret nun des HERRN Wort, ihr Spötter, die ihr herrschet über dies Volk, das in Jerusalem ist. 28,15 Ihr sprecht: Wir haben mit dem Tod einen Bund geschlossen und mit dem Totenreich einen Vertrag gemacht. Wenn die brausende Flut daher fährt, wird sie uns nicht treffen; denn wir haben Lüge zu unsrer Zuflucht und Trug zu unserm Schutz gemacht. 28,16 Darum spricht Gott der HERR: Siehe, ich lege in Zion einen Grundstein, einen bewährten Stein, einen kostbaren Eckstein, der fest gegründet ist. Wer glaubt, der flieht nicht.* 28,17 Und ich will das Recht zur Richtschnur und die Gerechtigkeit zur Waage machen. So wird Hagel die falsche Zuflucht zerschlagen, und Wasser sollen den Schutz wegschwemmen, 28,18 dass hinfalle euer Bund mit dem Tode und euer Vertrag mit dem Totenreich nicht bestehen bleibe. Wenn die Flut daher fährt, wird sie euch zermalmen; 28,19 sooft sie daher fährt, wird sie euch erfassen. Denn Morgen für Morgen wird sie kommen, des Tags und des Nachts. Da wird man nur mit Entsetzen Offenbarung deuten.* *Luther übersetzte: «Denn allein die Anfechtung lehrt aufs Wort merken.» 28,20 Denn das Bett ist zu kurz, um sich auszustrecken, und die Decke zu schmal, um sich drein zu schmiegen. 28,21 Denn der HERR wird sich aufmachen wie am Berge Perazim und toben wie im Tal Gibeon, dass er sein Werk vollbringe, aber fremd ist sein Werk, und dass er seine Tat tue, aber seltsam ist seine Tat! 28,22 So lasst nun euer Spotten, auf dass eure Bande nicht fester werden; denn ich habe von einem Verderben gehört, das von Gott, dem HERRN Zebaoth, beschlossen ist über alle Welt. 28,23 Nehmet zu Ohren und höret meine Stimme, merket auf und höret meine Rede: 28,24 Pflügt oder gräbt oder bricht denn ein Ackermann seinen Acker zur Saat immerfort um? 28,25 Ist's nicht so: Wenn er ihn geebnet hat, dann streut er Dill und wirft Kümmel und sät Weizen und Gerste, ein jedes, wohin er's haben will, und Spelt an den Rand? 28,26 So unterwies ihn sein Gott und lehrte ihn, wie es recht sei. 28,27 Auch drischt man den Dill nicht mit Dreschschlitten und lässt auch nicht die Walze über den Kümmel gehen, sondern den Dill schlägt man aus mit einem Stabe und den Kümmel mit einem Stecken. 28,28 Zermalmt man etwa das Getreide? Nein, man drischt es nicht ganz und gar, wenn man's mit Dreschwalzen und ihrem Gespann ausdrischt. 28,29 Auch das kommt her vom HERRN Zebaoth; sein Rat ist wunderbar, und er führt es herrlich hinaus.

Bestimmt gibt es tausend Gründe, dass Juden Christus nicht als Gottes Sohn anerkennen wollen, aber maßgeblich ist auch das schwermütige Beispiel der Katholiken, die vorgeben, Christus in der Gestalt von Brot und Wein mitten unter sich zu haben, und dafür auch schon mal Kriege angezettelt haben, sogar gegen ihre eigenen Brüder und Schwestern. Wenn aber am Ende der Tage der Herr erscheinen mag, dann wird die Reue bei den Juden groß sein und bitter schmecken, dass sie Ihn Zeit ihres Lebens nicht erkannt haben und das zu einem großen Teil aus Starrköpfigkeit. In den Reihen der Katholiken wird alsdann die Reue gleichzeitig um ein vielfaches überstiegen werden, reziprok zu der ungenutzten Kapazität vielfältiger Freude, weil sie durch ihr glanzloses Dasein, es mutwillig nicht zu Stande gebracht hat, Juden und andere Völker von Ihrem Messias zu überzeugen. Dabei wäre genau das ihre Berufung und Bestimmung. Was tut man mit so einem Baum, der nur verdorbene Früchte hervorbringt? Wie erblassen all die Busübungen am jüdischen Versöhnungstag Jom Kippur oder im katholischen Bußsakrament, wenn einem die größte Bitterkeit im Leben am letzten Tag nicht erspart werden kann, die Einsicht über mutwillige Versäumnisse und den eigenen Starrsinn.

Altes Testament – Der Prophet Jesaja, 53. Kapitel 53,1 Aber wer glaubt dem, was uns verkündet wurde, und wem ist der Arm des HERRN offenbart? 53,2 Er schoss auf vor ihm wie ein Reis und wie eine Wurzel aus dürrem Erdreich. Er hatte keine Gestalt und Hoheit. Wir sahen ihn, aber da war keine Gestalt, die uns gefallen hätte. 53,3 Er war der Allerverachteteste und Unwerteste, voller Schmerzen und Krankheit. Er war so verachtet, dass man das Angesicht vor ihm verbarg; darum haben wir ihn für nichts geachtet. 53,4 Fürwahr, er trug unsere Krankheit und lud auf sich unsre Schmerzen. Wir aber hielten ihn für den, der geplagt und von Gott geschlagen und gemartert wäre. 53,5 Aber er ist um unsrer Missetat willen verwundet und um unsrer Sünde willen zerschlagen. Die Strafe liegt auf ihm, auf dass wir Frieden hätten, und durch seine Wunden sind wir geheilt. 53,6 Wir gingen alle in die Irre wie Schafe, ein jeder sah auf seinen Weg. Aber der HERR warf unser aller Sünde auf ihn. 53,7 Als er gemartert ward, litt er doch willig und tat seinen Mund nicht auf wie ein Lamm, das zur Schlachtbank geführt wird; und wie ein Schaf, das verstummt vor seinem Scherer, tat er seinen Mund nicht auf. 53,8 Er ist aus Angst und Gericht hinweggenommen. Wer aber kann sein Geschick ermessen? Denn er ist aus dem Lande der Lebendigen weggerissen, da er für die Missetat meines Volks geplagt war. 53,9 Und man gab ihm sein Grab bei Gottlosen und bei Übeltätern, als er gestorben war, wiewohl er niemand Unrecht getan hat und kein Betrug in seinem Munde gewesen ist. 53,10 So wollte ihn der HERR zerschlagen mit Krankheit.

Wenn er sein Leben zum Schuldopfer gegeben hat, wird er Nachkommen haben und in die Länge leben, und des HERRN Plan wird durch seine Hand gelingen. 53,11 Weil seine Seele sich abgemüht hat, wird er das Licht schauen und die Fülle haben. Und durch seine Erkenntnis wird er, mein Knecht, der Gerechte, den Vielen Gerechtigkeit schaffen; denn er trägt ihre Sünden. 53,12 Darum will ich ihm die Vielen zur Beute geben, und er soll die Starken zum Raube haben, dafür dass er sein Leben in den Tod gegeben hat und den Übeltätern gleichgerechnet ist und er die Sünde der Vielen getragen hat und für die Übeltäter gebeten.

Wenn diese Welt nun vorgibt zu glauben, bereits alles Ungemach in der Kirche aus den vergangenen Jahrhunderten zu kennen, der ist sich der Abgründe unserer Zeit noch nicht gewahr, die nur eine Fortsetzung latenter Auswüchse aus dem Mittelalter aufdecken. Die Tendenz zum Todeskult in den katholischen Kirchen resultiert in erster Linie aus dem Gottesmord im Alltag des Menschen. Bevor Priester begonnen haben, an ihren Schutzbefohlenen übergriffig zu werden, haben sie sich bereits in vielfacher Weise an ihrem Gott vergriffen und maßgeblich seine Gebote übertreten, indem sie den Verlockungen des menschlichen Ich nachgeben und der Liebe zu ihrem Schöpfer abschwören. Das muss aufhören! Transparenz ist heute in aller Munde, deshalb muss Rhetorik und Gestik am Altar ohne Umschweife oder mehrdeutige Kunstgriffe klar und unmissverständlich dahin gehen, dass das Opfer in der Vergangenheit stattgefunden hat, dessen Früchte wir heute beabsichtigen unblutig zu zeitigen für das Heil **aller** Menschen. Fixpunkt kann dabei nur die Zukunft sein, nicht aber der Tod.

DER BRIEF DES PAULUS AN DIE PHILIPPER, 2. Kapitel: *Leben in der Gemeinschaft mit Christus* 2,6 Er, der in göttlicher Gestalt war, hielt es nicht für einen Raub, Gott gleich zu sein, 2,7 sondern entäußerte sich selbst und nahm Knechtsgestalt an, ward den Menschen gleich und der Erscheinung nach als Mensch erkannt. 2,8 Er erniedrigte sich selbst und ward gehorsam bis zum Tode, ja zum Tode am Kreuz. 2,9 Darum hat ihn auch Gott erhöht und hat ihm den Namen gegeben, der über alle Namen ist, 2,10 dass in dem Namen Jesu sich beugen sollen aller derer Knie, die im Himmel und auf Erden und unter der Erde sind, 2,11 und alle Zungen bekennen sollen, dass Jesus Christus der Herr ist, zur Ehre Gottes, des Vaters.

Der Tod ist Vergangenheit für Christus und damit auch die physischen Schmerzen an Seinem verklärten Leib. Selbst wenn die Erinnerungen daran für uns lebendig erscheinen mögen, das Gedenken muss stets auch ein aufrichtiges sein in allen Facetten Seines Erdenlebens, vielfältig und keineswegs einseitig nur die Qualen vor Augen habend. Andernfalls treten wir auf der Stelle, welches auch die typischste aller Charaktereigenschaft der Unbußfertigkeit ist. Wie *Erich Kästner* kurz nach Kriegsende festgestellt hat: „Die Unschuld grassiert wie die Pest." Das aber wäre doch kontraproduktiv, denn wie wollten wir zur ganzen Wahrheit von Leib und Blut in der Eucharistie gelangen können, wenn wir nicht aus dem Vergangenen das Neue betrachten wollten, den Auferstandenen, der uns Seinen Geist und Sein Mahl für das Heil im Hier und Jetzt zurückgelassen hat.

Natürlich ist die Frucht des Leidens durch Jesus Christus in der Eucharistie zu finden, die wir zuhauf kommunizieren. Es ist aber auch derselbe Jesus, der vor langer Zeit Seine Mutter darauf vorbereiten hat müssen, dass Er diese irdische Welt auf grausame Weise würde verlassen müssen, damit wir die Erlösung finden und Ihn als unseren persönlichen Retter annehmen können. So speisen sich diese Seine Erlösungsgaben zwar aus den vielen Opfern und aus dem blutigen Opfer in der Vergangenheit, aber nicht nur, sondern insbesondere aus der Gnade und den Wundern des Auferstandenen im Hier und Jetzt, der wieder lebendig ist, und dessen Überfluss an Barmherzigkeit aus der Heiligsten Dreifaltigkeit Fortbestand hat bis in unsere Zeit und darüber hinaus für **alle** Menschen dieser Erde. Der Jesus, dem wir in der Eucharistie begegnen, ist also auch derselbe, der einst wiederkommen und sogar von den Juden erwartet wird, obwohl sie einen anderen erwarten. Wer hier nicht folgert, lebt am Fluss der Gnade vorbei und offenbart seine Ohnmacht im Heil in einem für alle sichtbaren Paralleluniversum des Glaubens. Die ganze Kirche ist leider im Begriff auf diese Weise zu einer irr gehenden Universalität zu mutieren, die in ihrer Scheinrealität geübter Meister darin ist, an der Wirklichkeit des Heils für alle Menschen vorbei zu leben.

Das nächste Schreckgespenst, das nämlich leider damit in Verbindung unter „Laiengläubigen" umhergeht, ist in der Art des selbstgewählten Martyriums, das sie mit dem Begriff Demut in Verbindung bringen, um es sich selbst als Verdienst anzurechnen. Warum nur beherzigt keiner die Worte Jesu auf seinem Kreuzweg: *„Weinet nicht um mich, sondern um euch und eure Kinder!"* Dabei geben sie zuweilen eine so umständliche Haltung des Mitleidens und der Läuterung vor dem Abbild des gemarterten beziehungsweise gekreuzigten Christus ab, dass es nur abschreckend auf ihren Nachwuchs wirken kann, denen sie eigentlich einen authentischen Glauben überliefern sollten. Diesen Versuch unternehmen sie tagtäglich so kläglich, zumal sie sich weithin als Schafe ohne Hirten als unfähig erweisen, die Grenzen des eigenen Ich zu überwinden. Zum Beispiel indem man lernen würde, den Tag ein paar Minuten eher zu beschließen, um die Vogelperspektive einen Augenblick über sich selbst sprechen zu sehen, so wie Gott einen sieht, und gegebenenfalls Rechtschaffenheit aus sich selbst herauszulocken. Stattdessen bläst sich das eigene Ich immerfort von selbst auf, um ungehindert Grausamkeiten zu verbreiten, in der Fragilität menschlicher Psyche und dem in Verbindung stehenden persönlichen Umfeld als leidtragendes Instrument. Dieses Ungemach betrifft natürlich alle Menschen gleichermaßen.

Dabei wäre es so einfach, der Demut Raum zu geben im Ich, das lehrt auch *Ignatius von Loyola*, um etwaige Herausforderungen im Alltag standhafter bestreiten zu können. Die sichtlichen Unarten in den Glaubenspraktiken von Katholiken bleiben jedoch insbesondere der anfangs beschriebenen ermangelnden Priorität für das allgemeine Schuldbekenntnisses beziehungsweise dem oberflächlichen Kyrie geschuldet. Der kunstvoll herbeigeführte Schwerpunkt der Liturgie lastet auf einem lauten Einheitsbrei des Wohlfühlcharakters und dabei kommt kein Gläubiger aus, weil es Programm ist. Dennoch das seltsame Gebaren von atheistisch angehauchten Esoterikern wie auch von einigen Gläubigen gleichermaßen offenbart beschämend, wie die Menschheit sich förmlich nach der Erlösung sehnt und das Heil anvisiert, jedoch nicht für eine liturgische Mogelpackung, sondern für einen Platz im Hause des Vaters.

Auf diese Weise fügt Jesus sein tiefgreifendes Novum ins Innere des alten jüdischen Opfermahles ein, so beschreibt es das elfte Kapitel des nachsynodalen Schreibens SACRAMENTUM CARITATIS. **Jenes Mahl bedarf für uns Christen keiner Wiederholung. Zu Recht sagten die Väter, dass „figura transit in veritatem": Was die kommenden Wirklichkeiten vorausverkündete, hat nun der Wahrheit selbst Platz gemacht. Der alte Ritus hat sich erfüllt und ist durch die Liebesgabe des fleischgewordenen Gottessohnes endgültig überholt. Die Speise der Wahrheit, der für uns geopferte Christus, dat figuris terminum. (20) Mit dem Auftrag: „Tut dies zu meinem Gedächtnis!" (Lk 22,19; 1 Kor 11,25), fordert er uns auf, seiner Gabe zu entsprechen und sie sakramental darzustellen. Mit diesen Worten bringt der Herr sozusagen die Erwartung zum Ausdruck, dass seine Kirche, die aus seinem Opfer hervorgegangen ist, diese Gabe annimmt [...]**

Der Verlauf der Zivilisation, die von *Norbert Elias* als Prozess der Selbstregulierung von Sinnen und Sinnlichkeit beschrieben worden ist, habe den exaltierten gemeinschaftlichen Ausbruch von Gefühlen tabuisiert und die Klage ins Innere des Hauses und des Individuums verlagert, erklärt *Iris Weigel* in der *FAS*. Von den extrovertierten, öffentlich und gemeinschaftlich zum Ausdruck gebrachten Klagegebärden, deren Bilder von islamischen oder balkanischen Krisenherden auf unsere Bildschirme kämen, würden hiesige Fernsehzuschauer sich meist peinlich berührt fühlen. *Andreas Glas* berichtet hingegen in der *SZ* vom 21./22. Dez. 2019 von dem Ursprung des immer mehr Verbreitung findenden weihnachtlichen Stadionsingens in Berlin. Im Jahr 2003, kurz vor Weihnachten, hätten sich 89 Fans von Union Berlin ins Stadion an der Alten Försterei geschlichen. Sie hätten Liedtexte auf Zettel gedruckt, hätten einfach drauflos gesungen. Inzwischen sei auch in Berlin ein Pfarrer mit dabei, er lese die Weihnachtsgeschichte, Chöre würden auftreten, zuletzt seien 28500 Leute gekommen. Rekordhalter seien die Dortmunder. Im Stadion der Borussia hätten 68000 Menschen gesungen, berichtet *Glas*. Auch das fällt unter die Rubrik *public crying* nicht weniger, als wenn ein Prediger am Freitagsgebet in einer Moschee das Volk mit seinen Hasstiraden aufstachelt.

Die Geschichte der Menschheit hält unzählige Beispiele bereit, wie leicht in einer solchen Menschenmenge gezündelt und Schindluder getrieben werden kann. Die unzähligen Regeln, Formen, Normen und Farben für die Anweisung zur Praxis von Gebet und Feier der Karfreitagsliturgie würden verblüffen, so *Weigel*. Der einzelne Gläubige komme gar nicht darum herum, sie einheitlich zu studieren. Selbst abgeklärte Gemüter würden sich nicht daran stören, wenn das Herz in Tränen schwimme, hätten nichts dagegen, dass es im Rücken riesele, wenn der Choral „O Haupt voll Blut und Wunden" erklinge, schreibt die *FAS*-Korrespondentin. Der Mord an Jesus Christus, von den Juden begangen, dringe an diesem Tag an jedes Ohr der versammelten Gläubigerschar und bis in die feinsten Gefühlswahrnehmungen eines irdischen Körpers. Und *Weigel* fügt an, dass es selten Anlass sei, die eigene, möglicherweise indifferente Haltung zur biblischen Passionserzählung zu überdenken.

In den dreißiger Jahren des vorigen Jahrhunderts habe der Romanist *Erich Auerbach* diesen Umformungsprozess unter den Titel „Passio als Leidenschaft" gestellt. Man steht unweigerlich der Wirklichkeit von Gottesfeindlichkeit Auge in Auge gegenüber und kommt ihr nicht mehr aus. Anders wie üblicherweise im Alltag, wenn wir selbst wie selbstverständlich erfolgreich Gott fliehen, sogar noch im Gottesdienst. Die Emotionen werden nur an diesem Tag im Kirchenjahr zu einem Gemeinschaftsbad mit apokalyptischen Zügen. Mit einer Art Gegenleiden, einem leidenschaftlichen Leiden habe das Christentum etwas „ganz Neues, bis dahin Unerhörtes" geschaffen: „die gloriosa passio aus glühender Gottesliebe", erklärt *Iris Weigel*. Die Theatralik zu wiederholen, habe sich auch eine große Mehrheit der Katholiken zum Lebensinhalt machen können, ihrer selbst wegen. Wenn die Matthäuspassion mit „Kommt, ihr Töchter, helft uns klagen" anstimme, würden die Hörer zwar nicht mitklagen, aber doch mitempfinden, und das nicht selten intensiver als im übrigen Leben, attestiert *Weigel*.

Für passionierte Musikhörer gilt dasselbe, was der Kulturwissenschaftler *Aby Warburg* an den Malern der Renaissance beobachtet habe: Die erregten Gebärden aus der Kunst vergangener Epochen würden zum Ausdruck für Affekte. Der Mensch sehne sich danach, in Emotionen baden zu gehen. Der Ursprung oder theologische Sinn von Motiven dränge sich dabei wie von Magierhand in den Hintergrund. Eine sich selbst interpretierende Instanz würde für duldsame Unterhaltung sorgen auch während langwieriger Stunden im Gotteshaus. Die Menge lasse sich überfahren von der Trauer und dem eigenen Durst nach Gerechtigkeit wider allen Übeltaten auch der eigenen. Letztere, darin ließe sich die Menge spielend leicht homogenisieren, könne nur von außen verursacht sein. Aber wisse die Menge wirklich, von wem sie sprechen würde, wenn sie die Übeltäter kenne?, fragt *Warburg*.

Wer oberflächlich zuhört und sich nicht bemüht, meine Worte in sein Herz einzugraben, weil er weiß, dass er sich zu sehr anstrengen müsste, dass es ihm Schmerzen bereiten würde und er zu viele tiefsitzende Dinge ausmerzen müsste, der gleicht dem Menschen, der aus Trägheit und Torheit sein Haus auf

Sand baut. Kaum kommen die Unwetter, zerfällt das rasch erstellte Haus ebenso rasch, und der Törichte betrachtet untröstlich seine Trümmer und den Ruin seines Vermögens. ... Hier ist das nicht tief gegründete Bauwerk des Glaubens eingestürzt, und nichts bleibt mehr, um es wieder aufzubauen. Im jenseitigen Leben wird nicht mehr aufgebaut. Wehe dem, der dort mit Trümmern erscheint!

Redlich ist, wer sagt: „Ich befolge das Gesetz, nicht um von den Menschen gelobt zu werden, sondern aus Treue zu Gott. Und: Ich folge Christus nach, nicht der Wunder wegen, die er wirkt, sondern der guten Ratschläge wegen, die er uns für das ewige Leben gibt. Und: Ich arbeite nicht aus Gier noch Gewinn, sondern weil Gott uns die Arbeit als Mittel der Heiligung aufgrund ihres bildenden, abtötenden, vorbeugenden und erhöhenden Wertes gegeben hat. Ich arbeite, um meinem Nächsten helfen zu können. Ich arbeite, um die Wunder Gottes ins Licht zu setzen, des Gottes, der aus einem Samen der Weintraube einen großen Rebstock, aus einer Nuss einen Nussbaum und aus mir, einen armen Menschen, einem Nichts, das nach seinem Willen aus dem Nichts erschaffen wurde, seinen Gehilfen zu machen in der unermüdlichen Arbeit, um die Kornfelder, Weinberge und Obstgarten fortzubestehen, sowie die Erde zu bevölkern."

Gott gibt euch die irdischen Güter, dem einen viel, dem anderen kaum das Lebensnotwendigste. Er sagt euch: „Nun ist es an dir. Ich hab sie dir gegeben. Benütze diese Mittel zu einem Zweck, der den Wünschen meiner Liebe und deinem Wohle entspricht. Ich vertraue sie dir an; jedoch nicht, damit du Böses damit tust. Zum Dank für das in dich gesetzte Vertrauen und meine Gaben, nutze diese Güter und lege sie gut an für die wahre Heimat, den Himmel.

Euer Schatz sei im Himmel, damit auch euer Herz dort sei, über dem Diesseits und außer Gefahr, denn nicht nur Gold, Häuser, Felder und Herden kann das Unglück ereilen, sondern auch euer Herz, dem der Geist der Welt nachstellt, um es zu berauben, zu schwächen, zu verwunden und sogar zu töten. *Wenn er so handelt, werdet ihr euren Schatz in eurem Herzen haben, denn ihr werdet Gott in euch haben bis zu dem seligen Tage, an dem ihr in Ihm seid.*

Wenn ihr aus allen irdischen Gütern ein übernatürliches Gut macht, dann bleibt es vor den Schäden der Zeit, der Menschen und der Unwetter bewahrt. Arbeitet mit barmherziger Liebe gegen alles Elend der Erde.

Doch zur Stunde, ihr Seelen, da sich eure Hingabe an Gott noch im Opfer der Verlobungsbande vollzieht, begebt euch, um mit Gott dem Bräutigam zu sprechen, in die friedliche Stille eurer Wohnung, besonders aber in die friedliche Wohnung des Herzens, und sprecht als Engel im Fleisch, die ihr stets euren Schutzengel zur Seite habt, zum König der Engel."

Als die schwärzeste Seele von Hassfurt bei Würzburg stellt die *SZ* Karlheinz Deschner in ihrem Porträt vom 3. Mai im Jahre 2013 vor. Der 1924 katholisch Getaufte sei der größte Feind der Kirche, schreibt *Willi Winkler* von der *SZ*. In Gestalt von Julius Döpfner, seinerseits getauft auf den Namen des Würzburger Fürstbischofs Julius Echter, der einst die Juden aus der Stadt vertrieb und außerdem reichlich Hexen verbrennen habe lassen, exkommunizierte diese katholische Kirche 1952 Deschner, weil der sich unterstanden habe, eine „Geschiedene" zu heiraten, berichtet *Winkler*. Julius Döpfner sei damals der zuständige Bischof von Würzburg gewesen, wurde Bischof von Berlin, dann Kardinal des Erzbistums München und Freising und war Vorgänger von Joseph Ratzinger. Deschner sei Kirchenkritiker geworden, der wütendste seit Savonarola, den die wahrhaft Gläubigen 1498 in Florenz auf dem Scheiterhaufen verbrannt hätten. Die Kirche sei Deschners Schicksal geworden, ihre angemaßte Größe, ihre verdrängten Verbrechen, der Massenmord im Dienst des Glaubens. Sie hätte sich gelegentlich revanchiert, hätte ihn vermittels ihrer Würdenträger als „Fanatiker", als „verwirrt" oder „traumatisiert" entlarvt; den Rechtgläubigen gelte er als „Oberteufel", war so in der *SZ* zu lesen. In Wahrheit sei der teuflische Deschner der sanftmütigste Mensch, den sich eine Kinderbibel malen könnte, so der Journalist.

Ich sage euch: Jeder, der seine Frau entlässt – ausgenommen im Fall nachgewiesener Unzucht – setzt sie dem Ehebruch aus. Denn in der Tat, was macht in neunzig Prozent der Fälle die verstoßene Frau? Sie wird eine neue Ehe eingehen. Mit welchen Folgen? Oh, wieviel gäbe es hierüber zu sagen! Wisst ihr nicht, dass es dadurch ungewollt zu einer Blutschande kommen kann? Wie viele Tränen werden vergossen, die ihren Ursprung in der Unkeuschheit haben! Ja, Unkeuschheit. Einen anderen Namen gibt es dafür nicht. Seid ehrlich! Alles kann überwunden werden, wenn der Mensch rechtschaffen ist. Ist er jedoch unzüchtig, dient ihm alles zum Anlass, um seiner Fleischeslust zu frönen. Weibliche Gefühlskälte und Schwerfälligkeit, Unfähigkeit bei der Verrichtung von Hausarbeiten, ein Hang zum Nörgeln, Liebe zum Luxus: All dies kann überwunden werden, ja selbst Krankheiten und Reizbarkeiten, wenn man sich in heiliger Weise liebt. Da man sich jedoch nach einer gewissen Zeit nicht mehr so liebt wie am ersten Tag, betrachtet man gleich das durchaus Mögliche als unmöglich und wirft eine Frau einfach hinaus auf die Straße und ins Verderben.

Die Deschner-Kirche wolle nichts wissen von der jüngsten Sentimentalisierung, der Justinbieberisierung des Papstes und der Verpoppung von Glaube und Ritus, von der Massenekstase, wenn aus dem Konklave ein neuer Pontifex hervorkomme, der die katholische Kirche in ein neues Zeitalter führen solle, erklärt *Winkler*. „Meine Radikalität ist geistiger Art, die Radikalität der Kirche geht über Leichen", hätte ihr größter Feind behauptet. Für die Kirche hätten ihn fremde Götter verdorben, lauter deutschsprachige. So hätte er Schopenhauer und Nietzsche gelesen, holte später Kant nach und Lichtenberg und Kraus, was er nur hätte lesen können. Seit er mit zwölf oder dreizehn Jahren in einem längst vergessenen Buch die rhetorische Doppelung „Regen. Regen" entdeckt und gemerkt habe, dass ein Schriftsteller mehr könne, als in geraden Sätzen zu berichten, sei er Literat gewesen.

Die Zeit würde nach zeitvergessener Innerlichkeit, nach Seelentröstern in der *Goethe*-Nachfolge hungern, aber Deschner hätte seine Mitbürger erziehen wollen und aus ihrer Idyllensucht reißen wollen. Er habe Schön-Schreiber Hans Carossa, Werner Bergengruen oder Gerd Gaiser gemessert, und stattdessen die Moderne gefeiert, habe Robert Musil entdeckt, Hermann Broch und Hans Henny Jahnn. Hermann Hesses Gedichte habe er „albern" genannt, seinen vielgeliebten Roman „Narziss und Goldmund" habe er als „Goldschnittsirup" verhöhnt. Später habe er die Kulturträger der Bundesrepublik gezwiebelt, die Autoren der Gruppe 47: Ingeborg Bachmann, Heinrich Böll, er habe auch Hans Magnus Enzensberger gezwiebelt. In den Beschreibungen des seinerzeit als modernitätskühn verdächtigten *Max Frisch* habe er „etwas Kurorthaftes" entdeckt. Noch 1988, als ihm der Arno-Schmidt-Preis verliehen worden sei, habe er es nicht lassen können und am Namenspatron herumkritteln müssen, der doch wie Deschner in den Fünfzigern einer der wenigen Kulturoppositionellen gewesen sei.

Ja, er habe hart geurteilt, „aber in der Regel richtig". Und immer auf die Großen: „Das macht man, wenn man selber klein ist. Und ich hatte es bitternötig." So habe er eine Generation von Rebellen erzogen, von Schülern und Studenten, die sich gegen den verordneten Lehrstoff wandten und mit Deschners Stilkritik in der Hand an dem zweifelten, was ihnen da vorgesetzt worden sei. Das seien die Fünfziger, die frühen Sechziger gewesen, und Deschner jung, zu schönsten Hoffnungen berechtigend. Zum Teufel hätte ihn erst die Beschäftigung mit der Geschichte gemacht. 1962 erscheint „Und abermals krähte der Hahn", eine unfreundliche Bilanz der Kirchengeschichte. Buch um Buch habe er sich mit der Ausbreitung des Glaubens auseinandergesetzt, mit dem Einsatz von Feuer und Schwert, der Androhung der Hölle. Bei „Was ist selbst die Hölle von Auschwitz neben der ewigen

Hölle!" sei der Furor mit ihm durchgegangen: „Was sind alle Endlösungen neben den Endlösungen Gottes!" Wäre die Kirche noch so mächtig, wie er sie schildert, er würde seine Anklagen nicht überleben, unterstreicht *Winkler* in der *SZ*.

Er wolle der Sache auf den Grund gehen. Wo komme der christliche Wahn her, warum könne er sich so lange halten? In einem Alter, in dem viele deutsche Lehrer mit Verweis auf die beruflichen Strapazen die vorzeitige Pensionierung durchgesetzt hätten, hätte Deschners größenwahnsinniges Unternehmen zu erscheinen begonnen: die „Kriminalgeschichte des Christentums". Der Vertrag war schon 1970 geschlossen worden, doch erst 1986 erscheint der erste Band. Bis dahin hätte Deschner gesammelt, exzerpiert, verworfen und sich wieder und wieder in die Kirchengeschichte hineingegraben, alles gelesen, was er nur finden habe können. Jetzt habe er sich ins Blutgericht stürzen können, noch einmal erzählen, wie die christliche Lehre sich aus wundersamen Mythen und seinerzeit kurrenten Mysterien zusammensetze; wie Konstantin im Zeichen des Kreuzes siegte und dieses Kreuz sogleich verbreiten hätte wollen im Römischen Reich; wie die Kirchenväter zwischen Recht- und Falschgläubigen unterschieden hätten und die Ketzer für den Fortbestand der Kirche ebenso überlebensnotwendig geworden seien wie die regelmäßigen „bewaffneten Wallfahrten gen Jerusalem", wie sein Freund Hans Wollschläger die Kreuzzüge genannt hatte.

Draußen in der Welt würde gerade die 40-Stunden-Woche erkämpft, die sich bald auf 37, auf 35 reduziert. Deschner brauche wenigstens hundert Stunden. Jeden Tag, den der Herr werden ließe, sei er vor fünf aufgestanden und habe geschrieben bis kurz vor Mitternacht, denn anders würde er seinem Thema nicht Herr werden. Aus dem Weltkrieg, in den er einmal begeistert gezogen sei, habe sich das Wort „Einzelkämpfer" erhalten, aber er sei umsorgt worden von der Ehefrau, von seinen beiden Töchtern und einem kleinen, ergebenen Freundeskreis, berichtet *Winkler*. Nach mehr als 35 Jahren hätte er die „Kriminalgeschichte" jetzt im zehnten Band abschließen müssen und sei doch nur bis ins 18. Jahrhundert vorgedrungen. Er könne nicht mehr. In ein paar Wochen werde Deschner 89. Er sei erschöpft von der lebenslangen Fron am Schreibtisch, wo er im Blut gewatet sei, in dem Blut, das im Zeichen des Kreuzes mit solcher Hingabe vergossen worden sei.

„Ich möchte das Werk zu einer der größten Anklagen machen, die je ein Mensch gegen die Geschichte des Menschen erhoben hat", habe er seinem Verlag vor Jahrzehnten angekündigt, und doch müsse er jetzt vor dem Alter kapitulieren. Seine „Kriminalgeschichte des Christentums" sei womöglich nicht die größte Anklage, sondern die größte Wehklage in der deutschen Literatur seit den „Letzten Tagen der Menschheit" von *Karl Kraus*, der seinem Weltkriegs-Drama die Versicherung vorangestellt habe, dass die „unwahrscheinlichsten Taten, die hier gemeldet werden, wirklich geschehen" seien. Der Zorn habe sich nicht gelegt, aber die Melancholie, die seine Bücher seit je durchzogen hätten, sei immer stärker geworden: „Wer mit Mitleid geschlagen ist, ist doppelt geschlagen." Wenn er solche Sätze formuliert habe, bedächtig, vorsichtig, habe er manchmal nicht mehr an ihr Ende gefunden. Verstummt schaue er dann, die Augen auf den Besucher gerichtet, entschuldige sich, weil er den Gedanken nicht ausführen könne. Schreibt er noch? Auf dem Tisch liege ein Manuskript und warte auf die Korrektur. Vor allem warte das Nichts. Deschner gebe es zu, dass es ihm graue vor dem, was komme, vor dem Nichts.

Und der neue Papst, der sich nach dem Hl. *Franziskus* nennt, der der Welt und ihren Reichtümern entsagte – sei das für ihn kein Grund zur Hoffnung? Nein, nichts, gar nichts verspreche er sich von einem neuen Pontifikat, es sei doch die alte Kirche, die Una Sancta, die einzige alleinseligmachende. Mit Abscheu erinnere er sich der „Brunst"– er sagt wirklich „Brunst" –, mit der das Volk auf dem Petersplatz dem neuen Papst entgegenfieberte: „Als wenn das etwas ändern würde." Deschner zucke nicht mal mit den Achseln, so kalt sei seine Verachtung. „Es ist völlig gleich, wer Papst ist. Sein Einfluss innerhalb der Kirche ist viel geringer, als er in der Öffentlichkeit wahrgenommen wird."

Winkler gibt an, es gebe einen Untergrund des Leidens bei diesem Mann. Ein Klavier stehe vor dem Bücherregal, auf dem er jeden Tag gespielt habe, jeden Tag, „bis ein furchtbares Unglück das Haus traf". Er meint den Tod seines Sohnes Thomas, der 1984 starb. Nein, mehr wolle er dazu nicht sagen und hat es doch bereits getan. In seinen Aphorismen komme auch Thomas Deschner vor: „Du und deine Bücher, sagte er. – Ich las in Büchern, während er zugrunde ging." Deschner habe in letzter Zeit viel Deschner gelesen, streng, wie sich das für ihn gehöre auch den eigenen Arbeiten gegenüber: „Ich war glücklich, wenn ich eine Stelle fand, mit der ich zufrieden sein konnte." Der Schriftsteller Hans Erich Nossack hat den Schriftsteller und Kritiker Deschner als „Wahrheitsfanatiker" bezeichnet. Die Mitwelt habe es gegruselt vor seinen strengen Urteilen, aber er hätte die Nachkriegsliteratur vorangebracht wie kein Zweiter, schließt *Winkler* für die *SZ*.

Nicht, wer zu mir sagt: „Herr, Herr", wird in das Himmelreich eingehen, sondern wer den Willen meines Vaters tut. Nur diese werden in das Reich Gottes eingehen. Der Tag wird kommen, an dem ich, der ich zu euch spreche, nicht mehr Hirte, sondern Richter sein werde. Lasst euch nicht von meinem jetzigen Verhalten verleiten. Zur Zeit sammelt mein Hirtenstab alle zerstreuten Seelen, und er ist sanft und lädt euch ein, zu den Weiden der Wahrheit zu kommen. Dann aber wird der Hirtenstab durch das Zepter des Richter-Königs ersetzt werden, und meine Macht wird eine ganz andere sein. Nicht mit Sanftheit, sondern mit unerbittlicher Gerechtigkeit werde ich dann die Schafe, die sich von der Wahrheit genährt haben, von jenen trennen, die Wahrheit mit Irrtum vermischt oder sich nur vom Irrtum genährt haben.

Altes Testament – *Weissagungen des Propheten Ezechiel* 20,37 Ich will euch unter dem Stabe hindurchgehen lassen und euch genau abzählen 20,38 und will die Abtrünnigen und die, die von mir abfielen, von euch aussondern. Ja, aus dem Lande, in dem ihr jetzt Fremdlinge seid, will ich sie herausführen; aber ins Land Israels sollen sie nicht hineinkommen, damit ihr erkennt: Ich bin der HERR!

Ein erstes und ein zweites Mal werde ich dies tun. We h e d e n e n , d i e s i c h z w i s c h e n i h r e m e r s t e n u n d z w e i t e n E r s c h e i n e n *(dem einzelnen Gericht und dem Endgericht)* v o r d e m R i c h t e r n i c h t g e r e i n i g t h a b e n ; s i e w e r d e n s i c h n i c h t m e h r v o n i h r e n G i f t e n d e s B ö s e n r e i n i g e n k ö n n e n . *Die dritte Kategorie wird sich nie reinigen können; keine Strafe kann sie reinwaschen.* S i e h a b e n n u r d e n I r r t u m g e w o l l t , u n d i m I r r t u m s o l l e n s i e v e r b l e i b e n . *Unter ihnen werden viele sein, die dann jammernd zu mir sagen: „Aber Herr, warum? Haben wir nicht in deinem Namen geweissagt, Dämonen ausgetrieben und viele Wunder gewirkt?" – Dann werde ich ihnen klar und deutlich sagen: „Ja, ihr habt es gewagt, euch meines Namens zu bedienen, um als etwas aufzutreten, was ihr nicht seid. Ihr wolltet mit eurem Satanismus ein Leben in Jesus vortäuschen.* D o c h d i e F r ü c h t e e u r e r W e r k e k l a g e n e u c h a n . Wo s i n d e u r e G e r e t t e t e n ? *Wo haben sich eure Prophezeiungen erfüllt? Was war das Ergebnis eurer Exorzismen? Wer stand bei euren Wundern Pate? Oh, wohl ist mein Feind mächtig, aber er übertrifft mich nicht. Er hat euch geholfen, jedoch um seine Beute zu vergrößern, und* d u r c h e u e r W i r k e n h a t s i c h d e r K r e i s d e r d e n I r r l e h r e n V e r f a l l e n e n e r w e i t e r t . *Ja, ihr habt Wunder vollbracht und scheinbar größere als die wahren Diener Gottes, die nicht mit Gauklerkünsten das Volk verwirren, sondern* d i e E n g e l d u r c h i h r e D e m u t u n d i h r e n G e h o r s a m i n E r s t a u n e n v e r s e t z e n . *Jene, meine wahren Diener, schaffen mit ihren Opfern keine Trugbilder, sondern verbannen sie vielmehr aus den Herzen. Meine wahren Diener drängen sich den Menschen nicht auf, sondern zeigen den Seelen der Menschen Gott den Herrn. Sie tun nichts anderes als den Willen Gottes, und sie bringen auch andere dazu, den Willen Gottes zu erfüllen – so wie die Woge die vorangehende vorwärts treibt und die nachkommende mitzieht –,* o h n e s i c h d a b e i i n d e n Vo r d e r g r u n d z u s t e l l e n u n d a u s z u r u f e n : , S e h t d o c h ! ' *Meine wahren Diener tun, was ich sage, und hegen nur den einen Gedanken:*

meinen Willen zu erfüllen; und ihre Werke tragen mein untrügliches Merkmal des Friedens, der Sanftmut, der Ordnung. Daher kann ich euch sagen: Diese sind meine Diener, euch hingegen kenne ich nicht. Weichet von mir alle, die ihr Werke der Bosheit vollbracht habt." – Dies werde ich alsdann über jene aussprechen, und es wird ein furchtbares Urteil sein. Sorgt dafür, dass ihr diesen Richterspruch nicht verdient, und geht den sicheren, wenn auch mühevollen Weg des Gehorsams der Herrlichkeit des Himmelreiches entgegen.

Liebt den Willen Gottes. Liebet ihn mehr als euren eigenen und befolgt ihn trotz der verführerischen und machtvollen Kräfte der Welt, des Fleisches und des Dämons, die ebenso ihre Forderungen stellen. Doch in Wahrheit sage ich euch, dass jeder, der sich ihnen beugt, ein wahrhaft Unglücklicher ist. Ihr nennt mich „Messias" und „Herr". Ihr sagt, dass ihr mich liebt, und jubelt mir zu. Ihr folgt mir, und allem Anschein nach liebt ihr mich. Aber in Wahrheit sage ich euch: Nicht alle von euch werden mit mir ins Himmelreich eingehen. Auch unter meinen ersten und mir am nächsten stehenden Jüngern werden solche sein, die dort nicht eingehen werden, denn viele werden ihren Willen oder den Willen des Fleisches, der Welt und des Dämons tun, doch nicht den meines Vaters.

Seid nicht kleingläubig! Ängstigt euch nicht wegen einer ungewissen Zukunft (...). Diese Sorgen überlasst den Heiden, die nicht die erhabene Gewissheit der göttlichen Vaterschaft haben. Ihr habt sie und wisst, dass der Vater eure Bedürfnisse kennt und euch liebt. Vertraut also auf ihn. Sucht zuerst das wahrhaft Notwendige: den Glauben, die Güte, die Nächstenliebe, die Barmherzigkeit, die Reinheit, die Gerechtigkeit, die Sanftmut, die drei göttlichen und die vier Haupttugenden und alle übrigen, um Freunde Gottes zu sein und ein Anrecht auf sein Reich zu besitzen. Ich versichere euch: Alles übrige wird euch dazu gegeben werden, ohne dass ihr eigens darum zu bitten braucht. Es gibt keinen Reicheren als den Gerechten und keinen, der unbesorgter wäre als er. Gott ist mit den Gerechten. *Der Gerechte ist mit Gott. Er bittet nicht für seinen Leib, den Gott mit dem Notwendigen versorgt, er wirkt für seine Seele, und ihr schenkt Gott sich selbst schon hier auf Erden und im Jenseits das Paradies. Sorgt euch daher nicht unnötig um Dinge, die der Sorge nicht wert sind. Seid betrübt, weil ihr unvollkommen seid, nicht weil es euch an irdischen Gütern fehlt. Kümmert euch nicht um den morgigen Tag, er wird für sich selbst sorgen, und ihr sollt erst an ihn denken, wenn ihr ihn erlebt. (...) Sagt immer das große Wort: „Heute." Seid seine Kinder, nach seinem Bild erschaffen. Sagt daher mit ihm: „Heute."*

Habt ihr im Leben nicht schon genug unangenehme Erinnerungen an das Gestern und quälende Gedanken von heute, als dass ihr euch auch noch die Alpträume des „Was wird wohl sein?" aufladen müsstet. (...) Jedem Tag genügt seine Last. Es wird immer mehr Sorgen in unserem Leben geben, als wir haben möchten, auch ohne dass wir den gegenwärtigen Sorgen noch die zukünftigen hinzufügen.

Da sind Priester, die am Sonntag lesen, als hätten sie Stroh im Kopf, nämlich die Wissenschaft. *Ein nur mit Stroh gefüttertes Tier erkrankt, wenn das Stroh, die Wissenschaft, nicht mit Hafer und frischem Gras gestärkt wird, der Weisheit.* Das Evangelium wird zwar wissenschaftlich gut, geistig jedoch schlecht gelehrt und dessen nachhallende Interpretationen lassen so manchem die Haare zu Berge stehen, ganz zu schweigen von der vorgetragenen Gleichmütigkeit. So als wäre der irdische Tod die letzte und einzige Wirklichkeit im Leben eines jeden Menschen. *Übermenschliches – d. h. die Berufung zu einer Mission – darf nicht auf eine Stufe mit dem Menschlichen gestellt werden, also dem Tod gleichgestellt werden.*

Ist ein Gelände öde, genügt nicht ein Blitz allein, um es fruchtbar zu machen. Er berührt nur die Steine an der Oberfläche, nicht aber das darunterliegende Erdreich. Beginnt wenigstens damit, die Steine wegzuräumen. Denn wenn sie so tief in euren Herzen liegen, wird das Zeichen sonst nicht ausreichen, um euch zum Glauben zu führen.

Regelmäßigkeiten hätten nichts logisch Zwingendes, schreibt *Robert Spaemann* im Oktober 2006 in der *FAS*, sie erklärten weder sich selbst noch die Welt. Dass sie sich mathematisch formulieren ließen, war für Naturwissenschaftler wie zum Beispiel für Einstein immer ein Grund des Staunens und der Hinweis auf einen göttlichen Ursprung. Nichtsdestotrotz, Gottes Größe passt in keine physische Formel der Mathematik oder Chemie. Materie in Form einer Hostie kann demnach keine höhere Funktion als die eines biologischen Trägers einnehmen. Sie nimmt sozusagen nicht mehr, aber auch nicht weniger als eine Schnittstelle zwischen Gottes undefinierbarer Größe und der Vergänglichkeit des Menschen ein, um am Ende der Zeiten selbst hinweggerafft zu werden und in die Geschichte einzugehen. Diese Übertragungsform oder der Altar werden dann nicht mehr nötig sein, weil Er sie in der Anwesenheit Seiner ganzen Gestalt ersetzt. Definitiv wird es aber dann den ein oder anderen Katholiken geben, der lieber weiter die Hostie anbetet oder der Herausforderung eines abstrakten Perfektionismus in der Liturgie frönt, als vielmehr dem König des Universums gegenübersteht, weil er oder sie sich seine Zukunftsträume nicht mit einem sie ermahnenden und gerechten Richter ausgemalt hätte.

Denkt daran, dass mein Herz dabei weint; denn es ist verwundet von eurer Schwerhörigkeit der Berufung gegenüber. Prüft euch also und urteilt dann ehrlich und aufrichtig und entschließt euch! Sagt: „Meister, Freunde, ich erkenne, dass ich für diese Aufgabe nicht geeignet bin. Ich gebe euch den Abschiedskuss und sage euch: Betet für mich. Das ist besser, als Verrat zu üben. Besser ist es so ..."

Es gibt keinen einfacheren Weg der effizienten und raschen Psychohygiene als jenen der Vogelperspektive über sich selbst, und es nützt dem Menschen dort, wo er selbst in den Umstand kommt, zu prüfen in welchem Verhältnis sein Glaube zur Werkgerechtigkeit, zum „Guttun" steht. *„Du weißt aber nicht, dass gerade du elend und erbärmlich bist, arm, blind und nackt."* (Offenb. n. Joh.)

Gott zu dienen, als ob du Ihn sehen könntest, denn obwohl du Ihn nicht sehen kannst, so sieht Er doch dich. Genaugenommen gründet sich allzu oft der Inhalt des Glaubens auf die Entfaltung eines einzigen Wunschtraumes, nämlich mit einem selbsterwählten Kreuz und nutzlos auferlegten Bürden, das Jenseits pachten zu wollen. Wer so festgefahren in dieser Illusion ist, ist auch davon überzeugt, vorwegnehmen zu können, wer ihnen dort im „nächsten Leben" einmal begegnen darf und für wen man besser nicht zu hoffen wagt. „Wenn ich für mich allein bin, was bin ich?", weiß stattdessen der Rabbi *Hillel* selbstkritisch zu fragen.

Körper und Geist können gleicherweise krank, aussätzig oder tot sein, aber die Gabe ist einem verliehen durch das Leben der Buße, ein inbrünstiges Gebet und das aufrichtige Verlangen, die Allmacht Gottes aufleuchten zu lassen. Ferner tiefe Demut, lebhafte Liebe, einen flammenden Glauben und die Hoffnung, die sich durch keinerlei Schwierigkeiten verstören lässt. Tugend und Gehorsam machen Gott zum Freund des Menschen. Jeder erfülle ihn mit Einfalt und gutem Willen. Vor allem rühme sich keiner dessen und klammere sich keiner daran, sie kann einem genommen werden.

Es kamen und kommen Mächtige, die sich der Tragik der Wirklichkeit nur zu bedienen brauchen. Um noch einmal mit den umgewandelten Worten *Kertész* zu sprechen: Weil seit Golgotha nichts geschehen ist, was Golgotha widerlegt hat, gehört ihm die Wirklichkeit noch immer. Für alle anderen sind nur Scherben übrig geblieben … Um die Massen zu versammeln, braucht es lediglich eines kargen Gemütes, wie es zum Beispiel den Veranstaltungen rund um den Karfreitag oder im krassen Gegensatz dazu den muslimischen Freitagsgebeten abzulesen ist. Nicht nur Hitler, Assad, Putin, Milosevic, Trump, Johnson, Salvini und wie sie alle heißen auf den Kontinenten und Jahrhunderten dieser Erde, auch der kleine Mann oder Frau – allesamt beherrschen sie die vernichtende Gabe im gemeinen Volk zu zündeln, um es zu benutzen für ihre Zwecke.

De facto kann es keinen größeren Übeltäter geben, ob nun Laie oder Seelsorger, der freimütig im Sakralraum oder unterwegs im Alltag den Gottesmord entfacht. Die jährliche Karfreitagsbitte am Kreuzweg in Rom und sonst wo auf der Welt sollte also so formuliert sein, dass unser Vorbild ein wahres sei, damit andere Völker und Religionen, allen voran Israel, ihrer aller Schöpfer an unserem Leben erkennen können und ebendies teilhaben wollen an ihrer aller Schöpfers Heil mit dem Vorbild in Christus und Maria. Ein größeres Feuer kann man nicht entfachen unter den Menschen. *Karlheinz Deschner*, der zutiefst katholisch geprägt war, verhalf inmitten aus der Hölle seines Lebens mit der um sich greifenden Wirklichkeit ein zutiefst düsteres Bild von der katholischen Kirche zu zeichnen. Ein wahres Bild. Dennoch, wohin hat ihn der Flächenbrand gebracht? Eben ohne der Wurzel des eigentlichen Übels auch nur im Geringsten näher gekommen zu sein, was wohl auch der überaus harten Strafe durch die Kirche, seiner Exkommunikation, geschuldet war.

Den Wald vor lauter Bäume nicht sehen, nämlich den seit Jahrzehnten um sich greifenden sakramentalen Niedergang, der hauptsächlich mit Hilfe eines Mittels vonstattenging, das als Mittel zum Zwecke der Heiligung bestimmt war: die liturgische Gestaltung des Abendmahls. In ihrer Selbstverliebtheit kreist sie um sich selbst, ihrer selbst willen. Keine fünfzig Jahre später steht die Kirche selbst mit dem Rücken zur Wand. Hätte sie mal in der Vergangenheit ihre Macht nicht systematisch missbraucht, sie würde heute anders dastehen. Es hilft auch nichts, sich auf den kommenden Erlöser zu berufen, der alles richten wird, da würden sich einige umschauen, so tief stecken sie im Morast der Selbstverliebtheit. Also packen wir es mit der Hilfe der Heiligsten Dreifaltigkeit im Hier und Jetzt an, wie es heißt: „Ehre sei dem Vater & dem Sohn & dem Heiligen Geist", denn es gibt noch viel zu tun bis der Herr erscheinen mag in unserem Leben.

Altes Testament – Prophet Jesaja, *Der Knecht Gottes im Leiden* 50,10: Wer ist unter euch, der den HERRN fürchtet, der

der Stimme seines Knechts gehorcht, der im Finstern wandelt und dem kein Licht scheint? Der hoffe auf den Namen des HERRN und verlasse sich auf seinen Gott! 50,11 Siehe, ihr alle, die ihr ein Feuer anzündet und Brandpfeile zurüstet, geht hin in die Glut eures Feuers und in die Brandpfeile, die ihr angezündet habt! Das widerfährt euch von meiner Hand; in Schmerzen sollt ihr liegen.

Ein Gottesdienst, der länger als 30 Minuten dauert (mit Predigt 40 Minuten und einfachster musikalischer Begleitung nochmal 20 Minuten dazu), verlangt geradezu nach einer Struktur, weil der Mensch von sich aus nicht in der Lage ist, seine volle Konzentration und sein Herz gen Himmel zu richten. Das übersteigt schlichtweg seine Fähigkeiten für übersinnliches Bewusstsein. Andererseits gelingt es einem doch, so ist es eine Herausforderung nicht abzuheben oder den Boden unter den Füßen zu halten. Was leider noch seltener gelingen mag mit einem Schuldbekenntnis oder einer Kyrie, was keines ist beziehungsweise den im Eifer des Gefechts ausgesprochenen Dank über die Lossprechung nicht dauerhaft als Leitlinie für die ständige Lebensführung im Gottesdienst implizieren kann, weil der Dank im „Himmelhochjauchzen" dem Bewusstsein flöten geht und im Verlauf der weiteren Zeremonie in Euphorie umschlägt.

Das mag ein weiterer und wesentlicher Grund dafür sein, dass mehr die Utopie in der Kirche um sich greift, als vielmehr ihre Heiligung auf fruchtbaren Boden stoßen könnte. In der Not greift der Kleriker nach einer Prothese. In erster Linie aber nicht, um den Gläubigen zu erreichen – denn das wäre zwecklos, sondern ausschließlich – um die Illusion zu schaffen, sich selbst und damit alle anderen zu übertreffen. Das ist im eigentlichen Sinne zusammengefasst die Geburtsstunde der liturgischen Dominanz. Was daraus geworden ist, haben die Jahrhunderte eingehend vor Augen geführt, denn eine Saat wurde gelegt für die künftige Unfruchtbarkeit des Messopfers, die vielfach ihren religiösen Anspruch verloren hat, weil sie das Heil für **alle** Menschen in ihr Gegenteil verkehrt. Eine solche Kirche steht mit ihrer Unfruchtbarkeit unweigerlich weiter im Banne einer Wirklichkeit der Gottesmörder. Wen wundert es da noch, wenn Gläubige in ihren Gebetsübungen den Heiland lieber blutig und leidend als strahlend und verklärt im Himmel zu sehen beabsichtigen.

Der Erfindung der Liturgiebeschaffenheit mit menschlicher Logik liegt ein vernichtender Widerspruch zugrunde, der gleichzeitig nicht weniger als die Ursache für die vielfach begangene Halbherzigkeiten entlarvt. Abstraktes Wissen und theatralische Gestik bleiben eben nur Theorie und können bei aller menschlicher Anstrengung der praktischen Heiligung des Menschen nicht nur dienlich sein, sondern auch ihren Untergang bedeuten. Heiligung kann insofern nur dem Herzen entspringen, dem einzigen Ort an dem sie auch Bestand haben kann, weil er vom Pulsschlag des Menschen bestimmt wird, von seinem Denken und Fühlen, das letztendlich seine Taten ausmacht für das Heil **aller**. Automatismus dagegen ist nicht Fühlen, ist nicht wach sein, sondern einstudierte und routinierte Mechanik. In einer von Mängeln durchsetzten Liturgie gerät die Mechanik des Automatismus in den Vordergrund, weil der Fluss des Heils unterbrochen ist. Wer so geistig eine Prothese anlegt, legt sie nie wieder ab.

Das beste Beispiel ist der emeritierte Papst *Benedikt*. Seit Jahrzehnten theologisiert er ohne Unterlass in seinen Büchern, die nur dazu dienen das persönliche Gewissen der Menschen zu betören, denn Theologie im maximalen Redefluss zu betreiben ist noch lange kein bewusstes, soll heißen vielfältiges Gedenken an den höchsten Herrn, geschweige denn Bußfertigkeit. Im Gegenteil, die Wissenschaft wird in der Religion überbewertet und das Gedenken als Nebenschauplatz in den Hintergrund gedrängt, ganz so wie es der Widersacher will. An vielen Stelle trägt dann die Liturgie das ihrige dazu bei, wenn sie sich Gläubigen als unwegsames Gestrüpp darbietet, in dem man sich zu leicht verheddert, zum Beispiel in der mehr als mangelhaften Bußpraxis zur einleitenden Liturgie. Was darin vielfach dargeboten wird, ist hanebüchen, sollte aber im weitesten Verständnis vielmehr der Inbegriff für die Erneuerung der Taufe und Firmung zugleich sein und nichts Geringeres als die Grundlage für jeden weiteren Atemzug, den der Mensch im liturgischen Verständnis von Eucharistie begeht und darüber hinaus im Alltag.

All den armen Kranken im Geiste wird die Aufrichtigkeit ihrer Reue genügen. Die aufrichtige Reue ist ein Filter, der reinigt; d i e   L i e b e   i s t   d a n n   d a s   M i t t e l ,   d a s   v o r   j e g l i c h e r   n e u e n   B e f l e c k u n g   b e w a h r t . Dadurch können jene, die das Leben zu Erwachsenen und Sündern gemacht hat, wieder unschuldige Kinder werden und wie sie in mein Reich eintreten ... Du hast den vollständigen Zyklus der Magdalena vom Tode zum Leben gesehen. Sie ist die größte der Auferstandenen meines Evangeliums. Sie ist vom siebenfachen Tode auferstanden. Sie ist wiedergeboren worden. Du hast gesehen, wie der Stengel sich aus dem Schlamm erhoben hat und die Blüte immer höher gewachsen ist, um für mich zu erblühen, zu duften und zu sterben. Du hast sie als Sünderin gesehen; dann dürstend der Quelle sich zuwendend; dann als Büßerin, als Tochter, der verziehen worden ist, als Liebende, als Trauernde über den Leichnam ihres Herrn gebeugt, als Dienerin der Mutter, die sie liebt, weil sie meine Mutter ist; schließlich als Büßerin auf der Schwelle ihres Paradieses.

Ihr furchtsamen Seelen, lernt, e u c h   n i c h t   v o r   m i r   z u   f ü r c h t e n , lest das Leben der Maria Magdalena.
Ihr liebenden Seelen, l e r n t   v o n   i h r die seraphische Liebe.
Seelen, die ihr gefehlt habt, l e r n t   v o n   i h r   d i e   W e i s h e i t , die auf den Himmel vorbereitet.

Aus der Psychologie und verwandten Disziplinen sind zuletzt einige Studien gedrungen, die wie Querschüsse klingen würden, erklärt *Sebastian Herrmann* in seinem Bericht in der *FAZ* vom 16. & 17. Oktober 2021. Intelligenz und Bildung böten demnach nur geringen Schutz vor Irrungen und Wirrungen. Unter manchen Umständen könne ein wacher und schneller Geist die Anfälligkeit für Verirrungen sogar erhöhen. Wer schlau sei und viel wisse, verrenne sich womöglich erst recht in seiner Weltsicht. So berichten zum Beispiel Psychologen um *Brittany Shoots-Reinhard* von der Ohio State University im Fachjournal *Intelligence*, dass kognitive Fähigkeiten wie ein Polarisierungsfaktor wirken könnten: Mit dem Grad des verbalen Vermögens hätten sich beispielsweise die ideologischen Gegensätze in der Bewertung der Covid-19-Pandemie verstärkt. Salopp gesagt, so *Herrmann*, eloquente Diskutanten würden einander besonders unversöhnlich ankeifen. Andere Arbeiten würden ebendies zeigen, dass Intelligenz und Bildung die Neigung zu motiviertem Denken erhöhen könnten: Mit hoher geistiger Kapazität ließe sich eben fast jede Aussage so interpretieren, dass sie die eigene Weltanschauung unterstützt.

(...) Ich sage euch – und wenn ich nicht sanft mit euch bin, dann ist es eure eigene Schuld – dass ihr diejenigen seid, die sich vor den Menschen als gerecht ausgeben oder es wenigstens versuchen, aber nicht gerecht sind. Gott kennt eure Herzen. Was groß ist in den Augen der Menschen, ist verabscheuenswert vor der Unendlichkeit und Vollkommenheit Gottes. Ihr zitiert das Alte Gesetz und beschwert es mit Lasten, die euch nützlich sind. Warum wehrt ihr euch sonst, wenn ich es zugunsten dieser Kleinen vereinfache, indem ich alle beschwerlichen und unnützen Schnörkel und Anhängsel der von euch gemachten Vorschriften wegnehme, die das wesentliche Gesetz darunter verschwinden lassen und ersticken? Ich habe Erbarmen mit diesen Menschen, mit diesen Seelen, die in der Religion aufatmen möchten, jedoch Schlingen finden, die sie erdrosseln. Sie suchen Liebe und finden Schrecken. Nein. Kommt, ihr Kleinen von Israel. Das Gesetz ist Liebe. Gott ist Liebe. (...)

Ein Buch, das der ehemalige Papst *Benedikt* wohl wie viele andere zu seinem Vermächtnis zählt, heißt „Jesus von Nazareth", obwohl es bereits das brillante Werk „Gottmensch – Leben und Leiden unseres Herrn Jesus Christus" von *Maria Valtorta* aus dem hier vielfach zitiert wird, gibt. Warum also parallel dazu ein zweites Werk mit privaten Interpretationen, anstatt das „Original" nachhaltig zu empfehlen? Infam ist dieses Verhalten. Der Klerus nimmt sich an höchster Stelle alles heraus, zumal man selbst das Prüforgan für zuzulassende katholische Literatur in der Kurie innehatte. Diese so auf umständlichem Wege institutionalisierte Literatur ist die Fortsetzung der lähmenden mit Mängeln behafteten Liturgie aus dem Sakralraum, zurechtgeschnitten für den Privatgebrauch im Eigenheim, den Salonglauben nährend. Zuerst schient man den Menschen im Geiste mit einer Prothese ein während einer glänzend erscheinenden Liturgie, die aber tiefgründig betrachtet keinen anderen Glanz als den der Perfektion hat. Wie aber hält man anschließend den Gläubigen bei Laune, der abgeschnitten ist vom Fluss des selbsttätigen Heils? Der Bedarf daran ist unermesslich, denn wie eingangs im Kapitel bereits angedeutet, haben es die Gläubigen mit der übrigen atheistisch angehauchten Menschheit gemein, dass sie trotz ihres Kirchgangs (oder vielleicht gerade deswegen) unersättlich nach der Erlösung dürsten müssen. Auf diese Weise aber lassen sich die elementaren Schuldfragen unserer Zeit systematisch und effizient unter den Teppich kehren und das nicht erst seit gestern. Der Geschmack der Demut steht im krassen Gegensatz dazu und schmeckt daher eher bitter. Ohne Demut aber ist der Mensch kein Mann Gottes, sondern ziellos und um sich selbst kreisend. Völlig haltlos verspüren sie den Drang, unentwegt von sich reden zu machen, sie können es nicht lassen, denn sonst würden sie die Illusion, welche sie am Leben erhält in Gefahr sehen und damit auch den Schein ihrer Persönlichkeit, die wie das Gras vergehen muss.

Psalm 75: [...] 8 Nein, der Richter ist Gott;
Den einen erniedrigt er, den andern erhöht er.
9 Ja, in der Hand des Herrn ist ein Becher,
herben, gärenden Wein reicht er dar; ihn müssen alle Frevler der
Erde trinken,
müssen ihn samt der Hefe schlürfen; [...]

Dafür kämpfen sie, nicht aber für das Reich Gottes in den Herzen der Menschen, deshalb muss ein für alle Mal Schluss sein mit dieser zerstörerischen Tradition der Selbstgefälligkeiten und Utopien, weil sie nichts als spirituelles Vakuum schaffen bei den Menschen, und Bevormundung, die Hand in Hand mit geistiger Abhängigkeit geht. Liturgische Gestaltungsmechanismen können der Leere vielleicht einen ästhetischen Raum geben und einen Hauch von Spiritualität verleihen, jedoch nicht mal im Ansatz den höheren Sinn des Heils einverleiben. Die Liturgie weiß nichts über den Menschen, weil sie weder lesen noch sprechen kann. Wie also sollte sie ohne das nachhaltige und aktive Zutun des Gläubigen das Gedenken an Jesus Christus sinngemäß wiedergeben können? An dieser Stelle springt schließlich der Seelsorger für ihre leblose Form ein, um ihr Stimme und Form zu sein, damit sie nun doch endlich von Leben erfüllt werde. Kann das funktionieren? Ändert sich dadurch irgendetwas an der Tatsache, wenn nun der Geistliche zum Showmaster mutiert, dass der dramaturgische Akt der Liturgie für sich allein genommen eine Totgeburt ist? Warum also nicht aktiv dagegensteuern, die Prothese ablegen und sich in der Liturgie komplett neu erfinden.

Welch armseliges Konstrukt diese liturgische Schöpfung aus der Hand des klerikalen Standes in Wirklichkeit doch darstellt, wenn auch nur in einem ihrer Elemente der Wurm des Unheils genährt wird. Sie verkommt zu einem Sammelsurium eingeübter und millionenfach wiederholter Prozedere. Dieses also soll Stütze sein, dabei helfen, das Gedenken an unseren Herrn und Erstgeborenen des Neuen Bundes glaubhaft und umfänglich zu repräsentieren? Im Ernst? Wir sind es doch, die das tun müssen. Haben wir Gläubige das wirklich verlernt, sind wir tatsächlich so verblendet, so schwer von Begriff? Wenn unsere geistigen Kräfte ein verfehltes liturgisches Konstrukt zur gelungenen Feier eines Gottesdienstes tatsächlich nötig haben, dann sind wir nicht wirklich in der Lage zu glauben, dann kann man sich in Wirklichkeit den Aufwand des liturgischen Theaters sparen. Dann lässt sich der Glaube, ohne mit der Wimper zu zucken, an den Garderobenhaken hängen, so wie es die überwiegende Mehrheit tut, um nicht noch mehr Schaden anzurichten in der grausamen Wirklichkeit unheiliger Religionen.

Tatsächlich hängt man bereits mit der routinierten Abfolge, welche die Hände zum Gebet faltet, die Selbsttätigkeit an den Haken. Tatsächlich haben wir es verlernt, das Lob aus dem Herzen zu sprechen, überhaupt aus dem Herzen zu sprechen und zu handeln. Klagen, freilich das liegt in der Natur des Menschen, nur wer spricht auch mal ein Lob aus der Mitte des Tages heraus, wenn es nicht feierlich von der programmatischen Liturgie eingerahmt wird, wie es von Kindesbeinen eingebläut wird. Es mag dem Geheimnis jener Ideologie geschuldet sein, derer sich die Welt in ihrem Trauerflor immer wieder zu widersetzen gezwungen sieht, sich ferner als Herausforderung vor jedem Menschen zu offenbaren, um sich nach der realen Wirklichkeit, nämlich Leben, Tod und Auferstehung, an Jesu Christi zu orientieren.

Der Mensch hat eine Zunge, und mit dieser spricht er. Er hat Augen, und mit diesen sieht er. Er hat Hände, und mit diesen macht er Zeichen. Aber er hat noch etwas anderes, das mehr als alles andere über sein wahres Wesen aussagt: Es sind seine Werke. Was sind zwei Hände, die zum Gebet gefaltet sind, wenn der Mensch ein Dieb und Unkeuscher ist? Was sind zwei Augen, die Verzückung vortäuschen, sich in alle Richtungen verdrehen, aber nach Beendigung des Schauspiels imstande sind, den Blick begierlich auf die Frau zu richten oder auf den Feind, oder gar nach Unzucht oder Mord Ausschau zu halten? Und wie soll man eine Zunge nennen, die in lügnerischen Lobgesängen zu schmeicheln versteht und mit honigsüßen Redewendungen verführt, während sie euch dann hinter eurem Rücken verleumdet und es sogar fertigbringt, falsch zu schwören, nur damit man euch für verachtungswürdige Menschen hält? Was ist eine Zunge, die lange heuchlerische Gebete verrichtet und gleich danach den guten Ruf des Nächsten untergräbt oder dessen Gutgläubigkeit täuscht? Widerlich, widerlich sind lügnerische Augen und Hände. Aber die Werke des Menschen, die tatsächlichen Werke, also die Art, sich in der Familie, im Umgang mit dem Nächsten und den Dienern zu benehmen, bezeugen: „Dieser ist ein Diener des Herrn", denn die heiligen Werke sind die Frucht einer wahren Religion.

In diesem Sinne begreift ebendies der Professor für islamische Theologie, *Muhammad Sven Kalisch*, Religion als eine spirituelle Tradition, die einem vieles geben kann, aber auch immer wieder angesichts neuer Erkenntnisse kritisch hinterfragt werden müsse. Religionen seien wie Krücken, verdeutlicht *Kalisch*, sie seien nützlich und gut, aber man müsse lernen, sich von ihnen zu emanzipieren. Eine der zentralen Verantwortungen aller Kirchen: Alles Gute kommt von Gott, ihm allein solle man sich rühmen. *Im Himmel bringt die Tugend Lohn ein, nicht das Gold. Die einzige Frucht, die einer ernten darf, sind die Seelen, die man durch das Wunder für den Herrn gewinnt und keine selbst dienlichen Eigenheiten wie Hochmut. Die Seelen sind jene Münzen, an denen man sich im anderen Leben wie an einem Schatz erfreut.*

Franz von Sales rät den „Gebeugten" im Geiste: „Der Christ hat einen wahren Trost im Leiden und eine starke Hilfe in der Geduld: Das ist der leidende Heiland. Auf ihn schaue mit den Augen deiner Seele, wenn etwas Schweres über dich kommt! Er wurde gekreuzigt, entblößt, geschmäht, verleumdet, verlassen und von aller Bitterkeit, Beschwernis und Trübsal so überladen, dass daneben deine Leiden gar nicht in Betracht kommen können. Und niemals wirst du so viel für ihn leiden, wie Er für dich gelitten hat. Er ist aber aus Liebe zu uns gestorben, und auferstanden auch aus Liebe und seither wartet er aus Liebe auf jeden Einzelnen." Alle Versuche in der Geschichte der Menschheit und auch das bisher Unversuchte, dem Schöpfer ebenbürtig zu begegnen und ihm etwas abzugewinnen, um das klägliche Fristen auf Erden ein wenig erträglicher zu gestalten, muss scheitern, denn stets ist Er es, der Schöpfer, der seine Schöpfung und damit den Menschen zuerst geliebt hat, bevor der Mensch in der Lage ist zu lieben. Im ersten Johannesbrief etwa ist zu lesen, dass die Liebe nicht darin besteht, *„dass wir Gott geliebt haben, sondern dass Er uns geliebt hat und Seinen Sohn als Sühne für unsere Sünden gesandt hat"*. Keiner kann sich demnach rühmen. Der Gläubige kann sich aber glücklich schätzen, soll er sogar, und zwar unter den Seinigen, wie es im Johannesbrief weiter heißt, um seiner Liebe hinzuzufügen, was sie vollkommener macht. *„Liebe Brüder, wenn Gott uns so geliebt hat, müssen auch wir einander lieben. Niemand hat Gott je geschaut; wenn wir einander lieben, bleibt Gott in uns und seine Liebe ist in uns vollendet ..."*

Ihr gebt alles, und alles wird euch gegeben, damit ihr euerseits alles geben könnt. Ihr gebt Gott alles: Liebe, Zeit, Interesse, Freiheit und das Leben, und G o t t g i b t e u c h a l l e s , u m e u c h z u b e l o h n e n u n d e u c h z u b e f ä h i g e n , i m N a m e n G o t t e s j e n e n a l - l e s z u g e b e n , d i e n a c h e u c h k o m m e n w e r d e n . So wird dem, der gegeben hat, gegeben werden, und dies in Fülle. Dem aber, der nur wenig oder nichts gegeben hat, wird auch noch genommen, was er hat. Ich spreche in Gleichnissen zu ihnen, damit sie nur sehen, was ihr Wille, Gott anzuhängen, sie erkennen lässt; damit sie durch ebendiese Bereitschaft ihres Willens aus meinen Worten zu hören und zu verstehen vermögen. Ihr seht: Viele hören meine Worte, aber wenige wenden sich zu Gott. Ihrer Seele fehlt der gute Wille. An ihnen erfüllt sich die Prophezeiung des Isaias: „Mit den Ohren werdet ihr hören und doch nicht verstehen, mit den Augen werdet ihr schauen und doch nicht sehen." Denn dieses Volk hat ein verstocktes Herz, seine Ohren sind verhärtet und seine Augen geschlossen, um nicht zu hören und nichts zu sehen, um mit dem Herzen nicht zu verstehen und nicht umzukehren, damit ich sie heile. D o c h s e - l i g s e i d i h r , d i e i h r d u r c h d e n g u t e n W i l l e n m i t e u - r e n A u g e n s e h t u n d m i t e u r e n O h r e n h ö r t . Wahrlich, ich sage euch, dass viele Propheten und viele Gerechte zu sehen wünschten, was ihr seht, und es nicht sahen, und zu hören, was ihr hört, und es nicht hörten. Sie verzehrten sich in Sehnsucht, das Geheimnis der Worte zu verstehen, aber mit dem Erlöschen des Lichtes der Prophezeiung blieben die Worte auch für den Gerechten, der sie vernommen hatte, dunkel.

Das gute Verhalten, das ehrsame Leben ist mühsam zu gewinnen und durchzuhalten. Doch zur Gewohnheit geworden, wird es zu einem mächtigen und blätterreichem Baum, den der Sturm nicht zersaust und die Sonnenhitze nicht verbrennt. W e r d e m G e s e t z t r e u b l e i b t , w i r k l i c h t r e u , w i r d z u e i n e m m ä c h t i g e n B a u m w e r - d e n , der von den Leidenschaften nicht niedergebeugt werden kann und vom Feuer Satans nicht verbrannt werden kann. Arbeit ist verdemütigend, hingegen sind niedere Handlungen wie Falschheit, falsche Beschuldigungen, Härte, Übergriffe, Ausbeuterei, Verleumdungen, und die Wollust eine Erniedrigung für den Menschen und *ohne den fruchtbaren Keim bleibt der Mensch unnütz.* Die Körper der Menschen sind wie eine harte Schale. Kein Hammer kann einen Kirschkern öffnen, aber ihr Keim, der im Mark verborgen liegt, schwillt im fruchtbaren Boden an, platzt auf, und bringt Frucht, zuerst Wurzeln und dann wird aus ihm eine Pflanze, ein ganzer Baum, der Blüten und Blätter trägt. *Ebenso müsste der Mensch den Keim in sich legen. Die Feinde des Menschen sind neben den Dämonen die Menschen selbst. Menschen im eigenen Hause mit ihren Klagen, Drohungen und Bitten.*

„Das Weizenkorn muss sterben, wenn es Frucht bringen will."

Der Mensch müsste auch auf das schauen, was heilige Märtyrer leiden mussten und was bis heute so viele Menschen erdulden müssen, von denen niemand weiß oder wir sogar davon wissen aber es totschweigen, im wahrsten Sinne des Wortes. Ihr Blut wiegt gewiss viel schwerer als all der Katzenjammer, der in manchem Alltag vors Kreuz getragen wird. „Mein Gott", wird der Mensch bekennen müssen, „wenn ich an das denke, sind meine Mühen gering und meine Leiden erträglich." Verzicht, Ergebenheit, Gehorsam, Heroismus, Schmerzen, Krankheit, Kämpfe und alles, was den Willen Gottes betrifft, machen das tägliche Kreuz aus, das dem geistigen Leben Vorrang gibt vor dem irdischen Leben. Wie viele gibt es, die ein unendlich schwereres Los zu tragen haben als man selbst, und deren Leben ohne Hilfe, ohne Erleichterung oder Trost ein fortwährendes Sterben ist. Wem das nicht reicht, weil sein tägliches Unvermögen ihn auf den ewigen Ozean der Ausweglosigkeit und Resignation hinaustreiben lässt, der möge Gott seine Schwäche demütig eingestehen und Ihn bitten, seine kläglichen Versuche des Fortschreitens im

Glauben mit neuer Kraft zu beleben, weil Er im liebevollen Gehorsam das ewige Opfer für unsere Reinwaschung und Rechtschaffenheit erfüllt hat. Das Weizenkorn muss sterben, damit es neues Leben bringt, das ist der ewige neue Bund. Sich selbst als Opfer darbringen aber bedeutet, sich seiner eigenen menschlichen Schwäche bewusst zu sein, um sie in der Erfüllung des Geistes in Rauch auflösen zu sehen, damit nur noch Er im ergebenen Menschen regiere und jeder nutzlose Eigenwille zur Freude des Menschen heilvoll absterbe.

Wir haben vier verschiedene Arten von Äckern: die fruchtbaren, die dornigen, die steinigen und die von vielen Wegen durchzogenen. So haben wir auch vier Arten von Seelen.

Wir haben die ehrlichen Seelen, die Menschen guten Willens, die durch ihren guten Willen und das Wirken eines wahren Apostels vorbereitet sind; denn es gibt Apostel, die zwar den Namen, aber nicht den Geist eines Apostels besitzen. Dies wirkt sich auf die Bereitschaft des Willens der ihnen anvertrauten Seelen schädlich aus, noch schädlicher, als es die Vögel, die Dornensträucher und die Steine für die Getreidefelder sind. Mit ihrer Unnachgiebigkeit, ihrer Hast, ihren Vorwürfen, ihren Drohungen verwirren sie so sehr, dass sich die betroffenen Menschen für immer von Gott abwenden. Andere hingegen tun das Gegenteil mit ihrem ständigen wohlwollenden Begießen – einer Methode, die fehl am Platz ist – und bringen dadurch den Samen im weichen Erdreich zum Faulen. Sie schwächen mit ihrer Weichlichkeit die Seelen, um die sie sich bemühen.

Die dornigen Felder sind jene, in denen die menschliche Nachlässigkeit ein ganzes Dickicht von persönlichen Interessen hat wuchern lassen, die den guten Samen ersticken. Man muss sich ständig selbst überwachen, immerfort, immer, immer! Nie darf man sagen: „Oh, nun bin ich geschult, der Samen hat bei mir Wurzeln geschlagen, und ich kann beruhigt sein, dass ich Samen des ewigen Lebens hervorbringen werde." Man muss sich beobachten: **Der Kampf zwischen Gut und Böse geht ununterbrochen weiter.** *Habt ihr jemals Ameisen betrachtet, die sich in einem Haus einnisten? Sie machen sich an den*

Herd. Die Hausfrau lässt daraufhin keine Lebensmittel mehr dort stehen, sondern stellt sie auf den Tisch. Doch die Ameisen wittern den Geruch und stürmen auf den Tisch. Die Frau stellt die Speisen in den Schrank, und die Ameisen schlüpfen durch das Schlüsselloch in den Schrank. Die Frau hängt ihre Vorräte an der Decke auf, und die Ameisen machen den langen Weg der Wand und dem Gebälk entlang und den Strick hinunter, um schließlich dort über sie herzufallen. Die Frau verbrüht und vergiftet sie. Dann ist sie beruhigt im Glauben, alle vernichtet zu haben. Doch welch eine Überraschung, wenn man nicht wachsam ist! Aus den Eiern sind wieder Ameisen ausgeschlüpft, und es fängt von vorne an. Solange man lebt, muss man sich selbst überwachen, um das Unkraut beim ersten Erscheinen auszujäten. Andernfalls bildet sich ein Dickicht aus dornigem Gestrüpp, unter dem die Saat erstickt. Die weltlichen Sorgen, der trügerische Reichtum sind es, die dieses wirre Gestrüpp schaffen, die Pflanze des Samens Gottes ersticken und die Bildung von Ähren verhindern.

Nun die Äcker voller Steine! Wie viele solche Äcker gibt es in Israel! Es sind die der „Kinder des Gesetzes", wie mein Vetter Judas sehr genau gesagt hat. In ihnen ist nicht einzige Stein des Zeugnisses, der Stein des Gesetzes, sondern vielmehr ein Haufen erbärmlicher, kleiner Gesetze, die der Mensch ersonnen hat. Unzählige Gesetzchen, die mit ihrem Gewicht auch den Stein des Gesetzes zum Splittern gebracht haben. Ein Trümmerhaufen, der jedes Wurzelfassen des Samens verhindert. Der Wurzel fehlt die Nahrung. Sie hat keine Erde und keinen Saft mehr. Das Wasser, das sich auf dem steinigen Grund ansammelt, lässt die Pflanzen verfaulen; und die Sonne macht die Steine glühend heiß, und die Pflanzen verbrennen. Es sind dies jene Menschen, die die einfache Lehre Gottes durch komplizierte menschliche Lehren ersetzen. Sie nehmen mein Wort zwar freudig auf, sind wohl auch zuerst beeindruckt und begeistert. Doch dann ... wäre Heldentum nötig, um das Feld, nämlich Seele und Geist, von allen Steinhaufen der Phrasendrescherei zu säubern. Nur dann könnte der Same Wurzel fassen und sich zu einer kräftigen Pflanze entwickeln. So aber verkümmern sie! Es genügt die Angst vor menschlichen Vergeltungsmaßnahmen oder die Überlegung: „Ja, und dann? Was habe ich dann von den Mächtigen zu gewärtigen? Und der arme, nahrungslose Same kann nicht gedeihen. Es genügt, dass der ganze Steinhaufen mit dem eitlen Gedröhn der hundert und aberhundert Vorschriften, die das Gesetz ersetzt haben, in Bewegung gerät, und der Mensch geht mit dem Samen darin zugrunde ... Israel ist voll von solchen Menschen. Dies erklärt, wie das Sich-Hinwenden zu Gott von der menschlichen Macht wegführt und in entgegengesetzten Richtungen verläuft.

Als Letztes, die staubigen, kahlen Felder voller Wege: Es sind die der Lebemenschen, der Egoisten; ihre Bequemlichkeit ist ihnen Gesetz, das Vergnügen ihr Lebensziel. Sich anstrengen, schlummern, lachen, essen... der König ist der Geist der Welt. Der Staub der großen Welt bedeckt das Erdreich, das zum unfruchtbaren Acker wird. Die Vögel, d. h. der Mensch in seiner vielfältigen Gier nach Genuss, stürzt sich auf alle offenen Wege, um das Leben zu erleichtern. Der Weltgeist, d. h. der Böse, pickt alle Samen, die auf das der Fleischeslust und Leichtfertigkeit zugängliche Feld fallen, und vernichtet sie."

Die wesentliche Mühe, in der Hoffnung für andere, Brüderlichkeit walten zu lassen, leistet man sich viel zu selten, während sich der nächstbeste als Prell- und Sündenbock eignet, wenn dieser nichtsahnend das Feld betrit. Der israelische Journalist und Autor vieler bekannt gewordener Bücher *Amos Oz* schrieb einmal über einen Landsmann und bedeutendsten Schriftsteller, den die mitteleuropäische Literatur in der ersten Hälfte des 20. Jahrhundert hervorbrachte, *S. J. Agnon,* er sei ein im wahrsten Sinn des Wortes gottesfürchtiger Mann: „Furcht" sei für ihn gleichbedeutend mit „Glaube". In *Agnons* Erzählungen gebe es nämlich Stellen, so *Oz,* in denen, indirekt und geschickt getarnt, hinter der Gottesfurcht ein furchtbares Grauen vor Gott aufscheint: *Agnon* glaube an Gott und fürchte ihn, aber er liebe ihn nicht, attestiert *Oz.* So handelt auch die große Mehrheit der Gläubigen aus der Furcht heraus, sich von Gott beobachtet zu wissen, ohne auch nur im Geringsten das Positive aus der Absicht des Schöpfers über Sein Mitwissen am Tun und Lassen der Menschen sehen zu können.

Der Apostel Johannes weiß in seinem Evangelium sehr eindeutig von den Weisungen Christi zu berichten: „*Ich bin der Weinstock und mein Vater ist der Winzer. Jede Rebe an mir, die keine Frucht bringt, schneidet er ab, und jede Rebe, die Frucht bringt, reinigt er, damit sie mehr Frucht bringt. Ihr seid schon rein durch das Wort, das ich zu euch gesagt habe [...] Wie die Rebe aus sich keine Frucht bringen kann, sondern nur wenn sie am Weinstock bleibt, so könnt auch ihr keine Frucht bringen, wenn ihr nicht in mir bleibt. Wer in mir bleibt und in wem ich bleibe, der bringt reiche Frucht, denn getrennt von mir könnt ihr nichts vollbringen. Wer nicht in mir bleibt, wird wie die Rebe weggeworfen, und er verdorrt.*" Meist fehlt es doch an der „klitzekleinen Kleinigkeit" des Gläubigen, den Klerus mit eingenommen, anzunehmen oder zu erkennen, dass er selbst als Christ noch erlösungsbedürftig bleibt.

Deswegen sind Menschen keine schlecht gelungene Schöpfung, denn viele Menschen wissen noch gar nicht, dass sie die Beschaffenheit ihres Wesens verfeinern können mit der Art, wie sie die Qualität ihrer persönlichen Freiheit alternativ und beliebig dahingehend steigern, verantwortlich für die Schöpfung zu handeln, anstatt sie auf Wahlmöglichkeiten zweier oder mehrere privater und mittelklassiger Fernsehkanäle, der Auswahl verschiedener Handtaschen oder dem Erwerb von luxuriösen Wohnungs- bzw. Autoaccessoires zu reduzieren. Auch Anfälligkeit für Unzufriedenheiten und Unvollkommenheit ginge deutlich zurück, wenn Menschen es verstünden, gegenüber ihren Mitmenschen andere Dinge zu vermitteln als solche, welche sich an Vergänglichkeiten und Ausschweifungen anlehnen. Die ersten beiden deutschen Fernsehkanäle sind förmlich ein Abbild für diese Unart. Es dreht sich im Kern alles um Neid, Lug, Betrug, Niedergeschlagenheit und ewig anhaltende Streitigkeiten bis hin zum Brudermord. Warum nur gewinnt man dabei beständig den Eindruck, das Fernsehen in den deutschen Wohnzimmern ist die direkte Anlehnung an das „public crying" und die ewig verdrängte Suche nach der Erlösung. Allen voran hat die ARD aus dem Abschied der Queen ein tagesfüllendes Programm gezaubert, um der Übermacht der Tränen in

Deutschland gerecht zu werden, und das Thema abgerundet mit einem Pro und Contra in „Hart aber Fair". Warum muss ausgerechnet die ARD und das ZDF jeden Tag in ihrem Fernsehprogramm über Stunden hinweg die verbissene Ernsthaftigkeit der Deutschen darstellen? Grausamer kann man Fernsehen nicht gestalten, das hat fast schon etwas von Propaganda. Es muss doch irgendwann zum Hals raus hängen, würde man meinen, aber es läuft und läuft auf und ab wie eine Endlosschleife, seit es Fernsehen in Deutschland gibt. Natürlich gibt es auch noch sehenswerteres Kino auf anderen Kanälen und kaum von den Rundfunkgebühren finanziert. Auch die Regionalprogramme bieten noch gute Unterhaltung, aber wer schaut sich eigentlich den sündhaft teuren deutschen Schrott an?, fragt man sich.

Richard von Weizsäcker sagte einmal bei einem denkwürdig wichtigen Anlass: „Erinnerung heißt – eines Geschehens so ehrlich zu gedenken, dass es zum Teil des eigenen Inneren wird." Viele Menschen haben sich auf dem Weg der Erlösung verloren, weil sie niemals den Gott der Liebe mit der Fülle ihres Herzens kennen gelernt haben. Die meisten sind Gott nie näher gekommen als in ihren Gewissensbissen. Das Wesentliche, nämlich die Nachfolge Christi in ihrem Leben wahrzumachen oder zumindest doch zu improvisieren, um wie er Licht und Liebe zu sein, wo Dunkelheit und Sünde sind, ist eine grobe Vernachlässigung unserer Gesellschaft. Illusionen oder Phantastereien sind aber nicht sehr förderlich und im Gegenteil mitunter sogar verwerflich, weil sie sich wie ein Krebsgeschwür durch unsere Zeit und in den Köpfen unserer Gesellschaft verbreiten, um ins Verderben zu führen. Auch Weihnachten darf nicht länger ein Wunschkonzert sein zur Erfüllung aller nur denkbaren persönlicher Freuden, sondern die Gelegenheit, um anzubeten und zu dienen, dem Nächsten wie sich selbst in jederlei Hinsicht für das Heil der Seelen.

Jedoch, was macht der Weihnachtsmarkt für den Christ für einen Sinn, wenn es dabei bleibt, die Wohnung zu dekorieren und die Wünsche seines direkten Umfeldes von den Lippen abzulesen?

Wie die übrige religionsfeindliche Welt fällt man geradewegs an Weihnachten in ein Stimmungsloch, weil man sich schuldig macht, schuldiger als an jedem anderen Tag seines arglosen Lebens, denn die wirkliche Macht und Güte, die aus der Realpräsenz Jesu Christi im Altarsakrament hervorgeht – an jedem Tag im Jahr – werden noch nicht mal gestreift. Dieser Christ ist wie ein Gefangener, der sich selbst einsperrt in einen glitzernden Glaskäfig, der zwar das Innere erhellen kann, aber an dessen Einglasung jede Gnade oder Teilhabe abprallt, weil man keine Veränderung im Leben zulässt und kein Opfer an sich selbst sehen möchte. Was für eine Verschwendung der Freuden, die über dieses Fest der Geburt für **alle** ausgeschüttet werden, denn die Gnaden, die wir mit einem Gebet im wahrhaften Glauben für **alle** Menschen vermitteln könnten, bleiben versiegelt, vor allem für jene Nächsten im direkten Umfeld, die wir vorgeben reich zu beschenken im Materiellen. Woher rührt nur diese Engherzigkeit von den am meisten Beschenkten aller Beschenkten? Es ist der Geiz, der daher rührt, dass man anderen nicht vergönnt, was man selber nicht verdient hat, weil es anderer Stelle wieder verschleudert wird oder verbrennt.

Auf der Strecke bleiben müssen ebenso diejenigen, welche schon das ganze Jahr vergebens auf die Fürbitten jener warten, die am Sonntag zwar vorgeben zu glauben, aber vor den verwandelten Gestalten im Tabernakel im Alltag Augen und Herz verschließen. Während also die einen, die reich sein könnten an Glauben und auch sollten, Weihnachten wie die atheistische Welt nur streifen, sind die doppelt Gestraften die Armen, die Kranken und die leidenden Menschen auf diesem Planeten. Von denen gibt es nicht wenige und in deren Augen sind die Gesättigten im Geiste nur eine kleine Minderheit, von denen gesagt wird, dass sie im Genuss stehen und nichts davon abgeben wollen oder können, weil es sie zu viel kosten würde, aus ihrem Schatten herauszutreten und geistliche Entwicklung zuzulassen. Nichts anderes hat Christus vorgelebt, als er den Vater im Himmel um den tieferen Glauben für seine Apostel gebetet hat. Sollte der Christ heute sich also auf Christus berufen können, wenn man den Reichtum und den Gnadenschatz des Weihnachtsfestes im weitesten Sinn und im speziellen aus der Fülle der Realpräsenz Christi im Altarsakrament nicht weitergeben oder vermitteln will an die religiöse Bedürftigkeit dieser Welt.

Wie können die Härten des Nächsten die Elenden glauben lassen, dass man sich wie Brüder lieben soll? Ihr habt die Pflicht, ihnen die Gewissheit zu geben, dass Gott ein Vater ist und dass ihr Brüder seid mit euerer tätigen Liebe. Die Vorsehung existiert, und ihr seid ihre Verwalter, ihr, die Reichen der Welt. Ihr seid ihre Werkzeuge; betrachtet dies als die größte Ehre, die Gott euch zukommen lässt, und als einziges Mittel, um die gefahrvollen Reichtümer zu heiligen.

Als Dürstende sind jene Glaubensrichtungen zu betrachten, welche die Schätze des katholischen Glaubens nicht kennen. In diesem Sinn herrscht eine solche Armut auf der Erde, die der Arglosigkeit und Widerspenstigkeit einer kleinen Minderheit in der Weltbevölkerung gegenübersteht. Das ist der Stern, der seit Menschengedenken über Weihnachten aufgeht. Der Schmerz, der dabei von einem geistig und seelisch Dürstenden ausgeht, ist vergleichbar mit dem Schmerz eines Menschen, der sich um die psychische Abwesenheit einer nahestehenden Person grämt. Beispielsweise leidet die Beziehung eines alkoholsüchtigen Vaters mit seiner Familie vehement und über einen solch langen Zeitraum, dass bei den Familienangehörigen eine permanente und tiefe Trauer über den Verlust der authentischen Vaterfigur im Raum steht. Ähnlich verhält es sich mit der apostolischen Leitfigur der katholischen Kirche gegenüber allen anderen Religionsgemeinschaften, insbesondere den christlichen Bruderreligionen.

In diesem Sinn müsste sich der eine Bruder, womit hier der vollausgestattete Glaubensbruder gemeint ist, der kraft seines Glaubens im Wirken der Realpräsenz Jesu Christi steht, vollumfänglich und sehnsüchtig fürsorgepflichtig gegenüber dem anderen

Bruder zeigen, bei dem Stütze nottut. Umgekehrt müsste die grobe Zurückweisung von authentischem Glauben von Seiten des zweiten Bruders beim ersteren eine große Sehnsucht auslösen, den Bruder retten zu wollen, sonst wäre der Gläubige nicht im Vollbesitz seines Glaubens. Das letztere beschriebene Zerwürfnis zwischen dem einen und dem anderen Bruder hatten Jesus und Judas Iskariot miteinander, solange Judas dem Christus folgte und Ihm buchstäblich auf den Fersen war. Es ist auch sinnbildlich für die vielen Zerwürfnisse zwischen den Religionen und Völker dieser Erde, wobei Dürstende im Glauben oder nach Erlösung Suchende nicht zwangsläufig Judasse sind, im Gegenteil, die Judasse entstammen vielfach dem eigenen religiösen Milieu aller Schichten und während sie ihre eigene Besserwisserei zu übertrumpfen suchen, wie einst beim Turmbau zu Babel, mischen sie sich mit ihrer bornierten Widerspenstigkeit unter die große Mehrheit der Glaubensuchenden, um sie aufzumischen. Dort, wo dann ein solcher fauler Apfel unter vielen gesunden liegt, fangen unwillkürlich alle im Korb befindlichen an zu faulen.

Du hast dein Herz martern können,
um deinem Fleisch den Genuss zu gewähren.
Nun martere dein Fleisch, um deinem Herzen
den ewigen Frieden zu gewähren.

Auf dem Gipfel der Besserwisserei sterben in Deutschland Menschen auf Intensivstationen. Die Deutschen schaffen sich selbst ab und der Klerus mit seinem knappen Nachwuchs geht ihnen dabei seit Jahrzehnten voraus. Auch deshalb ist die Kirche mitverantwortlich dafür, dass die Corona-Krise in einer tiefen menschlichen Krise gipfelt. Überhaupt haben sich die Errungenschaften der beiden Vatikanischen Konzilien in den letzten beiden Jahrzehnten in Rauch aufgelöst, weil sie sich selbst überlassen wurden. Dadurch konnten sie wenig dazu beitragen, deren Ansätze weiterzuentwickeln und sie in unsere rasante Zeit kultureller und digitaler Umwälzungen zu tragen. Im Klartext hieße das, die mechanische Dominanz der Liturgie abzufedern mit der Behebung ihrer

Unwägbarkeiten, wie hier im Text betont und eventuell darüber hinaus. Es zeigt auf drastische Weise um eines mehr wie wenig die einstigen Zeitgenossen von Papst *Johannes Paul II.*, dem Verfechter der Konzilien, mit dieser seiner Vision tatsächlich am Hut hatten, die Kirche in das neue Jahrtausend zu führen. Zusammen mit dem Papst ließen sie sein Begehren einfach einschlafen.

Liturgie abfedern, heißt allerdings nicht, die klassische Gangart wie Hochfeste und Sonntagsmessen mit Nostalgie auszugestalten, mit noch mehr Bevormundung auszustatten, sondern Eucharistie als authentisches Gedenken zu zelebrieren, bei der vor allem der Wille zum vollumfänglichen Glauben sich auszudrücken weiß. Das würde viel verändern und manch einer wäre überrascht, was es mit ihm oder ihr anstellen würde. Davor aber schrecken viele zurück, vor der letzten Konsequenz, die eine Glaubenswahrheit in sich birgt. Ein ausgesprochen eleganter Ansatz für die sichtlich notwendigen Veränderungen wäre jener, den viele Freikirchen heute praktizieren, indem sie ihre Gläubigen die Tiefe ihrer Herzen schauen lassen und angesichts dunkler Abgründe Vermittler sein wollen, zwischen der Hand, die Christus jedem reicht, der eines guten Willens und redlichen Herzens ist, um sie nicht mehr loszulassen. Man könnte die Liturgie der Protestanten von heute zwar nicht 1:1 übernehmen, aber man könnte sie ergänzt mit katholischen Glaubenswahrheiten, die Wandlung von Brot und Wein betreffen, als zukunftsweisend bezeichnen.

In Kapitel dreizehn *Heiliger Geist und Eucharistiefeier* der *SACRAMENTUM CARITATIS* kommt dies zum Ausdruck, wenn der Papst sagt, **dass die entscheidende Rolle des Heiligen Geistes in der Eucharistiefeier und speziell in Bezug auf die Transsubstantiation verständlich wird. Ein entsprechendes Bewusstsein ist bei den Kirchenvätern deutlich nachweisbar. Der hl. Cyrill von Jerusalem erinnert in seinen Katechesen daran, dass wir „den barmherzigen Gott anrufen, seinen Heiligen Geist auf die vor uns liegenden Opfergaben herab zusenden, damit er das Brot in den Leib Christi und den Wein in das Blut Christi verwandle. Was der Heilige Geist berührt,** ist geheiligt und völlig verwandelt". (25) Auch der hl. Johannes Chrysostomus weist darauf hin, dass der Priester den Heiligen Geist anruft, wenn er das Opfer feiert: (26) Wie Elias, der Diener Gottes, so ruft er den Heiligen Geist herbei – sagt er –, damit, „wenn die Gnade auf das Opfer herabkommt, die Seelen aller durch sie entzündet werden". (27) Von größter Wichtigkeit für das geistliche Leben der Gläubigen ist eine klarere Kenntnis des Reichtums der Anaphora: Neben den von Christus beim Letzten Abendmahl gesprochenen Worten enthält sie die Epiklese als Bitte an den Vater, die Gabe des Heiligen Geistes herab zusenden, damit Brot und Wein zum Leib und zum Blut Jesu Christi werden und „die ganze Gemeinde immer mehr Leib Christi werde". (28) Der Geist, der vom Zelebranten auf die auf den Altar gelegten Gaben von Brot und Wein herabgerufen wird, ist derselbe, der die Gläubigen in „einem Leib" vereint und sie zu einem geistigen Opfer macht, das dem Vater wohlgefällt. (29)

Von der Vitalität der Freikirchen, darunter insbesondere jene Gemeinden der Pfingstbewegungen, aber auch die landeskirchlichen Gemeinschaften und Fresh-X-Projekte berichtet auch die *SZ*, sie würde von einer Bandbreite sprechen, von derer man nur lernen und hinzufügen könne. Das ist ein Hochgenuss der Sinne, ein Glaubensfest und eine ausgesprochen pragmatische Variable zugleich, denn mehr Ökumene geht nicht. Das vom Entwickler des Schulfachs Glück, *Ernst Fritz-Schubert*, erklärte Lernziel würde Wohlbefinden lauten. *Laura Roban* berichtet darüber in der *FAZ* vom 28. Mai 2022. Zum Wohlbefinden gehöre für *Fritz-Schubert* vor allem, die Persönlichkeit zu stärken. In der Praxis würde das etwa bedeuten, sich durch Übungen wie dem „Basar der Schwächen" anderen zu öffnen, die eignen Stärken dadurch besser kennenzulernen und letztendlich selbstbestimmter zu handeln. Wäre das nicht auch eine Antwort, um Einführungen in den Gottesdienst in der klassischen Art von Schuldbekenntnissen konspirativer zu gestalten, damit man sich vor allem dem Schöpfer gegenüber zu öffnen lernt?

In der *SZ* war von dem Vorbild der *Fresh Espressions of Church*-Bewegung zu lesen, die in der anglikanischen Kirche ihren Ausgang nahm und seit etwa zehn Jahren als „Fresh-X-Bewegung" auch in Deutschland Fuß gefasst hat. So könnten durch Kirchen-Cafés, Gemeindeinitiativen in sozialen Brennpunkten und andere Aktivitäten Menschen zudem in ihrem Alltag außerhalb des traditionellen kirchlichen Rahmens erreicht werden. Die evangelische Kanzlerin Merkel hat ebendies aller Welt gezeigt, wie offensichtlich nebensächlich Politik zu meistern ist mit einem starken Glauben, um einen friedlichen Dialog in der Welt zu stiften. Wo jedoch ihr Wille zur Differenzierung blieb, als sie über Jahre hinweg an Nordstream 2 festhielt, während Putin dem Despoten Assad unverhohlen dabei geholfen hat, mit den modernsten Waffen der Welt dessen eigenes Volk abzuschlachten, bleibt ein Rätsel.

Das gleiche gilt für Erdogan. Wer gerne auf zwei Hochzeiten gleichzeitig tanzt, kann einfach kein verlässlicher oder vertrauenswürdiger Partner für eine europäische Demokratie sein. Der türkische Machthaber strapaziert das Demokratieverständnis im NATO-Bündnis bis aufs Äußerste, indem er die Kurden über die eigenen Landesgrenzen hinaus mittels militärischer Präzisionsschläge verfolgen und ermorden lässt, nur weil sie ihm als gesamtes Volk mit einer eigenen Stimme im Land gefährlich werden könnten. Ganz zu schweigen von den Scharmützeln, die er einem hilflosen Land wie Armenien bereitet an der Seite von Aserbaidschan. Tollkühn droht er sogar einem NATO-Partner und europäischen Land wie Griechenland ungeniert mit Krieg, um seinen habgierigen Zielen lauter zu werden. Die Liste ist lang und als ob das nicht schon genug wäre, unterläuft dieser obendrein die Einheit des gesamten Bündnisses, um es vor den Augen der Welt auf die Probe zu stellen, indem er das Beitrittsgesuch demokratischer Staaten, wie Finnland und Schweden, die tief in der EU verwurzelt sind, willkürlich blockiert. Zuletzt im Falle Schwedens mit der lapidaren Begründung, jemand hätte öffentlich den Koran verbrannt. Wer sagt uns, dass das nicht ein abgekartetes Spiel zwischen ihm und Putin war? Erdogan darf für Putin den Busenfreund und den Versöhner in der Welt spielen in einem Kalkül, das von vornherein festlegt, wer Gewinner und wer Verlierer ist. Für Putin wäre es eine Leichtigkeit, Männer anzuheuern, die Muslime und das was ihnen heilig ist öffentlichwirksam zu diskreditieren, nicht nur in Schweden und mit dem ganz simplen Hintergedanken, den Feind und seine Absichten zu zersetzen.

Ist eine Frau Mutter einer Missgeburt? Liebt sie, denn sie ist buchstäblich zerschmettert durch diesen Schmerz, den sie für den unmenschlichsten hält, und er ist tatsächlich unerträglich. Aber noch größer ist der Schmerz einer Mutter, deren Sohn eine Missgeburt ist, was die Seele betrifft, wenn sie bemerkt, dass sie einen Dämon geboren hat, der eine Gefahr für die Welt, für das Vaterland, für die Familie und für die Freunde ist. Oh, sie wagt es nicht einmal mehr, die Stirn zu erheben, diese arme Mutter eines Wilden, eines Verworfenen, eines Mörders, eines Verräters, eines Diebes, eines verderbten Menschen!

Ein Mensch könnte den Sohn Gottes, der Gott ist wie der Vater, tatsächlich nicht verraten. Aber jener wird kein Mensch sein. Er wird ein Dämon sein mit dem Leib eines Menschen. Es wird der am meisten besessene und rasendste aller Menschen sein. Maria von Magdala hatte sieben Dämonen, und der Besessene vor einigen Tagen war beherrscht von Beelzebub. Aber in diesem wird Beelzebub sein mit seinem ganzen dämonischen Hof ... O wahrlich, die Hölle wird in diesem Herzen sein, um ihm die Kühnheit zu verleihen, den Sohn Gottes seinen Feinden auszuliefern, wie ein Lamm dem Schlächter.

Appeasement verträgt sich nicht mit dem Frieden, den Christus uns geben möchte und nur Er uns geben kann, der im Vater wohnt, im Schöpfer allen Seins. Wo sich also die Hochachtung für Frau Merkel spätestens seit dem Einfall der Russen in die Ukraine in aller Welt relativiert hat, hat auch das Lager der CSU in der Vergangenheit nicht viel vorzuweisen, sondern zum Beispiel im Verkehrsministerium vor allem sündhaft teure Utopien genährt und das über Jahrzehnte. Das sagt schon viel über Christen in der Politik aus, ob sie nun evangelisch oder katholisch sind, ihre Früchte sind sehr dünn gesät. Allen voran der

Bundespräsident, der sich geflissentlich aus der Politik herauszuhalten hätte, hat es sich nicht nehmen lassen, ebendies allen Widrigkeiten aus dem Lager Putins zum Trotze, an Nordstream 2 festzuhalten. Schließlich hat auch er über viele Jahre seine Augen vor der Brutalität verschlossen, die schon in Syrien ans Licht kam. Deswegen nützt es auch keinem in der Ukraine, vom Bundespräsidenten hofiert zu werden.

Diese Heuchelei ist nur schwer erträglich, auch wenn deutsche Politiker sich dadurch deputiert fühlen. Wie auch im Falle der Türkei, der Waffensysteme von Merkels Deutschland zur Verfügung gestellt werden, von denen europäische Länder sich unter der willkürlichen Herrschaftsführung Erdogans bedroht fühlen. Falscher Stolz bestätigt nur um eines mehr die deutsche Besserwisserei auf allen Ebenen, auch innerhalb der Kirche, und ist einfach nur fatal und todbringend für beinahe ganze Nationen und das nicht erst seit gestern. Diese unzähligen Menschenopfer stehen an der Stelle, an denen die ureigensten Instinkte überwunden werden sollten, nämlich der verkorksten menschlichen Arroganz, derer sie sich aber ohne den Herrn, nicht im Stande sind zu entledigen.

Dies sage ich für die anwesenden Israeliten (in Apheca), für jene, die imstande sein sollten, die Bilder der Heiligen Schrift zu lesen und zu verstehen. Da ich jedoch Barmherzigkeit an meinem Volke übe, dessen geistiger König ich bin, will ich euch wenigstens ein Bild erklären, damit es euch helfe zu verstehen, wer ich bin.

Der Allerhöchste sagte zu Moses und Aaron: „Nehmt den Stab und sprecht zum Felsen, und es werden Ströme hervorquellen für den Durst des Volkes, damit es sich nicht mehr beklage." Zum Ewigen Hohenpriester hat der Allerhöchste noch einmal gesagt, um den Klagen seines Volkes ein Ende zu setzen: „Nimm das Reis, entsprossen aus dem Stamme Jesse, und eine Blume wird aus ihm erblühen, unberührt von menschlichem Schlamm, und sie wird zur süßen Mandel voll der Salbung werden. Mit dieser Mandel aus der Wurzel Jesse, mit diesem wunderbaren

Schössling, auf dem der Geist des Herrn mit seinen Sieben Gaben ruhen wird, schlage auf den Felsen Israel, auf dass reichlich Wasser sich aus ihm ergieße zu seinem Heil."

Der Priester des Herrn ist die Liebe selbst, und die Liebe bildete ein Fleisch, indem sie ihren Schössling aus der Wurzel Jesse hervorgehen ließ, die nicht vom Schlamm genährt worden war; und das Fleisch war das des fleischgewordenen Wortes, des verheißenen Messias, der gesandt ward, zum Felsen zu sprechen, auf dass er sich auftue. Auf dass er seine harte Schale des Hochmuts und der Begierlichkeit öffne und die Wasser empfange, die Gott gesandt hat, d i e W a s s e r , d i e a u s s e i n e m G e s a l b t e n h e r v o r s t r ö m e n a l s l i n d e s Ö l s e i n e r L i e be , u n d f o r m b a r u n d g u t w e r d e , s i c h h e i l i g e u n d i n s e i n e m H e r z e n d a s G e s c h e n k d e s A l l e r h ö c h s t e n a n s e i n V o l k a u f n e h m e .

Aber Israel will kein lebendiges Wasser in seinem Schoße dulden. Es bleibt verschlossen, hart, besonders in der Person seiner Großen, an die der Stab, der allein durch Gottes Allmacht blühte und Frucht brachte, vergebens schlägt und zu denen er vergebens spricht. Wahrlich, ich sage euch, viele aus diesem Volk werden nicht in das Reich eingehen, während viel, die nicht aus diesem Volk sind, daselbst eingehen werden; denn sie haben verstanden zu glauben, was die Priester Israels nicht glauben wollten. Aus diesem Grunde bin ich mitten unter euch als Zeichen des Widerspruchs, und ihr werdet gerichtet werden nach der Art, in der ihr mich versteht.

Aber zu den anderen, die nicht von Israel sind, sage ich: „D a s H a u s G o t t e s , d a s d i e S ö h n e s e i n e s V o l k e s f l i e h e n , s t e h t a l l e n o f f e n , d i e d a s L i c h t s u c h e n . K o m m t u n d f o l g t m i r . W e n n i c h g e s e t z t b i n a l s Z e i c h e n d e s W i d e r s p r u c h s , s o b i n i c h a u c h g e s e t z t a l s Z e i c h e n f ü r a l l e N a t i o n e n , u n d w e r m i c h l i e b t , w i r d g e r e t t e t s e i n ."

Ich werde mich auch nach Judäa begeben und mich lange dort aufhalten. Aber das wird den Felsen in den Herzen vieler nicht spalten.

Nicht einmal, wenn das Blut auf den Stein herabfließt. "Ihr werdet das Blut mit Freuden auf dem Felsen vergießen, damit es dort bleibe. Und der Fels, auf dem das Blut des wahren Lammes vergossen werden wird, wird euch wie eine Siegestrophäe erscheinen. Aber dann wird ein Tag kommen, da ihr versteht ... Ihr werdet die wahre Züchtigung verstehen, und welches das wahre Heil war, das euch angeboten wurde."

Ein nachhaltiger Ansatz für die katholische Kirche in Deutschland wäre es, die Bemühungen aus der Gegenreformation, derer sich insbesondere der heilige *Ignatius von Loyola* rühmen kann, wieder aufzugreifen, damit sie nicht nur als jene privaten Errungenschaften des Gründers des Jesuitenordens zu verstehen sind. Der ehemalige Soldat hat vor 500 Jahren die Kirche, als sie im Begriff war ein Scheiterhaufen zu werden, auf dem er selbst um ein Haar gelandet wäre, diese zu ihren eigenen Ängsten geführt. Vorausgesetzt, die Menschen wollten vielleicht in schwierigen Zeiten und in naher Zukunft die Kirchenbänke wieder füllen, würde ihnen nämlich ganz bestimmt nicht gefallen, was sie da vorfänden. Sie würden genau aus diesem Grund und nur aus diesem Grunde nicht bleiben wollen. Dass sich niemand mehr in der katholischen Kirche um die angehäuften Unwägbarkeiten rund um die Liturgie ernsthaft nachhaltig befasst (auch nicht die Jesuiten), ist die eine wahre Tragödie. Vielleicht weil es ein sehr, sehr dunkles Kapitel in der Geschichte der Kirche ist, in das endlich Licht gebracht werden will, damit der Egozentrik in der Welt des Glaubens letztlich ein für alle Mal der Garaus gemacht werden kann.

Reinigt euch von der Unreinheit, indem ihr deren Makel entfernt! Denn die Seele muss mit dem Willen des Menschen getauft werden, um beim göttlichen Gastmahl rein zu sein.

Warum endet gerade in Deutschland als letztes Land auf der Erde das Vermeidbare in einer menschlichen Tragödie? Denn trotz seiner enormen Mittel ist ein viel zu großer Anteil an der Bevölkerung lange nicht überzeugt davon, sich impfen zu lassen, wenn man von der zu Recht umstrittenen dritten Impfung eines Biontech-Impfstoffs mit der fahrlässig unzureichenden Wirkung für die Omikron-Varianten absieht. Weil es in diesem Land viel zu viele Menschen gibt, die an dem Babylonischen Turm der ewigen Rechthaberei und Wichtigtuerei festhalten, um in bornierter Erhabenheit lieber zugrunde zu gehen, anstatt den Kleinigkeiten im Alltag Beachtung zu schenken. Solidarität zu zeigen mit dem Pflegepersonal auf den über Monate und Jahre hin völlig überlasteten Intensivstationen ist zu einem puren Luxus geworden in diesem Land. Lieber vernichtet man sich selbst, weil einem der Begriff der Demut völlig fremd wähnt. Dieser Mangel muss der Schmerz eines wahrhaft Gläubigen sein und dessen Antrieb, mit Vertrauen im Glauben voranzugehen. Der Glaube an die Wirklichkeit des auferstandenen Jesu Christi im Hier und Jetzt mit der Gesellschaft Seines Geistes ist der Schlüssel zu den verschlossenen Eisentüren der Seelen, der noch dazu alle Hindernisse bei Seite schaffen kann auf dem mühsamen Weg zum *Reich des Vaters, das da kommen möge auf Erden, wie es ist im Himmel.*

Die Mutter Jesu einst im Gespräch mit ihrer Schwägerin: (...) Für etwas danke ich dem Allerhöchsten ganz besonders: dass er mir gestattet hat, die vollkommenste Liebe zu erlangen, die ein Geschöpf besitzen kann, eine Liebe, die mir dazu verhilft, mein Herz zu trösten und zu stärken mit den Worten: „Sein und mein Schmerz werden das Heil meiner Brüder sein, daher sei dieser Schmerz gesegnet." *Wenn ich nicht den Nächsten so sehr lieben würde ... könnte ich nicht, niemals daran denken, dass man Jesus zum Tode führen wird ...*

Wer über alles geliebt werden muss, ist Gott. (...) Christus tut den Willen des Vaters, und ich mit ihm. Was für eine Liebe die meine ist? Was für eine Liebe man haben muss, um solche Worte aussprechen zu können? Die Liebe der Verschmelzung mit Gott, die vollkommene Vereinigung, die vollkommene Hingabe, das Aufgehen in ihm. Man darf nur mehr ein

Teil von ihm sein, so wie die Hand ein Teil von dir ist und das tut, was dein Kopf befiehlt. Das ist meine Liebe, und das ist die Liebe, die man haben muss, um immer mit gutem Willen den Willen Gottes zu erfüllen.

Ich bin Frau und Mutter wie jede andere Frau und Mutter. *Das Geschenk Gottes hebt nicht das Menschliche auf. Das Menschliche bleibt wie bei jeder anderen, auch wenn das Geschenk eine sehr starke Geistigkeit verleiht. Du weißt es ja, dass ich das Geschenk aus freiem Willen annehmen musste, und mit allen Folgen, die es mit sich brachte; denn jedes Geschenk Gottes ist ein große Glückseligkeit, aber auch eine große Verpflichtung. Gott zwingt keinen Menschen, seine Gaben anzunehmen, sondern er fragt das Geschöpf. Wenn aber das Geschöpf der geistigen Stimme, die zu ihm spricht, mit einem „Nein" antwortet, zwingt Gott es nicht. Alle Seelen werden wenigstens einmal im Leben von Gott gefragt, ob ...*

Bei *Augustinus* lesen wir, dass du dir zunächst dies eine klarmachen und begreifen müsstest, nämlich dass in der Religion kein Irrtum hätte entstehen können, wenn die Seele an Stelle ihres Gottes nicht entweder eine Seele oder einen Körper oder ihre eigenen Phantasiegebilde verehrt hätte, sondern wenn sie stattdessen, trotz zeitlicher und williger Eingliederung in die menschliche Gesellschaft während ihres Erdenlebens, sich nachsinnend dem Ewigen zugewandt und den einen Gott verehrt hätte, ohne dessen unwandelbaren Bestand kein wandelbares Wesen bestehen könnte. So viel in *Über die wahre Religion,* der schriftlichen Hinterlassenschaft von *Augustinus.* Nur wenn sich der Mensch in betrachtender Weise seiner Quelle bewusst wird, kann sie ihn auch erquicken und nähren. Seine Arbeit wird dann produktiver, seine Nerven entspannter, seine mitmenschlichen Beziehungen herzlicher, sein Lächeln wahrer, und all seine Liebe, die er verstrahlt, wird die Umwelt erwärmen. Wie ist das möglich? Weil dieser Mensch morgens nach dem Erwachen und im Laufe des Tages die eucharistische Liebe Jesu im Tabernakel preist. Den Schemel Gottes auf Erden im vielfältigen Gedenken im Herz tragen, um sich dankbar und würdig zu erweisen gegenüber der barmherzigen Liebe Gottes, die sich so tief herabneigt und greifbar unter den Menschen Wohnung nimmt.

Die heilig machende Gnade: das Leben der Seele, dieses hochgeistige Etwas, das in unsere religiöse Seele gelegt wurde; die Gnade, die uns zu Kindern Gottes macht, wie sie uns vor dem Tod durch die Sünde wahrt; denn wer tot ist, lebt nicht im Haus des Vaters, im Paradies, in meinem Reich: dem Himmel. Was ist diese heilige Gnade, die das Leben und den Himmel verleiht? Oh, macht nicht viele Worte. D i e G n a d e i s t L i e b e . D i e G n a d e i s t d a h e r G o t t . S i e i s t G o t t ! Gott, der sich selbst in seinem vollendet erschaffenen Geschöpf bewundert, liebt, betrachtet sich selbst verschenkt, um diesen seinen Besitz zu vermehren, um sich an dieser Vermehrung zu beseeligen und um s i c h i n a l l e n z u l i e b e n , d i e s e i n e i g e n e s I c h s i n d .

Auch *Thomas von Aquin* sagt mit Recht: „Gott hätte keine größeren göttlichen Werke vollbringen können als jene drei: die Menschwerdung des Sohnes, die Mutterschaft der heiligsten Jungfrau und die Vergöttlichung der menschlichen Seele." Und *Augustinus* sagt: „Die Seelen sind durch den Vater am Geheimnis der ewigen Zeugung in göttlicher Weise beteiligt und durch den Vater und den Sohn an der Ausgießung des Heiligen Geistes. Daher wird die durch die Gnade Gottes Gott ähnlich gewordene Seele in ihrer Teilhabe und ihrem Wirken mit den drei göttlichen Personen vergöttlicht, und das ist das erhabenste Werk der unendlichen Liebe, die uns Geschöpfe zu vergöttlichten Geschöpfen erhebt."

O Kinder, beraubt Gott nicht dieses seines Rechtes! B e r a u b t G o t t n i c h t s e i n e s B e s i t z e s ! Enttäuscht Gott nicht in diesem seinem Wunsch! D e n k t d a r a n , d a s s e r a u s L i e b e w i r k t . Auch wenn ihr nicht wäret, bliebe er doch immer der Unendliche, und seine Macht wäre dadurch nicht geringer. Doch obschon Gott in seiner unendlichen Größe vollendet und unendlich ist, will er seine Liebe nicht für sich und in sich vermehren, denn er könnte es ja gar nicht, da er schon der

Unendliche ist, sondern er will es tun für sein Geschöpf, und er will diese Liebe in dem Maße vermehren, wie dieses Geschöpf selbst Liebe hat. Er gibt euch die Gnade, die Liebe, auf dass sie in euch zur Vollkommenheit der Heiligen wachse und ihr dann diesen Schatz, den ihr aus dem Schatz der Gnade Gottes geschöpft und durch alle heiligen Werke eures ganzen heldenhaften und heiligen Lebens vermehrt habt, in den unendlichen Ozean des Himmels, die Wohnung Gottes, zurückfließen lasst.

(…) Kommt. Habt ihr euch durch Laster oder unreine Leidenschaften befleckt? Kommt. Seid ihr Unterdrücker gewesen? Kommt. Kommt und bereut es … Kommt zur Liebe und zum Frieden. Oh, lasst zu, dass die Liebe Gottes sich in euch ergieße. Tröstet diese Liebe, die über euren Widerstand, eure Furcht und eure Zaghaftigkeit betrübt ist. Ich bitte euch darum im Namen meines und eures Vaters. Kommt alle zum Leben und zur Wahrheit, und ihr werdet das ewige Leben erlangen.

Was in anderen Religionen längst als unverzichtbar gilt, könnte auch in der christlichen Religion geprüft und angenommen werden. Würden wir wirklich so genau wissen, wer wir sind, was wir uns wünschen würden? Fragt etwa der *Dalai Lama*. Würde das Bild von uns und der Welt wirklich Maßarbeit sein oder nur ein Anzug von der Stange? Für den *Dalai Lama* ist die Antwort auf diese Frage von entscheidender Bedeutung für unser individuelles Glück. Er lädt den Leser seines Werkes *Das Leben tiefer verstehen* ein, sich selbst noch einmal zu entdecken. Authentisch werden, den eigenen Weg finden und ihn sicher und bewusst gehen – dies seien unabdingbare Schritte einer nie endenden persönlichen Reifung und der Schlüssel zur wahren Liebe. Was hat es in diesem Sinn mit der Christianisierung und ihrer Stagnation in der Welt auf sich? Weil wir uns in der Mehrheit nur und ausschließlich mit uns selbst beschäftigen, obwohl wir alle Schätze des Himmels in Händen tragen könnten, kann die Liebe nur magere Früchte zeitigen, sowohl in unserem eigenen Alltag, als auch in der Welt, das zum Spiegelbild unserer selbst geworden ist und mit dem wir uns herumschlagen müssen.

Ihr habt doch gesagt, dass ihr an den allerhöchsten Herrn glaubt und das Gesetz beachtet, dass ihr die Propheten und die Bücher der Weisheit kennt. Ihr habt mir gesagt, dass ihr an mich glaubt und euch nach meiner Lehre sehnt. Aber dann müsst ihr auch e u e r   H e r z   z u m   G u t e n   w e n d e n ,   d e n n   G o t t   i s t   L i e b e   u n d   v e r l a n g t   L i e b e ,   d e n n   d a s   G e s e t z   i s t   L i e b e . Denn die Propheten und die Bücher der Weisheit fordern zur Liebe auf, und meine Lehre ist eine Lehre der Liebe. Opfer und Gebete sind umsonst, wenn ihr Altar und ihre Grundlage nicht die Nächstenliebe ist, besonders die Liebe zum bedürftigen Nächsten, dem man alle möglichen Formen der Liebe schenken kann: ein Brot, ein Lager, Kleidung, Trost, Belehrung und Hinführung zu Gott. Elend entmutigt und lässt den Geist das Vertrauen in die Vorsehung verlieren, das doch so wichtig ist, um die Prüfungen des Lebens bestehen zu können. Wie könnt ihr verlangen, dass der Elende immer gut, geduldig und fromm sei, wenn er sehen muss, dass die vom Glück, und daher nach allgemeiner Auffassung auch von der göttlichen Vorsehung Begünstigten hartherzig und o h n e   w a h r e   R e l i g i o n   s i n d – denn ihrer Religion fehlt der erste und wichtigste Teil: die Liebe – und wenn er sieht, dass diejenigen, die alles haben, keine Geduld kennen und nicht einmal das Flehen der Hungrigen ertragen? Verfluchen sie bisweilen Gott und euch? Aber wer führt sie denn zu dieser Sünde? D e n k t   i h r   n i e   d a r a n ,   i h r   r e i c h e n   B ü r g e r   e i n e r   r e i c h e n   S t a d t ,   d a s s   i h r   e i n e   v o r r a n g i g e   P f l i c h t   h a b t :   j e n e ,   d i e   V e r l a s s e n e n   d u r c h   e u r e   H a n d l u n g s w e i s e   z u r   W e i s h e i t   z u   e r z i e h e n ?

Kapitel III

Dem Herrn zugewandt

„Mich dürstet"

Zeitgenossen, die gern *Nietzsches* Satz „Gott ist tot" auf den Lippen führen würden, bekräftigt *Ulrich Greiner* im Dezember 2005 für die *ZEIT,* würden meist vergessen, dass dieser Verlust niemand mehr geschmerzt hätte als *Nietzsche* selbst. In seinem Buch *Die fröhliche Wissenschaft* tritt der „tolle Mensch" auf und ruft: „Wohin ist Gott? Ich will es euch sagen! Wir haben ihn getötet – ihr und ich!" Und der fragt verzweifelt: „Was taten wir, als wir diese Erde von ihrer Sonne losketteten? Wohin bewegt sie sich nun? Wohin bewegen wir uns? Fort von allen Sonnen? Stürzen wir nicht fortwährend? Irren wir nicht wie durch ein unendliches Nichts? Haucht uns nicht der leere Raum an? Ist es nicht kälter geworden? Gott ist tot! Wie trösten wir uns, die Mörder aller Mörder?"

Eben in dieser leidvollen Welt ohne Gott dreht sich viel um die sich selbst auferlegte Selbsterkenntnis. Nach dieser Selbsterkenntnis lechzt der Mensch seit dem Sündenfall Evas, ohne sie auch nur im Geringsten einbüßen zu wollen. Das erklärt alle die Ungerechtigkeit dieser Welt und den Gottesmord selbst. Noch heute führt sich die Gemeinschaft der Gläubigen den Gottesmord mit Zuhilfenahme der Kunst in Form von Bild und Musik vor Augen und zu Ohren. Dennoch die tiefen Windungen der Seele des gläubigen Menschen scheinen davon oft genug immer noch unberührt zu bleiben, denn das Resultat, Einschnitte im Leben folgen zu lassen, scheut der Mensch wie der Teufel das Weihwasser.

Man bemüht sich bei öffentlichen Gebets- und Andachtsübungen und auch darüber hinaus, zum Beispiel in den Familien und vorzugsweise am Karfreitag, um ein mitleidvolles Gesicht, um sich bei „den Ungläubigen" darüber zu beklagen, dass ihr Gott getötet wurde. Dem entgegen steht jedoch das ganzheitliche Gedenken, wie Christus es bei der letzten Versammlung im Abendmahlsaal Seinen Jüngern anempfohlen hat. Es dreht sich nicht nur darum, es zu Seinem Gedächtnis zu tun, sondern auch nach Kräften real zu erhalten. Das heißt, den Gedanken an den lebendigen Sohn Gottes wahrheitsgemäß und allen Widrigkeiten zum Trotz mitten in den Alltag zu stellen. Wie es eben unsere menschliche Beschaffenheit erlaubt, so einfach wie möglich und so direkt wie nötig, im Herzen und mit der ganzen Kraft des Geistes (Erstes der Zehn Gebote!). Es muss deshalb gleichwohl einleuchten, dass nur die Nachahmung Seiner Liebe zum Heil führen kann und weniger unsere Selbstliebe als Katholik, derer die Eigenliebe des Menschen zu Grunde liegt.

Göttliche, göttliche, göttliche Zisternen der Liebe! Ihr lebt und seid nicht bestimmt zu sterben, weil ihr unsterblich seid wie Gott, indem ihr in Gott seid. Ihr werdet leben, und euer Leben wird nicht enden, weil ihr unsterblich seid wie die heiligen Geister, die euch im Überfluss ernährt haben und reich an eigenen Verdiensten zu euch zurückkommen. Ihr lebt und nährt euch, ihr lebt und bereichert euch, ihr lebt und bildet diese heiligste Gemeinschaft der Geister, die alle umfasst, von Gott, dem vollkommensten Geist, bis zum neugeborenen Kinde, das zum ersten Mal an der mütterlichen Brust saugt.

Dazu bieten wir Gott sein eigenes erhabenes Opfer an, für unsere persönliche Rettung und die Rettung der ganzen Welt. Dass nun aber der Wille zur Rettung einer gewissen inneren Haltung entsprechen muss, liegt wohlweislich auf der Hand. Wer das nicht auf die Reihe bekommt, kann sich konsequenterweise auch nicht erlöst nennen. Denn obwohl man Christus kennt, schöpft man nicht aus den Verdiensten Seiner Vergebung für alle Menschen. Die innere Wandlung sollte sichtbar sein und bis hin zu einer „Neuen Schöpfung" gereichen. Unangetastet wirkt das Opfer aber dann am „Christen" nach außen hin wie die Verstoßung seiner selbst, in dem das Schöne nicht zum Vorschein kommt, von dem Christus selbst sagt: „Kostet und seht, wie gut der Herr ist!". Die Losung im Gegenteil in nie enden wollender Eigenliebe immerfort vor sich her zu sagen, wirkt auf unfreiwillige Betrachter wie den Nachwuchs der Kirche oder Andersgläubige wie die Strafe eines Gottes, der seine Schäfchen nicht kennt. Gott aber will verherrlicht werden und das konsequenterweise in den Erlösten. Das Alte Testament ist voll von Beispielen dafür, wie Gott Seine Herrlichkeit am Beispiel Seines auserwählten Volkes allen Völkern kundtun will. Sie zeigt aber auch an vielen Stellen unverblümt die Enttäuschung Gottes über die angehäuften Widerspenstigkeiten in Seinem Volk, die dazu führten, dass die anderen Völker Gott nicht die gebührende Ehre erweisen wollten.

Um nichts anderes fleht demnach Seine Liebe zu uns, dass wir wahrhaft lieben, also die Gemeinschaft des geistigen Reiches Gottes wahrhaben und stark machen, um den für uns möglichen Einsatz in der Nachfolge Christi spiegeln zu können. Es nützt dem Suchenden und seiner Umwelt gar nichts, das Leiden Christi in einer verbitterten Seele sinnbildlich zum Ausdruck zu bringen. Christus erscheint nicht liebenswerter dadurch, im Gegenteil, dieser Anblick verschreckt und löst Irritationen aus. Christus musste nicht leiden, um dafür von den Menschen geliebt zu werden. Dies wäre eine grausame Liebe. Vielmehr wurde er verstoßen und hat gelitten, weil Er wahrhaft geliebt hat und dabei auch erkennbar für seine Feinde als Sohn Gottes zur Nachfolge aufgerufen hat.

Betrachtet, ihr Weinenden, die Trostlosigkeit Noemis, als ihr Haus männerlos geworden war. Hört ihre an Orfa und Ruth gerichteten traurigen Worte: „Kehrt zurück in das Haus eurer Mutter. Der Herr möge euch Barmherzigkeit erweisen, wie ihr ihnen, die tot sind, und auch mir Barmherzigkeit erwiesen habt." Hört ihr müdes Drängen. Sie erhoffte nichts mehr vom Leben; sie, die einst die schöne Noemi gewesen war.

Sie war die tragische Noemi geworden, vom Schmerz zerrissen und vom einzigen Wunsch erfüllt, zum Ort zurückzukehren, an dem sie in ihrer Jugend zwischen der Liebe des Gatten und den Küssen der Kinder glücklich gewesen war. Sie sagt: „Geht, geht. Es hat keinen Sinn, zu mir zu kommen ... Ich bin wie eine Tote ... Mein Leben ist nicht mehr hier, sondern dort, im anderen Leben, wo sie sind. Opfert eure Jugend nicht an der Seite eines Dinges, das im Sterben liegt; denn ich bin wahrhaftig nur noch ein Ding. Alles ist mir gleichgültig, und der Herr könnte mich deswegen zur Rechenschaft ziehen, er, der mich so stark geschlagen hat; es wäre Egoismus, euch junge Menschen bei mir, einer Toten, zurückzuhalten. Geht zu euren Müttern! ..."

*Aber Ruth blieb, um dem leidenden Alter Stütze zu sein; denn sie hatte begriffen, **dass es immer größere Schmerzen als die eigenen gibt** und dass ihr Schmerz als junge Witwe immer noch geringer war als jener der Frau, die außer dem Mann noch die beiden Söhne verloren hatte; so wie der Schmerz dessen, der aus vielerlei Gründen dazu kommt, die Welt zu hassen und in jedem Menschen einen Feind zu sehen, den er fürchtet und gegen den er sich verteidigen muss, größer als alle andere Schmerzen ist; denn er trifft nicht allein das Fleisch, das Blut und den Geist, sondern die Seele mit ihren übernatürlichen Pflichten und Rechten; **er läuft Gefahr, zugrunde zu gehen**. Wie viele kinderlose Mütter für mutterlose Kinder gibt es auf der Welt! Wie viele Witwen ohne Nachkommen gibt es, die sich barmherzigerweise einsamer Alter annehmen können! Wie viele gibt es, die keine menschliche Liebe kennen und unglücklich werden in ihrem Bedürfnis nach Liebe; sie möchten alles geben, um den Hass in der unglücklichen Menschheit, die immer mehr leidet, zu bekämpfen, weil der Hass immer stärker wird.*

Die Inszenierung von Religion würde noch nichts beweisen, war auch von *Ulrich Greiner* an Weihnachten 2005 in der ZEIT zu hören und der Philosoph *Herbert Schnädelbach* betont zuvor im August 2005 in der ZEIT: „... religiöse Gefühligkeit dürfe man nicht verwechseln mit wahrer Religion und wahrem Glauben". Es kann nur Unverständnis und Mitleid ernten, welches nicht wirklich zum Kern wahrer Liebe vordringt. Wie gesagt, Christus wollte vordergründig gar kein Mitleid erregen oder auf bemitleidenswerte Art Aufmerksamkeit hervorrufen, das wäre eine kuriose Umkehrung Seines heiligen Gehorsams in armselige Bedürftigkeit. In diese Absurdität aber ist die menschliche Moral gefallen und derart verstümmelt, dass der Mensch von sich annehmen möchte, er könne nur in einem leidenden oder geplagten Zustand der Liebe Gottes gerecht werden. Keiner braucht annehmen, dass er etwa allein durch seine gespielte Angst, von Leid und Plage von der Gerechtigkeit verschont bliebe, „die ganz von alleine kommen, wenn nämlich der Teufel, die alte Schlange, euch auf die Probe stellt und euch das Fürchten lehrt vor dem was ihr noch leiden werdet"*(Offenb. nach Joh.).*

Augustinus schreibt wiederum in seinem bekannten Schriftstück *Über die wahre Religion,* dass „die Phantasiegebilde vollends nichts anderes sind als aus der Körperwelt mit Hilfe körperlicher Sinne gewonnene Vorstellungsbilder, die man mit Leichtigkeit, sowie man sie aufnahm, dem Gedächtnis anvertrauen, aber auch teilen, vervielfältigen, verkleinern und vergrößern, ordnen, verwirren und auf jede Weise denkend gestalten kann". Nichtsdestotrotz bietet er, der vom Anfang bis zum Ende nur die Liebe wollte, dem Bußfertigen bedingungslos die Versöhnung an. Mit der gleichen Liebe, mit der Er uns schon vor seinem Opfer geliebt hat, vergilt Er auch unsere Schuld und fordert nicht, auch keine aufrechnende Gegenleistung, außer der tätigen Liebe vor Gott und dem Nächsten, die aufrichtige Wiedergutmachung und sichtbare Umkehrung. Das ist Mühe genug für jeden Christen auf seinem gesamten Lebensweg. Zusätzliche Pein aufzubürden wäre tatsächlich absurd, da es dem zugesprochenen Heil entgegenstünde. Das Leiden Jesu Christi selbst, begangen in der Vergangenheit, bildet doch in seiner Unvergänglichkeit den Blutzoll für den Bewusstseinswandel des Menschen, zumal ihm, dem Menschen, die ungerechten und grausamen Misshandlungen nicht nur am eingeborenen Sohn Gottes, sondern im täglichen unendlichen Leid und Elend dieser Welt auf dramatische Weise vorgeführt werden. Wer immer noch erinnert werden möchte an das entsetzliche Leid Christi, der betrachte die erhaltenen Wundmale an Seinem auferstandenen Leib, die man an allen Darstellungen von Ihm sieht, wenn sie nicht verschleiert wurden.

Die Selbsterkenntnis ohne Liebe zu begehen, ist wie ein fahrendes Auto ohne Motor, es rollt nur, weil es auf vier Rädern steht. Schließlich setzt die für die Seele gut wahrnehmbare Gottesferne einem das schmerzliche Gesicht auf, um sich im Selbstmitleid aus der eigenen unausweichlichen und schicksalhaften Täterrolle zu erheben. Das ist das Bild, das katholische Christen heute nicht selten in ihrem Gebetsalltag abgeben. Das erhellende Gesicht des Christen beim Anblick Seines Schöpfers bleibt dabei auf der Strecke. Letzteres findet man nur bei den *„Armen im Geiste"*. Der gemeine Mensch wäre stattdessen tatsächlich aufgerufen, mit der angebotenen Erlösung die große Ausnahme zu wagen, um nicht im Teufelskreis des ewigen Ich unentwegt denselben Weg des schicksalhaften Verderbens zu gehen.

Das Leben ist ein Hauch ...
und die Ewigkeit ist die ewige Gegenwart.

Derweilen erwartet heute die Mehrheit der Christen in ihrer Unmündigkeit von den sie hofierenden Seelsorgern geradewegs fordernd, an Gott erinnert zu werden. Sie wollen sich mehr denn je in der gleichermaßen selbstverschuldeten wie unverschuldeten Gottesferne als Geschöpf angenommen wissen, dafür aber nichts weiter tun wollen, als unbeschadet der Liturgie beizuwohnen, um nichts von seinem Ich einbüßen zu müssen. Dafür jedoch hat der Schöpfer den Menschen nicht mit der Weisheit der Vernunft und Hellsicht des Verstandes begnadigt. Dann hätte Gott es ja auch bei der Erschaffung der Tierwelt belassen können. Um die christliche Berufung erfüllt zu sehen, reicht es bei weitem nicht, nur erinnert werden zu wollen, um sich anschließend von seinen ungläubigen Mitmenschen unterscheiden zu können. Auch wäre es fatal zu meinen, die herangetragenen Erwartungen und Bedürfnisse aus der Welt des Zeitgeistes im Gottesdienst oder bei der sakramentalen Begegnung mit dem Priester exerzieren zu müssen, um Sinn und Eigenlob für den eigenen Glauben zu ernten, der an dieser Stelle gar ein scheinheiliger ist.

Gott selbst belohnt den Glauben, wenn der Gottesdienst ein wahrer ist. Unserer Phantasie sind deshalb keine Grenzen gesetzt, wenn es darum geht unsere Erinnerung an den Schöpfer auch im Alltag zu binden, so wie wenn man einer erfrischenden Quelle verbunden bleiben will. Routinen wie der regelmäßige Gang zur Gemeindefeier oder etwa ein Gedenken an die Schergen der Nazivergangenheit beweisen keine Treue und können den Glauben nicht beleben. Letztere sind ein Dienst an die eigene Befindlichkeit, z. B. an unser Gewissen, oder kurzatmiges Wohlbefinden. Glauben ist mehr und verlangt Selbstlosigkeit, so wie Gott selbstlos liebt. Es entspringt auch keinem Programm und keinem Gesetz, dass Christus am Kreuz gestorben ist, sondern zeigt uns, wie weit der Schöpfer geht und wie weit Jesus in Seinem liebenden Gehorsam gegangen ist, um uns sündige Mensch an sich zu ziehen. Unser Anteil daran wäre, unsere eingeschlafene Aufmerksamkeit in einem ersten Schritt immer wieder und wieder für Ihn in einem wahrhaft begangenen Gedenken lebendig zu erhalten, so wie Er lebendig ist, um uns mit dem Reichtum Seiner Gnade zu erlösen und zu heilen.

Nun überlegt, wie oft und in wie vielfältiger Weise der böse Feind in eure Seelen sät, und ihr werdet die Notwendigkeit verstehen, mit G e - d u l d u n d A u s d a u e r z u w a c h s e n, damit so wenig Unkraut wie möglich unter das erlesene Korn gelangt. Das Los des Unkrautes ist es, verbrannt zu werden. Wollt ihr einmal ins ewige Feuer stürzen oder Bewohner des Himmelreiches werden? Ihr sagt, dass ihr Bewohner des Himmelreiches sein wollt. So wisst es zu werden. Der gute Gott gibt euch das Wort. Der Feind achtet darauf, dass es Schaden schafft; denn Weizenmehl, vermischt mit dem Mehl aus Unkraut, ergibt bitteres Brot und schadet dem Magen. S e i d a l s o e i f r i g b e m ü h t, m i t e u r e m g u t e n W i l l e n d a s U n k r a u t a u s z u s o n d e r n u n d a u s z u - m e r z e n, a u f d a s s i h r n i c h t G o t t e s u n w ü r d i g w e r d e t.

„Es gibt keinen Maßstab für Christus. Den Maßstab setzt er selbst", pflegte *Romano Guardini* zu sagen. Hingegen wirken die versammelten Gemeinden von „Gläubigen" auf Zaungäste wie eingefleischte Selbsthilfegruppen, die sich darauf verständigt haben, das Gefühl des „guten Gewissens" als Religion zu erachten. Zaungäste könnten gleichsam Juden wie auch Muslime sein. „Ein strahlender Mensch beweist eindringlicher als Worte, dass Gott im Menschen lebt", bekräftigt hingegen *Martin Gutl*. Und *Chiara Lubich* stimmt mit ihm überein, wenn sie sagt: „Wo ein Christ ist, der das Wort Gottes lebt, da beginnt die Wüste zu blühen." Das ist ein Auftrag an alle Religionen gleichermaßen, nicht nur die christlichen. Nichts Gewaltsames findet sich in unserer Haltung als Mensch des Glaubens, weiß Papst *Johannes XXIII.* zu unterstreichen. Und Papst *Benedikt* attestiert, es sei jedoch notwendig zu wachen in der Nacht, deren Dunkel immer dichter wird. Wir müssten Rechenschaft zu geben wissen über die Nachstellungen aller, die Gottes Feinde seien, bevor sie noch unsere würden. Und wir müssten uns vorbereiten auf jede nur mögliche Verteidigung der christlichen Grundsätze, die jetzt und immer der Schutzpanzer der wahren Gerechtigkeit seien. Das ist eine starke Rhetorik von diesem Papst.

Deshalb wolle jetzt ein katholischer Christ namens *Hartmut Zapp* und mit ihm viele andere auch, sein Seelenheil nicht mehr nur an ihre schnöde Eigenschaft als Kirchensteuerzahler gekoppelt sehen, schreiben *Melanie Amann* und *Lisa Nienhaus* im Herbst 2009 für die *FAS*. Das Verwaltungsgericht Freiburg habe seinen Teilaustritt für wirksam erklärt. Beim Austritt nur zu sagen, dass die Kirche eine Körperschaft ist, das sei erlaubt, entschied das Verwaltungsgericht Freiburg, und ergänzte kühl: „Die für die Kirche damit möglicherweise verbundenen Schwierigkeiten ... kann der Staat nicht verhindern." Dürfe er auch gar nicht. Zapp sei einer von vielen Kirchgängern, die sich fragen würden: Wieso wird mein Glaube an einen Zwangsbeitrag gekoppelt, über dessen Verwendung ich nicht bestimmen kann? Diese Methode werde in der ganzen Welt nur von den deutschen Bischöfen betrieben.

Und die Bischöfe hätten sich auch noch ausdrücklich gegen den Willen Roms gestellt. Wohl auch die deutschen Bischöfe stehen unter dem Eindruck der „Erbsünde" des Vatikans mit seinem selbsterwählten Kirchenstaatsstatus, dem Staat im Staat.

Es handelt sich um geistige Wahrheiten, die weder vergangen noch zukünftig, sondern stets sich selbst gleich und keinem Wandel unterworfen sind, pocht *Augustinus* in seinem Werk *Die wahre Religion*. „Dass einzig der gelebte Glaube Berge versetzen kann, ist erfahrbar für den Menschen, welcher um diesen Glauben wahrhaft ringt in Gebet und Tat. Die Erfahrung des Wirkens Gottes in seinem Leben mag ihm allmählich Beweis genug sein, um seiner Glaubensüberzeugung mit allen Konsequenzen, auch bitteren, zu stehen", schrieb *Irene Heise* nieder. Es gilt auch, was der Apostel Johannes aus dem Munde Jesu in seinem Evangelium zitierte: „*Nicht ihr habt mich erwählt, sondern ich habe euch erwählt und dazu bestimmt, dass ihr euch aufmacht und reiche Frucht bringt und dass eure Frucht bleibt.*" Und *Augustinus* hält dafür: „Wenn wir recht denken, sind wir in Gott; wenn wir recht leben, ist Gott in uns."

Das Leben ist die Vorbereitung auf den Tod, wie der Tod die Vorbereitung auf das höhere Leben ist. Sobald der wahrhaft Weise die Wahrheit des Lebens und des Sterbens für ein ewiges Leben begriffen hat, sucht er sich mit allen Mitteln dessen zu entledigen, was unnütz ist, und sich mit dem zu bereichern, was nützlich ist, also mit Tugenden und guten Werken, um eine Mitgift vor dem zu besitzen, der ihn zu sich ruft, um ihn mit vollkommener Gerechtigkeit zu richten, zu belohnen oder zu bestrafen. Der wahrhaft Weise führt ein Leben, das ihn erwachsener in der Weisheit macht als einen Greis und jünger als einen Jüngling; denn durch ein tugendhaftes und rechtschaffenes Leben bewahrt er im Herzen eine Frische der Gefühle, die oft nicht einmal die Jungen kennen. Wie süß ist es dann zu sterben, das müde Haupt in den Schoß des Vaters zu legen, sich zu sammeln in seiner Umarmung, und im Nebel des entfliehenden Lebens zu sprechen: „Ich liebe dich, ich hoffe auf dich, ich glaube an dich", und dies zum letzten Mal auf Erden, um dann das jubilierende „Ich liebe dich" die ganze Ewigkeit hindurch in den Herrlichkeiten des Paradieses zu sagen.

Jesus zu Petrus: ... Es genügt ein Augenblick vollkommener Sammlung, um sich vorzubereiten, um vor Gott zu erscheinen. Aber du wirst reichlich Zeit haben. Im übrigen wisse, dass d i e E r f ü l l u n g d e s W i l l e n s G o t t e s i m m e r V o r b e r e i t u n g a u f e i n e n h e i l i g m ä ß i g e n T o d i s t. *Wenn Gott dich tätig will und du gehorchst, dann bereitest du dich durch diesen Gehorsam besser vor, als wenn du dich zwischen einsame Felsen verkriechen würdest, um zu beten und zu betrachten.*

Der Neuzeitchrist hätte Anlass genug, in sich zu gehen, um die Gründe seines wirkungslosen Betens und Fristens zu erforschen, denn der Evangelist *Johannes* spricht mit den Worten Jesu ebendies sehr deutlich: *„Wenn ihr in mir bleibt und wenn meine Worte in euch bleiben, dann bittet um alles, was ihr wollt: Ihr werdet es erhalten. Mein Vater wird dadurch verherrlicht, dass ihr reiche Frucht bringt und meine Jünger werdet."* Die christliche Gemeinde müsste sich eigentlich ständig aufs Neue im Klaren darüber werden, dass, wenn sie diese Aufgabe, die geistiger Natur ist, mit weltlichen Belangen vermischt, sich die Verheißung Christi nicht erfüllen kann. Das Wirken Gottes wird im Keim erstickt in der Schlinge der Hoffart vor Gott und mündet in der Beleidigung Seiner Majestät, wenn nicht sogar im Gottesmord. „Als Christen tragen wir alle mit an der Sorge für das Reich Gottes", erinnert *Sigfried Grän* und mit *Chrysostomus* stimmen wir überein, wenn er meint, dass die Zeiten sich ändern würden, nicht aber unser Ziel. Nämlich dass es gut stehe um den Acker Gottes.

(...) die Arbeit wartet auf uns. Wir können nicht nur in der Betrachtung leben. D i e W e l t e r w a r t e t u n s , u m b e l e h r t z u w e r d e n . D i e A r b e i t e r d e s H e r r n d ü r f e n n i c h t r u h e n , s o l a n g e e s n o c h F e l d e r z u b e s ä e n g i b t *(...) ihr werdet sicherlich nicht die ganze Welt bearbeiten können. Jahrhunderte werden dazu nötig sein, und wenn ein Teil bearbeitet ist, wird Satan kommen*

und Zerstörungsarbeit leisten. *Es wird daher eine ununterbrochene Arbeit sein, die bis ans Ende der Zeiten dauern wird.*

Ich bin nicht der Führer, der zu seinem Volk sagt: „Leide für mich, während ich genieße!" Nein. Ich leide als erster, um euch das Beispiel zu geben. Ich bin kein Heerführer, der zu seinem Heer sagt: „Kämpft, um mich zu verteidigen. Sterbt, um mir das Leben zu retten." Nein. Ich kämpfe als erster. Ich werde als erster sterben, um euch sterben zu lehren, so wie ich immer das getan habe, was ich lehre ... So habe ich die Armut gepredigt und bin selbst arm geblieben. Ich habe Keuschheit, Verzeihung, Mäßigkeit und Gerechtigkeit gepredigt und bin keusch geblieben, habe verziehen, war mäßig und gerecht; und so wie ich all dies getan habe, so werde ich auch das letzte tun: Ich werde euch lehren, wie man erlöst. Ich werde es euch nicht mit Worten lehren, sondern durch die Tat. Ich werde euch lehren zu gehorchen, indem ich bis zum Tod gehorsam sein werde.

Ich werde euch lehren, zu verzeihen, indem ich unter den äußersten Qualen verzeihen werde, wie ich auf dem Stroh meiner Wiege der Menschheit verziehen habe, dass sie mich dem Himmel entrissen hat. Ich werde verzeihen, wie ich immer verziehen habe. Allen. Den kleinen Feinden, den Schwachen, den Gleichgültigen und den Unbeständigen; auch den großen Feinden, die mir nicht nur den Schmerz zufügen, dass sie meiner Macht und dem Verlangen, sie zu retten, gleichgültig gegenüberstehen, sondern mir auch die Qual bereiten und bereiten werden, Gottesmörder zu sein. Ich werde es ihnen verzeihen, und da ich den unbußfertigen Gottesmördern nicht die Lossprechung geben kann, werde ich meinen Vater in meiner äußersten Todesqual für sie bitten ... auf dass er ihnen verzeihen möge, da sie durch den satanischen Einfluss trunken sind ... Ich werde verzeihen ... und ihr sollt in meinem Namen verzeihen. Lieben sollt ihr! Liebt, wie ich liebe; wie ich euch liebe und in Ewigkeit lieben werde.

In der Apostelgeschichte wird berichtet, dass der Geist am Pfingsttag auf die mit Maria im Gebet versammelten Apostel herabkommt (vgl. 2,1–4) und sie zu der Aufgabe anfeuert, allen Völkern die Frohe Botschaft zu verkünden, argumentiert Papst *Benedikt* im zwölften Kapitel von *SACRAMENTUM CARITATIS*. Deswegen geschehe es kraft des Geistes, dass Christus selbst in seiner Kirche von der Lebensmitte, der Eucharistie aus gegenwärtig und wirkkräftig bleiben will. Dabei müssen Mensch und Kirche stets von Neuem beginnen, gründlich in sich hineinzuhorchen, um nach den Gaben Gottes zu forschen und nichts unversucht zu lassen, das Heil in tätiger Liebe und Dankbarkeit vor Gott für sich und den Nächsten zu bewirken, anstatt sich in unbekannte Höhen zu erheben oder sich in der Hoffart zu üben. Auch Lokalpatriotismus ist hier fehl am Platz. Für Gott sind 1000 Jahre wie ein Tag und so halt es herüber vom Kreuz in unsere Zeit: *„Mich dürstet!"*

Im zwölften Kapitel von *SACRAMENTUM CARITATIS* ist zu lesen über den **Paraklet, als die erste Gabe an die Gläubigen, (24)** der schon in der Schöpfung am Werk war (vgl. Gen 1,2), ist vollends gegenwärtig im gesamten Leben des fleischgewordenen Wortes: Jesus Christus wurde ja durch das Wirken des Heiligen Geistes von der Jungfrau Maria empfangen (vgl. Mt 1,18; Lk 1,35); zu Beginn seiner öffentlichen Sendung sieht er ihn am Jordanufer in Form einer Taube auf sich herabkommen (vgl. Mt 3,16 und Par.); in ebendiesem Geist handelt, redet und frohlockt er (vgl. Lk 10,21); und in ihm kann er sich selbst als Opfer darbringen (vgl. Hebr 9,14). In den sogenannten, von Johannes aufgezeichneten „Abschiedsreden" stellt Jesus eine deutliche Beziehung her zwischen der Hingabe seines Lebens im Pascha-Mysterium und der Gabe des Geistes an die Seinen (vgl. Joh 16,7). Als Auferstandener, der die Zeichen der Passion an seinem Leib trägt, kann er mit seinem Hauch den Geist ausströmen (vgl. Joh 20,22) und so die Seinen an der eigenen Sendung beteiligen (vgl. Joh 20,21).

Wenn wir wahrhaft bemüht wären, alles richtig zu machen, das heißt vollkommen werden wollten in unserem Lob, dann könnte die Freude über die Existenz unseres Gottes als Fluss des Lebens mit der Liebe aus Gott zu uns fließen, in Sprache, Gestik und Mimik in uns Haltung annehmen und als solche wieder zu Gott zurückkehren, nämlich in der persönlichen Initiative des Gehorsams, ohne sie in der Triebsamkeit der Erde verbrennen zu sehen. Die Liebe erst erfüllt uns ganz für die Wahrheit und will sie vermehren, aber das geht nicht aus eigener Kraft, sondern wir beruhigen unsere bewegten Sinne und das Herz an Gottes Herz. So nur, im Erbarmen für unser eigenes unschuldiges Verlangen, erhalten wir die Kraft die Erlösungsbitte für uns auszusprechen und für die ganze Welt. Und nur Gott kann uns erhören und das wird Er auch tun, wenn unser Vertrauen in Ihn, in Christus und dem Unterpfand unseres Heils stark genug ist. Dafür bildet die natürliche Freude an Gottes heiligem Abbild in Seiner Schöpfung ein unverzichtbares Fundament, aber auch die Vergegenwärtigung unserer eigenen Bedürftigkeit für das beständige Heil in der vorläufig physischen Trennung vom Schöpfer.

Diese Welt hat das Wunder des Elisäus erlebt, der das schlechte Wasser gut werden ließ, indem er Salz hineinwarf. **Streue ich nicht das Salz der Weisheit in eure Herzen?** *Warum seid ihr also unfähiger als das Wasser und ändert euren Geist nicht? Streut mein Salz in eure Formeln und sie werden einen neuen Geschmack haben, denn das Salz wird dem Gesetz die ursprüngliche Kraft wiedergeben. Streut es in euch selbst, denn ihr bedürft seiner mehr als alle anderen. Ihr sagt, dass ich das Gesetz verändere. Nein. Lügt nicht. Ich gebe dem Gesetz seine ursprüngliche Form wieder, die ihr verdreht habt, denn es ist ein Gesetz, das währen wird, solange die Erde besteht, und* **eher werden Himmel und Erde vergehen als ein einziges seiner Gebote und Ratschläge.** *Selbst wenn ihr es durch Spitzfindigkeiten ändert, weil es euch so gefällt und Ausflüchte für eure Sünden sucht, so wisset, dass euch dies nichts nützt. Es nützt nichts, o Samuel! Es nützt nichts, o Isaias. Immer wird das Gebot gelten: „Du sollst nicht ehebrechen", und ich vervollständige es: „Wer seine Braut entlässt, um eine andere zu nehmen, ist ein Ehebrecher, und wer eine von einem Mann Entlassene zur Frau nimmt, begeht Ehebruch; denn was Gott verbunden hat, kann nur durch den Tod getrennt werden.*

Aber die harten Worte sind für die unbußfertigen Sünder. Jene, die gesündigt haben, ihre Sünden jedoch bereuen, sollen wissen und glauben, dass Gott die unendliche Güte ist, und zu dem kommen, der ihnen verzeiht und ihnen das ewige Leben schenkt. Geht mit dieser Gewissheit, und verbreitet sie in den Herzen. Verkündigt die Barmherzigkeit, die euch Frieden gibt und euch im Namen des Herrn segnet."

Der innere Frieden wird darüber hinaus gnadenlos zersetzt durch rastloses Reden und Tun, weil die natürliche Sehnsucht nach dem Übersinnlichem keinen Platz mehr hat. Gottes Belange zu erfüllen und im Auge zu behalten, gehen im Alltag in die Bedeutungslosigkeit über. Die da wären Hoffnung auf das ewige Glück, welches das Vertrauen in die Anwesenheit Gottes in sich trägt und die Freude ausdrückt über den Erlöser, konkret die Freude über den unwiederbringlichen Gehorsam Seines Erstgeborenen, Jesus Christus und Seiner Mutter Maria. Weil dieser Gehorsam in der Vergangenheit alles ins Rollen gebracht hat, um den Neuen Bund auch in Gegenwart und Zukunft mit unserem Gehorsam zu erfüllen, als Gegengewicht zur Sünde und zur Widerspenstigkeit. Schon Adam und Eva haben das Gebot Gottes übertreten und auf die Schlange gehört. Der Mensch hat seither wirklich nichts unversucht gelassen, im Gegenteil. Dennoch, das Fenster zur aktiven Beförderung des persönlichen Wachstums sollte niemals vor dem geistigen Auge geschlossen werden. Bei aller Wohltat, welche auch die geschlechtliche Vereinigung von Mann und Frau diesen bereithält, wäre das ihr sicherer Tod im Geiste, der in Form geistiger Verblendung bereits lange vor dem irdischen Ableben eintritt.

Wie die Liebe zu Gott Sein Gesetz nicht verachten kann, weil das Gesetz die Liebe ist, darf auch die Liebe zum Nächsten nicht vor der Liebe zum Schöpfer treten. Sie allein nur kann die Quelle des Erbarmens für sich selbst sein, um dann erst die wahre Hingabe für den Mitmenschen zu leben. Eine andere Reihenfolge verkehrt die Verhältnisse der Natur der Schöpfung und die Ordnung aller Dinge. Der Apfel fällt auch nicht vom Boden auf den Baum. Es genügt also, den eigenen Willen entscheidend mitzugestalten, um damit der menschlichen Willkür, zum Beispiel in Form von sexueller Willenskraft, vorzubeugen. Die täglich zahllos aneinandergereihten Versuche, die Ekstase steigern zu wollen, schmälern nur den Erfolg ihrer Befriedigung, denn sie machen den Menschen stumpf in seiner Empfindung und somit reizbar für andere. Besessen von schneller Befriedigung, stellt sich ein unersättliches Verlangen ein, dem schließlich mit einem häufigen Partnerwechsel entsprochen wird.

*Das Licht zögert nicht, in die Finsternis
der Nacht zu blicken, aber es freut sich,
die Nacht zu überwinden und allmorgendlich
der am Himmel aufsteigenden Sonne nachzufolgen.*

Ein ebenso weit verbreitetes Hindernis ist dazu im Gegensatz die überzogene Furcht vor der Unkontrollierbarkeit des eigenen Körpers in der Versuchung, die meist größer ist als die Furcht vor GOTT selbst. Darin liegt ein vielsagender Widerspruch: Denn wenn wir sündigen, können wir nur gegen GOTT sündigen, der die Gebote der Liebe macht. Wenn wir aber mit unserer überzogenen Köperzüchtigung unseren Köper mehr huldigen als Gott, müssen wir eben genau dieses Verhältnis wieder selbst in Einklang bringen, nicht zuletzt in einer geordneten Sexualität, um die Qualität und das Wesen unseres Geistes in den unscheinbaren Tugenden der Liebe prägen zu können, wie Empathie, Güte, Bedürfnis nach Wahrheit oder Gerechtigkeit, Gemeinschaftssinn oder Loyalität. Sie alle und noch mehr sind im Gegensatz zu den begierlichen Eigenschaften des Köpers mit der Taufe und dem treuen Vollzug der Sakramente, mit der Teilhabe am Geist des einen Erlösers Jesu Christi erst vollkommen in uns vorzufinden, wenn wir sie als solche erlebbar machen. Sie sind ein unmittelbar in der Gnade des Schöpfers verliehenes Gut, das in Ihm vollkommen und unerschöpflich erreichbar ist, wenn wir im weltlichen Sinne klein genug sind, Ihm, und nur Ihm als Seine Schöpfung angehören zu wollen.

Der Körper muss nicht erste Priorität haben, um ein gelungenes Leben vorzugaukeln. Zu einem häufigen Problem gehören nämlich auch geistige Übergriffe aus dem unmittelbaren Umfeld, deren unverblümte Unzufriedenheit sich in Aggressionslust äußert, weil jede Art der überladenen Emotionen und des Gefühlschaos einen harmonischen Fluss des Lebens zu verhindern sucht. So können wir beispielsweise in einem unbewusst gelebten Alltag an seinem Ende die Ursache für unsere Unzufriedenheit im Einzelnen oft gar nicht mehr ausmachen, geschweige denn die Tatsache erkennen, dass Gottes Belange zu oft beschnitten werden. Eine Überdosis Sex verschärft diese Situation noch zusätzlich, weil mitunter die Schwächen im Umgang mit der eignen Verantwortung als Kollateralschäden relativiert wird, anstatt als das was es ist, die Kollaboration mit der eigenen Unmündigkeit.

Nur Prinzipientreue und ein ausgeglichener Körper unter Beachtung antrainierter psychologischer Grundhaltungen (Yoga, Sport, Musik, Meditationen …) können deshalb entscheidend vorbeugend unseren guten Willen und eine aufrichtige innere Haltung bewirken. Entsprechend vorbereitet kann auf die Angriffslust in der Welt nachhaltig reagiert werden. *Herman Hesse* weiß davon aus eigener Erfahrung zu berichten, wenn er in einer von unzähligen an ihn gerichteten Anschriften antwortet: „Die Einsamkeit ist der Selbstbesinnung nur dann dienlich, wenn man wirklich vorher durch allzu viel Umgebung zerstreut wurde, namentlich wenn man unterm Einfluss stärkerer Naturen stand. Sonst aber ist sie einfach ein Gift, das der in unfruchtbarer Arbeit ermüdete Mensch sucht, genau wie den Alkohol oder das Morphium, in einem Drang zur Selbstzerstörung, dem Künstler besonders ausgesetzt sind. Man ruht ja in der Einsamkeit nie aus, weil dann die eingelaufenen schlimmen Bahnen im Gehirn gerade ungestört immer denselben Vers wiederholen."

Hesse beschreibt hier vortrefflich die Umstände für einen misslungen Urlaub, den man sich zwar vorzüglich ausgestalten kann, aber aufgrund der in der Erholung neu gewonnenen geistigen

Kräfte im Bewusstsein sich um eines mehr gleichermaßen die selbstverschuldete wie unverschuldete Gottesferne im Alltag spiegelt. Das kann im Lebensabend eines Menschen, seinem wohlverdienten Ruhestand, durchaus gravierende Auswirkungen haben, wenn man die Zeichen nicht recht zu deuten weiß, weil man den Wald vor lauter Bäume nicht sieht. Was man an einem gewöhnlichen Arbeitstag in der Mühe der Zweckmäßigkeit mehr schlecht als recht erfüllt und rechtfertigt mit der aufgezwungenen Routine, kann in der Laune eines Wochenendes Windhauch sein. Die zuvor euphorisch gefeierte Muse mutiert augenblicklich zum Müßiggang.

Hier vor allem kommt der ganze Schatz des christlichen Glaubens zu tragen, der die Einbildungskraft des Menschen und insbesondere des Christen zum Erliegen bringen kann, noch bevor sie Schaden anrichten kann, wenn er Treue als Tugend zum Inhalt hat. Zum Beispiel während einer einfachen 10- bis 15-minütigen täglichen Gedenkübung („Tut dies zu meinem Gedächtnis") vor dem Allerheiligsten im Tabernakel. Warum gerade vor dem Tabernakel? Weil das Leben Jesu gemeinsam mit Seiner Mutter und den Apostel der Weg von damals bis zur eucharistischen Anwesenheit Jesu im Tabernakel im Hier und Jetzt ist. Dabei kann auch der Rosenkranz „im stillen Kämmerlein" durchaus vorbereitend sein, der in seinen absatzweisen Teilen vordergründig nichts anderes beabsichtigt als die Betrachtung der Lebensgeheimnisse Jesu und Mariens. Nicht im Selbstgespräch oder mit geistigen Höhenflügen, um Luftschlösser zu errichten, das können wir zur durchaus notwendigen Entspannung auch auf der Yogamatte tun. In zweiter Instanz nämlich rücken das aufrichtige Gebet, die tätige Fürbitte und Empathie für das Leid anderer in den Mittelpunkt des Glaubens und zur wirktätigen Erfüllung der christlichen Berufung.

So kommt der Christ dazu, sich im Spiegel als solchen betrachten zu können, auch um sich täglich die persönliche Erlösung in Erinnerung zu rufen. Sie ist im Wesentlichen wirksamer als das passive und unbewusst aufgesetzte Selbstmitleid und dient nachhaltig der Vor- oder Nachbereitung für den lebendigen Gottesdienst. Sich ohne fremdes Zutun in die Lage versetzen zu können, selbst Christus zu gedenken, anstatt maßgeblich erinnert werden zu wollen, ist schon ein großer Fortschritt. Die Ausgangslage dabei ist die Demutsübung in der Vogelperspektive, so wie Gott den Menschen sieht, wie vorausgehend bereits studiert. Nun stelle man sich vor, man hätte die Kreuzigung auf sich gezogen, aufgrund der Schuldanhäufung durch selbstverschuldete Versäumnisse und eigene Missetaten gegenüber Gott im Alltag, angehäuft aus dem ganzen Leben. Sogleich, und ja nicht im Selbstmitleid zerfließend, erinnere man sich daran, dass Christus selbst diese Kreuzigung an unserer statt auf sich genommen hat. Nun aber erstanden vor langer Zeit verweilt Er im Himmel inmitten der Heiligsten Dreifaltigkeit, von der wir sagen „Ehre sei dem Vater & dem Sohn & dem Heiligen Geist". Das Resultat dieser geistigen Übung sollte nun sein, in umfänglicher Einheit mit dem Heiligen Geist zu stehen, der ausgeht aus Einheit der Heiligsten Dreifaltigkeit.

Es gäbe nicht viel, was heute noch peinlich sei, attestiert *Patrik Schwarz* im Dezember 2009 für die *Zeit*. Der Satz „Ich bete" gehöre dazu, meint *Schwarz*. Er würde scheele Blicke nach sich ziehen und den Verdacht, auch sonst nicht ganz von dieser Welt zu sein. Beten sei eine Zumutung für alle, die es nicht tun: Solange Glauben als eine Ansichtssache unter vielen daherkommen würde, würde er gesellschaftlichen Anstoß vermeiden. Doch wer bete, würde sich bekennen – und würde Fragen einer säkularen Welt provozieren: Müsse das sein? Und wozu? Aber eine Zumutung sei das Bekenntnis zum Beten auch für den, der es tun würde: Sogar den meisten Christen würde es leichter fallen, über Sex zu reden als über das Beten, attestiert *Schwarz*.

Was den zerbrechlichen Zauber des Betens ausmachen könne, davon würden selbst diejenigen kaum sprechen, die es praktizieren. Denn im Beten, in der Verbindung zu Gott, sei eine eigene

Intimität angelegt, erklärt *Patrik Schwarz* in der ZEIT. Hier würde der Gläubige sich seinem Gott öffnen und könne doch nicht gewiss sein, ihn zu finden. Hier sei er am verletzlichsten, hier würde er allen Unwägbarkeiten in sich begegnen – und in seinem Glauben. Das Gebet sei nach den Worten von *Schwarz* nicht der Ort der Selbstgewissheit, die Agnostiker an Gläubigen so schwer zu ertragen fänden, sondern ein Ort der Suche. *Schwarz* fügt an, dass das Gebet offener für den eigenen Weg, die eigene Suche sei, als es die Kirchen oft seien, die es lehren würden. Aus dem Wirbel der Worte herauszutreten, der uns täglich umtose, das sei der Anfang aller Andacht. Das würde Beten zugänglicher machen, unterstreicht der Journalist in der ZEIT, auch freier von Dogmen, Vorschriften, Verboten, mit denen Glaube sonst vielfach verbunden würde. Umgekehrt würden für das Beten all die Hinderungsgründe nicht gelten – vom Papst bis zur Kirchensteuer –, die viel gerne nennen würden, wenn sie sich auf den Glauben nicht mehr einlassen wollten. *Schwarz* ist sich sicher, Beten würde weniger Ausreden erlauben. Beten könne außerdem eine Antwort auf eine spezifische Überforderung unserer Zeit sein.

Du musst dein Leben ändern heißt das neue Buch von *Peter Sloterdijk*, und er meine seine Aufforderung ernst, unterstreicht *Patrik Schwarz* in der ZEIT. Sein Werk sei ein Plädoyer für die stete Arbeit des Menschen an sich selbst – zur Verbesserung des Einzelnen wie der Welt. Doch längst sei der Ruf nach permanenter Ego-Veredelung der schwer erträgliche Imperativ des 21. Jahrhunderts geworden, klagt *Schwarz*. Allenthalben würden wir bombardiert mit Aufrufen, uns zu ändern: Die Buchregale quellten über mit Ratgeber-Literatur, die Wirtschaft verlange lebenslanges Lernen, die Lage der Welt fordere sofortige Umkehr. Aber wenn es so einfach wäre, wären wir dann nicht schon alle neue Menschen?, fragt *Schwarz* lakonisch. „Du musst dein Leben ändern", sagt wiederum *Sloterdijk*. Es hängt nicht alles von dir ab, würde dem Nichtgläubigen die Lebenserfahrung und dem Gläubigen die Transzendenz-Erfahrung sagen. Wer bete, würde ein anderer werden – aber er würde es nicht restlos aus eigener Kraft werden. Das sei das Versprechen, das das Christentum dem Wahn der Ich-Optimierung entgegensetzen würde, hält *Schwarz* ein. Er gibt zu bedenken, dass ohne den Funken von außen, ohne das Gegenüber, das der Gläubige Gott nennen würde, tiefe Veränderung nicht zu haben seien. Schließlich bekundet *Schwarz*, so exotisch das Beten einer ungläubigen Welt auch erscheinen würde, so vertraut sei es ihr trotzdem. Beten sei immer noch das Erste, was Menschen im Leben vom Glauben begegnen würde, und das Letzte, wovon sie lassen würden.

Jesus: „Als Schwester und Braut, als Wonne und
Friede Gottes und als Trost des Menschen.
Alles sehe und finde ich in Maria als Gott und als Mensch. Sie,
die die Wonne der zweiten Person der Dreieinigkeit im Himmel, die
Wonne des Wortes und des Vaters und des Heiligen Geistes war,
ist die Wonne des fleischgewordenen Gottes und wird es auch des
verherrlichten Gottmenschen sein."

Hohelied: Der Friedfertige hatte einen Weinberg und
vertraute ihn den Winzern an,
die als vom Schänder angespornte Schänder große Summen
geboten hätten, ihn zu besitzen,
also alle Verführungskünste anwandten, ihn zu verführen;
aber der schöne Weinberg des Herrn schützte sich selbst und wollte
seine Früchte niemand anderem geben als dem Herrn.
Ihm allein wollte er sich öffnen, um den unbezahlbaren Schatz
zu gebären: den Erlöser.

Das Herz muss der Ort sein, wo unser Herr Jesus Christus von jedermann die höchsten Ehrungen erhält. Es soll für den Christen ein lebendiger Tabernakel sein. Laien wie Geistliche gleichermaßen können mit relativ wenig Zeitaufwand vor dem konsekrierten Bestand einer Kirche sich Christus täglich aufs Neue vergegenwärtigen. Es ist förderlich, dem Schöpfer mit Seiner Initiative für den Neuen Bund mit unserem Besuch zu danken, um letztlich Seiner Absichten täglich bewusst und bewusster zu werden. Durch das Leben Seines eingeborenen Jesu Christi und Seiner Mutter hat Er uns retten wollen und obendrein einen makellosen König geschenkt, nach dem sich die Menschheit zeitlebens gesehnt hat, wie einträchtig abzulesen ist an der Geschichte des Volkes Israel. Die Gegenwart des neuen Volkes Israel mit Christus als ihren geistigen König kann man ohne großes Spektakel in ein paar wenigen Minuten einträchtig betrachten, um es täglich aufs Neue in das menschliche Herz einzuschreiben, wo es bewahrt werden will als unveräußerliches Gut, als Vertrauen in die Liebe des Sohnes, die uns bereits vor unserer geistigen Umnachtung erreicht hat.

Manische Besessenheit vollkommen erscheinen zu lassen in der Routine des Berufs, vor dem Lebenspartner oder vor Gott erblasst angesichts der Vollkommenheit des Erstgeborenen, wenn wir Ihn denn vor unserem geistigen Auge haben. Eine ausgezeichnete Medizin gegen die Hysterie unserer Zeit, Selbstsucht und falschen Stolz, die der Menschheit nichts Neues gebiert, sondern allenfalls zersetzende Streitigkeiten in einer Endlosschleife. Das Altarsakrament wie auch der zelebrierende Priester sollen in unaufdringlicher Weise den Anstoß dahingegen geben, sich im Selbstversuch Klarheit darüber zu verschaffen, wer Er ist und wer wir sind. Der zersetzenden Routine in der Liturgie mit Abhilfe zu begegnen, muss demnach erstrangig das Ziel aller Beteiligten sein.

Es kommt leicht vor, dass die Umgebung den Geist verdunkelt und das Herz beunruhigt. Doch schlimmer und weit verbreiteter ist die Besessenheit, die die Herzen der Ehrlichkeit und Liebe verschließt und aus ihnen schmutzige Lasterhöhlen macht. Wie kann aber ein verdunkelter Geist und ein unruhiges Herz Gottes Stimme vernehmen, geschweige denn seinen Willen erkennen? Der Zustand der Herzen und der geringe Wille zur Besserung ist furchterregend bei dessen Anblick. Es sind wenige, aber S e i n W u n s c h , v i e l e z u r e t t e n , i s t s o g r o ß . Es ist die

Liebe, immer die Liebe, alles wird möglich, wenn die Liebe in einem ist. Man muss um soviel Liebe bitten, dass man Meister der Heiligkeit wird. Über die Heiligkeit soll ein jeder und jede wachen und je heiliger jemand ist, desto teurer sind sie dem göttlichen Herzen.

Das setzt, wie bereits betont voraus, dass wir im Alltag Rast machen, um das im Herzen in Einklang des Eingeschriebenen zu bringen. Die Erinnerung bereitet auf die Aufgabe vor, denn man braucht sich nur an das zu erinnern, was der Menschensohn auf seinem irdischen Lebensweg zu geben hatte, um sich nicht zu häufig zu beklagen und um sich geistigerweise zu stärken. Das Gebet zu erfüllen, um von der Welt gelobt zu werden und an einem Tag der Woche Frömmigkeit zu zeigen, ist der verkehrte Weg. Unser Herr, Jesus Christus, ist die Liebe, das Licht, das Heil – an jedem Tag der Woche. Ein bewusstes Gebet oder einen Psalm zu sprechen und die Wege der inneren Reinigung und Reflexion auch im Alltag mit einer bestimmten Regelmäßigkeit bewusst hervorzuheben, bedarf tatsächlich einer eingespielten Überwindung. Dabei darf nicht nur der eigene Bedarf der entscheidende Pulsgeber sein, sondern beispielsweise die gleichmäßige Aufteilung der vierundzwanzig Stunden eines Tages mittels Pausen auch für mehrere „Ave Maria" und dem „Gebet zum Vater", das Moses uns zu beten gelehrt hat, macht uns fähig treu im Geist zu leben. Die eigenen täglichen Eskapaden in Erfolg zu wandeln, zeugt von Wachstum und mündiger Selbstständigkeit. Wachsam leben bedeutet mitunter, dem vernehmlichen Befinden nachzuspüren und erkennen lernen, wo wir in Wahrheit im Hier und Jetzt stehen vor Gott.

Das Gebet ist eine Kraft für uns selbst und für die anderen. Durch das Gebet erreicht man alles. Wenn die erbetene Gnade vom himmlischen Vater auch nicht immer gewährt wird, so darf man daraus nicht schließen, es sei ein Mangel an Liebe seitens des Vaters. Man muss vielmehr immer davon überzeugt sein, dass es gemäß einer göttlichen Ordnung geschieht, die das Geschick eines jeden Menschen zu dessen eigenem Wohle leitet. Es sind nicht die Worte, sondern die Beweggründe, die die Worte begleiten, die dem himmlischen Vater wohlgefällig sind. Immer aber gibt das Gebet Frieden und seelisches Gleichgewicht, um vielen auf uns zukommenden Dingen entgegentreten zu können, ohne vom heiligen Wege abkommen zu müssen.

Wenn man von Gedenkkultur sprechen will, macht es deshalb einen wesentlichen Unterschied, ob jemand die Erinnerung an das verheißene Heil selbst mitgestaltet und darin Kraft schöpft oder nur unentwegt erinnert und aufgehoben werden will in der Lethargie und Passivität der Dinge. In der selbstgewählten Begegnung mit Gott wird aktiv gottgegebene Freiheit geboren. Aufgabe müsse es sein, „Grenzgänger" zu werden, so formulierte es auch *Alfred Delp*, der knapp vor Ende des Naziregimes wegen Hochverrats erhängt wurde, weil er offensichtlich an die Menschenwürde und an eine Zukunft nach dem Dritten Reich geglaubt hatte. Mit dieser Überzeugung, die auf dem Felsen Jesu Christi gegründet wird, ist der Mensch in der Lage seinen persönlichen Souverän auszubilden, auf deren Basis er nicht mehr ständig das Vertrauensverhältnis zu seinen Mitmenschen auf unnatürliche Weise überfordern muss. Dennoch, kein Mensch wird in seinem Leben hundertprozentig garantiert Wort halten können. *Wer angibt kein Sünder zu sein, der macht Ihn, Christus zum Lügner* (katholische Briefe, Joh). *Delp* setzte unabdingbar eine neue Transzendenzoffenheit voraus, bei der ihm der satte und in sich verschlossene Mensch als gefährlich galt. *Seid vollkommen wie der Vater im Himmel*, unsere Menschlichkeit erzittere vor diesem Befehl, denn jeder kennt seine Schwäche, bezeugt *Delp* und appelliert: „Deshalb seid wie euer Meister, der war Mensch!"

Wisst ihr genügend Bescheid über das Gesetz, um die Zehn Gebote zu kennen? Dann genügt euer Wissen. Wenn ihr treu befolgt, was Gott euch als Gebot gegeben hat, dann werdet ihr Heilige werden. Beklagt euch nicht darüber, wenn ihr weit weg von der Welt seid. Dies bewahrt euch vor ihrer

Verderbtheit, und Gott ist euch in der Einsamkeit nicht fern, sondern näher. *Seine Stimme vernehmt ihr dort, in seiner Schöpfung, im Brausen der Winde, in Gräsern und Wassern, aber nicht in der Menschenmenge. Sagt: „Gott ist unser Hirte, und wir sind seine Schafe.* Sein Auge ist über uns. *Er behütet uns und gewährt uns nicht das, was uns zum Verderben gereicht, sondern was wir zum Leben brauchen."* Haltet den Wolf von euren Herzen fern. *Der Wolf, das sind die schlechten Menschen, die euch auf Befehl Satans vielleicht zu bösen Taten überreden und verleiten, und Satan selbst versucht euch zur Sünde, um euch zu zerreißen.*

Seid wachsam! *Die Hirten kennen die Art des Wolfes. Wie die Schafe einfältig und arglos sind, so ist der Wolf hinterlistig. Er schleicht sich langsam heran, nachdem er von der Höhe die Gewohnheiten der Herde beobachtet hat. Durch das Gebüsch streichend, kommt er immer näher, und um keine Aufmerksamkeit zu erregen, bleibt er ab und zu plötzlich wie versteinert stehen. Gleicht er nicht einem großen Felsbrocken, der ins hohe Gras gerollt ist? Doch wenn er dann sicher ist, dass niemand auf ihn achtet, springt er auf und packt zu. Ebenso macht es Satan. Er beobachtet euch, um eure schwachen Stellen ausfindig zu machen, er schleicht um euch herum, scheint ungefährlich und zerstreut die Gedanken anderswo, aber er behält euch im Auge und stürzt sich unversehens auf euch, um euch zur Sünde zu verleiten. Und manchmal gelingt es ihm.* Doch bei euch ist der rettende Gott und ein erbarmungsvoller Engel. *Habt ihr euch verletzt, seid ihr krank, dann entfernt euch nicht von ihnen, wie es der tollwütig gewordene Hund macht.* Bittet sie vielmehr weinend um Hilfe. Gott verzeiht dem, der bereut, *und euer Engel ist bereit, für und mit euch Gott anzuflehen.*

Kommt daher die in der menschlichen Selbsterkenntnis ausgedrückte Widerspenstigkeit einer sexistisch und manisch angehauchten Gesellschaft nicht gerade die massivste Leugnung unseres Herrn Jesus in Betracht? Dort, wo Er als Anziehungspunkt des Vertrauens verkannt oder die Liebesfähigkeit und Liebenswürdigkeit eines Menschen in sexuelle Phantasterei oder unerbittliche Ausschweifungen mündet? Der Zölibat geht in diesem Sinn eine ganze Gesellschaft an, zumindest jene, die sich aus Überzeugung Getaufte nennen, denn der Verzicht auf geistige Bedürftigkeit macht den Menschen allgemein nicht ärmer, sondern emanzipiert ihn von der Geißel der Besessenheit und irdischen Abhängigkeiten.

Auf diese Weise und auf keinem geringeren Niveau kann ebendies die häufig geforderte Lösung in der Diskussion um die Benutzung von Präservativen zur Abwendung der AIDS-Epidemie überall auf der Welt und nicht nur in Afrika auf ein der Menschenwürde entsprechendes Fundament gestellt werden. Man nehme eine Botschaft aus der Heiligen Schrift und versehe jede Kondomverpackung mit einem Warnhinweis, ähnlich wie beim Kauf oder Konsum von Zigaretten. Er könnte unverblümt darauf hinweisen, dass die menschliche Seele Schaden nimmt, wenn man ihr berechtigte Aufmerksamkeit schuldig bleibt, auch der Seele des Partners, weil man immerzu den Körper bedient, diesen ausbeutet und immerzu den Vorrang zu geben gewillt ist.

Es reicht nicht aus, den priesterlichen Zölibat unter rein funktionalen Gesichtspunkten zu verstehen, stellt Papst *Benedikt* in *SACRAMENTUM CARITATIS* im vierundzwanzigsten Kapitel *Eucharistie und priesterlicher Zölibat* klar. **In Wirklichkeit stellt er eine besondere Angleichung an den Lebensstil Christi selbst dar. Eine solche Wahl hat vor allem hochzeitlichen Charakter; sie ist ein Sicheinfühlen in das Herz Christi als des Bräutigams, der sein Leben für die Braut hingibt. In Einheit mit der großen kirchlichen Tradition, mit dem Zweiten Vatikanischen Konzil (76) und meinen Vorgängern im Petrusamt (77) bekräftige ich die Schönheit und die Bedeutung eines im Zölibat gelebten Priesterlebens als ausdrucksvolles Zeichen der völligen und ausschließlichen Hingabe an Christus, an die Kirche und an das Reich Gottes und bestätige folglich seinen obligatorischen Charakter für die lateinische Tradition. Der in Reife, Freude und Hingabe gelebte priesterliche Zölibat ist ein sehr großer Segen für die Kirche und für die Gesellschaft selbst.**

Der wiederkehrende Empfang der Kommunionen als Wirken und Einkehr Jesu in unser Leben müsste uns schon allmählich klarmachen, wie sehr Jesus in jedem von uns sein möchte und wie sehr Er sich danach sehnt, in jedem von uns im „neuen Volk Israels", Seinem mystischen Leib, wichtigster und ständiger Bezugspunkt im Alltag zu sein. Unentwegt sucht Jesus unsere Herzen zu erobern zur ewigen Begründung Seines geistigen Reiches auf Erden. *Therese von Liesieux* formuliert diese Wahrheit sehr markant und einprägsam: „Nicht um im goldenen Kelch zu verweilen, steigt Er (Jesus) täglich vom Himmel hernieder, sondern um einen anderen Himmel zu finden, der Ihm unendlich viel teurer ist als der erste: den Himmel unserer Seele, nach seinem Bild geschaffen, dem lebendigen Tempel der anbetungswürdigen Dreifaltigkeit!"

Therese entdeckt immer wieder, dass Menschen ihren Liebeshunger nie total stillen könnten, umso mehr hätte sie sich danach gesehnt, dass Jesus immer mehr ihre stärkste Bezugsperson werden möge. Das Leben des Christen besteht in der Erfüllung des größten Gebotes, in der Liebe zu Gott und zum Nächsten. Die Liebe findet ihre Quelle deshalb gerade im allerheiligsten Altarsakrament, das ja auch oft Sakrament der Liebe genannt wird. Dort dürfen wir uns täglich immer wieder auf Neue aufladen, nicht um der umtriebenen Welt, in der wir leben, das Leben einzuhauchen und es verbrennen zu sehen, sondern um unserer Einkehr mit Einhalt und Stärke eine unwiderstehliche Anziehungskraft zu verleihen und das Bewusstsein unaufhörlich auf das große Ganze gerichtet zu halten.

Wenn die Eucharistie wirklich Quelle und Höhepunkt von Leben und Sendung der Kirche ist, erklärt Papst *Benedikt* in *SACRAMENTUM CARITATIS* im siebzehnten Kapital *Eucharistie, Fülle der christlichen Initiation* folgt daraus vor allem, **dass der Weg christlicher Initiation darauf ausgerichtet ist, die Möglichkeit des Zugangs zu diesem Sakrament zu verschaffen. Wie die Synodenväter sagten, müssen wir uns in diesem Zusammenhang fragen, ob** in unseren christlichen Gemeinden die enge Verbindung von Taufe, Firmung und Eucharistie ausreichend wahrgenommen wird. (46) Man darf nämlich nie vergessen, dass wir im Hinblick auf die Eucharistie getauft und gefirmt werden. Das bringt die Verpflichtung mit sich, in der pastoralen Praxis ein Verständnis zu fördern, das mehr die Einheit des gesamten christlichen Initiationsweges im Auge hat. Das Sakrament der Taufe, mit dem wir Christus gleichgestaltet, (47) in die Kirche aufgenommen und Kinder Gottes werden, ist die Eingangstür zu allen Sakramenten. Mit ihm werden wir in den einen Leib Christi (vgl. 1 Kor 12,13), in das priesterliche Volk, eingegliedert. Dennoch ist es die Teilnahme am eucharistischen Opfer, die in uns vervollkommnet, was uns in der Taufe geschenkt wurde. Auch die Gaben des Geistes werden zum Aufbau des Leibes Christi (vgl. 1 Kor 12) und zum größeren evangelischen Zeugnis in der Welt verliehen. (48) Darum führt die Heiligste Eucharistie die christliche Initiation zu ihrer Fülle und stellt die Mitte und das Ziel des gesamten sakramentalen Lebens dar. (49)

Religion ist heilbar

Religion ist heilbar, weil sie ganz und gar der Überlieferung anhängig ist und auf diesem Weg in ihrer Originalität in die Aktualität übertragen werden kann. Dabei gilt es eben auch mit gewissen Vorzügen und Selbstsüchteleien von Individuen zu brechen, um sie einsichtig ablegen zu können. Kein Mensch sollte dem Automatismus, dem Mainstream oder der persönlichen Routine erliegen müssen, wenn er wahrhaft bestrebt ist, das Heil ausschließlich im Kult einer Religion zu suchen. So gilt wie im täglichen Leben auch in der Religion: Routine ist der Kreativkiller schlechthin. Ein ohrenbetäubendes Hirngespinst in vielen Religionen ist auch heute noch der religiöse Rassismus. So hat die Menschheit seit dem Drama im „Dritten Reich" nicht viel dazugelernt. Einen Menschen wegen seiner Haut- oder Haarfarbe mit einer Rassenordnung zu verknüpfen ist zunächst einmal schon irrläufig, oder ihn wegen der Form ausgewählter Körperteile mit einer Religionsgemeinschaft oder schlimmer noch einer extremistischen Gruppierung in den verschiedenen Religionszugehörigkeiten in Verbindung zu bringen, hat nichts mehr mit Religion zu tun, sondern scheint um eines mehr ein gravierender Denkfehler zu sein oder besser noch der Beweis für das Erliegen des Denkvermögens.

Geschichte würde sich bekanntlich nicht wiederholen, deutet *Jens Jessen* von der *ZEIT*. Wohl aber könnten auch heute Situationen auftreten, in denen Bürger sich sagen: Das ist mit meinem Gewissen nicht zu vereinbaren. Für *Jessen* stellt sich die Frage, wie viel von dem nationalsozialistischen Erbe in den Köpfen des Bürgers noch übrig geblieben sei, nachdem es sich im Nachkriegsdeutschland aus der Sphäre des Politischen zurückgezogen habe. *Jessen* führt auch die beliebte Razzia auf die „intellektuellen Pessimisten" im Nationalsozialismus und in Goebbels Kampagne gegen „das sogenannte Miesmachertum" an. *Wolf Biermann* gab in seiner Gastvorlesung in Jerusalem und Haifa an, dass selbst die simplen Durchschnittsdeutschen gerne Partei ergreifen würden für die Araber. Es würde wieder der Refrain des alten Liedes geschwiegen, geknurrt und geplärrt: „Die Juden sind an allem schuld!" Mit dem scharfen Auge würden die Deutschen auf die Juden in Israel starren, mit dem triefenden Auge würden sie auf die Araber in Palästina glotzen. Das romantische Verständnis der Deutschen für die Islamisten im Nahostkonflikt würde aber Gründe haben. Sie würden Araber für affige Wilde halten, für unmündige Menschen dritter Klasse, an die man noch keine aufklärerisch-humanen Maßstäbe anlegen dürfe. Die Zuneigung der Deutschen sei eine Art von vormundschaftlicher Verachtung. Der schwärmerische Respekt vor dem Fremdländischen sei nur Bequemlichkeit und Hochmut. *Biermann* sieht im Multi-Kulti-Geschwärme seiner alternativen Zeitgenossen die seitenverkehrte Version des Rassendünkels von gestern.

Was zunächst zählt, sind der Mensch und seine angeborene Würde und was andere oder der Mensch selbst daraus machen, beruht meist auf eigenem Versagen oder Sturheit, dagegen Religion nur dann gegensteuern kann, wenn sie auf dem Gesetz der Liebe aufbaut und nicht selbst fehlgesteuert ist. Arroganz ist beispielsweise genau das Gegenteil von Religion und stempelt das Bewusstsein von Bedürftigkeit als Schwäche ab, um dem weit verbreiteten Irrglauben, das Heil sei ein angeborener Umstand, Ausdruck zu verleihen. Realistischer wäre es hinzusehen, dass wir **alle** bedürftig sind und nur in der Erwartung für das Ewige unsere Grundbedürfnisse nach Gemeinschaft und Brüderlichkeit mit der Gnade Gottes stillen können. Für einen Christen ist natürlich Christus, als der Erstgeborene des „Neuen Bunds", die Quelle aller Vollkommenheit und König der Seelen, mit denen wir im Alltag und im Austausch unser ganzes Verlangen nach Wahrheit, Vertrauen, Güte, Empathie, Partnerschaft oder Brudersinn teilen können, weil letztere Eigenschaften das Heil ganz entscheidend für die Ewigkeit mit gestalten. Wäre hingegen das ewige Heil angeboren, könnten wir auf jede erdenkliche Art der Religionsausübung gänzlich verzichten. Weil aber auch die Religion des Christentums nicht angeboren ist, sondern ihre Ursache bis in alle Ewigkeiten nur in Christus seine unwiderrufliche Quelle hat, will sie in ihren Grundzügen auch als solche verstanden werden. Absicht muss es sein, sie in ihrer reinsten Form innerhalb ihrer irdischen Grenzen erlebbar zu machen, um im Angesicht von Wahrhaftigkeit aus ihr als gewandelter Gläubiger hervorzugehen.

„Die vielfältigen Erfahrungen zu erkunden, die wir mit dem Begriff der Würde einzufangen suchen", ist das Thema eines Buches, das *Peter Bieri* geschrieben hat. Um den „intuitiven Gehalt der Erfahrungen von Würde auszuschöpfen", unterscheidet *Bieri* drei Dimensionen der Würde: Wie behandeln mich die anderen? Wie stehe ich zu den anderen? Wie stehe ich zu mir selbst? Das ausgebreitete Panorama der Vielfalt konkreter Realisierungen von Würde würde zeigen, dass die Würde des Menschen keine Anleitung ist für „die" Art, sondern für „eine" Art zu leben, unterstreicht *Otto Depenheuer* in seiner Buchbeschreibung im Oktober 2013 in der *FAZ*. Eine Pluralität menschenwürdiger Lebensvollzüge würde sichtbar werden, deren Kern eine Würde sei, die der Mensch sich schulden würde, die er sei, die ihm niemand nehmen könne – und die deswegen im Letzten immer schon „unantastbar" sei. Die Idee der menschlichen Würde würde *Bieri* dabei als den Versuch verstehen, die Gefährdungen des Lebens auszuhalten und auch unter widrigsten Bedingungen dessen Herausforderungen anzunehmen. Mit dieser Zielsetzung einer „Vergewisserung über das menschliche Leben insgesamt" würde *Bieri* anschaulich und einfühlsam zeigen, dass der Mensch aus seiner Würde heraus zwar sehr unterschiedlich leben und zu durchaus gegensätzlichen Haltungen und Entscheidungen gelangen würde, aber in jedem Fall seiner „Würde" als Mensch gerecht werden könne, erklärt *Depenheuer*. *Bieri* erinnert in seinem Buch auch an die Menschenwürde: Sie sei kein Besitzstand, erst recht kein Wohlfühlgarant, sondern würde verpflichten, sich ihrem Anspruch zu stellen.

Der Mensch glaubt immer, alles zu können, und ist er einmal in etwas wirklich tüchtig, dann wird er selbstgefällig und brüstet sich mit seiner „Tüchtigkeit". Petrus, Andreas, Jakobus und Johannes waren gute Fischer und glaubten sich unübertroffen im Umgang mit Booten. Ich war für sie ein großer Rabbi, aber als Seemann eine Null. Deshalb hielten sie mich für unfähig, ihnen zu helfen; und als wir ins Boot stiegen, um das Galiläische Meer zu überqueren, baten sie mich, sitzen zu bleiben, weil ich zu nichts anderem zu gebrauchen war. Ein weiterer Grund war aber auch ihre Zuneigung, denn sie wollten mir keine körperlichen Anstrengungen zumuten. Doch die Überzeugung von ihrer Tüchtigkeit übertraf sogar die Zuneigung.

An jenem Tage setzte ich mich zum Schlafen hin, da ich müde war und sie mich aufgefordert hatten, mich auszuruhen und sie allein machen zu lassen, da sie ja so erfahren waren. In meinem Schlaf mischte sich auch die Feststellung, wie sehr der Mensch doch Mensch ist und eigenständig handeln will, ohne darauf zu achten, dass Gott nichts anders möchte als helfen. Ich sah in diesen „geistig Tauben", in diesen „geistig Blinden", alle Tauben und Blinden im Geiste, die sich im Laufe der Jahrhunderte zugrunde richten werden, weil sie „selber tun wollen", während ich mich über ihre Erbärmlichkeit neige und nur darauf warte, zu Hilfe gerufen zu werden.

Als Petrus rief: „Rette uns!", fiel meine Bitterkeit von mir wie ein Stein, den man fallen lässt. Ich bin nicht „Mensch", ich bin der Gottmensch. Ich handle nicht, wie ihr handelt. Wenn jemand euren Rat und eure Hilfe ausgeschlagen hat und ihr diesen Menschen in Schwierigkeiten seht, selbst wenn ihr nicht so schlecht seid, Schadenfreude zu empfinden, so steht ihr ihm doch mit stolzer Ablehnung und Gleichgültigkeit seinem Hilferuf gegenüber. Mit eurem Verhalten gebt ihr ihm zu verstehen: „Als ich dir helfen wollte, hast du mich abgelehnt. Nun hilf dir selbst." Aber ich bin Jesus. Ich bin der Retter, und ich rette, immer rette ich, sobald man mich ruft. Wenn ich mit meiner Macht das Böse – was es auch sein mag – zerstören würde, dann würdet ihr euch schließlich für die Urheber des Guten halten, das in Wirklichkeit mein Geschenk ist, und ihr würdet euch nicht mehr meiner erinnern. Überhaupt nicht mehr! Ihr armen Kinder habt das Leid nötig, um euch zu erinnern, dass ihr einen Vater habt, so wie der verlorene Sohn sich seines Vaters erinnerte, als er Hunger litt.

Nun sind diejenigen Liturgen unter den Seelsorgern gefragt, die Christus im Tabernakel wegsperren, wie die Jünger auf dem See ihren Meister in den hinteren Teil des Bootes verfrachten. Damit der Geistliche das Volk vor Augen hat und umgekehrt das Volk nurmehr den Seelsorger in seiner Tüchtigkeit als Zentrum vor sich sieht, verweilt also das Allerheiligste im Rücken des zelebrierenden Priesters oder schlimmer noch durch verzaubernde Rhetorik und Gestiken am Rand des Geschehens. Stattdessen sollte jedoch die Ausgestaltung des Gottesdienstes immerzu der Aufmerksamkeit des Altarsakramentes geschuldet sein und äußerlich wie innerlich Ihm nicht weniger die Ehre gegeben werden, wo es doch der auferstandene Christus ist, dem das eucharistische Herz entspringt und dem Menschen beim Verzehr Vollkommenheit in seiner Würde verleihen kann und möchte. Vertrauen auf Gott ist eine Eigenschaft, die erlernt werden kann, weil sie aus der tätigen Religion erwächst und nicht angeboren ist, wie das Beispiel von den Jüngern im untergehenden Boot zeigt. Es lehrt, dass der stete Blick auf die vollendete Majestät des Messias und seine Vollkommenheit im liebenden Gehorsam vor Gott Vertrauen schaffen kann in jeder noch so misslichen Lage. Wer aber authentisch Vertrauen hat, der haut auch eine Würde. Die Wachsamkeit in der Demut könnte daneben eine solide Grundlage für den steten inneren Blick auf Gott beschreiben. Die Erinnerung an die vollkommene Ergebenheit der Mutter, als Magd des Herren, die nach dem Wohlgefallen des dreimal heiligen Gottes sich gebildet hatte, spielt mitunter eine vertrauensbildende Maßnahme in jeder Situation und in den unvermeidlichen menschlichen Schwächen des Lebens als Gegenstück zur Passivität und allgemeinen Gottesferne in der Welt.

Nur als „die rettende Ehrfurcht des Menschen vor sich selbst" (Thomas Mann) lasse die Würde den Menschen allfällige Gefährdungen des Lebens aushalten und bestehen. Die Flucht nach vorn scheint demnach auch das geeignetste Mittel für ein menschenwürdiges Dasein in der Religion. Hingegen seelenverachtender Routine oder der Selbstverliebtheit in einer Religion mit verschränkten Armen der Resignation begegnen zu wollen, hilft der menschlichen Seele keinen Schritt weiter. Es ist der menschlichste Irrsinn schlechthin, den Ausdruck reinster Inszenierung in einer Glaubensrichtung mit der Ewigkeit gleichsetzen zu wollen, mit dem Ziel allein, sich und schlimmer noch auch sein Umfeld in Sicherheit zu wiegen. Religion muss man tun, man kann nicht nur über sie reden oder ihr ein menschliches Gesicht aufsetzen wollen, um es nur dem Fleisch oder dem menschlichen Willen so angenehm wie möglich zu machen. Das beschreibt bei weitem noch nicht die Würde des Menschen, im Gegenteil, die Beschränkung des Menschen als ein mit Fleisch und Blut umwobenes Skelett erscheint doch eher würdelos. Vielmehr muss Religion in erster Linie den Ursprung der Würde in einer für die Ewigkeit geschaffenen Seele im Menschen in sich spiegeln wollen, um anschließend deren Erhalt für die besagte Ewigkeit ins Auge zu fassen.

„Dein Wille lässt mich jeden Verzicht lieben",
ein vom Aussatz Geheilter zu Jesus.

Religiöse Rituale oder Ertüchtigungen, welche in ihrer Absicht die Religion in Szene setzen möchten, damit sie Beachtung finde, dienen nicht dem Menschen, sondern der Mensch dient ihnen. Wenn wir so den Stellenwert der Tüchtigkeit über die Zuneigung zu Christus setzen und Gottesfurcht und Nächstenliebe nicht das Ergebnis aller Religionsausübung ist, sind wir allesamt nicht besser dran als die Apostel im untergehenden Boot. *Ruft mich an. Jesus schläft nur, wenn er betrübt sehen muss, dass er von euch nicht geliebt wird. Ruft mich, und ich werde kommen.* Selbst die wahre Religion brauchen wir lediglich für das Fristen auf Erden. Wenn wir tot sind, leben wir entweder ewig und wir schauen Gott, oder wir leben ewig getrennt von Ihm, dann nützt uns auch keine noch so tüchtig in Szene gesetzte Religionsausübung mehr, egal welchen Ursprungs. Wenn wir jedoch alles richtig machen, streifen wir mit unserem Tod wie die Raupe eines angehenden Schmetterlings die sterbliche Hülle zusammen mit dem Gewand der Religion ab, um uns im Angesicht des Erlösers im Heil unserer Seele ewiglich zu erheben aus dem Elend irdischer Gefangenschaften. Jesus erteilt im Evangelium den Jungfrauen in einem Gleichnis den weisen Rat, doch das Öl ihrer Lampen nicht grob zu verschwenden und besser sinnvoll für die unabdingbare Sicherheit des persönlichen Heimgangs einzuteilen.

Wenn ihr hingegen in eurer Brust einen kleinen Samen der Liebe für euren heiligsten Gott und euren Nächsten bergt und u n t e r d e r F ü h r u n g d e r L i e b e e u r e W e r k e v o l l b r i n g t, dann werdet ihr auch gegen keine Vorschrift der Zehn Gebote verstoßen. Ihr werdet nicht als Kinder eure Eltern durch Undank kränken und nicht als ehebrecherische oder auch nur zu anspruchsvolle Gatten euren Partner um die Liebe betrügen. Ihr werdet in Geschäften euren Nächsten nicht hintergehen, ihn im täglichen Leben nicht belügen und gegen euren Feind nicht gewaltsam vorgehen. Schaut, wie viele Vögelchen sich zu dieser warmen Mittagszeit ins Gebüsch dieses Gartens flüchten. Bald wird das kleine Senfpflänzchen dort eine wahre Zuflucht für die Spatzen sein. All diese Vögel werden Schutz und Schatten in den dichtbelaubten schönen Bäumen finden, und die Jungen werden darin fliegen lernen und dabei die Äste und Zweige als Leiter und Auffangnetz gebrauchen, um beim Fliegen nicht zu fallen. So verhält es sich mit der **Liebe als Grundlage des Reiches Gottes.**

Liebt, und ihr werdet geliebt werden. Liebt, und ihr werdet nachsichtig miteinander sein. Liebt, und ihr werdet nicht grausam gegen eure Untergebenen sein und nicht mehr als erlaubt von ihnen verlangen. Liebt und seid ehrlich, um den Frieden und die Seligkeit des Himmels zu verdienen. Sonst wird sich jedes eurer Werke, das gegen die Liebe und die Wahrheit verstößt, in Stroh für euer höllisches Lager verwandelt werden. Ich füge nichts anderes hinzu. Ich sage nur: **Haltet euch das große Gebot der Liebe vor Augen und seid treu dem Gott der Wahrheit und der Wahrheit in jedem Wort, in jedem Werk und in eurer ganzen Gesinnung, denn die Wahrheit ist die Tochter Gottes.** Sie ist ein fortwährendes Werk der Vervollkommnung für euch, so wie das Samenkorn zu seiner Vollendung heranwächst; **es ist ein Wirken in der Stille, in Demut und Geduld.** Seid versichert, dass Gott euer Ringen sieht und **dass eine besiegte Selbstsucht, ein unterdrücktes und nicht ausgesprochenes grobes Wort, ein nicht geltend gemachter Anspruch von ihm eine größere Belohnung einbringt als die Vernichtung eines Feindes durch Waffen in der Schlacht.** Das Himmelreich, das ihr einst besitzen werdet, wenn ihr als Gerechte lebt, baut man mit den kleinen täglichen Dingen: **mit Güte, Sittsamkeit, Geduld, mit sich begnügen mit dem, was man hat, mit gegenseitigem Verständnis und mit Liebe, Liebe, Liebe.**

Sieht man sich dazu einmal die Wundertätigkeit des alten Bundes an, den Gott mit Seinem Volk unter dem Zeichen der Bundeslade begangen hat, müssten einem schon die Augen aufgehen, einerseits angesichts der heilvollen Nützlichkeit von irdischer Religionszugehörigkeit in der Vergangenheit und was ihr andererseits für eine Wirktätigkeit in unseren Tagen abhandengekommen ist. Betrachtet man ferner die Tatsache tiefergehend, dass der Gott Abrahams Seinen „Neuen Bund" mit der ganzen Menschheit mit dem Unterpfand aus dem Opfer Seines eingeborenen Sohnes begehen will, um wie viel mehr müsste also dem Menschen daran liegen, dieses Opfer wieder zu seinen vollen Früchten gelangen zu sehen, nämlich in der Barmherzigkeit? Unser armseliger Glaube und Eigenwille machen allenfalls Seine Pläne zunichte, wenn wir noch dazu streiten oder diskutieren mit anderen Religionen darüber, wer denn das Richtige sagt oder tut. Die Losung heißt vielmehr, sich dem Heil zuwenden, welches in seiner Strahlkraft den Sieg ganz von allein für **alle** Menschen austragen würde, die eines redlichen Herzens und guten Willens sind, ohne dass wir einen Finger für Inszenierungen rühren müssten. Das Blut des Abel müsste dann auch unter anderen Religionen nicht mehr tausendfach vergossen werden.

Die alttestamentliche Geschichte von Kain und Abel zeigt in anschaulicher Weise, dass selbst wenn die Menschheit sich auf ein und dieselbe Religion einigen wollte, sie dennoch nicht aufhören könnte, sich gegenseitig zu bezichtigen, wenn sie die Ratschläge, die sie so großzügig unter ihren Mitstreitern erteilt nicht endlich und wirklich auf sich selbst anwenden wollte. Oh, Satan ist wirklich auf der Lauer. Und nur die Wachsamen werden Sieger. Für die anderen wird gelten, was geschrieben steht: „Und Kain fiel über Abel her und tötete ihn." Dies gilt für jeden neuen Kain eines neuen Abel. Für alle, die, wenn sie nicht über sich selber und über den Feind gewacht haben, mit ihm eins werden.

Der berühmte Biologe *Charles Darwin* aus England kam bei seinen ein ganzes Leben erstreckenden Untersuchungen an der Artenvielfalt der Erde zu dem Schluss, dass der Mensch sich in seinem Evolutionsverhalten in keinster Weise von dem ihm so nahe verwandten Tier unterscheiden würde. Beiden fehle von Natur wegen der Antrieb zur Vervollkommnung. Danach richtet sich auch das von *George Steiner* erschienene Büchlein *warum Denken traurig macht*, in dem der Mensch als geistiges Mängelwesen bedauert wird. „Wir werden niemals wissen, wie weit das Denken reicht im Hinblick auf die gesamte Realität", schreibt *Steiner* und setzt fort: „Menschen denken nie wirklich konzentriert, können den Klischees nie vollständig entkommen, und ihr Gedachtes wird nie verlustlos zur Praxis." Die Armen! Frustrierte kleine Götter, kommentiert *Gero von Randow* in der ZEIT und er fügt an, dass eine bizarre Form des Wissenschaftsdenkens heutzutage als Vorstellung kursieren würde, der Mensch würde sich durch biologische Lebensverlängerung, biotechnischen Umbau oder Zusammenschalten mit technischen Systemen selbst transzendieren können. Dass Homo sapiens den Weg für seinen eigenen Nachfolger bahnen würde, das möge zwar sein, aber ein Übermensch würde ebenso irdisch wie sein Wegbereiter bleiben. Ein Schritt auf der Karriereleiter der Arten wäre eben kein Schritt auf der Himmelsleiter, so *von Randow*. Den Platz der Krönung in der Schöpfung kann also der Mensch erst in dem Moment für sich einnehmen, in welchem er frei ist, seine Natur zu überwinden, bereit um sich aus freien Stücken seiner Verstandesbegabung zu bedienen und den göttlichen Ratschluss für seine Gattung gewillt ist zu erfüllen.

„Und Kain fiel über Abel her und tötete ihn."
Dies gilt für jeden neuen Kain eines neuen Abel.
Für alle, die, wenn sie nicht über sich selber und über
den Feind gewacht haben, mit ihm eins werden.

Den Platz der Krönung in der Schöpfung kann also der Mensch erst dann für sich einnehmen, wenn er frei ist, seine Natur zu überwinden, bereit um sich aus freien Stücken seiner Verstandesbegabung zu bedienen und den göttlichen Ratschluss für seine Gattung gewillt ist zu erfüllen. Der gigantische Öffentlichkeitsbetrieb in gegenwärtigen Formen der Medien, regelrecht bemüht um pseudowissenschaftliche Publikationen tiefenpsychologischer Gutachten über Täter und Nichtwisser, vermochte es bislang nicht, die Motivation eines sogenannten „Tätervolkes" zu rekonstruiert, das seinen Gott lieber sterben sehen will, als in Erfüllung Seiner Gnade für die Menschen. Es müsse doch ruhmeswert sein, in einer Position und Stellung zu stehen, von welcher aus man Gesellschaft aufklären kann, deutet *Jürgen Kaube* im Oktober 2013 für die *FAZ,* egal welcher Gesinnung sie vorgeben würde anzugehören. Doch eher noch als Gesellschaft zu verklären oder sozial und psychologisch zu „fesseln mit gemischten Gefühlten", wie sich der Philosoph *Martin Seel* ausdrückt. Filme beispielsweise, schreibt der Frankfurter Philosoph in seiner ungemein anregenden Ästhetik des Kinos, würden mehr die Gegenwart des Zuschauers absorbieren als alle anderen Kunstwerke. Anders als Fotografien würden sie nichts konservieren, anders als Musik hätten sie keine Partitur, anders als in Büchern oder vor Bildern würde man sich in ihnen nicht nachdenkend bewegen können. Es ist für *Seel* gerade die Pointe der Filmkunst, mit einem wehrlosen Publikum zu rechnen und einen Angriff auf das leiblichseelische Gleichgewicht der Zuschauer zu unternehmen, deutet *Kaube*. Man würde sich der filmischen Bildwelt, auch nach der glücklichen Formulierung der Soziologin *Angela Keppler*, nicht entziehen können, weil sie sich fortwährend entziehen würde, ständig etwas zeigen würde, was soeben noch nicht da gewesen sei und sofort wieder zugunsten der nächsten Erscheinung verschwinden würde. *Seel* zeige mit seiner Untersuchung, dass große Filme nicht einfach große, sondern gemischte Gefühle auslösen würden, um ein „moralisches Universum" (Filmkritiker Rohmer/Chabrol) aufzuspannen, schließt *Kaube*.

In ihrer komplexen Abgehobenheit würden manche dieser finanziellen Konstrukte (die zur weltweiten Bankenkrise geführt hat, A.d. A.) an bestimmte metaphysische Spekulationen der Philosophiegeschichte erinnern, beobachtet *Jürgen von Ruthenberg* vom Zeit-Magazin in einem Gespräch mit dem Autor *Malcolm Gladwell*. Der deutsche Idealismus zum Beispiel hätte sich im 19. Jahrhundert zu einem riesigen Gedankengebäude aufgetürmt – fern der Wirklichkeit, aber in sich wäre alles schlüssig. Die Ideen hätten sich verselbstständigt. *Gladwell* gefällt diese Analogie, zumal hinter beiden Phänomenen ein ähnlicher Menschentyp stehe. Es würde in jeder entwickelten Gesellschaft eine Gruppe von Leuten mit einer starken Passion für Abstraktion geben. Zu verschiedenen Zeiten der Geschichte wären sie in verschiedene Bereiche gegangen. Damals wären diese Leute in die Philosophie gegangen. Im 20. Jahrhundert vielleicht in die Physik. Aber in den 1990ern und nach 2000 wären sie in die Finanzwelt gegangen. Noch 1985 hätten kaum promovierte Akademiker an der Wall Street gearbeitet, zuletzt seien es enorm viele gewesen. Was sie mitgebracht hätten, wäre genau diese abstrakt-philosophische Perspektive gewesen, die sie auf die Finanzwelt angewandt hätten. Und sie hätten diese, das müsse man ihnen lassen, unglaublich kreativen, einfallsreichen Derivate geschaffen. Man könne immer nur hoffen, dass diese Art von Intelligenz ein geeignetes Betätigungsfeld finde, appelliert *Gladwell*.

Der Schöpfer selbst antwortet Seinem auserwählten Volk zu dieser Zeit auf die vom römischen Imperium inthronisierten Herrscher hochherzig und mit dem größten Entgegenkommen seit Menschengedenken mit dem von Ihm gezeugten Sohn, der alle selbstgewählten Ehrerbietungen für vergänglich erscheinen lässt, insbesondere jene, die im Tempel ihre Kreise ziehen. Ausgerechnet jener Tempel aber reagiert mit der Entthronung des Erstgeborenen Seines „Neuen Bundes" und droht damit den Plan Gottes zu durchkreuzen. Ihnen gleichtun es Abertausende in den nachfolgenden Jahrhunderten bis zur Gegenwart hinein, indem sie vielleicht noch den Namen Jesu gelten lassen, aber in Seinem Namen entgegen dem allgemeingültigen Heilsversprechen handeln. Inmitten der Kirche handeln sie noch immer und mehr denn je wider dem Wort, welches Mensch geworden zu ihnen spricht in seinen würdigen Nachfolgern. Zu ihrem eigenen Gutdünken wird verschleiert und munter abstrahiert. Angesichts dessen interessiere es doch wenigstens den Intellekt eines globalen gewordenen Gewissens, warum gerade Menschen zu Bestien und zu Mördern ihres Schöpfers heranwachsen können, nur weil dieser es wagte, einer örtlichen Kirchenpolitik zu widersprechen, die das ganze Volk zutiefst widersinnig und gotteslästerlich unterwirft.

Wohl hat Gott das jüdische Volk in ihrer Hinfälligkeit geschlagen; da er aber sah, dass die Wunde nicht heilt, sondern ihren Geist immer mehr abstumpfen lässt, sieh, da schickte der Schöpfer ihnen nicht Züchtigung, sondern das Heil.

„In seinem Tod am Kreuz vollzieht sich" – wie ich an anderer Stelle bereits betonte – „jene Wende Gottes gegen sich selbst, in der er sich verschenkt, um den Menschen wieder aufzuheben und zu retten – Liebe in ihrer radikalsten Form." (18) Im Pascha-Mysterium ist unsere Befreiung vom Bösen und vom Tod tatsächlich Wirklichkeit geworden. Bei der Einsetzung des Altarssakramentes hatte Jesus selbst vom „neuen und ewigen Bund" gesprochen, der in dem von ihm vergossenen Blut geschlossen wurde (vgl. Mt 26,28; Mk 14,24; Lk 22,20). Dieses letzte Ziel seiner Sendung war bereits zu Beginn seines öffentlichen Lebens sehr deutlich. Als nämlich Johannes der Täufer am Ufer des Jordans Jesus auf sich zukommen sieht, ruft er aus: „Seht das Lamm Gottes, das die Sünde der Welt hinweg nimmt!" (Joh 1,29). Es ist bezeichnend, dass ebendieses Wort in jeder Messfeier in dem Augenblick wiederkehrt, da der Priester zum Empfang der Kommunion einlädt: „Seht das Lamm Gottes, das hinweg nimmt die Sünden der Welt! Selig, die zum Hochzeitsmahl des Lammes geladen sind!" Jesus ist das wahre Osterlamm, das sich selbst freiwillig als Opfer für uns dargebracht und so den neuen und ewigen Bund verwirklicht hat. Die Eucharistie enthält in sich diese radikale Neuheit, die uns in jeder Messfeier neu dargeboten wird, betont Papst *Benedikt* XVI. im neunten Kapitel seiner *SACRAMENTUM CARITATIS*.

Es wäre verkehrt aus dem Leben von Papst *Johannes Paul* II. einen Mythos zu machen, das durch und durch ein Bekenntnis war. Derweil suchten und suchen die Flucht aus der Resignation jene, die es Papst *Joh. Paul II.* hätten gleichtun sollen, weil sie ihm Gehorsam geboten hatten. Vergeblich suchen sie nach Antworten, grenzen sich ab und ihr Drang wird laut nach Versachlichung, Dogmatik, Recht, Wissenschaft und Relativierung. Auch unter Papst *Franziskus* dauert es kein Jahr, bis die Deutsche Kirche ihre Eigenwilligkeiten entwickelt und gemeinsam mit dem Ratsvorsitzenden der Evangelischen Kirche in Deutschland (EKD) eine „Ökumenische Sozialinitiative" vorstellt, 17 Jahre nach dem ersten gemeinsamen Sozialwort beider Kirchen, kommentiert die *FAZ* im März 2014. Zollitsch bemerkte zudem am Rande, Papst *Franziskus* habe mit seiner vieldiskutierten Aussage, dass das gegenwärtige Wirtschaftssystem „tötet", nicht die Verhältnisse in Deutschland im Blick gehabt habe, sondern Zustände in anderen Teilen der Welt angeprangert, wo ein „reiner Kapitalismus" praktiziert werden würde. Woher rühren diese unverhohlene Besserwisserei und so viel Widerspenstigkeit auf Seiten deutscher Würdenträger gegenüber dem Papst?

Ja, Selbstsucht ist Sünde, denn sie sät im Herzen bösen Willen, der aufsässig gegen Gott und seine Gebote werden lässt. D e r   G e i s t   d e s   S e l b s t s ü c h t i g e n   s i e h t   G o t t   u n d   s e i n e   W a h r h e i t e n   n i c h t   m e h r   k l a r . *Der Rauch des stolzen Egoismus verdunkelt die Wahrheit, und in diesem Nebel gerät der Geist, der das klare Licht der Wahrheit nicht mehr sieht wie früher, als er noch nicht hochmütig war, in den Wirbel der „Warum". Von den „Warum" geht er über zum Zweifel, und vom Zweifel zum Verlust nicht nur der Liebe des Vertrauens auf Gott und seine Gerechtigkeit, sondern auch der Furcht vor Gott und seiner Strafe. Daraus folgt die Leichtigkeit zu sündigen und aus der Leichtigkeit zu sündigen die Einsamkeit der Seele, die sich von Gott abwendet, sich nicht mehr vom Willen Gottes führen lässt und so dem Gesetz ihres eigenen Willens zur Sünde verfällt.* O h !   E i n e   s c h l i m m e   K e t t e   i s t   d e r   W i l l e   d e s   S ü n d e r s . *Das eine Ende liegt in der*

Hand Satans und das andere hält den Fuß des Menschen fest, wie eine schwere Kugel, die ihn in Schmutz und Finsternis versklavt.

Es ist die Ergötzung am erneuten geistigen babylonischen Turmbau, der Gott die Stirn bieten will seit Menschengedenken. Der Klerus kann also nicht aus seiner Haut und bleibt tief im innersten seines Herzens der deutschen Besserwisserei treu, davon kann auch die Liturgiebesessenheit in diesem Land ein Liedlein singen. Sie gründet eine Exzentrik in der Kirche, die oben bereits in anderen Bereichen beschrieben wurde, zugunsten der Perfektion in der Liturgie. Den Exzentrikern ist jedes Mittel recht und das schon seit Jahrhunderten, um die Grenzen ihres Einflusses auszuschöpfen. Um Religion geht es ihnen dabei nur vordergründig. Wenn es nach ihnen ginge, und an Einfluss fehlt es ihnen bei weitem nicht, müsste die Liturgie als solches alles und bis zum letzten Aufleuchten einer Gefühlsregung im Gläubigen ausgestalten, um damit alles in den Schatten zu stellen, um noch größer und noch wichtiger zu sein und schließlich dem gerecht zu werden, was die Liturgie im Kern umgibt oder ihr ursprünglicher Gedanke war.

Was diese exzentrischen Schlaumeier in allen Bereichen des öffentlichen Lebens gemein haben und rein äußerlich ganz leicht auszumachen sind, ist das zersetzende Auseinanderdriften ihrer ausgeschmückten Theorien von der alles unterscheidenden Praxis. Sie übersehen geflissentlich, dass Aktionismus in der Liturgie nicht mehr der wahren Religion dient, sondern der Inszenierung von Liturgie selbst. Liturgie um ihrer selbst willen aber hebelt die wahre Religion aus, um selbst zur Religion zu mutieren, zu einem vom Menschen erschaffenen Goldenen Kalb, einem Mammon, das jeden Kult um den wahren Gott im Keim erstickt und wirkungslos macht. Das ist würdelos, denn der Mensch selbst stellt unwillkürlich vor allem das mächtigste Werkzeug der Schöpfung in den Hintergrund. Es geht dabei um nichts weniger als das den Gläubigen erlösende Gedenken rund um die Realpräsenz Jesu Christi, welchem der Mensch sich im wahren Kult eigentlich verpflichtet fühlen sollte.

Christus ist Gott und war gleichzeitig Mensch, in dessen beiderlei Substanzen Er in den Gestalten von Brot und Wein nach wie vor zu uns kommt, wenn wir nur daran glauben wollten, auch im Alltag. Gott lässt sich nicht verdrängen, aber wir sind zu beschäftigt und zu hochmütig für den beständigen Blick im Herzen darauf, um der Notwendigkeit ins Auge zu sehen, uns selbst als Erlöste noch als erlösungsbedürftig zu erachten. Lieber spielen wir Gott in der Form, die der wahren Religion abgeleitet ist. Dieses Betragen kann in den Augen Gottes allenfalls unwürdig erscheinen. An Worten fehlt es keinem, auch der Liturgie nicht, aber an wahrhaft beständiger Reue. Für den, der wahrhaft glaubt, muss es deshalb aus dem Tabernakel an sein Ohr schallen: *„mir geschehe"*, um mit der in Empfang genommenen Gnade die nächsten Schritte im Glauben gehen zu wollen.

Der Wille eures Vaters ist Liebe.
Alles, was ihr mir versagt, das versagt ihr auch dem Vater,
und das versagt ihr auch der Liebe des Heiligen Geistes.
Immer, wenn ihr nicht bereit seid zu schenken,
nehmt ihr euch selbst etwas weg.
Der Vater hat euch den freien Willen gegeben.
Durch ihn seid ihr der Liebe fähig.
Dies ist ein kostbares Geschenk seiner Liebe.
Der Wille eures Vaters ist Liebe.
Somit habt ihr Anteil an seiner Liebe.
Je mehr ihr euren Willen dem Willen
des Vaters vereint,
umso mehr dürft ihr auch von seiner Liebe
empfangend und mit ihm eins sein in ihr.
Lasst euch nicht verführen zur Eigenliebe.
Indem ihr euch selber nehmen wollt, was doch die Liebe des Vaters
viel reicher zu schenken vermag,
verliert ihr zuletzt das Kostbarste: das Erbe eurer Gotteskindschaft,
die Liebe eures himmlischen Vaters.

Die Liebe Gottes & die Wunden Jesu, von Franziska von der gekreuzigten Liebe

Rein an der Messfeier ist so mancherorts nur noch der Perfektionismus im Zeremonieren, nämlich das, was abgeleistet wird. Dazu passt auch, dass einleitend zum Gottesdienst sich in Form und Gestik dieselbe unaufhörliche Besserwisserei und Widerspenstigkeit wiederfindet, wie sie auch im Alltag einer verbissenen Gesellschaft kreist. Das Schuldbekenntnis und der Kyrieruf, die kunstvoll als Einleitung für den nachfolgenden Zauber von Friede, Freude, Eierkuchen gestaltet wurden, verkommen in der Realität zu einem schmalen Lippenbekenntnis und zu einer mechanischen Übergangsformel. Dem protestantischen Freikirchler, der im offenen Schuldbekenntnis den Schulterschluss zu Gott und seinem Nächten sucht und seinem Gottesdienst dadurch Haltung und Würde verleiht, würden sich angesichts dessen berechtigterweise die Nackenhaare stellen.

Man fragt sich natürlich schon, was zuerst dagewesen ist. Hat das mechanische Schuldbekenntnis in Verbindung eines ermangelnden Unrechtsbewusstseins die Exzentriker auf den Plan gerufen, um die selbstverschuldete Gottesferne aus der Liturgie zu verdrängen? Oder war es umgekehrt, sodass das Dasein der liturgischen Exzentrik keine anderen Götter neben sich duldet, indem das Schuldbekenntnis an der kurzen Leine gehalten werden sollte? Letzteres erscheint plausibler. Jedenfalls gab es die Exzentrik in der katholischen Liturgie wohl schon im Mittelalter, während das Schuldbekenntnis erst im zweiten Vatikanischen seine aktuelle Form erhalten hat. Mutmaßlich war also der Einfluss der Exzentriker auf die Neue Messe größer als der Einfluss um den Erhalt der Würde des wahren Glaubens.

Die Stimme ihres Anklägers, drei Jahre verfolgt, war aber noch nicht erloschen, wie sie irrtümlich glaubten. Sie wird nie erlöschen und immer wieder erschaffen und die ihnen Ähnlichen von heute verfluchen. Wie viel Leid musste meine Mutter durch deren Schuld erdulden! Ich werde diesen Schmerz nie vergessen.

Es genügt die Wahrheit zu sagen und zu den Guten zu gehören, um von der Masse gehasst zu werden, wenn die Begeisterung verflogen ist. Die Wahrheit ist Vorwurf und Warnung. Die Güte braucht keine Peitsche, und darum haben die Bösen keine Angst mehr. Daher das: „Kreuzige ihn!" nach den Hosannarufen. Mein Leben als Meister ist gesättigt von diesen beiden Zurufen. Zuletzt hörte ich: „Kreuzige ihn!" Das Hosanna ist wie das Atemholen, das der Sänger braucht, um genügend Luft für den Höhepunkt seines Liedes zu haben. Maria hat am Abend des Karfreitags alle Echos der verlogenen Hosanna in sich wieder gehört, die für ihren Sohn zu den Schreien: „Kreuzige ihn!" geworden sind, und ihr Herz ist davon durchbohrt worden. Auch das vergesse ich nicht.

Nichtsdestotrotz inszeniert sich überall dort, wo das Zentrum verschoben ist, das Ego als Hindernis, um das einzig wahre Zentrum im Glauben auszumachen. Ein sehr markantes Beispiel für die direkten Auswirkungen eines solch seit Jahrzehnten fehlgeleiteten Gottesdienstes ist die Bewegung „Maria2.0". Deren lautstarke Forderungen und aggressives Auftreten haben keine Grenzen und mit ihr wird vor allem von den Kritikern außerhalb der Kirche geliebäugelt. Deren Kritik entbehrt im Kern jeder Grundlage, weil sie nicht von der katholischen Glaubenslehre abgeleitet werden kann, sondern an den Haaren herbeigezogen ist, wie auch den Namen der Mutter Jesu in Verbindung dieser Gruppierung, den sie sich dreist gegeben hat, mit dem sie hausieren geht und damit zum Befremden gläubiger Katholiken in den Schmutz zieht.

„Die Synodale Sackgasse", wie sie *Christian Geyer* in seinem Artikel in der *FAZ* vom 15. Juni 2022 nennt, beschreibt ebendies ein katholisches Gremium. „Ein Gremium, in dem die Legitimation des geweihten bischöflichen Amts an einer Stimme hängt, zeigt eine theologische Schieflage an, wenn es biblische Traditionen als kulturelle Verfügungsmasse, als abhängige Variable von Modernitätsvorstellungen behandelt." *Geyer* rezitiert hier den Wiener Erzbischof Christoph Kardinal Schönborn – *Geyer* beschreibt ihn als kirchenpolitisch einen Vermittler und keinen Reaktionär, ein weltkirchlicher global player, welcher beim deutschen synodalen Weg eher eine politisch-parlamentarische als eine theologisch-synodale Idee am Werk sehen und das er an einem Beispiel festmachen würde: „Wenn in der dritten synodalen Versammlung in Deutschland abgestimmt wurde über die Frage, ob darüber diskutiert werden soll, ob es einer Zukunft des geweihten Amtes überhaupt bedarf, und dieser Antrag mit 95 Ja-Stimmen und 94 Nein-Stimmen beantwortet wurde, dann ist hier etwas falsch gelaufen. Schlicht und einfach. Denn über eine solche Frage kann man nicht synodal verhandeln. Hier hätte das Präsidium einschreiten müssen. Es gibt Vorgaben, die zutiefst in der Bibel und der Tradition verwurzelt sind. Man stelle sich Diskussionen im Judentum unter Absehung von der Tora vor. Und man stelle sich einen synodalen Weg unter Absehung vom depositum fidei vor. Das ist nicht mehr Synodalität, das ist ein anderer Weg, aber sicher nicht Synodalität im Sinn der Kirche." *Geyer* gibt an, dass Schönborn den Vorfall als systemisches Symptom des Synodalen Wegs, für den das depositum fidei, wie der überlieferte Lehrgehalt der christlichen Offenbarung immer noch genannt wird, eine im Zweifel unverbindliche Größe von jedenfalls höchster Plastizität darstellen würde.

Die Kirche selbst aber hat dieses Monster geschaffen, das anscheinend nicht mehr zu bändigen ist. Dabei wäre es doch so einfach: Jesus Christus ist der Erstgeborene und das Zentrum im „Neuen Bund" und da es nur einen Erstgeborenen geben kann, kann es auch nur ein Zentrum in Ihm geben. Das ist der feine Unterschied, der für alle Augen sichtbar wird an einem Menschen, gemessen an dessen innerem Gleichgewicht. Auch das Ergebnis einer Messfeier lässt sich daran messen, ob sie tatsächlich taugt für den Alltag. Letztendlich leben wir für den Alltag, denn in ihm müssen wir uns behaupten für das, zu was wir stehen. Dazu braucht es als Querulant nicht, sich auf dem Besen in unerreichbare Höhen zu schwingen, indem Berufenen in aller Öffentlichkeit das Priesteramt streitig gemacht wird. Es ist für jeden Christen notwendig, sich ständig rufen zu lassen von Christus in einem aufrichtigen und stets wiederkehrendem vielfältigen Gedenken, angefangen beim „Fiat" der Mutter über die Berufung der Apostel, dem Wunder zu Kanaan oder der Begegnung mit der Samariterin bis hin zu den Leiden, von den es herüber hallt von allen Kreuzwegen und Kreuzen dieser Erde, in allen Sakramenten und insbesondere in den Gestalten von Brot und Wein im Tabernakel oder auf dem Altar: Ich wurde gekreuzigt an deiner statt und mich dürstet nach deiner Reue und deiner beständigen Umkehr, um dich erlösen zu können, mit der unendlichen Barmherzigkeit und Verzeihung, das da entspringt aus meinem Opfer aus Blut, Wunden und Tod; lass diese Gnade aus meiner Vergebung nicht vergeudet sein, sie ist der Schlüssel zu deinem Heil.

Wir würden heute nach all den Jahrhunderten, in denen das Grundverhältnis des menschlichen Geistes zur Wahrheit und zum Guten von den verschiedensten Philosophien so entscheidend verfälscht und geleugnet worden sei, nach all den „humanitären" Katastrophen, die wir nicht nur auf politischem Gebiet erlitten hätten, und wohl noch werden erleiden müssen – wieder lernen müssen, in dieser grundsätzlichen aller geistigen Fragen ins rechte Lot zu kommen, so der Philosoph und Theologe *Franz Kornbeck* für die *Kirchliche Umschau*. Er zitiert den Thomist *Reginald Garrigou* mit den Worten: „… das Prinzip der Identität, das höchste Gesetz des Denkens (de la pensée), muss zur selben Zeit das höchste Gesetz der Realität sein; … die Grund-Wirklichkeit (la réalitée fondamentale) muss im Ganzen und als solches (en tout et pour tout) mit sich selbst identisch sein, gerade so wie sich A zu A verhält: das ‚ipsum esse subsitens' (das in sich subsistierende seiner selbst). Dieses ist folglich wesentlich verschieden von der Welt, die ihrerseits wesentlich zusammengesetzt und in Veränderung ist." Die von *Garrigou-Lagrange* hier angesprochene Grundfrage allen geistigen Seins werde darin entschieden, wie der Mensch von Gott denken würde, das heißt, ob er den einzigen und wahren Gott bei all seinen geistigen Bemühungen im Sinn habe, oder aber ob er den wahren Gott aus den Augen verlieren würde und an seiner Stelle das „radikal Absurde" als das Prinzip aller Wirklichkeit verherrlichen würde.

Von den „Warum" geht er über zum Zweifel,
und vom Zweifel zum Verlust
nicht nur der Liebe des Vertrauens auf Gott und seine Gerechtigkeit,
sondern auch der Furcht vor Gott und seiner Strafe.

Der scheidende Vorsitzende der Deutschen Bischofskonferenzen *Zollitsch* übersieht, dass Deutschland als jahrzehntelanger Exportrekordmeister in der globalisierten Wirtschaftsstruktur nicht weniger vernetzt ist als irgendeine andere radikal marktwirtschaftlich orientierte Nation dieser gottlosen Welt. Dabei denke man auch an die unzähligen Aktiengesellschaften, deren Vorstände und untergeordnete Personalmanager von den täglichen internationalen, hysterischen Börsenlaunen gesteuert werden. Wie vernebelt muss man also sein, um solche Verlautbarungen wie die der Deutschen Bischofskonferenz unter dem Vorsitz von *Zollitsch* vom Stapel zu lassen? *Zollitsch* selbst müsste es eigentlich besser wissen, der Monate zuvor dem deutschen Arbeitsmarkt ein vernichtendes Urteil ausgestellt hat: „Im Souterrain des deutschen Arbeitsmarkts haben sich unhaltbare Zustände ausgebreitet", kritisierte der Erzbischof. Werksverträge „sind vielfach pervertiert worden". Der Umgang mit Arbeitern aus Südosteuropa würde den Grundsätzen der katholischen Soziallehre widersprechen. Wir müssen also gar nicht mal so weit gehen und die Landesgrenzen verlassen, um den täglichen Wahnsinn der radikalen Marktwirtschaft zu erfassen. Im Frühjahr 2014 war in der *ZEIT* zu lesen, dass die Dax-Konzerne sich nicht ausreichend um die Wahrung von Menschenrechten kümmern würden. Zu diesem Ergebnis sei auch eine Studie des kirchlichen Hilfswerk Misereor und der Umweltorganisation Germanwatch gekommen. Sie würde zahlreiche Menschenrechtsverstöße bei Zulieferern oder

Beteiligungen von Unternehmen wie der Deutschen Bank, RWE und E.*on* dokumentieren.

Desgleichen waren in dem Beiheft *Credo* für *FAZ*, ZEIT und *SZ* in Kooperation mit dem *L'Osservatore Romano* zum Jahr des Glaubens von den Herausgebern Bischof *Gregor Maria Hanke* und *Peter Seewald* ganze vier Seiten mit Beispielen gefüllt, die unseren täglichen Irrsinn beschreiben. Wem also ist zu glauben? Es war zu lesen, dass ein Drittel aller 2012 in Deutschland eingeführten Medikamente keinen Nutzen hätte oder dass 80 Prozent der knapp 190 000 Bandscheiben-OPs in Deutschland überflüssig seien, ferner dass es 2011 2,7 Millionen Fehltage deutscher Arbeitnehmer gab und 41 Prozent aller Frührenten wegen psychischer Krankheiten stattfanden, 16 Prozent mehr als im Jahre 2000, auch dass 400 000 Deutsche 700 Millionen Euro für Antidepressiva ausgeben und 2 Millionen Tagesdosen von Ärzten täglich verordnet werden, oder dass es zwischen Anfang Februar und Mitte März 2013 in Europa zu vier Lebensmittelskandalen kam, und dass acht von zehn Spielzeugen giftig sind, weil 80 Prozent der Spielzeuge für Kinder unter drei Jahren mit Schadstoffen belastet seien. Weiterhin gab es im Jahre 2011 um die 108 000 Schwangerschaftsabbrüche, während in mehr als 70 Prozent aller deutschen Haushalte keine Kinder lebten. Auch dass 99 Prozent der deutschen Fleischprodukte aus Turbomast stammten und 1734 Tonnen Antibiotika im Jahre 2011 in Deutschland in der Tiermast eingesetzt worden seien, also dreimal so viel, wie menschliche Patienten verschrieben bekämen, womit Deutschland EU-weit mit Abstand Platz 1 einnehme. Ebenfalls seien 90 Prozent der Schulmahlzeiten in Deutschland mangelhaft, wobei im Schnitt für ein Schulessen 2,50 Euro berechnet würde, wovon der Caterer gerade mal 62 Cent für Waren ausgeben könne. Nicht zuletzt ist anzuprangern – in jedem ihrer Wahlkämpfe auch das Thema der deutschen Kanzlerin *Angela Merkel* – dass seit Jahrzehnten die für Patient und Pflegerinnen menschenunwürdige Alten- und Krankenpflege in Deutschland an, die auch vor den Einrichtungen der Caritas oder Diakonie keinen Halt macht, ohne spürbare Veränderungen am Horizont vernehmen zu können. Reicht das immer noch nicht, um als moralische Institution, als die sich die Bischofskonferenz mit Hilfe deutscher Steuergelder für Unsummen verkauft, bei der Politik aufmerksam zu werden, bevor sie das Papstwort entkräftet?

Auch im weiteren Verlauf des Beitrages ist hier im *Credo* über die Gepflogenheiten einer martialisch durchtriebenen Gesellschaft zu lesen, deren einziges Glück im Narzissmus besteht und so die Massenpsychologie der modernen Marktradikale nur beflügeln kann. Politisches Handeln von Christen sei aber mehr als eine mechanische Fortbewegung nach dem Gesetz des „größer-höher-schneller", untermauert *Maier* für die *FAS*. Es sei eine Fortbewegung auf ein Ziel, ein Ende zu. Allen Katastrophen zum Trotz sei Geschichte ein offener Prozess und der Aufbruch gehöre nun einmal zur *conditio humana*, wie auch „das Wunder des Neuen zur Welt" gehöre, bemerkte einmal die Philosophin *Hannah Arendt*. Routine könne bewirken, dass es vergessen werde – es verschwinde aber nicht, so *Arendt*. Die Zeit habe einen Anfang und ein Ende. Der Christ würde wissen, dass das Ende immer schon nahe sei, bekräftigt *Maier*. So würde der Christ den Programmen innergeschichtlicher Perfektibilität misstrauen. Er würde wissen, dass der Fortschritt – den er begrüßen würde – nicht unendlich sein könne, weil die Welt auf ihr Ende zulaufen und eines Tages von „Gottes Zeit" eingeholt werden würde.

Franz Kornbeck erklärt für die *Kirchliche Umschau*: „Nur ein Glaube, der die Funktionalität der Ganzheit des Menschen berücksichtigt, vermittelt ihm seinen Stellenwert und den damit angestrebten Selbstwert, der gereift zur vollen Würde des Menschen gereichen kann. Das Gegenteil ist ebendies schon bewiesen worden und vollzieht sich tagtäglich in unserem schemenhaften Denken für den eigenen Vorteil. Die Wahrheit muss deshalb die einzige Forderung und Maßgabe sein, der sich das Denken von sich aus unterwerfen mag, um gerade dadurch seine Freiheit zu erhalten. Ohne diese Grundlage gibt das Denken sich selbst auf." Um also auf den Gedanken Gottes zu stoßen, muss der Mensch selbst erst wieder autonomer werden, das heißt resistent gegen jede menschliche Vereinnahmung oder materielle Genugtuungssucht. Die ewige Unmündigkeit kann nur abgelöst werden von der selbsttätigen Tugendhaftigkeit im Glauben, dem Glauben an die eine unsichtbare räumliche Gegenwart Gottes. „Wird der Mensch autonom, so wirkt er auch authentisch", unterstreicht *Kornbeck*. Wie aber könnte etwa eine Gemeinde autonom handeln, deren Seelsorger zu rhetorischen Zwecken das Altarsakrament „hinter sich lässt"? Es wäre so, als wolle man irrationales Handeln aus dem Nichts heraus für rational erklären wollen.

Wenn ihr eure Arbeit nicht verwünscht, ihr aber andererseits auch nicht mehr Bedeutung einräumt als Gott. Denn so wie die Arbeit euch Gewinn bringt, so gibt Gott euch den Himmel.

Erst Vollkommenheit in der Objektivität spiegelt die ersehnte Authentizität wider und führt den Gläubigen in die Welt der Absolutheit ein, die frei ist von randgefüllter Subjektivität und aufpolierter Persönlichkeit. Letzteres kratzt nur an der Oberfläche und davon letztendlich distanziert sich auch die Jugend. Gemessen am Nachwuchs blutet die Kirche an der überhandnehmenden Subjektivität aus und nach ihr die gesamte Gesellschaft. Statistisch zu beobachten ist dies bereits seit Jahrzehnten an der deutschen Demographie. Monsignore *Ranjith* von der Kongregation für Gottesdienstordnung glaubt nicht, dass die geleerten Kirchen des Westens nur auf den sogenannten Säkularismus zurückzuführen sind. Eine Ursache des Niederganges sieht der Erzbischof in einer tiefen Glaubenskrise, die mit unsinnigen liturgischen Experimenten und Neuerungen gekoppelt worden seien. „Die Kirchen sind leer geworden, liturgischer Wildwuchs steht an der Tagesordnung und die wahre Bedeutung dessen, was gefeiert wird, ist verdunkelt."

Weiter schreibt Papst *Benedikt* XVI. in Kapitel IV „Eucharistie und Priesterweihe" von *SACRAMENTUM CARITATIS:* **In persona**

Christi capitis 23. Die innere Verbindung zwischen Eucharistie und Priesterweihe geht aus Jesu eigenen Worten im Abendmahlssaal hervor: „Tut dies zu meinem Gedächtnis!" (Lc 22,19). Jesus hat ja am Vorabend seines Todes die Eucharistie eingesetzt und zugleich das Priestertum des neuen Bundes gegründet. Er ist Priester, Opfer und Altar: Mittler zwischen Gott Vater und dem Volk (vgl. Hebr 5,5–10), Sühnopfer (vgl. 1 Joh 2,2; 4,10), das sich selbst auf dem Altar des Kreuzes darbringt. Niemand kann sagen: „Das ist mein Leib" und: „Das ist der Kelch des Neuen Bundes, mein Blut ...", außer im Namen und in der Person Christi, des einzigen Hohenpriesters des neuen und ewigen Bundes (vgl. Hebr 8–9). Die Bischofssynode hat schon in anderen Versammlungen das Thema des Amtspriestertums behandelt, sei es in Bezug auf die Identität des Dienstes, (69) sei es bezüglich der Ausbildung der Kandidaten. (70) Bei dieser Gelegenheit und im Licht des Dialogs innerhalb der letzten Synodenversammlung drängt es mich, an einige wichtige Punkte zu erinnern, die die Beziehung zwischen eucharistischem Sakrament und Priesterweihe betreffen. Zunächst ist es notwendig zu bekräftigen, dass die Verbindung zwischen Priesterweihe und Eucharistie gerade in der Messe sichtbar wird, deren Zelebration der Bischof oder der Priester in der Person Christi als des Hauptes vorsteht.

Nach der Lehre der Kirche ist die Priesterweihe die unumgängliche Bedingung für die gültige Feier der Eucharistie. (71) Denn „Christus selbst ist im kirchlichen Dienst des geweihten Priesters in seiner Kirche zugegen als Haupt seines Leibes, Hirt seiner Herde, Hoherpriester des Erlösungsopfers". (72) Natürlich „handelt der geweihte Priester auch im Namen der ganzen Kirche, wenn er das Gebet der Kirche an Gott richtet, vor allem, wenn er das eucharistische Opfer darbringt". (73) Darum müssen die Priester sich bewusst sein, dass ihr gesamter Dienst niemals sie selbst oder ihre Meinung in den Mittelpunkt setzen darf, sondern Jesus Christus. Jeder Versuch, sich selbst zum Protagonisten der liturgischen Handlung zu machen, widerspricht dem Wesen des Priestertums. Der Priester ist in erster Linie Diener und muss sich ständig darum bemühen, ein Zeichen zu sein, das als gefügiges Werkzeug in Christi Händen auf ihn verweist.

Das kommt besonders in der Demut zum Ausdruck, mit der er in treuer Befolgung des Ritus die liturgische Handlung führt, ihr im Herzen und im Geist entspricht und alles vermeidet, was den Eindruck einer unangebrachten Geltungssucht erwecken könnte. Darum empfehle ich dem Klerus, sich immer tiefer bewusst zu machen, dass der eigene eucharistische Dienst ein demütiger Dienst für Christus und für seine Kirche ist. Das Priestertum ist – wie der hl. Augustinus sagte – amoris officium, (74) es ist der Dienst des guten Hirten, der das Leben hingibt für die Schafe (vgl. Joh 10,14–15).

Die europäische Kultur und ihre Künste seien eine Frucht der Alten Messe. Für den deutschen Dirigenten und Komponisten *Hans Zender (70)* sei es unfassbar, wie unsensibel die Kirche mit diesem einzigartigen Zeugnis ihrer Geschichte umgehen würde, berichtet die *Süddeutsche Zeitung* im März 2007. Er würde auf einen liturgischen Neuanfang unter *Benedikt* XVI. hoffen. Laut *Zender* habe sich die Kirche mit ihrer „sogenannten Liturgiereform" vor mehr als dreißig Jahren in einen „suizidalen Prozess" verstrickt. Wieso gehe eine Institution, deren Selbstverständnis so intensiv wie das keiner anderen auf geschichtlichen Bezügen beruhen würde, so unsensibel mit diesem einzigartigen Zeugnis ihrer Geschichte um? *Günther Eich* habe gesagt: „Was ich verstehe, interessiert mich nicht." *Zender* vermutet, es könne nicht anders sein, als dass die Verkümmerung der Liturgie zu einer langweiligen Lehrveranstaltung, die das Resultat der Entwicklung sei, durch einen blinden Fleck der herrschenden Theologie verursacht worden sei. Die Zeichen, mittels derer die Liturgie das, was sie vermitteln wolle, zum Ausdruck bringen müsste, hätten ihre Eigengesetzlichkeit gegenüber dem, was man „Inhalt" oder „Sinn" nennen würde; sie seien nicht ablösbar vom Gedanken. Ein Wort sei nicht nur Informationsträger, sondern ein Kraftwerk vielfältiger Energien; wollte ich dieses schon im Vorfeld didaktisch bündeln oder auf eindeutige Verständlichkeit reduzieren, so würde ich es kastrieren, gibt der Komponist zu bedenken. Es gäbe auch in der Theologie einen Positivismus, unterstreicht *Zender*. Die Darstellung einer Botschaft müsse sich authentisch an die Sinne wenden – und letzten Endes zur Kunst, zu einer Art Theater werden, sonst würde sie Ideologie oder System. Nein, Kunst hätte ihren Sinn nicht in der „Einübung kognitiver Prozesse", wie es uns akademisch entgegen tönen würde – eher würde es sich umgekehrt verhalten.

Ob nun ein Seelsorger sich als Mittler oder Privatperson vor der Versammlung versteht, spielt schließlich als entscheidender Faktor in den aufkommenden Willen des Publikums mit ein, aktiv sich an dessen Impulsen zu beteiligen. Schlimmstenfalls aber verkommt die Versammlung zu einem bloßen Brauchtum in der stumpfen Anlehnung an Traditionen vergangener und längst vergessener Jahrhunderte, die uns ihr politisches, philosophisches und mitunter theologisches Erbe vermacht haben, ohne dass der durchschnittliche Gegenwartschrist auch nur im Geringsten zur Bewahrung seiner christlichen Identität davon berührt werden könnte, geschweige denn sich über dessen Inhalt bewusst wäre. Wir leben hier in Deutschland in einem für die Seele unterentwickelten Status, der den ganzen Missionseifer und den Vormund autonomer Seelsorger bedarf, um den Ausgang aus vergänglichen Abhängigkeiten in eine vernunftbegabte Mündigkeit zu beschreiten.

Berufung als Leitmotiv

Papst *Benedikt* forderte von den deutschen Bischöfen, die an Priesterseminaren praktizierte Didaktik, Selbsterfahrungsgruppen und gruppendynamischen Rollenspiele der Seminarteilnehmer gegenüber der Aufmerksamkeit für Philosophie, Altgriechisch und Katechismus nachrangiger zu behandeln. Die Kurse zur Didaktik, Selbsterfahrung und Psychologie spiegeln jedoch geradewegs jenes Bedürfnis nach Authentizität, welches der deutschen Kirche in der Abwendung vom Altarsakrament abhandengekommen ist. So rückt sie stattdessen mit überzogener

Persönlichkeitsgestaltung von Priesteramtskandidaten und Pastoralassistenz ins Feld. Mehr noch, in einer von Wohlfahrt durchwobenen Gesellschaft fördert und fordert mancherorts die Geistlichkeit auf dem Rücken des Glaubens der Gemeindemitglieder Aufmerksamkeit und Nachsicht für dessen individuelle Persönlichkeitsgestaltung, die mit irdischen Ehren und Titeln versehen werden wollen.

Der 30-Millionen-Besitzanspruch für einen Bischofssitz des Bistums Limburg oder die Anhäufung dreistelliger Millionenbeträge deutscher Bistümer wirken dagegen vergleichsweise nebensächlich. Dass auch dies nur auf Kosten des einzig wahren, aber unsichtbaren Mittelpunktes Jesu Christi geht, hat Papst *Benedikt* sehr wohl und bestimmt schon in früheren Jahren mit kritischem Auge bemerkt. Wenn er jetzt also als das Oberhaupt der Kirche berechtigterweise Handlungsbedarf gegenüber den Bischöfen anmeldet, ist der Wunsch nach dem Vordringen bis zu den Wurzeln allen Übels möglicherweise und bedauerlicherweise auch von ihm bei weitem noch nicht ausreichend ergründet worden bzw. nur Theorie geblieben. Die Früchte der von ihm in unzähligen theologischen Abhandlungen geratenen Form am Tabernakel lassen auf sich warten. Ein Samen, der auf Stein gefallen ist und deshalb keine Frucht bringt, um ausschließlich als geschriebenes Wort in die Geschichte der Theorie einzugehen, weil die von ihm empfohlene Praxis nie umgesetzt, geschweige denn angeordnet wurde. Nicht zuletzt soll deshalb dieses Schriftstück jenes, das der emeritierte Papst über das Sakrament der Eucharistie sorgsam aufgeschrieben hat, in die Erinnerung der Kirche gerufen werden. So erhalten diese wertvollen Worte einen letzten Versuch, die Zeichen der Zeit nochmals zu deuten, um nachhaltig Gehör und Anwendung zu finden. Es sei an dieser Stelle nachdrücklich um Nachsicht gebeten beim aufmerksamen Leser für meine theologische Unkenntnis und groben Mängel im schriftlichen Ausdruck bei dem Bemühen ein Sprachrohr zu sein für die Belange eines Laiengläubigen.

Seine Bedenken drückt der Papst in *SACRAMENTUM CARITATIS* im Kapitel fünfundzwanzig „Priestermangel und Berufungspastoral" aus, in dem es heißt, dass in der Synode über die pastoralen Maßnahmen diskutiert wurde, die getroffen werden müssen, um vor allem bei den Jugendlichen die innere Offenheit gegenüber der Priesterberufung zu begünstigen. Diese Situation könne nicht durch bloße pragmatische Kunstgriffe gelöst werden. Der Papst im Wortlaut: „Es ist zu vermeiden, dass die Bischöfe unter dem Druck durchaus verständlicher funktionaler Sorgen aufgrund des Priestermangels keine angemessene Berufungsklärung vornehmen und Kandidaten, die nicht die für den priesterlichen Dienst notwendigen Eigenschaften besitzen, zur spezifischen Ausbildung und zur Weihe zulassen. (79) Ein mangelhaft ausgebildeter Klerus, der ohne die gebotene Prüfung zur Weihe zugelassen worden ist, wird kaum ein Zeugnis bieten können, das geeignet ist, in anderen den Wunsch zu wecken, dem Ruf Christi großherzig zu folgen."

Auch in dem Kapitel von *SACRAMENTUM CARITATIS* mit dem Titel *Eucharistie und gläubige Laien* kommt Papst Benedikt indirekt auf die bezeichnende Symptomatik zu sprechen: 79. [...] (220) Eine besondere Ermutigung richte ich an die Familien, aus diesem Sakrament Anregung und Kraft zu schöpfen. Die Liebe zwischen Mann und Frau, das Annehmen des Lebens und die Erziehungsaufgabe erweisen sich als bevorzugte Gebiete, in denen die Eucharistie ihre Fähigkeit zeigen kann, das Leben zu verwandeln und zur Sinnfülle zu führen. (221) Die Hirten sollen niemals versäumen, die gläubigen Laien zu unterstützen, zu erziehen und zu ermutigen, ihre Berufung zur Heiligkeit voll auszuleben in jener (menschlichen) Welt, die Gott so sehr geliebt hat, dass er seinen Sohn hingegeben hat, damit er ihre Rettung werde (vgl. Joh 3,16).

Jesus spricht zu einem erlesenen Publikum in Jutta: Erinnert euch des 66. Kapitels bei Isaias: Gott hat keine Wohnung auf Erden, die nur der Schemel seiner Füße für seine Unermesslichkeit ist. Sein Thron ist der Himmel, der immer noch zu klein ist, ein Nichts, um den Unendlichen aufzunehmen, aber in den Herzen der Menschen hat er eine Wohnung. Nur die vollkommenste Güte des Vaters aller Liebe kann seinen Kindern gewähren, ihn aufzunehmen, und es ist ein undenkliches Geheimnis, das sich immer mehr vervollkommnet, dass dieser Eine und Dreieine Gott, dieser reinste dreifaltige Geist, in den Herzen der Menschen zu wohnen vermag. Oh, wann, wann, o himmlischer Vater, wirst du mir erlauben, aus denen, die dich lieben, nicht nur *e i n e n Tempel für unseren Geist zu bilden, sondern auch ein heiliges Zelt für deine Vollkommenheit der Liebe und der Vergebung, indem du aus jedem treuen Herzen die Lade machst, in der das wahre Brot des Himmels ruht, wie es im Schoß der Gebenedeiten unter allen Frauen ruhte?*

O ihr geliebten Jünger von Jutta, das mir von einem Gerechten vorbereitet wurde, haltet den Propheten vor den Augen des Geistes und was er im Namen des Herrn sagt im Hinblick auf jene, die leere Tempel aus Stein erbauen, in denen es keine Gerechtigkeit und Liebe, keinen Thron des Herrn durch den Gehorsam gegen seine Gebote gibt. Der Prophet sagt: „Was ist das für ein Haus, das ihr mir bauen wollt, und welcher Art ist die Stätte für meinen Ruhesitz?" Er will damit sagen: „Glaubt ihr, mich zu besitzen, weil ihr mir armseliges Mauerwerk errichtet? Glaubt ihr, mir Freude zu bereiten durch eure Lügenhaftigkeit, die mit Heiligkeit des Lebens nichts gemein hat?" Nein. Gott besitzt man nicht durch Äußerlichkeiten, die Wunden und Öde verdecken sollen, gleich einem Prächtigen, über einen Aussätzigen oder eine leere, tönerne Statue, in der keine lebendige Seele wohnt, geworfenen Mantel.

Im intellektuellen Europa ist zu beobachten, dass Hoffnungen unerfüllt bleiben oder Verheißungen aus dem Evangelium beziehungsweise daran angelehnte Deutungen nicht wahrgemacht werden. Demnach wünschte sich Papst *Johannes Paul II.* nichts mehr, als dass der Wille Gottes sich an allen seinen Geschöpfen erfülle, nämlich dass jeder Mensch möglichst seine volle menschliche Gestalt erreiche. Auch Kardinal *Ratzinger* appellierte bereits im Jahr 2000 in der *FAZ* gar noch etwas eindringlicher als sein Vorgänger und gibt die Tendenz an, man trete aus der gesamten moralischen Geschichte der Menschheit heraus und stehe vor einer Auflösung des Menschenbildes, deren Folgen nur äußerst gravierend sein würden. Welches Ambiente aber kann die Kirche zu ihrer allgemeinen Ablehnung noch bieten, ob sie nun selbstverschuldet ist oder fremdverursacht? Die Wiedererkennbarkeit der Liturgie von Hamburg bis Rom und von Mexiko bis Kalkutta nützt dem Auge des Betrachters wenig, wenn sie vordergründig Riten beschwört, jedoch die mikroskopische Gegenwart Christi allerorts im Altarsakrament sowie die Grade, die von dem Glauben daran ausgeht, nicht deutlicher zu untermauern vermag. Kardinal *Walter Kasper* räumt in einem Gespräch im Dezember 2006 mit der ZEIT ein, dass „die Kirche einen Fehler macht, wenn sie Gottesdienste zu nüchtern gestaltet. Die Erfahrungsdimension soll ja nicht ausgeschlossen werden. Religion ist etwas, was den Menschen in seiner Ganzheit anspricht."

Papst *Benedikt* verweist ebendies in SACRAMENTUM CARITATIS unter dem Kapitel *Sakrament der Liebe* auf die Ursache und Originalität der „Verzückung" hin: (1) **Die Heilige Eucharistie ist das Geschenk der Selbsthingabe Jesu Christi, mit dem er uns die unendliche Liebe Gottes zu jedem Menschen offenbart. In diesem wunderbaren Sakrament zeigt sich die „größte" Liebe, die dazu drängt, „das eigene Leben für die Freunde hinzugeben" (vgl. Joh 15,13). [...] Welch ein Staunen muss die Herzen der Apostel ergriffen haben angesichts der Gesten und Worte des Herrn während jenes Abendmahles! Welch eine Verwunderung muss das eucharistische Geheimnis auch in unserem Herzen auslösen!**

Oder in „Erster Teil – Eucharistie, ein Geheimnis, an das man glaubt": „Das ist das Werk Gottes, dass ihr an den glaubt, den er gesandt hat" (Joh 6,29) – Der eucharistische Glaube der Kirche: **6. „Geheimnis des Glaubens!" – Mit diesem Ausruf unmittelbar nach den Konsekrationsworten verkündet der Priester das gefeierte Mysterium und drückt sein Staunen angesichts der Wesensverwandlung von Brot und Wein in den Leib und das Blut Christi aus – einer Wirklichkeit, die alles menschliche Verstehen übersteigt. In der Tat, die**

Eucharistie ist das »Geheimnis des Glaubens« schlechthin: Sie ist „der Inbegriff und die Summe unseres Glaubens". (13)

Authentizität würde auf allen Kanälen laufen, bemerkt *Juli Zeh* in der ZEIT. Im Fernsehen würden *Reality-Shows* (echt!), *Doku-Soaps* (echter!) und *Big Brother*-Formate (am echtesten!) gigantische Einschaltquoten bringen. Das Kino würde in jedem zweiten Vor- oder Abspann verkünden, dass das Gezeigte auf einer „wahren Geschichte" beruhe. Die Musikbranche würde mit den mehr oder weniger interessanten, dafür aber unverfälschten Lebensgeschichten ihrer Galionsfiguren werben. An allen Ecken würden dem Publikum die Lockstoffe der „Echtheit" unter die Nase gerieben, auf dass es sich an der Illusion von emphatischem Miterleben und direktem Dabeisein berauschen möge, gibt *Zeh* zu bedenken. Es scheint, als würde das Kommunikationszeitalter mit seinen unzähligen Formen der Vermittlung und Übermittlung, der Kopie und des Zitats einen starken Hunger nach Unmittelbarkeit erzeugen, der nun ausgerechnet auch von der künstlichsten aller Ausdrucksformen gestillt werden soll – von der Kunst, so *Zeh*. Gleichzeitig würde das Gefühl, dass die Lebensläufe realer Personen als leicht zu beschaffender Rohstoff für den medialen Durchlauferhitzer vortrefflich geeignet seien, den Ruf nach strengerem Persönlichkeitsschutz lauter werden lassen, fügt *Zeh* an.

Der staatliche Umgang an den Schulen in Bayern oder Baden-Württemberg mit der Homosexualität würde sich ebendies der Wandlung unterziehen und würde ein Exempel geben, mit dem mittels Aufklärungskampagnen gegen „Mobbing an Betroffenen" begegnet würde, wie die ZEIT vor einigen Jahren zu berichten wusste. Die notwendig gewordenen Initiativen rund um den Globus zeigen um eines mehr die Haltung der übrigen achtlosen Gesellschaft im Umgang mit Andersdenkenden auf und unterstreicht die Verstrickung mit ihren eigenen Ängsten, ansonsten könnte man da nämlich noch die frohe Botschaft aus dem Evangelium in Betracht ziehen, um eine breit angelegte Motivation anzubieten, nämlich Kirche und Staat wollten seinen Bürgern und deren Kindern raten: „*Liebt einander, wie ich euch geliebt habe, damit die Welt sehen kann, dass ihr Kinder des einen Schöpfers seid.*" Ihr müsst nicht alternierenden Parallelgesellschaften anheimfallen, wenn der Eindruck Oberhand gewinnt, in einer gefühlsarmen und kalten Gesellschaft zu leben.

Derweilen werden in der Forschung erweiterte Ansätze beherzigt, nämlich der des amerikanischen Molekularbiologen *Dean Hamer*, immerhin Chef einer Genforschungsabteilung im National Cancer Institute. Er räumt ein, dass ein „Schwulen-Gen", wie er es vor Jahren zu finden geglaubt habe, gar nicht existiere. Beachtung verdient hingegen an dieser Stelle die These, dass Erbanlagen unser grundsätzliches Interesse an spirituellen Fragen mitbestimmen würden. *Ulrich Schnabel* berichtet an dieser Stelle für die Z*EIT* und er zitiert damit nicht nur den bekannten amerikanischen Genforscher *Dean Hamer*. Dies würden Zwillingsstudien, die der Psychologe *Thomas Bouchard* in den achtziger Jahren durchführte, belegen. Er habe erwachsene Zwillinge befragt, die bei der Geburt getrennt worden und in verschiedenen Elternhäusern aufgewachsen waren. Sie hätten eine verblüffende Übereinstimmung in religiösen Fragen und spirituellen Erfahrungen gezeigt. Bei eineiigen Zwillingen (mit identischer Gen-Ausstattung) ist die Übereinstimmung signifikant höher als bei zweieiigen. Das deutet für *Bouchard* darauf hin, dass die prinzipielle Neigung zu religiösen Gefühlen in unserem Erbgut verankert sei. Geht es allerdings um das Engagement in kirchlichen Organisationen, würden sich die jeweiligen Zwillinge zum Teil drastisch unterscheiden. Die Ausprägung unseres Glaubens, schließt *Bouchard*, scheint kulturell beeinflusst.

Glaube und Religion heißen also mitunter selber tun, um zu einer ausgereiften Selbsterkenntnis und weitgehend zufriedenstellenden Antworten in den drängenden Fragen des Lebens zu gelangen. Die Kirche macht es eben den Menschen bei der Suche nach Identität und Berufung auch nicht leichter, wenn sie ihrer eigenen Glaubwürdigkeit, zum Beispiel während einer mechanisch einstudierten Liturgie, nicht Rechnung trägt. Wie als Antwort trägt die Menschheit ein Schneckenhaus mit sich herum, in das sie sich mit ihren Empfindungen zurückziehen kann, um den Übrigen, ebendies konform Gehenden in der Gesellschaft, elegant den Rücken zu kehren. Alles stört eine Seele, die wahrhaft an sich arbeiten will: die Neugier, der ungeordnete Eifer, der Starrsinn, wie auch die übertriebene Frömmigkeit.

Genau dort, wo aber die „homosexuelle Gemeinde" ihren ungehemmten Eingang und ihre bedingungslose Akzeptanz wieder in die mehrheitliche Gesellschaft erhält, da ist auch jeder andere Mensch Gefangener seiner eigenen erkrankten Sexualität, in der der Verzicht auf Sucht nicht den geringsten Stellenwert einnimmt und die damit zurückgestellte natürliche Suche nach Sinnerfüllung als Lebensmaxime aufgegeben wird. So spielt die gesamte Menschheit weiter lieber an sich selbst, an der Zigarette, am Handy und im Chat-Room, aber das Leben haben sie längst hinter sich gelassen. Eine edle Errungenschaft auf dem Gebiet der Spielzeuge für Erwachsene scheint die Drohne zu sein. Der ZEIT-Korrespondent *Bartholomäus Grill*, der nach 13 Jahren Aufenthalt in Südafrika wieder nach Deutschland zurückkehrte, beschreibt ebendies seine Eindrücke über Land und Leute, die immerzu mit sich selbst beschäftigt seien. Und er würde staunen über die liebe Zeit, die Lebenszeit, sie renne plötzlich schneller, er habe die Sanduhr rieseln sehen, from dusk to dawn, von Dämmerung zu Dämmerung, im veloziferischen Galeerentakt. Und lakonisch fügt er an: Germany könne ja zurückfallen im ökonomischen Weltkrieg.

Erinnert euch daran, dass ich das nicht getan habe,
um euch Überfluss zu verschaffen,
sondern um durch euch denen zu helfen,
denen es selbst am Notwendigsten fehlt.
Seid daher barmherzig, wie ich es bin.

In der Literatur, die nicht einmal über Bilder und Töne, sondern nur über schwarze Zeichen auf weißem Papier als Gestaltungsmittel verfüge, würden diese Entwicklungen besonders absurd wirken, erklärt *Juli Zeh*. Dennoch würden sich in letzter Zeit auch viele Romane durch den Einsatz von schriftstellernahen Ich-Erzählern und popliterarischen Alltagsschilderungen um die Simulation von Erlebnisunmittelbarkeit bemühen. Mimesis, nicht Mimikry: Als Aristoteles in Abgrenzung zum platonischen Vorwurf der Lüge sein poetologisches Prinzip der nachahmenden Mimesis begründete, sei es ihm nicht um die Imitation der Umgebung zur Überlistung von Fressfeinden gegangen, sondern um eine Zielvorstellung, die sich als Interpretation des Wirklichen durch literarische Darstellung würde beschreiben lassen. Das Konzept, das der abendländischen Literaturauffassung bis heute zugrunde liegen würde, würde von der Dichtung naturgemäß ein realistisches Maß an Glaubwürdigkeit verlangen. Ebenso würde sich naturgemäß die Frage ergeben, wie viel historische Faktizität in literarischen Texten notwendig, erwünscht oder erlaubt sei, so *Zeh* für die ZEIT.

Währenddessen geschieht es noch auf anderen Kontinenten, dass Menschen bei einer wahrhaft heiligen Messe inmitten des afrikanischen Busches ohne viel Firlefanz bei den Versammelten sich sogar eine leichte Verzückung entlocken lässt. Der Unterschied liegt auf der Hand. Die baulichen Gegebenheiten vor Ort sind simpler Art und entbehren eines Tabernakels, den man damit auch nicht durch oberflächlichen Gestaltungswillen entweihen könnte. Es verdeutlich um eines mehr, wie sehr der Kult, den die katholische Kirche einmalig in ihrer Tradition und Anlehnung an die neutestamentliche Überlieferung bereithält, sowohl in seinen inhaltlichen als auch äußeren Details der Ausdrucksformen überladen ist, um seine maximale Authentizität für Gegenwart und Zukunft einzubüßen. Schließlich kommt der Kult in den verschiedensten Formen liturgischer Gestaltungswelten zum schlecht besuchtesten und zweitklassigen Marionettentheater herab.

Ein weiteres Beispiel für das wertvolle Vertrauen in den religiösen Kult bietet die katholische Kirche in Albanien. Ein halbes Jahrhundert isoliert von der Weltkirche im streng atheistischen Kommunismus hat sie ihre Traditionen der Sakramente treu am Leben zu erhalten gewusst, obwohl Geistliche und Gläubige dort über Jahrzehnte in der Isolation aufs Übelste behandelt wurden. Seelsorger, die zu ihrem Glauben gestanden haben, sind dazu verurteilt worden, die Blüte ihres Lebens im Steinbruch zu verbringen. Die Ortskirchen mussten logischerweise auf den üblichen Firlefanz in der Liturgie und im Sakralraum verzichten und siehe da, als der Eiserne Vorhang auch für dieses geplagte Land gefallen war, waren der treue Vollzug der Sakramente innerhalb der Familie Selbstverständlichkeit, ohne sie auch nur im mindesten hinterfragen zu wollen. An den Rändern eines aufblühenden Europas waren der religiöse Kult die Lebensmaxime und die Hoffnung in den dunkelsten Stunden.

Ich bete für euch, ihr meine Apostel, damit ihr euch nicht durch ihre neue Kriegslist täuschen lasst, und für sie, damit sie aufhören, dem Menschensohn Fallen zu stellen und Gott, seinen Vater, zu beleidigen. Und ihr, ahmt mich nach. B e t e t   v i e l   z u m   H e i l i g e n   G e i s t . E r   m ö g e   e u c h   d a s   L i c h t   s c h e n k e n ,   u m   r e c h t   z u   s e h e n .   U n d   s e i d   r e i n ,   w e n n   i h r   i h n   z u m   F r e u n d   h a b e n   w o l l t .   Bevor ich euch verlasse, will ich euch stärken. Ich spreche euch los, wenn ihr bisher gesündigt habt. V o n   a l l e m   s p r e c h e   i c h   e u c h   l o s .   Seid gut in Zukunft, gut, weise, keusch, demütig und treu. D i e   G n a d e   m e i n e r   L o s s p r e c h u n g   m ö g e   e u c h   s t ä r k e n .

Nach der Öffnung haben sie ihre Treue auch in der Stunde der Freiheit nicht eingebüßt. Vom Alter und der Zwangsarbeit gezeichnete Seelsorger haben sich unermüdlich eingesetzt für die junge Kirche, um sie wieder zum Blühen und zu neuem Leben zu bringen. Jugendliche, die an einem gewöhnlichen Werktag nach der Schule auf einem Gang in die Kathedrale von Shkoder zur Beichte zu beobachten waren, um ihr Gewissen zu erleichtern. Ein ganz gewöhnlicher Anblick im Leben der Albaner zu einem Zeitpunkt, in dem in anderen Teilen Europas ihre Altersgenossen der Kirche nur zu fliehen suchten. Es prallen Welten aufeinander und keiner forscht tiefgründig nach dem Warum. Das ist der wahre Skandal. Der Kapitalismus ist die eine Seite, hat aber nicht an allem schuld, wie man unschwer an den harten Bedingungen der Gläubigen im Kommunismus erkennen kann. Die offensichtlichen Mängel in einer durchaus erhaltungswürdigen Liturgie wurden aus einer Utopie heraus geboren, genau wie der Vatikanstaat. Beides ist damit mehr Fluch als Segen, das muss man Einsehen und Taten danach folgen lassen, lieber heute als morgen.

Wenn wir auf die zweitausendjährige Geschichte der Kirche Gottes blicken, die durch das weise Handeln des Heiligen Geistes geleitet wurde, erläutert Papst *Benedikt* im Kapitel *Die Entwicklung des eucharistischen Ritus* von SACRAMENTUM CARITATIS, bewundern wir voller Dankbarkeit die über die Zeit hin geordnete Entwicklung der rituellen Formen, in denen wir des Ereignisses unseres Heiles gedenken. Von den vielfältigen Formen der ersten Jahrhunderte, die noch in den Riten der Alten Ostkirchen aufleuchten, bis zur Verbreitung des römischen Ritus; von den klaren Anweisungen des Konzils von Trient und des Missale des hl. Pius V. bis zur vom Zweiten Vatikanischen Konzil angeregten Liturgiereform: In jeder Epoche der Kirchengeschichte erstrahlt die Eucharistiefeier als Quelle und Höhepunkt ihres Lebens und ihrer Sendung im liturgischen Ritus in all ihrem vielfältigen Reichtum. Die Elfte Ordentliche Vollversammlung der Bischofssynode, die vom 2. bis zum 23. Oktober 2005 im Vatikan stattfand, hat angesichts dieser Geschichte ihren tiefen Dank Gott gegenüber zum Ausdruck gebracht und bekannt, dass in ihr die Führung des Heiligen Geistes wirksam war. Im Besonderen haben die Synodenväter den segensreichen Einfluss festgestellt und bestätigt, den die seit dem Zweiten Vatikanischen Konzil verwirklichte Liturgiereform auf das Leben der Kirche ausgeübt hat. (5) Die Bischofssynode hatte die Möglichkeit, ihre Rezeption nach der Konzilsversammlung zu beurteilen. Es gab außerordentlich viele Würdigungen. Wie bekräftigt wurde, können die Schwierigkeiten und auch einige erwähnte Missbräuche den Wert und die Wirksamkeit der Liturgiereform, die noch bisher nicht völlig erkundete Schätze in sich birgt, nicht verdunkeln. Konkret geht es darum, die vom Konzil beabsichtigten Änderungen innerhalb der Einheit zu verstehen, die die geschichtliche Entwicklung des Ritus selbst kennzeichnet, ohne unnatürliche Brüche einzuführen. (6)

Sein Kommen verlangt die Prüfung der Gewissen.

Der Mensch selbst ist seine Berufung, sie ist nicht irgendwas in ihm, das in seinem Körper wohnt und beliebig verlässt. Die Seele ist das Einzige, was nicht den Körper besitzt und zurückkehrt zum Vater. Wie schön sie ist und somit der Mensch selbst, da sie es ist, was das Sein im Universum ausmacht und wie glänzend das Sein ist, das entscheidet jeder selbst im Gehorsam und mit seinem guten Willen. Berufung fördern heißt, den guten Willen zu nähren, ihn wachzurufen oder zu erhalten, den Rest macht Jesus selbst bei jedem Einzelnen. Mindestens jeder zehnte Deutsche aber würde im Laufe seines Lebens an einer Depression erkranken. Laut Weltgesundheits-Organisation würden seelische Erkrankungen sogar bald „Weltspitzenreiter" unter den Krankheiten sein. Christus bietet dazu der ganzen Menschheit einen Weg, indem er bestrebt ist, die Reinheit Seiner von irdischen Mächten und Imperien verunstalteten Religion wiederherzustellen. Dabei können sich die Gläubigen auf Sein reinstes Vorbild und Vorleben berufen und stützen, indem sie trotz persönlichen Scheiterns unaufhörlich in die Barmherzigkeit Gottes hoffen können.

Damit meine Ankläger nicht sagen können, ich sei wahnsinnig und ein Gotteslästerer, und damit der, der sich nicht an die Wirklichkeit der Dinge halten will, versteht, dass die Offenbarung mich immer als König eines überirdischen Reiches angekündigt hat, das sich abzeichnet, errichtet und ausbaut in der Darbringung des Opfers, des einzigen Opfers, welches das Himmelreich wieder zu erneuern vermag, das von Satan und den Stammeltern zerstört wurde. Hochmut, Hass, Lüge,

Wollust und Ungehorsam haben es verwüstet. D e m u t , G e h o r s a m , L i e b e , R e i n h e i t u n d O p f e r w e r d e n e s w i e d e r e r r i c h t e n .

Fragt man sich demzufolge nach dem zugrundeliegenden angekündigten Triumph der Religion, liegt die Antwort in dem ewig gestärkten Vertrauen, das umso stärker wird, je mehr die Liebe zu Christus und Seiner Mutter im Herzen belebt und je mehr mit der demütigen Bitte um den alles stärkenden Geist Gottes die Nachfolge Christi aufrichtig umgesetzt wird.

Ihr Demütigen sagt mit Ihm: „Dein sind alle Dinge, Vater. Dir gehört alles, was gut ist. Lehre uns, Dich kennen zu lernen und Dir in Wahrheit zu dienen." Sagt: „Wer bin ich?" Und ihr werdet erkennen, dass ihr erst dann etwas seid, wenn ihr eine gereinigte Wohnung seid, in welche Gott niedersteigen und sich in ihr ruhen kann. Der Meister, der Messias, der König des ewigen Israel, des ewigen Gottesvolkes, ruft euch. Doch er will, dass ihr für das Werk rein seid. Nieder mit dem Hochmut! Gott die Ehre! W e g m i t d e n m e n s c h l i c h e n G e d a n k e n . G o t t e s i s t d a s R e i c h . E r , d e r s e l b s t G o t t w a r , als er der äußeren Gestalt Mensch geworden ist, hat selbst nach Liebe, Glaube und Hoffnung unter den Seinigen gedürstet, sich im Gebet getröstet und als Heranwachsender in den heiligen Schriften wissend und kundig gemacht, um das erschwerte Erdenleben in der vom Menschen gewählten und verursachten Abgeschiedenheit ihres Schöpfers zu fristen. D a s v o n G o t t a u f g e g e b e n e J o c h i s t e s , d i e H o f f n u n g z u b e l e b e n , d a m i t d e r G l a u b e u n d d i e L i e b e g e t r a g e n w e r d e n k ö n n e n u n d D u n k e l h e i t n i c h t e i n t r e t e n k a n n i n d a s m e n s c h l i c h e H e r z . O h n e H o f f n u n g g i b t e s k e i n e n G l a u b e n u n d d i e L i e b e k a n n o h n e G l a u b e n n i c h t z u s t a n d e k o m m e n . Es ist wie mit einem Treppenaufgang. Die Stufen braucht man, um emporzusteigen, das Geländer, damit man nicht herunterfällt, oben angekommen erwartet uns die Liebe. Das Geländer ist die Hoffnung, der Glaube sind die Stufen. Hoffnung, Glaube und Liebe sind die Tugenden eines guten Menschen und Christen. N i e m a n d k a n n s i c h a u f r i c h t e n o h n e n i c h t e i n e H o f f n u n g zu haben auf die Ewigkeit. Oder leben wir mit Beharrlichkeit als gute Christen können wir nur in der Hoffnung, dass Gott unser Tun sieht und belohnt ausharren. *Diese Hoffnung bringt uns im Glauben an Ihn der Liebe näher.*

Ein Mensch, der nur der Gebote wegen gehorcht oder um irgendeiner Tradition und Gelegenheiten wie Ostern, Weihnachten oder dem Sonntagsgottesdienst Genüge zu tun, ist wie ein Tagelöhner und seiner wahren Berufung zur Kindschaft Gottes im Glauben an Ihn noch himmelweit entfernt. Er ist sich selbst fremd, zumindest seiner Seele, was sogar dazu führen kann, dass er sie unbewusst leugnet. In psychologischer Sicht führt das, wie eingangs bereits behandelt, häufig zu massiven Problemen und zwiespältigen Abhängigkeiten in allen wichtigen Bereichen des Lebens wie Partnerschaft und natürlich auch im Beruf.

Die Psychologin *Madeleine Leitner*, die im Rahmen einer Berichterstattung mit dem Titel *Bitte umsatteln – viele Menschen wählen den falschen Beruf. Und dann?* im Oktober 2013 von *Alina Fichter* in der ZEIT vorgestellt wird, kann ein Lied davon singen. Sie hätte selbst lange gebraucht, bis sie es gefunden habe, sei Psychotherapeutin, Personalberaterin, Headhunterin gewesen, bevor sie in München am Englischen Garten ihr Büro für Karriereberatung eröffnet habe. *Fichter* schreibt auch, dass die Psychologin seit 16 Jahren ergründe, weshalb ihre Kunden sich für Jobs entscheiden würden, die nicht zu ihnen passen würden, und helfe bei der Suche nach dem beruflichen Glück. Nicht alle Geschichten von Unzufriedenen würden aber gut enden. Manche würden nicht einmal erkennen, was sie unglücklich mache. Oder sie seien zu bequem, etwas zu ändern. Oft verhindere auch die Angst vor einem neuen Leben die Umorientierung, analysiert *Leitner*.

Ob Motivationsprobleme auf dem Campus generell zunehmen würden, kann der Bielefelder Psychologieprofessor *Stefan Fries* so nicht belegen. Er hätte aber in seiner Forschung zum Aufschiebeverhalten unter Studierenden festgestellt, dass sich ein neuer

Typus gebildet habe – „die Gruppe derer, die Probleme haben, sich selbst zu regulieren, weil sie unsicher sind in Bezug auf die Studienfachwahl".

„Motivation ist kein Ziel, sondern eine offene, energiegeladene Bewusstseinslage, eine Lebensart", erklärt die Trierer Professorin für Bildungswissenschaften *Michaela Brohm* im Workshop ihrem jungen Frankfurter Publikum. „Wer eng ist im Bewusstsein, ist nicht offen für seine Chancen, für Risiken. Dabei liegt alles, was richtig spannend ist, außerhalb Ihrer Komfortzone." Ganz zentral sei für *Brohm* der Glaube an die Selbstwirksamkeit, wie Ende Dezember 2013 unter der Rubrik *Beruf und Chance* in der *FAZ* zu lesen. „Schreiben Sie sich Erfolge selbst zu, aber auch Misserfolge." Wer sich nach einer schlechten Note eingestehe, zu wenig oder zu spät gelernt zu haben, sei leistungsmotivational besser bedient als der, der alles auf die äußeren Umstände schieben würde. „Nur wer glaubt, dass er das Kontrollsystem für seine Leistung in sich trägt, entwickelt Energie." Das Rezept für das Erreichen hochgesteckter Ziele sei von daher relativ einfach, unterstreicht *Brohm*: „Anfangen, dranbleiben, abschließen."

Schon in der Schule dränge die komprimierte Vermittlung von Fachwissen die Persönlichkeitsbildung immer mehr zurück. „Im Ergebnis sind Studierende heute jünger und stärker belastet. Die Jagd nach Credit Points setzt viele extrinsische Anreize." Der Belohnungseffekt wirke aber nur kurzfristig und zerstöre die intrinsische Motivation wie Interesse an einem Wissensgebiet, am Experimentieren oder Spaß am Lernen in der Gruppe, äußert sich die ehemalige Lehrerin *Brohm* im Vorfeld zur Sinnhaftigkeit eines Motivationsseminars. Zudem mangele es vielen deutschen Unis an persönlichem Kontakt zwischen Studierenden und Lehrenden, an Rückmeldung, fügt *Wittenhagen* von der *FAZ* an.

Die vorangegangenen pädagogischen Erklärungsansätze über den steigerungsfähigen Motivationshaushalt von Studierenden bieten sich demzufolge an, unmittelbar auf die Bereitschaft zur

Religionsausübung übertragen zu werden, weil sie ebendies stark abhängig von der Selbstregulierung eines Menschen, seines sinnerfüllten Denkens und Handelns, ihre Fruchtbarkeit zeitigt.

In einer radikalen relativistischen Gesellschaft gebe es nicht mehr das Moment der Regulation durch die Wahrheitsidee, sondern nur noch die Regulation durch das Konventionelle, das auch im Interesse derer sei, die gerade die Macht hätten, lehrt der Philosoph *Robert Spaemann* in einem Gespräch mit *Daniel Deckers* und *Volker Zastrow* von der *FAS,* veröffentlicht am 15. Februar 2009. Es würde paradox klingen, aber es hätte etwas zu tun mit dem sich ausbreitenden radikalen Relativismus, dass dort, wo man denken würde, dass Wahrheit erreichbar sei für den Menschen, es Diskurs geben würde, es einen Kampf der Meinungen geben würde, aber alle das eine Ziel wollten: wissen, wie es wirklich sei, so *Spaemann* weiter. Wenn im Meinungskampf dagegen stets das Recht des Stärkeren herrschen würde, hätte das Wahrheitskriterium da gar nichts mehr verloren. Nicht ob etwas wahr sei, interessiert, sondern nur, ob man etwas sagen dürfe.

Die Liebe ist Gehorsam: Wer nicht gehorcht, ist ein Rebell. Wer ein Rebell ist, liebt denjenigen nicht, gegen den er rebelliert. Deshalb hungert die Liebe nach Liebe, und der Mensch wird ihrem großen Verlangen immer nur dünne Tropfen geben, wie jene, die vom Himmel fallen und so winzig sind, dass sie bei der Sommerhitze schon in der Luft verdunsten. Jesus warnt vor Arglist, dem Irrglauben, den Glauben könnte man im Wetteifern erlangen. Nur wer liebt, lebt, nur wer glaubt, liebt und nur wer im Glauben lebt, glaubt. Glauben ist Treue zu den Mitteln, die Gott einem zu Ort und Zeit in die Hände gelegt hat. Denn wie sollte Er die verborgene Sehnsucht der Menschen unbeantwortet lassen, Ihm ähnlich zu werden, indem er in Seiner Allmacht und Güte Seinen kräftigenden Geist unseren unsicheren Schritten einverleibt, um Gewissheit zu erlangen und anteilig zu werden am Reich Gottes. Der Herr, Jesus Christus, ist das Erbarmen, das sich über alles Elend neigt und Ihn anruft. *Er weist keinen zurück. Was Er verlangt, ist nur Liebe und Vertrauen, um sagen zu können: "Ich achte auf deine Bitte."* Doch die Tropfen der menschlichen Liebe, die mit eigenen Interessen verbundenen Herzschläge der Menschen, die nur fordern, fordern, fordern, wenn die Not sie drängt, verdunsten in Windeseile. Nur wenige werden Ihn aus reiner Liebe lieben: solche, die wie Johannes der Apostel sind.

Gott wird geliebt, weil Er Gott ist, und keine Erklärung ist nötig, um von der Notwendigkeit dieser Liebe zu überzeugen. Gott ist, der ist, also alles; und der Mensch ist das Nichts, das Anteil an dem „alles" hat durch die vom Ewigen eingegossene Seele, ohne welche der Mensch eines der vielen unvernünftigen Tiere wäre, die auf der Erde, im Wasser oder in der Luft leben. Und der Mensch muss Gott anbeten, um zu verdienen, in dem „alles" zu überleben; das heißt, verdienen, Teil des heiligen Volkes Gottes im Himmel zu werden, Bürger des Jerusalem, das in alle Ewigkeit keine Schändung und Zerstörung kennen wird.

Die Liebe zu Gott macht Gott zum Freund und lehrt die Liebe. Wer Gott nicht liebt, der gut ist, kann seinen Nächsten nicht lieben, der meist fehlerhaft ist. Der Nächste ist das Kind, das von den Menschen geboren wird, den es nicht gäbe, wenn es keine Gattenliebe und Elternliebe auf der Welt gäbe. Denn in der Ordnung der von Gott seinen geliebten Kleinen mit einem Lächeln gegebenen Gebote fügt sich das Gebot hinzu, das Adam, der durch die Gnade mit einer Intelligenz begabt wurde, die nur von der Intelligenz Gottes übertroffen wurde, selbst bestätigte in Bezug auf seine Gefährtin und in ihr für alle Frauen: den Ratschluss Gottes, der sich deutlich im klaren Spiegel des Geistes Adams widerspiegelte und im Gedanken und Wort aufblühte: „Der Mann verlässt seinen Vater und seine Mutter und vereinigt sich mit seiner Gattin, und die beiden werden nur ein Fleisch sein." Die Liebe, wie sie heute ist, die jetzige Art, Kinder zu zeugen, gab es damals noch nicht. Es gab noch nicht die Bosheit und darum die Sinnenlust nicht. Der Mann liebte die Frau, und *die Frau liebte den Mann auf natürliche Weise, nicht gemäß der Natur, wie die Menschen sie heute verstehen, sondern gemäß der Natur der Kinder Gottes, also übernatürlicherweise.*

*Wenn also die drei Säulen der drei genannten Arten der Liebe nicht wären, die Liebe zu Gott, die Gatten- und Elternliebe, gäbe es somit auch keine Nächstenliebe. Die Liebe des Menschen, besonders der Frau zum Kind, hat demzufolge den Ursprung im Befehl Gottes, der zu Adam und Eva sagte, nachdem er sie gesegnet und festgestellt hatte, dass er „Gutes getan" hatte an seinem fernen sechsten Tage, dem ersten sechsten Tage der Schöpfung: „Wachst und mehrt euch und erfüllt die Erde ..." Bei der Nächstenliebe handelt es sich also in Wirklichkeit um die Liebe vierten Grades und sie ist gleichzeitig auch die erste der zweiten Reihe, in der als nächstes zudem die Liebe zur Wissenschaft steht, welche noch gefolgt wird von der Liebe zur Arbeit. Das sind alle. Es ist nicht einfach, zu den Quellen vorzudringen. Der Mensch ist seit Jahrtausenden im Schlamm eingesunken, und diese Quellen entspringen nur in den Höhen. Die erste Quelle aber, jene Liebe ersten Grades, entspringt auf einem Abgrund von Höhe: Gott! **Der Sohn aber will die Menschheit an die Hand nehmen und zu den Quellen geleiten. Er weiß, wo sie sind.***

Die christliche Religion sucht ihre existenzielle Ursache und findet sich wieder in einer begründeten Hoffnung auf Erhörung der Seele für das ewige Heil. Dem entgegen steht die Triebhaftigkeit eines Besserwisserdaseins, in dem die Arbeit losgelöst von der Schöpfung denselben Stellenwert einnimmt wie das Rohmaterial, welches in Abhängigkeit von Wachstum und Konsumlust seine Behandlung einfordert. *Die Arbeit erhält ihren natürlichen Stellenwert im Leben des Menschen zurück, in dem Masse wie ihrer Abhängigkeit und natürlichen Rangfolge in der Schöpfung Beachtung geschenkt wird, nämlich indem ihre Fruchtbarkeit ähnlich wie jene der Nächstenliebe im Ursprung aus dem Befehl Gottes, also konkret auf die Liebe sechsten Grades zurückzuführen ist. Es ist das Rezept, welche Motivationsmangel und Orientierungslosigkeit in der Berufswelt entscheidend vorbeugen könnte und* damit nicht zuletzt auch enorme Schäden von der Volkswirtschaft abwenden würde.

Der heilige Geist, der sich auf ein gläubiges Haupt senkt und durch Seine Gnade die Fähigkeit verleiht, an Gott zu erinnern, befreit von der Verfinsterung, die als trauriges Erbe Adams die Erkenntnisfähigkeit der Seelen mindert und führt aus der von der Erbsünde verursachten Dumpfheit, die Gott geschaffen hat, damit jedermann redlichen Herzens und guten Willens, sich seines Anblickes und der geistigen Erkenntnis erfreuen.

Die Liebe wie auch die Freude sind kein in sich abgeschlossener mystischer Kreislauf, sondern sie sollen unser ganzes Sein und Handeln für Zeit und Ewigkeit beschreiben. *„Am Ende"* stehen *die Dankbarkeit für die ewigen Güter und das Gewissen, in der Erfülltheit des Lebens, den Geboten Gottes jeder nach seinen Kräften nachzueifern, um dem Gebeugten Recht zu verschaffen, den Trauernden zu trösten oder dem Waisen und Verlassenen Vater, Mutter oder Bruder und Schwester zu sein und vor allem Ihm Gott dadurch in allem Ehre zu erweisen in seiner Schöpfung.* Christus selbst ist auf dieser Erde gewandelt, um uns ein unbeirrbares Vorbild darin zu sein. Wer sich nicht daran halten will, verliert seine Rechtfertigung für die Ewigkeit und wird vergehen, so wie auch der Apfel nicht ins All fliegen kann, sondern zu Boden fällt, wenn er reif ist, weil das Gesetz der Natur es so will und sie es für ihn so vorgesehen hat, Nahrung zu sein für andere Geschöpfe.

Das Feuer der Liebe besiegt jedes andere Feuer.

Aus dem Evangelium wissen wir, *„dass Gott einen Sünder nicht erhört, wer aber Gott fürchtet und seinen Willen tut, den erhört er"(Joh).* Das Gedenken an die Erlösungstat aus dem Opfer Jesu Christi und der Jungfrau Maria für die eigene Seele aus eigener Initiative im Alltag zu bestreiten, um Früchte für das Heilsversprechen zu zeitigen, das ist doch der Sinn eines positiv gestimmten christlichen Herzens, denn *„da wo euer Schatz ist, da ist auch euer*

Herz!". Darauf kommen die wenigsten, wenn sie nicht von Natur aus herzvoll sind, sondern im Gegenteil, dieser Schritt aus der selbstverschuldeten Unmündigkeit wird wie ehedem der Rolle des Priesters anvertraut, womöglich noch für Bezahlung. Jedoch beruft sich der wahre Lohn, dem ein Sozialarbeiter teilhaft werden kann, auf den Ertrag, den er sich selbst aus einer aufrichtigen Beziehung mit seinem Klientel schaffen kann. Aufrichtigkeit wäre in weiterem Sinne die Erziehung der Gläubigen zum selbsttätigen Bewusstsein im Alltag über die erlangte Vergebung aus dem Opfer Christi bis hin zum ausbaufähigen Heil in der persönlichen Berufung. Darüber sollte der Seelsorger und jeder mündige Christ in seinem Umfeld sich spätestens bei der bewussten Wahl seiner Religion, welcher im Laufe seiner Lebensjahre zu seiner Berufung heranwächst, im Klaren sein. Im Evangelium nach Johannes lesen wir, dass *„der bezahlte Knecht, der nicht Hirt ist und dem die Schafe nicht gehören, die Schafe im Stich lässt und flieht, wenn er den Wolf kommen sieht; und der Wolf reist sie und jagt sie auseinander. Er flieht, weil er nur ein bezahlter Knecht ist und ihm an den Schafen nichts liegt."*

Es würde für niemanden einen andern Weg der Entfaltung und Erfüllung als den der möglichst vollkommenen Darstellung des eigenen Wesens geben. So beschreibt es *Hermann Hesse*. „Sei Du Selbst" sei das ideale Gesetz, zumindest für den jungen Menschen, es gebe keinen andern Weg zur Wahrheit und zur Entwicklung. Dass dieser Weg durch viele moralische und andere Hindernisse erschwert würde, dass die Welt uns lieber angepasst und schwach sehen würde als eigensinnig, daraus würde für jeden mehr als durchschnittlich individualisierten Menschen der Lebenskampf entstehen, erklärt *Hesse* in seinem Essay „Eigensinn macht Spaß". „Da muss jeder für sich allein, nach seinen eigenen Kräften und Bedürfnissen, entscheiden, wieweit er sich den Konventionen unterwerfen oder trotzen will. Wo er die Konvention, die Forderungen von Familie, Staat, Gemeinschaft in den Wind schlägt, muss er es tun mit dem Wissen darum, dass es auf seine eigene Gefahr geschieht. Wie viel Gefahr einer auf sich zu nehmen fähig ist, dafür gibt es keinen objektiven Maßstab. Man muss jedes Zuviel, jedes Überschreiten des eigenen Maßes büßen, man darf ungestraft weder im Eigensinn noch im Anpassen zu weit gehen."

Üblicherweise würde Akedat Yitzhak – „die Bindung Isaaks" –, wie die Geschichte von Isaaks geplanter Opferung in der jüdischen Tradition heißt, als ein Symbol für blinden religiösen Gehorsam verstanden: Ohne das Eingreifen des Engels hätte Abraham seinen Sohn getötet. *Omri Boehm* ist ein israelischer Philosoph und für ihn sei das natürlich ein Wink vom Zaunpfahl im Hinblick auf die heutige israelische Realität – besonders für jene, die wie er lange genug in der israelischen Armee gedient haben, um sich deren offensichtlich unmoralischen Ansprüchen widersetzt zu haben, erklärt er im November 2013 in der ZEIT. Ob bewusst oder unbewusst, solche Positionen würden von der Theologie des Rabbi Kook (1865–1935) zehren, die in Israel auch außerhalb extrem rechter Kreise oder der messianisch-religiösen Zionistenbewegung weit verbreitet sei, unterstreicht *Boehm*. Doch anders, als man annehmen könne, sei es dieser Theologie und dieser Politik nie primär um das Opfer gegangen. Auch in der biblischen Erzählung scheine nicht das Opfer im Mittelpunkt zu stehen. Sie drehe sich vielmehr um den Gehorsam. Ersetzt man mit Rabi Kook und anderen „Gottes Wille" durch „den jüdischen Staat", dann erhielte man die politische Theologie der Akedat Yitzhak, jenes Gehorsams, den man dem Machtwort des Staates schulde – auch wenn es unmoralisch sei, attestiert *Boehm* in seinem Artikel über die *Theologie des Ungehorsams*.

Nicht alles, was der demokratische Rechtsstaat legitimiere, vertrage sich mit der Freiheit eines Christenmenschen, deutet der Theologe *Christoph Dieckmann* im Herbst 2013 für die ZEIT. Und man müsse weder Christ sein noch kriegserfahren, um den Krieg zu ächten als schlechthinnige Katastrophe respektive Gottesferne. Einfühlung und Gewissen würden ausreichen, und bisweilen das Heldenwörtlein NEIN. *Dieckmann* fragt weiter, wie wir das Geheimnis des Glaubens erfahren, wie vermitteln? Und, höchst dringlich:

Wie begegnen wir der militärischen Zurüstung unserer Gegenwart? Wie vernehmlich würden wir NEIN sagen zur Perversität ständig steigender deutscher Waffenexporte? Weltweit boome das Geschäft mit Mord und Totschlag. Hinter den Marktführern USA und Russland belege Deutschland Rang drei, so *Dieckmann*. Deutsche Soldaten würden während sogenannter Auslandseinsätze deutschen Waffen zum Opfer „fallen" oder sammelten sie „friedensstiftend" wieder ein, beklagt der Theologe. Mehr als die Hälfte der deutschen Afghanistan-Soldaten kämen aus Ostdeutschland. Die Bundeswehr, mithin der Krieg, sei im Osten ein gesuchter Arbeitgeber. Auch das gehöre zur Folgegeschichte der Friedlichen Revolution. Das Wunder, das Deutschlands Einigung aber erst möglich gemacht habe, sei nur dank der allseits akzeptierten Ultima Ratio „Keine Gewalt!" gelungen, betont *Dieckmann*. Die mediale Erinnerungsmaschine verlängere den glücklichen Herbst zum Ewigen Frieden. Aber der Friede von 1989 würde zum Reden von heute verpflichten.

An anderer Stelle betont *Gero von Randow* im März 2007 in der ZEIT, dass man schon gar nicht der Idee anheimfallen dürfe, von der Wissenschaft zu verlangen, dem Leben einen Sinn zu geben. Sie würde vom Sein handeln, nicht vom Sollen, unterstreicht *von Randow*. Ob den neuen Atheisten der negative Gottesbeweis gelungen sei, darüber ließe sich unter Unglaubensbrüdern streiten, fährt *von Randow* fort, unangenehm jedenfalls würde an dieser Propaganda der penetrante Weihrauch der Wissenschaftsanbetung auffallen. Gewiss, es gebe nicht nur laue Christen, sondern auch laue Atheisten. Ihnen sei die Fragen egal, die der Glaube beantworte, bestätigt *Gero von Randow* weiter. Über den Sinn des Wirklichen würden sie sich nicht den Kopf zerbrechen. Psychohygienisch sei das vollkommen in Ordnung, aber intellektuell würde es nicht befriedigen.

Währenddessen hätte einer aktuellen Umfrage zufolge mehr als ein Drittel der deutschen Arbeitnehmer nach der Schule lieber einen anderen Berufsweg eingeschlagen. Jeder siebte würde sogar angeben, den falschen Beruf erlernt zu haben, wie der US-Personaldienstleister Kelly Services im Mai 2008 unter Berufung auf die Untersuchung von 115 000 Jobsuchenden in 33 Ländern – darunter 2000 Deutsche – berichtet. Rund 31 Prozent der deutschen Studienteilnehmer gaben der Studie zufolge an, dass sie sich gerne weiter ausgebildet oder das Studium fortgesetzt hätten. 38 Prozent hätten im Nachhinein sogar eine völlig andere Fachrichtung vorgezogen. Ganze 43 Prozent fühlten sich durch die schulische Bildung nicht genug auf das Arbeitsleben vorbereitet. Frauen in Deutschland seien den Angaben zufolge mit 24 Prozent unzufriedener mit der beruflichen Ausbildung als Männer (18 Prozent). So hätten 17 Prozent der Frauen angegeben, den falschen Berufsweg eingeschlagen zu haben. Bei den männlichen Kollegen seien es lediglich 14 Prozent. Sowohl Männer als auch Frauen hätten finanzielle Beweggründe als Hemmnis für einen Karrierewechsel genannt, gefolgt von den Faktoren Zeit und Familie.

Aber ist die Erlösung nicht ein Werk der Geduld?

Woody Allen, der Starregisseur aus Brooklyn, beschreibt die Misere einer ganzen Generation mit dem Einzug der Filmwelt. Viele in dieser Generation hätten durch Fantasien schweren Schaden genommen. Sie gingen 15, 20 Jahre lang ins Kino, sie seien mit Filmen aufgewachsen, Filme hätten ihre Persönlichkeit geformt. Sie würden erwarten, dass Männer und Frauen so wären wie im Film, dass Situationen sich von selbst lösen würden, dass es so etwas wie Fairness und Gerechtigkeit geben würde, so *Allen* in einem Gespräch mit der ZEIT. Aber in Wirklichkeit sei vieles grausam und ungerecht. Darauf könnten sie sich nur schwer einstellen. Zum Beispiel würden sich die meisten romantischen Filme darum drehen, dass ein Mann eine Frau umwarb. Er versuchte, sie zu gewinnen, und dann gewann er sie am Ende. Männer hätten herausgefunden, dass es häufig nicht so laufen würde. Frauen ebenso. Das hätten sie einander übelgenommen. Sie hätten schließlich eine Vorstellung davon gehabt, wie die Dinge hätten sein sollen. Das habe einige psychisch schwer mitgenommen. Viele hätten eine Therapie gebraucht, weil ihr Weltbild im Kino geprägt worden sei. Wenn man älter werde, erkenne man, dass das Leben einem übel mitspielen könne und furchtbare Opfer erfordern würde. Die käuflichen Erlebnisangebote seien meist so erstklassig und professionell, dass die selbst verfertigte Erlebnisware dem Qualitätsvergleich nicht standhalten würde. Diese sei grau und mühsam, sie würde nicht klappen, sehe nicht so gut aus, sie sei voller Makel, sie würde weniger Erlebnis in kurzer Zeit bieten. Auf diese Weise würde die selbst erlebte Wirklichkeit immer mehr schrumpfen. Soziologen würden gar von einer „Gegenwartsschrumpfung" sprechen.

„Wir leben wie Tote", hat auch *Albert Camus* einmal geschrieben. Es sei das Gefühl, nicht selbst zu leben, sondern gelebt zu werden. Selbst unbeteiligt zu sein und in anderen rasenden Umschlagsbewegungen der Gesellschaft wie eine herausgeputzte Kleiderpuppe hin und her geworfen zu werden und die Notbremse nicht zu finden. Die Bereitschaft zum Freuen fehlt uns in keiner Weise und der Eifer darum ähnelt einem Nahkampf besonderer Art, wenn man in der Vorweihnachtszeit eines von vielen Einkaufszentren besuchen will. Aber wer will sich schon ernsthaft auseinandersetzen mit der Liebe oder ihr sich gar ergeben. Die Liebe verteidigt jeden, der es ernst meint mit ihr und sie vergibt oder richtet zurecht bei grober Unterlassung oder Unzulänglichkeit! Deshalb ist die Liebe ein verlässlicher Partner und wer es einmal mit ihr versucht, kommt in den glückseligen Umstand auch mal über den Tellerrand seiner Religion, seiner Nationalität oder Gesinnung zu schauen. Die Liebe braucht Erfahrungswerte, also einen mutigen Einsatz, anders kommt sie nicht zum Ausdruck. Vor allem aber braucht sie Vertrauen und das ist immer auch mit einem großen Stück von sich selbst verbunden, weil der Mensch gefragt ist, Vorschuss zu leisten für etwas, was er nicht unmittelbar mit den Händen greifen kann! Und wenn du zur Abwechslung, wem auch immer, ein gutes Wort oder eine holde Tat schenkst, ohne an das Nehmen zu denken, dann bist du nicht dessen Knecht, sondern ein Knecht der Liebe, die sich unerschöpflich aus dem Heil Christi und seinem Herzen ergießt.

Die Liebe ist wahrlich ein großes Geheimnis;
denn sie ist das unbegrenzt Göttliche.
Doch gerade der Liebe ist es eigen, von ihrem Geheimnis zu schenken,
es zu entfalten, es mitzuteilen.
O dreifaltiges Herz der Liebe!
Welche Gnade, dass ihr an dieser Liebe teilnehmen dürft,
ja, dass ihr Geschaffene aus dieser Liebe seid
um in ihr, mit ihr und für sie zu leben, hier und in alle Ewigkeit.
Der Vater hat euch dazu erwählt, Ebenbild seiner Liebe zu sein.
Der Hauch seiner Gnade hat euch in der je
persönlichen Liebesbeziehung gestaltet
und zur Erfüllung dieser Liebe berufen.
Immerzu seid ihr eingeborgen in den Armen
dieser Liebe und aufgerufen,
auch eure Arme zu breiten für die Liebe, ja die Arme einer helfenden,
tröstenden und heilenden Liebe
für alle die Armen, die dieser Umarmung so sehr bedürfen
und die ihre Arme sehnsüchtigen Verlangens nach Heimkehr
in den ewigen Schoß der Liebe ausstrecken,
der für immer ihr wahres Zuhause sein wird.
Dort im Schoß der ewigen Liebe wird die göttliche
Umarmung eure menschliche Umarmung
erwarten und sie ihrem wunderbaren
Liebes-Geheimnis vereinen für immer.

Abba – Lieber Vater, von Franziska von der gekreuzigten Liebe

Vielen gelinge es nicht mehr, die Botschaft des Evangeliums in die Alltagserfahrung umzusetzen, schrieb Papst Joh. Paul II. in seinem nachsynodalen apostolischen Schreiben „Ecclesia in Europa". In einem gesellschaftlichen und kulturellen Umfeld, wo dem christlichen Lebensentwurf ständig Trotz und Bedrohung begegnen, werde es immer schwieriger, seinen Glauben an Jesus zu leben, geschweige denn zu bekennen. Dabei genüge der regelmäßige Blick auf die Essenz des Evangeliums, um wieder aufs Neue ergriffen und angehalten zu sein, der Liebe in allem zu dienen. Wie auch Jesus selbst vor den Juden immer wieder betonte, die dadurch zum Glauben kamen: *„Wenn ihr in meinem Wort bleibt, seid ihr wirklich meine Jünger. Ihr werdet die Wahrheit erkennen und sie macht euch frei, wer die Sünde tut, ist Sklave der Sünde."(Joh.)* Der Papst betont auch, dass Frucht der vom Evangelium bewirkten Umkehr die Heiligkeit sei. Das gelte nicht nur für diejenigen, die von der Kirche offiziell zu Heiligen erklärt würden, sondern auch für jene, die mit Bescheidenheit im Alltag ihres Daseins von ihrer Treue zu Christus Zeugnis gegeben hätten, weil sie die Freude über die lebendig machende Begegnung mit dem verborgenen Christus, *„der derselbe gestern, heute und in Ewigkeit ist"(Hebr 13,8)* zum Fundament ihres Glaubens gemacht hätten. Jahrhundertelang hat man sich Sorgen um das Leben nach dem Tod gemacht. Dass das Leben vor dem Tod gerade am Aussterben ist, weil wir kaum noch Zeit und Lust zum Selberleben haben, sollte uns heute noch viel mehr Sorgen machen, um mit dem Titel des Romans über den Untergang des Sowjetregimes von *Jewtuschenko* zu sprechen: „Stirb nicht vor deiner Zeit"!

Das wahre Problem sei freilich unsere Einstellung zum Tod, schreibt *Michael Ignatieff* in seinem Buch *Die Lichter auf der Brücke eines sinkenden Schiffs*, welches über die unaufhaltsame Krankheitsgeschichte seiner Mutter berichtet. Leute wie wir, erklärt *Ignatieff*, denen die Herrschaft über sich selbst als Haupttugend gelte, könnten sich mit dem Sterben, mit dem Sichfügen in das biologische Schicksal nicht sonderlich anfreunden. Das Problem der Moderne sei nicht der Tod ohne die Tröstungen der Religion und ohne Aussicht auf ein Leben danach. Es bestehe vielmehr darin, dass der Tod die moderne weltliche Religion der Selbstverwirklichung und Selbstverbesserung als sinnlos erscheinen lasse. Wir seien süchtig nach der Vorstellung, das Leben sei ein Roman, den wir selbst verfassen würden. Tatsächlich hätten wir mit dem Anfang der Erzählung nichts zu tun; lediglich im Mittelteil würden wir uns ein bisschen betätigen dürfen; das Ende sei dann wieder kaum von uns zu verantworten, sondern beruhe auf Vererbung, biologischem Schicksal und Zufall. Wer den Tod akzeptieren wolle, müsse auf die Metapher vom Leben als Roman verzichten. Wer Krankheit akzeptieren wolle, müsse das Leben ironisch betrachten und es eben hinnehmen, dass wir den Kampf gegen das biologische Schicksal als sichere Verlierer antreten würden. Wir würden kämpfen können, aber wir würden unterliegen.

Man muss um so viel Liebe bitten, dass man Meister der Heiligkeit wird. Über die Heiligkeit soll ein jeder und jede wachen und je heiliger jemand ist, desto teurer sind sie dem göttlichen Herzen.

Helmut Schmidt sagte einmal in der von ihm herausgegebenen ZEIT: *„Intellektualismus, der nicht zur Tat schreitet, dient allenfalls der Selbstdarstellung!"* Es gab sie aber auch schon immer, die anderen Gläubigen wie Seelsorger, die ihre Partikularinteressen in einer mehr oder weniger funktionierenden Gemeinschaft suchen, um sie auszubeuten für ihre persönliches Gutdünken, zu Gunsten ihres eigenen Ansehens, der Anhäufung ihrer materiellen Interessen und Ehren. In jeder Nation fällt der Anteil am Schmarotzertum unterschiedlich hoch aus, natürlicherweise gänzlich angepasst an der Möglichkeit, Eigennutz nach Belieben ausschöpfen zu können. Hierzulande schreiben sie ganze Berge an Bücher, die sich als Kassenschlager unter profilierten Kreisen absetzen lassen, aber den Ungebildeten und unmündigen Laien unberührt lassen, nämlich die große übrige Mehrheit der Weltbevölkerung. Sie promovieren und habilitieren über Jahrzehnte hinweg, während das „billige Personal", die harte Arbeit vor Ort in den Gemeinden übernimmt.

Es wird über Büchern und randvollen Bibliotheken von Universität gebrütet abseits vom Strom des Schreckens in Familien, am Arbeitsplatz, auf der Straße oder unterbelegten Seminaren. Auch weitab von den von Diözesanpriestern oder Ordenspriestern mit unterschiedlichster Qualität geführten Gotteshäusern oder von miserablen deutschen Pflegestandards, der mitunter christlichen Senioren-, Kranken- und Jugendwohnheimen. Und so gelangt das Christentum in Deutschland geradewegs zu einem privaten Hobby mit dem Status eines Salonglaubens, der seine Früchte im persönlichen Auskommen und in der gesicherten Stellung innerhalb einer Gesellschaft misst. Die zügellose Selbstgefälligkeit vermag dann mit pharisäischer Arroganz das ungläubige Gegenüber mit selbstgerechter Genugtuungssucht zu konfrontieren, die vormals den eigenen Vorsprung im angehäuften Wissen über das „ewige Reich der Patriarchen" abzustecken sucht. Woher aber dieser Wertewandel und was verbirgt sich noch hinter den Talaren der Kirchenvertreter, wenn die Beziehung zum Herrn vor den Dingen der Weltlichkeit weichen muss? Wenn nicht die Liebe zum Herrn das persönliche Handeln lenkt und nicht der Pulsschlag des Herzens Jesu das Herz des Jüngers bewegen, sondern der Ruhm und der Geruch von Welt und Vergänglichkeit es umnebeln.

Er, der Herr der Welt, sagt, indem er seine Armut als König über gar so wenige Untertanen, als Vater von all zu vielen fahnenflüchtigen Söhnen bekennt: „Zu wem sonst soll ich meinen Blick erheben als zum Armen, zum Zerknirschten, der zittert bei meinem Wort?" Weshalb zittert er? Nur aus Furcht vor Gott? Nein, aus tiefer Ehrfurcht und wahrer Liebe, als demütiger Untertan und Sohn, der anerkennt, dass der Herr alles ist und er selbst ein Nichts. Er zittert vor Rührung, weil er sieht, dass der, der alles ist, ihn liebt, ihm verzeiht und hilft.

Die FAS veröffentlichte einmal einen Bericht über die Anforderungen des Ärzteberufes. Die auf evidenzbasierten Maßgaben beruhenden Vorstellungen eines „disease managements" hätten gezeigt, dass hier in Zukunft Krankheiten gehandhabt würden, nicht aber Kranke betreut werden sollten, so *Santiago Ewig*. Ähnliche Entwicklungen würden sich im Krankenhaus abzeichnen. Sogenannte Behandlungspfade sollten festlegen, welche Algorithmen ablaufen würden, wenn ein Patient mit einem definierten Symptomenkomplex stationär aufgenommen werde. Diese Pfade würden bereits festlegen, wann der Patient eine bestimmte Untersuchung erhalte, ja sogar wann er wieder entlassen werden könne. Auf diesem Pfad ohne Rückkehr werden Demenzkranke auf Anweisung ihrer Angehörigen und mit richterlicher Verfügung in geronto-psychiatrische Abteilungen deutscher Seniorenheime eingewiesen, in denen 2 oder 3 Krankenpflegerinnen über einen Achtstundenarbeitstag hinweg einen intensiv zu betreuenden Bewohnerstamm von ca. 20 bis 30 Patienten überwachen müssen.

Jedoch nicht nur in den „Geschlossenen" verzichtet man auf mehr Pflegekräfte, um der überproportional hohen Belastung begegnen zu können, sondern auch auf den herkömmlichen Pflegestationen. Indes könnte man durch Hinzufügen einer vierten Arbeitsschicht zu dem altbewährten Dreischichtsystem die Anforderungen an das Personal erheblich reduzieren und dem Bewohner humaner gegenübertreten. Ist es daher bei dem derzeit angewandten ökonomischen Prinzip verwunderlich, wenn Pfleger, Ärzte und andere Angestellte auch in höchster Führungsebene mit denselben Auffälligkeiten einer angehenden Demenz aufwarten wie Ihr durchschnittliches Klientel? Ihre Gehirne sind wie blockiert von der stressgeladenen Routine des Alltags. Das zehrt geistige Kapazitäten aus und raubt die Konzentration für die nötige Empathie, um individuelle Zuwendung abdecken zu können.

So entsteht im wahrsten Sinne des Wortes ein Teufelskreis: Wenn es sich demnach bei einem gewöhnlich erscheinenden Patienten tatsächlich um äußere Anzeichen einer Alzheimer handelt, wird dieser bei einem dement agierenden Arzt wohl kaum vorbeugende Hilfe für dessen spezifische Früherkennung erwarten können. Es sind aber nicht nur Ärzte, sondern Unternehmer, Politiker oder Geistliche gleichermaßen, die allesamt einer höheren Verantwortung anempfohlen und besonders gefährdet sind, die Anhäufung spürbar ethischer Übertretungen in ihrem

Alltag mit immerwährender Routine systematisch zu verdrängen. Die vorgefertigte Geschwindigkeit führt sie unwiderruflich auf den Pfad des hyperaktiven Automatismus. Das Gehirn des Menschen lässt sich aber nicht austricksen. Auf Dauer freiwillig begangene Herabstufung des Bewusstseins muss sich insofern über kurz oder lang im Willen eines Menschen äußeren, selbst bei höherem IQ. Es ist also eine Art Realitätsverlust und gleichzeitig auch eine unsichere Flucht mit dem Rücken gegen die Wand. Letztendlich ist es dann doch die Scheu vor der Mühe oder die Furcht selbst, die aus mangelnder Begabung herrührt, welche die Illusion gebären, die Geschwindigkeit ihrer gleichlaufenden Tätigkeiten könnten das Gewissen abflachen oder entlasten, um geistige Aktivitäten bedenkenlos an den Automatismus verliehen zu sehen.

Wenn Beschleunigung der modernen Gesellschaft strukturell und kulturell eingeschrieben sein mag, funktioniert sie dennoch nur so lange reibungslos, wie sie Bewegung und Steigerung aufrechterhalten könne, gibt *Hartmut Rosa* im Juni 2009 für die *Zeit* zu bedenken. Die dynamische Entwicklung sei nur so lange möglich, wie sie sich vor einem stabilen Hintergrund vollziehen würde, der Risiken kalkulierbar mache, so Professor *Rosa* für Soziologie an der Universität Jena. Die Stabilitätsbedingungen würden durch die im 20. Jahrhunderten geschaffenen Demokratie, Rechts- und Sozialstaat geschaffen, erklärt er in der bedeutenden Studie „Beschleunigung. Die Veränderung der Zeitstrukturen in der Moderne". Deshalb sei systematische Entschleunigung funktionsnotwendig für die Erhaltung moderner Gesellschaften. Der auf Beschleunigung der Kapitalumschlaggeschwindigkeit gerichtete Kapitalismus bedürfe entgegengerichteter Beharrungskräfte und stabilitätssichernder Institutionen.

Dementsprechend scheint auch die These um eines mehr überholt, dass Demenz einzig und allein durch Erbfaktoren bestimmt würde, wenn auch angehende kognitive Einschränkungen des Gehirns dabei berücksichtigt würden. In Deutschland wurden zum Jahr 2013 1,3 Millionen Demenzerkrankte erfasst, und eine Umfrage ergab, dass Deutsche dieses Schicksal neben Krebs besonders fürchten würden. Unzählige Fälle treten sporadisch auf, also ohne Erbfaktor. Dafür spricht neben den in allen Bereichen der Beschleunigungsgesellschaft stattfindenden täglichen Erfahrungen auch die wachsende Zahl von unerkannten Depressions- und Burn-out-Kranken, die als Extremformen des „erschöpften Selbst" dem atemberaubenden Tempo des spätmodernen Hamsterrades bereits zum Opfer fielen. Eine im Sommer 2009 in der Fachzeitschrift *British Medical Journal* veröffentlichte Studie ergab ferner, dass das Risiko für kognitive Schwäche im Alter bei denen, die mit rund 50 Jahren ohne Partner leben, doppelt so hoch sei wie bei Menschen, die im mittleren Alter in einer Beziehung seien. Beinahe dreimal so hoch lag das Risiko dann, wenn die Probanden im mittleren Alter geschieden oder verwitwet gewesen und keine neue Partnerschaft mehr eingegangen seien. Für die Studie befragte das schwedische Karolinska-Institut in den siebziger und achtziger Jahren 2000 Menschen im Alter von rund 50 Jahren. Etwa 1400 von ihnen wurden 1998 abermals interviewt. Die größte Gefahr für den gewöhnlichen Bürger besteht demnach nicht ausschließlich in einer möglichen Ansteckungsgefahr durch ein tödliches Virus, oder dass ein gewöhnlicher Patient aus der dementen Amtshandlung eines Arztes (oder Geistlichen) ebenfalls dement werden könnte, sondern, wie *Ewig* treffend bemerkt, werde die Frage, was das Beste für den Einzelnen sei, vielmehr immer weniger gestellt.

Nur wer liebt lebt, nur wer glaubt liebt und nur wer im Glauben lebt, glaubt. Glauben ist Treue zu den Mitteln, die Gott einem zu Ort und Zeit in die Hände gelegt hat.

Ebenso gering kann auf die Erfüllung der überzogenen Erwartungen von Gläubigen in Gegenwart und Zukunft gehofft werden, das Seelenheil aus den Händen eines deutschen oder deutschgewordenen Seelenhirten vermittelt zu bekommen, weil die große Mehrheit von ihnen die Existenz Gottes mit der irreversiblen

Kehrtwende – Rücken zum Altarsakrament, Hinwendung zum Volksaltar – begeht. Als unbewusste Kompensation dieses und weiterer in ihrer Häufigkeit unüberschaubar umgesetzter Irrtümer wird die Intensivierung einer kategorischen Begehung des Kirchenjahres pedantisch vollzogen und verliert dennoch wie zum Trotze den ganzheitlich Blick zum lebendigen Auferstanden im Hier und Jetzt des Alltags. Man lebt quasi trotz aller zeremonieller Feinspitzigkeit mitsamt seiner Gemeinde am Wohlwollen des Himmels vorbei.

Wenn nicht da ein Mann aus der Mitte des Volkes zum Papst erhoben worden wäre und es verstanden hätte, unverkennbare Akzente zu setzen, die er selbst zu schätzen gelernt hat als Schauspieler, Student und Arbeiter in einem verfolgten Polen. Er hatte die Sprache des gemeinen Volkes und sich während seines Pontifikats auch für Unmündige ausreichend verständlich ausgedrückt. Seine Einladung für das Kirchenjahr als unverzichtbares Zentrum im Alltag des Christen war deutlich genug, aber nicht überladen, wie auch seine Betonung für die äußeren Maßstäbe der liturgischen Form. Die Seele der Gesellschaft im Herzen dorthin führen zu wollen, wo auch das Wesen ihrer Religion sich befindet und im Alltag der Durst nach Sehnsucht und Wahrheit nicht verbrennt an haltloser Routine und Begierde.

Papst *Benedikt* in *SACRAMENTUM CARITATIS* im Kapitel *Dankbarkeit und Hoffnung* 26. […] **Man muss Gott danken für die vielen Priester, die Leiden bis zum Opfer des eigenen Lebens ertragen haben, um Christus zu dienen. An ihnen offenbart sich durch die Sprache der Tatsachen, was es bedeutet, ganz und gar Priester zu sein. Es handelt sich um erschütternde Zeugnisse, die viele junge Menschen anregen können, ihrerseits Christus nachzufolgen, ihr Leben für die anderen hinzugeben und gerade so das wahre Leben zu finden.**

Menschenfischer zu sein auf eine Weise, die den Kult in Form von Liturgie zur Attraktion macht, weil ihr Inhalt glaubwürdig wirkt, das trägt auch viele junge Menschen auf der Suche nach ihrem Lebensziel ein beachtliches Stück gen das Ziel. Auch ohne die „Botschaft der Liebe" neu verkleiden zu wollen, beharrte Papst JP2 auf der traditionellen Auslegung der Theologie und war erfolgreich in der Nachfolge Petri. Die große Mehrheit der Gläubigen aber hatte seine Botschaft nicht erreicht, weil der Arm des Apostels Christi nicht weit genug in die Gemeinden hineingedrungen ist. Die Hirten waren der Aufrufe zur Neuevangelisierung überdrüssig. Der Überdruss aber speist sich aus der Wurzel persönlichen Scheiterns im religiösen Alltag der mit groben Fehlern behafteten Liturgie. Diese Fehler fallen nun mal in einer nach Authentizität und Erleben dürstenden Gesellschaft maßgeblich ins Gewicht, ohne sie dafür maßregeln zu können. Im Gegenteil, die Fehler werden zum Stein des Anstoßes und zum Anlass aus der Endlosschleife des ewigen Hamsterrades auszutreten und in sich zu gehen, um die Messlatte an sich selbst höher zu halten als gewohnt.

Warum ärgert man sich wegen der Misserfolge, warum beunruhigt man sich über die Langsamkeit? Weil der Stolz sagt: Man wagt es, mir nein zu sagen? So lange lässt man mich warten? Das ist Mangel an Achtung dem Apostel gegenüber. Betrachtet man aber die Schöpfung und denkt an Ihn, der sie erschaffen hat, und betrachtet man den Fortschritt der Menschheit und denkt an den Anfang, fällt unweigerlich ins Auge wie viel Jahrhunderte von ihrer Erschaffung an bis zum heutigen Zeitpunkt verflossen sind! **Die Schöpfung ist ein Werk stillen Wirkens. Der himmlische Vater machte dies alles nicht in unordentlicher Weise, sondern ließ es im Laufe der Zeit entstehen.** *Der Mensch ist in einem mühseligen Prozess zu dem geworden, was er heute ist, und er wird in seinem Wissen und Können noch mehr Fortschritte erzielen, ob diese heilig oder nicht heilig sein, je nach seinem Willen.* **Aber ist die Erlösung nicht ein Werk der Geduld?** *Von Ewigkeit her beschlossen und wieder beschlossen, erfüllt sich jetzt die Zeit, in der die Erlösung vollzogen wird. Alles ist Geduld. Warum also ungeduldig sein? Hätte Gott nicht alles blitzschnell machen können? Hätte der Mensch als vernunftbegabtes Wesen, als er aus der Hand Gottes hervorging, nicht alles gleich wissen können? Hätte Jesus nicht schon am Anfang der Zeiten kommen können?*

Alles hätte sein können, nichts darf gewaltsam geschehen. Nichts. Die Gewalt steht immer im Widerspruch zur Ordnung, und Gott und das was von Gott kommt, ist Ordnung. Niemand soll also verlangen, mehr zu sein als Gott selber.

Gerade dort, wo Gesellschaften vollkommen leistungsorientiert sein wollen, würden sie mitunter ungewollt einen unfairen Rahmen setzen, erklärt *Uwe Jean Heusser* für die ZEIT vom 16. April 2009. Das eindringlichste Beispiel dafür habe der Erfolgsautor und kanadische Einwandersohn *Malcolm Gladwell* im kanadischen Jugendeishockey gefunden, einer der härtesten Leistungskulturen überhaupt, auf nichts anderes ausgerichtet als Erfolg. Schließlich würde der Jugendsport die späteren Stars im wichtigsten Sport des Landes produzieren. Und doch würden die bestehenden Regeln fast der Hälfte der kanadischen Jungen von vornherein die große Karriere versperren. Diese Gruppe habe Pech, weil sie in der zweiten Jahreshälfte geboren sei. Des Rätsels Auflösung: Der Stichtag für einen neuen Jahrgang sei der Jahreswechsel. Und wenn es dann losgehen würde, hätten die Älteren dieses Jahrgangs einen erheblichen Startvorteil. Sie seien größer, kräftiger, würden härter trainieren können – und würden entsprechend gefördert. Die wenigsten derer, die im Herbst geboren seien, können diesen Vorsprung je aufholen, sodass die Geburtstage der meisten späteren Profispieler zwischen Jahresanfang und Sommer liegen würden. Ob Baseball in den USA oder Fußball in Europa: Der Spitzensport setze *Gladwell* zufolge oft solche Regeln. Eine echte Meritokratie, eine rein leistungsgerechte Gesellschaft also würde es laut *Heusser* demnach nie geben. Wir müssten uns mit dem Glücksfaktor abfinden – und damit, dass selbst gut funktionierende Demokratien absichtlich und unabsichtlich Bedingungen schaffen würden, die einen Menschen oder eine Gruppe bevorzugen und mithin andere benachteiligen würden.

Der Psychologe *Michael Tomasello* arbeitet in Leipzig am Max-Planck-Institut für evolutionäre Anthropologie und im Primatenzentrum des Zoos an dem menschlichen Phänomen der „Wir-Intentionalität". Gemeinsam mit seinen Mitarbeitern weist er nach, wie der Mensch sich in der Fähigkeit zu kooperieren ganz deutlich vom Schimpansen unterscheiden würde, der nicht wie der Mensch seine Kommunikation innerhalb einer Gruppe auszuweiten suche, sondern sich die Hilfe seiner Artgenossen zum Werkzeug zutiefst eigener Bedürfnisbefriedung machen würde. Als Beispiel führt *Mathias Greffrath* in der *ZEIT* vom 8. April 2008 einen Versuchsaufbau *Tomasellos* an, bei dem zwei Schimpansen zusammen einen Apparat bedienen würden, um an Futter zu gelangen, aber sobald es ans Teilen gehe, würde der schnellere seinen Partner austricksen. Im zweiten Beispiel helfe ein zweijähriges Menschenkind dem langsameren Partner bei einer ebenso komplexen Operation, sodass beide ihre Belohnung erhalten würden. *Toamsellos* Begriff der Wir-Intentionalität würde am Anfang zu gemeinsamem Handeln stehen – im Spiel der Kinder und ebenso im Leben der ersten Menschen. Irgendwann vor zwei Millionen oder 250 000 Jahren müssten Hominidengruppen durch neue, kooperative Arten zu sammeln und zu jagen einen Vorteil gegenüber anderen errungen haben. Gruppenselektion hätte diese „kulturelle Revolution" stabilisierte, kooperierende Gruppen seien erfolgreicher gewesen und hätten sich kulturelle Nischen geschaffen, in denen neue Erfindungen und Werkzeuge hätten entstehen können – und die Anatomie und Gehirne der Menschen begünstigt hätten, die mit ihnen umgehen hätten können. Die Menschensprache, zunächst Begleiterscheinung dieser kulturellen Evolution, seien zum Katalysator immer komplexerer kollektiver Praktiken geworden.

„Ich weiß, dass du weißt, dass ich weiß, dass wir gemeinsam diesen Turm bauen wollen." Dieser Sockel der gespürten „Wir-Intentionalität" sei der Urgrund der menschlichen Kommunikation sowie des späteren Lebens in Institutionen, Normsystemen, Ethiken. Und natürlich für die Sprache, konstatiert *Mathias Greffrath* in der *ZEIT* vom 8. April 2008. Affen würden in jeder Generation neu anfangen, der Homo sapiens hingegen könne Erfahrungen durch Werkzeuge und Wörter beziehungsweise Algorithmen auf Dauer stellen. Die Fähigkeit zur kulturellen Weitergabe sei in einem dialektischen Prozess biologisch erworben – das sei die Quintessenz einer „naturalistischen", aber nicht reduktionistischen Theorie der Gattung. Diese nüchterne Sicht auf den Homo sapiens habe auch etwas Ermutigendes, so *Greffrath*: Wenn die Fähigkeit zur Kooperation, die Freude an ihr, nicht erst mühsam herbeigezwungen werden müsse, sondern uns als konstituierendes Merkmal innewohne, dann müsse man nicht scheitern an der Herausforderung, vor der unsere Gattung steht – ein gemeinsames, globales Wissen und Gewissen zu entwickeln. Weiter beobachtet *Greffrath* etwas euphorisch, dass, wenn man sich nur ein paar Tage lang in das weltweite Netzwerk von Psychologen, Paläontologen und Genetikern hineinzoome, die das Rätsel der Menschwerdung in kleine Wahrheiten verwandeln würden, ihr Wissen teilten und hartnäckig, aber friedlich streiten würden – dann käme bei diesem Unternehmen zur Aufklärung der *conditio humana* etwas wie die Ahnung einer kooperierenden globalisierten Gemeinschaft mit *shared intentionality* auf, eine die universeller wäre als alle konkurrierenden Glaubenssysteme.

Als Diener eines unendlichen Gottes müsst ihr
die Unendlichkeit in alle eure Absichten legen.

Demnach wird der Vergleich nicht nur im Denken vollzogen, wie von vielen Intellektuellen gepredigt, sondern zeigt seine Konturen auch im Handeln. Der intuitive Mensch erhebt sich entgegen der Theorie von Freud und entgegen dem Instinkt über das Unbewusste und macht das Leben bewusst erlebbar, in dem man die Not zur Tugend macht. „Vor meiner Krankheit war für mich Engagement die Königin der Tugenden", schreibt *Eugene O'Kelly*, der US-Chef der Wirtschaftsprüfungsgesellschaft KPMG nach einer Routineuntersuchung beim Neurologen, der ihn mit der Diagnose eines tödlichen Gehirntumors mit der Prognose von drei Monaten Lebenserwartung entließ. *O'Kelly* verfiel keineswegs auf dem Totenbett sentimentaler Gefühlsduselei, schreibt die *Financial Times*

Deutschland im August 2006. Wie Sokrates sei er zu der Ansicht gelangt, „ein unbewusst geführtes Leben ist es nicht wert, gelebt zu werden". Ihm hätten die Kollegen und Mitarbeiter leidgetan, die nicht Gelegenheit hätten, ernsthafter über ihr Leben nachzudenken. „Ich bedauerte, dass sie nicht wie ich mit diesem Augenöffner gesegnet wurden", schreibt er. „Sie hatten keinen echten Grund dafür oder einen definierten Zeitpunkt, an dem sie liegen ließen, was sie so beschäftigte, um etwas Abstand zu gewinnen und sich zu fragen, was sie eigentlich mit ihrem Leben anstellen."

Welch trübe Aussicht. Kein Wunder, dass viele Chefs einfach die Zähne zusammenbeißen und weitermachen würden, als wenn nichts wäre. Doch wenn man eine letztlich bedeutungslose Karriere verfolge, würde der Lebenswille leiden, und das Familienleben werde zerstört. Die Pensionierung rücke immer näher, würde aber nicht wie eine Befreiung wirken, sondern als entmutigende Strafe. Sorgen wie diese würden immer dringlicher, so *Stefan Stern* für die *Financial Times Deutschland*. Geld sei also nicht das Problem, Erfüllung sei es. Karriereziele mögen erreicht worden sein, aber die Aufregung und der Spaß an der Arbeit seien verblasste Erinnerungen, so *Stern*. Noch schlimmer sei, dass es scheinbar keine Alternative dazu gebe, diesen Weg weitere 10 oder 15 Jahre fortzusetzen. Die ehemalige Harvard-Professorin *Shoshana Zuboff* sagt, die Midlife-Crisis sei eine verhältnismäßig junge Entwicklung. Die steigende Lebenserwartung, gepaart mit wachsendem Wohlstand, stelle uns vor eine neue Herausforderung: Wie finden wir über längere Zeitspannen Bedeutung für unser Leben? Die Geschäftigkeit und zeitliche Ausuferung des Arbeitslebens, schreibt *O'Kelly*, stehen derartigen Reflexionen im Wege. Und die Arbeitgeber würden davon schon gar nichts hören wollen.

Laut einer Studie im Auftrag des Bundesarbeitsministeriums seien 18 Prozent der Arbeitnehmer in Deutschland akut unzufrieden mit ihrem Job. Die Betreffenden hätten eine sehr geringe Arbeitszufriedenheit und eine sehr schwache Identifikation mit ihrem Arbeitgeber, hieß es. Die Forscher betonen die extrem geringe

Bindung der „Akut-Unzufriedenen" an das Unternehmen, die in diesem Zusammenhang auch von der „inneren Kündigung" sprechen. Für die Studie zu Unternehmenskultur, Arbeitsqualität und Mitarbeiterengagement hat das Marktforschungsinstitut psychonomics (Köln) im Auftrag des Ministeriums im Jahr 2006 mehr als 37.000 Beschäftigte in 314 Unternehmen aus den zwölf größten Branchen befragt. Damit sei es die größte Untersuchung ihrer Art weltweit, sagte psychonomics-Leiter Frank Hauser. Die Forscher folgern aus dem Ergebnis, dass deutsche Unternehmen erfolgreicher sein könnten, wenn sie mehr auf ihre Mitarbeiter eingingen. Das grundsätzlich vorhandene Potenzial werde in den meisten Unternehmen und Organisationen in Deutschland nicht ausreichend genutzt, heißt es im Forschungsbericht. Nötig sei die Entwicklung einer mitarbeiterorientierten Unternehmenskultur: Den größten Einfluss auf das Engagement hätten etwa die Schaffung von Teamgeist, das Erleben von Zugehörigkeit, Wertschätzung und gezeigtes Interesse an der Person. Die Abteilungsleiterin für Arbeitsrecht und Arbeitsschutz im Bundesarbeitsministerium, Cornelia Fischer, forderte in diesem Zusammenhang mehr Investitionen der Unternehmen in bessere Arbeitsbedingungen: „Mitarbeiter verzinsen diese Investitionen durch gutes Engagement." Auch den Führungskräften stellen die Befragten kein Super-Zeugnis aus: Führungskompetenz, Fairness, Förderung oder Fürsorge fand nur gut die Hälfte der Beschäftigten in ihren Unternehmen wieder.

Besonders schwierig sehe die Frage der Identitätsbildung, der Mitarbeitermotivation und der Rekrutierung vor allem für Unternehmen aus, deren Produkte oder Geschäftspraktiken kritisch von der Öffentlichkeit oder den Mitarbeitern wahrgenommen würden, unterstreicht *Anna Loll* für die *FAZ* vom 14./15. März 2009. Man erinnere sich an die Fälle Schlecker oder Lidl. „Starke Marken kommunizieren einen Lebensstil, mit dem sich die Mitarbeiter gerne identifizieren. Schwache Marken können das Gegenteil auslösen", sagt *Heribert Meffert*. Das hieße jedoch nicht, dass bei einem schwierigen Produkt alles verloren sei. Bisweilen könne ein Unternehmen auch aus komplizierten

Rekrutierungsbedingungen einen Vorteil machen, so *Loll*. Dies ließe sich etwa am Beispiel des Unternehmens British American Tobacco (BAT) beobachten. „Wir sind uns bewusst, dass unser Produkt in der Gesellschaft kritisch gesehen wird, und das zu Recht", sagt Thorsten Otto-Lehthaus, Geschäftsführer Personal des Tabakunternehmens in Deutschland. Begegnen würde man diesem Umstand jedoch mit einer „Philosophie der Offenheit": „Wir können ja nicht Offenheit und Toleranz von unseren Mitarbeitern erwarten, intern aber unflexible Raster zum Beispiel beim Recruiting anlegen", sagt Otto-Lehthaus. Das Tabakunternehmen sei auf seine flexiblen Arbeitszeitmodelle stolz und würde für individuelle Nöte immer ein offenes Ohr zeigen. Diese Art von Personalführung könne Loyalität schaffen. Die Mitarbeiter des Unternehmens schienen sich mit der Unternehmenskultur und der Tabakproduktion wohl zu fühlen, auch wenn der Anteil der Raucher im Unternehmen lediglich dem gesellschaftlichen Durchschnitt von einem Drittel entspräche.

Womit könnte man alsdann die Erziehung eines jungen Menschen zum Apostolat, also zur Nachfolge Christi vergleichen? *Zum Beispiel mit der Natur, die uns gibt: Im Winter scheint die Erde tot. Doch in ihrem Innern arbeiten die Samenkörner, die Keime nähren sich von den Säften und lagern sie in den Gewächsen unter dem Boden ab, um einen großen Vorrat für die Pflanzen über dem Erdboden zu haben, wenn die Zeit der Blüte gekommen ist. Auch jene Berufene kann man mit der winterlichen Erde vergleichen, die unwirtlich, entblößt und rau ist. Auch über sie ist der Sämann dahingeschritten und hat seinen Samen gestreut. Zu ihnen ist der Landmann gekommen und hat das harte und trockene Erdreich um ihren Stamm gelockert, damit die Nährstoffe durch Wolken und die Luft bis zu den Wurzeln gelangen und sie für die künftige Frucht stärken. Sie haben den Samen angenommen und auch die Hacke, denn in ihnen ist der gute Wille, im Dienste Gottes Früchte zu bringen.*

Die Erziehung zum Apostolat könnte auch mit dem Gewitter verglichen werden, das geschüttelt und gebogen hat, anscheinend mit nutzloser

Gewalt. *Doch wie gut es gewirkt hat, sieht man erst danach: Heute ist die Luft viel reiner, ohne Staub und Dunst. Die Sonne ist dieselbe wie gestern. Doch sie brennt nicht mehr in fieberhafter Weise, denn sie gelangt durch die gereinigte und frische Luft zu uns. Die Kräuter und Pflanzen haben sich wie die Menschen erholt, weil die Sauberkeit und die Frische Dinge sind, die erfreuen. Auch die Auseinandersetzungen helfen, um zu einer Klärung und zu einer genaueren Kenntnis der Dinge zu gelangen. Sonst wären sie nur Bosheiten. Und was sind die Auseinandersetzungen anderes als Gewitter, die durch die verschiedenartigsten Wolken verursacht werden? Und bilden sich diese Wolken nicht langsam in den Herzen durch unnütze Sorgen, kleinliche Eifersucht und rauchigen Hochmut? Dann kommt der Wind der Gnade und lässt sie zusammenprallen, damit sie sich aller schlechten Eigenschaften entladen und der Friede zurückkehrt.*

Die apostolische Erziehung kann auch verglichen werden mit dem Hochbinden und Zurückschneiden eines jungen Baumes: aufrichten, binden, stützen oder trennen, je nach Neigung und Notwendigkeit, um aus dem oder der Berufenen „Starke" im Dienste Gottes zu machen. Die krummen Ideen gerade biegen, die fleischlichen Lüste binden, die Schwächen stützen, die Neigungen je nach Bedarf beschneiden und die Sklaverei und die Furchtsamkeit lösen. Sie müssen frei und stark sein. Wie Adler, die nach dem Verlassen des Horstes, in dem sie geboren worden sind, im Fluge immer höher schweben. Der Dienst Gottes ist ein Flug. Die menschlichen Zuneigungen sind der Horst.

Warum nun die Kirche, welche die Schar der Atheisten wie auch die Gläubigen aus den eigenen Reihen gleichsam gegen sich aufbringen kann, gleichzeitig den unüberhörbaren Aufschrei des Protestes gegen sich nicht abzumildern vermag, der den Stein des Anstoßes gegen sie zum Rollen gebracht hat, hängt eher an der biologischen Erklärung über Macht und Ohnmacht des Stärkeren bzw. Schwachen, als dass es mit philosophischer oder gar theologischer Rechtfertigungslehre plausibel genug erkenntlich zu machen wäre. Es ist dennoch ein enormer Unterschied, ob der Mensch der Religion einer Kirche wegen eine Absage erteilt und Gott den Kampf ansagt, weil er nicht akzeptieren kann, dass sie in Seinem Namen Narrenfreiheit hat oder ob der Mensch schlichtweg glaubensfaul ist. Der Selbsterhaltungstrieb sitzt jedenfalls in den Individuen tiefer als in jeder Philosophie oder halbherzig begangenen Religion; wenn es darauf ankommt, werden die meisten Ungläubigen ihre Haut nicht anders retten wollen als Alltagsfliegen im Glauben.

„Gut ist, wer Gutes tut; nicht der, der gut spricht."

Beim Empfang der zweiten Gruppe deutscher Bischöfe um Kardinal Friedrich Wetter im Herbst 2007 im Vatikan appelliert das Oberhaupt der katholischen Kirche, „sie muss missionarischer wirken, um auch die Jugend mehr für die kontinuierliche Nachfolge begeistern zu können". Zu einer der wichtigsten Selbstbetrachtungen auf dem Weg zu einer Berufung innerhalb der Kirche würde an erster Stelle immer noch die Frage zählen, die auch Jesus seinen ersten Jüngern gestellt habe: „Was wollt ihr?" Eine wichtige Initiative zur Sicherung lebenseigener Energien seien, Talente und Begabungen zu verkörpern. Es zeugt vom Unvermögen einer ganzen Nation, ihrer Jugend jenseits von materiellen Werten kein anderes Vorbild geben zu können. Ein Erwachsener ist jemand, der sich erwachsen verhält. Das bedeutet, sich angemessen, umsichtig, rücksichtsvoll, respektvoll gegen sich selbst und gegen andere zu benehmen. Erwachsenwerden setzt einen entscheidenden Reifeprozess voraus, der nicht nur die geistig-intellektuelle, sondern besonders die emotionelle Reife betrifft. Diese Reife ist die Grundvoraussetzung für das Fernbleiben von krankhafter Angst und Furcht und den sich daraus zwangsläufig ergebenden Folgen. Was geschieht, wenn Eltern nicht oder kaum in der Lage sind, Bedingungen für ihre Kinder zu schaffen, die diese Reife ermöglichen? Dann werden diese Menschen nicht erwachsen und bleiben letztlich abhängig. Sie werden zwar alt, aber nicht reif. Das Führen eines weitestgehend selbständigen Lebens wird dann im Prinzip unmöglich, da Selbstlähmung und Larmoyanz an die Stelle von Kreativität und Ideenreichtum treten. Eigener Mut kann durch fehlendes Selbstvertrauen nicht entstehen.

Humboldt fand bereits im 18. Jahrhundert das Extrem der Laizität anhand der Idee eines öffentlichen Bildungswesens und des staatlichen Schulzwangs problematisch. Es würde nur dazu führen, dass die Eltern die Verantwortung für die Aufzucht an den Staat delegieren, wofür deren Kinder einen hohen Preis zahlen würden: Statt zu freien und gebildeten Menschen würden sie zu Staatsbürgern gemacht. Ungewöhnlich sei, selbst für Liberale, dass *Humboldt* den Begriff des „Bürgers" durchaus ambivalent gebrauche: Der Bürger sei ein Mensch, der seine Freiheit dem Staat geopfert habe, einer, der sich anpasse. Empfehlungen an Suchende aber können nur Menschen geben, nicht aber ein Amt, das seine Pflichterfüllung ausschließlich in der Staatsordnung vollzieht.

Bischof Homeyer gesteht aus der Sichtweise der Wandlung von Religion in Konfession, also in der Privatisierung der Religion und bei der Unterscheidung politischer und kultureller Aspekte in der politischen Säkularisierung, ein spezifisches europäisches Zueinander von Religion und Politik ein und bezeichnet sie als das kulturelle Gegengewicht. Der Geistliche deutet also die gegenwärtige Konstellation von Religion und Staat ohne Bedenken als zwei konkurrierende Stimmen. Die Konsequenzen würden freilich weder Staat noch Kirche für sich allein ausmachen müssen, sondern Leidtragende seien, wie immer bei solchen hitzigen Wortgefechten, die Bürger, die nun zwischen beiden Meinungen würden jonglieren dürfen, um sich dauerhaft oder für eine bestimmte Episode einer politischen oder kirchlichen Legislatur ein klares Bild ihrer Umgebung machen zu können. Wie aber könnte solches zu einem fixen Selbstverständnis beitragen, zu welchem ein jeder Mensch in Momenten der Selbstzweifel oder in solchen der Überschreitung seiner selbst zurückkehren kann. Dabei wird er nämlich weder auf Seiten „sakraler Staatspolitik", noch am Ufer national angehauchter Religionen auf umfassendes Seelenverständnis stoßen.

Die Präambel des Grundgesetzes, die – im Vergleich zur europäisch geforderten deutlich zurückhaltender – mit den Worten „In seiner Verantwortung vor Gott …" beginnt, sei allenfalls eine Absage an menschliche Hybris, eine Geste der Demut, deutet *Willy Rothley* in der Ausgabe *Europäisches Parlament* vom 3. November 2003. Wenn diese auch der Rückgriff auf religiöse Kernannahmen bedeuten würde, eine normative Bedeutung hätten auch diese Worte nicht für das positive Recht. Ferner würde die Trennung von Macht- und Sakralsphäre nicht bedeuten, dass eine Gesellschaft auf außerrechtliche Normen, die im Glauben, in der Gewohnheit, der Sitte, der Moral oder der Ethik begründet seien, Normen also, die unser alltägliches Leben prägen würden, verzichten könnte. Im Gegenteil: Es sei überaus beklagenswert, dass solche Normen zunehmend verloren gingen und im Gegenzug das positive Recht zunehmend in Bereiche vordringen würde, die noch vor nicht langer Zeit durch außerrechtliche Normen geregelt worden seien, erklärt *Rothley*. Eine Instanz allerdings, die solche Normen für alle verbindlich festsetzen könnte, eine solche Instanz würde es in der pluralistischen Gesellschaft nicht geben, und die Kraft der Kirche scheine nachzulassen, beklagt *Rothley*.

Steht also ein Mensch nicht unweigerlich im Bunde einer religiösen Tradition, werden ihm der Staat und sein positives Recht als etwas Heiligeres vorkommen als eine säkular angehauchte Religion, wie die römisch-katholische Kirche. Der Staat ist jener, welcher dem bürgerlichen Durchschnitt seinen Pass aushändigt, der ihm seine Identität verspricht, dem er sich mit seiner Arbeitskraft verpflichtet und im Entgegenkommen von Steuern in dessen Lebensumfeld Recht und Ordnung installiert. Dieses Bewusstsein verschärft sich über Generationen hinweg und da zur Fortpflanzung kein besonderes Talent notwendig ist, entscheidet sich die überwiegende Mehrheit mehr oder weniger unbewusst dafür. Es bedarf keiner Prophetie, um sich vorzustellen, wie sich die Kinder von Eltern entwickeln, die ihrerseits nicht erwachsen geworden sind. Die Rede ist von einer infantilen Gesellschaft, ohne jeden Sinn für Verantwortung, über deren Auswüchse im weiteren Verlauf dieser Schrift noch mehr geschrieben steht. Dies ist zwar täglich und überall zu beobachten, aber es scheint kaum jemand zu interessieren. Es sieht fast so aus, als ob das Rezept für ein positives Lebensgefühl und der Ausgang aus der selbstverschuldeten geistigen Einbahnstraße nicht an das Wagnis einer umsichtigeren Menschlichkeit geknüpft sei, sondern an den primitiven Weg der Marktwirtschaft mit einem allgemeingültigen Naturgesetz für den Wettbewerb: fressen und gefressen werden! Das Verdienst des Lebens ersteht aber in vielerlei Hinsicht nicht nur aus der Notwendigkeit heraus, eine natürliche Formel, wie sie für die Tierwelt geschaffen wurde, zu überwinden, sondern erst im sichtbaren Wandel. Nicht zuletzt deshalb rühren auffällig viele Deutsche keinen Finger an ihrem Stillstand – und das obwohl sie an anderen Stellen keine Gelegenheit verpassen, sich aufgeklärt und weltoffen zu geben. Anzugehende Notwendigkeiten versprechen eben Realitätsverweigerern keinen anderen Lohn als den bitteren Beigeschmack der Realität.

Oh, diese wohltätigen Handlungen, die nur getan werden, damit man davon spricht! Besser wäre es, sie würden unterbleiben. Wer keine Taten der Nächstenliebe vollbringt, sündigt durch Hartherzigkeit! Wer das Gute tut, aber den gespendeten Betrag und den Namen des Empfängers bekannt gibt und dafür Lob fordert, sündigt durch Hochmut, denn er sagt damit: „Seht, was ich alles tue." Er fehlt gegen die Liebe, weil er mit der Bekanntgabe seines Namens den Empfänger beschämt; er sündigt durch geistige Habsucht, weil er menschliches Lob, einheimschen will ... Stroh, Stroh, nichts als Stroh! H a n d e l t   s o ,   d a s s   G o t t   e u c h   m i t   s e i n e n   E n g e l n   l o b e .

Eine Kirche hört auf eine solche zu sein, wenn der Bestandteil und die Wesenszüge ihrer Religion nur eine Verlegenheit oder ein taktischer Rückgriff in Zeiten ihrer Vergessenheit ist. Die Interessen einer wahren Kirche müssen dagegen eine Rückversicherung für die Nähe und Nachvollziehbarkeit ihrer regelmäßigen Riten wie auch des unverminderten Selbstverständnisses unveräußerlicher Werte sein. Mit der Gesellschaft verhält es sich mittlerweile so, dass nunmehr ganze Generationen gegen ihr Schicksal rebellieren, in der Absicht, es zu ihren Lebzeiten abzuschütteln. Im krassen Gegensatz dazu, eine Kirche, welcher der Makel irdischer Unvollkommenheit anhängt und demzufolge mit ihrer eigentlichen Mission auf Erden im Widerstreit liegt. Die Kirche gleicht mit ihrem unbedeutenden Rest im Äußeren nur noch einer unkontrollierbaren Institution, gleich einem unliebsamen und widerspenstigen Nationalstaat. Den verbliebenen Kirchenmitgliedern dagegen bleibt keine echte Wahl, als jene im eigenen Unvermögen die fehlgeleitete Richtung des leider zu oft gewählten Fanatismus als bevorzugtes Ventil zu wählen, welches die göttliche Aufmerksamkeit zu erregen sucht, wenn sie nicht wie viele ihrer Mitmenschen ihrem Schöpfer einfach den Rücken kehren wollen, um sich dem Atheismus zu opfern.

Wenn ihr mich nicht gekannt hättet, wenn ihr meine Werke nicht gesehen hättet, wenn ihr meine Worte nicht hättet prüfen können, dann hättet ihr keine Schuld. Aber ihr kennt die Schriften und seht meine Werke. Ihr könnt sie einander gegenüberstellen, und wenn ihr das redlich tut, werdet ihr mich in den Worten der Schrift erkennen, und die Worte der Schrift werdet ihr in meinen Werken wiederfinden. Daher werdet ihr nicht gerechtfertigt sein, wenn ihr mich nicht anerkennt und mich hasst. Allzu viele Gräuel, zu viel Götzendienst und Wollust herrschen dort, wo Gott allein sein sollte. Aber so ist es überall, wo ihr seid. D i e R e t t u n g b e s t e h t d a r i n , d i e Ü b e l a b z u w e i s e n u n d d i e W a h r h e i t , d i e z u e u c h s p r i c h t , a n z u n e h m e n . Wo ihr daher mordet oder versucht zu morden, dort werdet ihr selbst getötet werden. An den Grenzen Israels werdet ihr gerichtet werden, dort, wo alle menschliche Macht zerfällt, wo nur der Ewige Richter seiner Geschöpfe sein wird.

Papst *Benedikt* XVI. scheut in SACRAMENTUM CARITATIS keine Mühe, das Resultat eines gelungenen Gottesdienstes unmissverständlich als Sollzustand darzustellen. Jeder Gläubige kann sich in seinem eigenen Gemeindeleben selbst ein Bild machen, was davon noch übrig ist:

Vgl. *Propositio* 42: „Diese eucharistische Begegnung verwirklicht sich im Heiligen Geist, der uns verwandelt und heiligt. Er erweckt im Jünger den entschiedenen Willen, den anderen mutig alles zu verkünden, was er gehört und erlebt hat, um auch sie zu derselben Begegnung mit Christus zu führen. Auf diese Weise öffnet sich der von der Kirche ausgesandte Jünger einer grenzenlosen Sendung."

Der *eucharistische Glaube der Kirche* 6 [...] „Der Glaube drückt sich im Ritus aus, und der Ritus stärkt und festigt den Glauben". (14) Darum steht das Altarssakrament immer im Mittelpunkt des kirchlichen Lebens; „dank der Eucharistie wird die Kirche immer wieder neu geboren!" (15) Je lebendiger der eucharistische Glaube im Gottesvolk ist, um so tiefer ist dessen Teilnahme am kirchlichen Leben durch eine überzeugte Unterstützung der Sendung, die Christus seinen Jüngern aufgetragen hat. Das bezeugt die Geschichte der Kirche selbst. [...]

Schluss 94. [...] Das Geschenk seiner selbst, das Jesus uns im Sakrament des Gedächtnisses seiner Passion macht, bestätigt uns, dass das Gelingen unseres Lebens in der Teilhabe am trinitarischen Leben liegt, die uns in ihm endgültig und wirkungsvoll dargeboten wird. Die Feier und die Anbetung der Eucharistie ermöglichen, dass wir der Liebe Gottes näherkommen und persönlich in sie einwilligen bis zur Vereinigung mit dem geliebten Herrn. [...]

Eucharistie und sittliche Verwandlung 82. Das, wovon wir sprechen, spiegelt sich sehr gut in der Evangeliums-Erzählung von Zachäus wider (vgl. Lk 19,1–10). Nachdem er Jesus in seinem Haus bewirtet hat, ist der Zöllner völlig verwandelt: Er beschließt, die Hälfte seines Vermögens den Armen zu geben und denjenigen, von denen er zu viel gefordert hat, das Vierfache zurückzuerstatten. Das sittliche Streben, das aus der Aufnahme Jesu in unser Leben hervorgeht, entspringt aus der Dankbarkeit, die unverdiente Nähe des Herrn erfahren zu haben.

Der sogenannte „Kampf der Kulturen"(*Samuel P. Huntington*) kann sich nur an der Fähigkeit einer wahren Religion entscheiden. Sich aber dem Instrument der Anmaßung zu bedienen, ist wiederum nicht das Bild vom fortgesetzten Gottesdienst im Alltag des Gläubigen. Dies wäre gleichermaßen bedeutsam für Islam, Judentum und Katholizismus und bildet für jede dieser Konfessionen ein und dieselbe Aufgabenstellung, denn momentan macht jeder das Rennen für sich allein, so als gäbe es den anderen nicht, und dennoch glaubt jeder von sich selbst, der Erste zu sein. Da sich die drei monotheistischen Weltreligionen aber weder großartig in ihrer Anzahl der Mitglieder noch wesentlich in der Art ihrer voranschreitenden Gottesferne unterscheiden, wäre die „Entstaatlichung der Religion" eine ultimative Herausforderung an der gemeinsamen Zukunft, um der Menschheit und deren Führern als Licht nachhaltig voranzugehen. Vielleicht hätte dann auch die „religiös-kulturelle Renaissance des deutschen Judentums" entgegen allen negativen Prognosen des *Anthony D. Kauders* von der Keele Universität in England wieder eine bedeutendere Chance.

Da es nur einen Gott gibt, gibt es auch nicht Seelen von Heiden oder Nichtheiden, da keine von anderen Göttern erschaffen worden sind. Es gibt eine einzige Macht, die Seelen erschafft, und es ist die unseres Schöpfers, unseres Gottes, des Einen, des Mächtigen, Heiligen, Guten, die keine andere Leidenschaft kennt als die der Liebe, der vollkommenen, rein geistigen Barmherzigkeit.

Auch eure Herzen nimmt er, ihr heidnischen Völker, die ihr fühlt, dass es unter den vielen Göttern, denen ihr dient, einen unbekannten Gott gibt, den eure Seele erahnt als den Einzigen und Wahren, und den nur eure Schwerfälligkeit zu suchen hindert, um ihn kennenzulernen, so wie es euer Herz es ersehnt. Wenigstens ein moralisches Gesetz wurde euch, o Heiden, o Götzendiener, gegeben, weil ihr Menschen seid, und der Mensch hat in sich etwas innewohnend, das von Gott kommt und den Namen Seele hat, das zum Guten mahnt und zu einem gottgefälligem Leben anspornt. Ihr jedoch habt diese Seele gezwungen, Sklavin eines lasterhaften Fleisches zu sein, indem ihr das moralische Gesetz der Menschen, das in euch wohnt, übertreten habt.

Von einer echten Chance der Verbrüderung unter den Religionen handelt auch die Enzyklika „Fratelli tutti" von Papst *Franziskus*. Dennoch, man wartet auch bei diesem Papst vergebens darauf, dass er die vergänglichen Strukturen des Vatikanstaates zum Einsturz bringen lässt. Taten, die nachhaltig sehr viel Heil in alle Teile der Welt verkünden würden, ohne dass man auch nur einen Finger rühren müsste mit dem Schreiberling, geschweige denn sich in ein Flugzeug setzen müsste, um aufwendig Diplomatie zu betreiben. Daran scheitert die gesamte Christenheit seit der Errichtung des Petersdoms mitsamt seinem Gemäuer und so geht wieder eine Generation verloren und die christliche Mission flüchtet sich nur mehr ausschließlich in das Selbstgespräch.

Euer Vorbild und eure Ehrfurcht vor Gott
überzeugen mehr als tausend Worte.
1. Petrus 3,2 (HFA)

Ein jeder aus dem Volke Gottes nehme ein fehlerloses, männliches, einjähriges Lamm. Ein Lamm für jede Hausgemeinschaft. Sind aber in einem Haus zu wenige für ein Lamm, so nehme er es zusammen mit seinem Nachbarn. Am vierzehnten Tag des Abib, der jetzt Nisam genannt wird, sollt ihr es opfern. Von dem Blut sollt ihr nehmen und die beiden Türpfosten und die Oberschwelle der Häuser damit bestreichen. Noch in derselben Nacht sollt ihr das über dem Feuer gebratene Fleisch essen, mit ungesäuertem Brot und bitteren Kräutern; so sollt ihr es essen, eure Hüften gegürtet, eure Schuhe an den Füßen und euren Stab in der Hand. Was aber davon doch übrigbleibt, sollt ihr verbrennen. Ihr sollt es essen in Hast; es ist ein Passah (Vorübergehen) für den Herrn. In jener Nacht werde ich durch Ägypten ziehen und in den Häusern, die nicht mit dem Blut des Lammes gezeichnet sind, alle Erstgeburt schlagen, vom Menschen bis zum Vieh.

Beim gegenwärtigen, neuen Vorübergehen Gottes, dem eigentlichen Vorübergehen, da Gott wirklich unter euch sichtbar und erkenntlich in seinen Zeichen wandelt, wird denen Heil zuteil werden, die mit dem Blut des Lammes, dem Zeichen des Heiles, gezeichnet sind. Denn ihr werdet zwar alle damit gezeichnet sein, aber nur jene, die das Lamm und sein Zeichen lieben, werden von diesem Blut Heil erfahren. Für die andern wird es zum Zeichen des Kain werden, und ihr wisst, dass Kain nicht mehr würdig war, das Antlitz Gottes zu schauen, und nie mehr Ruhe fand. Gequält von Gewissensbissen, von der Strafe und von Satan, seinem grausamen Herrn, irrte er zeitlebens als Flüchtiger auf Erden umher. Eine bedeutende Gestalt in der Geschichte des Volkes, das den neuen Abel erschlagen wird ...

Priestermangel und Berufungspastoral 25. [...] (79) Ein mangelhaft ausgebildeter Klerus, der ohne die gebotene Prüfung zur Weihe zugelassen worden ist, wird kaum ein Zeugnis bieten können, das geeignet ist, in anderen den Wunsch zu wecken, dem Ruf Christi großherzig zu folgen. Die Berufungspastoral muss wirklich die ganze christliche Gemeinschaft in all ihren Bereichen einbeziehen. **(80)** Natürlich schließt diese flächendeckende pastorale Arbeit auch die Sensibilisierung der Familien ein, die einer vermutlichen Priesterberufung oft gleichgültig, wenn nicht sogar ablehnend gegenüberstehen. Sie sollen sich großherzig dem Geschenk des Lebens öffnen und die Kinder zur Verfügbarkeit gegenüber dem Willen Gottes erziehen. In wenigen Worten: Es bedarf vor allem des Mutes, den Jugendlichen die Radikalität der Nachfolge Christi nahezubringen, indem man ihnen zeigt, welche Faszination darin liegt.

Derweil lassen einflussreiche Teile im und um das Zentrum der katholischen Kirche herum seit vielen Jahrhunderten mit ihrer Veränderung auf sich warten, während sie damit beschäftigt sind, Pirouetten zu drehen, die zwar schön anzusehen sind, jedoch noch nicht mal in den eigenen Reihen ausreichend und nachhaltig christliche Berufung anregen kann. Wie könnte es da anders sein, als dass es wohl schon im Priesterseminar an Vorbildern fehlt. Ein Beispiel gibt das auf dem von Pfarrer Michael Maas, Direktor des Zentrums für Berufungspastoral der Deutschen Bischofskonferenz, in Auftrag gegebenem YouTube-Format „God or Not". Ein Seminarist, der sehr medienaffin zu sein scheint und wohl deshalb öfter zu Wort kommt (weniger des Inhalts wegen) gibt dort eine mehr als zweideutige Antwort auf die Frage über die Hintergründe der „Unbefleckten Empfängnis". Wer sich schwertun würde damit, die Heilige Schrift hier wortwörtlich zu nehmen, dem stehe eine „theologisch Deutung" offen, bei der die Jungfrau Maria als Jungfrau bezeichnet würde, weil sie ausnahmslos alles mit Blick auf Gott getan habe. Was er mit „alles getan" meint, lässt der Theologiestudent offen im Raum stehen, so als stünde es den Katholiken (und vor allem ihm) frei, an die „Unbefleckte Empfängnis" zu glauben. Wer glaubt, man könne die Spielräume des Erlösungswerks mit wissenschaftlicher Theologie ausloten, um damit ein x-beliebiges Wunschkonzert zu kreieren oder seinen ganz persönlichen Narzissmus bedienen, der ist von seiner Erlösung himmelweit entfernt, geschweige denn dazu befähigt Menschen dahin zu führen. Das Erbe des mühsamen Opfers so vieler Apostel und Jünger Christi begehen zu wollen, beruht auf jener Einladung des Herrn an alle Nationen, auf die sich zum Beispiel auch der Evangelist Johannes, um nur einen zu nennen, mit deutlichen Worten beruft:

Wer an ihn glaubt, wird nicht verurteilt.
Wer aber nicht glaubt, ist damit schon verurteilt;
denn der, an dessen Namen er nicht geglaubt hat,
ist Gottes eigener Sohn.
Johannes 3,18 (NGÜ)

Das Urteil Gottes ist die Stimme, die andauert und nicht in Vergessenheit gerät. Jahrhunderte sind vergangen, seit Gott Luzifer und ebenso Adam gerichtet hat. Aber die Stimme dieses Urteilsspruches verhallt nicht, und die Folgen dieses Urteils bleiben. Wenn ich auch jetzt gekommen bin, um den Menschen wieder die göttliche Gnade zu bringen durch das vollkommene Opfer, so bleibt doch das Urteil über Adam bestehen und seine Tat wird stets „Erbsünde" genannt werden. Die Menschen werden erlöst sein, gewaschen durch eine Reinigung, die jede andere übertrifft. Doch werden sie mit diesem Makel zur

Welt kommen; denn Gott hat beschlossen, dass dieser Makel jedem aus der Frau Geborenen anhaften soll, mit Ausnahme dessen, der nicht vom Mann, sondern vom Heiligen Geist stammt, und mit Ausnahme auch der Unversehrten und des im Voraus Geheiligten; der ersteren, damit sie die gottähnliche Jungfrau sei des anderen, damit er der Vorläufer des Unschuldigen sein könne, da er schon rein geboren wurde durch eine Vorwegnahme der unendlichen Verdienste des erlösenden Heilandes.

Das Pontifikat unter Papst *Franziskus* hat wohl die treffendsten Worte jemals unter einem Pontifikat hervorgebracht, nach der vor allem die christliche Menschheit als Nahrung verlangt, jedoch ändert das dadurch schlichtweg noch gar nichts auf diesem Planeten, im Gegenteil: Die greifbaren Chancen bleiben ungenützt, ungeachtet der bitteren Wahrheiten, die angesprochen werden, und die Menschheit setzt ihre Lethargie in der Spirale unaufhaltsamer Resignation ungehindert fort. Sich selbst abschaffen, um klein zu werden, nur das verlangt Gott von uns, damit Er, der Sohn in uns groß werden kann und Wohnung nehmen kann in den Herzen der Menschen. Das wäre ein Opfer, das dem Herrn gefallen könnte – sich selbst veräußern, anstatt den Verlust und das Opfer des Glaubens unzähliger und unschuldiger billigend in Kauf zu nehmen. Dafür ist Christus nicht am Kreuz gestorben und dennoch ruft die katholische Kirche das Opfer tagtäglich und stündlich auf allen Altären dieses Erdballes auf sich selbst herab – wo ist das christlich im Sinne von „wir gedenken Christus"?

Jeremias hat euch gesagt, was mit denen geschehen wird, die auf den Blitz des göttlichen Zornes mit einer Vermehrung ihrer Sünden antworten; mit solchen, die die göttliche Barmherzigkeit für einen Beweis der Schwäche Gottes halten. Aber Gott lässt seiner nicht spotten, o Söhne. Nach dem Ausspruch des Ewigen durch den Mund des Jeremias seid ihr wie Ton in den Händen des Töpfers; wie Ton sind jene, die sich für mächtig halten, die Bewohner dieser Stadt und des Königspalastes. Es gibt keine menschliche Macht, die Gott widerstehen könnte. Wenn der Ton sich dem Töpfer widersetzt und eigenartige, schreckliche Formen annehmen möchte, dann macht der Töpfer aus dem bereits Entstandenen wiederum einen Klumpen und modelliert sein Gefäß von neuem, bis der Ton überzeugt ist, dass der Töpfer der Stärkere ist und sich nicht dem Willen des Tons fügt. Es kann auch geschehen, dass das Geschirr in Scherben geht, weil der Ton sich weigert, sich formen zu lassen; weil er das Wasser abstößt, mit dem der Töpfer ihn befeuchtet, um ihn ohne Risse formen zu können. Dann wirft der Töpfer den widerspenstigen Ton, die unnützen Scherben, die sich nicht bearbeiten lassen, in den Mülleimer, holt sich neuen Ton und formt diesen so, wie er es für richtig hält.

Sagt der Prophet dies nicht an jener Stelle, wo er vom Symbol des Töpfers und des Tongefäßes spricht? Er sagt es, und fährt fort, indem er die Worte des Herrn wiederholt: „Wie der Ton in der Hand des Töpfers, so bist du, o Israel, in der Hand Gottes", und der Herr fügt hinzu, mit dem Hinweis auf die Aufrührer, dass nur Buße und Reue den göttlichen Beschluss zur Bestrafung des rebellischen Volkes ändern können.

Israel hat nicht bereut, und daher haben sich die Drohungen Gottes um das Zehnfache vermehrt. Aber Israel bekehrt sich nicht einmal jetzt, **da nicht ein Prophet, sondern ein viel Größerer zu ihm spricht.** *Und Gott, der höchste Barmherzigkeit gegen Israel geübt und mich entsandt hat, sagt euch nun: „Da ihr nicht auf meine eigene Stimme hört, werde ich das Gute, das ich euch getan habe, bereuen, und euren Untergang vorbereiten." Ich aber, der ich die Barmherzigkeit bin, rufe Israel zu, obwohl ich weiß, dass mein Wort in den Wind geschlagen wird: „Ein jeder kehre um von seinen bösen Wegen.* **Ändert eure Lebensführung und richtet eure Bestrebungen auf das Gute,** *damit wenigstens, wenn die Strafe Gottes auch über das unschuldige Volk kommen wird, die besten beim allgemeinen Verlust der Güter, der Freiheit und der Einheit, ihre Seele von Schuld freihalten, vereint mit Gott bleiben und nicht auch noch die ewigen Güter verlieren, wie sie die irdischen Güter verloren haben."*

Die Schauungen der Propheten sind nicht sinnlos: Sie sollen die Menschen aufmerksam machen auf das, was kommen kann. Das Gleichnis des gebrannten Tongefäßes, das im Angesicht des Volkes zerbrochen wird, deutet an, was Städte und Reiche zu erwarten haben, die sich dem Herrn nicht fügen ...

Mitte des Lebens & Brot der Wahrheit

Gibt der Glaube nicht heute schon Hellsicht über die Widersprüche in der Natur und über die Tragik der Geschichte, fragt etwa *Dieter Hattrup,* Professor für Dogmatik an der Theologischen Fakultät Paderborn. Sei es nicht Aufgabe des Glaubens, die entgleiste Säkularisierung wieder in die Spur zu heben? Predige Jesus Christus nicht die Gegenwart des Heils durch ein verwandeltes persönliches Leben, das Seligkeit sei und bei Gelegenheit das Ausreißen von Auge und Hand fordere? Sei der Glaube nicht hier und heute die Erfüllung der Sehnsucht des Menschen, den Namen Gottes zu kennen und Sein Antlitz einmal zu schauen? „Schöpfung ist kein Ereignis, auf das wir im Studium der Geschichte des Kosmos einmal stoßen werden", mutet *Robert Spaemann* in der *FAS* an. „Schöpfung" bezeichne das Verhältnis des ganzen Weltprozesses zu seinem außerweltlichen Ursprung, dem göttlichen Willen.

Der wahre Glaube kann auch den Glauben an den höchsten Schöpfer nicht ausschließen, genauso wenig wie der wahrhaft Glaubende sich nicht auf einer Stufe mit seinem Schöpfer messen kann. Gerade weil der Glaubende nach Gemeinschaft mit seinem Schöpfer strebt, kann er sich ohne Furcht vor dem Verlust seiner persönlichen Freiheit als geschaffenes Wesen seinem Schöpfer anvertrauen. Ebenso wenig darf aber auch die Lehre nicht der Lehre selbst dienen, weil sie ohne Lebensdrang ist, sondern sie dient allein dem Menschen und dessen Verlangen, über die Kunde seiner für die Ewigkeit bestimmte Seele unterrichtet zu werden. In dieser Argumentation der Unausweichlichkeit liegt schließlich auch die Schicksalsfrage des Menschen verborgen. Sie schafft die Grundlage für die Ehrfurcht vor der ungeahnten Größe Gottes im Universum. Eine Ehrfurcht, die reziprok auch dem Bild des Geschaffenen, also dem Menschen selbst als Gegenüber und der Natur geschuldet ist.

Gero von Randow proklamiert in der *ZEIT* vom 22. März 2007 zu Recht, dass der Mensch am Leben hängen würde, weil sein genetisches Programm es so wolle! Gelänge es ihm nicht, so könne er sich als Glaubender an das Versprechen halten, irgendwie würde es schon weitergehen. Die Wirklichkeit zeigt demnach, dass, wenn das Bild des Gekreuzigten nicht mit Andacht betrachtet wird, das belastete Gewissen des Christen nur abgestumpft und immun wird gegen jedes Aufrütteln. Das Kreuz als Bildnis seiner selbst anzunehmen, an dessen Stelle Christus sich aber für meine Missetaten hat abstrafen lassen, das wäre ein Schritt nach vorne in die Zukunft eines selbsttätigen Heilbewusstseins.

So sollte es sich auch verhalten, wenn alljährlich der Schatten der Geschichte von Deutschland hervortritt und umständlich die Welt betrübt, um über dem Grab der Holocaustopfer die Menschenschlächter der Gegenwart zur Raison zu bringen. Zum Beispiel jene von *Arte* dokumentierten menschenverachtenden Übertretungen der Diktatur in Nordkorea, die 2014 endlich auch die UN auf den Plan gerufen hat, um mit einem erschütternden Appell die Vereinten Nationen zu informieren. Vorher hat die Menschenrechtsorganisation über 300 Augenzeugen befragt, die den Händen ihrer Folterknechte entkommen sind und sogar die Landesgrenzen hinter sich haben lassen können, während die Insassen in den Lagern um Pjöngjang herum, der Hauptstadt Nordkoreas, dem siechenden Tod entgegensehen. Eine weniger gravierende Anklage an die Menschheit scheint das Schicksal vieler Afrikaner, die auf der Flucht nach Europa in die Hände von Kriminellen auf die Sinaihalbinsel entführt werden, um dort unter Androhung und Ausführung schwerster Folter von deren mittellosen Angehörigen freigepresst zu werden, weiß *Arte* zu berichten.

In *Speise der Wahrheit*, dem zweiten Kapitel von *SACRAMENTUM CARITATIS,* betont der Papst unmissverständlich diesen wichtigen Aspekt der Eucharistie: Im Altarssakrament kommt der Herr dem als Abbild Gottes (vgl. Gen 1,27) geschaffenen Menschen entgegen und wird sein Weggefährte. In diesem Sakrament macht sich der Herr nämlich zur Speise für den Menschen, der nach Wahrheit und Freiheit hungert. Da allein die Wahrheit uns wirklich frei machen kann (vgl. Joh 8,36), macht sich Christus für uns zur Speise der Wahrheit. In scharfsinniger Kenntnis der menschlichen Wirklichkeit hat der heilige Augustinus verdeutlicht, wie der Mensch sich freiwillig, und nicht unter Zwang, regt, wenn er auf etwas bezogen ist, das ihn anzieht und in ihm ein Verlangen erweckt. Als der heilige Bischof sich dann fragt, was den Menschen wohl letztlich im Innersten bewegen könne, ruft er aus: „Wonach verlangt die Seele denn brennender als nach der Wahrheit?" (2) Tatsächlich trägt jeder Mensch das unstillbare Verlangen nach der letzten und endgültigen Wahrheit in sich. Darum wendet sich Jesus, der Herr, „der Weg, die Wahrheit und das Leben" (Joh 14,6) dem schmachtenden Herzen des Menschen zu, der sich als dürstender Pilger fühlt, dem Herzen, das sich nach der Quelle des Lebens sehnt, dem Herzen, das um die Wahrheit ringt. Jesus Christus ist ja die Person gewordene Wahrheit, die die Welt an sich zieht. „Jesus ist der Polarstern der menschlichen Freiheit; ohne ihn verliert sie ihre Ausrichtung, denn ohne die Erkenntnis der Wahrheit entartet die Freiheit, sie isoliert sich und wird zu steriler Willkür. Mit Jesus findet sich die Wahrheit wieder." (3) Im Sakrament der Eucharistie zeigt Jesus uns im Besonderen die Wahrheit der Liebe, die das Wesen Gottes selbst ist. Diese im Evangelium begründete Wahrheit geht jeden Menschen und den ganzen Menschen an. Die Kirche, die in der Eucharistie ihre lebensnotwendige Mitte findet, bemüht sich darum unablässig, allen zu verkündigen, dass Gott Liebe ist, ob man es hören will oder nicht (vgl. 2 Tim 4,2). (4) Gerade weil Christus für uns zur Speise der Wahrheit geworden ist, wendet sich die Kirche an den Menschen und lädt ihn ein, das Geschenk Gottes frei anzunehmen.

Der unausgefochtene Streit um die Symbolik des Kruzifixes in einem Klassenzimmer oder in einem bayerischen Amtsgebäude gehört zu jenen fadenscheinigen Glaubenszeugnissen katholischer

Christen. Das Aufsehen um ein Festhalten mit Nachdruck und Drang an der Leidens- und Grauensymbolik des Mittelalters wirkt so armselig und erbringt am Ende nur den Beweis dafür, wie die Mehrheit der „Gläubigen" es nicht versteht, sich in rechter Weise dem Erlösungswerk und damit der Wirklichkeit im „Neuen Bund" zu nähern. Um also im Hier und Jetzt anzukommen, wäre auch damit Genüge getan, das Bild des Auferstanden auszustellen. Den Rest erledigt der Christ bei Betrachtung und Gebet an einem entsprechend dafür geeigneten Ort. Aber damit ist eben einem unruhigen katholischen Schäflein und dessen belastetem Gewissen noch nicht aus der Patsche geholfen, sondern er will unentwegt an die Grausamkeiten an seinem Herrn für die Erlösung der Welt erinnert und durch sie wachgerüttelt werden. Wir lernen das Respektieren von Symbolen, aber nicht das Respektieren von Menschen. An vorderster Front kämpft deshalb der demokratische Antiheld Berlusconi gegen das Urteil des Europäischen Gerichtshofs für Menschenrechte vom 03. November 2009, welches das Kruzifix in Klassenzimmern als Verstoß gegen die Europäische Menschenrechtskonvention einstufte.

Die Demokratisierungsbewegung der katholischen Liturgie in der Form der Hinwendung zum Volk mit dem Rücken des Zelebranten zum Altarsakrament stammt nicht zufällig aus irgendeiner Zeitspanne, sondern sie hat ihren Stoff aus dem gleichen Wasser, mit dem man Wahrhaftigkeit der Willkür anzupassen pflegte. Der Mensch nimmt dabei den ewigen Gedanken Gottes, sich zu seiner Schöpfung herabzubeugen, zum Anlass, den Spieß umzudrehen, um sich mit Gott auf eine Stufe zu stellen. Zum einen sichtlich motiviert aus einer Art Verzweiflung, zum anderen aber auch initiiert in purer Anmaßung und dem damit verbundenen groben Verstoß gegen die göttliche Ordnung. Wer seinem Schöpfer auf Augenhöhe begegnen will, kann dies einmütig und mutig am Kreuz auf Golgotha tun, alles andere wäre nur Illusion. Der Ungehorsam stand meist schon zuvor im Raum und wird nur noch als Steigerung der Verhältnisse und zur Manifestierung der Selbstherrlichkeit vollzogen. Wer möchte dem noch beiwohnen? Das ist nicht nur verlorene Zeit, sondern auch die verlorene Ewigkeit. Und natürlich werden alle nachfolgenden Generationen sich auf neuen Gebieten probieren und spezialisieren wollen, solange die Kirche keine lebensfähige Alternative zu bieten hat.

Die Menschheit fliegt zum Mond, ihr gelingt die Krebszellenforschung, die visuelle Kommunikation wie aus Geisterhand ist ein Kinderspiel, Menschenleben werden bei Kriegen oder militärischen Spezialoperationen in Kauf genommen, ganz so als wäre der Mensch eine Erfindung und ein Spielzeug des Menschen selbst, nur weil dieser es nicht für nötig hält, das menschliche Ego auf die Summe seiner Illusionen und Einbildung zu relativieren. Bei all den Errungenschaften durch die Zeitenwenden der Geschichte der Menschheit gelingt es ihr deshalb bis dato nicht, einen halbwegs würdigen Gottesdienst zur Ehre Gottes zu gestalten, um sich in allem der Barmherzigkeit Gottes zu unterwerfen, die bereits im Voraus das Opfer zur Versöhnung erbracht hat. Vielmehr sucht seinesgleichen die Zeremonie eines Gedenkens an das Leben Jesu Christi auf Augenhöhe mit dem Schöpfer und die Egozentrik der praktischen Umsetzung eines geistigen Reiches vorzuziehen.

Man erinnere sich an dieser Stelle an die Überlieferungen aus der Heiligen Schrift im Kapitel der Makkabäer. Es ist benannt nach Judas Makkabäus, der mit seinen Brüdern und einer Schar Gefolgsleute heldenhaft die Schandtaten der römischen Besatzer am Tempel zu Jerusalem und die Sünde des eigenen Volkes überwunden hat. Bis jedoch Judas Makkabäus sich aus der Asche des allgemeinen Verfalls erheben konnte, war ein weiter Weg, gesät mit massenhaft grausamer Misshandlung des jüdischen Volkes durch den römischen Okkupator. Letztlich war es das bereitwillige Opfer des jüdischen Volkes selbst, das als Lösegeld für deren vorausgegangen Ungehorsam in Gottes Augen Ihn dazu bewegt hatte, der Bewegung des Makkabäus Kraft und Erfolg zu verleihen, um den Verfolger aus dem Lande zu jagen.

Wir hingegen sind so weit vom Kurs abgekommen, dass wir die Versöhnungsgabe, die Gott sogar an unserer statt im voraus geleistet hat, Ihm aus der Hand schlagen, indem wir uns ihrer unwürdig erweisen. Dabei müssten wir uns nur Seiner Führungsrolle anempfehlen, die im Wesentlichen nur das Gebot der Liebe in sich trägt. Im Vergleich zur Erfindung eines Panzers oder der Umsetzung eines Fluges in den Orbit, wäre das ein Kinderspiel, wäre da nicht das schier unüberwindliche Opfer für die Überwindung des menschlichen Egos zu erbringen.

> Altes Testament – Das zweite Buch der Makkabäer, 5. Kapitel
> Der Einbruch des Unheils 5,17 In seinem Übermut erkannte Antiochus nicht, dass der Herr nur für eine kurze Zeit zornig war, weil die Einwohner der Stadt gesündigt hatten, und deswegen nicht auf den Ort achtete. 5,18 Hätten sich die Juden damals nicht in viele Sünden verstrickt, dann wäre ihm, sobald er sich vorwagte, seine Frechheit durch Peitschenhiebe ausgetrieben worden, ähnlich wie dem Heliodor, der von König Seleukus zur Durchsuchung der Schatzkammer ausgeschickt worden war. 5,19 **Aber der Herr hat nicht das Volk erwählt wegen des Ortes, sondern den Ort wegen des Volkes. 5,20 Deswegen litt auch der Ort mit unter den Unglücksschlägen, die das Volk trafen, wie er später Anteil hatte an seinem Glück.** Als der Allherscher zürnte, lag der Ort verlassen da; als aber der große Herr sich wieder versöhnen ließ, wurde er in aller Pracht wiederhergestellt.

Gott gibt uns diese Kraft mit der Erlösungsgabe Jesu Christi, wenn wir diesen kleinen Schritt aus der selbstgewählten Gottesferne machen. Stattdessen münden die Mühen des Menschen in täglicher Zwietracht um scheinheilige Selbstüberbietung, krankhafte Selbstperfektion und gegenseitige Schuldzuweisungen für ein glänzendes Ego, einer ausschließlichen und meisterhaften Definition seiner selbst von Kindes Bein an in einem Leben ohne Gott und wahrer Religion. Die Religion selbst ist an den wichtigsten Schnittstellen kein Bündnis mehr mit Gott, dem Schöpfer allen Lebens, sondern sie ist zu einem Bündnis mit dem Ego herabgekommen, der Aussaat einer menschlicher Schöpfung zur Verherrlichung seiner selbst. Sozusagen auf Augenhöhe präsentiert sich der Mensch so vor Gott in religiösen Anwandlungen als Produktion seiner selbst. In Wahrheit verkommt der Mensch zu einer Reduktion seiner selbst, zu einer Illusion, die mit viel Aufwand und unter großer Mühsal beim einfachen Volk aufrecht erhalten wird. Diese Idiotie muss ein Ende haben. Es ist wohl kaum notwendig noch einmal explizit auf die große Ungerechtigkeit und die Verfolgung, die untereinander und unter den Völkern herrscht, einzugehen, um noch mehr Überzeugungsarbeit zu leisten. Das Opfer, das die Menschheit begeht, ist an dieser Stelle ein sinnloses Opfer, das Gott nicht zum Eingreifen bewegen kann, wenn der Mensch sich darin gefällt, sich selbst als seelenloses Tier zu definieren. Auf der Straße festkleben ist ein bislang ungekannter Hilferuf und eine Alternative, um auf diese Aussichtslosigkeit von Argumenten aufmerksam zu machen.

Können wir nach der Betrachtung der drei Ereignisse, die sich an diesem Brunnen zugetragen haben, sagen, dass diese Stätte guten oder schlechten Einflüssen unterworfen ist? Nein. Nicht der Ort, nicht die Zeit oder das Ereignis, sondern der Wille des Menschen ist es, der den Mensch auf Abwege führt. Ein Rogel hat die Treue der Knechte Davids und die Sünde des Adonia gesehen, ebenso die Treue der drei Weisen. Es ist derselbe Brunnen. Auf seine Steine haben sie sich gestützt, mit seinem Wasser haben sie ihren Durst gelöscht: Jonathan und Ahimaaz, ebenso wie Adonia und die Seinen, wie auch die drei Weisen aus dem Morgenland. Aber dieselben Wasser und Steine haben drei verschiedene Dinge gesehen ... Treue zu König David, Verrat an König David und Treue zu Gott und dem König der Könige. Es ist immer der Wille des Menschen, der entweder Gutes oder Böses tun lässt. Und auf den Willen des Menschen wirft der Wille Gottes sein Licht und der Wille Satans seine giftigen Ausdünstungen. Am Menschen liegt es, das Licht oder das Gift aufzunehmen und so ein Gerechter oder ein Sünder zu werden.

Bei diesem Brunnen steht ein Wächter, damit niemand das Wasser verunreinigt. Außer diesem Hüter sorgen Mauern und ein Dach dafür, dass der Wind keine Blätter und keinen Unrat hineinweht, die das kostbare Wasser beschmutzen könnten. Auch dem Menschen hat Gott einen Wächter gegeben: den intelligenten und bewussten Willen des Menschen; und Schutzmauern: die Gebote und die Ratschläge der Engel, auf dass der Geist des Menschen nicht wissentlich oder unwissentlich verdorben werde. Aber wenn der Mensch sein Gewissen und seinen Verstand verdirbt, die Eingebungen des Himmels überhört und das Gesetz mit Füßen tritt, dann ist er wie ein Wächter, der den Brunnen unbewacht lässt, und wie ein Törichter, der die Schutzmauern niederreißt. Er gibt das Feld den satanischen Feinden, den Begierlichkeiten der Welt und des Fleisches preis, den Versuchungen, die auch wenn man ihnen nicht nachgibt, immer vorsichtig überwacht und zurückgewiesen werden müssen.

Ihr Söhne von Jerusalem, Hebräer, Proselyten, und Wanderer, die der Zufall hier am Brunnen von En Rogel vereint hat, die Stimme Gottes zu vernehmen, seid Weise der wahren Wissenschaft, die darin besteht, sich selbst vor Handlungen zu schützen, die den Menschen entehren.

Ich sehe hier auch viele Heiden. Ihnen sage ich, dass man nicht ausschließlich Reichtümer und Waren erwerben kann, sondern auch noch etwas anderes, nämlich das Leben für die eigene Seele; denn der Mensch hat eine Seele in seinem Inneren, etwas Unsichtbares. Und doch ist sie es, die Menschen lebendig macht. Sie ist etwas Unsterbliches, das auch nach dem Tod des Leibes weiterlebt. Sie ist etwas, das ein Recht hat, sein wahres, ewiges Leben zu leben. Aber sie kann es nicht leben, wenn der Mensch sein wahres Ich durch schlechte Handlungen tötet.

Götzendienst und Heidentum sind nicht unüberwindlich. Der Weise denkt nach und sagt: „Warum soll ich den Götzen folgen und ohne Hoffnung auf ein besseres Leben leben, während ich ewige Glückseligkeit erwerben kann, wenn ich zum wahren Gott komme?" Der Mensch geizt mit seinen Tagen, und der Tod jagt ihm Schrecken ein. Je mehr ihn die Finsternis falscher Religionen oder des Unglaubens umgibt, um so mehr fürchtet er den Tod. Wer aber zum wahren Glauben kommt, verliert den Schrecken vor dem Tod, denn er weiß, dass es jenseits des Todes ein ewiges Leben gibt, wo die Geister sich wiederfinden und es keinen Schmerz und keine Trennung mehr gibt. Es ist nicht schwer, den Weg des Lebens zu gehen. Es genügt, an den einzigen wahren Gott zu glauben, den Nächsten zu lieben und Redlichkeit in allen Handlungen zu üben.

Ihr von Israel wisst, welches die Gebote und welches die Verbote sind. Aber ich sage denen, die mir zuhören und meine Worte mit sich in die Ferne tragen werden, welche es sind... (und er nennt die Zehn Gebote).

Darin besteht die wahre Religion, nicht in vergeblichen und aufwendigen Opfern. Ihr müsst die Gebote einer vollkommenen Moral, einer makellosen Tugend befolgen, Barmherzigkeit üben, ihr müsst fliehen, was den Menschen entehrt, die Eitelkeiten ablegen, der Vergöttlichung des Irrtums, den lügnerischen Auguren und den Träumen der Bösen abschwören, und in Gerechtigkeit die Gaben Gottes benützen, die da sind: Gesundheit, Glück, Reichtum, Verstand und Macht; ihr dürft euch nicht dem Hochmut ergeben, der ein Zeichen der Torheit ist, da der Mensch nur lebendig, gesund, reich, weise und mächtig ist, solange Gott es ihm gewährt; ihr dürft keine maßlosen Wünsche hegen, die oft bis zum Verbrechen führen. Mit einem Wort: ihr sollt, auch aus Selbstachtung, als Menschen und nicht als Unmenschen leben.

Hinabsteigen ist leicht, aufsteigen ist schwer. Aber wer möchte in einem stinkenden Abgrund leben, nur weil er dort hineingefallen ist? Wer würde nicht versuchen herauszuklettern, um auf blühenden Höhen ins Licht der Sonne zu gelangen? Wahrlich, ich sage euch: Das Leben des Sünders spielt sich in einem Abgrund ab, und ebenso das Leben im Irrtum. Aber die das Wort der Wahrheit aufnehmen und zur Wahrheit kommen, steigen auf zu den Höhen, dem Licht entgegen.

Geht nun alle eurer Wege und erinnert euch daran, dass euch die Quelle der Weisheit am Brunnen von En Rogel ihr Wasser zu trinken gegeben hat, damit ihr weiterhin nach ihr dürstet und zu ihr zurückkehrt.

Die Wissenschaft von der Liturgie liegt in den Händen des Klerus. Wenn also die Liturgie heute um sich selbst kreist, so beschreibt sie nichts anderes als den geistigen Zustand ihrer Schöpfer beziehungsweise derer, die bis heute unverrückbar an ihrer äußeren Form festhalten, anstatt über den Tellerrand zu sehen und dazuzulernen. Die Krönung des Klerus mithilfe der Liturgie war aller Utopien Anfang. Was von nun an folgen sollte, hatte nichts mehr mit dem ursprünglichen Abbild eines Apostels Jesu zu tun, sondern entspricht seit jeher in der Mehrheit jenem eines Tagelöhners. Dazu passen die Meldungen über die angehäuften Reichtümer der großen Diözesen, während man vor wenigen Jahren noch den Eindruck hatte, die Kirche sei pleite, als in ganz Deutschland die Kunde Runde machte, Gotteshäuser würden verkauft und ihrem Zweck entfremdet. Wie passt das zusammen? Doch eigentlich sehr gut, wenn man vom Weltbild und den Bedürfnissen eines Tagelöhners ausgeht.

Selbst wenn Papst *Benedikt* XVI. bei seinem Besuch in Bayern versucht hatte, gläubige Familien zu überzeugen und die Vorzüge des sonntäglichen Gottesdienstbesuchs detailliert aufzuzeigen bemüht war, so war das wieder eine von vielen philosophischen Theologenansätze, die in der Praxis wenig fruchten. Erst aber wenn der Gläubige von heute, der ja oft jegliche Kenntnis und Verständnis für das Geheimnis der Sakramente verloren beziehungsweise nie kennen gelernt hat, diese Kenntnis wieder im Original (zurück)erhält, wird man auch das Geheimnis des Glaubens in der Heiligen Messe ehrfürchtig verfolgen wollen. Dazu bedarf es allerdings einer Entzauberung der überschwänglich begangenen Liturgieordnung, einer kompletten Neuorientierung an dem liturgischen Element des Schuldbekenntnisses hin zu einem eucharistischen Fluss, der den Gläubigen an der Hand nimmt, sein Leben in den Gottesdienst zu integrieren weiß und auch wieder zurück ins Leben begleitet. Fazit ist, der Gottesdienst muss sich völlig neu orientieren am Gedenken, um ein für alle Mal Abstand nehmen zu wollen von dem Stückwerk einer alles beherrschenden Theatralik in Form und Klang.

Die Liturgie in ihrer bestehenden Wohlfühlform springt gestaltungstechnisch von einem Höhepunkt zum nächsten, aber bleibt dennoch tot, weil sie den Fluss stoppt, in dem der Gläubige sich als Erlöster einzubringen weiß. Das ist für den natürlichen Fortbestand des aktiven Glaubens im Christen unabdingbar, welcher an manchen Stellen beschnitten wird durch die bevormundende Stimmung liturgischer Kunstgriffe. Ganz extrem verhält es sich mit dem Hochamt, das zu einem musikalischen Machwerk stilisiert wird. Manch eine Messe wird so als kulturelles Prachtwerk mit hohen Musikerhonoraren inszeniert. Auf diese Weise schafft sich die Liturgie selbst ab und mit in den Abgrund reißt sie das Gedenken. Nicht nur deswegen müsste man heute schon Alternativen gestalten. Alternativen, die neben einem Häufchen Salonchristen mit einer auffälligen Verliebtheit für tradierten Ritus langfristig auch die Familie Gottes bilden und binden können, um in der Kraft des Schöpfers zu wachsen als das vorherbestimmte neue Volk Israel. Als Einzelne können wir das Böse nicht aufhalten, das die Welt beherrschen und zerstören will. Aber nach dem Willen Gottes können wir alle gemeinsam aus dem Gedenken an den mutigen und vertrauensvollen Umgang mit dem liebenden Gehorsam des Sohn Gottes alles verändern und die Welt heilen. *Ein Volk, das Gott verliert, verliert sich selbst. Bei Gott hingegen ist ein Volk trotz aller Leiden und Versuchungen sicher und wird gerettet.*

Eine notwendige Erweiterungsvariante stellt vielerorts aus zweckdienlichen Gründen immer noch die dauerhafte Sakramentskapelle mit dem ausschließlichen Zweck der Verehrung und Aufbewahrung des Altarsakramentes dar, sodass der Tabernakel am Hochaltar unbestückt bleibt, zumal in vielen Kirchen der Würde und der Ehrfurcht vor dem Altarsakrament in völlig unzureichender Weise Rechnung getragen wird. Die Besucherströme werden von den klerikalen Verwaltungsorganen neben der historischen auch zwecks musikalischer Unterhaltung angelockt und völlig unbedacht im Sakralraum umhergeleitet. Alternativ könnte man die Ehrfurcht vor dem bereits geheiligten Brotbestand dadurch bewahren, indem man es samt Tabernakel schlichtweg von oben in den Stein des Altars versenkt, um es den „Blicken der Verharmlosung" zu entziehen. Sodann erscheint das Altarsakrament auch während des Gottesdienstes augenscheinlich gemeinsam mit der Wandlung an einem einzigen Ort, sowohl vor den Augen der versammelten Gläubigen wie auch vor denen des Priesters, also ohne Umschweife zwischen ihnen. Christus ist und bleibt auch in der physischen Form der Eucharistie die unverrückbare Mitte – das ist der Maßstab. Steht nicht gerade die Notwendigkeit zu handeln im Raum, gerade dem leichtfertigen Umgang und der saloppen Anstrengung dem legendären Tabernakel gegenüber, wenn nur an Sonntagen während der Wandlung das Original authentisch behandelt werden will und derselbe konsekrierte Bestand während der Werktage ausschließlich als eine leichtfertig aufbewahrte Kopie dessen gehandelt wird, was uns stets als heilig und glaubwürdig gelten muss?

„Geheimnis des Glaubens!" – Mit diesem Ausruf unmittelbar nach den Konsekrationsworten verkündet der Priester das gefeierte Mysterium und drückt sein Staunen angesichts der Wesensverwandlung von Bot und Wein in den Leib und das Blut Christi aus – einer Wirklichkeit, die alles menschliche Verstehen übersteigt, appelliert Papst *Benedikt* im sechsten Kapitel *Der eucharistische Glaube der Kirche von Sacramentum Cartiatis*. In der Tat, die Eucharistie ist das „Geheimnis des Glaubens" schlechthin: Sie ist „der Inbegriff und die Summe unseres Glaubens". (13) Der Glaube der Kirche ist im Wesentlichen ein eucharistischer Glaube und erhält seine Nahrung in besonderer Weise beim Mahl der Eucharistie.

Das wahre Gebet kommt aus der Tiefe unseres Herzens,
aus unserem Leiden, aus unserer Freude,
aus unserer Suche nach der Vergebung der Sünden.
Das ist der Weg, um den wahren Gott zu erkennen,
und damit auch sich selbst,
denn nach Ihm sind wir geschaffen.

Die Eucharistie ist ein Fluss, der von sich aus Leben schenkt. Sie hat den liturgischen Anbau nicht nötig, um verstanden zu werden. Im Gegenteil, der Überbau verfälscht und reduziert die Eucharistie auf eine irdische Kulturform der fünf Sinne. Der wahrhaft Gläubige bewegt sich kraft seiner gesunden Glaubenspraxis von selbst in einem Fluss, dem Fluss des ewigen Lebens. Er muss nicht erst künstlich in die Lage versetzt werden, zu glauben, nämlich mit der Zurhilfenahme liturgischer Unterhaltungskunst. Nur wer wahrhaft glaubt, ist ihrer, der Eucharistie, würdig und kann sie in ihrer reinsten Form kommunizieren, ohne dafür durch die sonntägliche Schule liturgischer Steigerungsformen geschleust zu werden. Im Gegenteil, die häufig begangene Überschwänglichkeit nach dem kurz angebundenen Schuldbekenntnis verschiebt die natürlichen Verhältnisse und verhindert den ungehinderten Verlauf des eucharistischen Motivs eines Gottesdienstes. Der wahre Fluss des Lebens aus der Eucharistie verblasst unwillkürlich in eine tiefe Lethargie irdischer Abhängigkeiten.

So einfach das klingt, so einfach müssen das neue Zeitalter und eine neue Kultur der Gottesverehrung in der Kirche Einzug nehmen, diese heißt Demut. Christus selbst ist in ärmlichen Verhältnissen auf die Welt gekommen, hat unsagbare Mühen auf sich genommen unter der Sonne Palästinas, um es anschließend unter schaurigsten Bedingungen wieder verlassen zu müssen. Nichts davon wird in Erinnerung gerufen, wenn man die mannigfaltige liturgische Ordnung und deren pompöse Ausgestaltung an Weihnachten oder an Ostern nördlich vom Äquator betrachtet. Wie sollte die Eucharistie den Dank der Gemeinde ausdrücken, wo es in der Gottesdienstversammlung doch noch nicht mal zum authentischen Gedenken gereicht. Die Eucharistie kann aber ohne das Gedenken nicht existieren und erlischt ebendies im Verlangen der Christen nach Wahrheit und Authentizität.

Im Altarssakrament kommt der Herr dem als Abbild Gottes (vgl. Gen 1,27) geschaffenen Menschen entgegen und wird sein Weggefährte, deutet der Papst einleitend im zweiten Absatz, *die Speise der*

Wahrheit, von *SACRAMENTUM CARITATIS.* In diesem Sakrament würde sich der Herr nämlich zur Speise für den Menschen, der nach Wahrheit und Freiheit hungert, machen. Da allein die Wahrheit uns wirklich frei machen kann (vgl. Joh 8,36), mache sich Christus für uns zur Speise der Wahrheit. Und Papst *Benedikt* fährt fort:

In scharfsinniger Kenntnis der menschlichen Wirklichkeit hat der heilige Augustinus verdeutlicht, wie der Mensch sich freiwillig, und nicht unter Zwang, regt, wenn er auf etwas bezogen ist, das ihn anzieht und in ihm ein Verlangen erweckt. Als der heilige Bischof sich dann fragt, was den Menschen wohl letztlich im Innersten bewegen könne, ruft er aus: „Wonach verlangt die Seele denn brennender als nach der Wahrheit?" (2) Tatsächlich trägt jeder Mensch das unstillbare Verlangen nach der letzten und endgültigen Wahrheit in sich. Darum wendet sich Jesus, der Herr, „der Weg, die Wahrheit und das Leben" (Joh 14,6) dem schmachtenden Herzen des Menschen zu, der sich als dürstender Pilger fühlt, dem Herzen, das sich nach der Quelle des Lebens sehnt, dem Herzen, das um die Wahrheit ringt. Jesus Christus ist ja die Person gewordene Wahrheit, die die Welt an sich zieht. „Jesus ist der Polarstern der menschlichen Freiheit; ohne ihn verliert sie ihre Ausrichtung, denn ohne die Erkenntnis der Wahrheit entartet die Freiheit, sie isoliert sich und wird zu steriler Willkür. Mit Jesus findet sich die Wahrheit wieder". (3) Im Sakrament der Eucharistie zeigt Jesus uns im Besonderen die Wahrheit der Liebe, die das Wesen Gottes selbst ist. Diese im Evangelium begründete Wahrheit geht jeden Menschen und den ganzen Menschen an. Die Kirche, die in der Eucharistie ihre lebensnotwendige Mitte findet, bemüht sich darum unablässig, allen zu verkündigen, dass Gott Liebe ist, ob man es hören will oder nicht (vgl. 2 Tim 4,2). (4) Gerade weil Christus für uns zur Speise der Wahrheit geworden ist, wendet sich die Kirche an den Menschen und lädt ihn ein, das Geschenk Gottes frei anzunehmen.

Bis wir die im Gottesdienst mit chirurgischer Präzision aufgeblähte Zeit überwunden haben, um den Punkt zu erreichen, an dem die Eucharistiefeier an sich „eingeläutet" wird, müssen wir uns erst einmal wieder an das Gedenken selbst erinnern. Das ist alles andere als ein Kontext, kein Fluss, sondern bruchstückhaftes Stümpern. Während also der Gottesdienst ein Zweiteiler ist und Wortgottesdienst von der Eucharistie trennt, müßte neben unveränderlichen Bestandteilen wie den Lesungen und dem Evangelium das Schuldbekenntniss näher an die Eucharistie gerückt, den Gläubigen ungehindert ins Zentrum der eigentlichen Eucharistie mitnehmen. Belohnt wird auch der Seelsorger, der nicht ausladend predigt, denn ihm werden die „Schäfchen" auch am Ende einer Feier nicht entlaufen und andere Predigten sind es eh nicht wert, beigewohnt zu werden. Unsere Sinne brauchen nicht mehr, sondern weniger und sie sehnen sich im Alltag nach der Nahrung, dem reinen Manna, der Eucharistie, welche die Seelen nähren kann zu einer Zeit spiritueller Dürre.

Jeder von uns Gläubigen glaubt aufgrund seiner religiösen Überzeugung an den Allmächtigen, den Herrn und Schöpfer, den ewigen Gott im Himmel. Aber jedes Wesen braucht auch mehr als diesen nackten Glauben in seiner Lauterkeit und Abstraktheit, der für die Engel taugt und ihnen angemessen ist, da sie Gott in geistiger Weise sehen und lieben, mit ihm die geistige Natur teilen und die Fähigkeit besitzen, Gott zu schauen. Wir müssen uns ein „Bild" von Gott machen, und dieses besteht aus den wesentlichen Eigenschaften, die wir Gott zuschreiben, um seiner absoluten, unendlichen Vollkommenheit einen Namen zu geben. Je mehr sich die Seele in sich selbst zurückzieht, desto mehr gelingt es ihr, zu einer richtigen Erkenntnis Gottes zu gelangen. Das ist es, was wir den „innewohnenden Gott" nennen. Das wahre Gebet kommt aus der Tiefe unseres Herzen, aus unserem Leiden, aus unserer Freude, aus unserer Suche nach der Vergebung der Sünden. Das ist der Weg, um den wahren Gott zu erkennen, und damit auch sich selbst, denn nach Ihm sind wir geschaffen. Der „innewohnende Gott" bedeutet einfach Gott, den unsere Seele fühlt und wahrnimmt, und man versteht dies nicht mehr als eine unwirkliche Idee, sondern als wirkliche Gegenwart Gottes, die eine neue Kraft und einen neuen Frieden vermittelt.

Unser Übel besteht darin, nur den Buchstaben zu verstehen statt den Sinn des Wortes Gottes. Gott gibt Sicherheit. Wenn du ihn fühlst, dann bedeutet das, dass du fähig wirst, nicht nur den Begriff der schrecklichen Majestät Gottes zu erfassen, sondern auch jenen der zärtlichsten Vaterschaft Gottes. Das heißt, dass, wenn alle Welt dich ungerecht verurteilen und verdammen würde, ein Einziger, Gott, der Ewige, der dir Vater ist, dich nicht verurteilt, sondern dich freispricht und tröstet. Das heißt, dass du in der Abgeschiedenheit eines Kerkers oder einer Wüste stets den vernimmst, der zu dir spricht und sagt: „ S e i h e i l i g , u m s o z u s e i n w i e d e i n V a t e r . " Das heißt, dass man aus wahrer Liebe zu diesem Vatergott, als den man ihn schließlich erkennt, annimmt, was er uns schickt, ohne menschliche Überlegungen anzustellen; dass man wirkt, empfängt oder belässt, und nur daran denkt, Liebe mit Liebe zu vergelten und Gott mit unseren eigenen Werken so weit als möglich nachzuahmen.

D i e L i e b e f ü h r t z u m G e h o r s a m . Gott nachahmen ist auch eine Art des Gehorsams, denn Gott selbst sagt, dass er uns nach seinem Bild und seiner Ähnlichkeit erschaffen hat. Wir vergessen, dass wir gefallen sind, und dass Gott uns wieder in unseren Anfangszustand zurückbringen will. Mehr noch, noch weiter will er euch bringen. Die Vollkommenheit Adams konnte durch die Liebe noch gesteigert werden, und durch sie wäre er, als Abbild Gottes, seinem Schöpfer noch ähnlicher geworden. Adam wäre ohne den Makel der Sünde ein klarer Spiegel Gottes gewesen, und daher sage ich: „ S e i d v o l l k o m m e n , w i e e u e r V a t e r i m H i m m e l v o l l k o m m e n i s t . " W i e d e r V a t e r , a l s o w i e G o t t . I c h b i t t e e u c h e r i n n e r t e u c h a n d i e s e W o r t e u n d w e n d e t s i e f ü r e u r e S e e l e n a n .

Letztlich muss also der Versuch scheitern, Gott auf eine menschliche Wahrnehmungsebene zu reduzieren, denn Er lässt sich ganz bestimmt nicht vom unbußfertigen Menschen dessen Luftschlösser aufwängen. Die Gedanken sind frei und sind dennoch der Ursprung allen Handelns. Gutes oder Böses, das dem Herzen entspringt und die Früchte eines jeden Menschen aufzeigen. Mit der geistigen Willensfreiheit obliegen wir der

Einladung zu unterscheiden. Jeder Mensch ist deshalb von Natur aus befähigt, äußerer Beeinflussung zu fliehen beziehungsweise zu trotzen mit dem geordneten Haushalt und der Hygiene seines eigenen Gedankenstroms. Der Mensch lässt sich jedoch zu oft in die Sackgasse führen, von einem ungeprüft verinnerlichten Weltbild, weil er zu gern verdrängt, dass er indirekt von Gott stammt und nicht nur der Willkür der Natur entspringt.

Bevor möglicherweise ein Gläubiger den äußeren Atheismus zu bekämpfen begeht oder gar verurteilt, muss er insofern zunächst selbst innehalten und sich an die eigene Brust klopfen beziehungsweise fragen, inwieweit er seinen inneren Atheismus täglich aufs Neue besiegt. Dieser Tiefgang im Schuldbekenntnis aber beansprucht Zeit, das Wertvollste, das ein Gläubiger Gott schenken kann, die Zeit mit Gott in der Stille und Übereinkunft. Der Gottesdienst sollte genau das beschreiben in all seinen Facetten. Die Komponente Zeit dabei möglichst unterhaltsam zu fristen, ist keine Alternative, sondern die Leugnung seiner selbst. Die Zeit ist jener Faktor, in dem der Mensch sich in all dem Trubel für einen langen Augenblick zunächst selbst fragen muss, wer er ist vor Gott, um dann den Funken springen zu sehen, in dem man sich fallen lässt im ewigen Gedanken des Heils.

Erinnert ihr euch nicht an die doppelte Festfreude, die in Zeiten des Friedens den Tag des Herrn erfüllte? Die große Glocke gab mit ihrem tönenden Klöppel im Namen des göttlichen Gesetzes den ersten Ton an. Sie sagt: „Ich spreche im Namen Gottes, des Richters und Königs." Dann aber setzen die kleinen Glocken mit ihrem Harfenklang ein: „Denn er ist gut, barmherzig und geduldig", bis die kleinste Glocke mit ihrer silberhellen Engelsstimme sprach: „ S e i n e L i e b e s p o r n t e u c h a n , V e r z e i h u n g u n d M i t l e i d z u ü b e n , u m e u c h z u l e h r e n , d a s s d i e V e r z e i h u n g v i e l n ü t z l i c h e r i s t a l s d e r G r o l l u n d d i e B a r m h e r z i g k e i t b e s s e r a l s d i e U n e r b i t t l i c h k e i t . K o m m t z u d e m , d e r v e r z e i h t . H a b t V e r t r a u e n a u f d e n , d e r m i t e u c h f ü h l t . "

Menschen würden dazu neigen, dem eigenen Denken gegenüber unkritisch zu sein, stellt auch *Till Raether* im Herbst 2013 für das *SZ-Magazin* fest: Wenn ich denken würde, ich hätte versagt, dann werde das schon stimmen. Wir würden versuchen den Leuten beizubringen, dass das nur Gedanken seien und jeder selbst entscheiden könne, ob er diesen Gedanken folge und sich von ihnen provozieren lasse oder nicht, attestiert *Raether*. *Burkhard Meyer-Sickendiek*, der mit *Tiefe. Über die Faszination des Grübelns* vor ein paar Jahren ein Buch zum Thema geschrieben hat. Darin stellt er fest, dass wir hier von zwei verschiedenen Dingen sprechen würden: Grübeln im romantischen Sinne sei eine Denkweise, die den Dingen auf den Grund zu gehen versuche, während das Grübeln im medizinischen Sinne sich ziellos im Kreis drehen würde. Diese zweite Spielart des Grübelns würde in der Fachsprache „Rumination" genannt.

„Grübeln ist immer dann schädlich, wenn der Handlungs- oder Problemlösungsbezug fehlt", warnt auch *Tobias Teismann*, der an der Ruhr-Universität Bochum zum Thema depressives Grübeln forscht. Eigentlich sei es seltsam, dass es so etwas wie „Grübelgruppen" nur für Menschen gebe, die in ihrem Gedankenkarussell gefangen seien und darüber depressiv würden, unterstreicht *Raether*. Eigentlich müssten wir Grübelgruppen gründen, in denen wir das Grübeln als Kulturtechnik wieder lernen oder ganz neu lernen. Je komplexer das Leben geworden sei, desto mehr Anlässe gäbe es, über Dinge nachzudenken. In den Neunzigerjahren hätte Ablenkung als wichtigstes Mittel gegen depressives Grübeln gegolten, und die Versuchung sei groß, das auf die ganze Gesellschaft zurechtzubiegen: Wir seien perfekt darin, uns abzulenken – nicht nur, um nicht in depressives Grübeln zu verfallen, sondern wir würden uns ablenken, um überhaupt nicht mehr nachdenken zu müssen, analysiert *Raether*. Die Augenblicke, Minuten oder vielleicht sogar Viertelstunden, in denen Menschen früher gewissermaßen zum Nachdenken gezwungen gewesen seien, würden wir heute mit Ablenkung füllen. Man möge die Beispiele gar nicht aufzählen, weil man sich sofort wie ein kulturpessimistischer Waldschrat anhöre, aber man müsse sich einfach ein paar Kopfhörer vorstellen, ein Smartphone, auf dem Rechner immer ein halbes Dutzend Fenster offen mit witzigem Kleinkram, und so weiter. Raether schließt, dass wir über dem Grübelvermeiden das Nachdenken verlernt hätten.

Seit Jahrhunderten besteht ein Kampf zwischen dem Ewigen und Satan, der durch seinen ersten Sieg über den Menschen hochmütig geworden ist und zu Gott gesagt hat: „Deine Geschöpfe werden für immer mir gehören. Nichts, weder die Strafe noch das Gesetz, das du ihnen geben willst, werden sie befähigen, sich den Himmel zu verdienen, und diese deine Stätte, aus welcher du mich verbannt hast, mich, den einzigen Intelligenten unter deinen Geschöpfen, wird leer bleiben, unnütz und traurig, wie alles, was nutzlos ist." Der Ewige aber antwortete dem Verfluchten: „So wird es sein, solange dein Gift allein den Menschen beherrscht. **Doch ich werde mein Wort senden, und dieses Wort wird dein Gift unschädlich machen und die Herzen von der Torheit heilen**, *mit dem du sie verteufelt hast, und sie werden zu mir zurückkehren. Wie verirrte Schafe, die den Schäfer wiederfinden, werden sie in meinen Schafstall zurückkehren, und der Himmel wird bevölkert werden, denn für sie habe ich ihn erschaffen. Und du wirst mit deinen schrecklichen Zähnen in ohnmächtiger Wut knirschen, unten in deinem fürchterlichen Reiche, dem Gefängnis der Verdammten, und die Engel Gottes werfen den Stein auf dich und versiegeln es, und Finsternis und Hass werden dich und die deinen treffen, während den Meinen Licht und Liebe, Musik und Seligkeit, unendliche, ewige und wunderbare Freiheit geschenkt wird." Und darauf hat Satan unter schauderhaftem Gelächter geschworen: „Bei meiner Hölle schwöre ich, dass ich kommen werde, wenn die Stunde da ist. Ich werde mich überall unter die Bekehrten mengen, und dann werden wir sehen, wer von uns beiden der Sieger sein wird."*

Der Hass gegen Gott und den Menschen treiben ihn zu dem Versuch, die Frucht der Menschwerdung zu zerstören. Der Hass ist so groß, dass er zur Dummheit wird, Christus zur Sünde zu versuchen.

Ja, Satan stellt den Menschen nach, um sie zu sieben. Und auch der Erlöser prüft die Menschen, um sie zu bewerten. Die Gegner sind zwei: Christus und er. Die Menschen sind in der Mitte. Der Zweikampf der Liebe mit dem Hass, der Weisheit mit dem Nichtwissen, des Guten mit dem Bösen wird über den Menschen und um sie herum ausgetragen. Um die Schläge des Bösen von ihnen abzuwehren, genüge der Erlöser. Er wird sich zwischen das Sein der Menschen und die satanische Waffe stellen und lässt sich an deren Stelle verwunden, wie er sie liebt. Doch die innerlichen Schläge müssen sie selbst mit ihrem Willen abwehren, zu Christus kommen und auf seinem Wege wandeln, der die Wahrheit und das Leben ist. Wer den Himmel nicht will, wird ihn nicht haben. Wer nicht fähig ist, ein Jünger Christi zu sein, ist leichte Spreu, die der Wind der Welt mit sich fortträgt. Wer ein Feind Christi ist, ist schädlicher Samen, der im satanischen Reiche keimen wird.

Entsprechend den Aussagen des katholischen Kirchenvaters *Augustinus* in seinem Werk *Über die wahre Religion* ist es möglich „den katholischen Glauben gegen ihre Angriffe zu sichern und mit den Beweisgründen, die der Herr uns darreichen mag, möglichst dafür Sorge zu tragen, dass jene Irrlehren die Herzen der Mensch nicht verwirren und zur Zustimmung verleiten". Diese Mühe kann kein anderer auf sich nehmen als ein jeder für sich selbst, weil jede zweckgebundene Bevormundung auf Kosten der Selbstständigkeit des Einzelnen und damit auf Kosten seines Glaubens geht. Erst dann kann sich der Frieden von innen nach außen ausbreiten und das Reich Gottes auf einem fruchtbaren Boden bestellt werden.

Auch die sexuelle Freiheit ließe sich am besten von innen nach außen verbreiten und nicht umgekehrt. Mit dem täglichen Geschlechtsakt ist leider für viele Paare der Bedarf an ehelicher Einheit gedeckt, ohne auch nur einen Schritt weiterzugehen, um der alltäglichen Einfalt gebührend entgegenzutreten. Nach nur wenigen Jahren und meist zur Mitte des Lebens verebbt die

Bindung dann völlig. Was die wenigsten Menschen jedoch berücksichtigen, ist, dass die Qualität ihrer emotionalen Bindung durch die Qualität ihres körperlichen Kontaktes bereichert werden kann, ja sogar mitbestimmt wird bis ins hohe Alter hinein. Die physische Struktur eines jeden Menschen wird in der Praxis von einem Energiefeld umwoben und unterhält mehrere Knotenpunkte im Körper, die in entsprechenden Fachkreisen als Chakra benannt sind und im Wesentlichen auch mit dem Herzen als Zentrum aller Lebensenergie verbunden sind und es auch inspirieren. Beim Geschlechtsakt können diese Chakras eingebunden werden, aber nur in dem Maße wie Mann oder Frau tatsächlich bereit sind für eine harmonische Verschmelzung, anstatt nach der Steigerung im Höhepunkt zu gieren und letzteren penetrativ zu vollziehen. Das Paar nimmt die durch den Akt vollzogene Verschmelzung ihrer Energiefelder als erfüllte Einheit um ihre Herzen lange bewusst wahr, ohne physische erneut aktiv werden zu müssen, je nachdem, wie stark die Tiefenwahrnehmung eines Menschen entwickelt ist. Sie spüren nur nach und in sich hinein mit sehr viel Liebe für Gottes Schöpfung in seinem unmittelbaren Nächsten. Am Ende wird der Akt sogar überflüssig wie zum Beispiel im hohen Alter, weil Energien verschmelzen in der Initiative der Liebe füreinander. Natürlich ist die Liebe zum Schöpfer immer die Basis für eine funktionierende Kraftquelle und eine positive Einstellung.

Gehorsam, solange dieser nicht die Zustimmung zur Sünde bedeutet. Die Frau soll zwar unterwürfig sein, darf sich jedoch nicht entwürdigen lassen. Achtet darauf, ihr Gattinnen, dass nach Gott der Erste, der eine gewisse sündhafte Nachgiebigkeit bei euch richtet, euer eigener Gatte ist, der euch vielleicht dazu verleitet. Nicht immer ist es Liebesbedürfnis, sondern oftmals eine Prüfung eurer Tugendhaftigkeit. Wenn ihr auch im Augenblick nicht daran denkt, so kann doch der Tag kommen, da der Gatte sich sagt: „Meine Frau ist sehr sinnlich", und deshalb an eurer ehelichen Treue zweifelt. Seid keusch in euren ehelichen Beziehungen. Bewirkt, dass eure Keuschheit eurem Gatten jene Zurückhaltung auferlegt, die man reinen Dingen gegenüber übt, und dass er euch wie seinesgleichen behandelt und nicht wie Sklavinnen oder Konkubinen, die nur dem „Vergnügen" dienen und verstoßen werden, sobald sie nicht mehr gefallen. Die tugendhafte Frau, ich will sagen, die Frau, die auch nach der Heirat ein gewisses jungfräuliches „Etwas" in ihren Worten, Handlungen und in der Hingabe in der Liebe bewahrt, kann ihren Mann von der Sinnlichkeit zum wahren Gefühl erheben, so dass er sich von der Wollust befreit und wirklich Eins wird mit seiner Gattin; die er dann mit der Rücksicht behandelt, mit der man einen Teil seiner selbst behandelt. Und das ist auch recht, denn die Frau ist „Bein von seinem Bein und Fleisch von seinem Fleisch" und niemand misshandelt sein eigens Fleisch und Bein; vielmehr liebt man es. Deshalb sollen sich die Gatten – wie das erste Ehepaar – nicht in ihrer sinnlichen Nacktheit betrachten, sondern sich in geistiger Weise und ohne erniedrigende Schamlosigkeit lieben.

Ein oberflächlicher Akt hat insofern zur Folge, dass die Energiezentren insbesondere in der Nähe vom Herz nur ansatzweise angeregt werden und mit dem Abklingen einer flotten genitalen Erregung nach kürzester Zeit verebben. So ein Geschlechtsakt kann die Sinne vielleicht über eine kurze Zeit befrieden, aber es ist nur ein Stillhalten, bis das nächste Bedürfnis erwacht. Dahinter steckt nichts weiter als genitale Befriedigung. Die Paare „befrieden" ihre Sinne nach kurzer Zeit in Folge wieder, bis sich ein rein mechanisches Gewohnheitsgefüge ergibt, das über kurz oder lang die beste Beziehung zerstört, weil der Akt bei aller körperlicher Ertüchtigung doch nur an der Oberfläche kratzt und allenfalls als sportliche Ertüchtigung taugt, die maßgeblich auf sich selbst bezogen bleibt. Gute Laune schließlich von der Quantität erfolgreicher Orgasmen abhängig zu machen, das ist der weit verbreitete Trugschluss in einer kurzatmigen Gesellschaft, der letztlich in allen Schichten auszumachen ist.

Als Konsequenz abflachenden Lustempfindens im selbst erzeugten Befriedigungszwang erwacht nun aus dem Schlaf der Selbstgefälligkeiten die Sehnsucht nach einer neuen Qualität der Beziehung, aber logischerweise mit einem neuen Partner, weil man die Schuld immer dem anderen gibt. Der Traum sexueller Selbstbestimmung endet gewöhnlich im Albtraum und entpuppt sich einmal mehr als Utopie. Dass die Scheidungsrate vor den Pforten der christlichen Kirchen nicht Halt gemacht hat, auch das pfeifen mittlerweile die Spatzen von den Dächern. Mit der Scheidung endet aber der Prozess der Selbsttäuschung nicht, wie vielfach behauptet, sondern darin entfaltet er vollends seine zerstörerische Wirkung in der Mitte eines Menschenlebens. Nirgends sucht der Mensch mehr den Tiefgang als in der Täuschung seiner selbst.

Wenn die Eucharistie die Unwiderruflichkeit der Liebe Gottes in Christus zu seiner Kirche ausdrückt, wird verständlich, warum sie in Beziehung zum Sakrament der Ehe jene Unauflöslichkeit einschließt, nach der sich jede wahre Liebe unweigerlich sehnt (91), erklärt Papst Benedikt im neunundzwanzigsten Kapitel Eucharistie und Unauflöslichkeit der Ehe. Darum ist die pastorale Aufmerksamkeit mehr als gerechtfertigt, die die Synode den schmerzlichen Situationen gewidmet hat, in denen sich nicht wenige Gläubige befinden, die sich nach einer sakramentalen Trauung haben scheiden lassen und eine neue Verbindung eingegangen sind. Es handelt sich um ein dornenreiches und kompliziertes pastorales Problem, eine wahre Plage des heutigen sozialen Umfelds, die in zunehmendem Maße auch auf katholische Kreise übergreift. Die Hirten sind aus Liebe zur Wahrheit verpflichtet, die verschiedenen Situationen genau zu unterscheiden, um den betroffenen Gläubigen in angemessener Weise geistlich zu helfen. (92) [...]

Dennoch, bei all der sexuellen Schöpfungskraft, die in den letzten Jahrzehnten zu Tage gefördert wurde, die energetische Stimulierung ist verhängnisvollerweise selten ein Gesichtspunkt für die Qualität des Aktes geschweige denn für die Ehe. Ihr geht dadurch das Nachspüren in der Tiefe gänzlich abhanden. Um aber im Sinne Genesis fortzuschreiten mit der Beschreibung von Mann und Frau als ein Fleisch, bedarf es heute im Biologieunterricht auch einer Unterweisung über die Anatomie des menschlichen

Energiefeldes. Letztendlich den eigenen Körper in bestimmten Partien nachzuspüren, will freilich bereits vor dem Abenteuer der Ehe spielerisch gelernt und geübt sein, z. B. bei einer Einführung in Yoga, damit später die Ehe nicht zur Sackgasse oder der Partner zum Spielball der physischen Lüste werden muss. Die physische Einheit von Mann und Frau im Dienste der Zeugung lässt somit weitaus mehr Spielraum, als die Boulevardpresse offenlässt oder in vielen Schlafzimmern bekannt ist. Die Scheidung als Ausgang für sexuelle Phantasielosigkeit zu rechtfertigen, sollte deshalb im 21. Jahrhunderts längst auch unter Katholiken verpönt sein.

Die *SZ* berichtet im Januar 2015 in ihrer Gesellschaftsrubrik davon, dass die beiden Autoren, *Micha Betz* und *Andy Stark*, aus der amerikanischen Pick-up-Szene, in der Männer anderen Männern erklären, wie man Frauen am besten rumkriegt, einen Ratgeber für Männer geschrieben hätten, die Frauen gut behandeln und so bald wie möglich heiraten wollten. Ein Drahtseilakt, so *Charlotte Theile* für die *SZ*. Denn die „Nice-Guys", die netten, hilfsbereiten Jungs, wie es sie in den freikirchlichen Gemeinden zu Tausenden gebe, würden auch bei Christinnen nicht so richtig Erfolg haben. „Der Grund ist, dass Frauen – und seien sie noch so fromm und erfüllt vom Heiligen Geist – immer noch Frauen sind", so erklären es die beiden Autoren gleich zu Anfang des Buches. Das steht da gleich fettgedruckt, damit es die verunsicherten Nice Guys nicht überlesen könnten. Und Frauen „wollen begehrt und erobert werden, einen Mann verzaubern und erfüllende Sexualität erleben".

Versteht jedoch das Paar seine Erektion in einer Absicht zu vollziehen, mit der es in eine energetische Harmonie mit dem Partner tritt, federt dieses ihren Spieltrieb ab. Das Paar kann damit dem mächtigen und ewigen Befriedigungswahn entkommen, um quasi gegenseitig und gleichberechtigt zur erquickenden Verschmelzung einzuladen. Das ist natürlich ein Drahtseilakt wie alles im Leben, aber die Ekstase kann dann schließlich in der höchsten Aktivität und Einheit beider Seelen erfolgen, statt wie gewohnt im physischen Befriedigungswahn. Der Akt ist dann im Pulsschlag der Liebe auszumachen, während der Orgasmus zu einem natürlichen Bestandteil im Hochgenuss der Gemeinschaft die zu relativierende Position eines physischen Vorgangs der Zeugung einnimmt. Auch hier gilt, wie oben im Text an anderer Stelle schon mal gesagt wurde: Weniger ist mehr.

Ein Paar kann den Akt über die physische Einheit hinaus als energetische Vermählung erleben, wenn es geistig offen dafür ist. Nur der Glaube, in dem Gott Bezugs- und Angelpunkt ist vor allen Menschen (auch vor dem Partner), kann die Basis bilden für eine geistige Öffnung. Es ist der Moment, in dem die leiblichen Vorzüge überwunden werden für eine dauerhafte Kommunikation der Seelen, die sich mit dem Herzen als das irdische Zentrum des Menschen auf die übersinnliche Liebe konzentriert. Nur die übersinnliche Liebe erweist sich der Ehrfurcht vor der Schöpfung würdig und zeigt Dankbarkeit vor Gott. Sie allein vermag es, der Fleischeslust im Akt kraftvoll zu trotzen.

So sieht sexuelle Aufklärung im 21. Jahrhundert aus. Indes ist Gott gar nicht so prüde (wenn man die Regeln beachtet), wie im Vergleich dazu manch säkulare Bettgeschichte zu erzählen vermag. Das, was Menschen seit Urzeiten unbewusst begangen haben, müssen sie heute nur wieder mühsam von Kindesbeinen an erlernen, weil ihnen die sogenannte sexuelle Emanzipation die Würde des leiblichen Geschlechtsaktes genommen hat und die rasenden Bewegungen in einer pluralistischen Gesellschaft der Liebe nicht mal die Zeit zum Atmen lässt. Woher also soll die Harmonie kommen oder wie sollte sie überleben können, wenn sie erfolgreich zustande kommt? Harmonie ist nicht irgendein Hokuspokus, sondern entsteht in der zeitlichen Abfolge, das heißt, es geht nicht ohne den Faktor Zeit. Zeit muss man sich nehmen, um „der Stille zu lauschen, wenn man hören will, wie die Seele ergriffen wird", attestiert *Mutter Teresa*. Meist nimmt man sich diese Zeit nur bei einer Zigarette, was nicht weniger als zum Suchtverhalten führt. Zeit ist so ziemlich das wertvollste Gut, das wir Menschen auf allen Kontinenten gleichermaßen von Natur aus besitzen. Um etwas zu erreichen, muss in sie investiert werden. Es erfordert auch Zeit, hinter das Geheimnis der harmonischen Liebe zu kommen, das zwischen Gott und Seinem Geschöpf herrschen kann. Wir können noch so arm sein vor Gott in jederlei Hinsicht, wenn wir Ihm in sinnvoller Weise unsere Zeit sozusagen als Liebeserweis anbieten, sind wir wohlhabender als der materiell reichste Mensch dieses Planeten.

Je bewusster also ein Mann oder eine Frau sich dem Fluss des Lebens aus Gott durch den Glauben beigeben, desto weniger drängt sich im Alltag der sexuelle Antrieb auf, der irrtümlicherweise nicht ausschließlich von der Libido (so auch Sigmund Freud), sondern mitunter von der Natur, folglich vom irdischen Antrieb des Überlebensinstinkts eines Menschen herrührt und spielend leicht vom menschlichen Bewusstsein als solchen ausgemacht werden kann. Erfahrungen aus Kindheit und Jugend spielen vermutlich eine Rolle, wie sich der Mensch entwickelt, etwa sexuelle Übergriffe oder eine übersexualisierte Atmosphäre im Elternhaus legen die Grundlage für ein hypersexuelles Verhalten.

Der Sünder ist weit mehr unrein als das Schwein. Diese Tiere sind so erschaffen worden und es ist nicht ihre Schuld, dass sie sind, wie sie sind. Der Mensch hingegen ist dafür verantwortlich, wenn er durch die Sünde unrein ist.

Die Anordnung, sie als unrein zu bezeichnen, hat einen übernatürlichen und einen natürlichen Grund. Der erste ist dieser: das auserwählte Volk zu lehren, sich seine Auserwählung und seine menschliche Würde vor Augen zu halten, sogar bei einer so gewöhnlichen Beschäftigung wie dem Essen. Der Wilde ernährt sich von allem, wenn er nur seinen Bauch füllen kann. Auch der heidnische Mensch, selbst wenn er kein Wilder ist, isst alles und überlegt nicht, dass all zu vieles Essen im Menschen erniedrigende Laster und Neigungen entfacht ... Ein Kind des Volkes Gottes muss sich zu enthalten wissen und sich im Gehorsam und in der Weisheit vervollkommnen, indem es seinen Ursprung und sein Ziel vor Augen behält, nämlich Gott und den Himmel.

Der natürliche Grund lässt uns die Speisen meiden, die im Menschen entwürdigende Leidenschaften entfachen. Die Liebe, auch die fleischliche, ist ihm nicht verwehrt, doch muss sie stets mit der Frische der zum Himmel strebenden Seele gemäßigt werden. Liebe soll also nicht Sinnenlust, sondern ein Gefühl von Zuneigung sein, die den Mann an seine Gefährten bindet, in der er den Menschen seinesgleichen sieht und nicht das Weib.

Die armen Tiere aber haben keine Schuld, weder daran, dass sie Schweine sind, noch daran, dass ihr Fleisch auf die Dauer gewisse Auswirkungen im Blut hervorrufen kann. Und noch weniger schuldig sind die Hüter dieser Tiere. Wenn sie ehrlich sind, was ist dann im anderen Leben für ein Unterschied zwischen ihnen und einem Schriftgelehrten, der sich über Bücher neigt und aus ihnen leider das Gutsein nicht lernt? In Wahrheit sage ich euch, wir werden einst Schweinehirten unter den Gerechten und Schriftgelehrte unter den Ungerechten finden.

Fleisch ist Fleisch, und Satan ist Versuchung. Und die Versuchung benützt ein Instrument, um Gott in seinem Herzen und seinen heiligen Geboten zu bekämpfen, das Fleisch, das den Mann erregt: die Frau. Und siehe die Kraft des Starken zittert, und er wird ein Schwächling, der die Gabe Gottes vergeudet.

Der historische Satz von *Immanuel Kant* klärt auf: „Habe Mut dich deines eigenen Verstandes zu bedienen." Wer das nicht tut, wird unwillkürlich von seinem unmittelbaren Umfeld gesteuert, manipuliert und verraten. Nicht nur der deutschen Geschichte, sondern auch der Gegenwart ist abzulesen, dass, wo Menschen das Ruder ihres Innenlebens aus der Hand geben, sie Menschen in ihrem Umfeld einladen, es zu ihren Diensten zu gebrauchen, bewusst oder unbewusst. Im Gegenzug übernimmt der unsichtbare geistige Führer das vermeintliche Gewissen, Entscheidungen und vor allem den Überbau an ungeklärtem Gedankengut.

Eine Last, mit der wie oben beschrieben ein Großteil der Menschen, ob gläubig oder atheistisch, nicht zurechtkommt.

Hier schließt sich der Kreis zur Eucharistie bei Katholiken beispielsweise wieder in der gemeinsamen Ehrerbietung des Altarsakramentes. Nicht mit großen Worten, sondern im Geist, zumal Geist und menschliches Energiefeld eng verknüpft sind und zusammenwirken, während die Verbindung zur dreifaltigen Wesenseinheit ebendies geistiger Natur ist. *Nun ist er unter Euch, herrliche Traube, die euch den Saft der ewigen Weisheit bringen wird und nichts anderes verlangt, als geerntet und gekeltert und Wein für die Menschen zu werden! ... Wein endloser Freude für jene, die sich mit ihm nähren. Jedoch wehe dem, dem dieser Wein angeboten worden, und von ihm zurückgewiesen wird, und dreimal wehe dem, der ihn nach dem er ihn genossen, ausgespien oder in seinem Inneren mit den Speisen Satans vermischt hat.*

Die Armen bewahren in ihrem Herzen die Perlen der Worte Gottes. Sie sind ihr einziger Schatz. Wer nur einen Schatz hat, der wacht darüber. Wer viele hat, langweilt sich und ist zerstreut, ist hochmütig und sinnlich. Daher bewundert er nicht mit demütigen und verliebten Augen den Schatz, den Gott ihm gegeben hat. Er mischt ihn unter andere Dinge, die nur scheinbar wertvoll sind, Schätze, die den Reichtum der Erde bilden, und denkt dabei: „Es ist eine Herablassung meinerseits, wenn ich die Worte von einem annehme, der mir dem Fleische nach gleich ist." Er stumpft seine Fähigkeit, das zu kosten, was übernatürlich ist, mit dem starken Geruch der Sinnlichkeit ab. Starke Gerüche! Ja, sehr gewürzte, um den Gestank und Verwesungsgeruch zu überdecken.

In der Dunkelheit umherirrend, haben die Menschen ihre eigenen Vorstellungen von Gott, die zumeist nicht so sind, wie Er wirklich in seiner Liebe ist. Die Gläubigen versammeln sich zum Gebet, suchen ihren Weg, suchen die Wahrheit, vergessen aber richtig zu beten. Ihre Lippen sprechen unzählige Worte aus, ihr Geist aber fühlt nichts. Damit ist gemeint, dass das wahre Gebet aus dem Herzen kommen muss und im Geist der Anbetung erfolgt.

Das würde natürlich das besagte Innenleben voraussetzen, denn der Weg des Bewusstseins vollzieht sich von innen nach außen und da der Mensch ein Gewohnheitstier ist, ist dieser mit einer urplötzlichen Kehrtwende nicht zu meistern. Mit einem darüber hinaus ausgeprägten Sinn für unerlaubte Leidenschaften im Gepäck wird der Aufstieg umso steiniger. Dennoch, die Religion bietet mehr Antworten, als vordergründig spekuliert wird. Sich von der energetischen Einheit auch im Alltag leiten zu lassen, würde auch vorbeugen, dass die animalische Gier nach mehr mit dem allbekannt, krankhaft abschweifenden Blick vom eigenen Partner Oberhand gewinnt. Die energetische Einheit dem mechanischen Treiben vorzuziehen und Letzteres nicht gebrauchen zu müssen, schafft Raum für Unbekanntes und ermöglicht den Blickwinkel auf einen erweiterten Horizont in der Erwartung des wahren Lebensgefühls und eines selbstloseren Ich.

Ohne auf natürliche Sexualität verzichten zu müssen, kann einer Partnerschaft damit der mangelnde Hauch von Spiritualität verliehen werden, denn „wer Sexualität und Spiritualität zu Feinden macht, der zerreißt das menschliche Herz", so lautet einer der Lehrsätze des renommierten Psychologen und Therapeuten *Wunibald Müller*. Und zerrissene Seelen würden leichter irre gehen. Zum Beispiel, wer sich heute entschließt, zölibatär zu leben, so Priesterseminarleiter *Dr. Franz Joseph Baur*. Die Vorstellungen vom Zölibat seien oft jugendlich, unausgewachsen – ins Priesterseminar würde es deshalb oft die Übereifrigen drängen, denen der Sex als Sache des Teufels gelte. Gerade junge Priesterkandidaten würden sich oft durch eine problematische Schärfe in der Abgrenzung zu allem Sexuellen auszeichnen, hat der Regens *Joseph Bauer* aus München beobachtet. Das müsse dann eingeholt werden. Ein wenig mehr Milde im Umgang mit sich selbst wünscht *Dr. Baur* deshalb manchen seiner Zöglinge.

So wenig aber der Zölibat im Grunde die manifesten Triebtäter anzieht, so attraktiv sei er allenfalls für junge Männer, die sich sexuell ein Rätsel seien, attestiert *Patrik Schwarz* im Februar 2010 in einem Artikel für die ZEIT als Antwort auf die Bekanntmachung der zurückliegenden Missbrauchsfälle im deutschen Ableger des Jesuitenordens und anderen Orten. Unter dem Dach der Kirche, so würden nicht wenige hoffen, könnten sie sich des lästigen Themas ihrer Entwicklungsstörungen entledigen und würden im Austausch für den Vorsatz zur sexuellen Abstinenz Zuspruch, Status und ein festes Einkommen erhalten. Würden dann aufgeklärte Ausbilder fehlen, würde es schnell kritisch, denn die Priester würden also die Chance versäumen nachzureifen. Ein so schlecht verstandener Zölibat würde also durchaus Mitschuld am Missbrauch treffen. Und der Zölibat sei ziemlich leicht misszuverstehen, unterstreicht *Schwarz*.

Im Klartext heißt das, wenn ein Priester von sich aus darauf verzichtet, genitale Umarmung zu leben, darf das nicht heißen, dass er sich in irgendeiner Form ein Ventil schaffen darf, das in anderer Weise dem biologischen Spieltrieb freien Lauf lässt, noch darf er ausgelassen hinter verschlossener Tür Hand an sich legen. Für den Zölibat eigenen sich demzufolge solche Kandidaten, die den Verzicht bereits in frühen Jugendjahren spielerisch umzusetzen wussten. Ja, so etwas soll es tatsächlich geben, wenn auch immer seltener. Wer hat das nicht erlebt in der eigenen Jugend, dass Jungen damit brüsten bereits mit einem Mädchen ins Bett gestiegen zu sein oder Mädchen, die offen davon träumen, morgens von ihrem Lover wachgeküsst zu werden. Sie sind die Helden und bleiben die Idole in einer hyperaktiven Gesellschaft. Die eher verborgene Minderheit hingegen bleibt unauffällig mit ihrem Anspruch auch in anderen Bereichen des Lebens, weil alles irgendwie zusammenhängt.

Was aber Hänschen nicht lernt, lernt auch Hans nicht mehr (oder nurmehr mit eisernem Willen), was dazu führt, dass jene, die als Jugendliche schon mit ihrer Sexualität geprotzt haben, es später im Erwachsenenalter auch nicht anders tun, indem sie der Entsagung das Klischee der Verklemmtheit oder Heimlichtuerei anhängen wollen. Das mag bei dem ein oder anderen zutreffen, aber grundsätzlich ist dieses Denken nicht haltbar. Dass nämlich der Verzicht spielerisch durchaus möglich ist, auf diesen Gedanken kommen sie erst gar nicht in ihrer Borniertheit. Im Übrigen gelten die Umgangsformen mit sich selbst, wie bereits mehrfach betont, für jeden wahrhaftigen Gläubigen, ob man nun als Frühreifer unterwegs war oder nicht. Insbesondere eignen sich derlei Maßstäbe ebendies für die Oberhäupter von Familien, denn sie sind die Hirten ihrer kleinen Herde. Nicht zuletzt fördern sie so den mildernden Umstand, wegen sexueller Bedürfnisse, nicht Gewalt an sich selbst oder an seinem Partner üben zu wollen, insbesondere wenn man in der Regel den eucharistischen Leib mit bloßen Händen empfängt.

Gleichermaßen wie die gesundende Gemeinschaft in der Familie oder eine funktionierende Gemeinschaft rund um den Seelsorger empfehlen sich bekannte Formen sportlicher oder musischer Aktivitäten, die in Verbindung mit geistiger Wellness stehen und dem Geist der sexuellen Hyperaktivität, Völlerei, Alkohol- oder übermäßiger Nikotingenuss entschieden entgegentreten können, zum Beispiel zum Abreagieren einer beruflich bedingten Seelenbelastung. Vorzugsweise jene mit auffälligen Makeln behaftete Reglementierung der Liturgie, die einen täglich als leblose Farce anstarrt. Oder um der Notwendigkeit zu begegnen, den eigenen Mann oder Frau zu stellen, wenn inmitten einer durchsexualisierten Gesellschaft Lustempfinden wie frische Brötchen gereicht werden. Auch aus Gründen pädagogischer Verantwortung, um schlichtweg der Bedrängnis in heranflutenden Liebesbedürfnissen von Schutzbefohlenen mit einem kühlen Kopf begegnen zu können.

Samuel zu König Saul: „Du hast töricht gehandelt und die vom Herrn erteilten Befehle nicht befolgt ... Gott kennt die Stunde, nicht der Mensch, Gott kennt die Mittel, nicht der Mensch. Lasst Gott handeln und verdient euch seine Hilfe durch ein gottesfürchtiges Betragen."

Fürchtet nicht, dass das Alleinsein euch in Irrtümer führe! Nein! Wenn ihr es nicht wollt, werdet ihr dem Herrn und seinem

Christus nicht untreu. Übrigens, wer absolut nicht fern vom Messias sein kann, der wisse, dass der Messias ihm Herz und Arme öffnet und sagt: „Kommt!" Kommt ihr alle, die ihr kommen wollt. Bleibt zurück, ihr, die ihr zurückbleiben wollt. Aber predigt Christus, die einen wie auch die anderen durch ein reines, ehrbares Leben. Predigt ihn gegen die Ehrlosigkeit, die sich in zu vielen Herzen einnistet. Predigt ihn gegen die Leichtfertigkeit der Unzähligen, die nicht treu bleiben können; die ihren Schmuck und ihren Gürtel vergessen als Seelen, die zur Hochzeit mit Christus berufen sind. Glücklich habt ihr gesagt: „Seit du zu uns gekommen bist, haben wir keine Kranken und Toten mehr. Dein Segen hat uns beschützt." Ja, die Gesundheit ist eine große Sache. Aber seht zu, dass mein jetziges Kommen euch alle gesunden Geistes macht, für immer und in allem! Daher segne ich euch und gebe euch meinen Frieden, euch, euren Kindern, den Feldern, den Häusern, den Ernten, den Herden, den Obstbäumen. Bedient euch ihrer in Heiligkeit; lebt nicht für sie, sondern durch sie; gebt den Überfluss den Bedürftigen, um damit ein volles Maß des Segens eures Vaters und einen Platz im Himmel zu erwerben.

Indes setzt sich die Spirale der Gewalt unaufhörlich fort, denn die sexuelle Gewalt an sich selbst oder am Partner schwindet auch dort nicht, wo sie zeitweise als Gewissenserneuerung verwischt wird. Sie findet vielmehr verdeckt in der Wiederkehr ihrer gesteigerten Bedürfnisse, dem fortwährenden Kraftakt schamloser, genitaler Betätigung Ausdruck. *Sigmund Freud* erklärt, dass Geistesschwäche eine direkte Folge von Schamlosigkeit sei. Gefangene in einem Teufelskreis, der von physischen Kräften gesteuert wird und unter deren Dilemma eine pluralistisch-liberale Demokratie ihre Geschichte vollendet, denn anscheinend verspricht die Gewalt ihr inneres geistiges Ausbrechen. Gewalt erscheint Erwachsenen wie Jugendlichen als Fluchtweg, um der fatalistischen Hinnahme des Unannehmbaren zu entrinnen. Häufigst stehen dabei neben der alltäglichen verbalen Angriffslust auch ausferndes Aggressionsverhalten an der Tagesordnung. Nicht nur soziale Ungerechtigkeiten oder Arbeitslosigkeit, sondern berufliche Eintönigkeit und personelle Schwierigkeiten am Arbeitsplatz münden im Privatleben und innerhalb der Familie zu dem alles verheißenden Heilmittel, einem explosiven Gemisch mit dem Drang nach sexuellen Exzessen und Gewalt.

In der Vergangenheit hätte man gedacht, Glück bedeute, das Beste aus dem zu machen, was einem gegeben wurde, reklamiert der US-Autor *Richard Powers* im Herbst 2009 in einem Interview mit dem *Stern*. Jetzt sei die Versuchung groß, zu sagen: Das Geheimnis des Glücks würde darin liegen, alle üblen Sachen, die einem zustoßen, loszuwerden und Zufall durch Wahl zu ersetzen. Statt eine innere Antwort auf die Frage nach dem Glück zu suchen und Selbstkontrolle, Selbsterkenntnis und Selbstbeherrschung als die besten Antworten auf das Schicksal zu betrachten, versuche man, die äußere Welt zu beherrschen, so *Powers*.

In einer Zeit, die bestimmt ist von Einschaltquoten, TV-Duellen und Castingshows, ist der Bedarf selbst im gesetzteren Alter ausreichend gedeckt an der Begeisterung für Showmaster. Auch Katholiken haben inzwischen die Welt außerhalb von liturgischen Festungen für sich entdeckt und sich auf die Suche gemacht. Sie suchen, jeder für sich, die Mitte ihres Lebens und verlieren sich selbst. Vielfach führt der ewige Stillstand in der Fehlinterpretation der liturgischen Ordnung als Freibrief auch den Stand des Seelsorgers unaufhaltsam zur Isolierung, der seinen Beruf und Berufung nur mehr als mobiler Moderator einer liturgischen Veranstaltungsreihe in unbeabsichtigter Weise wahrzunehmen sucht. Und natürlich muss eine im Geist des Gläubigen falsch begangene Liturgie als sperriger Unrat in dessen Seele aufstoßen. Es ist so, als wie wenn Sie das erste Kapitel eines Buches nicht in seiner rechten Weise verstehen. Es blockiert sie die ganzen folgenden Kapitel hindurch, bis sie es schließlich weglegen und nie wieder anrühren. Oder Sie verstehen einen Satz in einem Kapitel nicht, dieser hindert sie beständig am Weiterlesen. Nicht selten schlägt die fälschlich begangene Liturgie so auf das Gemüt der Seele im

Menschen, auch im Seelsorger. Im Volksmund heißt es da: „Es zieht mich runter."

Gemeint ist die Seele, die daran gehindert wird, sich im Fluss ersehnter Heiligkeit zu erheben. Ein Kyrie, das nicht als solches begangen wird, sondern die Überleitung zu „Himmelhochjauchzen" im Gloria beschreibt, klammert etwas Erhebliches aus, nämlich die Tiefe in der Demut einer menschlichen Seele. Demut aber ebnet den vielfach ersehnten (und zu oft mit Gewalt ersetzten) geistigen Ausgang, im Bewusstsein der Unvollkommenheit, als Geschöpf dennoch stets vor seinen Schöpfer hintreten zu dürfen, um aus Seiner Gnade zu schöpfen, immer wieder und wieder aufs Neue. Das Gegenteil davon ist, sich als Gläubiger mit der Eucharistie oder dem Allerheiligsten Altarsakrament geistig auf einer Höhe zu wissen und sich damit mit Gott auf eine Stufe zu stellen. Das kann natürlich real nie geschehen, es ist allenfalls die Einbildung eines Gläubigen und die Täuschung seines Geistes durch den menschlichen Geist, wie davon ausgehend vieles in dessen Leben. Die Seele aber kann nicht getäuscht werden, sie sehnt sich nach der Erfüllung des Gesetz Gottes, nach welchem sie geschaffen wurde. In der Hülle des menschlichen Körpers zieht sie also enttäuscht von dannen, jedes Mal wieder, und muss sich nun vom menschlichen Geist erneut das Kleid der Ersatzbefriedigung überziehen lassen, obwohl sie sehnlichst das Kleid der Unschuld und der beständigen Ergebenheit vor Gott angezogen haben möchte. Die Seele bangt um dem Gehorsam des Menschen vor dem Schöpfer. Eine besonders empfindsame Seele rebelliert deshalb schon mal und legt den Körper lahm, bis der Geist gezwungen wird, seine Spielchen mit ihr einzustellen. Gröbere Seelen hingegen leben in der Dunkelheit und sind gefangen von ebenso dunklen Kräften zeit ihres Lebens. Die sie umgebenden Menschen sind Gefangene ihrer selbst.

Die Seele ist ewig, geistig und Gott ähnlich. Ewig vom Augenblick an, da sie von Gott erschaffen wird, während Gott der vollkommene Ewige ist und daher weder Anfang noch Ende hat. Die Seele, hellsichtig, intelligent und geistig, ein Werk Gottes, erinnert sich ihres Ursprungs. Sie leidet, weil sie nach Gott verlangt, dem wahren Gott, von dem sie kommt, und sie hungert nach Gott. Daher drängt sie den trägen Körper, sich Gott zu nähern.

Durch die Ausschaltung aller unnützen Dinge in eurem Ich wird Raum, Freiheit und Erhöhung für die Seele geschaffen. Durch dessen Befreiung von allen falschen Ideen und, mit dem sich so ergebenden Schutt, durch den Aufbau des Hügels für den heiligen Tempel, dem Glauben.

Des Seelsorgers persönliche Bedürfnisse nehmen in der mangelnden Authentizität der Liturgie eine für ihn ungekannte Größe ein. Das hat zur Folge, dass dessen Aufmerksamkeit nicht mehr von innen nach außen auf die Menschen im Umfeld gerichtet ist, sondern er verharrt vielmehr mit dem Blick nach innen empfindungslos auf sich selbst. Die Strudel dieser Abwege reißen alles mit sich, was Hoffnung hatte, um es im Anschluss zu intellektualisieren, im Gleichlaut liturgischer Elemente zu relativieren und ja auch noch das geringste Empfinden abzustumpfen. Der „liturgische Spuk" wird vom Seelsorger selbst mittels überschwänglicher persönlicher Zuwendung wieder entzaubert. Somit zieht er unbewusst die Seelen in seinen Bann. Aber Letzteres kann keine Lösung sein, denn was hat das alles noch mit Zeremonie, geschweige denn mit Eucharistie zu tun? Das ist eine Gehirnwäsche und befremdend, im wahrsten Sinne des Wortes, nicht mehr und nicht weniger. Der persönliche und individuelle Aspekt des Gedenkens an Jesus Christus geht im mechanischen System der Oberflächlichkeit unter. Das darf auch der Papst nicht ignorieren, denn ihn als oberster Seelenhirt trifft der Unrat gleichermaßen, sonst wird auch an ihm alles nur zur Show.

Was wir in Wirklichkeit wollen, ist nicht Befriedigung, sondern Bedeutung. Es ist deshalb nicht von weit hergeholt, dass im Dasein ungezügelter und mit körperlicher Kraftanstrengung herbeigeführte Bedürfnisbefriedung der Mensch sich auch noch nach Befriedung seines ganz persönlichen Gewissenskonfliktes sehnt. Heidegger notiert treffend, dass „eigentliches" Leben, das dem authentischen Leben in der Moderne gleichkomme, das Gegenteil des Verharrens in unreflektierter Konformität (dem „man") sei und „man" aus dem falschen Leben – durch Schuld, Angst, Todesbewusstsein, Gefühl des Nichts – gerissen werden wolle oder müsse.

Der Mensch, der in unserer globalisierten Zivilgesellschaft auch überall Bürger ist, sehnt sich unverhältnismäßig danach wie das Tier in der Herde, in Gesellschaft zu verharren, das hat auch die Corona-Krise deutlich gemacht. Der Drang eines Volkes nach einem starken Herdentier als Beschützer und Führer sowohl in der Politik als auch privat kommt mutmaßlich durch die zum Teil selbstverschuldete und von außen bildhaft erzeugte Sehnsucht nach wirklichem und authentischem Leben zustande. So sammeln sich tagtäglich, stündlich und im Sekundentakt Individuen mit scheinbar guten Absichten, die ihre Einheit vor dem Fernsehbildschirm oder mobil im Netz via Smartphone im gleichläufig homogenen Verlangen feiern, jedoch die imaginäre Befriedung eines global unruhig gewordenen Lebensstils befördern.

Ich, der Sohn, tue nur das, was ich den Vater habe tun sehen, da ich von Ewigkeit zu Ewigkeit eins mit ihm bin.

Gleichwohl bleibt in der Hektik des Alltages unbedacht, dass GOTT bei der Erschaffung der Natur auch in besonderer Weise dem Menschen gedacht hat aber nicht nur dem mehr oder minder unbewussten Selbsterhaltungstrieb von Eltern. *Der Mensch wird erzeugt wie alle Tiere durch eine Vereinigung zwischen dem Männlichen und dem Weiblichen. Die Seele aber, also das, was den Menschen vom unvernünftigen Tier unterscheidet, kommt von Gott. Er erschafft sie jedes Mal, wenn ein Mensch erzeugt, oder besser gesagt, empfangen wird in einem Schoße und Gott die*

Seele in dieses Fleisch senkt, das sonst nur Tier wäre. Allein Christus wurde es zuteil, ganzheitlich aus Gottes Hand gezeugt und geschaffen worden zu sein, aus einer reinen Magd unter den Menschen. Das Mysterium um Golgotha bleibt ein Geheimnis der Weisheit und der Liebe Gottes. Was wir wissen wollen, lehrt uns aber die hl. Schrift. Darin liegt ursprünglich der Karfreitagsgedanke und das Gedenken an den Sohn Gottes geborgen: Gehorsam bis zum Tod, bis zum fremdverursachten Tod am Kreuz. Der Kreuzestod sind die Folge und der Abschluss einer Reihe von erduldetem Leid unseres Herrn Jesus Christus. Das Erlösungswerk als Ganzes aber kommt aus dem Opfer des gesamten Lebens- und Leidenswegs Jesus Christi auf Erden und findet seinen krönenden Abschluss mit Seiner Auferstehung, der Überwindung des irdischen Todes. Das Werk Christi trägt den Namen Erlösung, weil es endlich EINER geschafft hat, der Sünde ein gewichtiges Gegengewicht zu bieten mit seinem Gehorsam, also mit dem einzig wahren Gegenteil von Sünde. Dieser Gehorsam wurde bereits als beständigste aller Wurzeln in der Mutter Jesu genährt, nämlich in der sich steigernden und fortwährenden Liebe zum Ewigen Vater, eingebettet und gefördert in ihrer bevorzugten Gotteskindschaft. Dieses Gegengewicht zum Ungehorsam und zur Widerspenstigkeit wiegt so schwer, das im nächsten Schritt unendliches Vertrauen im Auge des Betrachters schafft – schaffen sollte.

Es liegt wohl auch in der Absicht des Betrachters, oberflächlicher Natur bleiben zu wollen, als vielmehr die Möglichkeit der vollkommenen Heiligung in Betracht zu ziehen. Es muss aber nicht immer blinde Absicht sein, oft steckt einfach auch nur falsch verstandener Gehorsam dahinter, den man von den Erziehungsberechtigten übernimmt oder im Stillstand der Gemeinde einhergeht, in dem das Gemeindeleben mehr zählt als die individuelle Beziehung zum Ewigen Vater und Seinem eingeborenem Sohn. Das ist natürlich ein schwacher Trost, denn Vergeudung ist es allemal, weil der Mensch zeit seines Lebens ein unmündiges Kind Gottes bleibt, ein Mitläufer und eine Alltagsfliege, fern jeden Fortschrittes für ein bewusst geistiges Leben.

Das heißt, der Mensch, der von nun an dem Beispiel Jesu Christi folgt, *sieht sich aus jeder Verstrickung von Schuld und Schande befreit. Wenn der Mensch im Umstand der Gnade, in der Unschuld und in Treue seinem Schöpfer gegenüber geblieben wäre, dann hätte er Gott durch die äußeren Erscheinungsformen hindurch erkannt. In der Genesis wird gesagt, dass Gott, der Herr, in vertrauter Weise mit dem unschuldigen Menschen sprach, und dass der Mensch keine Furcht vor seiner Stimme hatte und sie mit keiner anderen verwechselte.* **Die Bestimmung des Menschen war: Gott zu sehen und zu verstehen, wie ein Kind seinen Vater sehen und verstehen kann.** *Nach dem Sündenfall hat der Mensch es nicht mehr gewagt, Gott anzuschauen. Er war nicht fähig, ihn zu sehen und zu verstehen. Und er vermag es immer weniger.*

Selbstverachtung hat ebendies viele Gesichter und muss nicht immer offenkundig in Gewalt oder Hass für das Umfeld umschlagen, wenn man die Schuld für die eigene Unfähigkeit tatsächlich eher bei sich selbst vermutet. Geschehen im Mai 2011, als der 31-jährige Messner der Maria-Hilf-Stadtpfarrkirche in München vom Kirchturm sprang, in einem beruflichen Umfeld, das Befreiung und Erlösung zugleich verspricht. Die begangene Handlung zeugt von einer solchen Absurdität, dass sie Mitleid für den Selbstmörder und geradewegs Unverständnis für sein Arbeitsumfeld hervorruft. Der eher konservativ angehauchte Pfarrer der Stadtpfarrgemeinde will davon nichts wissen und schließt jeden Zweifel über ein belastetes Berufsleben öffentlich in der Tagespresse von vornherein aus. Ein bisschen verdächtig, solche voreiligen Ein- bzw. Ausgrenzungen zu machen, würde ein objektiver und differenzierter Blickwinkel einwenden. Auch die Münchner Presse fragt nicht weiter nach.

Öffne Dein Herz, Vater, der Du ganz Liebe bist, damit dieses verirrte Geschöpf in Dir Friede finde. Sage ihm „Komm". Sage ihm „Sei mein". Es gehörte einem jeden. Nun aber ekelt und fürchtet es sich davor. Es sagt: „Jeder Herr ist ein gieriger Scherge." Hilf, dass es sagen kann: „Dieser mein König hat mir die Freude gemacht, mich angenommen zu haben! Es weiß nicht, was Liebe ist, aber wenn Du es aufnimmst, wird es erfahren, was die himmlische Liebe ist, die bräutliche Liebe zwischen Gott und der Seele, und wie ein aus den Käfigen grausamer Menschen befreiter Vogel wird es aufsteigen, immer höher, bis zu Dir, in den Himmel, zur Freude, in die Herrlichkeit, und singen: ‚Ich habe ihn gefunden, den ich suchte. Nun wünsche ich nichts anderes mehr in meinem Herzen. In dir ruhe ich und jubiliere, ewiger Herr, selig von Ewigkeit zu Ewigkeit!'"

Die eigene Unfähigkeit, Depressionen und den daraus resultierenden Selbsthass mit dem Freitod zu beenden, ist keine Alternative zu dem Erlösungswerk, das Christus uns anbietet. Es sieht vor, den Tod unserer sündigen Natur bereits vor unserem irdischen Ableben einzuläuten, indem wir Ihn in seinem liebenden Gehorsam für Gott nachahmen und aktiv glauben lernen. Dabei geht es praktisch darum, in der Gnade Gottes allem standzuhalten, insbesondere der Versuchung jedweder Art buchstäblich zu entsagen, indem man das Wort „entsagen" in den Mund nimmt und alles von dannen schickt, was dem gesunden Glauben in die Quere kommt. Dafür ist doch ein jeder gesegnet mit einem gesunden Menschenverstand und darum beten wir im „Vater unser": „... und führe uns nicht in Versuchung". Ist jedoch der Glaube vernebelt, weil die Liturgie, in der man verweilt, angespannt ist, ist logischerweise auch das Verhältnis zu Gott gestört und nicht tragfähig.

Die Beziehung zu Gott wird somit auf Sand gebaut. Wenn die Kirche als Ganzes den entscheidenden Schritt nicht gehen will, kann das auch an einer systematisch angelegten Verfehlung in Zusammenhang mit Mängeln in den äußeren Umständen liegen, die sie davon abhält aufzusteigen in der eigenen Überzeugung. Einige der Hindernisse werden hier detailliert und unmissverständlich behandelt. Sowohl die Mängel als auch die damit in Zusammenhang stehenden Auswirkungen sind keine Lappalien, sondern Sünde von Seiten der verantwortlichen Seelsorger, noch dazu systematisch in der Gemeinde angelegt, ohne das diese auch nur im Geringsten davon ahnen würde. Eine solche

Kirche befindet sich auf Unwägbarkeiten, die mit dem menschlichen Verstand nicht mehr zu erfassen sind, geschweige denn deren Folgen für die gesamte Christenheit bzw. den Lauf der Menschheitsgeschichte insgesamt. Davon profitiert letztlich vor allem eines: das zerstörerische Werk des Widersachers und seiner Helfershelfer, was wiederum Gottes gerechten Zorn auf den Plan ruft. Bei all den augenscheinlichen und teilweise absurden Auffälligkeiten in der Kirche kann man doch nicht weiter so tun, als ob „alles gut" sei. Papst *Franziskus* wollte vor einiger Zeit das „Vater unser" ändern, das aber kann doch nur der Anfang einer viel, viel größeren geistigen Revolution sein, auf die der himmlische Vater geduldig seit Jahrhunderten wartet.

Weder im Öl, noch im Wasser, noch in einer anderen Zeremonie liegt der Beweis für die Heiligkeit. Die Stunde steht nahe bevor, da etwas Ungreifbares, Unsichtbares, dem Materialisten Unfassbares, als Königin walten wird. Es ist die „zurückgekehrte" Königin, m a c h t v o l l und heilig durch das Heilige und in allem Heiligen. Durch sie wird der Mensch wieder zum „Kind Gottes" werden, und sie wird das wirken, was Gott vollbringt, denn Gott wird mit ihr sein.

N i e m a n d könnte die zehn Regeln ohne Liebe befolgen, und die Säulen würden einstürzen, alle oder einige, und der Tempel würde ganz oder teilweise zerstört. Jedenfalls wäre er eine Ruine und nicht mehr geeignet, das Allerheiligste aufzunehmen. Tut also, was ich euch gesagt habe, besiegt die drei Begehrlichkeiten! Gebt euren Lastern den rechten Namen, so ehrlich wie Gott klar und deutlich sagt: „Tut dies oder jenes nicht!" Unnütz, die Formen mit Spitzfindigkeit zu zerreden. Wer eine größere Liebe hat neben der Liebe zu Gott, der ist, wie diese Liebe auch immer heißen mag, ein Götzendiener. Wer Gott anruft und sich somit als seinen Diener bekennt, ihm aber dann den Gehorsam verweigert, ist ein Rebell ... Wer Unkeuschheit treibt ist immer ein Unzüchtiger ... Wer lügt, ist immer ein Niederträchtiger ...

Ich könnte euch Schritt für Schritt durch die ganze Geschichte des Volkes Gottes führen, und ihr würdet sehen, was die übertriebene Begehrlichkeit aus jenen macht, die ihr nachgehen: einen Sünder und eine Geißel für die Nation, denn die Sünden der einzelnen häufen sich an und führen Strafen herbei für ganze Völker, wie Sandkorn auf Sandkorn, in Jahrhunderten angehäuft, einen Bergrutsch verursacht und Dörfer und Menschen unter sich begräbt.

Die Gerechtigkeit der Vollkommenen ist die Verzückung für die Guten und Feuer für die Satane. Wahrlich, ich sage euch, das ganze Leben lang Sklave, Aussätziger oder Bettler sein ist königliche Glückseligkeit im Vergleich zu einer einzigen Stunde göttlichen Strafgerichtes.

Der heilige *Augustinus* besteht in seinem Werk *der wahren Religion* darauf, dass die unveräußerlichen Merkmale des Glaubens nur mittels einer den göttlichen Geboten folgsamen Lebensweise zu erreichen seien, mit der letztendlich auch der Geist rein und fähig gemacht würde und wodurch die göttliche Vorsehung das Menschengeschlecht zum ewigen Leben erneuern und vorbereiten wollte. Die verborgene Gegenwart eines Schöpfers, der allein Gott genannt werden kann, weil nur Er allmächtig und allwissend handelt, ist leicht zerstörbar in uns. Allzu leicht lässt der Mensch sich von seinem aktiven Glauben ablenken und dazu verleiten, Ihm, dem Schöpfer, die Schuld für dies oder jenes zu geben. Die ZEIT fragt im September 2005 in einem Interview mit dem Apokalyptiker und Großmeister der Science-Fiction-Literatur *James Graham Ballard*, welche seiner vielen Endzeitvisionen uns denn noch bevorstehen würden, angesichts der Mutmaßung, dass alle Science-Fiction irgendwann wahr werden würde. Ballard antwortet: „Die Leute werden weiterhin morgens aufstehen, ins Auto steigen und ins Büro fahren – aber in ihren Köpfen geht etwas Gefährliches vor sich. Denn sie leiden unter der bürgerlichen Langeweile. Nichts passiert. Die Politik kann man nicht ernst nehmen. Unsere Monarchie hier in England ist ein Witz. Woran sollen die Leute noch glauben? Alles Aufregende geschieht in ihren Köpfen. Das ist ein gefährlicher Ort. […] Die Religionen der Vergangenheit versuchten, die menschliche Psyche zu kontrollieren, den Menschen zu domestizieren wie ein

Pferd, um es zu reiten. Die Religionen wollten den Menschen ihre Wildheit austreiben. Aber wer tut das heute? Das ist unser Problem. [...] Die Katastrophe in New Orleans war eine Heimsuchung. Es scheint heute zwar mehr Naturkatastrophen zu geben als vor 50 Jahren, und wir haben uns angewöhnt, zu denken, das lege an der globalen Erwärmung. Aber vielleicht ist es weniger der Globus, der sich erwärmt hat, sondern es brodelt in unserem Innern. Es ist wie im Zoo mit den Schimpansen. Wenn man ihnen den Tisch deckt, sitzen sie eine Weile still und trinken eine Tasse Tee. Aber urplötzlich fangen sie an, alles zu zertrümmern, weil sie die Langeweile, die Ereignislosigkeit nicht ertragen. Da greifen sie lieber zur Gewalt. Ich fürchte, wir sind noch immer sehr eng mit den Schimpansen verwandt [...] Ich will nicht pessimistisch klingen. Aber ich glaube, die echten Hurrikane fangen an, stärker zu blasen. Und auch der Wind in unseren Köpfen wird von Tag zu Tag stärker. Ich kann Ihnen nur raten: Passen Sie auf sich auf!"

Man fordert nicht Wunder, um zu glauben.
Man bittet um Glauben, um Glauben und s
o ein Wunder erlangen zu können.
Glauben und Barmherzigkeit für den Nächsten sind notwendig.
Wer nicht Barmherzigkeit übt, wird keine Barmherzigkeit erfahren.

Zu den wesentlichen Bestandteilen unseres Glaubens gehört mitunter, dass Christus und ebenso seine Mutter die Verwesung im Gegensatz zu anderen Menschen nicht schauen mussten, wenngleich Christus wie alle Verstorbenen den irdischen Tod geschaut hat. Letzteres zeugt in ihnen von dem finalen Sieg, wenn *Glaube in die lebendige Schau mündet und alle berechtigten Hoffnungen erfüllt werden.* Der Volksmund gibt häufig an, dass „*die Hoffnung zuletzt stirbt*". Wir müssten uns demnach ernsthaft fragen, was denn noch übrig ist von unserer Wahrnehmung, um das der Hoffnung Vorausgegangene definieren zu können. *Pater Henri Boulad S. J.* wusste, wenn im menschlichen Herzen die Hoffnung sterben würde, nur noch Raum für Verzweiflung sei. Der

Mensch aber habe Zugang zu höheren Sphären. Die Hoffnung gehöre noch dem Menschen an, von Gott her aber würde Zuversicht in unser Herz strömen. „Möge der Geist Gottes uns immer wieder Freude schenken", weiß *Peter Boekholt* zu hoffen. Es sollte aber auch einleuchten, dass ohne Freude der Glaube verdorrt zu einem leblosen Etwas, dem die Früchte der Liebe fremd sind. So pflegte *Augustinus* zu sagen: „Die Freude ist die Gesundheit der Seele!"

Bedenkt! Liebe und Barmherzigkeit werden in Ewigkeit belohnt. Liebe und Barmherzigkeit sind die Lossprechung von Schuld. G o t t v e r z e i h t d e m v i e l, d e r l i e b t. Und d i e L i e b e z u d e n B e d ü r f t i g e n, d i e n i c h t v e r g e l t e n k ö n n e n, i s t d i e v e r - d i e n s t v o l l s t e L i e b e i n d e n A u g e n G o t t e s. Denkt an diese meine Worte bis zu eurer Todesstunde, und ihr werdet gerettet werden und selig sein im Reiche Gottes.

Der Alltagstrott und seine Oberflächlichkeiten bieten fortwährend sowie vorschnell Entschuldigungen und sind Rechtfertigung genug, sogar unter gottgeweihten Personen, um die Orthodoxie wieder als Schimpfwort hoffähig zu machen. Überschwängliche Freude in ungehaltener Form gehört zu der am häufigsten gewählten und in allen Sprachen der bürgerlichen und politischen Gesellschaft zu findende Expertise. Auf Kosten der natürlich emphatischen Empfindsamkeit des Menschen leistet sie den eher pragmatischen Vorzügen einer nüchternen Glaubenspraxis vehement Abhilfe, weil der Mensch das Treiben der Welt und seine Vorzüge einverleibt. Dagegen wusste der am 8. Juni 2007 in Palo Alto mit 75 Jahren verstorbene Literaturprofessor *Richard Rorty* mit seinem Lebenswerk anzukämpfen, in dem er stets an die Philosophie appellierte, sie sollte ihre Zeit nicht mit Fragen vergeuden, die keinen vernünftigen Menschen interessieren würden. „Philosophen kratzen sich dort, wo es gar nicht juckt." Warum, wollte *Rorty* wissen, würden sie ihr abendländisches Flaggschiff, genannt Metaphysik, nicht einfach abrüsten? Warum würden sie sich nicht den praktischen Fragen zuwenden – der Demokratie, der Gerechtigkeit und dem guten Leben? Wenn Philosophen den Wahrheitsbegriff durch den Begriff der „gerechtfertigten Behauptbarkeit" ersetzen würden; wenn sie endlich nach Gründen für etwas und nicht mehr nach Gründen von etwas suchen würden – dann würden sie ihre Klugheit auf die Frage verwenden können, ob neue Gedanken neue Sichtweisen erschließen würden, ob sie uns toleranter und freundlicher machen würden. Dann würden die Menschen frei werden für eine absolute Wahrheit, die keiner Letztbegründung bedürfe: die Wahrheit, dass es unsere vornehmste Pflicht sei, alle Formen von Grausamkeit zu bekämpfen.

Der Streit würde aber stets etwas Spielerisches behalten, denn *Rorty* war der stoischen Überzeugung, denkende Menschen würden gar nicht anders können, als gemeinsam an der Verbesserung der Welt zu arbeiten, rezitiert die ZEIT im Juni 2007. Für *Rorty* seien Demokratie und Solidarität, anders als für Nietzsche und Heidegger, nicht Widersacher; sie seien die Bedingung schöpferischer Selbsterschaffung, erklärt *Thomas Assheuer* für die ZEIT. *Rorty*, der in einer New Yorker Journalistenfamilie groß geworden war und sich selbstironisch als Weltverbesserer und Sonderling bezeichnete, weist die Philosophen freundlich zurecht – man würde politische Hoffnungen brauchen, um den Fortschritt der Menschheit zu befördern. Zwar habe die Gattung noch alle möglichen Katastrophen überlebt; aber den Verlust ihrer Hoffnungen würde sie niemals verkraften, die alten Träume von einer klassenlosen, kastenlosen und gleichberechtigten Zukunft, in der alle Menschen stolze Bürger eines globalen Gemeinwesens sind. *Rorty* regt an, dass die Antwort auf die existenziellen Fragen des Lebens die Gesellschaft selbst schuldig bleiben müsse (und solle) und in den Händen des Einzelnen liegen würde, in der Fähigkeit zur Selbsterschaffung.

„Ethik der Gesellschaft" und „Ästhetik des Privaten": Das war denn auch *Rortys* heftig diskutierte Zwei-Welten-Lehre, die er 1989 in seinem Buch *Kontingenz, Ironie und Solidarität* vorstellte. Das ideale Modell für die Koexistenz von privater Selbsterschaffung und sozialer Gerechtigkeit sei für ihn die Demokratie, schließt *Assheuer*, sie sollte Vorrang genießen vor philosophischen Wahrheiten, die in der Geschichte doch so oft missbraucht worden seien. „In einer vollkommen demokratischen Gesellschaft würde es kein unnötiges Leiden geben. Alles Leiden wäre nur noch eine unausweichliche Folge unserer Sterblichkeit." In einer idealen Demokratie würden Philosophen keinen Wahrheitsansprüchen mehr nachjagen, sondern ihre Stimme „im Gespräch der Menschheit" zu Gehör bringen. Weil in einer Demokratie die ästhetische Selbsterschaffung, der einsame Lebensentwurf des Einzelnen, niemals mit den Gerechtigkeitsinteressen der Gesellschaft zur Deckung kommen würde, bleibe ein Rest existenzieller Unversöhntheit, schreibt *Thomas Assheuer*. Das sei der Preis der modernen Freiheit, und Ironie sei für *Rorty* die Kunst, diese Unversöhntheit menschenwürdig zu ertragen.

Was als Hindernis betrachtet wird, ist vielmehr der Flügel, der zu Gott trägt. Er hat sich selbst vernichtet, hat sich verdemütigt. Er war ein mächtiger Berg und hat sich zum tiefen Tal gemacht. Das Vorbild liegt unverkennbar in der D e m u t . S i e g l e i c h t d e m N ä h r s t o f f , d e r s e l b s t d i e k a r g s t e E r d e f r u c h t b a r m a c h t u n d s i e v o r b e r e i t e t , s o d a s s s i e P f l a n z e n w a c h s e n l ä s s t u n d r e i c h e E r n t e h e r v o r b r i n g t . *Sie ist die Stufe, über die man aufsteigt und sie ist eine Leiter, um zu Gott aufzusteigen, der den Demütigen sieht und ihn zu sich ruft, um ihn zu erheben aus der Dunkelheit, ihn mit Seiner Liebe zu entzücken und mit seinem Licht zu erleuchten, auf dass er sehe.* D e s h a l b i s t d a s d e r W e g z u m w a h r e n L e b e n d e r K i n d e r G o t t e s . *Jesus hat Heimweh nach all jenen, die seiner heilenden Zuwendung, seiner erbarmenden Liebe am meisten bedürfen.*

„Wir sind Papst"

(Schlagzeile, Bildzeitung)

Religion sieht in der Kluft des Unversöhnten den Auftrag, an die Moral der Menschen zu appellieren, sie zu bilden und ihr unaufhörlicher Verteidiger zu sein. Darin genau liegen die große Versuchung und auch das mehrheitliche Versagen des Christen. Er gebiert eine Vielzahl menschlicher und unmenschlicher Utopien, wie sie auch Helfershelfer namenloser Gräuel im In- und Ausland, in Gegenwart und Vergangenheit und auch in Zukunft wieder zu Tage fördern. Der Gläubige, der keine Hoffnung auf Heilung im Diesseits setzen kann, wie könnte der in seiner ungeübten Einsicht das Unterpfand aus dem Opfer Jesu Christi und dessen Früchte in der Vergebung für **alle** Menschen in die Tat umsetzen? Das bleibt uns aber unabdingbar für die dauerhafte Ermutigung zur Lebensführung nach Gottes Wille.

Das Absterben des Glaubens zu einem unsichtbaren Etwas hindert den Gläubigen daran, für ein ganzes irdisches Leben lang zusammenzustehen, um mit langem Atem das Vertrauen in Christus und untereinander heranzubilden. Bevorzugt wird hingegen ein Salonglauben herangezogen, der, wenn überhaupt, die Freude über Gott nur auf die eigene Person projizieren kann, welcher jene Persönlichkeit abhandenkommt, die der Routine des Alltages beispielsweise mit Spontanität und geistiger Flexibilität die Stirn bieten kann. Es ist ebendiese besagte Unreife, der den Zwiespalt in den Herzen der Gläubigen legt und ihre Empfindsamkeit zum Erlahmen bringt, welche konsequenterweise ebenso keinen Halt macht vor dem Familienglück. Wo die Eucharistie als Zentrum, das unseren wöchentlichen Alltag nähren soll, in dieser Weise umständlich und unsichtbar für das Laienauge Verdrängung erfährt, weil dem Bestand im Altarsakrament nur eine gering bedeutende Aufmerksamkeit verbleibt, schleicht sich Zwiespalt in das Wesen und Handeln der Gemeinde ein und erklärt ihr lautes Schweigen beziehungsweise ihre vorliebsame Teilnahmslosigkeit zur Erlösungstat Jesu Christi. Die Selbstverständlichkeit, mit der auch Katholiken ihr Ehegelübde brechen und Familienglück hinten anstellen, bietet ein weiteres Exempel dafür.

Jesus sprach immer wieder von der Notwendigkeit, den Dekalog, vervollkommnet in seiner Anwendung durch seine Lehre der Liebe, zu befolgen, „um in den Herzen die Stätte zu bereiten, wo der Herr wohnen wird bis zu jenem Tag, da die Getreuen, die die Gebote halten, bei ihm im Himmelreich wohnen werden". Und er fährt fort: „Den Einzug Gottes in die Herzen der Menschen erreicht man durch den Gehorsam gegenüber dem Gesetz, das beginnt mit dem Gebot der Liebe und g a n z L i e b e i s t, v o m e r s t e n b i s z u m l e t z t e n s e i n e r G e b o t e. D a s i s t d i e w a h r e W o h n s t a t t, d i e G o t t h a b e n w i l l, u m d a r i n z u w o h n e n. Der himmlische Lohn für den Gehorsam gegen das Gesetz ist die wahre Heimat, in der ihr mit Gott in alle Ewigkeit wohnen werdet ..."

Indes müsste jeder begangene Gottesdienst, wenn es denn der heilige und heilende Rahmen der Liturgie vermochte, so manch gespendetes Ehesakrament im ursprünglichsten Sinn immer wieder neu zum wahren Leben erwecken können. Die Eucharistie hat die Art des bevormundenden Plabberns nicht nötig, sie spricht für sich selbst und braucht keine Bittsteller – sie ist unser ureigenster Bittsteller selbst, da sie es ist, die aus dem Geist Gottes Leben spendet – nur das zählt nach dem Willen Gottes. Der sonntägliche Automatismus in der Liturgie geht Hand in Hand mit der menschenverachtenden Routine im wöchentlichen Arbeitsrhythmus einer „Wirtschaft, die tötet" und doch eher selten Leben spenden kann. Zieht man abgesehen davon das Leben in Betracht, um das es uns gehen sollte, so würde es das e w i g e L e b e n lauten. Man gedenke beispielsweise der zahlreichen, die aus dem System geworfen werden wie aus einer Zentrifuge, weil ihnen schwindlig geworden ist und deren Existenz anschließen auf dem Spiel steht. Man erinnere sich an die Schimpansen am gedeckten Tisch, denen langweilig wird und die sich daran machen alles zu zerstören – so ist es mit dem Menschen, der unberührt aus dem Gottesdienst geht: Der Mensch entfremdet sich zusehends seiner eigenen Seele, verliert den Glauben an das Leben und macht sich schließlich in Folge sogar daran, die höhere göttliche Ordnung in Zweifel zu ziehen und zu untergraben. Ein Akt der Selbstzerstörung, weil der Mensch ohne Seele sich wieder an die Triebe des Tieres erinnert und sich an ihnen als letzten Anker orientiert, in der Macht des Stärkeren, der alles mit sich reist beziehungsweise Unterwürfigkeit vor der Welt des Irdischen im Leben des Schwächeren verankert.

Christus ist bestimmt nicht gekommen, um genau diesem Treiben sein Leben einzuhauchen, sondern im Gegenteil, um den Tempel von seiner Lauheit zu reinigen und die Seinigen darin zu versammeln, um gleichsam für die Suchenden in der Welt gefunden werden zu können. Die Erinnerungskultur der Kirche zeugt weder in der Vergangenheit noch gegenwärtig von einer glanzlosen Leistung. Die ursächliche Absicht des Gedenkens in der Eucharistie, den Glauben der Kirche und ihrer Glieder, nämlich den Gläubigen im Alltag zu nähren und e w i g e s L e b e n einzuhauchen, ist weit gefehlt. Stattdessen reißt seit Jahrhunderten ein von menschlichen Utopien aufwendig geschaffenes liturgisches Gebäude sein gähnendes und nach Alltag stinkendes Maul auf, um die Eucharistie mit seiner ganzen Aufmerksamkeit zusammen mit den Gläubigen für sich einzunehmen. Sie trifft den Geschmack ein paar weniger, der Rest langweilt sich oder bleibt der Zeremonie gänzlich fern. Liturgie müsste gleichwohl einerseits präzise die Eucharistie und damit das Gedenken an die Erscheinung Jesu Christi auf Erden bedienen und anderseits knapp sein, um sich nicht an das Augenmerk der Gläubigen zu heften, um darin ein Dorn zu werden.

Der Gläubige will nicht wie ein Stück Vieh zum Futtertrog geführt werden, sondern der Ausgangspunkt für die Ausgestaltung von Liturgie muss der mündige Christ sein. Mündig wird er aber in dem Moment, in dem er sich der Eigenheiten eines von Gott geschaffenen Wesens bewusst ist und sich danach richtet, mit all seinen Vorzügen einerseits und Abhängigkeiten andererseits. Diesbezüglich den Gläubigen unabhängig von den sich unterscheidenden Generationen im Alltag abzuholen, um ihn mit der Gnadenfülle genau dorthin wieder zu entlassen, klingt schon eher nach einem gelungenen Gottesdienst. Eigentlich ganz einfach, wenn da nicht der Wille einiger Umstandskrämer wäre, die einem mehr oder minder unfreiwilligem Publikum ihre menschliche Intelligenz unterjubeln, welche *wie die Wirkung gewisser Arzneimittel, die wenn falsch benützt, nicht heilen, sondern töten*, weil sie jede lebendige Hoffnung zunichtemacht. Oder lautet etwa der Auftrag Jesu, die Intellektualisierung der Gläubigen voranzutreiben? Der Mensch soll sich bilden, sein ganzes Leben lang, aber er darf sich dabei nicht im Kreise drehen, sondern muss sich im Fluss des Lebens vorwärts bewegen.

Die Seele erlebt drei Phasen. Die erste ist die Erschaffung, die zweite die Wiedergeburt und die dritte die Vollkommenheit. Die erste ist bei allen Menschen gleich. Die zweite ist den Gerechten eigen, die mit ihrem Willen die Seele zu einer vollständigen Wiedergeburt führen, wobei sie ihre guten Werke mit der Güte des Werkes Gottes vereinigt; sie erhebt dadurch eine schon geistige Seele in einen vollkommeneren Stand und stellt so zwischen der ersten und der dritten Etappe eine Verbindung her. Der dritte ist den Seligen, oder wenn es euch besser gefällt, den Heiligen eigen, die tausend- und abertausendfach die ursprüngliche, dem Menschen entsprechende Seele höher gebracht und aus ihr das gemacht hat, was sie befähigt, in Gott zu ruhen.

Die übersteigerte Tabernakelfrömmigkeit mancherorts ist jene, welche die vorhandenen Missstände durch aufwendige Zeremonien kompensieren will. Es kann jedoch kein Verdienst sein, wenn die Verantwortlichen es ebendies am selben Ort nicht vermögen, aus dem Teufelskreis der Ermangelung des Heilsversprechens, das die Kirche trotz allem allen Menschen geben muss, auszubrechen. Man müsste an dieser Stelle endlich die Notwendigkeit der Grundlagenforschung über den Nutzen und den Zweck der seit Jahrzehnten in einzelnen Fragmenten fehlerhaft begangenen Liturgie betreiben. Die mit roten Häubchen bedeckten Köpfe bejahend zusammenstecken, so als wolle man den Kopf in den Sand stecken, bis der brüllende Löwe weg ist, bringt wenig Ergebnisse, wie der Lauf der Geschichte gezeigt hat. Wie vergleichsweise realistisch hören sich dagegen die Worte Kardinal *Kaspers* an: „Ein Christ muss die Realität sehen und doch Zuversicht haben. Nur tote Fische schwimmen mit dem Strom."

Im übrigen ist es notwendig, die Beziehung zwischen der jüngsten Bischofssynode über die Eucharistie und dem, was in den letzten Jahren im Leben der Kirche geschehen ist, hervorzuheben, betont der Papst im vierten einleitenden Kapitel: *Die Bischofssynode und das Jahr der Eucharistie* von SACRAMENTUM CARITATIS. Zunächst müssen wir uns im Geiste in das Große Jubiläum des Jahres 2000 zurückversetzen, mit dem mein lieber Vorgänger, der Diener Gottes *Johannes Paul* II., die Kirche in das dritte christliche Jahrtausend geführt hat. Das Jubiläumsjahr war zweifellos stark eucharistisch geprägt. Zudem darf man nicht vergessen, dass der Bischofssynode das von *Johannes Paul* II. in großem Weitblick für die gesamte Kirche gewollte Jahr der Eucharistie vorausging und sie in gewisser Weise auch vorbereitet hat. Dieser Zeitraum, der mit dem Internationalen Eucharistischen Kongress in Guadalajara im Oktober 2004 begonnen hatte, fand seinen Abschluss am Ende der 11. Synodalversammlung mit der Heiligsprechung von fünf Seligen, die sich durch ihre eucharistische Frömmigkeit besonders ausgezeichnet hatten: des Bischofs József Bilczewski, der Priester Gaetano Catanoso, Zygmunt Gorazdowski und Alberto Hurtado Cruchaga und des Kapuziners Felice da Nicosia. Aufgrund der von Johannes Paul II. in dem Apostolischen Schreiben Mane nobiscum Domine (7) dargelegten Lehren und dank der wertvollen Vorschläge der Kongregation für den Gottesdienst und die Sakramentenordnung (8) haben die Diözesen und verschiedene kirchliche Organisationen zahlreiche Initiativen ergriffen, um bei den Gläubigen den eucharistischen

Glauben wiederzuerwecken und zu erweitern, um die Sorgfalt bei den Zelebrationen zu erhöhen und die eucharistische Anbetung zu fördern, um zu einer tätigen Solidarität zu ermutigen, die von der Eucharistie ausgehend die Bedürftigen erreicht. Schließlich muss noch die letzte Enzyklika Ecclesia de Eucharistia (9) meines Verehrten Vorgängers erwähnt werden, mit der er uns einen sicheren lehramtlichen Anhaltspunkt über die eucharistische Lehre hinterlassen hat und ein letztes Zeugnis dafür, welch zentrale Rolle dieses göttliche Sakrament in seinem Leben spielte.

Versteht der Priester es in der täglichen Übung, Jesus in seinem Herzen zu begegnen, bevor er der Gemeinde gegenübertritt, erkennt sie ihn als den Seinigen, weil er mit seiner Berufung eins ist, damit völlig authentisch wirkt, ja Jesus selbst sich im Priester zeigen kann, mehr noch als in einem leblosen und eisernen Besteck aus Silber und Gold. Man könnte sagen, dass die Eucharistie in einem zu seinem Erlöser erhobenen Priesterherzen, der Eucharistie im Tabernakel oder auf dem Altar überhöht ist. Um einen anschaulichen Vergleich zu statuieren zum verzierten Tabernakel als Gefäß für den konsekrierten Bestand, würde das gepflegte Priesterherz einem Juwel ähneln. Sollte zumindest! Da man aber davon ausgehen muss, dass wegen der schwarzen Schafe unter den Geistlichen die ursächliche Überhöhung missbräuchlich verkehrt wird, indem unwillkürlich der unselige Priester sich als Mensch und Person der Eucharistie überhöht, bleibt es abzuraten vom Volksaltar. Letzterer begünstigt den beschriebenen Missstand noch.

Der Christ als Laie ist nicht viel weniger als sein authentischer Seelsorger. Sollte zumindest! Eine inszenierte Tabernakelfrömmigkeit aus Gründen mangelnder innerer Gedenkkultur seitens der Gläubigen oder Seelsorger darf demnach den Umstand nicht noch mehr verschleiern, dass Christus sich nach der Wohnstätte **in** unseren Herzen sehnt, und zwar in **allen** Menschen. Da gibt es in der Tat Geistliche, die beispielsweise die Kommunionbank abgehen, um ihren Gläubigen die Kommunion zu spenden und während sie jeweils in der Mitte angelangen auf Höhe des Altarsakraments, verneigt sich dieser und das, obwohl er das Ziborium mit dem konsekrierten Bestand in den Händen hält. Diese widersprüchlichen Signale haben, so widersinnig sie auch sein mögen, Signalwirkung bei den versammelten Gläubigen und sind regelrecht verantwortungslos, weil sie dem authentischen Glauben entgegenstehen. Christus würde sich niemals selbst im Weg stehen wollen, um den Menschen erreichen zu können. Die Menschheit ist aber allgemein berüchtigt dafür, besonders in religiösen Belangen sich selbst im Weg zu stehen. Die Geschichte des alten Israel im Alten Testament ist voll von solchen Zeugnissen. Gerade der unbußfertige Christ vereint in sich alles Wissen und dazu jede Widerspenstigkeit, um die frohe Botschaft abzulehnen und letztlich nicht durch sich sprechen zu lassen. Man scheut das vollkommene Heil, weil es Veränderung und Unbequemlichkeiten im Leben mit sich bringt.

Das Stichwort ist also gefallen, bei dem wir betrachtend verweilen wollen: Jesus brennt vor Sehnsucht, sich in das Herz eines jeden von uns einzuschreiben. Wir wissen es alle aus eigener Erfahrung: Sehnsucht und Heimweh sind mit die stärksten Kräfte des Menschen. Sehnsucht und Heimweh können zu einer solchen Qual werden, dass Menschen daran sterben. Nun sagt uns *Therese* wörtlich: „*Jesus ist krank!*" (29. Juli 1890). Seine Krankheit heißt Heimweh! Es liegt an jedem von uns, ob Jesus von dieser Krankheit geheilt werden kann. Deshalb fordert die Heilige von Lisieux uns alle eindringlich auf: „*Gib doch Jesus Dein ganzes Herz, er dürstet danach, er hungert danach. Dein Herz ist es, nach dem er so sehnlichst verlangt …*" Es liegt an jedem Priester selbst, ob er seine Berufung zur apostolischen Nachfolge als tägliche Aufforderung verstehen lernt, die Sehnsucht nach seinem Schöpfer auf direkte Weise zu stillen und das kann nur der Ort in unserem Inneren sein, an dem als einziges Jesus uns begegnen will.

Die Bestimmung des Menschen war: Gott zu sehen und zu verstehen, wie ein Kind seinen Vater sehen und verstehen kann.

Wie vielen auf dieser Welt hat Gott bis zum heutigen Tag sein Wort gesandt! Die Verbündeten, die Freunde, die Großen seines Volkes hat Gott wirklich durch seine Diener eingeladen, und er wird sie immer dringender einladen, je näher die Stunde der Hochzeit rückt. Aber sie werden die Einladung nicht annehmen, denn sie sind falsche Verbündete, falsche Freunde und nur dem Namen nach Große; denn Niederträchtigkeit steckt in ihnen. Ihr seht also, dass die Interessen der Welt, der Geiz, die Sinnlichkeit und Grausamkeit den Zorn des Königs erwecken und den Menschen, die sich den Angelegenheiten der Welt widmen, den Eintritt in den königlichen Palast versperren.

Warum sind so wenig Menschen, also 99 von 100 Schafen, nicht bereit zum Opfer, und verlangen aber im gleichen Atemzug nach der Nahrung, die auf dem Opfer des Lebens Jesus Christus beruht? Ist das etwa Gedenkkultur? Hat Christus sich etwa geschont, als er auf Golgotha zumarschiert ist? – indem er vielleicht ein Machtwort über seine Häscher ausgesprochen hat, um sie ungespitzt in den Boden zu stampfen? Wahrlich Sein Gehorsam wäre vor Gott zwielichtig und unvollkommen und sein Opfer nicht mehr erhaben gewesen. Und wahrlich er hätte auch nicht mehr auf der Seite der Armen und Leidenden gestanden, die Er mit Seinem Opfer zu erlösen versprach.

In Kapitel zwanzig *Ihre Innere Verbindung* gibt Papst *Benedikt* in *SACRAMENTUM CARITATIS* an, zu Recht hätten die Synodenväter erklärt, dass die Liebe zur Eucharistie dazu führt, auch das Sakrament der Versöhnung immer mehr zu schätzen. (54) Aufgrund der Verbindung zwischen diesen Sakramenten kann eine authentische Katechese über den Sinn der Eucharistie nicht losgelöst sein von der Ermunterung zu einem Weg der Buße (vgl. 1 Kor 11,27–29). Sicher, wir stellen fest, dass die Gläubigen in unserer Zeit in eine Kultur eingetaucht sind, die dazu neigt, das Empfinden für die Sünde auszulöschen, (55) indem sie eine oberflächliche Haltung fördert, die die Notwendigkeit, in Gottes Gnade zu stehen, um die Kommunion würdig empfangen zu können, vergessen lässt. (56) In Wirklichkeit bringt der Verlust des Sündenbewusstseins immer auch eine gewisse

Oberflächlichkeit in der Wahrnehmung der Liebe Gottes mit sich. Es ist den Gläubigen von großem Nutzen, sich die Elemente ins Gedächtnis zu rufen, die innerhalb des Ritus der Heiligen Messe das Bewusstsein der eigenen Sünde und zugleich das der Barmherzigkeit Gottes eindeutig zum Ausdruck bringen. (57)

Man muss das Unmögliche versuchen, um das Mögliche zu erreichen, appellierte einmal der bekannte Schriftsteller *Herman Hesse* in seinen Schriften. „Zweifellos ist die volle Teilnahme an der Eucharistie dann gegeben, wenn man auch selbst die Kommunion empfängt", schreibt der Papst in seiner *SACRAMENTUM CARITATIS*. „Trotzdem müsse darauf geachtet werden, dass diese richtige Aussage bei den Gläubigen nicht zu einem gewissen Automatismus führe, so als habe man, nur weil man sich während der Liturgie in der Kirche befinde, das Recht oder vielleicht sogar die Pflicht, zum eucharistischen Mahl zu gehen."

Es gilt deshalb vor allem unsere Freude darüber, dass Er als Gott unsere Natur angenommen hat, demütig als Vorfreude zum Ausdruck zu bringen, denn nicht wir sind erhöht worden, indem Gott sich in seinem eingeborenem Sohn erniedrigt hat, sondern wir haben in der selbstverschuldeten Verstrickung der Sünde zu unserer Vergebung und Rettung den Glauben angenommen und die Vergebung aus dem Unterpfand seines Opfers erhalten, für das Christus sich in die Arme des Henkers „geworfen" hat. Für viele Gläubige ist das Läuten der Altarglocken während der Wandlungsworte eine Art „Pawlovsche Konditionierung". Man weiß nicht, was man bei dem Geläut tun soll, man hört sie und kniet still, egal ob man an den Sonntagsbraten denkt oder die ausstehenden Rechnungen für nächste Woche, man kniet still. Das Problem liegt nicht an der Existenz der Glocken, die vielerorts geradewegs auf Abneigung stoßen, sondern dass Menschen denken, wenn sie da knien, habe es sich damit getan, es sei alles erledigt. Es herrscht ein furchtbares Unwissen über das Opfer Jesu Christi, fast schon eine Apathie, und auch eine Dehumanisierung von Gottes Sohn, den man als Symbol ansieht, als

Schlachtvieh, aber nicht als Gottmensch aus Fleisch und Blut, der nichts als seine Liebe zu Gott und den daraus resultierenden Gehorsam im Sinn hatte. Schließlich auch für das Heil der Menschen, aber an erster Stelle für den Wohlgefallen Gottes, obwohl Er selbst Gott war. Mehr Demut geht nicht und mehr Vertrauen geht auch nicht, alles um Seinem Beispiel zu folgen.

Damit der Sohn seine würdige Hochzeitsfeier habe, schickt der König des Himmels seine Diener an die Wegkreuzungen, um jene einzuladen, die keine Freunde, keine Vornehmen und keine Verbündeten sind, sondern einfaches, vorüberziehendes Volk. Durch meine Hand, die Hand des Sohnes und Dieners Gottes, ist schon mit der Ernte begonnen worden.

Wer es auch sein mag, kann kommen ... Es sind ihrer schon gekommen. Ich helfe ihnen, sich rein und schön für das Hochzeitsfest zu machen. Aber es sind Menschen darunter, die zu ihrem Unglück von der Hochherzigkeit Gottes Wohlgerüche und königliche Gewänder annehmen, um sich selbst erscheinen zu lassen, was sie nicht sind: als reich und würdig; sie missbrauchen die Güte, um in unwürdiger Weise zu verführen und zu verdienen ... Individuen mit niederträchtiger Seele in den Fängen des abstoßenden Polyps der Laster. Sie unterschlagen wohlriechende Essenzen und Gewänder, um unerlaubten Gewinn daraus zu ziehen und sie nicht für die Hochzeit des Königssohnes, sondern für ihre Hochzeit mit dem Satan zu verwenden. D i e s   a l l e s   w i r d   g e s c h e h e n , d e n n   v i e l e   s i n d   b e r u f e n ,   a b e r   n u r   w e n i g e ,   d i e   i n   d e r   B e r u f u n g   a u s z u h a r r e n   v e r s t e h e n ,   a u s e r w ä h l t .

Es wird aber auch geschehen, dass diese Hyänen, die das Aas der lebendigen Nahrung vorziehen, zur Strafe aus dem Festsaal in die Finsternis des ewigen Sumpfes geworfen werden, in welchen Satan bei jedem Sieg über eine Seele sein schreckliches Gelächter ausstößt, und in dem auf ewig das Klagen der Verzweiflung der Törichten ertönt, die dem Bösen folgten statt der Güte, die sie gerufen hatte.

Es ist durchaus wahr, das Elend dieser Welt wartet nicht an der Tür, bis es hereingebeten wird, es kann jeden und zu jeder Zeit überfallen und die Frage, warum Gott das zulässt, ist wohl schon über jedermanns Lippen gegangen, weil es die bequemste Art ist, das eigene Elend vor sich her zu schieben. Es genügt deshalb nicht, ständig immer nur den Tod Jesu bruchstückhaft aus dem Zusammenhang herauszugreifen aus einer Reihe von Geschehnissen rund um das Opfer Jesu, um es hochzuhalten und um Erlösung anzubieten. Zu einem beträchtlichen Opfer gehört zum Beispiel auch das Leiden Jesu, den Apostel Judas Iskariot trotz seiner aufwiegelnden Hoffärtigkeit unter den Aposteln im liebenden Gehorsam vor dem Ewigem Vater ertragen zu wollen. Christus hat nichts ausgelassen, um diesen Menschen mit all Seiner Barmherzigkeit zu umfangen, seine Seele vor dem großen Irrtum zu bewahren und sie verständig zu machen für das geistige Reich Gottes im „Neuen Bund".

Zeitweise ist Christus das brillant gelungen, aber am Ende und zum großen Schmerz für Jesus und Maria gleichermaßen hat die Dunkelheit in seiner Seele obsiegt. Gott sieht in die Zukunft eines jeden Menschen, denn Er sieht alles und weiß alles, weshalb Judas von Anfang an derjenige gewesen war, der dafür ausgesucht war, seinen Meister zu verraten. Christus seinerseits aber hat keine Mühen gescheut, um dem Suchenden Nahrung zu geben, um aus ihm ein Kind Gottes zu machen. Das allein genommen war schon ein Martyrium psychologischer Natur für Christus, dem physischen vorausgehend und ein Lehrstück für jene, welche Christus nachfolgen, denn eine umnachtete Seele finden wohl nicht wenige Seelsorger auch bei ihren Brüdern vor. Man bedenke auch, wie genüsslich viel Zeit ein Durchschnittschrist sich in der heutigen Zeit lässt, um Jesus vollends zu verstehen, fast ein Leben lang, und wie wenig Zeit Judas im Vergleich dazu hatte mit ein paar wenigen Jahren, die er neben Jesus stand. Das könnte den ein oder anderen vielleicht auch dazu anstoßen, weniger dem Müßiggang zu frönen, um letzten Endes nicht die Gerechtigkeit Gottes auf sich ziehen zu müssen.

Das Opfer Jesu mit dem gefallenen Apostel wird im Allgemeinen viel zu wenig in Verbindung gebracht mit dem Opfer zur Errettung der Menschheit, obwohl man es bei genauerem Hinsehen nicht voneinander trennen kann. Es gibt sogar Stimmen, die so weit gehen, Judas als einen bedeutenden Apostel der Vorherbestimmung Gottes für die Erlösung verehrt sehen zu wollen. Das ist regelrechter Irrsinn und verkehrt die Umstände in ihr Gegenteil, denn wenn Judas es nicht gewesen wäre, hätte irgendein anderer mit einer groben Seele das übernommen, davon gab und gibt es in der Geschichte der Menschheit doch schon genug Beispiele. Christus hat sich nicht auf die Erwählung des Judas als Verräter, sondern als seinen Apostel mit offenem Ausgang berufen. Hätte Er ihn von vorneherein zum Verräter berufen, würde Er ihn bei sich haben, ohne sich die Mühe zu machen, ihn mit dem notwendigen Rüstzeug zur Umkehr zu versorgen, da er Ihm eh in den Rücken fallen würde. Das wäre eine grausame und unmenschliche Liebe.

Dem unbußfertigen Sünder Judas standen im Gegenteil durch die unaufhörlichen Zuwendungen und Ermahnungen seines treuen Meisters immer alle Optionen offen, somit war er zu keinem Zeitpunkt dazu verdammt, ein Verräter sein zu müssen. Gott erschafft die Seele eines Menschen nicht, um sie anschließend einer Einbahnstraße der Umnachtung preiszugeben. Das wäre ein grausamer Gott. Die Alternative war stets mit Judas und ist mit jedem Menschen und in dessen Nähe. Das ist auch das Lehrstück in einem würdigen Gedenken für alle Christen aus dem stetigen Opfer Jesu Christi zu Seinen Lebzeiten auf Erden. Andernfalls könnte man im gleichen Atemzug Putin oder Hitler und wie sie alle heißen, die im Namen der Menschlichkeit Unmenschliches gebären, ebendies als Apostel ehren, was unter ihren fanatischen Verehrern bedauernswerterweise auch nicht selten geschieht. Die Geschichte des Alten Israel ist voll von Schicksalen von Nachbarländern Israels, die im Auftrag Gottes zeitweise die Herrschaft über Sein Volk übernehmen durften, an denen sich Gott aber rächte, weil sie allesamt mit Seinem Auftrag Scharlatan getrieben haben, obwohl sie die Wahl gehabt hätten, aber im Herzen voller Niedertracht waren gegen das Volk Gottes, Sein Eigentum.

Altes Testament – Prophet Jeremia, 50. Kapitel *Weissagung vom Untergang Babels und von der Erlösung Israels* 50,8 a Fliehet aus Babel und zieht aus der Chaldäer Lande und macht's wie die Böcke vor der Herde! 50,9 Denn siehe, ich will Völker in großen Scharen erwecken und aus dem Lande des Nordens gegen Babel heranführen; die sollen sich gegen die Stadt rüsten und sie auch einnehmen. Ihre Pfeile sind wie die eines guten Kriegers, der nicht mit leeren Händen zurückkehrt. 50,10 Und das Cahldäerland soll ein Raub werden; alle, die es berauben, sollen satt werden, spricht der HERR. 50,11 Wenn ihr euch auch freut und rühmt, dass ihr mein Erbteil geplündert habt, und hüpft wie die Kälber im Grase und wiehert wie die starken Rosse, 50,12 so wird eure Mutter doch sehr zuschanden und, die euch geboren hat, zum Spott werden. Siehe, unter den Völkern soll sie die geringste sein, wüst, dürr und öde. 50,13 Denn vor dem Zorn des HERRN wird sie unbewohnt und ganz wüst bleiben, so dass alle, die an Babel vorüberziehen, sich entsetzen werden und spotten über alle ihre Plagen. 50,14 Stellt euch ringsum gegen Babel auf, all ihr Bogenschützen; schießt nach ihr, spart nicht an Pfeilen; denn sie hat wider den HERRN gesündigt. 50,15 Erhebet das Kriegsgeschrei ringsum. Sie hat sich ergeben, ihre Pfeiler sind gefallen, ihre Mauern sind abgebrochen; denn so vergilt der HERR. Übt Vergeltung an Babel, tut ihr, wie sie getan hat. 50,16 Rottet aus von Babel den Sämann und den Schnitter in der Ernte! Vor dem mörderischen Schwert wird sich jeder zu seinem Volk wenden und in sein Land fliehen.

Das wahrhafte Gedenken an das Leben Jesu Christi und Seiner Mutter schon vorbeugend vor jenen Schreckmomenten zu begehen, die uns selbst im Alltag als Eigennutz und Niedertracht begegnen, bewahrt uns vor unvollkommenen Gedanken oder dem Selbstmitleid. Es lässt das Leid in seinem wahren Licht liebenden

Gehorsams erscheinen, um es auch in rechter Weise würdig zu begehen. Das wahre Licht im Leid richtet uns auf diesen Weg auf und gibt die Richtung vor in einem orientierungslosen Dasein. Die Bedeutung des Gedenkens als selbsttätige Erinnerung zu verinnerlichen, wer das versteht, beherzigt auch die Aktualität religiöser Tugenden wie Wahrheit, Güte, Empathie und Brüderlichkeit oder Freundschaft, die jedem Einzelnen als Konsequenz daraus erstehen. Gleichwohl, damit das Opfer Gott wohlgefällig sei und wir daraus Seine Gnaden erwarten können, hat Er Seinen eingeborenen Sohn hingegeben, für eine Ihm wohlgefällige Umkehr der Menschen in einer *Neuen Schöpfung*. Wer sich aber immer noch zu wenig darüber freuen kann, um daraus Unrechtsbewusstseins und Bußfertigkeit abzuleiten, und deshalb seinen Alltag zu wenig mit S e i n e m Opfer des Gehorsams speist, der wird auch unwillkürlich dazu verleitet, selbst hoffärtig und Gott ebenbürtig zu sein.

So wie alle vor einigen Jahren in Bayern, in München, in Regensburg, in Altötting und nicht zuletzt in Marktl „Papst waren" vor unseren Nachbarn aller Herren Länder und Religionen. Das ist nicht Demut, das ist Götzendienst in seiner reinsten Art, mit einer Schnelligkeit und Selbstverständlichkeit, über die man sich nur wundern konnte und die einem aber zeitweise auch das Blut in den Adern frieren ließ. Wie sollte jenes Gebaren Gehör finden bei Gott, das bereits auf Erden alle Aufmerksamkeit und Ansehen dieser Erde an sich reißt? Kam das wenige Jahre später folgende und überraschende Abdanken eines Papstes aus dem „alten Europa" und die Nachfolge eines „Papstes der Armen" nicht in seltsam klarer Weise erleichternd für die Welt?

Oft erliegt der Mensch zu sehr unwägbaren Dingen wie der Vaterlandsliebe oder der Liebe zu einer Idee und wird dadurch von seinem eigentlichen Ziel abgelenkt. D a s   Z i e l   i s t   i m m e r   G o t t . A l l e s   m u s s   i n   G o t t   g e s e h e n ,   u m   g u t   g e s e h e n   z u   w e r d e n !

Die Werke, Arbeit, sind unter jenen Voraussetzungen ehrbar, wenn man während der Arbeit im Geiste den ewigen Gott gegenwärtig hat.

Kann jemand sündigen, der sagt: „Gott sieht mich. Gott hat seine Augen über mir, und es entgeht ihm keine Kleinigkeit meiner Handlungen!" *Denn der Gedanke an Gott ist ein heilsamer Gedanke und hält mehr als alles andere von der Sünde ab.*

Kein Rühmen für das Privileg der Liebe, die Gott gewährt; kein törichter menschlicher Ruhm! Die Gabe würde sofort entzogen. Vielmehr innerlicher Lobgesang des Herzens für seinen Gott: „Hochpreise meine Seele den Herrn, denn er hat die Niedrigkeit seiner Magd gesehen." *Die Seele muss sich schmücken mit Girlanden täglicher Tugendhaftigkeit, denn vor dem Antlitz des Allerhöchsten kann Fehlerhaftes nicht bestehen; man darf nicht nachlässig werden. Täglich, habe ich gesagt! Denn die Seele weiß nicht, wann Gott-Bräutigam erscheint, um zu sagen:* „Komm!" *Daher darf sie nie müde werden, den Kranz zu erneuern. Habt keine Angst, wenn die Blumen verwelken. Die Blumen der Tugendhaftigkeit welken nicht. Der Engel Gottes, den jeder Mensch an seiner Seite hat, sammelt diese täglichen Kränze und trägt sie in den Himmel. Dort zieren sie den Thron des neuen Seligen, wenn er als Braut in den Hochzeitssaal eintritt.*

Die wenig genährte Lampe kann von einem leisesten Windhauch und den schweren Regentropfen der Nacht ausgelöscht werden. Die Nacht, die Stunde der Finsternis, der Sünde, der Versuchung, kommt für alle. Es ist die Nacht der Seele. Aber wenn dieser voller Glauben ist, kann die Flamme nicht vom Wind der Welt und vom Nebel der Sinnlichkeit gelöscht werden.

Wachsamkeit, Wachsamkeit, Wachsamkeit! Wer unklug ist, vertraut unklugerweise und sagt: „Oh, Gott kommt rechtzeitig, solange noch Licht in mir ist." *Wer schläft, statt zu wachen; wer weiterschläft, ohne sich beim ersten Ruf sofort zu erheben; wer sich auf den letzten Augenblick verlässt, um sich das Öl des Glaubens oder den starken Docht des guten Willens zu verschaffen, lebt in der Gefahr, draußen bleiben zu müssen, wenn der Bräutigam kommt. Wacht also mit Klugheit, Ausdauer, Reinheit und Vertrauen, um immer bereit zu sein, wenn Gott euch ruft, denn ihr wisst wirklich nicht, wann er kommen wird.*

Meine lieben Jünger, ich will nicht, dass ihr vor Gott zittert; vielmehr sollt ihr Vertrauen in seine Güte haben. Denkt daran, dass ihr, wenn ihr es wie die klugen Jungfrauen macht, gerufen werdet, nicht nur, um dem Bräutigam das Geleit zu geben, sondern wie die junge Esther, die anstelle Waschtis Königin wurde, auserwählte Bräute zu sein, da der Bräutigam in euch jede Anmut und Gunst vor jeder anderen gefunden hat.

Christus sind wir, weil Er die Kirche ist und Er in ihr ist wie der Saft im Rebstock. Er ist das Haupt und wir die Glieder. So erklärt der heilige *Augustinus* das Johannesevangelium über die Glieder des mystischen Leib Christi auf Erden. Christus lieben heißt deshalb auch, die Kirche lieben. Glaube, Hoffnung und Liebe sind die Lebensäußerungen der Kirche und wenn wir Christus mit Brot und Wein der Eucharistie empfangen, empfängt er uns in seine Kirche. Wie die Reben am Weinstock müssen wir folglich unser Verhältnis zur Kirche realistisch vollziehen, das heißt im Glauben ganzheitlich voranschreiten. „Mit den Geboten ist der Menschheit ein Kompass mit auf den Weg gegeben. Man kann sie niemandem auferlegen", attestiert der emeritierte Kardinal *Walter Kasper* im Februar 2014 vor dem Kardinalskollegium in Rom. Auf dieser Grundlage kann die Kirche selbst nur Empfehlungen aussprechen, damit ihre Reben nicht faul werden oder absterben und der Weinstock keine Missgestaltung annehme. Oder wie *Franziska Maria von der gekreuzigten Liebe* uns übermittelt: „Aus Liebe sind sie euch gegeben und nur Liebe biete ich euch darin an."

„Das Thema lautet nicht: Die Lehre der Kirche von der Familie", so *Kasper*. „Sondern: Das Evangelium von der Familie. Die Lehre der Kirche ist keine stehende Lagune, sondern ein aus der Quelle des Evangeliums entspringender Strom." Und an anderer Stelle *Kasper*: „Das Band, das Gott um die Brautleute legt, ist kein Joch. Es ist Gottes Treuezusage." Das kann nur gelingen, wenn auch die Obrigkeit der Seelsorger ihre Vorbildfunktion für das Gedenken an Jesus Christus annimmt. Konkret könnte das heißen, sich als Zelebrant einer sogenannten heiligen Messe bei der Wandlung mit all seinen Sinnen und Kräften Gott zuzuwenden. Auch die Gemeinde begegnet während der Wandlung mehrheitlich nur dem Blick des Priesters, anstatt wie er das innere Auge auf Gott zu richten, wo der Allmächtige es doch ist, welcher der Gläubigenschar das Wunder der Verwandlung von Brot und Wein schenkt. Bei der Feier zur Kardinalsernennung im Jahre 2014 predigte Papst *Franziskus*: „Jesus ist nicht gekommen, um eine Philosophie, eine Ideologie zu lehren, sondern einen Weg. Man erlernt ihn, indem man ihn beschreitet. Im Gehen." Die Demut ist der wesentliche Bestandteil dieses Weges.

Ihre Lampen brennen, um den Bräutigam zu ehren und für sich selbst den Weg zu beleuchten. Wie strahlend ist der Glaube und welch ein holder Freund ist er! Er ist wie eine strahlende Flamme, wie ein Stern, eine lachende Flamme, sicher ihrer Gewissheit; eine Flamme, die auch das Gefäß, das sie trägt, leuchten lässt. Auch der menschliche Körper, der vom Glauben genährt wird, scheint schon auf dieser Erde strahlender, vergeistigter und immun gegen heftige Leidenschaften; denn wer glaubt, richtet sich nach den Worten und Geboten Gottes, um Gott, sein Ziel, zu besitzen; er flieht daher alles Verderbliche und kennt keine Unruhe, Ängste und Selbstvorwürfe. Er braucht sich nicht anzustrengen, um sich seiner Lügen zu erinnern oder seine bösen Taten zu verbergen, und er bleibt schön und jung in der schönen Unberührbarkeit des Heiligen. Ein Fleisch und ein Blut, ein Geist und ein Herz, gereinigt von aller Unzucht, um das Öl des Glaubens zu bewahren und rauchfreies Licht zu spenden. Ein beständiger Wille, stets dieses Licht zu nähren. Das tägliche Leben mit seinen Enttäuschungen, Feststellungen, Berührungen, Versuchungen und Angriffen führt leicht zur Verminderung des Glaubens. Das darf nicht geschehen! G e h t   t ä g l i c h   z u   d e n   Q u e l l e n   d e s   s a n f t e n   Ö l e s ,   d e s   w e i s e n   Ö l e s ,   d e s   g ö t t l i c h e n   Ö l e s .

Kirchliche Würdenträger suchen ihre Legitimation zu erfüllen mit der Inszenierung einer fast schon dogmatisch penetranten

Schau des Kirchenjahres und verlieren dabei vollends den Blick zum Himmel, denn das eigentliche Ziel der Schau des Lebens Jesu und Mariens ist doch der Himmel, wo sie angekommen sind und uns danach einladen. Obendrein wird steif und fest an das Kirchenjahr geklammert, um abzulenken von der Unzufriedenheit der Gläubigen in der kraftlos erscheinenden Liturgie. Das Leben Jesu füllt somit in der tatsächlichen Inszenierung der Kirche das Programm des Kirchenjahres, wie es sein sollte, wenn damit nicht gleichzeitig der Zweck erfüllt würde, einer lethargisch verunstalteten Liturgie einen höheren Sinn einzuhauchen. Viele Gläubige verlieren jedoch unter der Oberfläche des Scheins ihren Halt und den Blick für den wahren Sinn des Kirchenjahres, das zur handfesten Möglichkeit einlädt, das Leben Jesu geordnet und in Gemeinschaft der Gläubigen zu verinnerlichen, um im Herzen aller Menschen etwas auszulösen.

Liturgie darf und soll nicht in dem einen Standpunkt verharren, der es sich zur Aufgabe gemacht hat, auf der ganzen Linie unbewusste Ablenkung zu schaffen mit der Inszenierung seiner selbst, um sich zu diesem Zwecke an Ort und Stelle festzutreten, ähnlich einer politischen Veranstaltung. Tatsächlich ist die Liturgie in der verengten Schau des Kirchenjahres als liturgisches Ambiente vorzugsweise in Europa eine willkommene Abwechslung von einem politischen System, das selbst wenig Spielraum lässt, außer dem zu arbeiten, zu zahlen und zu konsumieren. Oder wie lässt es sich erklären, dass Kontinente wie Afrika oder Lateinamerika längst übergegangen sind zu einer authentischen Form der Gottesdienstfeier. Der Wohlstand in Europa hat durchaus seinen Preis, denn die Fakten sind doch sehr ernüchternd, genauso wenn es um das Mitspracherecht des Durchschnittseuropäers geht.

Ja, die Gesundheit ist eine große Sache.
Aber seht zu, dass mein jetziges Kommen euch alle gesunden Geistes macht, für immer und in allem!

Vor allem Alleinstehende müssten in Deutschland eine rekordverdächtige Abgabenlast tragen. Von ihrem Verdienst ginge die Hälfte an den Staat, war im April 2014 in der *FAZ* zu lesen. Nur in Belgien sei die Belastung mit Steuern und Abgaben bei einem durchschnittlich verdienenden Single höher, wie aus der OECD-Studie „Taxing Wages – 2014" hervorginge. Die arbeitende Mitte würde ausbluten, während mit Steuergeldern finanzierte Großprojekte regelmäßig durch wahre Kostenexplosionen auffielen. Der Bund der Steuerzahler stellt dabei immer wieder fest, dass vor Baubeginn keine ausreichenden Wirtschaftlichkeitsberechnungen oder gar Machbarkeitsstudien gemacht werden würden, berichtet die *ZEIT* im Frühjahr 2014. In einem Schwarzbuch kritisiert der Verband insgesamt 77 Projekte, bei denen im Jahr 2013 Steuergelder verschwendet worden seien. Zahlen, ja, das darf der Deutsche, aber Mitsprache beim vernünftigen Maßhalten mit den aus Steuereinnahmen gehorteten Mitteln ist nur für eine winzige Minderheit bestimmt, die nicht nach dem Leistungsprinzip entlohnt bzw. motiviert wird, so wie der übrige Rest der Republik, sondern von Diäten und Rentenzusagen überhäuft wird. Dazu zählt auch der gesamte deutsche Klerus.

Diese Umstände erinnern doch sehr an das alte Palästina zu Zeiten Jesu, als der Tempel Handlanger der Besatzer war, und offenbar bittere Nöte im Verlangen nach Zufriedenheit des Bürgers, gleichsam seinen ausgepowerten Körper, den überforderten Geist und die vernachlässigte Seele betreffend. Der unveränderliche Rhythmus im Ton der katholischen Feierlichkeiten winkt unscheinbar, aber auch bestimmt als Standpauke herüber, weiterzumachen und konform zu gehen mit dem uns gefangen haltenden System, das unflexibler ist wie Stahl und Beton zusammen und unseren persönlichen Gehorsam vor dem Schöpfer nicht unerheblich einschränkt oder besudelt. Diese Ernüchterung zählt auch zu unserer bürgerlichen Verantwortung als Christ, das Bewusstsein zu schärfen, um mit den rechten Bitten vor den Herrn zu treten und nicht nur endlos die gleiche Leere herunterzuplappern vor dem Altar und zu funktionieren wie ein vom Computer vorgegebener Algorithmus: Knien – Singen – Beten – Amen. So armselig hat Gott den Menschen nicht geschaffen, das aber macht unbewusst oder fehlerhaft begangene Liturgie mit einem Menschen. Sie legt dem unmündigen Gläubigen unübersehbar Fesseln an, obwohl dieser seine Unmündigkeit partout nicht verlieren will, weil sie in fanatischen Kreisen der Liturgiker als kindliche Unbefangenheit deklariert wird.

Diese aktive Art der freiwilligen Entmündigung ist nichts anderes als Unbußfertigkeit, die aus der schwachen liturgischen Einleitung eines wertlosen Schuldbekenntnisses gepaart mit der Bevormundung eines am Volksaltar zum Showmaster degradierten Seelsorgers hervorgeht. Auf diese Weise wird der Passivität Tür und Angel geöffnet im Leben des Gläubigen, um ihn am Ende in geistiger Abhängigkeit zu sehen. Der Hirte wird schließlich zum Wolf im Schafsfell und das Schaf begibt sich für ein kleines Freschen nur in einen fremden Stall. Jesus aber ist gekommen, um alle Fesseln zu sprengen, daran und an vieles mehr muss uns das Kirchenjahr schlussendlich auch täglich erinnern, wenn es denn in der jetzigen Konstellation nicht daran gehindert würde, uns das Leben Jesu wirksam und in seiner ganzen Größe zu verinnerlichen. Wie aber sollte Gott ihnen helfen, wenn diese ihre Gefangenschaft genießen – die Schafe ihre Bevormundung und die Wölfe ihre ungeahnte, selbsterschaffende, inszenierte Größe. Das System ist so engmaschig, dass die darin befindlichen noch nicht einmal wahrnehmen, wenn sie allesamt dem Herrn den Rücken kehren.

Wenn ihr betet oder Buße tut, dann macht es so, dass die Welt nichts davon bemerkt! In den Büchern der Weisheit steht geschrieben: „Es ist nicht gut, das Geheimnis des Königs zu enthüllen." Die Demut ist der weiße Schleier, der als Schutz über das Gute, das man tut, und über das Gute, das Gott gewährt, ausgebreitet wird.

Wie also könnte diese kleine Schar gleich den Erwartungen der Welt und würdig den Verletzungen der Opfer von Missbrauch diesen schonungslos in den eigenen Reihen aufarbeiten wollen? Das liturgische System in Teilen fehlerhaft begangen verleiht sozusagen utopische Größe, welche von Natur aus gar nicht existent ist, geschweige denn real, weshalb sie bei klarem Verstand auch als Utopie erkennbar sein müsste. Utopien aufgeben zu wollen, setzt also voraus, sie auch als solche zu erkennen, um sie sich im nächsten Zug auch noch einzugestehen. Dazu bedarf es Größe, auf die man dann aber in einem geistig vernebelten Zustand und Umfeld vergebens hoffen mag, denn das bedeutet auch den persönlichen Gesichtsverlust. Wer verlässt schon freiwillig ein bequemes Luftschloss, um anschließend in die Bedeutungslosigkeit einzugehen. Dagegen wehren sich mächtige Männer mit einer Vielzahl an Armeen, um sogar Kriege zu führen in der ganzen Welt. Die Utopie ist eine gefährliche Machenschaft mit der persönlichen Einbildungskraft, derer man sich nicht freiwillig entblößen will, wenn man ihr zeit seines Lebens voll und ganz einverleibt ist.

Wisst ihr, wie der Mensch die unendliche Liebe besitzen kann, obwohl er in seinen Handlungen endlich und begrenzt ist? Indem er so innig mit Gott vereint ist, dass er eins mit Gott ist, und da das Geschöpf im Schöpfer aufgeht, wirkt dann der Schöpfer, der unendlich ist. Und so, mit ihrem Gott vereinigt durch die Macht der Liebe, die so eng mit dem Ursprung verbunden ist, dass sie eins mit ihm ist, so müssen meine Apostel sein. Nicht durch eure Worte, sondern durch eure Liebe werdet ihr die Herzen bekehren, und wenn ihr Sünder antrefft, dann liebt sie. Wenn ihr wegen der Jünger leidet, die vom rechten Weg abgekommen sind, versucht, sie durch Liebe zu retten. Denkt an das Gleichnis vom verlorenen Schäflein. Durch alle Jahrhunderte hindurch wird die Liebe der süße Lockruf für die Sünder sein, aber sie wird auch die sichere Richtschnur für meine Priester sein. Unter Anwendung all eurer Künste, zu jedem Opfer bereit, selbst auf die Gefahr hin, euer Leben zu verlieren, um durch euren Tod eine Seele zu retten; mit aller notwendigen Geduld müsst ihr hingehen und die Verirrten aufsuchen, um sie in den Schafstall zurückzubringen.

Die Liebe wird euch Freude schenken und euch sagen: „Fürchte dich nicht." Sie wird euch eine wirksame Kraft zu ihrer Verbreitung in der Welt verleihen, wie ich sie selbst nicht hatte. Die Liebe der künftigen Gerechten soll nicht mehr als ein Siegel auf Herz und Arm gedrückt werden, wie es im Hohelied geschrieben steht, sondern sie muss ins Herz gesenkt werden und der Antrieb sein, der die Seele zu jeder Tat befähigt. Jede Handlung muss ein Überströmen von Liebe sein, die sich nicht damit begnügt, Gott oder den Nächsten nur in Gedanken zu lieben, sondern die sich zum Kampf gegen die Feinde Gottes aufmacht, um Gott und den Nächsten auch mit der Tat zu lieben, durch immer weitreichendere und vollkommenere Handlungen, die schließlich in der Rettung und Heiligung der Brüder gipfeln. **Durch die Betrachtung liebt man Gott, und durch die Tat liebt man den Nächsten, und diese beiden Arten der Liebe sind nicht zu trennen, denn es gibt nur eine Liebe, und indem wir den Nächsten lieben, lieben wir Gott, der uns diese Liebe befiehlt und uns den Nächsten als Bruder gegeben hat.** Ihr werdet nicht behaupten können – und ebenso wenig werden es die künftigen Priester tun können – meine Freunde zu sein, wenn eure Liebe – und die ihre – nicht gänzlich auf die Rettung der Seelen ausgerichtet ist, für die ich Mensch geworden bin und leiden werde. Ich gebe euch das Beispiel, wie man liebt. Daher sollt ihr und die, die nach euch kommen werden, das tun, was ich tue. Eine neue Zeit bricht an, die Zeit der Liebe. Ich bin gekommen, dieses Feuer in den Herzen zu entfachen, und es wird noch anwachsen nach meinem Leiden und nach meiner Auferstehung und euch ganz entzünden, wenn die Liebe des Vaters und des Sohnes herabsteigen wird, um euch für euer Amt zu weihen.

O göttliche Liebe! Worauf wartest du, um das Opfer zu vollenden und dieser meiner Herde Augen und Ohren zu öffnen und Zunge und Glieder zu lösen, auf dass sie unter die Wölfe gehe und sie belehre, dass Gott die Liebe ist und dass, wer keine Liebe hat, nichts als ein unvernünftiges Tier und ein Dämon ist? Oh, komm, süßester und mächtigster Geist, und entflamme die Erde, nicht um sie zu zerstören, sondern um sie zu reinigen. Entzünde die Herzen! Mache aus ihnen meinesgleichen, Christen, das heißt mit der Liebe Gesalbte, durch die Liebe

Wirkende und aus Liebe Heilige und Heiligende. Selig jene, die lieben, denn sie werden geliebt werden und ihre Seelen werden nie aufhören, Gott mit den Engeln zu preisen, bis sie den ewigen Lobgesang im Lichte der Himmel singen werden. So sei es mit euch, meine Freunde. Geht nun und tut mit Liebe das, was ich euch gesagt habe.

Dabei wäre es so einfach: Wer sich etwas vorzuwerfen hat, wirft sich in die Barmherzigkeit Gottes und die Vergebung Jesu Christi, ein besseres Vorbild gibt es nicht. Die liturgische Ordnung darf kein Gegenentwurf dazu sein, sondern muss indes eine Kultur zu Tage fördern können, die das gesamte Spektrum der Erlösungsabsicht und damit den sakramentalen Fluss aus der Gnade Gottes insbesondere im Alltag sichtbar werden lässt. Dabei muss das Zentrum jedes Gedenkens die Demut sein, die aus dem Gehorsam Jesu und Seiner Mutter vor Gott augenscheinlich abzuleiten ist: den menschlichen Willen nur dem Willen des Vaters zu überantworten im blinden Vertrauen und treuer Ergebenheit, das sich wie ein roter Faden durch ihrer beider Leben zieht. Kein anderes Gebet als der von der katholischen Kirche im Tagesrhythmus verankerte Angelus in Verbindung mit den drei „Ave Maria" und „Vater unser" kann diese Glaubensweisheit in Kurzform treffender ausdrücken, wenn man ihn denn in seiner ganzen Fülle des Gedenkens beherzigt.

Eine Dreiheit also. Eines Tages entstand in der göttlichen Dreifaltigkeit im Himmel ein Gedanke: „Jetzt ist die Zeit gekommen, dass das Wort zur Erde gehe." Und in einem Herzschlag der Liebe kam das Wort zur Erde. Es trennte sich also vom Vater und vom Heiligen Geist. Es kam, um auf der Erde zu wirken. Im Himmel betrachteten die beiden Zurückgebliebenen die Werke des Wortes, und sie bleiben mehr denn je vereinigt, um in das auf der Erde wirkende Wort Gedanken und Liebe zu ergießen. Es wird der Tag kommen, an dem vom Himmel der Befehl ergehen wird: „Es ist Zeit, dass du zurückkehrst, denn alles ist erfüllt"; dann wird das Wort zum Himmel zurückkehren und aus den Höhen des Himmels wird es dann die Werke der beiden auf der Erde Zurückgebliebenen Maria und Petrus betrachten, die aus heiligen Beweggründen sich enger zusammenschließen, um Macht und Liebe auszugießen und sie zum Mittel zu machen, mit dem der Wunsch des Wortes erfüllt wird: *„Die Erlösung der Welt durch andauernde Unterweisung seiner Kirche."* Der Vater, der Sohn und der Heilige Geist werden aus ihren Strahlen ein Band machen, um die beiden auf der Erde Zurückgebliebenen immer fester aneinanderzuketten: *Maria, die Mutter und Liebe, und Petrus, die Macht! Daher muss Maria wohl als Königin behandelt werden.*

Im Laufe der Jahrhunderte werden viele in Bezug auf Jesu Menschwerdung dem Irrtum verfallen, Ihm Formen zuzuschreiben, die auch Judas irrtümlicherweise in Ihm sehen mochte. Man wird zum Beispiel sagen, dass Er scheinbar einen materiellen Körper hatte, in Wirklichkeit aber ungreifbar wie eine Lichterscheinung. Man wird behaupten, dass Jesus nicht wirklich Fleisch geworden ist, und dass die Mutterschaft Marias keine wirkliche gewesen sei. In Wahrheit aber ist Er Fleisch und in Wahrheit ist Maria die Mutter des fleischgewordenen Wortes. Wenn die Stunde der Geburt nur eine Ekstase war, dann deshalb, weil sie die neue Eva ohne die Lust der Sünde und ohne die Erbschaft der Strafe ist. Aber es war für Jesus nicht erniedrigend in ihr zu ruhen. War denn vielleicht das im Tabernakel eingeschlossene Manna entehrt? Nein, es war vielmehr geehrt in dieser Behausung. Andere werden sagen, dass Jesus, weil Er nicht wirklich Fleisch war, nicht gelitten habe und nicht gestorben sei während Seines Aufenthalts auf Erden. Ja, da man nicht leugnen kann, dass Jesus auf Erden war, wird man Seine wirkliche Menschwerdung oder Seine wahre Gottheit verneinen. Doch Er ist in Wirklichkeit auf ewig eins mit dem Vater, und Er ist im Fleisch mit Gott vereinigt, denn die Liebe hat wahrhaftig in ihrer Vollkommenheit das Unerreichbare erreicht und sich mit Fleisch bekleidet, um das Fleisch zu erlösen. Eine Antwort auf alle die Irrlehren ist Sein ganzes Leben, das von der Geburt bis zum Tod Blut vergossen und sich allem unterworfen hat, was menschlich ist, außer der Sünde. Geboren, ja, von ihr! Und zu unserem Wohl. Wir wissen nicht, wie sehr die Gerechtigkeit besänftigt worden ist, seit sie, die Frau, Mitwirkende ist.

„(...) Ich bin die Mutter derjenigen, die von allen ignoriert und verlassen werden. Ich sammle heute ihr ganzes Leiden im unermesslichen Schmerz meines Herzens. Ich gieße Balsam auf ihre Wunden und werte jedes Leiden dieser meiner armen Kinder auf: das Leiden derer, die Jesus noch nicht kennen und in Finsternis wandeln; das Leiden derer, die ausgestoßen sind und sich von niemandem unterstützt fühlen; das Leiden all derjenigen, die nichts besitzen, und das Leiden derer, die auf den Gehsteigen der Straßen leben und sterben, ohne dass irgend jemand stehen bliebe, um ihnen zu helfen.

Ich bin die Mutter der Ärmsten der Armen, der Elendesten, und mein unbeflecktes Herz will ihnen die Hilfe geben, die sie brauchen: die Hilfe, zu Jesus zu gelangen und sein Evangelium der Rettung anzunehmen, das viele Söhne und Töchter von mir — Missionare und Missionsschwestern — verbreiten. Für dieses Ziel setzen sie hier ihre ganze Existenz ein. Mein Unbeflecktes Herz will den Ärmsten der Armen helfen, in der Würde der Kinder Gottes zu leben, für ein besseres und menschlicheres Dasein.

Ich mache mich heute zur Stimme meiner armen Kinder, die keine Stimme haben, um allen zu wiederholen. Denkt an diese eure Brüder, an die, die noch heute an Not und Hunger sterben. Schenkt diesen meinen Kleinen das, was ihr in Überfluss besitzt! Seid nicht bestrebt, Reichtümer anzuhäufen, da doch unter allen jene Güter aufgeteilt werden sollen, die euer Schöpfer allen zur Verfügung gestellt hat.

Ich bin die Mutter aller, aber besonders der Ärmsten. Ich nehme ihr Leiden an und segne es und verbinde es mit dem Gebet derer, die durch den Triumph meines Unbefleckten Herzens die Ankunft des Reiches Jesu erflehen. Es wird ein Reich der Wahrheit und der Gnade, der Liebe und der Gerechtigkeit sein, und meine armen Kinder werden darin den schönsten Platz haben."

„(...) Ich bin die Jungfrau der Offenbarung. In mir verwirklicht sich das Meisterwerk des Vaters auf eine

so vollkommene Weise, dass er auf mich das Licht seiner Vorliebe ausstrahlen kann. Das Wort nimmt in meinem jungfräulichen Schoß die menschliche Natur an und so kann es bis zu euch kommen – durch meine wahre, mütterliche Funktion. Der Heilige Geist zieht mich wie ein Magnet in das Innerste des Lebens der Liebe zwischen dem Vater und dem Sohn hinein und so werde ich innerlich umgewandelt und so sehr Ihm angeglichen, dass ich Seine Braut sein kann."

„Durch mich wird der große Plan, der im Geheimnis Gottes selber verborgen war, geoffenbart.
Mein Sohn Jesus ist die Offenbarung dieses Geheimnisses.
Allein in Ihm wohnt die Fülle der Gottheit.
Durch Ihn wird die ganze Menschheit zur vollen Gemeinschaft mit der göttlichen Natur selbst zurückgeführt.
Allein mit Ihm kann sich der große Plan des Vaters erfüllen."

Manuskript der Marianischen Priesterbewegung, MPB

Papst *Benedikt* hebt in Kapitel dreiunddreißig **Die Eucharistie und die Jungfrau Maria** seines nachsynodalen Schreibens die von der Kirche besonders gepflegte Beziehung mit der Eucharistie und ihr zur Mutter des Erlösers hervor: **Aus der Beziehung zwischen der Eucharistie und den einzelnen Sakramenten und aus der eschatologischen Bedeutung der Mysterien geht das Profil der christlichen Existenz in seiner Ganzheit hervor – einer Existenz, die berufen ist, in jedem Augenblick Gottesdienst zu sein, ein Gott wohlgefälliges Opfer der Selbsthingabe. Und wenn wir auch alle noch unterwegs sind zur ganzen Erfüllung unserer Hoffnung, heißt das nicht, dass wir nicht schon jetzt dankbar anerkennen können, dass alles, was Gott uns geschenkt hat, in der Jungfrau Maria, der Mutter Gottes und unserer Mutter, seine vollkommene Verwirklichung gefunden hat: ihre Aufnahme in den Himmel mit Leib und Seele ist für uns ein Zeichen sicherer Hoffnung, insofern es uns Pilgern in der Zeit jenes** eschatologische Ziel anzeigt, von dem uns das Sakrament der Eucharistie schon jetzt einen Vorgeschmack gibt.

In der heiligen Jungfrau sehen wir auch die sakramentale Weise, mit der Gott das Geschöpf Mensch erreicht und in seine Heilsinitiative einbezieht, gänzlich erfüllt. Von der Verkündigung bis zum Pfingstereignis erscheint Maria von Nazareth als die Person, deren Freiheit sich ganz und gar dem Willen Gottes anpaßt. Ihre unbefleckte Empfängnis offenbart sich im eigentlichen Sinn in der unbedingten Verfügbarkeit gegenüber dem göttlichen Wort. In jedem Augenblick ist ihr Leben geprägt von einem gehorsamen Glauben angesichts des Handelns Gottes. Als die hörende Jungfrau lebt sie in vollkommenem Einklang mit dem göttlichen Willen; die Worte, die ihr von Gott zukommen, bewahrt sie in ihrem Herzen, und indem sie sie wie zu einem Mosaik zusammensetzt, lernt sie sie tiefer verstehen (vgl. Lk 2,19.51); Maria ist die große Glaubende, die sich vertrauensvoll in die Hände Gottes gibt und sich seinem Willen überlässt. (102) Dieses Geheimnis verdichtet sich bis zur vollen Einbeziehung in den Erlösungsauftrag Jesu. Wie das Zweite Vatikanische Konzil erklärt hat, ging „die selige Jungfrau Maria den Pilgerweg des Glaubens. Ihre Vereinigung mit dem Sohn hielt sie in Treue bis zum Kreuz, wo sie nicht ohne göttliche Absicht stand (vgl. Joh 19,25), heftig mit ihrem Eingeborenen litt und sich mit seinem Opfer in mütterlichem Geist verband, indem sie der Opferung dessen, den sie geboren hatte, liebevoll zustimmte. Und schließlich wurde sie von Christus Jesus selbst, als er am Kreuz starb, dem Jünger zur Mutter gegeben mit den Worten: Frau, siehe da dein Sohn." (103) Von der Verkündigung bis zum Kreuz ist Maria diejenige, die das Wort aufnimmt – das Wort, das in ihr Fleisch annimmt und am Ende verstummt im Schweigen des Todes. Sie ist es schließlich, die in ihre Arme den bereits leblosen hingegebenen Leib dessen aufnimmt, der die Seinen wirklich „bis zu Vollendung" (Joh 13,1) geliebt hat.

Darum wenden wir uns jedes Mal, wenn wir in der Eucharistiefeier den Leib und das Blut Christi empfangen, auch an sie, die in voller Zustimmung das Opfer Christi für die ganze Kirche angenommen hat. Zu Recht haben die Synodenväter bekräftigt, dass „Maria die Teilnahme der Kirche am Opfer des Erlösers eröffnet". (104) Sie ist die Unbefleckte, die die Gabe Gottes bedingungslos annimmt und auf diese Weise am Heilswerk beteiligt wird. Maria von Nazareth, die Ikone der entstehenden Kirche, ist das Vorbild dafür, wie jeder von uns das Geschenk empfangen soll, zu dem Jesus in der Eucharistie sich selbst macht. ZWEITER TEIL EUCHARISTIE, EIN GEHEIMNIS, DAS MAN FEIERT „Amen, amen, ich sage euch: Nicht Mose hat euch das Brot vom Himmel gegeben, sondern mein Vater gibt euch das wahre Brot vom Himmel." (Joh 6,32)

Die innere Haltung der Katholiken übersteigt oftmals nicht die eigenen vier Wände, die dem eines persönlichen Schutzwalls ähneln, wohinter sich wohlfeil ein höchst individuelles Salonchristendasein verbirgt. Die Eucharistie kann aber nicht nur individuell sein, sondern sie richtet sich höchst universell darauf aus, **alle** Geschöpfe zu einen im neuen Volk Israels. Die eucharistische Gemeinschaft vermag es ursächlich, eine wahre Festung des Glaubens zu gründen, welche sich vor den stürmenden Wogen des Zeitgeistes nicht fürchten muss, weil sie mit Christus, dem Auferstandenen, durch alle Zeiten einen Anziehungspunkt in unseren verborgensten Sehnsüchten bildet, um darin den Eckstein des Vertrauens zu bilden. Ein Gottesdienst in der Form einer unaufhörlichen liturgischen Standpauke ist dabei nur hinderlich.

Die verfehlten Bekehrungen sind, wenn nicht zur Hälfte, so doch zu vier Zehntel, auf die versäumten Bekehrungsversuche der dafür Bestellten, auf mangelndes Verständnis und verlogenen Eifer, verbunden mit wirklichem Egoismus und Hochmut, zurückzuführen; man zieht es vor, ruhig in seinen vier Wänden zu bleiben, anstatt d u r c h d e n S c h l a m m z u w a t e n , um ein Herz zu retten. „Ich bin rein. Ich bin der Achtung würdig. Ich gehe nicht dorthin, wo Schmutz ist, wo man mir die Achtung verweigert." Aber wer so spricht, hat das Evangelium nicht gelesen, wo geschrieben steht, dass der Sohn Gottes hinging, Zöllner und Dirnen zu bekehren, und nicht nur Rechtschaffene, die nach dem alten Gesetz lebten. Aber denkt ein solcher nicht daran, dass der Hochmut geistige

Unreinheit ist, dass die Lieblosigkeit Unreinheit des Herzens ist? Wirst du beleidigt? Ich wurde es vor dir und mehr als du, und ich war der Sohn Gottes. Wird dein Gewand in den Schmutz geraten? Habe ich nicht mit meinen Händen diesen Schmutz berührt, ihm auf die Füße geholfen und gesagt: „Wandle auf diesem neuen Weg"?

Warum wollte ich in jenes Haus gehen, in dem Magdalena gesündigt hatte und warum habe ich an ihr das Wunder nicht in jenem Haus gewirkt? Um allen zu verstehen zu geben, dass d i e G e g e n w a r t G o t t e s e i n e r e i n e U m g e b u n g e r f o r d e r t, *aus Rücksicht auf seine erhabene Majestät. Um nicht mit Lippenworten zu sprechen, sondern mit einem tiefergehenden Wort, das bis zur Seele der Sünderin dringt und sagt: „Siehst du, Ungläubige? Du bist so schmutzig, dass deine ganze Umgebung beschmutzt wird. So schmutzig, dass Gott in deiner Anwesenheit nicht wirken kann. Du bist schmutziger als irgendjemand; denn du wiederholst die Sünde Evas und hältst dem Adam die Frucht entgegen, indem du ihn versuchst und seiner Pflicht entziehst. Du Magd des Satans!"*

Warum will ich aber nicht, dass sie von der geängstigten Mutter Satan genannt wird? Weil k e i n G r u n d S c h m ä h u n g u n d H a s s r e c h t f e r t i g t. D i e e r s t e N o t w e n d i g k e i t u n d d i e e r s t e B e d i n g u n g, G o t t i n s i c h z u h a b e n, *besteht darin, keinen Groll zu hegen und zu verzeihen, zu verstehen. Die zweite Bedingung besteht darin, dass man anerkennt, nicht sündenfrei zu sein; man darf nicht allein die Fehler anderer sehen. Die dritte Bedingung ist, dass man dankbar und treu zu bleiben weiß, wenn man Gnade erlangt hat, aus Gerechtigkeit dem Ewigen gegenüber. Unglücklich sind jene, die nach erhaltener Gnade schlimmer sind als die Hunde und sich ihres Wohltäters nicht erinnern, während das Tier sich dessen erinnert!*

Indem Jesus das Sakrament der Eucharistie einsetzt, nimmt er das Kreuzesopfer und den Sieg der Auferstehung vorweg und schließt beides in das Sakrament ein, unterstreicht Papst Benedikt in *SA-CRAMENTUM CARITATIS* unter dem zehnten Kapitel *Die Einsetzung der Eucharistie*. Zugleich offenbart er sich als das wahre

Opferlamm, das im Plan des Vaters von Anbeginn der Welt vorgesehen war, wie der Erste Petrusbrief betont (vgl. 1,18–20). In dem Jesus seine Gabe in diesen Zusammenhang stellt, tut er die heilbringende Bedeutung seines Todes und seiner Auferstehung kund, dieses Geheimnisses, das somit zu einer Gegebenheit wird, welche die Geschichte und den gesamten Kosmos erneuert. Tatsächlich zeigt die Einsetzung der Eucharistie, wie dieser an sich gewaltsame und sinnlose Tod in Jesus zum erhabensten Akt der Liebe und zur endgültigen Befreiung der Menschheit von [der Geisel der Sünde] geworden ist.

„Meine Liebe, denk doch daran, dass Jesus im Tabernakel eigens für Dich da ist, für Dich allein. Er brennt vor Sehnsucht, in Dein Herz einzukehren." So ein Zitat aus dem berühmten Brief, den die 16-jährige *Therese* in ihrem ersten Klosterjahr an ihre Kusine und spätere Novizin Marie Guérin (Maria von der Eucharistie) 1889 gerichtet hat. „Ja, Jesus liebte die Seinen ‚bis zur Vollendung' (Joh 13,1)", erklärt Papst *Benedikt* in SACRAMENTUM CARITATIS. Mit dieser Formulierung führe der Evangelist auf die Geste unendlicher Demut hin, die Jesus vollbracht hat: Bevor er am Kreuz für uns starb, wusch er, umgürtet mit einem Leintuch, seinen Jüngern die Füße. In gleicher Weise liebt Jesus uns im eucharistischen Sakrament immer noch „bis zur Vollendung", bis zur Hingabe seines Leibes und seines Blutes.

Im Herzen des Menschen ist ein Punkt, der sich an das Antlitz Gottes erinnert, die erhabenste Stelle, unser Heiligtum, von wo die heiligen Einsprechungen und die heiligen Entschlüsse ausgehen; unser Heiligtum, das wie ein Altar duftet, wie ein Brand leuchtet und wie der Sitz Seraphin von Hymnen widerhallt.

Das Heil kann durch Eigeninitiative im Alltag mit bewussten und wohlwollenden Gedanken an Gott, als die Quelle echter Liebe bestärkt werden. Die persönliche Willensbekundung für das Heil **aller** Menschen rückt in greifbare Nähe und liegt nun im Bereich menschlicher Hoffnung. „Der heilige Johannes macht deutlich, dass Gott die Liebe ist (1 Joh 4,8.16). Nun will er nicht nur sagen, dass Gott uns liebt, sondern dass das Sein Gottes selbst Liebe ist", bekräftigt Papst *Benedikt* mit seinen Worten an die Jugend zum Palmsonntag 2007. Wir müssten uns also diese Quelle im Bewusstsein erschließen und mit ihr in eine beständige Beziehung treten, um im Austausch mit ihr leben und lieben zu lernen. „Leider sind wir meist schwer von Begriff. Vor allem kann unser Herz oft nicht glauben, dass es jemand ehrlich mit uns meint. Die Herzen vieler Menschen sind krank vor Misstrauen. Sie sind zu oft enttäuscht, durch Untreue verletzt worden. Dieses Missverständnis wirkt sich dann gewöhnlich auch zerstörend auf die Beziehungen zu Jesus aus", schreibt *Theophan Beierle OCD* in seinem Begleitheft über das eucharistische Leben der heiligen *Therese von Lisieux*.

Die zwölf sind die ersten. Als mein zweites Ich sind sie fähig, andere zu mir, also zum Trost, zu führen; alle, die von einer zu großen Leidenslast niedergedrückt sind. In Wahrheit sage ich euch: Kommt alle zu mir, die ihr traurig, mutlos, verwundeten Herzens und müde seid, ich werde an eurem Schmerz teilnehmen und euch den Frieden schenken. Kommt zu mir durch meine Apostel und meine Jünger und Jüngerinnen, deren Zahl sich von Tag zu Tag durch neue Freiwillige vergrößert. Ihr werdet Trost finden in eurem Leiden, Begleiter in eurer Einsamkeit, brüderliche Liebe, die euch den Hass der Welt vergessen lässt; ihr werdet vor allem den besten Tröster, den vollkommensten Gefährten: die Liebe Gottes, finden. I h r w e r d e t ü b e r n i c h t s m e h r i m Z w e i f e l s e i n . Ihr werdet nie mehr sagen: „Für mich ist alles zu Ende!", sondern: „Alles beginnt für mich in einer übernatürlichen Welt, welche die Entfernungen und die Trennungen aufhebt", so dass die Waisenkinder mit ihren Eltern, die in dem Schoß Abrahams sind, vereinigt werden, und die Väter und die Mütter, die Ehefrauen und die Witwen ihre verlorenen Söhne und den verlorenen Gatten wiederfinden.

Im Lande Judäa, nahe bei Bethlehem Noemis, erinnerte Jesus die Menschen daran, dass die Liebe den Schmerz lindere und Freude schenke. Schmerz ist Kreuz, aber auch Flügel. Die Trauer entblößt, aber um neu zu bekleiden. Erhebt euch, ihr, die ihr weint! Öffnet die Augen und schüttelt die Bedrängnisse, die Finsternis und den Egoismus ab! Bedenkt: Die Welt ist die Erde, auf der man weint und stirbt. Die Welt ruft: „Hilf mir!" durch den Mund der Waisen, der Kranken, der Einsamen, der Zweifelnden, durch den Mund der Verratenen oder der Opfer der Grausamkeit, der Gefangenen infolge einer Rache. Geht zu ihnen, die rufen! Vergesst euch selbst unter den Vergessenen! Gesundet unter den Kranken! Hofft mit den Hoffnungslosen! Die Welt steht allen offen, die guten Willens sind, um Gott im Nächsten zu dienen und den Himmel zu gewinnen, der die Vereinigung mit Gott und die Wiedervereinigung mit allen ist, die wir beweinen. Hier ist der Kampfplatz, dort ist der Sieg. Kommt. Ahmt in allen euren Leiden Ruth nach! Sagt auch ihr: „Ich bleibe bei dir bis zum Tode." Und wenn euch die Unglücklichen, die sich unheilbar glauben, antworten: „Nennt mich nicht Noemi, sondern Mara; denn Gott hat mich mit Bitterkeit erfüllt", harrt aus! In Wahrheit sage ich euch, eines Tages werden diese Unglücklichen eure Ausdauer mit dem Anruf belohnen: „Gepriesen sei der Herr, der mich von der Bitterkeit, der Traurigkeit und der Einsamkeit befreit hat mit Hilfe eines Geschöpfes, das verstanden hat, seinen Schmerz für das Gute fruchtbar zu machen. Gott möge dieses Geschöpf auf ewig segnen, denn es ist mir zum Retter geworden.

Die gute Tat Ruths an Noemi hat – denkt daran – der Welt den Messias geschenkt, denn von David des Isai, von Isai des Obed, kommt der Messias, wie Obed des Booz, Booz des Salmon, Salmon des Nahasson, Nahasson des Amminadab, Amminadab des Aram, Aram des Esron und Esron des Fares. Sie alle waren berufen, das Land von Bethlehem zu bevölkern und die Vorfahren des Herrn vorzubereiten. Jede gute Tat ist der Ursprung großer Dinge, die ihr euch nicht vorstellen könnt. Der Sieg eines Menschen über den eigenen Egoismus kann eine Welle der Liebe auslösen, die fähig ist, aufzusteigen, aufzusteigen und in ihrer hellen Klarheit jenen zu halten, der sie ausgelöst hat, um ihn zum Fuße des Altares, zum Herzen Gottes, hinzutragen."

Der um sich greifende Salonglaube würde eine Art Stagnation über die Häupter der Katholiken rufen. Ohne jeden Zweifel hätten heute viele Bischöfe, Priester und Gläubige nicht mehr den katholischen Glauben, weiß der langjährige Dogmatikprofessor *Pater Matthias Gaudron* zu berichten. Von daher würde tatsächlich im offiziellen Raum der Kirche zum Teil eine neue Religion herrschen. Allerdings hätte die Kirche nicht offiziell ihre definierten Glaubenswahrheiten aufgegeben. Es würde hier oft ein eklatanter Widerspruch zwischen Theorie und Praxis herrschen. Die Liturgie sei aber der Ausdruck des Glaubens. Darum führe eine Veränderung der Liturgie unweigerlich zu jener Veränderung des Glaubens und umgekehrt. *Benedikt* XVI. hat als Kardinal einmal gesagt, dass er die Liturgiereform für eine der wichtigsten Ursachen für die Glaubenskrise hält. Er schrieb wörtlich: „*Ich bin überzeugt, dass die Kirchenkrise, die wir heute erleben, weitgehend auf dem Zerfall der Liturgie beruht, die mitunter sogar so konzipiert wird, ‚etsi Deus non daretur'*"(Aus meinem Leben, DVA 1997, S.174).

An der Stelle eines Epilog

In Anlehnung an die Sakramente

Praktische Übungen für seelisches Gleichgewicht und geistige Gesundheit

1   *Demut* – *die Vogelperspektive*, um sich vorzustellen wie man von Gott gesehen wird. Stille Musik ist förderlich, keine schwere Klassik, die ablenkt, sondern einfache Meditationsmusik, die beschwingt und lediglich den Zweck hat, die Konzentration aufrechtzuerhalten, um nicht in die Gedankenlosigkeit abzudriften – es ist wie in der Liturgie, man darf sich nicht von Nebensächlichem einnehmen lassen, starke Musik kann zwar Leben in die Bude bringen, aber im Zentrum doch nichts bewegen. Es ist nicht notwendig, künstliche Stimmung zu erzeugen. Alles was wir zum Leben brauchen wird uns ins Herz gelegt, wir müssen uns nur für die entsprechende Lebensweise entscheiden, um den ganzen Schatz freizulegen. Man lege sich sodann mit dem Rücken auf den Boden (Yogamatte) und strecke die Arme seitwärts auf, so dass der Körper die Form eines Kreuzes einnimmt. Oder man sitze an einen Tisch, die Ellenbogen daraufgestellt, die Hände gefaltet, sodass das Kinn in die Daumen gelegt werden kann. Oder man befindet sich in der freien Natur, setze sich und lege die Ellenbogen auf die Schenkel, die Hände ebenfalls wie zum Gebet gefaltet (nach den Beschreibungen Maria Valtortas in ihrem Buch *Gottmensch*, ist diese die Lieblingsgebetshaltung Jesu). Man richte seine Gedanken auf die Gemeinschaft der Liebenden und wie man selbst ein Teil davon ist. Jeder Einzelne spiegelt in der Gemeinschaft das Licht, das Gott mit Seinem Eingeborenen auf die Erde gebracht hat und wir stellen uns vor **wie Gott mit**

Wohlwollen auf uns herab sieht. So klein der Funke auch sein mag, den der Einzelne zur Bündelung des Lichtes beiträgt, so sehr ist er doch mit seiner Bereitwilligkeit ein offenes Gefäß und ein Tabernakel, in den die Heiligste Dreifaltigkeit Ihre Liebe mittels des Heiligen Geistes ausgießen darf, vielleicht ein Samenkorn, der ausgereift Früchte bringt. Atmen wir deshalb den Heiligen Geist bei dieser Übung intensiv durch unsere Lungen ein und lassen uns von Ihm berühren und leiten.

Wie jede Zelle in eurem Leib ihre besondere Aufgabe hat
und damit dem ganzen Leibe dient,
so sollt auch ihr euch sehen als je eine Zelle
in meinem mystischen Leib.
Jede hat ihre ganz besondere Aufgabe,
und jede Aufgabe hängt mit der anderen
und damit mit allen zusammen;
und nur in der Einheit sind sie vollkommen.
Jede dient dem Heil aller. Wenn ihr doch begreifen würdet,
dass keine Einheit unter den Völkern,
kein Friede entstehen kann, wenn nicht alle bereit sind,
dem Heil aller zu dienen.
Was ist es anders als Liebe, die alle beseelen müsste,
füreinander und miteinander
für das Wohl jedes einzelnen und
damit für das Wohl der Gesamtheit einzustehen?
Gebt immerzu ein Beispiel der Liebe.
Die Liebe kennt keine Unterschiede, sie wertet nicht.
Wo aber ist diese Liebe gegeben, außer in dem einen Zeichen,
das für alle das Zeichen des Heiles
und der Einheit in der Liebe ist: Im Kreuz!

Die Liebe Gottes & die Wunden Jesu,
von Franziska von der gekreuzigten Liebe

Indem wir uns dem uns betrachtenden Gott **in allem zeigen**, ohne falsche Scham, lassen wir die Welt in uns und um uns herum los und kehren für einen Augenblick ganz zu unserem Ursprung und außerdem zu unserer Originalität zurück, um die Fesseln der Entstellungen unseres Wesens bzw. Geistes sich lösen zu sehen. Lassen wir das Licht einkehren und es die Schatten erhellen, damit sie sich in die entzückende Anbetung des Schöpfers verwandeln und wir vollends in Sein Ihn liebendes Geschöpf. Die eigene Größe verpufft wieder im Nichts, wo sie hergekommen ist, weil wir erkennen, dass Gott uns auch so sieht, ohne künstliche Größe wie zum Beispiel im fremdverursachten Schmerz, den man bis zum letzten auskostet, oder im sich inszenierenden Selbstmitleid oder jene Größe einer sinnlos aufwendig gestalteten Liturgie.

Man spiegelt alsdann das Wissen über die Aufmerksamkeit Gottes für die Menschen in der Gemeinschaft der Liebenden. Was nichts anderes bedeutet, als das **Prinzip Hoffnung** zunächst einmal für sich persönlich ins Leben gerufen, spielerisch angewandt auf die Gemeinschaft artverwandter Seelen, dem „neuen Volk Israels" - bildlich vorzustellen als Vermengung des Lichts. Weil man bezeugt, dass Gott eben jeden und alles sieht, insbesondere jene, die sich mit einem bekennenden Geist im Opfer Seines Sohnes Jesu Christi reinigen, wird das **Prinzip Hoffnung millionenfach multipliziert und projiziert auf eine tragende Gemeinschaft**. Gibt es einen schöneren Gottesdienst als diesen?

Das Prinzip Hoffnung lässt sich demzufolge leicht hinaustragen in den Alltag als ständiges geistiges Gebet in Form von Wachsamkeit über sich selbst und das Geschehen um sich herum, um die Hoffnung nicht verbrennen zu sehen, z.B. in sinnlosen Debatten oder in der Neigung eines Workaholic als versteckte Form des Perfektionismus, der auch vor der Liturgie oder religiösen Rechtsvorschriften nicht Halt macht, und anderen Anhänglichkeiten und Süchten, welche nur die Größe und die Bedürfnisse des eigenen Ich kennen – man zeige sich stattdessen der Heiligsten

Dreifaltigkeit in allem als Bestandteil der Gemeinschaft und im inneren Gebet: *„An unser **aller** statt …"*.

Kurzfassung: Man spüre „dem Boden unter den Füßen" nach und stelle sich vor, wie die Heiligste Dreifaltigkeit einen jeden als Teil der Gemeinschaft sieht. Sie sieht auch das Innere und alles was uns umwirbt oder umtreibt, um uns von der Versklavung des Geistes zu befreien.

2a *Schuldbekenntnis – Erlösungserinnerung:* Ausgangspunkt ist **immer der Auferstandene** als unveränderliche Konstante im *Hier und Jetzt* – in einer Demutshaltung, vielleicht wie oben beschrieben, ausgestreckt am Boden zu einem Kreuz, könnte man sich daran erinnern, dass Christus in der Vergangenheit selbst diese Kreuzigung **an unser aller statt** auf sich genommen hatte (der im Gegensatz zu uns, ohne Sünde war) für unsere Reinwaschung in einer aktiven Reue. Die Auferstehung Jesu von den Toten nach diesem Seinem Opfer für die Menschen guten Willens war die Erstgeburt für den Neuen Bund von Gott mit den Menschen. Die Reinigung des Menschen im Opfer Christi sollte des Menschen Neugeburt im Geist für dessen Nachfolge in den Neuen Bund sein, ohne selbst die Härte der Bestrafung auf sich nehmen zu müssen. Das könnte für den Gläubigen Anlass genug sein, Reue auch unbedingt in Verbindung mit dem Auftrag zur Wachsamkeit zu bringen, in der Überzeugung nichts davon verdient, sondern als Individuum in jeder Hinsicht reich beschenkt zu sein aus dem Opfer des Gehorsams Jesu Christi.

Bedenke und gedenke deshalb immer in vollkommener Weise: der Weg des Leiden Christi für uns Menschen war eben neben Seiner Kreuzigung auch ein vielfältiger, gespannt über sein ganzes kurzes irdisches Dasein, indem Er uns aufgefordert und eingeladen hatte, Seine Rettung und den Weg des Heils zu suchen: das Heil ist abzulesen an der Wirklichkeit Gottes in Seinem Wort im Alten Testament bzw. im Fleisch gewordenen Wort Jesu Christi und Seinem Evangelium.

Gedenken wir also in zweifacher Weise und ganzheitlich dem Herrn, einmal mit dem den Geist bildenden und überlieferten Wort, das die Seele in der Weisheit der Liebe bilden kann, und zum anderen dem bildlichen Inhalt Seines Lebens von Geburt an, der Geburt Seiner Mutter und noch viel früher bei den Propheten wie Ezechiel einer war, der die Theophanie des Herrn schauen durfte, mit der Absicht des Schöpfers Seinen Sohn zu zeugen, für die Rettung der Menschheit. Dem Opfer Jesu Christi für die Menschen zu gedenken sind keine Grenzen gesetzt, jedoch natürlicherweise **stets ausgehend vom auferstandenen und inthronisierten Christus in der Heiligsten Dreifaltigkeit und mit IHM zurückblickend.** Man gedenke beispielsweise die unsichtbare Vereinigung der Herzen Jesu und Mariens, welche bei der Geburt Jesu ihren Anfang nahm, das Leben Jesu begleitete, unter dem Kreuz seinen Höhepunkt fand und welcher der Tod keinen Abstrich machen konnte, denn die Liebe kann mitnichten getötet werden. Schauend auch gleichermaßen die Auferstehung des Herrn und die Aufnahme Mariens in den Himmel, sie ebendies im Himmel weilt, gekrönt mit ihrem eigenen aufopfernden Leben und deshalb regiert über die Himmelsbewohner, den Engeln und Heiligen und tatkräftig an den Vorbereitungen für die Wiederkunft ihres Sohnes wirkt. Schließlich und endlich haben wir Anteil an der weltumfassenden Ausgießung des Heiligen Geistes. Die geistige Neugeburt der Menschen als Kinder Gottes im Neuen Bund und als „Neues Volk Israel" ist die alles umfassende Nachfolge Jesu Christi, dem Erstgeborenen als König über alle Völker. Die Mutter Jesu, immer an Seiner Seite, ist sozusagen der Kelch, gefüllt mit den Gnadenschätzen aus den Verdiensten Jesu, jederzeit bereit sie der Menschheit zu deren inneren Wandlung zu gewähren, wenn diese die Mutter demütig darum bittet.

Das Resultat dieser Übung zeigt sich also nicht nur in der Empfänglichkeit für den Heiligen Geist, weil mit einem *ganzheitlichen Gedenken* diesem Tür und Tor offen gehalten wird für dessen Gaben, der ausgeht aus der Einheit der Heiligsten Dreifaltigkeit, von der wir sprechen: „Ehre sei dem Vater & dem Sohn & dem Heiligen Geist." Daneben ist **das aufrichtig begangene Schuldbekenntnis im höchsten Maße Eucharistie***, weshalb im Heiligen Geist auch die unsichtbare Einheit unserer Herzen mit dem eucharistischen Herzen Jesu im Tabernakel vollzogen wird, dessen **Gnadenüberfluss aus Seinem Opfer am Kreuz quasi mittels einer Zeitreise sich im Hier und Jetzt unblutig ergießt.** *Bedenke,* es ist dasselbe Herz, das im *Hier und Jetzt* dem Auferstandenen innewohnt und einst den Tod als Vergeltung für die Verkündigung der frohen Botschaft in Kauf genommen hat: **Ein Tod, der zur Reinigung beiträgt, für eine frohe Botschaft, die zur Wandlung führt und zur Nachfolge einlädt, um im Einklang mit dem liebenden Vater zu stehen.** In diesem Bewusstsein lässt sich unser menschlich begrenztes Herz an jedem Tag gänzlich in Seinem göttlichen Herzen ausweiten und der Kreuzesliebe anhänglich werden. Man kann sich obendrein nicht vorstellen, was das göttliche Herz vermag, wenn einem das Wasser bis zum Halse steht und es inständig um Rat und Hilfe bittet. Im Empfang des eucharistischen Leibes und Blutes Jesu vollzieht sich dementsprechend physisch und geistig die Einheit in Seinem mystischen Leib auf Erden für den Auftrag des Heils aller Menschen, weil auch **alle** Menschen sündigen, ohne Ausnahme.

***Zum Verständnis: Bußfertigkeit ist logischerweise ebenso im Allgemeinen in höchstem Maße Eucharistie*, ganz unabhängig vom Menschen oder seiner Konfessionszugehörigkeit, in der es gesprochen oder beherzigt wird. Es ist wirklich so einfach und wir haben die heilige Pflicht, es in die Welt hinauszuschreien mit unserem Bekenntnis und persönlichen Opfer, gerade in diesen Zeiten, in denen die Kirche die Ausbreitung des Heils in der Praxis vielfach mit liturgischer Abgötterei maßgeblich blockiert.

Der die Theophanie des Herrn schaute, der große Ezechiel, der Priester und Prophet, sah zunächst prophetisch die unreinen Handlungen im entweihten Haus des Herrn. Er sah auch prophetisch, dass nur die mit dem Tau Gekennzeichneten im wahren Jerusalem leben würden, während die anderen, eine Strafe nach der anderen erleben müssten... Und die Zeit ist nahe, o ihr, die ihr mir zuhört, sie ist nahe, viel näher als ihr denkt. Daher ermahne ich auch als Meister und Erlöser, nicht länger zu zögern, euch mit dem rettenden Zeichen zu versehen, nicht länger zu zögern, in euch das Licht und die Weisheit aufleuchten zu lassen, Buße zu tun und über euch selbst und die anderen zu weinen, um gerettet zu werden. Nachdem Ezechiel all dies und anderes mehr gesehen hat, spricht er von einer erschreckenden Vision, jener der verdorrten Gebeine.

Der Tag wird kommen, da über einer toten Welt, unter einem erloschenen Firmament, auf die Trompetenstöße der Engel hin Totengebeine über Totengebeine erscheinen werden. Wie ein Leib, der sich öffnet, um zu gebären, so wird die Erde aus ihren Eingeweiden alle Gebeine der Mensch ausspeien, die gestorben sind und in ihr begraben liegen, von Adam bis zum letzten Menschen. Das wird die Auferstehung der Toten sein zum großen, letzten Gericht. Danach wird sich die Welt wie ein Sodomsapfel entleeren und zu Nichts werden, und das Firmament mit seinen Sternen wird erlöschen. Alles wird ein Ende haben, außer zwei ewigen Dingen, die unendlich fern voneinander liegen, gleich zwei unendlich tiefen Abgründen, und die einen vollkommenen Gegensatz zueinander bilden in ihrem Wesen, in ihrer Beschaffenheit und in der Art und Weise, in der sich für alle Ewigkeit die Macht Gottes äußern wird: Das Paradies – Licht, Freude, Friede und Liebe; die Hölle – Finsternis, Schmerz, Schrecken und Hass.

Aber glaubt ihr weil die Welt nicht vergangen ist und die Trompeten der Engel noch nicht zusammenrufen, sei die verwüstete Erde nicht bedeckt mit leblosen, gänzlich verdorrten, reglosen, verstreuten und toten, toten, toten Gebeinen? Wahrlich, ich sage euch, es ist so. Unter denen, die noch zu den Lebenden zählen, weil sie atmen, sind Unzählige, die Leichnamen gleichen, verdorrten Gebeinen, wie Ezechiel sie geschaut hat. Von wem spreche ich? Von denen, die das Leben des Geistes nicht in sich haben.

Solche gibt es in Israel ebenso wie auf der ganzen Welt. Dass es unter den Heiden und Götzendienern, die darauf warten, vom wahren Leben zum Leben geführt zu werden, nur Tote gibt, ist natürlich und schmerzt nur die, die die wahre Weisheit besitzen; denn dieses lässt sie begreifen, dass der Ewige die Geschöpfe für sich und nicht für den Götzendienst geschaffen hat und betrübt ist, so viel Tote sehen zu müssen. Aber wenn der Allerhöchste schon diesen Schmerz hat, und er ist groß, wie sehr muss er dann deretwegen leiden, die seinem Volke angehören und doch bleiches Gebein ohne Leben und ohne Geist sind?

Die Auserwählten, die Bevorzugten, die Beschützten, die Genährten, die von ihm selbst oder von seinen Propheten Unterwiesenen, warum sind sie aus eigener Schuld verdorrtes Gebein geworden, da doch gerade für sie immer das Wasser des Lebens vom Himmel floss und sie mit Leben und Wahrheit tränkte? Warum sind sie vertrocknet, obwohl eingepflanzt in das Land des Herrn? Warum ist ihr Geist tot, obwohl der Ewige ihnen einen so großen Schatz an Weisheit zur Verfügung gestellt hat, auf dass sie daraus schöpfen und leben? Durch welches Wunder können sie noch zum Leben gebracht werden, wenn sie den von Gott gegebenen Quellen, Weiden und Lichtern den Rücken gekehrt haben und in der Finsternis dahintaumeln, an unreinen Quellen trinken und sich mit unheiligen Speisen nähren?

Werden sie also nie mehr zum Leben zurückkehren? Doch. Im Namen des Allerhöchsten schwöre ich es. Viele werden auferstehen. Gott hält das Wunder schon bereit, ja, es ist schon am Wirken, es ist in einigen schon geschehen und dürre Gebeine sind zu neuem Leben erstanden; denn der Allerhöchste, dem nichts unmöglich ist, hat sein Versprechen gehalten und hält es auch weiterhin und vervollständigt es immer mehr. Von der Höhe des Himmels ruft er diesen das Leben erwartenden Gebeinen zu: „Seht, ich werde euch den Geist eingießen, und ihr werdet leben." Und er hat seinen Geist berufen, der er selbst ist, hat ein Fleisch gebildet, um sein Wort damit zu bekleiden, und hat es zu diesen Toten gesandt, auf dass es zu ihnen spreche und das Leben wieder in sie einkehre.

Wie oft hat Israel im Laufe der Jahrhunderte gerufen: „Unsere Gebeine sind verdorrt, unsere Hoffnung ist erstorben, wir sind verworfen!" Aber jedes Versprechen ist heilig, und jede Prophezeiung ist wahr. Seht, die Zeit ist gekommen, da der Messias Gottes die Gräber öffnet, um die Toten herauszuholen, sie zu beleben und mit sich zu führen ins wahre Israel, ins Reich des Herrn, ins Reich meines und eures Vaters.

Ich bin die Auferstehung und das Leben! Ich bin das Licht, das gekommen ist, zu erleuchten, was in der Finsternis lag! Ich bin die Quelle, aus der ewiges Leben hervorsprudelt.

Wer zu mir kommt, wird den Tod nicht kennen. Wer dürstet nach Leben, der komme und trinke. Wer das Leben, d. h. Gott, besitzen will, der glaube an mich, und aus seinem Herzen werden nicht nur Tropfen, sondern Ströme lebendigen Wassers hervorsprudeln. Denn wer an mich glaubt, wird mit mir den neuen Tempel bilden, aus dem die Wasser des Heiles quellen, von denen Ezechiel spricht.

Kommt zu mir, ihr Völker! Kommt zu mir, ihr Geschöpfe! Kommt und bildet einen einzigen Tempel: denn ich weise niemanden zurück, sondern ich will euch aus Liebe bei mir haben, bei meiner Arbeit, in meinen Verdiensten, in meiner Herrlichkeit.

„Und ich sah Wasser unter der Tempelschwelle hervorströmen nach Osten zu… Das Wasser floss unterhalb der rechten Seitenwand des Tempels hinab, südlich vom Altar.

Dieser Tempel sind jene, die glauben an den Gesalbten des Herrn, an den Christus und an das neue Gesetz, an die Lehre der Zeit des Heils und des Friedens. Wie die Mauern dieses Tempels aus Steinen bestehen, so werden lebendige Seelen die mystischen Mauern des Tempels bilden, der in Ewigkeit nicht untergehen und sich, nach dem Kampf und der Prüfung, wie sein Gründer von der Erde zum Himmel erheben wird.

Dieser Altar, von dem die Wasser fließen, dieser Altar im Osten bin ich, Mein Wasser aber wird zur Rechten hervorströmen, denn die Rechte ist der Platz der Auserwählten im Reiche Gottes. Diese Wasser gehen aus von mir, um sich in meine Auserkorenen zu ergießen und sie reich an lebendigen Wassern zu machen, auf dass sie diese nach Norden und Süden, nach Osten und Westen tragen, sie weitergeben, und der Erde in ihren Völkern, die der Stunde des Lichtes harren, das Leben bringen; der Stunde, die kommen wird, die mit absoluter Gewissheit kommen wird für jeden Ort, bevor die Erde aufhört zu sein.

Mögen meine Wasser hervorsprudeln und sich verbreiten, zusammen mit jenen, die ich selbst meinen Nachfolgern gegeben habe und noch geben werde. Und obwohl sie zerstreut sein werden, um die Erde urbar zu machen, werden sie doch vereint sein in einem einzigen Strom der Gnade, der immer tiefer und immer breiter werden wird; der von Tag zu Tag stetig anwachsen wird durch die Wasser der neuen Gefolgschaft, bis er einem Meer gleichen wird, das alle Orte bespült, um die ganze Erde zu heiligen.

Gott will dies, Gott tut dies. Eine Sintflut hat die Erde überschwemmt und den Sündern den Tod gebracht. Eine neue Flut anderer Art, die kein Regen ist, wird die Welt reinwaschen und ihr das Leben geben.

Und durch einen geheimnisvollen Eingriff der Gnade können die Menschen Teil dieser heiligenden Flut werden, wenn sie ihren Willen mit dem meinen und ihre Mühen und ihre Leiden mit den meinen vereinigen. Und die Welt wird die Wahrheit erkennen und das Leben haben. Und wer daran teilhaben will, wird es können. Nur wer nicht von den Wassern des Lebens trinken will, wird ein sumpfiger, stinkender Morast werden oder bleiben und die reichen Ernten der Früchte der Gnade, der Weisheit und des Heils nicht kennenlernen, die denen vorbehalten sind, die in mir leben.

Wahrlich, ich sage euch noch einmal: Wer Durst hat und zu mir kommt, wird trinken und keinen Durst mehr verspüren; denn meine Ganden wird in ihm Quellen und Ströme lebendigen Wassers hervorquellen lassen. Wer aber nicht an mich glaubt, wird verderben wie salziger Boden, auf dem kein Leben gedeihen kann.

Wahrlich, ich sage euch, nach mir wird der Quell nicht versiegen; denn ich werde nicht sterben sondern leben, und nachdem ich fortgegangen bin, nicht gestorben, sondern fortgegangen, um die Pforten des Himmels zu öffnen, wird ein anderer kommen, der mir gleich sein und mein Werk vollenden wird. Er wird euch verständlich machen, was ich euch gesagt habe, und euch entflammen, damit ihr zu "Lichtern" werdet, vorausgesetzt, dass ihr das Licht aufgenommen habt.

So wie man das Opfer Jesu für das eigene Heil in Anspruch nehmen darf, erwächst also auch die Logik, dass man es in nächster Instanz auch **für andere Menschen und die ganze Menschheit als Gnade erbitten kann, damit versteinerte Herzen erweichen, den Retter suchen und heimkehren wollen zur Liebe im ewigen Vaterhaus**, um sie der alten Wirklichkeit und einer gierigen Schlange zu entreißen. Gott hat den gefallenen Erzengel oder den Menschen nicht als Monster erschaffen, zu dem sie sich im Ungehorsam und in Unbeugsamkeit selbst machen und gemacht haben. Der ewige Vater weiß um den Schaden, den das Biest und der zum Biest mutierte Mensch anrichtet in Seiner Schöpfung und beweint den Schaden in Seinem gezeugten Erstgeborenen und Erlöser. Mit der Bitte und dem Angebot an die Menschen um Versöhnung und Umkehr, sollten sie beseelt werden im unerschöpflichen Reichtum des Schöpfers an Gnade zur Einsicht und im unerschütterlichen *Glauben, der zur Quelle lebendigen Wassers führt, zur Weisheit des Herzens.*

<u>Achtung</u>, diese Übung ist kein Freibrief – *bedenke stets, dass der hohe Preis für unsere Reinigung, das Opfer Seines **ganzen** Lebens war und auch den Wandel nach Seinem ethischen Vorbild voraussetzt!* Vergebung aber, die wir hinsichtlich eines mangelnden Tiefgangs oder selbstgewählter Oberflächlichkeit nicht in Anspruch nehmen, indem Selbstgerechtigkeit des menschlichen Egos abweicht von der Gerechtigkeit Gottes, äußert sich in Folge als Unbußfertigkeit bis hin zum globalen „Unschuldsfieber" oder zeigt sich im mangelndem Unrechtsbewusstsein im Alltag und sogar im Sakralraum. Der Maßstab für wahre Gerechtigkeit kann sich niemals auf einem rein menschlichen Urteil gründen oder

anders gesagt, **die geistige Verwandtschaft mit Gott geht nur einer in der Verwandtschaft mit der Gerechtigkeit und der Wirklichkeit des Schöpfers**, abzulesen in Seinen Schriften. Respektlosigkeit und Scheinheiligkeit können allenfalls Seine Majestät beleidigen. Mit der Gerechtigkeit Gottes in Einklang stehen, ist *das Unterpfand für Vergebung*, damit *der hohe Preis für die Gnadengaben* keine Vergeudung erfährt. Stattdessen Wachsamkeit entwickeln, um Vergebung erlebbar zu machen und Barmherzigkeit zu üben in jedweder Form für die neue Wirklichkeit mit Gott.

Der Geist des Stolzen treibt Unzucht mit dem Satan gegen Gott und gegen die Liebe. Unzucht ist Unordnung, die geleitet wird von einer freien und bewussten Intelligenz, die wohl weiß, dass ihre Begierlichkeit schlecht ist, die sie aber dennoch befriedigen will. Die Unzucht ist Unordnung und Gewaltanwendung gegen die natürlichen Gesetze, gegen die Gerechtigkeit und die Gottesliebe, gegen uns selbst und unser Brüder. Jede Unzucht, die fleischliche wie auch die auf irdische Macht und Reichtum gerichtete, oder die der Menschen, die Christus hindern wollen, seine Sendung zu erfüllen, da sie mit dem maßlosen Ehrgeiz liebäugeln, der fürchtet, von mir bestraft zu werden.

In der Leichtigkeit der eigenen Bußfertigkeit andere dafür neugierig machen, Widerspenstigkeit aufzulösen. Bewahre dir also dein Unrechtsbewusstsein immer wieder spielerisch als tugendhafte Überwindung deiner selbst, indem du, wenn dir ein Kruzifix begegnet, dir vorstellst, dass man da eigentlich selber die Hände ausbreitend weilen müsste, wegen der Missetaten, der Uneinsichtigkeit, dem selbstbezogenen Ich, aber Christus die Strafe an unser aller statt auf sich genommen hat, der ohne Sünde war. Für viele von uns hat Christus sogar die Unbußfertigkeit vorneweg bereits gesühnt, damit wir in einem ersten Schritt zur Überwindung der eigenen Last und Laster die uns zur Versöhnung entgegengestreckte Hand des Retters Jesus Christus und Seiner Mutter ergreifen wollen.

Buße schlägt sich schließlich auch in der Lebensführung eines authentischen Christen nieder. Diese Übungen als reine Technik zu verstehen, um sich auf einen geistigen Höhenflug zu begeben, so wie mehrheitlich die Liturgie missbräuchlich gehandhabt wird, führt langfristig nicht zum Erfolg. Beim Kartenspiel verhält es sich ähnlich. Man sticht sich nicht selbst aus, damit beginge man Verrat am Spiel, sondern man spielt nach den Regeln, um den Sinn des Spieles zu erhalten. „Man muss sich selbst entsagen, all den ungeordneten Anhänglichkeiten, den Leidenschaften, den maßlosen Wünschen und ehrgeizigen Plänen. Sucht nicht einmal in eurer Apostolatsarbeit Erfolg oder menschliche Anerkennung, sondern liebt das Verborgene, das verschwiegene Apostolat, in der demütigen täglichen treuen Pflichterfüllung. Auf diese Weise kann der Egoismus bezwungen werden, der für euch die größte Gefahr bedeutet und die leichteste und üblichste Falle ist, mit der mein Gegner euer Voranschreiten zu verhindern versucht. Dann werdet ihr innerlich frei. Es wird euch leicht fallen, den Willen Gottes im Licht zu sehen, und ihr werdet fähig und bereit sein, ihn vollkommen zu erfüllen."
(Marianische Priesterbewegung, MPB)

Kurzfassung: Jeden Tag aufs Neue **stets** in Bußfertigkeit **Christus als seinen Retter** über die *längst vergangene und beständige Schuld* annehmen mit Seiner nach uns **allen** ausgestreckten Hand. Daraus erwächst das Bedürfnis, dem Schöpfer das Verdienst aus Jesu Opfer auch für andere erlösungsbedürftige Menschen und die ganze Menschheit anzubieten – in der ordentlichen Feier der Eucharistie.

2b *der unausweichlich menschlichen Unvollkommenheit milde gestimmt ins Auge sehen* – Verstimmungen dieser Art wie Unzufriedenheiten über das eigene Versagen erlöschen im Angesicht des Glaubens an die räumliche Gegenwart Jesu Christi im Tabernakel beziehungsweise als Auferstandener. Nicht nur für sich selbst, sondern dieser Glaube muss auch milde stimmen können, wenn umgekehrt Unvollkommenheit im menschlichen Gegenüber einem entgegenschlägt, im Bewusstsein darüber, dass das Umfeld die Vergebung Gottes noch nicht kosten konnte oder wollte – zu oft ist es eine komplizierte Mischung von beidem.

Die Ansätze der vorausgehenden Übung eignen sich ebenso gut im persönlichen oder physischen Leid, dem oftmals die persönliche Schuld voran gestanden hat – dabei nimmt man wie vorher die Position am Boden liegend ein, und wie um dem positiven Gefühl Nachdruck zu verleihen, können wir ein angenehmes Erlebnis mit der Natur in Erinnerung rufen, um uns gleichsam in ihr einzubetten und ein winziger Teil von ihr zu werden, auf die unser Schöpfer immer einen Blick hat – erst einmal nur **in der Absicht, sich Gott in allem zu zeigen**. Man fühle in sich hinein und stelle sich vor Gott sieht zu – **gestehe sich ein, dass der Mensch in der physischen Abgetrenntheit von Gott unausweichlich schwach und unvollkommen** ist, dazu kommt die Schwäche, welche durch eigene mutwillige Sünde hervorgerufen wird, zum Beispiel im alles vernichtenden Stolz des Egos – jetzt ruft man sich in Erinnerung, dass **Christus selbst am Kreuz auch all unsere Schmerzen**, die wir nicht tragen können, *stellvertretend* für uns auf sich genommen hat.

Das Abbild *Seines und der Mutter liebenden Gehorsams bilden für uns dabei immer den unmittelbaren Garant als Gegensatz zur Sünde* und Widerspenstigkeit, und als solches gleichsam für uns die **Grundlage eines unerschütterlichen Vertrauens** in die ungebrochene Liebe des auferstanden Christus zu uns Menschen.

Kommt zum Vater stets mit dem größten Vertrauen.
Ihr könnt ihm keine größere Freude bereiten,
als die, ihm restlos zu vertrauen.
Ahmt mein Vertrauen nach,
das auch in der Stunde der äußersten Verlassenheit
an die Liebe des Vaters geglaubt hat.

Hätte ich mich sonst im Augenblick höchster körperlicher
und seelischer Not zu ihm geflüchtet,
um vertrauend in seine Vaterhände hinein zu sterben?
Ich glaubte an seine nie endende Liebe.
Für diese Liebe war ich zu allem bereit.
Dort wusste ich mich geborgen für immer.
So wurde mein Sterben zur Auferstehung,
das Dunkel zum herrlichsten Licht
und die Verlassenheit zu ewigem, seelischem Einssein.
Und zu diesem wunderbaren Einssein,
zu dieser Seligkeit seid auch ihr alle berufen.
Meine Liebe hat euch diese Heimat im Herzen der Vaterliebe errungen
und sie wartet darauf, dass ihr wie ich vertraut,
ja von ganzem Herzen vertraut, dass der Vater euch über alles liebt.

Abba – Lieber Vater, von Franziska von der gekreuzigten Liebe

<u>Achtung</u>, die menschliche Unvollkommenheit oder auch Schwäche im Glauben kompensieren zu wollen mittels Perfektion, die zur Spitze getrieben wird, nur um sich selbst zu übertreffen, zum Beispiel in der Arbeit oder im menschlichen Tun überhaupt, ist nicht nur zum Scheitern verurteilt, sondern auch kontraproduktiv, das geistige Wachstum des Menschen betreffend. Es ist auch ein Trugschluss zu glauben, der Vollzug des Bußsakramentes könne die Unvollkommenheit des Menschen kaschieren, etwa mit einem getunten religiösen Selbstbewusstsein. Den Stolz des Egos gebärend, kann selbiger höchstens zur Stagnation gereichen, weil die Einladung zur Einheit mit Gott nicht mehr vollen Herzens verläuft, sondern nur in dem Maße, in dem der Mensch auch seine eigene Bedürftigkeit sich eingestehen und im Alltag als unveränderliches Maß aller Dinge annehmen kann. Auf den eigenen Stolz zu beharren, um im Nichts Halt zu finden, kann sehr schnell zu hitzigen Debatten und Hysterie führen. Dort, wo Waffen zur Verfügung stehen, wird der falsch verstandene Stolz nicht selten auf der Basis von Waffengewalt und Krieg

ausgetragen und streng nach dem Gesetz der Natur ausgefochten: Der Stärkere gewinnt. Deshalb bietet der stolze Mensch immer auch Angriffsfläche und Grund für sinnlose Meinungsverschiedenheiten vor einem anderen Stolzen. Wahrlich der Stolz dieser Welt zerschlägt das Haupt Jesu Christi und setzt Ihm die Dornenkrone auf.

Kurzfassung: Auch diese Übung folgt dem Prinzip der Blick geht nach oben, von wo der Blick immer zur Schöpfung hin geneigt ist – wir zeigen uns in der Absicht, sich Gott *in allem* mitzuteilen, insbesondere in unserer allgegenwärtigen Schwäche und der Versuchung zur Selbstüberschätzung.

Es lässt sich *geistigerweise stets die Hand der Mutter Jesu ergreifen*, weil sie ebendies als Königin des Himmels und Braut des Heiligen Geistes alles und jeden sieht und seit Jesu Tod am Kreuz ihr die Aufgabe zu Teil wurde, so wie sie einst an der Seite Jesu gewacht hat, nun auch an der Seite Seines „neuen Volkes Israel", ja als Miterlöserin an der Seite aller Menschen zu wachen. Es gibt keinen Menschen, der etwa nicht erlösungsbedürftig wäre, weil alle gesündigt haben. Als der sterbende Jesus am Kreuz die Bitte um Vergebung für Seine Verfolger an den Vater richtete, war die Mutter danach nicht weniger gefordert, sämtliche Schandtaten an ihrem Sohn zu vergeben, als sie Seinen toten Leib in Armen hielt, den sie ein Leben lang mit mütterlicher Liebe umsorgt hatte. Nicht allein aus diesen Gründen trägt sie den Titel Miterlöserin, um als solche der Menschheit mit Rat und Tat beizustehen, insbesondere wenn sie gerufen wird, wo Rettung ersehnt ist. Das Gedenken an Jesus Christus ist unweigerlich geknüpft an die Auserwählung der Jungfrau Maria und so ein beharrliches Bild der Harmonie im Herzen eines jeden Christen.

Wie ich für meine Aufgabe nach dem Willen des Vaters
durch meine Mutter bereitet wurde,
so sollt auch ihr euch durch sie führen und leiten lassen.

Ihre mütterliche Weisheit wird euch die Wege führen,
die ihr selber nicht erkennen könnt.
Sie wird euch trösten, dort wo alles zu schwer wird.
Sie wird euch schützen in allen Gefahren und
wird euch auch dort noch begleiten,
wo niemand mehr mit euch sein will.
In ihrer Liebe geht der Vater mit, auch bis zum Äußersten.
Einmal dürft ihr dieses wunderbare
Geheimnis des Vaterherzens schauen:
In der Liebe und Hingabe des Sohnes und der Mutter.
Ein Herz sind sie, eine Liebe, Liebe des Vaters,
die alles umfängt, höchstes Gut, tiefste Seligkeit,
in der ihr sein dürft, unaussprechliches Geheimnis der Liebe,
das immer war und auf ewig sein wird.

Maria, von Franziska von der gekreuzigten Liebe

<u>Achtung</u>, nach Maria rufen, nicht wie die übrige Mehrheit, sondern gleichsam *eingebettet im Glauben an die ständige räumliche Gegenwart ihres Sohnes im Altarsakrament, welche Bußfertigkeit und ein ganzheitliches Gedenken voraussetzen,* nur so sollen wir sie rufen. Weil sie sich niemals an erster Stelle stellen würde, fließt sie quasi in das Gedenken mit ein. So nur wird das Gedenken auch vollkommen. Den aufrichtigen Glauben an ihren Sohn kann auch Maria niemandem abnehmen. Diesen muss, vielleicht wenn möglich unter Zuhilfenahme einer gesunden und heilsamen Gemeinschaft, jeder selbst ergründen und erlernen, weil er nicht angeboren ist.

Offenbarung, 12. Kapitel *Die Frau und der Drache* 12,13 Und als der Drache sah, dass er auf die Erde geworfen war, verfolgte er die Frau, die den Knaben geboren hatte. 12,14 Und es wurden der Frau gegeben die zwei Flügel des großen Adlers, dass sie in die Wüste flöge an ihren Ort, wo sie ernährt werden sollte eine Zeit und zwei Zeiten und eine halbe Zeit fern von dem Angesicht der Schlange. 12,15 Und die Schlange stieß aus ihrem Rachen Wasser aus wie einen Strom hinter der Frau her, um sie zu ersäufen. 12,16 Aber die Erde half der Frau und tat ihren Mund auf und verschlang den Strom, den der Drache ausstieß aus seinem Rachen. 12,17 Und der Drache wurde zornig über die Frau und ging hin, zu kämpfen gegen die übrigen von ihrem Geschlecht, die Gottes Gebote halten und haben das Zeugnis Jesu. 12,18 Und er trat an den Strand des Meeres.

3 *Erinnerung/Gedenken* **vor dem Allerheiligsten im Tabernakel** – dieser Übung muss logischerweise die *Demut* und die *Bußfertigkeit* in der persönlichen geistigen Haltung vorausgehen. Dann während einer einfachen 10 bis 15 minütigen täglichen Übung („*Tut dies zu meinem Gedächtnis*") nämlich **in vielfältiger Weise dem Leben Jesu & Mariens gedenkend** – warum vor dem Tabernakel? Weil das Leben Jesu gemeinsam mit Seiner Mutter und den Aposteln, der Weg von damals bis zur räumlichen Gegenwart des eucharistischen Herzens Jesu *im Hier und Jetzt* im Altarsakrament in seiner ganzen Vielseitigkeit gleichsam verborgen liegt, nicht begraben, sondern in geistiger Weise jedem stets zugänglich. Selbige Gegenwart zeigt insbesondere auf den Auferstandenen und die bevorstehenden Ereignisse um Seine Wiederkunft. Gedenken seitens des Menschen aber ist (siehe Übung 2a) immer auch eine Einladung an den Heiligen Geist zur Erneuerung und Einkehr in das menschliche Wesen, um dem Fluss des Lebens heilend in sich zu begegnen.

Aus dem Gedenken heraus in Verbindung mit der vorausgehenden Bußfertigkeit suchen wir mit unserem Herzen die **Herzensbindung mit dem leibhaftigen eucharistischen Herzen des gemarterten Jesus Christus im Tabernakel als Quelle der Reinigung**. In der umfassenden Vereinigung mit der Heiligsten Dreifaltigkeit durch die Annahme Christi als persönlichen Retter vollzieht sich die Einheit im mystischen Leib Christi auf Erden als „neues Volk Israel". So kommt nun das Zentrum des Glaubens in uns mit der neuen Wirklichkeit im Bund mit Gott zum Tragen, um die **Freude über den Auferstandenen** und Seine bevorstehende Wiederkunft (sei es nun am Ende der Zeiten, wenn wir sie erleben, oder an unserem persönlichen Ende des Lebens) vollkommen erblühen zu sehen.

Zur Erinnerung, die alte Wirklichkeit, die wir täglich zurücklassen, ist das Unheil im Kampf mit uns selbst und in der Konfrontation mit den Absurditäten einer verkehrten Welt, ihrer Niederträchtigkeit bzw. Widerspenstigkeit, die uns bis zum letzten Tag verfolgt. Da darf man sich nichts vormachen, im Gegenteil, Mut zur Wachsamkeit bilden, gefasst sein und nicht den Überraschten geben.

Kurzfassung: Komme vor dem Altarsakrament immer wieder in der neuen Wirklichkeit des „Neuen Bundes" mit Gott an und lerne in ihr im Alltag zu verharren, trotz aller Widerstände vom alten Feind in der alten Wirklichkeit. Die leibhaftige Gegenwart Christi im Altarsakrament überdauert alles und die geistige Suche nach Ihm ruft den Geist Gottes in uns auf den Plan. Die Wirklichkeit Gottes ist ein geistiges Reich auf Erden, zunächst, beschrieben in unzähligen Lektionen für das auserwählte Volk im Alten Testament bzw. den Lehrstücken aus dem Evangelium. Es bereitet den Menschen auf das Himmelreich vor bzw. auf das tausendjährige Reich auf Erden mit Christus als König über alle Völker. Darauf muss man wie gesagt vorbereitet sein, deswegen die vorausgehenden Übungen, die rein geistiger Natur sind. Uns milde stimmen und die hereinbrechende positive Macht nicht missverstehen, insbesondere wenn man Macht vorher nur als Missbrauch wahrgenommen hat, gleichermaßen ob nun als Opfer oder als Täter.

Offenbarung, 20. Kapitel *Das tausendjährige Reich* 20,1 Und ich sah einen Engel vom Himmel herabfahren, der hatte den Schlüssel zum Abgrund und eine große Kette in seiner Hand. 20,2 Und er ergriff den Drachen, die alte Schlange, das ist der Teufel und der Satan, und fesselte ihn für tausend Jahre, 20,3 und warf ihn in den Abgrund und verschloss ihn und setzte ein Siegel oben darauf, damit er die Völker nicht mehr verführen sollte, bis vollendet würden die tausend Jahre. Danach muss er losgelassen werden eine kleine Zeit.

20,4 Und ich sah Throne, und sie setzten sich darauf, und ihnen wurde das Gericht übergeben. Und ich sah die Seelen derer, die enthauptet waren um des Zeugnisses von Jesus und um des Wortes Gottes willen, und die nicht angebetet hatten das Tier und sein Bild und die sein Zeichen nicht angenommen hatten an ihre Stirn und auf ihre Hand; diese wurden lebendig und regierten mit Christus tausend Jahre. 20,5 Die andern Toten aber wurden nicht wieder lebendig, bis die tausend Jahre vollendet wurden. Dies ist die erste Auferstehung. 20,6 Selig ist der und heilig, der teilhat an der ersten Auferstehung. Über diese hat der zweite Tod keine Macht; sondern sie werden Priester Gottes und Christi sein und mit ihm regieren tausend Jahre.

Dass man täglich aktiv (d. h. in Gedenken) das Allerheiligste Altarsakrament besucht, dient schließlich auch der Bestätigung der Einheit mit dem mystischen Leib Jesu und dem damit in Verbindung stehenden Auftrag, das Heil aller Menschen im Herzen zu tragen, insbesondere auch an den Tagen, an denen wir nicht kommunizieren – die ewige Gegenwart des **„neuen Volkes Israel" in der Einheit mit Christus als ihren geistigen König im „Neuen Bund" mit dem ewigen Vater** kann ohne großes Spektakel in ein paar wenigen Minuten einträchtig betrachtet werden, um es täglich aufs Neue in das menschliche Herz zu schreiben, wo es bewahrt werden will als unveräußerliches Gut der *Gemeinschaft, Hoffnung, Freude und Vertrauen* in die Liebe des Sohnes und der Mutter, welche uns bereits vor unserer geistigen Umnachtung erreicht hat. Zur Gemeinschaft des „neuen Volk Israel" gehören natürlicherweise auch die Heiligen des Himmels, z. B. die Apostel oder die heiligen Stammväter Israels, die allesamt in der Einheit mit dem Heiligen Geist stehen, wobei ihre

Einheit vollkommen ist. Ist es nicht faszinierend, dass der eine Geist des Vaters und des Sohnes die Schar aller Himmelsbewohner, der ehemaligen Erdenmenschen aus allen Zeiten und Epochen seit Anbeginn der Menschheit bis in unsere Zeit, mit uns Verbleibenden auf der Erde vereinen kann zu einer lebendigen Gemeinschaft der Gläubigen. Weshalb wir sie ohne Umschweife um ihre Fürsprache am Gottes ewigen Thron bitten dürfen. Das hat nichts mit Okkult zu tun. Das ist der Stoff, aus dem in Hollywood Oscar prämierte Filme gemacht werden.

Achtung, eucharistische Einheit spendet Gemeinschaft im ewigen Leben, wenn wir uns im Heiligen Geist verbunden wissen und Ihn mit einem reinen Geist zu atmen suchen – bedenke also stets, Eucharistie ist keine Privatsache, sie sucht vielmehr die Gemeinschaft **aller** Gläubigen und das Heil **aller** Menschen, in der Wachsamkeit eines redlichen Herzens und guten Willens – konkret könnte das heißen zu realisieren, dass das Schuldbekenntnis der Gläubigen anderer Religionen nicht weniger in die Einheit des mystischen Leibes Christi mit einfließt, solange Christus als eingeborener Sohn des einen dreifaltigen Gottes nicht bewusst geleugnet wird, denn das wäre ein Widerspruch in sich, was einer Beleidigung Seiner Majestät gleichkommt.

4 *geistige & physische Gesundheit im Heilstrom lebendigen Wassers des Heiligen Geistes, dem Fluss des Lebens* – die vielfältige lebendige Verbindung aus den vorausgegangenen Übungen pulsiert nun in unserem geistigen Innenleben und erhebt die Seele. In unserer Ausgangsposition, jener mit der Sie am Boden liegen, spüren wir nun in uns hinein und wenn wir das Gefühl haben, es auskosten zu können, wollen wir dazu übergehen, unsere Hände in Richtung Brustkorb auf der Höhe des Herzens, als Zentrum unseres Daseins, zu bewegen und dorthin die Finger auf dem Brustkorb aufzusetzen – dort verweilend, solange man meint, dass es einem guttut, **spüren wir der Energie des Heilstromes nach**, der aus einer lebendigen Bindung mit Gott sich in uns vermehren will. Schließlich bewegen wir die Finger auf die Höhe des Zwerchfell an der

oberen Magengegend und setzen sie dort im gleichen Vorgehen auf – dann bewegen wir die Fingerspitzen an den Unterbauch über der Scham und verweilen im gleichen Prozedere, um zuletzt die Finger auf den Kopf zu legen – den Kopf gleichsam einhüllend, mit den Fingern der linken Hand die linke Kopfhälfte und parallel dazu das Gleiche auf der rechten Seite und spüren nach wie immer. Am Ende lege man die Hände zur Seite im Winkel von ca. 45 Grad zum Körper und mit den Fingern zu einer Art Schale nach oben geöffnet, um der Energie wieder nachzuspüren, dieses Mal insbesondere in den Händen selbst und an den Punkten, die mit den Fingern gerade berührt wurden.

Gestalten Sie diesen Abschluss, nur wenn Sie in der Stimmung dazu sind und nur solange Sie wollen. Die Verhältnismäßigkeit, dass Sie der Empfänger und Gott der Sender des Heilstromes ist, sollte während der ganzen Übung immer wieder klar ins Gedächtnis gerufen werden, damit gleichsam sanft der Bitte um Heilung Nachdruck verliehen wird. Beobachten Sie dabei immer wieder ihren Körper, auch in den folgenden Tagen, spüren Sie in sich hinein – ein komisches Gefühl, das Sie bekommen während der Übung oder manchmal auch Schmerzen jeder Art, vielleicht tief schlummernde seelische Verwundungen oder Schuldgefühle, die hochkommen und über Tage anhalten, können den Gang eines Heilungsprozesses beschreiben. Übergeben Sie in großem Vertrauen Ihre Schmerzen und Sorgen dem Auferstandenen in Seiner räumlich leibhaftigen Gegenwart im Altarsakrament oder in den Übungen. Wenn Sie sich nur nicht abbringen lassen und am Ball bleiben, dann können sich die Dinge sehr zum Positiven für Sie wenden. Er, Christus und die Anrufung um Fürbitte der Mutter vor dem Thron, können es fügen, dass Erinnerungen keine Schmerzen mehr sind und die Gegenwart ertragbar für Sie ist. Gleichsam das Rufen der Mutter oder die Bitte vor der Allerheiligsten Dreifaltigkeit müssen ja nicht im steifen Gebet erfolgen, sondern können variierend spielerisch in Gesang oder betrachtender Musik eingehüllt werden, Hauptsache ist, Ihr demütiges und sanftmütig gestimmtes Herz kann sich erheben, in

Dankbarkeit und Lobpreis. Denken Sie aber daran, auch für andere um Heilung zu bitten. In der Religion herrscht das Prinzip vom Nehmen und Geben, *alle für einen und einer für alle.*

Keiner kann sich am Leben so erfreuen,
wie der,
der den Tod erfahren hat.
Keiner kann sich an der Gemeinsamkeit so erfreuen,
wie der,
der die Einsamkeit erfahren hat.
Keiner erlebt die Freiheit so intensiv,
wie der,
der sie verloren hat und versklavt war.
Keiner kann die Familie so achten,
wie der,
der jede Familienregel hintergangen hat.
Keiner kann so beten,
wie der,
der jeden Kontakt mit Gott weggeworfen hat.
Keiner ist bereit, so dankbar zu helfen,
wie der,
der nicht vergisst, dass ihm jemand geholfen hat.
Denn dort wo die Sünde im Überfluss war,
wurde die Gnade in noch größerem Übermaß ausgeschüttet.

Dr. Pater Slavko Barbaric aus
PERLEN DES VERWUNDETEN HERZENS

Wie wichtig es sein kann, das Gedächtnis für den Alltag zu schulen, lernen wir oft spielerisch bereits als Kinder – dazu will ich Ihnen eine kleine Anekdote aus meiner Kindheit erzählen. Wenn wir als Familie mit dem Auto über Land gefahren sind, haben wir Kinder unsere musikalische Seite gezeigt und Lieder gesungen. Eines davon haben wir immer wieder mit heller

Begeisterung zelebriert, es handelt von einem Birnbaum in der grünen Au und lautet in etwa so:

(Alle:) Drunt in da greana Au steht a Birnbam, sche blau, juche./Drunt in da greana Au steht a Birnbam, sche blau.
(A:) Was is an dem Bam? (B:) A wunderschena Ast. (Alle:) Ast am Bam, Bam in der Au./Drunt in da greana Au steht a Birnbam, sche blau, juche./Drunt in da greana Au steht a Birnbam, sche blau.
(A:) Was ist an dem Ast? (B:) A wunderschens Astl. (Alle:) Astl am Ast, Ast am Bam, Bam in der Au./Drunt in da greana Au ...
(A:) Was is an dem Astl? (B:) A wunderschens Zweigerl. (Alle:) Zweigerl am Astl, Astl am Ast, Ast am Bam, Bam in der Au./Drunt in ...
(A:) Was ist an dem Zweigerl? (B:) A wunderschens Blattl. (Alle:) Blattl am Zweigerl, Zweigerl am Astl, Astl am Ast, Ast am Bam,/...
(A:) Was ist an dem Blattl? (B:) A wunderschens Nesterl. (Alle:) Nest am ...
(A:) Was is in dem Nest? (B:) A wunderschens Oar. (Alle:) Oar im Nest, ...
(A:) Was is in dem Oar? (B:) A wunderschens Vogerl. (Alle:) Vogerl im Oar, ...
(A:) Was is an dem Vogerl? (B:) A wunderschens Federl. (Alle:) Federl vom ...

Nur eine heile Seele kann die besten Voraussetzungen für einen gesundenden Körper schaffen. Das muss aber nicht zwangsläufig heißen, dass ein kranker Körper auf einen unheilen Seelenzustand zurückzuführen ist. Jedenfalls ist eine verwundete Seele immer eine schlechte Ausgangsbasis für die Heilung des Körpers. Zunächst gilt es also, die eigene Gottesferne auszumachen und Schritt für Schritt in Geduld mit sich selbst diese aufzulösen, um die selbstverschuldeten Vernarbungen der Seele zu heilen, bevor man daran geht, andere fremdverursachte Verletzungen Gott zur Heilung zu übergeben. Lassen Sie von allen Ihren Leiden aus Ihrem ganzen Leben ab und übergeben Sie es dem Opfer Jesu Christi und Seiner Mutter. Oft löst sich dann das eine durch das andere in der neu gewonnen Milde von selbst auf, wenn man wie gesagt die Reihenfolge beachtet. **Beobachten Sie sich selbst und Ihre Verhaltensweisen mit einem wachsamen Unrechtsbewusstsein – Sie selbst sind der Kompass, um zu sehen, in welche Richtung Sie gehen und wo Sie Fortschritte machen** oder wo Sie noch an sich arbeiten können, mitunter hartnäckiger als zuvor, aber nicht unbarmherziger als Christus selbst Ihnen begegnen würde. Oberflächlichkeit hingegen ist wenig zielführend, denn Professionalität ist die Kerndisziplin jeden Fortschritts und des Erfolges, und das in allen Bereichen des Lebens. Der professionelle Umgang mit der menschliche Seele ist sogar das Ankerzentrum und die eine Bedingung für persönlichen Erfolg im Sinne von Ruhe, Ausgeglichenheit und innerer Zufriedenheit im Umgang mit Freunden, Familie, Beruf oder Finanzen. Qualität und Qualitätsmanagement haben logischerweise auch in der Religion einen beachtlichen Stellenwert, um Fortschritte erzielen zu können. Demnach ist es umgekehrt auch überlebenswichtig, sich nicht systematisch qualitätslosen Einflusses in den verschiedenen Bereichen des Lebens auszusetzen, welches das Seelenleben von Grund auf in seiner Harmonie zersetzen kann.

Kurzfassung: Versäumen Sie es nicht, immer wieder in Ihren Körper hineinzuhorchen, den ganzen Tag über und Ihr ganzes Leben lang, bleiben Sie in Kontakt mit ihrem Zentrum, im Zentrum des Glaubens und vergessen Sie am Ende nie, Ihrem Dank und Ihrer Liebe Ausdruck zu verleihen – so nur überwinden Sie ein antrainiertes und überzogenes Ego, das sonst immer nur verletzt sein will.

Beachten Sie bitte immer, den Rücken zu schonen, auch beim Aufstehen – insbesondere, wenn Sie ein Rückenleiden quält, wäre die Übung im Bett vorteilhafter, um nicht Schaden zu nehmen. Vielleicht helfen eine Knierolle oder andere Hilfsmittel, auch eine zu weiche Yogamatte kann Ihrem Rücken auf Dauer schaden.

Dem Gedenken Christi symbolisch die Hand reichen, kann man auch, indem man ein kleines Kruzifix in die Hand nimmt und Bußfertigkeit so im übertragenen Sinn begeht. Selbstverständlich gibt es noch zahlreiche andere Facetten, aus der Bindung und in der Einheit mit Gott zu schöpfen, die aber jeder für sich entwickeln und selbst „erfinden" muss – der Phantasie sind dabei keine Grenzen gesetzt außer jene der Utopie, die wir tunlichst meiden.

Einen anderen Tipp am Rande möchte ich Ihnen nicht vorenthalten: Inzwischen hatte die Mehrheit der Bevölkerung sich mit Corona angesteckt und viele davon auch die Auswirkungen von Long-Covid zu spüren bekommen. Lassen Sie sich raten, ihr Immunsystem auch auf natürlichem Wege wieder auf Vordermann zu bringen, indem Sie die Selbstheilungskräfte ihres Körpers anregen. Ich selbst habe dazu signifikante Fortschritte erzielt mit der regelmäßigen Bestrahlung in einer Infrarot-Kabine.

Quellen

- *In kursiv gehaltene Absätze:* **Gottmensch von Maria Valtorta,** erschienen im Parvis-Verlag, Ch.

- **Altes Testament** nach der Übersetzung Martin Luthers in der revidierten Fassung von 1984.

- In Arial gehaltene Absätze: **Enzyklika Sacramentum Caritatis** von Papst Benedikt XVI.

Ich widme dieses Buch mit grosser Dankbarkeit meinen Pflegeeltern, die mir in ihrem ehrlichen Glauben unbescholtene Jahre der Jugend, eine umfangreiche Ausbildung und damit diese Schrift ermöglicht haben.

Der Autor

Timothée Mercier wurde 1970 geboren und wuchs in einer christlich geprägten Pflegefamilie auf. Der dortige unaufgeregte, aber auch tiefgründige Umgang mit Glaube und Religion hat ihn sehr geprägt. Zuvor hat er aber als Kind auch schon die dunkle Seite der Kirche kennen gelernt. Als Sohn aus einem schwierigen Elternhaus wurde er im Alter von zwei Jahren in ein Knabenheim von Franziskanerinnen gegeben, mit allen damit verbundenen Drangsalierungen.

Im Erwachsenenalter war er aber auch viel auf Reisen und erlebte eine andere Welt als das technokratische Deutschland. Beruflich arbeitete er in verschiedenen sozialen Einrichtungen. Die Kluft zwischen den Frustrationen vieler Menschen einerseits und dem eigenen erlebten Glück in der Religion andererseits veranlasste ihn, ein Ventil im Schreiben zu suchen.

Der Verlag

novum — VERLAG FÜR NEUAUTOREN

> *Wer aufhört*
> *besser zu werden,*
> *hat aufgehört*
> *gut zu sein!*

Basierend auf diesem Motto ist es dem novum Verlag ein Anliegen, neue Manuskripte aufzuspüren, zu veröffentlichen und deren Autoren langfristig zu fördern. Mittlerweile gilt der 1997 gegründete und mehrfach prämierte Verlag als Spezialist für Neuautoren in Deutschland, Österreich und der Schweiz.

Für jedes neue Manuskript wird innerhalb weniger Wochen eine kostenfreie, unverbindliche Lektorats-Prüfung erstellt.

Weitere Informationen zum Verlag und seinen Büchern finden Sie im Internet unter:

www.novumverlag.com

Timothée Mercier

Majestätsbeleidigung

Die Zeit ist reif

ISBN 978-3-99131-760-9
504 Seiten

Kann der Atheismus die Gottesferne unserer Zeit im Selbstgespräch mit dem oberflächlichen Ich besänftigen oder ist der Mensch gewillt ohne Wenn und Aber zu den Tiefen der menschlichen Seele vorzudringen, zum ureigensten Schmelzpunkt der menschlichen Existenz?